Inhoud

Nieuw in 2015	
Jubileum 100 jaar kamperen	4
Dé kortingskaart voor het voor- en naseizoen	6
Geldigheid CampingCard ACSI	8
Hoe vind ik een camping?	10
Gebruiksaanwijzing	12
Tarief per overnachting	18
Niet inbegrepen in het tarief	19
ACSI Club ID	20
Match2Camp	22
Internet	26
Uw mening is belangrijk	28
CampingCard ACSI-app	30
Extra informatie	32
Beurzen	34
Plaatsnaamregister	490
Naturistencampings	503
Colofon	504

Noorwegen	36
Zweden	43
Denemarken	53
Nederland	75
Noord-Holland	79
Zuid-Holland	89
Zeeland	95
Utrecht	107
Flevoland	111
Overijssel	114
Friesland	130
Groningen	138
Drenthe	141
Gelderland	155
Noord-Brabant	182
Limburg	195
België	208
Luxemburg	229
Duitsland	241
Niedersachsen	246
Schleswig-Holstein	260
Mecklenburg-Vorpommern	268
Sachsen-Anhalt	276
Brandenburg	278
Sachsen	281
Thüringen	282
Nordrhein-Westfalen	284
Hessen	290
Rheinland-Pfalz	294
Saarland	310
Baden-Württemberg	311
Bayern	326
Zwitserland	344
Oostenrijk	365
Tsjechië	399
Hongarije	408
Slovenië	416
Kroatië	424
Griekenland	449
Groot-Brittannië	463
Ierland	483

Noorwegen
Zweden
Denemarken
Nederland
België
Luxemburg
Duitsland
Zwitserland
Oostenrijk
Tsjechië
Hongarije
Slovenië
Kroatië
Griekenland
Groot-Brittannië
Ierland

Nieuw in 2015

Compleet vernieuwde website: www.campingcard.com

Nu te koop: de CampingCard ACSI-app

 Club iD geaccepteerd als identiteitsbewijs

 De kortingskaart vindt u in deel 2

Elk jaar flinke korting op de aanschafprijs van de CampingCard ACSI-gids wanneer u abonnee bent

2940 campings in 20 landen doen mee!

- 9 in Noorwegen
- 18 in Zweden
- 55 in Denemarken
- 386 in Nederland
- 54 in België
- 26 in Luxemburg
- 292 in Duitsland
- 49 in Zwitserland
- 90 in Oostenrijk
- 16 in Tsjechië
- 14 in Hongarije
- 14 in Slovenië
- 65 in Kroatië
- 30 in Griekenland
- 47 in Groot-Brittannië
- 11 in Ierland
- 1246 in Frankrijk
- 225 in Spanje
- 19 in Portugal
- 274 in Italië

Kijk voor uw vertrek nog even op
www.campingcard.com/wijzigingen
voor de meest actuele informatie.

Jubileum 100 jaar kamperen

Hoera, dubbel feest: kamperen bestaat 100 jaar en ACSI 50 jaar

Een kano, katoenen tent, dekens en een rantsoen. Daarmee ging de eerste kampeerder in het begin van de 20e eeuw in Engeland op pad. De Nederlandse kleermaker Carl Denig raakte geïnspireerd toen hij in Londen iets opving van de kampeeravonturen van deze collega Thomas Holding. Hij ging met een zelfgemaakte tent kamperen op het Engelse eiland Wight. Terug in Nederland smulden de mensen van zijn verhalen waarop Denig op het idee kwam om in plaats van kleding tenten te gaan produceren.

Van elitehobby naar volkssport

Tot dan toe was kamperen vooral besteed aan padvinders, groepen jongeren in georganiseerd verband en militairen. Alleen de 'lucky few' die zich een kampeeruitrusting konden veroorloven, trokken de natuur in. Kamperen werd gezien als een sport. Na de Tweede Wereldoorlog kwam hier verandering in en sloeg Nederland massaal aan het kamperen. De overheid vond dat mensen buitenlucht en stilte nodig hadden voor een gezonde geest en een gezond lichaam. Tentjes werden goedkoper en het kamperen nam een enorme vlucht. In de jaren 60 stonden mensen hutje mutje op campings in de duinen en zongen er lustig op los met gitaren rond het kampvuur. In die tijd won de bungalowtent aan populariteit en daarna kwam de caravan in opkomst.

Oprichter Ed van Reine

ACSI komt kijken

Onderwijzer Ed van Reine was een fervent kampeerder en trok er in de zomer van 1965 met zijn gezin op uit. Eenmaal op de camping in Spanje, bleek er geen plek meer te zijn. Dat was een teleurstelling na de lange reis.

Met twee collega's uit het onderwijs filosofeerde hij ter plekke over een in Nederland op te zetten reserveringssysteem voor populaire campings in Europa. 'Auto Camper Service International' oftewel ACSI werd geboren. Met z'n drieën selecteerden ze 55 campings. Bij terugkomst in Nederland werd er achtergrondinformatie bij de campings gezocht en werd het geheel gepubliceerd. Het doel was dat geen enkele kampeerder meer op een volle camping zou stuiten omdat hij vooraf kon reserveren dankzij de informatie uit de gids. Voor fl. 1,- was het boekje te koop. In een tijd waarin kamperen uitgroeide tot 'volkssport nummer één' was een dergelijke gids erg gewild.

Allrounder in de kampeerwereld

Langzaam groeide ACSI uit tot een bedrijf met een breed scala aan producten in de kampeerwereld. Zo werden door de jaren de ACSI Kampeerreizen, ACSI Club ID, Eurocampings en verschillende nieuwe gidsen met deelgebieden en thema's geïntroduceerd. Vandaag de dag zorgen meer dan 300 inspecteurs er voor dat er alleen kwalitatief hoogwaardige campings in de ACSI gidsen verschijnen. Waar het selecteren van de campings eerst een hobby was, is het nu ook een flinke klus. Gewapend met productinformatie, contracten, instructies, gidsen, kaarten, borden en vlaggen trekken inspecteurs ieder jaar naar hun inspectiegebied. Mede dankzij hen is ACSI in 50 jaar uitgegroeid tot een Europese leider die 500.000 gidsen per jaar verkoopt in 14 landen.

CampingCard ACSI
dé kortingskaart voor het voor- en naseizoen

Eenvoudiger kan het niet. Met uw kortingskaart kunt u voordelig vakantie vieren in het laagseizoen op kwaliteitscampings in Europa. En dat voor één van de vier vaste tarieven: 12, 14, 16 of 18 euro per nacht.

De tarieven
De vaste tarieven van 12, 14, 16 en 18 euro zijn lager dan het laagste bedrag dat deelnemende campings in het laagseizoen hanteren. U kunt daardoor rekenen op een hoge korting op de prijs per overnachting! Minimaal 10%, maar soms wel 50% van de reguliere prijs! Veel campings geven ook nog eens extra korting als u langer blijft.
De CampingCard ACSI-campings zijn in het laagseizoen net zo aantrekkelijk als in het hoogseizoen; de eigenaars garanderen dezelfde gastvrijheid en goede service en de belangrijkste voorzieningen zijn ook in het laagseizoen in orde. U betaalt alleen minder. U kunt dus de grote drukte voor zijn én van uw korting genieten in het voor- en naseizoen!

Wat moet u zelf doen om van uw korting te genieten?
Dat is simpel: de CampingCard ACSI meenemen, bij aankomst tonen aan de receptionist(e) van één van de deelnemende campings en profiteren van het gunstige overnachtingstarief! Toont u bij het afrekenen nogmaals uw kortingskaart bij de receptie en u betaalt het voordelige CampingCard-tarief.
In het hoofdstuk 'Tarief per overnachting' op pagina 18 leest u wat bij het CampingCard-tarief inbegrepen is. In het hoofdstuk 'Niet inbegrepen in het tarief' op pagina 19 ziet u welke bijkomende kosten er kunnen zijn.

Voordelig kamperen
CampingCard ACSI heeft misschien het uiterlijk van een betaalpasje of creditcard, maar het is een kortingskaart. U laat uw CampingCard ACSI zien en u kampeert voor een gunstig tarief op bijzondere campings. U hoeft doorgaans niet vooruit te betalen voor een bepaald aantal overnachtingen; u betaalt pas als u vertrekt.

De betalingswijze kan in voorkomende gevallen door het reglement van de camping zelf bepaald worden, dus ook het moment waarop u betaalt of een aanbetaling moet doen. Geeft u bijvoorbeeld aan maar één nacht te blijven of wilt u reserveren, dan kan de camping u vragen meteen af te rekenen of een aanbetaling te doen. De receptie van de camping zal u informeren over het beleid van de camping op dit punt.

Reserveren met CampingCard ACSI

Op sommige campings kunt u vooraf met CampingCard reserveren. Een camping heeft dan voorzieningspunt 6A 'Reserveren met CampingCard ACSI mogelijk' bij de gegevens vermeld. Een reservering met CampingCard ACSI wordt in principe behandeld als een gewone reservering, alleen met het voordelige CampingCard-overnachtingstarief. Voor een reservering moet in sommige gevallen betaald worden en er kan u om een aanbetaling worden gevraagd. Een reservering die lang van tevoren door een CampingCard-houder gemaakt wordt, kan door de camping als bezwaarlijk worden aangemerkt. Een camping kan het beleid hebben zo'n reservering niet te accepteren. Er zijn overigens ook campings waar reserveren helemaal niet mogelijk is. Het is belangrijk dat u bij het maken van een reservering laat weten dat u met CampingCard ACSI komt kamperen. Indien u dit nalaat, bestaat er een kans dat u alsnog het normale tarief moet betalen.

327 inspecteurs

Voor de bekende ACSI campinggidsen gaan ieder jaar inspecteurs op pad om door heel Europa campings te bezoeken. Zo verzamelt ACSI al 50 jaar de meest betrouwbare campinginformatie. In 2014 hebben 327 inspecteurs de campings bezocht. Zij inspecteren de campings aan de hand van een lijst met 217 voorzieningen en letten daarbij ook op een aantal minder 'meetbare' kwaliteiten van een camping, zoals de sfeer, de rust, de vriendelijkheid van het personeel, etc.

De mening van de kampeerder zelf is natuurlijk het belangrijkst; daarom vragen onze inspecteurs ook altijd een aantal campinggasten naar hun mening over de camping. Ook u kunt na uw bezoek aan een CampingCard-camping uw mening laten gelden. Zie pagina 28 voor meer informatie.

Alléén campings met CC-logo

De deelnemende campings die u in deze gids vindt, zijn stuk voor stuk door ACSI geïnspecteerde en goedgekeurde campings.

Let op: ACSI inspecteert jaarlijks 9900 campings in Europa. Van deze 9900 campings doen er 2940 mee aan het kortingssysteem CampingCard ACSI in 2015.
Alléén als een camping in deze gids of op www.campingcard.com vermeld staat, heeft u met uw CampingCard ACSI recht op korting. Let u ook op of de kortingskaart daadwerkelijk wordt geaccepteerd in de periode dat u op de camping van uw keuze wilt verblijven. CampingCard ACSI-campings zijn te herkennen aan het blauwe CC-logo dat u op een sticker vindt bij de receptie of op de grote vlag vlak bij de receptie.
Alléén campings met een blauw CC-logo doen mee aan CampingCard ACSI en alleen op deze campings heeft u dus recht op korting.

Misschien wel het grootste voordeel van kamperen in het laagseizoen ...

CampingCard ACSI is in de eerste plaats een kortingskaart voor het laagseizoen. Met het geld dat u ermee bespaart aan overnachtingskosten, kunt u tijdens uw vakantie andere leuke dingen doen. Een ander voordeel van kamperen buiten het hoogseizoen, voor sommigen zelfs het belangrijkste pluspunt, is de rust. U vermijdt de grote drukte op de wegen, de campings zijn rustiger, u vindt er vaak zonder reserveren een mooie plaats en het personeel heeft meer tijd en aandacht voor u. Ook bij de bezienswaardigheden in de omgeving van uw camping is het minder druk.
Kortom: alle ingrediënten voor een fijne, ontspannen vakantie zijn aanwezig. Wij hopen dat u er op uw gemak van zult genieten!

Geldigheid CampingCard ACSI

De kortingskaart CampingCard ACSI is één kalenderjaar geldig en persoonsgebonden. Wij vragen u dan ook om de achterkant van de kaart volledig in te vullen en deze van uw handtekening te voorzien. De campingeigenaar kan u om een legitimatiebewijs vragen.

De informatie in deze gids geldt uitsluitend voor 2015. Elk kalenderjaar kunnen zich nieuwe campings aanmelden, een camping kan de periode waarin de kortingskaart geaccepteerd wordt wijzigen of een ander overnachtingstarief gaan hanteren. De gegevens in deze gids worden dus ook elk jaar geactualiseerd. Kijk voor vertrek op www.campingcard.com/wijzigingen voor de meest actuele informatie.

Let op! Alléén campings die in deze gids staan, dragen het blauwe CC-logo en alleen op deze campings krijgt u korting op uw overnachting met uw kortingskaart CampingCard ACSI. Zie ook 'Alléén campings met CC-logo' op pagina 7.

Denkt u er ook aan dat verlopen kortingskaarten door campings niet worden geaccepteerd.

Wilt u volgend jaar de CampingCard ACSI-gids als eerste in huis hebben, neemt u dan een abonnement tegen het zeer voordelige tarief van € 10,95 per jaar (exclusief verzendkosten).

Kijk op: **www.campingcard.com**

Hoe vind ik een camping?

Deze CampingCard ACSI-gids bestaat uit twee delen. De deelnemende CampingCard ACSI-campings worden één voor één besproken in een 'redactionele vermelding' met daarin een beschrijving van het tarief, de acceptatieperiodes en de voorzieningen.

In deze gids zijn de campings binnen een land gerangschikt op alfabetische volgorde van plaatsnaam. Een voorbeeld: Zaton Holiday Resort in Zaton/Nin (Zadar) in Kroatië vindt u onder de Z van Zaton/Nin (Zadar).

Uitzonderingen hierop vormen Nederland, Duitsland, Frankrijk, Spanje en Italië. Deze landen zijn onderverdeeld in regio's. Binnen een regio vindt u de camping op plaatsnaamvolgorde. In de inhoudsopgave voorin de gids en in de bijgesloten mini-atlas ziet u ook dat Nederland, Duitsland, Frankrijk, Spanje en Italië zijn ingedeeld in regio's.

Met de overzichtskaarten, die voorafgaan aan de landeninformatie, zult u de camping in uw favoriete vakantiestreek gemakkelijk vinden!

Mini-atlas

In deze gids is een mini-atlas bijgesloten met daarin alle deelnemende CampingCard ACSI-campings in Europa. In de mini-atlas ziet u blauwe logo's voorzien van een nummer. Deze corresponderen met het blauwe logo met nummer in de redactionele vermelding van een camping. De nummers in de CampingCard-gids lopen op, dus u vindt gemakkelijk het bijbehorende redactionele blokje en komt zo bij de informatie over de camping die u zoekt. Het register in de mini-atlas is als volgt opgebouwd: volgnummer van de camping, naam van de camping, plaatsnaam op alfabetische volgorde, paginanummer en deelgebied op de pagina. In Nederland, Duitsland, Frankrijk, Spanje en Italië zijn de campings gerangschikt op alfabetische volgorde per regio.

Hoe vind ik een deelnemende CampingCard ACSI-camping?

Er zijn verschillende mogelijkheden:
- Gericht zoeken naar een camping op plaatsnaam. Gebruik daarvoor het register achter in de gids of de mini-atlas.
- Zoeken in de regio waar u wilt kamperen. Gebruik daarvoor de inhoudsopgave voor in de gids. Of zoek met behulp van de mini-atlas. De CampingCard ACSI-campings staan daarin aangegeven met een blauw logo, voorzien van een nummer. De nummers in de gids lopen op, dus u vindt gemakkelijk het bijbehorende redactionele blokje en komt zo bij de informatie over de camping die u zoekt.
- Een voorziening kan ook een zoekcriterium zijn. Met de 'uitvouwflap' voor in de gids kunt u zien of een camping de voorzieningen heeft, die voor u belangrijk zijn.
- Maar het kan natuurlijk ook zijn dat u, al bladerend in de gids, bij het zien van een foto of omschrijving van een camping besluit: 'Dáár ga ik kamperen!'

Zie ook 'Alléén campings met CC-logo' op pagina 7.

"Voor mijn kampeer-artikelen ga ik naar de ACSI Webshop"

Verschillende kampeerartikelen in de ACSI Webshop

- Bestel snel en eenvoudig
- Veilig betalen met o.a. iDEAL
- Campinggidsen, navigatiesystemen, blaastests en nog veel meer
- Als ACSI Club ID-lid betaalt u de laagste prijs in de ACSI Webshop

Kijk voor het actuele aanbod op: **WEBSHOP.ACSI.eu**

ACSI — AL 50 JAAR DE BESTE

Gebruiksaanwijzing

1. Plaatsnaam - Postcode - Streek
4. Campingnaam en sterren
5. Adres
6. Telefoon en fax
7. Openingsperiode
8. E-mail

Bayerbach, D-94137 / Bayern
🔺 Vital Camping Bayerbach*****
Huckenham 11
☎ +49 (0)8532-9278070
FAX +49 (0)8532-92780720
⚿ 1/1 - 31/12
@ info@vitalcamping-bayerbach.de

12ha 330T(100-130m²) 16A CEE

1 ACD**G**HIJK**L**MOPQ
2 GJKLNRT**U**VW
3 AB**F**HIJR**U**W
4 (A 1/3-30/10) (B 1/4-30/9)
  (F ⚿) **KLNO**
  (Q+R+T+U+V 1/1-30/12)
  (X+Y ⚿)
5 **AB**DEFGIJKLMNOP**QRST**
  UW**X**YZ
6 AB**C**DEG**J**(N 0,5km)ORUV

CC €16 1/1-7/7 24/8-31/12

9. Voorzieningen (zie uitvouwbare flap)
⚿ Voorziening open gedurende gehele openingsperiode van de camping

💬 Nieuwe zeer goed geoutilleerde terrassencamping, met weidse uitzichte buitenzwembaden en een overdekt therr Knusse ontmoetingruimte met goed res

🚗 A3 Regensburg-Linz. Afslag 118 ri Pocking/Pfarrkirchen (388). Vervolgens afslag Bayerbach. Campingborden volg

10. Oppervlakte van de camping in hectaren (1 ha = 10.000 m²)
11. Aantal toerplaatsen (tussen haakjes de grootte van de toerplaatsen)
12. Maximaal toelaatbare ampèrage van de elektrische aansluiting
13. Driepolige eurostekker (CEE) noodzakelijk
14. Tarief en extra korting (eventueel)
15. Acceptatieperiode
16. Sfeertekst
17. Routebeschrijving

2.
- 🧒 Drie kinderen t/m 5 jaar inbegrepen
- NIEUW Nieuwe CampingCard ACSI-camping in 2015
- 🚫 Honden niet toegestaan
- Camping geheel geschikt voor naturisten
- Camping gedeeltelijk geschikt voor naturisten
- Wintersportcamping

- ♿ Voorzieningen voor gehandicapten
- WiFi-punt aanwezig op de camping
- WiFi-bereik op tenminste 80% van de camping
- ✿ Erkend door milieu-organisatie uit betreffende land
- **iD** ACSI Club ID geaccepteerd als legitimatiebewijs

3. 795 Campingnummer

18. Match2Camp
19. Deelkaartje met de precieze ligging van de camping
20. GPS-coördinaten

1. Plaatsnaam, postcode en streek

De plaatsnaam en postcode van de camping en de streek waarin de camping ligt.

2. Drie kinderen t/m 5 jaar inbegrepen (eventueel)

In deze gids vindt u 613 campings waar (maximaal) drie kinderen t/m 5 jaar inbegrepen zijn in het CampingCard-tarief. In de redactionele vermelding staat bij deze campings het volgende symbool 🧒.
Let op: als een camping dit symbool heeft, kan er wel toeristenbelasting gevraagd worden voor kinderen, omdat de camping toeristenbelasting rechtstreeks aan de lokale overheid moet afstaan. Ook zaken als douchemuntjes zijn voor kinderen niet inbegrepen.

WiFi-punt en/of WiFi 80%

Is er op een camping een WiFi-punt dan is er een plek op de camping waar u draadloos kunt internetten. In de redactionele vermelding staat bij deze campings het symbool:
Is er 80% WiFi-bereik dan kunt u op het grootste gedeelte van de camping draadloos

internetten. In de redactionele vermelding staat bij deze campings het symbool:

ACSI Club ID
Op veel campings kunt u terecht met de ACSI Club ID. Dit is een vervangend identiteitsbewijs. Wanneer u op een camping gebruik kunt maken van de ACSI Club ID, staat deze voorziening aangegeven met het symbool:
Meer uitleg over dit Camping Carnet vindt u op pagina 20 in deze gids.

3. Campingnummer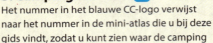
Het nummer in het blauwe CC-logo verwijst naar het nummer in de mini-atlas die u bij deze gids vindt, zodat u kunt zien waar de camping ongeveer gelegen is.
Zie ook: Mini-atlas op pagina 10.

4. Campingnaam en sterren
Hier vindt u de campingnaam en eventueel het aantal sterren. ACSI geeft zelf aan campings geen sterren of andere classificaties. De sterrenaanduidingen of andere soorten van classificatie zijn door plaatselijke of landelijke instanties aan de campings toegekend en worden vermeld achter de campingnaam. Sterren zeggen niet altijd iets over de kwaliteit, maar vaak wel iets over het comfort dat de camping biedt. Hoe meer sterren, hoe meer voorzieningen. Het oordeel of een camping fijn is of niet en of hij speciaal voor u twee of vier sterren waard is, moet u zelf vormen. Smaken verschillen nu eenmaal. Een goed advies: als u het niet naar uw zin heeft, blijf dan niet tien dagen zitten mopperen over de onvriendelijke receptionist(e). Pak uw spullen en vertrek. Wie weet wat voor moois er achter de horizon ligt!

5. Adres
De straatnaam van de camping. De plaatsnaam en de postcode ziet u in de bovenste balk van de redactionele vermelding. Soms ziet u, bijvoorbeeld in Frankrijk of Italië, dat er geen straatnaam vermeld is. U zult echter zien, dat u de camping meestal vanzelf vindt, wanneer u in de plaats bent aangekomen. Om het vinden van de camping makkelijker te maken, hebben wij in de redactionele vermelding een routebeschrijving en GPS-coördinaten opgenomen.

6. Telefoon en fax
De telefoon- en faxnummers in deze gids worden voorafgegaan door een + gevolgd door een twee- of driecijferig nummer. De + staat voor het nummer dat u moet kiezen om toegang te krijgen tot internationaal telefoneren, in Nederland en België is dat 00. De cijfers achter de + draait u om het land waarin de camping ligt te bereiken. Een voorbeeld: het telefoonnummer van een Duitse camping staat in de gids als +49 gevolgd door het netnummer met de 0 tussen haakjes en het abonneenummer. In de meeste Europese landen hoeft u de eerste 0 van het netnummer niet te kiezen na het internationale

toegangsnummer. Voor Duitsland kiest u dus 0049 en dan het netnummer, zonder de nul, en vervolgens het abonneenummer. In Italië dient u de nul over het algemeen wel te kiezen.

7. Openingsperiode 🔑

De door de campingdirectie gemelde periode waarin de camping in 2015 geopend zal zijn.
LET OP: De campings bieden niet gedurende de hele openingsperiode CampingCard-korting. Voor de data waarop CampingCard-korting gegeven wordt, dient u te kijken naar de acceptatieperiodes in de onderste blauwe balk van de redactionele vermelding van de camping. Zie ook: 'Acceptatieperiode' op pagina 16.
De openings- en acceptatiedata zijn met de grootst mogelijke zorg samengesteld. Door omstandigheden is het echter mogelijk dat deze data na publicatie van deze gids wijzigingen ondergaan. Kijkt u voor vertrek op www.campingcard.com/wijzigingen of er veranderingen zijn bij de camping van uw keus.

8. E-mailadres @

Het e-mailadres van de camping. Vooral in de rustige tijden van het jaar, als de receptie minder vaak bemand is, is het e-mailadres handig om een reservering te maken of om informatie aan te vragen.

9. Voorzieningen

CampingCard ACSI is een kortingskaart voor het laagseizoen. De deelnemende campings zorgen ervoor dat de belangrijkste voorzieningen ook in de acceptatieperiode van de kortingskaart aanwezig zijn en functioneren.
Op de uitvouwbare flap voor in de gids vindt u een complete overzichtslijst met alle voorzieningen die in deze gids zijn opgenomen. Als u de flap in opengevouwen toestand laat, kunt u per camping precies zien welke voorzieningen aanwezig zijn.

Achter de cijfers 1 tot en met 6 vindt u zes rubrieken met voorzieningen:
1 Reglement
2 Ligging, bodem en beplanting
3 Sport & spel
4 Waterrecreatie / Inkoop en restaurant
5 Huishoudelijk sanitair / Sanitair
6 Diversen

De letters achter de cijfers corresponderen met de voorzieningen, die bij de respectievelijke rubrieken horen. Achter de letter komt u bij sommige voorzieningen tussen haakjes een periode tegen, die staat voor dag en maand. Dat is de periode, waarin u kunt rekenen op de aanwezigheid van deze voorziening.
Als er een sleuteltje 🔑 staat, is deze voorziening tenminste te gebruiken gedurende de gehele openingsperiode van de camping (restaurants bijvoorbeeld, kunnen in een enkel geval langer open zijn dan de camping zelf).
Let op: is een letter bij de campinginformatie vetgedrukt, dan wil dat zeggen dat de voorziening niet bij de overnachtingsprijs is inbegrepen. Hierover leest u meer op de uitvouwflap.

10. Oppervlakte van de camping

De oppervlakte van de camping is aangegeven in hectaren. 1 ha = 10.000 m^2.

11. Aantal toerplaatsen

Voor u als kampeerder onderweg is het interessant om te weten hoeveel toerplaatsen er op een camping zijn. De grootte van de toerplaatsen is, tussen haakjes achter het aantal, aangegeven in m^2. Ziet u > 100 m^2, dan zijn de plaatsen groter dan 100 m^2. < 100 m^2 betekent kleiner dan 100 m^2. Elke camping stelt een deel van deze toerplaatsen beschikbaar voor kampeerders met CampingCard ACSI. In het CampingCard-tarief is een standaardplaats inbegrepen. Zie voor verdere uitleg pagina 18.

12. Maximaal beschikbare ampèrage van de elektrische aansluiting

Met CampingCard is een aansluiting van maximaal 6A en/of stroomverbruik tot maximaal 4 kWh per dag, inclusief aansluitkosten, bij de overnachtingsprijs inbegrepen.
Verbruikt u meer, bijvoorbeeld 5 kWh, dan is het waarschijnlijk dat u daarvoor moet bijbetalen.
In het blokje met voorzieningen vindt u het (minimaal en) maximaal beschikbare ampèrage van de elektrische aansluiting van een camping. Wanneer er in het redactionele blokje 6-10A staat, wil dit zeggen dat op deze camping plaatsen zijn met minimaal 6 en maximaal 10 ampère. Dit wil niet zeggen dat 10A is inbegrepen in het CampingCard-tarief. Geeft u bij aankomst duidelijk aan de campinghouder aan wanneer u een hoger ampèrage wenst dan de inbegrepen 6A, maar weest u er dan ook op bedacht dat daar een meerprijs voor gerekend kan worden. Alleen wanneer er geen lager ampèrage dan 10A op de camping aanwezig is, hoeft u niet bij te betalen.
Let op: op een aansluiting die maximaal 10A toelaat, kunt u geen elektrische apparaten of accu's van bijvoorbeeld 16A aansluiten.

13. CEE
Deze aanduiding betekent dat een driepolige eurostekker noodzakelijk is.

14. Tarief en extra korting
Bij elke camping staat het tarief van 12, 14, 16 of 18 euro vermeld. Er is zelfs een aantal campings waar u voor 10 euro kunt overnachten.
De tarieven van CampingCard ACSI zijn al voordelig, maar het kan nog goedkoper. Sommige campings geven nog eens extra korting wanneer u langer blijft. Een voorbeeld: als u bij een camping de vermelding '7=6' vindt, betekent dit dat u voor een verblijf van 7 nachten slechts 6 keer het CampingCard-tarief betaalt. Geeft u wel bij inschrijving of reservering het aantal nachten aan dat u wenst te blijven. De camping maakt dan vooraf één boeking en verleent hierover de korting. De korting hoeft niet te gelden als u tijdens uw verblijf besluit langer te blijven en zo aan het benodigde aantal dagen komt.
Let op! Wanneer een camping een aantal van dit soort kortingen aanbiedt, heeft u slechts recht op één van deze aanbiedingen. Bijvoorbeeld: de aanbiedingen zijn 4=3, 7=6 en 14=12. Verblijft u 13 nachten, dan heeft u eenmalig recht op de korting 7=6 en niet op een aantal malen de aanbieding 4=3 of een combinatie van de twee aanbiedingen 4=3 en 7=6.

15. Acceptatieperiode
Iedere camping heeft zijn eigen acceptatieperiode en bepaalt zo zijn eigen laagseizoen. Voor de data waarop CampingCard ACSI-korting gegeven wordt, dient u te kijken naar de acceptatieperiodes in de onderste blauwe balk van de redactionele vermelding van de camping. De laatst vermelde datum is steeds de dag waarop de korting niet meer geldt. Zo betekent acceptatie van 1/1 - 30/6

dat u, wanneer u op 1 januari aankomt op de camping, de eerste overnachting al korting krijgt. De nacht van 29 op 30 juni geniet u voor het laatst van de korting. De nacht van 30 juni op 1 juli betaalt u dus het normaal geldende tarief.

De openings- en acceptatiedata zijn met de grootst mogelijke zorg samengesteld. Door omstandigheden is het echter mogelijk dat deze data na publicatie van deze gids wijzigingen ondergaan. Kijkt u op www.campingcard.com/wijzigingen of er veranderingen zijn bij de camping van uw keus.

16. Sfeertekst
In dit blokje tekst vindt u in het kort enige informatie over de ligging van de camping, de sfeer en de situatie op de camping. Bijvoorbeeld: aan zee, aan een meer, rustige familiecamping, zeer luxe voorzieningen, mooi uitzicht, veel schaduw, veel privacy, staanplaatsen van elkaar gescheiden door groenvoorzieningen, rotsachtige bodem, gras, terrassen, enzovoorts.

17. Routebeschrijving
De tekst in deze routebeschrijving helpt u bij het vinden van de juiste route op de laatste kilometers tot aan de ingang van de camping: welke afslag van de snelweg neemt u en welke borden volgt u daarna? Ook wanneer u problemen heeft met uw navigatiesysteem, is dit een handige aanvulling.

18. Match2Camp
Met Match2Camp heeft u een extra hulpmiddel om te bepalen welke camping het best aansluit bij uw wensen. U vindt bij elke camping een Match2Camp kleuricoontje. Elke kleur is gebaseerd op voorzieningen die de kampeerder van die kleur graag op de camping wil aantreffen. Om te kijken welke kleur het best bij u past, kijkt u op pagina 22.

19. Deelkaartje
Op het deelkaartje ziet u hoe de camping ligt ten opzichte van de directe omgeving. De precieze ligging van de camping wordt weergegeven met het blauwe CampingCard-logo.

20. GPS-coördinaten
Wanneer u gebruik maakt van een navigatiesysteem zijn GPS-coördinaten van campings haast onmisbaar. ACSI heeft daarom in deze gids de GPS-coördinaten genoteerd. Onze inspecteurs hebben aan de slagboom van de camping de coördinaten gemeten, dus het kan bijna niet missen. Let op: niet alle navigatiesystemen zijn ingesteld op een auto-caravancombinatie. Leest u daarom ook altijd de routebeschrijving die bij de camping staat en vergeet u niet op de borden te letten, want de kortste weg is niet altijd de makkelijkste. De GPS-coördinaten worden weergegeven in graden, minuten en seconden. Controleer daarom bij het invoeren van de GPS-coördinaten of uw navigatiesysteem ook in graden, minuten en seconden ingesteld is. Voor het eerste getal staat een N. Voor het tweede getal staat een E of een W (oostelijk of westelijk gelegen van de Greenwich-meridiaan). Tip: de GPS-coördinaten kunt u gratis downloaden van onze site www.campingcard.com/gps.

Tarief per overnachting

Er zijn vier CampingCard-tarieven:

Op een aantal campings in deze gids geldt zelfs het voordelige tarief van 10 euro. Op campings in landen met een andere valuta dan de euro, betaalt u meestal in de valuta van het land. Het CampingCard-tarief wordt dan omgerekend naar die valuta. Denkt u eraan dat wisselkoersen aan verandering onderhevig kunnen zijn.

Inclusief

Deelnemende campings bieden u op hun toerplaatsen het volgende voor het CampingCard ACSI-tarief:

- Een staanplaats*.
- Verblijf van twee volwassenen.
- Auto + caravan + voortent
  of auto + vouwwagen
  of auto + tent
  of kampeerauto + luifel.
- Elektriciteit. Bij het CampingCard-tarief is een aansluiting van maximaal 6A inbegrepen. Wanneer de camping alleen plaatsen heeft met een lager ampèrage, dan geldt dit lagere ampèrage. Stroomverbruik tot een maximum van 4 kWh per dag is bij de overnachtingsprijs inbegrepen. Wilt u een aansluiting met hoger ampèrage of verbruikt u meer dan 4 kWh, dan is het waarschijnlijk dat u daarvoor moet bijbetalen. Zie ook 'Maximaal beschikbare ampèrage van de elektrische aansluiting' op pagina 16.
- Warme douches. Indien de camping gebruik maakt van douchemuntjes, dan heeft de CampingCard-houder recht op één douchemuntje per volwassene per dag**.
- Het verblijf van één hond, wanneer honden op de camping toegestaan zijn. Voor een tweede hond (of meer) kan het dus zijn dat u bijbetaalt.
- BTW.

* Sommige campings maken onderscheid tussen standaard- en luxe- of comfortplaatsen. De luxe- of comfortplaatsen zijn doorgaans wat groter en voorzien van een eigen watertoevoer en -afvoer. U heeft met CampingCard ACSI recht op een standaardplaats, maar het kan zijn dat u voor het CampingCard-tarief toch gebruik mag maken van zo'n duurdere staanplaats. De camping heeft het recht dit zelf te bepalen; u kunt NOOIT aanspraak maken op een luxe- of comfortplaats. Let u er tevens op dat sommige campings een aangepast beleid hebben ten opzichte van caravans met dubbele assen en campers die zo groot zijn dat ze niet op een standaardplaats passen.

**Conform de CampingCard ACSI-voorwaarden dient de camping de CampingCard-houder in de gelegenheid te stellen om eenmaal per dag te kunnen douchen. Daartoe heeft iedere CampingCard-houder recht op één douchemuntje per persoon per dag. Hanteert een camping een ander 'douche-systeem', zoals muntjes, een sleutel of een sep-key, dan geldt bovenstaande, maar dient de kampeerder het douchen zelf in overleg met de camping te regelen. Het warme water bij de afwasbakken is niet bij de prijs inbegrepen. Overgebleven douchemuntjes kunnen niet ingeleverd worden voor geld.

Niet inbegrepen in het tarief

Het CampingCard ACSI-tarief zal over het algemeen voor de betaling van de overnachting volstaan. De camping kan echter voor een aantal zaken extra kosten in rekening brengen:

- Toeristenbelasting, milieuheffing, ecotax, afvalbijdrage of andere verplichtingen aan de lokale overheid zijn niet bij het CampingCard-tarief inbegrepen. Deze verschillen te zeer per land en per regio en de camping moet deze belastingen rechtstreeks aan de lokale overheid afstaan. Vooral in Zwitserland en Oostenrijk, maar ook in Nederland dient u rekening te houden met hoge bijkomende kosten voor diverse belastingen.
- Eventuele reserverings- en administratiekosten zijn niet inbegrepen in het CampingCard-tarief. Informatie over reserveren met CampingCard ACSI leest u op pagina 7.
- Voor een luxe- of comfortplaats mag de camping u een toeslag in rekening brengen (tenzij er alléén comfortplaatsen op de camping zijn).
- Voor het verblijf van een derde volwassene of kinderen wordt het op de betreffende camping voor personen geldende bedrag berekend, mits de camping het goed vindt dat er op een kampeerplaats bestemd voor CampingCard-gebruikers meer dan twee personen staan. Bij campings met het volgende symbool 🧒🧒 zijn wel (maximaal) drie kinderen t/m 5 jaar inbegrepen in het CampingCard-tarief.
- Extra leveringen en voorzieningen die de camping tegen betaling biedt of verhuurt, zoals een tennisbaan, kunnen tegen het normaal geldende laagseizoentarief aan u doorberekend worden.
- Stroom mag doorberekend worden, voor zover meer verbruikt wordt dan op pagina 18 aangegeven. Zie ook 'Maximaal beschikbare ampèrage van de elektrische aansluiting' op pagina 16.

ACSI Club ID

De ACSI Club ID, hét Camping Carnet voor Europa, is onmisbaar voor de fervente kampeerder. U profiteert zowel tijdens uw kampeervakantie als thuis van vele voordelen! Word snel lid en betaal slechts € 4,95 per jaar.

Alle voordelen op een rijtje:

- **Vervangend identiteitsbewijs**
Het Camping Carnet, de ACSI Club ID, kunt u op de deelnemende ACSI campings afgeven ter vervanging van uw paspoort of identiteitsbewijs. Op deze manier hoeft u niet meer uw eigen paspoort af te geven, maar kunt u deze altijd veilig bij u houden.*

- **WA/BA-verzekering**
Wanneer u in het bezit bent van de ACSI Club ID, dan zijn u en uw reisgezelschap (max. 11 personen) tijdens uw kampeervakantie of tijdens verblijf in een hotelkamer of een verhuuraccommodatie WA/BA verzekerd. Dit geldt wanneer u schade bij derden aanricht, bijvoorbeeld: wanneer u tijdens uw vakantie per ongeluk uw fiets door het tentzeil van uw buurman laat vallen.

- **Profiteer van diverse aanbiedingen**
Als ACSI Club ID-bezitter kunt u profiteren van aanbiedingen, die te vinden zijn op onze website www.ACSIclubID.nl. Zo ontvangt u onder andere korting op leuke dagjes uit en kampeerartikelen. Daarnaast betaalt u altijd de laagste prijs in de ACSI Webshop. Wanneer u zich aanmeldt voor de nieuwsbrief op www.ACSIclubID.nl wordt u op de hoogte gehouden van de laatste aanbiedingen.

- **Geaccepteerd op ruim 8600 campings in Europa**
Ruim 8600 campings in de ACSI campinggidsen accepteren de ACSI Club ID. Op deze campings wordt het legitimatiebewijs geaccepteerd. De voorziening waaraan u kunt zien of campings de ACSI Club ID accepteren is 1A. U kunt deze campings ook herkennen aan het 'ID' logo in de oranje balk bovenin de redactionele vermelding.
De kans is groot dat u op campings in Scandinavië een speciale kaart dient te tonen bij de receptie. Deze kaart kunt u aanschaffen op de eerste camping die u bezoekt.
Let op: met de ACSI Club ID krijgt u geen korting op campings.

Bezoek snel www.ACSIclubID.nl om op de hoogte te blijven van alle laatste ontwikkelingen op het gebied van het Camping Carnet van ACSI en de aanbiedingen.

Waarom de ACSI Club ID
ACSI wil u als kampeerder op zoveel mogelijk verschillende manieren een zorgeloze en plezierige kampeervakantie bieden.

Aanvragen
U kunt de ACSI Club ID aanvragen via www.ACSIclubID.nl. In slechts enkele stappen is de pas besteld. Houd wel uw paspoort bij de hand.

ACSI Club ID is te gebruiken door kampeerders met één van de volgende nationaliteiten: Nederlands, Belgisch, Frans, Duits, Oostenrijks, Zwitsers, Brits (Engels, Schots, Welsh en Noordlers), Iers en Deens.
Let op! Kampeerders met bovenstaande nationaliteit, maar niet woonachtig in Nederland, Duitsland, Frankrijk, België, Denemarken, Zwitserland, Oostenrijk, Ierland, Verenigd Koninkrijk, Noorwegen, Zweden, Finland, Portugal, Spanje of Italië, kunnen ACSI Club ID niet aanvragen om verzekeringstechnische redenen.

Nieuwsbrief
Wanneer u www.ACSIclubID.nl bezoekt, vergeet dan niet om u aan te melden voor onze speciale ACSI Club ID-nieuwsbrief! Hierdoor blijft u op de hoogte van het laatste kampeernieuws en bent u als één van de eersten op de hoogte van de aanbiedingen waarvan u profiteert met het Camping Carnet van ACSI.

Let op: in sommige landen is een paspoort nog steeds noodzakelijk.

Match2Camp

Vind de camping die bij u past!

In deze gids zijn 2940 Europese CampingCard ACSI-campings opgenomen, met uitgebreide informatie over de ligging en de beschikbare voorzieningen. Het is dan niet altijd eenvoudig om snel tot een keuze te komen. Match2Camp kan in dat geval helpen.

Match2Camp is een handig middel waarmee u snel een camping kunt vinden die aansluit bij uw wensen. ACSI heeft een onderzoek laten uitvoeren naar de wensen van kampeerders. Op basis hiervan zijn vier belevingswerelden en negen categorieën omschreven. Elke camping is vervolgens ingedeeld in een categorie.

Bepaal eerst welke belevingswereld u het meest aanspreekt. Kies vervolgens een beschrijving die het best bij uw manier van vakantie vieren past. Alle campings in deze gids hebben een Match2Camp-icoontje met een kleur of kleurencombinatie gekregen die overeenkomt met de beschrijving. Zo herkent u snel de camping die bij u past.

De belevingswerelden en de verschillende categorieën

 Gele belevingswereld
Voor kampeerders in deze belevingswereld betekent vakantie jezelf lekker kunnen uitleven. Daar mag best wat inspanning bij zitten, recreatief of sportief. De kampeervakantie wordt beleefd als een jaarlijks hoogtepunt. Het reisgezelschap staat daarbij centraal. Iedereen moet het naar de zin

Belevingswerelden in het kort

In de gele belevingswereld treffen we kampeerders die op zoek zijn naar levendige campings, met een ruim aanbod aan voorzieningen en gezellige activiteiten.

 Ontspannen en genieten
Compleet en comfortabel
 Gezelligheid

In de groene belevingswereld treffen we kampeerders die op zoek zijn naar ontspanning. Kernwoorden: rust en privacy.

 Rust
Gemoedelijkheid

In de blauwe belevingswereld treffen we kampeerders die op zoek zijn naar een comfortabele camping die als uitvalsbasis kan dienen voor een actieve en sportieve vakantie.

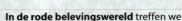 Comfortabel
Actief

In de rode belevingswereld treffen we kampeerders die op zoek zijn naar een bijzondere kampeerervaring, een camping die 'anders is dan anders'. Kernwoorden: natuur, sport en vrijetijdsactiviteiten.

 Bijzonder
Sportief

kunnen hebben met leuke activiteiten en het ontmoeten van gezellige medekampeerders.

Kampeerders in deze belevingswereld gaan meestal twee keer per jaar op vakantie. Een langere zomervakantie en een kortere vakantie in het laagseizoen. De zomervakantie is het belangrijkst. Campings met veel voorzieningen en faciliteiten spreken erg aan. En dat mag dan ook best iets meer kosten.

In deze belevingswereld zijn drie categorieën te onderscheiden:

 Geel: Ontspannen en genieten
Deze categorie is vooral op zoek naar een ontspannen vakantie. Onder het motto: 'je kunt niet alles hebben', is men minder op zoek naar een camping 'met alles erop en eraan'. Als er maar voldoende leuke activiteiten zijn voor een ontspannen vakantie.

 Geel/blauw: Compleet en comfortabel
Deze categorie is wel op zoek naar een camping met alles erop en eraan. Vaak is dit een grotere camping, met grote plaatsen, veel voorzieningen en een compleet animatieprogramma. De camping mag best wat duurder zijn, als dit maar terug te zien is in de vele voorzieningen waar men gebruik van kan maken.

 Geel/rood: Gezelligheid
Deze categorie is vooral op zoek naar een camping waar veel recreatieve faciliteiten zijn en waar gezellige activiteiten voor de gasten georganiseerd worden.

 Groene belevingswereld
Voor kampeerders in deze belevingswereld staat de vakantie vooral in het teken van 'tot rust komen' en 'jezelf lekker kunnen ontspannen'. Ook bij deze kampeerders staat het reisgezelschap waarmee men op pad gaat centraal.

Men zoekt het liefst een camping die niet al te groot is. De menselijke maat en overzichtelijkheid zijn erg belangrijk. Als de basisvoorzieningen netjes en in orde zijn, dan voldoet de camping al snel aan de wensen.

Deze kampeerders zijn meer gericht op de rust en ruimte van het platteland, authentieke dorpjes en de natuur, dan op grootschalig vermaak en campings met zwemparadijzen met wildwaterglijbanen.

In deze belevingswereld zijn twee categorieën te onderscheiden:

 Groen: Rust
Deze categorie zoekt vooral een eigen plek met voldoende privacy, rust en ruimte. Bijvoorbeeld een afgebakende plaats. De afwezigheid van animatie, een uitgebreide campingwinkel of

een restaurant is voor deze kampeerders niet echt een probleem.

Groen/geel: Gemoedelijkheid

Voor deze categorie is de sfeer op de camping ook belangrijk. Deze kampeerders zoeken contact met anderen en genieten van een lekkere wandeling of rustige fietstocht in de omgeving van de camping.

Blauwe belevingswereld

Voor kampeerders in deze belevingswereld is het van belang om even te ontspannen in de vakantie. Loskomen van de hectiek van alledag. Dus tijd voor het gezin en de hobby's. De camping moet er vooral op ingericht zijn om dat te faciliteren.

Ontspanning staat voor deze categorie zeker niet gelijk aan 'niets doen'. Als het om hobby's gaat, hebben deze kampeerders vaak zelf een goede uitrusting die meegenomen wordt. Bijvoorbeeld een fiets, een golfset of een motorboot. De camping wordt bij de hobby gezocht.

Deze kampeerders gaan meerdere keren per jaar op vakantie. Daar is budget voor, maar de camping hoeft niet de meest luxe te zijn. Als er maar voldoende comfort geboden wordt en er (specifieke) voorzieningen zijn die passen bij de activiteiten/hobby's die men wil ondernemen. Het mag echter zeker geen 'behelpen' worden.

In deze belevingswereld zijn twee categorieën te onderscheiden:

Blauw: Comfortabel

Voor deze categorie is het belangrijk dat de camping wat (luxe) extra's heeft, zoals comfortplaatsen, een sauna, een beautycenter of een zonnebank.

Blauw/rood: Actief

Deze categorie zoekt een camping die vooral ingericht is op sportieve activiteiten zoals golfen, fietsen of watersporten.

Rode belevingswereld

Kampeerders in deze belevingswereld gaan met een duidelijk, vaststaand plan op vakantie. Bijvoorbeeld een 'short break' om even helemaal tot rust te komen, een themavakantie of juist echt iets ondernemen (actief/sportief). De camping wordt hierop uitgekozen. Kampeerders in deze categorie zoeken graag een bijzondere camping, één die 'anders dan anders' is.

In deze belevingswereld zijn twee categorieën te onderscheiden:

Rood: Bijzonder

Deze categorie wil graag iets unieks beleven, iets anders dan normaal. De kampeerder wil met een 'verhaal' terugkomen. De activiteit staat daarbij veelal centraal en daar wordt een 'ongewone' plek voor gezocht. De camping heeft iets bijzonders, bijvoorbeeld een boomhut of een tipi-tent. Vaak zijn het kleinere campings met een beperkt aantal voorzieningen.

Rood/groen: Sportief

Deze categorie is sportief aangelegd en zoekt een camping die past bij het programma dat uitgestippeld is. De camping is dan ook meer een basiskamp. Het is prettig als er voorzieningen worden aangeboden die benut kunnen worden bij terugkomst van de activiteit. Bijvoorbeeld een supermarkt, restaurant of zwembad. Echt veeleisend is deze categorie echter niet. Het gaat meer om de sfeer die gecreëerd wordt. Het ongewone is juist een leuke, boeiende of interessante ervaring.

"Aan alles gedacht"

**Dé ACSI Caravanreisverzekering:
het gemak van een doorlopende reis-
en caravanverzekering in één**

- Een ruime keuze aanvullende opties
- Geen dubbele dekkingen meer
- Ontwikkeld in samenwerking met kampeerders
- 24 uur per dag hulp
- 10% korting met ACSI Club ID

Ga voor meer informatie naar:
www.ACSI.eu/verzekeringen

Internet

Laat uw computer het werk doen!

De website www.campingcard.com is compleet vernieuwd! De website helpt u nu nog sneller en eenvoudiger bij het vinden van een camping. De site is tevens aangepast voor tablets en mobiele telefoons. Handig voor het gebruik naast deze gids. Wilt u liever zonder internet gebruik maken van onze gegevens? Dan is onze app misschien iets voor u, meer informatie vindt u op pagina 30.

Op de site kunt u eenvoudig op verschillende manieren zoeken naar een camping, bijvoorbeeld:

- **Op kaart**
  U zoekt in een bepaald gebied een camping. Elke keer dat u op de kaart klikt, verkleint u uw zoekgebied. Het zoekresultaat is een overzicht met campings waaruit u een keuze kunt maken. Als u op de kaart op het tentsymbooltje klikt, verschijnen de gegevens van de camping die u gekozen hebt.

- **Op plaatsnaam, regio of land**
  Hiervoor hoeft u alleen de naam van de plaats in te typen. Deze kunt u vinden in de CampingCard ACSI-gids en in de mini-atlas. De vernieuwde site kent meer dan 500.000 plaatsen in heel Europa en vindt de campings die het dichtst in de buurt liggen.

- **Op campingnummer**
  Wanneer u het campingnummer van de camping al weet, kunt u dat gebruiken om de camping snel te vinden. Het campingnummer is te vinden in de CampingCard ACSI-gids en in de mini-atlas.

- **Op campingnaam**
  Hiervoor hoeft u alleen de naam van de camping in te typen. Deze kunt u vinden in de CampingCard ACSI-gids en in de mini-atlas.

- **Op vakantieperiode**
  Wanneer u zoekt op vakantieperiode ziet u een overzicht van de campings die (deels) aan de zoekopdracht voldoen. Meer informatie over de acceptatieperiode van een camping vindt u op pagina 16.

- **Op voorzieningen**
  U kunt via www.campingcard.com ook eenvoudig filteren op voorzieningen op de camping, zodat u snel de campings naar wens vindt.

- **Op thema**
  U vindt hier campings met diverse thema's, zoals campings voor gehandicapten, wintersportcampings en naturistencampings.

Geïntegreerde routeplanner
Wanneer u de camping gevonden heeft waar u naar toe op vakantie gaat, kunt u met onze routeplanner op de campingpagina onder het tabblad 'contact' de reis vanaf uw woonplaats naar de CampingCard-camping helemaal plannen. Ook de terugweg kunt u alvast uitstippelen. Handig en snel!

Beoordelingen
Wilt u graag weten wat andere kampeerders van een camping vonden? U kunt op www.campingcard.com per camping de beoordelingen van andere kampeerders lezen. Deze kampeerders hebben een camping beoordeeld op onder andere personeel, de prijs-kwaliteitverhouding en de omgeving. Op deze manier krijgt u een onafhankelijke en uitgebreide indruk van een camping.
U kunt hier ook zelf uw beoordeling over een camping plaatsen. Zie ook pagina 28.

Nieuwsbrief
Meld u aan voor onze nieuwsbrief en ontvang 1 keer per maand leuke tips, aanbiedingen en productinformatie! Op deze manier blijft u altijd op de hoogte van het laatste nieuws.

U kunt zich aanmelden voor deze nieuwsbrief via www.campingcard.com.

Wijzigingen
In de loop van het jaar kan het zijn dat er iets wijzigt in de informatie die bij een camping weergegeven wordt. Kijk voor vertrek daarom op www.campingcard.com/wijzigingen.

Abonnement
Wilt u de CampingCard ACSI-kortingskaart ieder jaar automatisch thuisgestuurd krijgen? Neem dan nu een abonnement en profiteer van een flinke korting! Kijk op webshop.acsi.eu/cca.

Doe de Match2Camp-test
Op www.campingcard.com doet u de Match2Camp-test, hiermee vindt u snel de camping die bij u past. U vindt meer informatie over Match2Camp op pagina 22 en onderaan de website.

Tips, opmerkingen of suggesties?
Heeft u tips, opmerkingen of suggesties voor CampingCard ACSI? Ga dan naar www.campingcard.com/klantenservice.

Uw mening is belangrijk

Geef uw mening en maak kans op schitterende prijzen!

Een prachtig zwembad, goed onderhouden sanitair of vriendelijk personeel op de camping: op onze website www.campingcard.com kunt u bij iedere camping een beoordeling achterlaten. Fijn voor u én handig voor andere kampeerders. U kunt zelfs prijzen winnen met uw beoordeling.

CampingCard ACSI verloot onder de beoordelaars onder andere een Suncamp holidays kampeercheque t.w.v. € 450,- en een Care Plus Safety kit.
Wacht dus niet langer en geef uw mening!

Hoe beoordeelt u een camping?

Ga naar www.campingcard.com en zoek de door u bezochte camping op. Klik vervolgens op de knop 'Voeg een beoordeling toe'. U kunt nu een campingbeoordeling invullen.

Mocht u een inhoudelijke vraag hebben over CampingCard ACSI, bijvoorbeeld over de acceptatieperiodes van de camping, dan kunt u ons bereiken via www.campingcard.com/klantenservice.

*We hebben onze CampingCard ACSI als enorm waardevol ervaren en het heeft ons vele honderden euro's bespaard op onze reizen, daarnaast heeft het ons in staat gesteld om een aantal prachtige campings op onze reizen te vinden. Veel dank voor het voorzien in een prachtig product en service en we hopen dat het succes blijft voortzetten in de toekomst.
Met vriendelijke groet,*

Alwyn Turner

CampingCard ACSI-app

"Een hele mooie, gebruiksvriendelijke app!" A. Jansen

Nóg meer gemak met de CampingCard ACSI-app

Met de CampingCard ACSI-app heeft u alle campinginformatie altijd binnen handbereik. De app bevat alle CampingCard ACSI-campings en heeft vele handige functionaliteiten en zoekmogelijkheden. In de app kunt u campingbeoordelingen van andere kampeerders lezen en u kunt de app overal gebruiken, ook als u geen internetverbinding* heeft! Geschikt voor zowel smartphone als tablet.

De app is ontwikkeld voor CampingCard ACSI-gebruikers en is te koop via www.campingcard.com/app. Op de camping dient u altijd een geldige CampingCard ACSI-kortingskaart te tonen, die is bijgesloten in de CampingCard ACSI-gids.

- **Zoek op naam**

U kunt de campings zoeken op land, regio, plaats of campingnaam. Vul een zoekterm in en bekijk de camping(s) op de kaart. De database waarin u kunt zoeken is zeer uitgebreid en telt meer dan 500.000 zoektermen!

- **Zoek in de buurt**

Heeft u locatiebepaling ingeschakeld op uw toestel? Dan herkent de app direct uw positie en toont de CampingCard ACSI-campings die bij u in de buurt liggen. Zoekt u liever op een specifieke plaats op de kaart? Stel dan handmatig een locatie in op de kaart. Zo vindt u altijd een camping dichtbij. Ideaal als u nog een plekje zoekt voor de nacht.

- **Zoekfilters**

De app beschikt over zeer handige zoekfilters. U kunt filteren op meer dan 150 voorzieningen, de CampingCard ACSI-tarieven, verblijfsperiode, doorreiscampings en Match2Camp.

- **Camping bekijken**

Per camping vindt u uitgebreide informatie over het terrein en de voorzieningen. Ontdek aan de hand van foto's, kaartmateriaal en campingbeoordelingen van andere kampeerders of een camping iets voor u is.

- **Favorieten**

Heeft u één of meerdere campings gevonden die aan uw wensen voldoen? Dan kunt u deze toevoegen aan uw favorieten waardoor u ze snel terug kunt vinden. Uw favorieten worden ook op de kaart gemarkeerd.

- **Contact met de camping**

Heeft u een camping gekozen? Vanuit de app kunt u direct de camping bellen om de beschikbaarheid te controleren. Een e-mail sturen vanuit de app kan ook*.

Op www.campingcard.com/app vindt u meer informatie én staat uitgelegd hoe u de app kunt kopen.

* Heeft u geen internetverbinding? Bij de instellingen kunt u kiezen voor offline kaarten. Zonder internetverbinding kunt u geen route plannen en geen e-mail sturen naar de camping of naar ACSI.

Extra informatie
Gehandicapten- en wintersportlijsten

♿ Campings geschikt voor gehandicapten

ACSI stelt jaarlijks een lijst samen van campings die geschikt zijn voor gehandicapten. De hiervoor gehanteerde normen zijn in overleg met de Gehandicaptenraad vastgesteld. De campings die in de lijst worden opgenomen, beschikken alle over een voor gehandicapten aangepast toilet en douche of over een combinatie van beide. Voorts geven wij bij een camping aan of deze over nog andere voor gehandicapten nuttige voorzieningen beschikt.

⛷ Wintersportcampings

Ook stelt ACSI jaarlijks een uitgebreide lijst samen van wintersportcampings en de voorzieningen.

Downloaden/aanvragen

Deze twee unieke lijsten blijven wij jaarlijks actualiseren. U kunt de uitgebreide lijsten downloaden vanaf onze website www.campingcard.com/gehandicapten en www.campingcard.com/wintersport.

Geïnteresseerden kunnen de lijsten ook per post aanvragen bij: ACSI Publishing BV t.a.v. de CampingCard-redactie Antwoordnummer 52, 6660 WJ Zetten. Vanuit Nederland is een postzegel niet nodig. Per ommegaande sturen wij u de lijst met campings geschikt voor gehandicapten of wintersportcampings gratis toe!

Beurzen

U komt toch ook? Het begin van het nieuwe jaar is altijd een heerlijk moment om u alvast met de vakantie bezig te houden. En u te verheugen op veel vakantieplezier.

Wij vinden het leuk om enthousiaste verhalen te horen over uw ervaringen tijdens eerdere vakanties en zijn blij met uw ideeën en suggesties.

Persoonlijk
Op vakantiebeurzen in 2015 willen we u graag persoonlijk meer vertellen over de formule van CampingCard ACSI.

U kunt er ook kennismaken met de andere ACSI-producten, zoals de ACSI Kampeerreizen: individuele kampeerreizen met de voordelen van een groepsreis; ons unieke reisproduct. Uiteraard staan we er ook met de andere bekende groene ACSI-campinggidsen en dvd's.

U bent van harte welkom!
In 2015:
Vakantiebeurs, Utrecht
14 t/m 18 januari in de Jaarbeurs in Utrecht
www.vakantiebeurs.nl
Caravana, Leeuwarden
22 t/m 27 januari in het WTC Expo in Leeuwarden
www.caravana.wtcexpo.nl
Caravan & Camper Beurs, Gorinchem
27 februari t/m 1 maart in de Evenementenhal in Gorinchem
www.evenementenhal.nl
Kampeer Totaal, Venray
6 t/m 8 maart in de Evenementenhal in Venray
www.evenementenhal.nl
Kampeer Totaal, Hardenberg
20 t/m 22 februari in de Evenementenhal in Hardenberg
www.evenementenhal.nl
Vakantiesalon, Antwerpen
22 t/m 26 januari in de Antwerp Expo (Bouwcentrum) in Antwerpen
www.vakantiesalon-antwerpen.be
Vakantiesalon, Brussel
5 t/m 9 februari in de Brussels Expo in Brussel (Heizel)
www.vakantiesalon.eu

Meer informatie over beurzen vindt u op www.campingcard.com.

Noorwegen

Algemeen
Noorwegen is geen lid van de EU.

Tijd
In Noorwegen is het net zo laat als in Amsterdam, Parijs en Rome.

Taal
Noors, maar met Engels kunt u vrijwel overal uit de voeten.

Overtochten
U kunt via Kopenhagen (Denemarken) en Malmö (Zweden) in Noorwegen komen, gebruik makend van de Sontbrug, maar er zijn ook zeeovertochten waar druk gebruik van wordt gemaakt.

Grensformaliteiten
Veel formaliteiten en afspraken rond zaken zoals de benodigde reisdocumenten, autodocumenten, eisen aan uw vervoer- en verblijfmiddel, ziektekosten en het meenemen van dieren zijn niet alleen afhankelijk van het land van bestemming, maar ook van uw vertrekpunt en nationaliteit. Ook de lengte van uw verblijf speelt hierbij een rol. Het is onmogelijk om in het bestek van deze gids voor alle gebruikers de juiste en up-to-date informatie met betrekking tot deze zaken te garanderen.

Wij adviseren u om voor vertrek bij de bevoegde instanties na te gaan:
- welke reisdocumenten u nodig heeft voor uzelf en uw reisgenoten
- welke documenten u nodig heeft voor uw auto
- aan welke eisen uw caravan moet voldoen
- welke goederen u in en uit mag voeren
- hoe in geval van ongeval of ziekte de medische behandeling in uw vakantieland is geregeld en kan worden betaald
- of u huisdieren mee kunt nemen. Neem lang van te voren contact op met uw dierenarts. Die kan u informatie geven over relevante vaccinaties, bewijzen daarvan en verplichtingen bij terugkomst. Ook is het verstandig om na te gaan of in uw vakantieland bepaalde voorwaarden gelden voor huisdieren in het openbare leven. Zo

moeten in sommige landen honden altijd worden gemuilkorfd of achter tralies worden vervoerd.

Veel algemene informatie vindt u op ▶ *www.europa.eu* ◀ maar zorg dat u de informatie achterhaalt die op uw specifieke situatie van toepassing is.

Voor recente douaneverplichtingen kunt u contact opnemen met de vertegenwoordiging van uw vakantieland in het land waar u woont.

Valuta en geldzaken
De munteenheid is de Noorse kroon. Wisselkoers (september 2014): € 1 = circa NOK 8,02.

Creditcard
Creditcards worden op de meeste plekken geaccepteerd.

Openingstijden en feestdagen
Banken
Banken zijn geopend op werkdagen tot 15.30 uur, op donderdag tot 17.00 uur. Gesloten op zaterdag.

Winkels
De winkels in Noorwegen zijn maandag tot en met woensdag en op vrijdag open tussen 9.00 uur en 17.00 uur. Op donderdag tot 20.00 uur en op zaterdag tussen 9.00 uur en 15.00 uur. Wijn, sterkedrank en zwaar bier zijn alleen verkrijgbaar in de speciale staatswinkels van de Vinmonopolet.

Apotheken, artsen
Overal zijn artsen en apotheken dag en nacht te bereiken via een speciaal telefoonnummer. 'Legevakt' is een plaatselijke dokterspost voor medische problemen buiten de gewone openingstijden.

Feestdagen
Nieuwjaarsdag, Witte Donderdag, Goede Vrijdag, Pasen, 1 mei (Dag van de Arbeid), Hemelvaartsdag, 17 mei (Dag van de Grondwet), Pinksteren, Kerst.

Communicatie
(Mobiele) telefoon
Het mobiele netwerk is goed in bijna heel Noorwegen, behalve in nauwelijks toegankelijke natuurgebieden. Er is een 3G-netwerk voor mobiel internet.

WiFi, internet
Restaurants en bars beschikken vaak over WiFi. Internetcafés vindt u vooral in de steden.

Post
Open maandag tot en met vrijdag tot 17.00 uur, op zaterdag tot 13.00 uur.

Wegen en verkeer
Wegennet
De wegen zijn goed maar zeer kronkelig, waardoor uw reis langer kan duren dan u van tevoren had gepland. De bergwegen zijn smal en bochtig met soms sterke hellingen. Door de sneeuw zijn ze alleen berijdbaar van half juni tot half oktober.
Let op: de Noorse politie controleert streng op niet-Scandinavische voertuigen die van de veerboot tussen Hirtshals (Denemarken) en Kristiansand (Noorwegen) komen!
De wegenwacht van Noorwegen (NAF) is bereikbaar via tel. 81000505. U kunt ook bellen met 2 andere pechdiensten: Falken tel. 02222 en Viking tel. 06000.

Neemt u een recente landkaart mee, omdat in 2010 alle nationale wegen opnieuw zijn ingedeeld.

Verkeersvoorschriften
In Noorwegen heeft rechts altijd voorrang, tenzij anders aangegeven. Indien u op een rotonde rijdt, heeft u voorrang op een bestuurder die de rotonde op wil. Trams hebben altijd voorrang. Op bergwegen gelden geen speciale voorrangsregels; de bestuurder die het gemakkelijkst kan uitwijken of terugrijden, geeft voorrang.

Maximale snelheid

🏘️	80	🚗
	80	🚗🚐
< 3,5 T	80	🚐
> 3,5 T	80	🚛
🛣️	90-100	🚗
	80	🚗🚐
< 3,5 T	90-100	🚐
> 3,5 T	80	🚛

Het maximaal toegestane alcoholpromillage is 0,2 ‰. Pas op voor dieren op de snelweg in bosgebieden en bergen! U bent verplicht ook overdag met dimlicht te rijden. U dient handsfree te bellen. Wanneer u binnen de bebouwde kom rijdt, is het niet toegestaan te roken. In het winterseizoen zijn winterbanden niet verplicht.

Navigatie
Signalering van vaste flitslocaties met behulp van navigatie of mobiele telefoon is toegestaan.

Caravan, camper
Houd er rekening mee dat het rijden met caravan of camper problemen kan geven in het fjordengebied en in de bergen. Een goede trekauto is sterk aan te raden.

Het is niet toegestaan om afvalwater langs de straat te legen. Er zijn in het hele land voldoende servicestations aan de belangrijkste routes.

Toegestane afmetingen
Hoogte geen beperkingen, breedte 2,55m en maximale lengte (auto en caravan) 18,75m. Op sommige secundaire wegen is de toegestane breedte minder dan 2,55m.

Motorbrandstof
Loodvrije benzine en diesel zijn goed verkrijgbaar. LPG is het beste te verkrijgen in het zuiden en rond Oslo. Met name in Midden- en Noord-Noorwegen is het aantal tankstations beperkt, uitgezonderd langs rijksweg 6. Let erop dat de benzineprijzen in Noord-Noorwegen aanzienlijk hoger zijn.

Tankstations
Tankstations zijn geopend tussen 7.00 uur en 23.00 uur. U kunt op veel plaatsen betalen met uw creditcard.

Tol
In Noorwegen kunt u op 3 manieren gebruik maken van de tolwegen:
- Visitor's payment voor als u minder dan 2 maanden in Noorwegen verblijft.
- AutoPASS voor als u langer dan 2 maanden blijft.
- Zonder AutoPASS.

Nadere informatie ▶ www.autopass.no ◀

Alarmnummers
- 112: politie
- 110: brandweer
- 113: ambulance

Kamperen
Het sanitair is doorgaans goed te noemen en het niveau blijft stijgen. Afgebakende staanplaatsen komen weinig voor. Op de

campings is het aanbod van levensmiddelen, voorzieningen en recreatie laag in vergelijking met populaire kampeerlanden. Maar natuur is er in overvloed, dus Noorwegen is uitermate geschikt voor wandelen, bergbeklimmen en vissen.

In principe mag u in de vrije natuur kamperen. Het is niet toegestaan op gecultiveerd land (onder andere maailand, weilanden, nieuw aangeplante bossen) te verblijven zonder toestemming van de eigenaar.

Praktisch
Gaat u kamperen in Noorwegen, Finland of Denemarken, dan is de kans groot dat u een speciale kaart nodig heeft die u bij de receptie dient te tonen. U kunt deze kaart aanschaffen op de eerste camping waar u kampeert.

- Zorg dat u altijd een verloopstekker (wereldstekker) bij u heeft.
- Let op: de mogelijkheden om propaangasflessen te vullen zijn zeer beperkt. U kunt dus het beste met voldoende gas op stap gaan.
- Het kraanwater is veilig.

Vissen
Elke visser boven de 16 jaar dient in het bezit te zijn van een staatsvergunning. Daarnaast kan plaatselijk nog een visakte vereist zijn, maar dat is alleen nodig voor zoetwater. Visaktes zijn verkrijgbaar bij sportzaken, kiosken, VVV-kantoren of campings. Aan de kust en dus ook in de fjorden (zoutwater) mag iedereen vrij vissen.

Aurdal i Valdres, N-2910 / Oppland ⛷ ♿ 📶 [iD] **1**

▲ Aurdal Fjordcamping og Hytter★★★★
☎ +47 61365212
📠 +47 61365213
⊙ 1/1 - 31/12
@ post@aurdalcamp.no

7ha 60**T**(90m²) 16A

1 ACDGIJKLMPQ
2 ADKRSTWX
3 B**F**HJK**Q**UWZ
4 (Q+R+T+U 1/5-1/10) Z
5 **AB**DFGIJKL**O**P**U**W
6 AEGJ(N 3km)OSV

💬 Prachtig gelegen camping, halfweg tussen Oslo en Bergen. Vanaf de E16 daalt u 2 km af naar het fjord, zodat geen enkel storend geluid van de weg de camping bereikt. De natuur is wonderschoon. Goed uitgangspunt voor dagtochten en wandelingen. Gratis vissen in fjord. Uitstekend, verwarmd sanitair en gezellige recreatieruimte.

🚗 In Aurdal op de E16 (17 km ten zuidoosten van Fagernes) bij de kerk afslaan, vandaar is de camping aangeduid. Na 2 km bereikt u de camping.

CC €18 1/5-23/6 18/8-20/9   N 60°54'59" E 9°23'22"

Byglandsfjord, N-4741 / Agder ♿ 📶 [iD] **2**

▲ Neset★★★★
☎ +47 37934050
📠 +47 37934393
⊙ 1/1 - 31/12
@ post@neset.no

7ha 235**T** 10A

1 ACDGIJKLMOPQ
2 ACDIKLORSTUWX
3 AHRU**W**Z
4 **N**(Q 15/5-15/9)
     (R 15/5-30/9)
     (T+U+V 1/6-15/9)
     (X 15/6-1/9)
5 **AB**DEFGIJ**KL**MN**P**RUWZ
6 CDEGIK(N 2,5km)V

NIEUW

💬 Op een glooiende landtong, vrije zonrijke plaatsen op gras. Aan het water en een ruim veld. Speciaal schiereiland voor campers. Georganiseerde elandontdekkingstocht met eigen busje. Verhuur van boten. Gemeenschappelijke barbecueplaats op idyllisch rotspunt in het meer. Aaibare kippen en konijnen op terrein.

🚗 De camping ligt 13 km ten noorden van Evje, op 3 km ten noorden van Byglandsfjord. De camping is duidelijk vanaf weg 9 door campingborden aangegeven.

CC €16 1/1-30/6 17/8-31/12   N 58°41'20" E 7°48'12"

Hovet i Hallingdal, N-3577 / Telemark-Buskerud ⛷ 📶 [iD] **3**

▲ Birkelund Camping
🏠 Hovsvegen 50
☎ +47 32089768
📠 +47 32090716
⊙ 1/1 - 31/12
@ informasjon@
   birkelund-camping.com

1,3ha 45**T**(90m²) 10A

1 ACDGIJKLMPQ
2 GRTUWX
3 AHJK**W**
4 (B 1/6-31/8) N(Q+R+T ⊙)
5 **AB**DFGIJKLMNO**P**U**W**
6 ACEIJ**K**(N 3,5km)

💬 Rustige, keurig onderhouden camping. Mogelijkheden voor uitstapjes, wandelen en fietsen (Fv50). Vliegvissen, mountainbiken, geocaching. Veel wintersportmogelijkheden. Gratis internet. Gratis gemeenschappelijke sauna. Nederlands echtpaar.

🚗 Op weg 50 van Hol naar Aurland. 8 km voorbij kruispunt met weg 7. Goed zichtbaar aan linkerkant van weg.

CC €16 1/1-30/6 17/8-31/12   N 60°37'8" E 8°13'10"

Koppang, N-2480 / Hedmark

- Koppang Camping & Hytteutleie★★★★
- Sundfloen
- +47 62460234
- fax +47 62461234
- 1/5 - 30/9
- info@koppangcamping.no

5,5ha 100T(75-125m²) 16A

1. AGIJKLMPQ
2. CDGILNRSTWXY
3. BHIJKNOU**W**XZ
4. (R 1/6-15/9)
5. **AB**DFGIJKLMNO**P**RUWZ
6. CEJ(N 2,5km)OTV

NIEUW

💬 Ruime en goed uitgeruste camping, voorzien van zon- en schaduwplaatsen en een zeer groot vlak grasveld. Vissen, watersporten, fietsen, wildsafari's, wandelen, mountainbiken, geocaching.

🚗 Vanaf RV3 richting Koppang, via FV30 onmiddellijk voor grote brug links.

CC €18 1/5-21/6 17/8-30/9

N 61°34'19" E 11°1'1"

Lillehammer, N-2625 / Oppland

- Hunderfossen Camping★★★
- E6, Fåberg
- +47 61277300
- fax +47 61275555
- 1/1 - 31/12
- camping@hunderfossen.no

18ha 450T(80-100m²) 16A

1. ACDGIJKLM**P**Q
2. CGKLRTWX
3. BFN**Q**UW
5. **AB**DFGIJKLMNO**P**RUWZ
6. CFGH**K**(N 3km)SV

💬 Camping ligt op loopafstand van de Hunderfossen-stuwdam. Naast de camping ligt het beroemde sprookjespark. Mogelijkheden voor minigolf en fietsen in de zomer.

🚗 Vanaf E6 afslag 'Hunderfossen Familiepark' nemen, over de brug in Øyer. Goed aangegeven in beide richtingen.

CC €18 1/4-10/7 27/8-4/10

N 61°13'20" E 10°26'19"

Olden, N-6788 / Romsdal-Sognefjord

- Olden Camping Gytri★★★
- RV60 (FV724) Oldedalen
- +47 48226970
- 1/5 - 15/9
- post@oldencamping.no

1ha 50T 16A

1. ACDGIJKLMO**P**Q
2. CDGJKLNORSTWX
3. ABHN**W**Z
4. (A 🔑) (Q+R 15/6-15/8)
5. **AB**DFGIJKLMNO**P**RUW
6. EGIK(N 13km)

💬 Rustige camping met uitzicht op het meer en de Melkevollgletsjer. De bekende Briksdalgletsjer ligt op ongeveer 10 km afstand. De camping is zeer rustig gelegen, gratis gebruik van WiFi.

🚗 In Olden FV724 richting Briksdal, na 13 km ligt de camping links van de weg. Let op. De tweede camping na de tunnel is Olden Camping Gytri.

CC €16 1/5-20/6 20/8-15/9

N 61°44'26" E 6°47'27"

41

7 — Seljord, N-3840 / Telemark-Buskerud

- ▲ Seljord Camping****
- 🏠 Manheimstrondi 61
- ☎ +47 35050471
- 1/1 - 31/12
- @ post@seljordcamping.no

3ha 180T(90m²) 16A

1 ACGIJKLMPQ
2 ADGJKLRSTWX
3 BHJKRU**W**Z
4 (Q+R 23/6-10/8)
5 **AB**DFGIJKLMNO**P**UW
6 EGIK(N 1km)V

💬 Seljord Camping is een mooie, rustige camping gelegen op 1 km van Seljord. Zij bieden u mooie plaatsen voor campers, caravans en tenten. U kunt desgewenst vlak bij het meer staan en genieten van de stilte. Misschien heeft u geluk en ziet u 'Sjoormen' het zeemonster.

🚗 Op de E134 de afslag naar de RV36 richting Seljord/Bø/Skien nemen. Na 500m ligt de camping aan de rechterzijde.

CC €16 1/5-30/6 17/8-11/9 15/9-30/9

N 59°29'13'' E 8°39'13''

8 — Sogndal, N-6856 / Romsdal-Sognefjord

- ▲ Kjørnes****
- 🏠 RV5
- ☎ +47 97544156
- 1/1 - 31/12
- @ camping@kjornes.no

2ha 100T(80-120m²) 16A

1 ACDGIJKLMOPQ
2 EGIJKLMOQRTUWX
3 AHJUWY
4 (Q+R 1/6-25/8)
5 **AB**DEFGIJKLMNO**PQ**RUWY
6 CDEGK(N 3km)V

💬 Terrassencamping tussen RV5 en fjord. Prachtig uitzicht op fjord, bergen en Sogndal. Kindvriendelijke camping. Gemeenschappelijke barbecue, zwemplek en zonneterras. Vissen vanaf lage rotsen. Wandel- en fietsroutes. Op minder dan 1 uur van gletsjers, staafkerken en fjorden.

🚗 Vanaf Kaupanger RV5 wordt camping 3 km voor Sogndal door bord aangegeven. Vanaf Sogndal richting Kaupanger rechts van de weg.

CC €18 1/5-22/6 20/8-1/10

N 61°12'41'' E 7°7'16''

9 — Vang i Valdres, N-2975 / Oppland

- ▲ Bøflaten Camping****
- 🏠 Tyinvegen 5335
- ☎ +47 61367420
- 1/1 - 31/12
- @ info@boflaten.com

3ha 150T(90m²) 16A

1 ACGIJKLMPQ
2 CDGKORSTWXY
3 AHJNR**W**XZ
4 (A+Q+R 🔑)
5 **AB**DFGIJKLMNO**P**UW
6 EGJ(N 2km)

💬 Mooi gelegen camping aan het meer met prachtig uitzicht op de omringende bergketens. Toegangspoort naar het grootste nationale park van Noorwegen: Jotunheimen. Wintersportmogelijkheden in de directe omgeving. Gratis draadloos internet.

🚗 Langs E16 Fagernes-Revsnes, in Vang langs E16 met borden aangegeven.

42 CC €16 1/1-22/6 31/8-31/12

N 61°7'50'' E 8°32'40''

Zweden

Algemeen
Zweden is lid van de EU.

Tijd
In Zweden is het net zo laat als in Amsterdam, Parijs en Rome.

Taal
Zweeds, maar met Engels kunt u ook bijna overal terecht.

Overtochten
U kunt via Kopenhagen (Denemarken) in Malmö (Zuid-Zweden) komen, gebruik makend van de Sontbrug, maar er zijn ook zeeovertochten waar druk gebruik van wordt gemaakt.

Grensformaliteiten
Veel formaliteiten en afspraken rond zaken zoals de benodigde reisdocumenten, autodocumenten, eisen aan uw vervoer- en verblijfmiddel, ziektekosten en het meenemen van dieren zijn niet alleen afhankelijk van het land van bestemming, maar ook van uw vertrekpunt en nationaliteit. Ook de lengte van uw verblijf speelt hierbij een rol. Het is onmogelijk om in het bestek van deze gids voor alle gebruikers de juiste en up-to-date informatie met betrekking tot deze zaken te garanderen.

Wij adviseren u om voor vertrek bij de bevoegde instanties na te gaan:
- welke reisdocumenten u nodig heeft voor uzelf en uw reisgenoten
- welke documenten u nodig heeft voor uw auto
- aan welke eisen uw caravan moet voldoen
- welke goederen u in en uit mag voeren
- hoe in geval van ongeval of ziekte de medische behandeling in uw vakantieland is geregeld en kan worden betaald
- of u huisdieren mee kunt nemen. Neem lang van te voren contact op met uw dierenarts. Die kan u informatie geven over relevante vaccinaties, bewijzen daarvan en verplichtingen bij terugkomst. Ook is het verstandig om na te gaan of in uw vakantieland bepaalde voorwaarden gelden voor huisdieren in het openbare leven. Zo moeten in sommige landen honden altijd worden gemuilkorfd of achter tralies worden vervoerd.

Veel algemene informatie vindt u op
▶ *www.europa.eu* ◀ maar zorg dat u de informatie achterhaalt die op uw specifieke situatie van toepassing is.

Voor recente douaneverplichtingen kunt u contact opnemen met de vertegenwoordiging van uw vakantieland in het land waar u woont.

Valuta en geldzaken
De munteenheid is de Zweedse kroon (SEK). Wisselkoers (september 2014) € 1 = SEK 9,15. Op postkantoren, treinstations en grote winkels kunt u met euro's betalen; wisselgeld krijgt u in Zweedse kronen.

Geldautomaat
Vooral buiten de steden zijn de automaten soms dun gezaaid.

Creditcard
U kunt op de meeste plaatsen terecht met uw creditcard.

Openingstijden en feestdagen
Banken
Banken zijn geopend tot 15.00 uur.
Op donderdag geopend tot 17.00 uur en op zaterdag gesloten. In grote steden kunnen banken open zijn tot 18.00 uur.
De dag voor een feestdag sluiten banken al om 13.00 uur.

Winkels
De winkels in Zweden zijn geopend tussen 9.30 uur en 18.00 uur, op zaterdag tot 16.00 uur. Supermarkten zijn open tussen 08.00 en 22.00 uur.
Sterkedrank kunt u alleen krijgen in staatswinkels van Systembolaget.

Deze zijn doordeweeks geopend tot 18.00 uur, zaterdag tot 13.00 uur.

Apotheken
Apotheken zijn op werkdagen open tot 18.00 uur en op zaterdag tot 14.00 uur.
In de grotere steden zijn dienstdoende apotheken ook 's avonds en op zondag geopend (24-uursdienst).

Feestdagen
Nieuwjaarsdag, 6 januari (Driekoningen), Goede Vrijdag, Pasen, 30 april (Walpurgisnacht), 1 mei (Dag van de Arbeid), Hemelvaartsdag, Eerste Pinksterdag, 6 juni (Nationale Feestdag), Midzomernachtfeest eerste weekend na 21 juni, Allerheiligen, 13 december (Sint-Lucia), Kerst, Oudjaarsdag.

Tijdens het Midzomernachtfeest kan het op campings erg druk zijn. Reserveren is dan zeer aanbevolen.

Communicatie
(Mobiele) telefoon
In het zuiden van Zweden heeft u volledige dekking met uw mobiele telefoon.
In Noord-Zweden is er dekking langs grote wegen, aan de kust en in steden, maar niet altijd in onbewoonde gebieden en in de bergen. Er is een 3G-netwerk voor mobiel internet.

WiFi, internet
In steden vindt u internetcafés, in openbare bibliotheken is internet gratis. WiFi komt steeds vaker voor.

Post
Postkantoren of agentschappen kennen de Zweden bijna niet meer. De post wordt verzorgd door kruideniers, benzinestations of andere winkels.

Wegen en verkeer

Wegennet
Houd in Zweden rekening met overstekend groot wild, vooral in de ochtend- en avondschemer. Het rijden in de dichte bossen van Midden-Zweden kan vanwege de stilte en eentonigheid leiden tot vermoeidheid. Bij pech kunt u bellen met Motormännen: tel. 020-911111.

Verkeersvoorschriften
Op een rotonde heeft het verkeer dat zich er al op bevindt meestal voorrang. Dit wordt aangegeven met borden. Staan er geen borden, dan heeft de bestuurder die de rotonde op wil voorrang op degene die op de rotonde rijdt.

Maximale snelheid

Het maximaal toegestane alcoholpromillage is 0,2 ‰. Kinderen tot 7 jaar zijn verplicht om in een kinderzitje te zitten (dit geldt ook voor toeristen!). Auto's moeten ook overdag dimlicht aan hebben. Handsfree bellen is nog niet verplicht, maar bellen in de auto mag geen negatieve invloed hebben op het rijgedrag! Winterbanden zijn verplicht tussen 1 december en 31 maart en als er sprake is van 'winterse omstandigheden'.

Navigatie
Signalering van vaste flitslocaties met behulp van navigatie of mobiele telefoon is toegestaan.

Caravan, camper
Service stations voor campers komen steeds meer voor. Daarnaast wordt quick-stop steeds populairder: voor een lagere prijs kunt u dan 's avonds na 20.00 uur naar uw staanplaats en dient u voor 10.00 uur 's ochtends weer weg te zijn. In Zweden is het verboden een emmer onder de afvoer van de caravan te plaatsen. Het is verplicht een afsluitbare afvoer te hebben en een afgesloten afvaltank of afvalzak.

Toegestane afmetingen
Hoogte geen beperkingen, breedte 2,60m en maximale lengte (auto en caravan) 24m.

Motorbrandstof
Loodvrije benzine is goed verkrijgbaar. LPG is moeilijk verkrijgbaar.

Tankstations
Tankstations zijn open tot 21.00 uur. In Noord-Zweden zijn er relatief weinig pompstations. U kunt bij de meeste tankstations betalen met uw creditcard.

Tol
Op de Øresundsbron, die Denemarken verbindt met Zweden, moet u tol betalen: retourkaartjes zijn niet verkrijgbaar. Tip: koop op de heenreis 2 enkeltjes, dat scheelt een hoop tijd op de terugreis.

Alarmnummer
112: het nationale alarmnummer voor politie, brandweer of ambulance.

Kamperen
In Zweden geldt het zogeheten allemansrecht. U dient toestemming van een landeigenaar te vragen en te handelen naar het voornaamste principe: 'niet storen en niet vernielen'. Het allemansrecht geldt niet in natuurreservaten en andere beschermde

natuurgebieden.
In het zuiden van Zweden zijn er meer dan genoeg campings, meer naar het noorden neemt het aantal af. Noord-Zweden heeft vooral kleine campings en vooral de kampeerterreinen aan hoofdroutes zijn in trek bij toeristen dus reserveer op tijd! Het sanitair op campings is meestal van voldoende kwaliteit. Het kan aan de krappe kant zijn, maar daar staat tegenover dat u vaak gratis gebruik kunt maken van de sauna.

Praktisch
Gaat u kamperen in Zweden, dan is er een kans dat u een speciale kaart nodig heeft die u bij de receptie moet tonen. U kunt deze kaart aanschaffen op de eerste camping waar u kampeert.

- Let op: de mogelijkheden om propaangasflessen te vullen zijn zeer beperkt. U kunt dus het beste met voldoende gas op stap gaan. Butagas is geheel niet verkrijgbaar.
- Zorg dat u altijd een verloopstekker (wereldstekker) bij u heeft.
- Het kraanwater is veilig.

Åhus, S-29633 / Skåne　👨‍👩‍👧 ♿ 📶 iD 10

▲ Regenbogen Ferienanlage Åhus★★★★
🏠 Kolivägen 59
☎ +46 (0)44-248969
📠 +46 (0)44-243523
📅 16/3 - 31/12
@ ahus@regenbogen.se

25ha 429T(100-120m²) 10A

1. **ACD**G**IJKLMOP**Q
2. **ABEGRSVX**
3. **ABF**GHJKN**QVW**Y
4. **KLNOP**(Q+R 1/4-15/10) (Y 1/4-31/10)
5. **AB**DEFGIJKLMNOP**QRST**UWXYZ
6. **CDEG**J(N 2km)TUV

💬 Vrij grote, maar toch rustige camping met vrij grote plaatsen. Gelegen dicht aan de Oostseekust van Zuid-Zweden, 130 km van Trelleborg. Hier proeft u het echte Zweden: lange stranden, veel bossen en de rijke Scandinavische cultuur.

🚐 De camping ligt aan de kust aan de noordoost rand van Åhus en wordt vanaf weg 118 met borden aangegeven.

CC €16   16/3-12/6   17/8-31/10   N 55°56'28" E 14°18'46"

Älmhult, S-34394 / Jönköping ♿ 📶 11

▲ Sjöstugans Camping★★★
🏠 Badvägen
☎ +46 (0)476-71600
📠 +46 (0)476-15750
📅 1/1 - 31/12
@ info@sjostugan.com

1,6ha 75T(50-80m²) 10A

1. **BCGIJKLMOP**Q
2. **A**D**IKLRTWXY**
3. **AF**G**UWZ**
4. (Q+R+U+W+X 1/5-30/9) Z
5. **AB**DEFGIJKLMNO**P**TUWXYZ
6. **EK**(N 2km)RTV

💬 Fraai gelegen camping op een landtong in het grote meer Möckeln, midden in de mooie natuur van Småland. Mogelijkheden voor watersport (varen, vissen, zwemmen) wandelen, fietsen en golfen. Verhuur van boten en kano's. Op korte afstand van winkels en warenhuizen.

🚐 De camping is aan weg 23 met borden aangegeven. Op de E4, bij Traryd weg 120 naar Älmhult kiezen.

CC €16   1/1-17/6   19/8-31/12   7=6   N 56°34'7" E 14°7'55"

Årjäng, S-67295 / Värmland-Örebro 👨‍👩‍👧 ♿ iD 12

▲ Camp Grinsby
🏠 Grinsbyn 100
☎ +46 (0)573-42022
📅 1/5 - 6/9
@ campgrinsby@telia.com

3ha 105T(100-150m²) 10A

1. **ACDGIJKLMOPRS**
2. **ABDIKLMRSUWXY**
3. **AF**HJN**QUWZ**
4. (Q 1/7-15/8) (R 25/6-15/8)
5. **AB**DFGIJKLMNO**PR**UWZ
6. **CDE**(N 10km)T

💬 2 km van de E18 (Stockholm-Karlstad-Oslo). U fietst op uw eigen of gehuurde fiets door de prachtige natuur langs het Stora Börmeer. Misschien komt u een eland, hert of bever tegen. In natuurgebied Gläskogen zijn meer dan 300 km gemarkeerde wandelpaden, u kunt het meer per boot of kano bevaren en zwemmen of vissen in het kristalheldere water van het meer.

🚐 Directe afslag weg E18 tussen Årjäng en Nysäter. Ongeveer 20 km van Årjäng staat de camping met borden aangegeven.

CC €16   1/5-12/7   29/8-6/9   N 59°18'11" E 12°26'42"

47

13 — Ed, S-66832 / Halland-Bohuslän

- Gröne Backe Camping & Stugor★★★
- Södra Moränvägen 64
- ☎ +46 (0)534-10144
- FAX +46 (0)534-10145
- 1/1 - 31/12
- @ info@gbcamp.nu

5ha 100T(100-120m²) 10A CEE

1. CDGIJKLMOPRS
2. ABDGILRSVWXY
3. ABHJKN**QUW**Z
4. **N**(Q+R 15/6-15/8) (V+X) Z
5. **AB**DFGIJKLMNO**P**UWZ
6. CEGIJK(N 2km)OTV

💬 Hier vind je fantastische natuur, karakteristiek voor dit gebied. Op de camping kun je roeiboten, kano's en fietsen huren. Tegenover de camping is een elandenfarm op loopafstand. Internet en WiFi gratis. Er is een drijvende sauna op vlot beschikbaar in het Lilameer, wel eerst reserveren bij de receptie.

🚗 Ten westen van Ed aan weg 164 staat de camping met borden aangegeven.

CC €16   1/1-8/6   1/9-31/12   N 58°53'58'' E 11°56'6''

14 — Ellös (Orust), S-47492 / Halland-Bohuslän

- Stocken Camping★★★★
- Stockens Camping 101
- ☎ +46 (0)304-51100
- FAX +46 (0)304-51130
- 11/4 - 27/9
- @ info@stocken.nu

3ha 166T(100-125m²) 16A CEE

1. CDGIJKLMO**P**Q
2. AEGIOQRSTVW
3. B**F**GHKN**Q**UWY
4. **N**(Q (S 1/5-31/8) (T+U+Y 13/6-9/8) Z
5. **AB**DEFGIJKLMNO**P**RUW
6. CEG**J**M(N 6km)OPTV

💬 Gelegen in natuurlijke omgeving. Aan baai van Skagerrak/Kattegat. Rustige familiecamping aan de westkust van het eiland Orust, met bruggen verbonden met het vasteland (E6). Goed voorziene kampwinkel, prima restaurant (13/6-9/8), elke dag vers brood, uitstekend sanitair. Minigolfen, voetballen, krabvissen in zee. Fietsenverhuur op camping en golfen bij Orust Golf Club. Welkom!

🚗 Van Stenungsund weg 160 naar Orust. Dan weg 178 naar links richting Varekil. Dan borden volgen.

CC €18   11/4-14/6   1/9-27/9   N 58°8'52'' E 11°25'17''

15 — Gusum, S-61040 / Östergötland - Stockholms Län

- Yxningens Camping
- Yxningen
- ☎ +46 (0)123-20258
- 17/4 - 12/9
- @ info@yxningenscamping.se

2ha 35T(80-100m²) 10A

1. BCDGIJKLMOPRS
2. ABDFLMRTUVWXY
3. AHIP**R**U**W**Z
4. **N**(Q+R 19/4-15/9) (U)
5. **AB**CDFGHIJKLMNO**PQ**RUW
6. ACDEGIJ**K**(N 3km)V

💬 Ontdek ons paradijsje en kom heerlijk tot rust! Schitterend gelegen aan het imposante meer Yxningen. Zeer geschikt voor natuur-, water- en visliefhebbers. Ook ideaal als stop tussen Öland en Stockholm. Onze speerpunten zijn persoonlijk contact, goede service en schoon sanitair. Veel elanden en ander wild in de omgeving. (Motor)boot- en kanoverhuur. Gratis internetpunt.

🚗 Neem op de E22 afslag Ringarum of Gusum (volg campingborden).

CC €16   1/5-17/6   21/6-25/6   1/9-12/9   N 58°16'55'' E 16°27'48''

Höör, S-24335 / Skåne

- Jägersbo Camping★★★
- Sätofta
- ☎ +46 (0)413-554490
- 1/1 - 31/12
- @ camping@jagersbo.se

5ha 150T(80-140m²) 16A CEE

1. BCGIJKLMOPQ
2. BDGKLMPRSTVWXY
3. BFKQRUWZ
4. N(Q 1/5-15/9) (R 🔒) (S 13/6-16/8) (X 13/6-17/8) Z
5. ABDEFGHIJKLMNOPRUWZ
6. CEGIK(N 3km)OT

💬 In het midden van Skåne, waar de grasvelden en de heuvels bij elkaar komen, vindt u ons aan de oever van Ringsjöns. U treft een goede en mooie camping waar u zowel kunt zwemmen als vissen. Verhuur van kano's, boten of fietsen.

🚗 Aan weg 23 ten zuiden van Höör, afslag Sätofta; daarna 3 km. Of weg 13, afslag Sätofta. Ligt aan het meer van Ringsjo.

CC €18 1/1-17/6 21/6-30/6 17/8-31/12 7=6

N 55°54'12" E 13°33'54"

Hova/Otterberget, S-54891 / Värmland-Örebro

- Otterbergets Bad & Camping
- Otterberget
- ☎ +46 (0)506-33127
- 15/4 - 18/10
- @ info@otterbergetscamping.com

100T(100-120m²) 10A

1. CDGIJKLMOPQ
2. ABDFLRSVWXY
3. ABGHJNQRUWZ
4. N(Q+R 🔒)
5. ABDFGIJKLMNOPQRUWX
6. CEGIK(N 8km)V

💬 Zeer rustig gelegen camping aan mooi zandstrand. Plaatsen op open veld en op met bomen begroeid gedeelte.

🚗 Aan de E20, tussen Mariestad en Laxå, 5 km ten noorden van Hova. Sla af richting Otterberget. De camping staat hier aangegeven. Volg de borden (3 km)

CC €16 15/4-8/6 17/8-11/9 13/9-18/10

N 58°54'33" E 14°17'26"

Hultsfred, S-57736 / Blekinge-Kalmar län

- Hultsfreds Turism AB
- Folkparksvägen 10
- ☎ +46 (0)70-2173116
- 1/1 - 31/12
- @ info@camping-hultsfred.eu

7ha 168T(100-150m²) 16A

1. ACDGIJKLMOPQ
2. ABDLMRWXY
3. AHJRUWZ
4. (Q+R 1/6-31/8)
5. ABDFGIJKLMNOPUWZ
6. CDEGI(N 1km)T

💬 Aan het schitterende Hulingenmeer ligt de rustige familiecamping Hultsfred met goede mogelijkheden om te wandelen en te fietsen. Het meer nodigt uit tot zwemmen, kanoën en waterfietsen. Ideale ligging voor een bezoek aan het Astrid Lindgrenpark te Vimmerby en aan het elandenpark te Virum of Målilla.

🚗 Neem op weg 34 van Målilla naar Vimmerby, afslag Hultsfred. Camping staat met borden aangegeven.

CC €16 1/4-15/6 1/9-30/9

N 57°29'31" E 15°51'48"

19. Karlstad, S-65346 / Värmland-Örebro

- Karlstad Swecamp Bomstad Baden★★★★
- Bomstadsvägen 640
- +46 (0)54-535068
- FAX +46 (0)54-535375
- 1/1 - 31/12
- @ info@bomstadbaden.se

9ha 160T(80-130m²) 10A CEE

1. CGIJKLMO**P**RS
2. ABDFGLRSVXY
3. B**F**GK**Q**UWZ
4. **KN** (Q+R+T+U+X+Y 1/5-31/8) Z
5. **AB**DEFGIJKLMNO**P**RUWX
6. CDEG**IJK**M(N 5km)TV

NIEUW

CC €18 1/1-11/6 17/8-31/12

N 59°21'44'' E 13°21'33''

---

20. Ljusdal, S-82730 / Gävleborg-Västernorrland

- Ljusdals Camping★★★★
- Ramsjövägen 56
- +46 (0)651-12958
- 1/1 - 31/12
- @ info@ljusdalscamping.se

4,5ha 75T(100-120m²) 10-16A

1. ACD**G**IJKLMOPQ
2. ABCDGKLRSTUWXY
3. A**F**GHJK**QW**Z
4. **N**(Q+R 15/6-15/8) (U 15/6-31/8)
5. **AB**DFGIJKLMNOPUW
6. CFGK(N 3km)V

CC €18 1/1-14/6 17/8-31/12 7=6

N 61°50'20'' E 16°2'26''

---

21. Oknö/Mönsterås, S-38392 / Blekinge-Kalmar län

- Regenbogen Ferienanlage Oknö/Mönsterås★★★★
- Oknövägen 12
- +46 (0)499-44902
- 1/4 - 31/10
- @ monsteras@regenbogen-camp.de

4,7ha 155T(80-100m²) 10-16A CEE

1. ACD**G**IJKLMOPQ
2. ABEFILORSTVWXY
3. ABF GHK**MQ**UVWY
4. **KLN**(Q+R+Y)
5. **AB**DEFGIJKLMNOPR**ST**U WZ
6. CEG**J**(N 4,5km)TV

CC €16 1/4-15/6 17/8-31/10

N 57°0'42'' E 16°30'21''

Oxelösund, S-61351 / Östergötland - Stockholms Län 22

- Jogersö Camping
- Jogersövägen
- +46 (0)155-30466
- 1/1 - 31/12
- info@jogerso.se

3ha 132T(50-120m²) 16A

1. ABCDGIJKLMOPQ
2. ABEFLMQRUVWXY
3. AFGHK**Q**UWY
4. **N**(Q+R+U+X+Y 16/6-17/8)Z
5. **AB**CDFGIJKLMNOPUWYZ
6. EGK(N 3km)TV

💬 Mooi gelegen camping aan inham van de Oostzee. Prachtig groot zandstrand op 200m. Vanaf de camping te bereiken via wandelpad. Prima gelegenheid om te zwemmen en andere watersporten te bedrijven. Ook om te vissen is men hier op de juiste plaats. De omgeving (met natuurreservaat) leent zich uitstekend voor wandel- en fietstochten.

🚗 E4, afslag Oxelösund (weg 53). Neem dan afslag Frösang/SSAB. Daarna campingborden volgen.

CC €18 1/1-14/6 1/9-31/12 7=6

N 58°40'0" E 17°3'25"

Stöllet, S-68051 / Värmland-Örebro 23

- Alevi Camping
- Fastnäs 53
- +46 (0)563-86050
- 19/4 - 20/9
- info@alevi-camping.com

4,1ha 60T(120-180m²) 10A CEE

1. ABCDGIJKLMOPRS
2. CGLMRSVWX
3. AGHJRU**W**X
4. (**A** 15/6-31/8) **N** (Q 1/5-30/9) (R 15/6-31/8) (T+U+X 1/5-30/9)
5. **AB**DFGIJKLMNOPRUWZ
6. ACEGJ(N 14km)TV

💬 Gezellige camping direct aan de bocht van de rivier Klarälven. Vlot- en kanovaren, vissen en zwemmen. Eenvoudige maaltijden in restaurant met 's ochtends warme broodjes. Kleine campingwinkel, keurig schoon sanitair en gratis douche. Je komt als gast en je vertrekt als vriend!

🚗 Aan weg 62, 18 km ten zuiden van kruispunt met weg 45 (Stöllet). Direct na de brug over de Klarälven links met borden aangegeven. Komende van Karlstad 14 km ten noorden van Ekshärad.

CC €16 20/4-3/7 1/9-20/9

N 60°17'7" E 13°24'25"

Tranås, S-57393 / Jönköping 24

- Hätte Camping****
- Badvägen 2
- +46 (0)140-17482
- 1/1 - 31/12
- info@hattecamping.se

4ha 129T(80-100m²) 10A CEE

1. ABCDGIJKLMOPQ
2. ABCDLMRUVWXY
3. AFHJKN**Q**UWY
4. (Q 15/6-15/8) (R 🔌) (U 1/5-31/8) (V 🔌) (X+Y 1/5-31/8)
5. **AB**DFGIJKLMNOPUW
6. ACEGHI**K**L(N 4km)V

💬 Rustige familiecamping met mogelijkheden voor zwemmen, watersport en vissen in het schitterende Sommenmeer. Centraal gelegen voor leuke uitstapjes, zoals Gränna en Eksjö. Goede wandel-/fietsmogelijkheden in de omgeving. Goede tussenstop voor route naar Stockholm of Noordkaap.

🚗 De camping ligt 3 km ten oosten van Tranås en wordt vanaf weg 131 aangegeven (richting Hätte). Op weg 32 afslag Tranås Sud, ri centrum en dan wordt de camping met borden aangegeven.

CC €16 1/1-14/6 17/8-31/12

N 58°2'10" E 15°1'44"

Uddevalla/Hafsten, S-45196 / Halland-Bohuslän

▲ Hafsten Swecamp Resort****
🏠 Hafsten 120
☎ +46 (0)522-644117
📠 +46 (0)522-644480
🔑 1/1 - 31/12
@ info@hafsten.se

17ha 210T(80-100m²) 10A CEE

1 CDGIJKLMO**PRS**
2 AEIJKLQRSVWX
3 BCF**GH**M**N**O**PQ**U**V**WY
4 (A 1/7-15/8) (G 1/6-30/8) J
  KLM**NP**(Q+R 🔑)
  (S 1/6-31/8) (T+U 🔑)
  (V 1/6-31/8) (X+Y 🔑) Z
5 **AB**DFGIJKLMNO**P**UWXYZ
6 CDFG**IJ**(N 6km)OPSTV

📢 Prachtige en goed uitgeruste camping met ruime plaatsen en mooi uitzicht over zee. Goede voorzieningen, viersterrencamping met o.a. zandstrand, wellness, bootverhuur, tennisbaan, jeu de boulesbaan, paardrijden, skelter/trapauto. Meerdere wandelroutes in natuurgebied Hafstenfjord.

🚗 Vanaf E6 weg 161 richting Lysekil tot weg 160. Daar links richting Orust. Na 2 km links, nog 4 km (borden volgen). Camping is duidelijk aangegeven en ligt in het Hafstensfjord (natuurgebied).

CC €16 1/1-17/6 17/8-31/12   N 58°18'53" E 11°43'24"

Varberg, S-43253 / Halland-Bohuslän

▲ Apelviken.se****
🏠 Sanatorievägen 4
☎ +46 (0)340-641300
📠 +46 (0)340-641309
🔑 1/1 - 31/12
@ info@apelviken.se

6ha 500T(80-120m²) 16A CEE

1 BCGIJKLMNOQ
2 AEGKORVW
3 B**FGKQ**UWY
4 (B+H 1/5-31/8) **N**
  (Q+R 1/4-30/9)
  (X 15/6-15/8)
  (Y 23/3-27/10)
5 **AB**DFGHIJKLMN**P**RUWXY
6 CFGHIJK(N 1,5km)PSTV

📢 Schitterend op schiereiland gelegen camping aan westkust van Zweden. Zwemmen, surfen, golf (18 holes), wandelen en fietsen (over de promenade naar Varberg). Restaurant open in weekenden maart-november. Met de trein naar Göteborg of Halmstad of verder. Op ca. 30 km van onze camping ligt het grootste warenhuis van Zweden: Gekås in Ullared.

🚗 E6, afslag 53 tot 55, afhankelijk van de richting. Richting Varberg C aanhouden, dan borden Apelviken volgen, daarna campingborden volgen.

CC €18 1/1-13/5 18/5-17/6 21/6-26/6 17/8-31/12   N 57°5'17" E 12°14'52"

Värnamo, S-33131 / Jönköping

▲ Värnamo Camping***
🏠 Prostgårdsvägen
☎ +46 (0)370-16660
📠 +46 (0)370-47150
🔑 1/5 - 14/9
@ info@varnamocamping.se

3ha 75T(100m²) 10A CEE

1 BCGIJKLMOPQ
2 BCDGLMRY
3 B**F**GMN**QU**WZ
4 (Q 1/6-31/8) (R 1/6-30/8)
5 **AB**DEFGIJKLMNOPUW
6 EGJ(N 0,5km)TV

📢 Schaduwrijke camping op loopafstand van meer en centrum. Groot nationaal park op 15 km.

🚗 E4, afslag Värnamo-noord, dan campingbord volgen. Ook op weg 27 met borden aangegeven.

CC €10 1/5-12/6 22/6-30/6 17/8-14/9   N 57°11'27" E 14°2'45"

Denemarken

Algemeen
Denemarken is lid van de EU.

Tijd
In Denemarken is het net zo laat als in Amsterdam, Parijs en Rome.

Taal
Deens, maar Engels en Duits wordt doorgaans ook goed verstaan en gesproken.

Overtochten
Er zijn verschillende veerdiensten waar veel gebruik van wordt gemaakt in de zomermaanden. Het is raadzaam overtochten tijdig te reserveren.

Grensformaliteiten
Veel formaliteiten en afspraken rond zaken zoals de benodigde reisdocumenten, autodocumenten, eisen aan uw vervoer- en verblijfmiddel, ziektekosten en het meenemen van dieren zijn niet alleen afhankelijk van het land van bestemming, maar ook van uw vertrekpunt en nationaliteit. Ook de lengte van uw verblijf speelt hierbij een rol. Het is onmogelijk om in het bestek van deze gids voor alle gebruikers de juiste en up-to-date informatie met betrekking tot deze zaken te garanderen.

Wij adviseren u om voor vertrek bij de bevoegde instanties na te gaan:
- welke reisdocumenten u nodig heeft voor uzelf en uw reisgenoten
- welke documenten u nodig heeft voor uw auto
- aan welke eisen uw caravan moet voldoen
- welke goederen u in en uit mag voeren
- hoe in geval van ongeval of ziekte de medische behandeling in uw vakantieland is geregeld en kan worden betaald
- of u huisdieren mee kunt nemen. Neem lang van te voren contact op met uw dierenarts. Die kan u informatie geven over relevante vaccinaties, bewijzen daarvan en verplichtingen bij terugkomst. Ook is het verstandig om na te gaan of in uw vakantieland bepaalde voorwaarden gelden voor huisdieren in het openbare leven. Zo moeten in sommige landen honden altijd worden gemuilkorfd of achter tralies worden vervoerd.

Veel algemene informatie vindt u op
▶ www.europa.eu ◀ maar zorg dat u de informatie achterhaalt die op uw specifieke situatie van toepassing is.

Voor recente douaneverplichtingen kunt u contact opnemen met de vertegenwoordiging van uw vakantieland in het land waar u woont.

Valuta en geldzaken
De munteenheid is de Deense kroon (DKK). Wisselkoers (september 2014) € 1= DKK 7,45. Sinds mei 2011 zijn er nieuwe bankbiljetten in omloop; de oude zijn voorlopig nog geldig.

Creditcard
U kunt op veel plaatsen betalen met uw creditcard. Het gaat in veel gevallen wel om creditcards met een chip in plaats van een magneetstrip.

Openingstijden en feestdagen

Banken
Banken zijn maandag tot en met vrijdag geopend tot 16.00 uur. Op donderdag tot 17.30 uur.

Winkels
De meeste winkels zijn open op maandag tot en met donderdag tot 18.00 uur, op vrijdag tot 20.00 uur. Op zaterdag zijn de winkels open tot 14.00 uur. In toeristische gebieden zijn de winkels vaak op zondag de gehele dag open.

Apotheken
Apotheken zijn normaal gesproken geopend van 9.30 uur tot en met 17.30 uur van maandag tot en met donderdag. Op vrijdag zijn de apotheken langer open. Op zaterdag kunt u tussen 10.00 uur en 13.00 uur bij apotheken terecht.

Feestdagen
Nieuwjaarsdag, Witte Donderdag, Goede Vrijdag, Pasen, 1 mei (Gebedsdag), Hemelvaartsdag, Pinksteren, 5 juni (Dag van de Grondwet), 24, 25 en 26 december.

Communicatie

(Mobiele) telefoon
Het mobiele netwerk is goed in heel Denemarken. Er is een 3G-netwerk voor mobiel internet.

WiFi, internet
WiFi is veelal beschikbaar in restaurants en bars.

Post
Open op maandag tot en met vrijdag tot 17.00 uur.

Wegen en verkeer

Wegennet
In geval van pech of ongeluk op de weg kunt u via praatpalen contact opnemen met Falck tel. 70102030 of met FDM 70133040.

Verkeersvoorschriften
Verkeer op rotondes heeft altijd voorrang. Fietsers dient u ook voor te laten gaan.
Op bergwegen en andere hellende wegen heeft stijgend verkeer voorrang op dalend verkeer.

Maximale snelheid

Het maximaal toegestane alcoholpromillage is 0,5 ‰. In Denemarken dient u overdag dimlicht te voeren. U dient handsfree te telefoneren. Het gebruik van winterbanden is niet verplicht.

Navigatie
Signalering van vaste flitslocaties met behulp van navigatie of mobiele telefoon is toegestaan.

Caravan, camper
Voor kampeerders die laat arriveren, wint de quick-stop service aan populariteit: overnachten na 20.00 uur 's avonds en tot 10.00 uur 's morgens, vaak buiten het kampeerterrein. Het is niet toegestaan om in uw camper te overnachten aan openbare wegen, parkeerplaatsen of nabij een strand.

Toegestane afmetingen
Hoogte 4m, breedte 2,55m en lengte 18,75m.

Motorbrandstof
Loodvrije benzine en diesel zijn goed verkrijgbaar. LPG is moeilijk verkrijgbaar.

Tankstations
De benzinestations zijn meestal geopend tot 23.00 uur. U kunt vaak met creditcard betalen.

Tol
Op de Deense wegen wordt geen tol geheven. Op de Grote Beltbrug en de Sontbrug moet u wel tol betalen:
- Grote Beltbrug: € 33 voor auto en € 50 voor caravans en campers groter dan 6m.
- Sontbrug: respectievelijk € 49 en € 98.

Voor de Sontbrug kunt u geen retourkaarten krijgen, voor de Grote Beltbrug wel.

Alarmnummer
112: nationaal alarmnummer voor ambulance, brandweer en politie.

Kamperen
Vrij kamperen is in Denemarken in het algemeen niet toegestaan! Het mag alleen indien door de landeigenaar toestemming is verleend. Rust en privacy staan hoog in het vaandel op Deense campings. De kampeerterreinen liggen dikwijls verder verwijderd van de bewoonde wereld dan in andere landen. Deense campings zijn familiecampings bij uitstek. Het aantal comfortstaanplaatsen neemt toe.

Praktisch
Gaat u kamperen in Noorwegen, Finland of Denemarken, dan is de kans groot dat u een speciale kaart nodig heeft die u bij de receptie dient te tonen. U kunt deze kaart aanschaffen op de eerste camping waar u kampeert.

- Let op: de mogelijkheden om propaangasflessen te vullen zijn zeer beperkt. U kunt dus het beste met voldoende gas op stap gaan.
- Zorg dat u altijd een verloopstekker (wereldstekker) bij u heeft.
- Het kraanwater is veilig.

Vissen
Elke visser van 18 tot en met 65 jaar moet in Denemarken een visakte hebben. Deze is verkrijgbaar bij postkantoren, VVV's, hotels en campings (1 jaar, week of dag geldig). Voor de vele meren of waterlopen die in particulier bezit zijn moet men ook een plaatselijke vergunning aanschaffen.

Assens, DK-5610　　　28

- Sandager Næs★★★
- Strandgårdsvej 12, Sandager
- ☎ +45 64791156
- ⊙ 27/3 - 13/9
- @ info@sandagernaes.dk

3,7ha 135T(80-140m²) 10A CEE

1. **CDG**IJKLMOPQ
2. AEKLRVWX
3. B**F**JKN**P**RUW**Y**
4. (C+H 18/5-1/9) J**N** (Q+S ⊙) (T+U+X 30/6-5/8)
5. **AB**DEFGIJKLMNO**P**RUWZ
6. ACEGH**IK**(N 3km)OTUV

💬 Prachtig gelegen camping aan de westkust van Fünen. De camping heeft prima verwarmd sanitair in voor- en naseizoen. De omgeving nodigt uit tot het maken van wandel- en fietstochten. Ook het maken van interessante uitstapjes is mogelijk, bijvoorbeeld naar Odense, geboortestad van Hans Christian Andersen, het Deense spoorwegmuseum en Egeskov, een middeleeuws kasteel met museum.

🚗 E20, afslag 57 richting Assens. Bij Sandager rechts borden volgen.

CC €16 28/3-13/5 18/5-22/5 26/5-26/6 17/8-13/9 7=6, 14=12   N 55°20'2'' E 9°53'24''

Augustenborg, DK-6440　　　29

- Hertugbyens Camping★★
- Ny Stavnsbøl 1
- ☎ +45 74471639
- 📠 +45 74471134
- ⊙ 1/1 - 31/12
- @ hertugbyenscamping@mail.dk

2,6ha 70T(100-150m²) 16A CEE

1. AGIJKLMOPQ
2. AEFIORTWX
3. **F**HJW**Y**
4. (Q 1/4-30/9)
5. **AB**DEFGIJKLMNO**PQR**UWZ
6. ACEG**IK**(N 1km)

💬 Stille en rustige camping bij bos en water achter het slotpark van Augustenborg. Uitstekend gelegen voor families met kinderen, vissers, fietsers, wandelaars en anderen die van natuur en kalmte houden. Uitvalsbasis voor iedereen. Toch dichtbij Sønderborg.

🚗 Hoofdweg 8, voorbij Sønderborg afrit Augustenborg rechtsaf. In centrum linksaf. Borden volgen. Vóór het ziekenhuis eerst rechts, daarna links en de weg vervolgen richting strand.

CC €16 1/1-15/7 1/9-31/12   N 54°56'49'' E 9°51'15''

Auning, DK-8963　　　30

- Auning Camping★★
- Reimersvej 13
- ☎ +45 86483397
- ⊙ 27/3 - 18/10
- @ mail@auningcamping.dk

4ha 125T(80-150m²) 16A

1. **C**DGIJLMOPQ
2. RSVX
3. ABD**F**GRU
4. (Q+S ⊙)
5. **AB**FGJKLN**PS**UZ
6. CEGK(N 0,5km)OTV

💬 Auning Camping ligt dicht bij de stranden van Djursland en de bossen. Perfecte omgeving om te wandelen en fietsen. Dicht bij de mooie 'Porsbakkerne'. Winkelen behoort ook tot de mogelijkheden. Kortom, ideaal gelegen om de attracties van Djursland te bezoeken. Kindvriendelijk. Gratis WiFi. Binnenzwembad op 800m van de camping. Bekijk de camping via de webcam!

🚗 Via weg 16 Randers-Grenaa naar Auning. Midden in het dorp wordt de camping aangegeven.

CC €16 27/3-30/6 17/8-18/10 7=6   N 56°26'7'' E 10°23'3''

Ballum/Bredebro, DK-6261

- ▲ Ballum Camping***
- 🏠 Kystvej 37
- ☎ +45 74716263
- 📠 +45 74716276
- 📅 1/1 - 31/12
- @ Ballum.Camping@bbsyd.dk

5,2ha 169T(80-100m²) 10A CEE

1. **CG**IJKLPQ
2. AGORVWXY
3. **BG**KNQU
4. (Q 1/4-30/9) (R ⊘)
5. **AB**DEFGJKLMNO**P**RUW
6. ACEGIK(N 1,5km)TV

💬 Een rustige familiecamping met prima verwarmd sanitair in voor- en naseizoen. Het van houtsnijwerk bekende Ballum is een wandel- en fietsvriendelijk dorp. Vogelrijke natuur met in het voor- en najaar enorme zwermen spreeuwen die voor een natuurfenomeen zorgen. Camping geschikt voor winteractiviteiten.

🚗 Kustweg 419 van Tønder naar Ballum. Vlak voor Ballum staat de camping aangegeven.

€18 1/1-25/6 1/9-31/12 7=6, 14=12, 21=18

N 55°4'8" E 8°39'38"

Bork Havn/Hemmet, DK-6893

- ▲ Bork Havn Camping***
- 🏠 Kirkehøjvej 9A
- ☎ +45 75280037
- 📠 +45 75280636
- 📅 27/3 - 31/10
- @ mail@borkhavncamping.dk

4,5ha 115T(100-120m²) 10A CEE

1. **CDG**IJKLPQ
2. ADRUVWXY
3. **BG**HJKN**Q**UW
4. N(S ⊘) (T+U 1/4-31/10)
5. **AB**DEFGIJKLMNO**P**RUWZ
6. CEGHJOTV

💬 Zeer verzorgde camping met verwarmd sanitair en alle voorzieningen. De supermarkt ligt naast de camping. Op 100m ligt het gezellige vissershaventje met restaurant, winkeltjes en snackbar. De afgesloten fjord leent zich voor wind-, kitesurfen en vissen. Wandelen en fietsen is in de omgeving een genot.

🚗 Op de 423 Nørre Nebel-Tarn; ten noorden van het dorpje Nørre Bork linksaf borden Bork Havn volgen.

€16 27/3-12/5 25/5-30/6 17/8-31/10

N 55°50'54" E 8°17'0"

Broager/Skelde, DK-6310

- ▲ Broager Strand Camping***
- 🏠 Skeldebro 32
- ☎ +45 74441418
- 📅 1/2 - 30/11
- @ post@broagerstrandcamping.dk

5,8ha 120T(80-125m²) 13A CEE

1. **CDG**IJKLMOPQ
2. AEFKLNRSTVWXY
3. **A**F**H**JKL**UWY**
4. (Q+R ⊘)
5. **AB**DFGIJKLMNOP**QR**UWX YZ
6. ABCDEGHIK(N 7km)OV

💬 Kleine gezellige plaats in Broager Land direct aan het strand van de Sønderborgbaai. Met veel wandel- en fietspaden. Historische bezienswaardigheden op enkele minuten. Vismogelijkheden om de hoek.

🚗 Vanaf autoweg E45 afrit 73 ri Sønderborg. Weg 8 volgen tot Nybol daarna ri Broager tot 1e verkeerslichten. Na de verkeerslichten 1e weg rechts ri Skelde. Na 3,5 km in Dynt rechtdoor. Verder met borden aangegeven.

€16 1/2-26/3 7/4-12/5 26/5-4/7 21/8-30/11 7=6, 14=12

N 54°52'4" E 9°44'39"

Bryrup/Silkeborg, DK-8654 ♿ 📶 iD 34

🔺 Bryrup Camping****
🏠 Hovedgaden 58
☎ +45 75756780
📠 +45 75756603
🗓 27/3 - 20/9
@ info@bryrupcamping.dk

2,4ha 230T(80-100m²) 13A CEE

1. **ACD**G**IJK**LMPQ
2. **BCDGJRSWXY**
3. **BHJN**Q**RUW**
4. (C+H 15/5-15/9) J (Q+S 4/4-21/9) Z
5. **AB**DEF**GIJKLMNOPQ**RUW XY
6. CEG**IK**OQV

Moderne 4-sterren familiecamping. Vrij unieke, natuurlijke locatie net ten zuiden van Silkeborg. Goede fietsroutes en veel vislocaties. Verwarmd zwembad is gratis te gebruiken tijdens het verblijf op de camping. Wij kijken uit naar uw komst.

🚗 Na Vejle weg 13 naar het noorden tot Silkeborg. Hier rechts weg 453 nemen. Na ca. 10 km in Bryrup ligt de camping links.

CC €18 27/3-12/5 26/5-26/6 17/8-20/9   N 56°1'21'' E 9°30'32''

Ebeltoft, DK-8400 📶 35

🔺 Blushøj Camping - Ebeltoft***
🏠 Elsegårdevej 55
☎ +45 86341238
🗓 27/3 - 13/9
@ camping@blushoj.com

6,5ha 270T 10A

1. **GIJ**LPQ
2. EJKORSWXY
3. **BFGHJK**Q**RUW**Y
4. (C+H 1/6-15/8) J (Q+S 1/4-13/9)
5. **AB**DEFGJLN**P**RUWZ
6. CEG**IK**(N 5km)OV

Vlak bij het charmante en gezellige stadje Ebeltoft bent u van harte welkom op deze prachtig gelegen familiecamping met uitzicht over het Kattegat. Rust, natuur, zuivere zeelucht. Ruime percelen met veel privacy. Op de receptie kan men u (ook in Duits of Engels) informeren over wandel-/fietstochten. Golfmogelijkheid nabij.

🚗 Van Ebeltoft naar Elsegårde rijden (4 km). Bij de splitsing en bij de vijver links naar de camping.

CC €18 27/3-14/5 25/5-30/6 17/8-12/9   N 56°10'4'' E 10°43'49''

Ebeltoft/Krakær, DK-8400 👫 📶 36

🔺 Krakær Camping***
🏠 Gammel Kærvej 18
☎ +45 86362118
🗓 29/3 - 18/10
@ info@krakaer.dk

8ha 227T(70-130m²) 10A CEE

1. **BCDGIJK**LMOPQ
2. **BJ**RSVWX
3. **BFGHJN**OP**Q**RU
4. (C+H 1/6-30/9) (Q+S ⌕) (T 25/6-6/8) (U+X 24/6-5/8)
5. **AB**DEFGIJKLMN**P**RUWZ
6. CEG**IK**M(N 8km)ORV

Krakær is een pareltje in één van de mooiste natuurgebieden van Denemarken. De terrassencp met afgebakende percelen en vlakke paden ligt in een heuvelachtig bosrijk gebied met natuurlijke bescherming tegen de wind. Restaurant in laagseizoen in het weekend open. Prachtige wandel- en fietstochten vanaf de cp. Kindvriendelijk.

🚗 Via weg 15 en 21 richting Ebeltoft. Ongeveer 8 km vóór Ebeltoft rechtsaf richting Krakær. De camping wordt aangegeven.

CC €18 29/3-28/6 17/8-18/10   N 56°15'8'' E 10°36'9''

Egtved, DK-6040

🅰 Egtved Camping★★★
🏠 Verstvej 9
☎ +45 75551832
📠 +45 75550832
📅 1/4 - 1/10
@ post@egtvedcamping.dk

8ha 240T(90-100m²) 10A CEE

1 CDGIJKLMOPQ
2 DIJKLRVWXY
3 BGHLNUW
4 (Q+R+S ▣)
   (T+U+X 8/7-11/8)
5 A B DFGIJKLMNOPRUW
6 ACEGH K M(N 2,5km)OU

💬 Camping Egtved midden in een prachtig rustig natuurgebied omgeven door bossen en meren. Uitstekende mogelijkheden voor sportvissers. De camping zelf heeft buiten een uitstekende service, een speelplaats met springkussen, campingwinkel, enz. Verder ligt het in de nabijheid van Legoland, het Givskud leeuwenpark en de Noordzee.

🚗 Op weg 417 Vejle-Ribe. Vanuit Ribe is camping 1 km voor Egtved. Vanuit Vejle 1 km voorbij Egtved.

CC €16 1/4-19/6 21/8-1/10   N 55°36'24" E 9°16'44"

Esbjerg V., DK-6710

🅰 EsbjergCamping.dk★★★
🏠 Gudenåvej 20
☎ +45 75158822
📅 1/1 - 31/12
@ info@esbjergcamping.dk

7ha 240T(100m²) 10A CEE

1 CGIJKLPQ
2 ACEGRVWXY
3 BNQRUY
4 (C+H 1/6-1/9) J K
   (R 1/4-1/10)
5 A B DEFGIJKLMNOPRSUW
6 CDEGH I K(N 3km)OTV

💬 Een gezellige familiecamping met ruime plaatsen en modern sanitair. Op tien minuten rijafstand van het strand en het centrum van Esbjerg. Voor wandel- en fietsliefhebbers een fijne omgeving. Golfbanen in de directe omgeving. In Esbjerg vindt u gezellige winkelstraatjes en het kunst- en visserijmuseum. Esbjerg: een bezoek waard!

🚗 Kustweg 447 van Esbjerg naar Hjerting volgen. Aan het eind van het dorp Saedding de verwijzing naar de camping volgen.

CC €18 1/4-13/5 26/5-30/6 17/8-30/9   N 55°30'47" E 8°23'22"

Faaborg, DK-5600

🅰 Faaborg Camping★★★
🏠 Odensevej 140
☎ +45 62617794
📠 +45 62617783
📅 1/1 - 31/12
@ info@faaborgcamping.dk

4,9ha 112T(100-140m²) 10A CEE

1 BCD G IJKLMOPQ
2 GIJLRWXY
3 A FHIJK Q RU
4 (A 1/7-15/8)
   (Q+R 1/4-24/10)
5 A B DEFGIJMNO PQ RUWXZ
6 BCDEG J (N 1,5km)OTV

💬 Familiecamping rond een oude boerderij, centraal gelegen om te wandelen of voor trips met fiets of auto. Modern sanitair. Dicht bij Faaborg. Buiten het seizoen vooraf bellen met de camping.

🚗 Vanaf Bøjden via rondweg Faaborg weg 43 richting Odense. De camping wordt na 500m aangegeven.

CC €18 1/1-31/3 6/4-12/5 17/5-21/5 25/5-2/7 19/8-31/12   N 55°6'59" E 10°14'42"

40 — Farsø, DK-9640 ♿ 📶

▲ Farsø Fjord Camping***
Gl. Viborgvej 13
☎ +45 98636176
📅 1/4 - 30/9
@ info@farso-fjordcamping.dk

5ha 92T(80-120m²) 10A

1 CGIJKLMOPQ
2 ACEGKNRSVWX
3 BFJNQUWY
4 (C 1/6-31/8) (H 🔒) IJ (Q+S+T+U 🔒) Z
5 **AB**DFGIJKLMNO**P**RUWZ
6 ACDEGH**K**(N 5km)OV

🗨 Rustige gezinscamping in een natuurschone omgeving, 100m van het Limfjord. Solar verwarmd zwembad, vissen, minigolf, hondenlosloopgebied op de camping. Fiets- en wandelmogelijkheden.

🚗 Camping gelegen aan weg 533 Viborg-Løgstør, 40 km ten noorden van Viborg, in Stistrup. Camping met borden aangegeven.

CC €16   1/4-21/5   26/5-30/6   17/8-30/9

📍 N 56°45'28'' E 9°14'36''

41 — Fredericia, DK-7000 ♿ 📶

▲ MyCamp Trelde Næs*****
Trelde Næsvej 297
☎ +45 75957183
📅 27/3 - 18/10
@ trelde@mycamp.dk

10ha 430T 10A CEE

1 CDFIJKLMOPQ
2 ABEGRVX
3 BHKN**OP**QRUWY
4 (**C** 13/5-6/9) (**G** 29/5-7/9) I J**KLN**(Q+S 🔒) (T 13/5-10/8) (U+X 27/6-10/8)
5 **AB**FGIJKLMNO**P**RUW
6 CEG**K**(N 12km)OSTV

🗨 Grote camping, zonder schaduw, prachtig gelegen aan de kust.

🚗 Weg 28 (Vejle-Fredericia). Vanaf Vejle afslaan ri Egeskov, daarna Trelde en Trelde-Næs. Vanaf Fredericia naar Trelde, daarna Trelde Næs.

CC €18   27/3-13/5   26/5-28/6   17/8-18/10

📍 N 55°37'30'' E 9°50'0''

42 — Gårslev/Børkop, DK-7080 ♿ 📶

▲ Hagen Strand Camping***
Hagenvej 105c
☎ +45 75959041
📅 28/3 - 27/9
@ info@hagenstrandcamping.dk

5,2ha 230T(< 100m²) 6A

1 CDFIJKLMOPQ
2 AEKRVWXY
3 BGHJNRU**W**Y
4 (A 1/7-13/8) J(Q+R 🔒)
5 **AB**DEFGIJK**L**MN**PR**UW
6 AEG**K**M(N 15km)OTV

🗨 Gelegen aan zee, grote plaatsen, alles afgescheiden met heggen. Modern sanitair.

🚗 Weg 28 Vejle-Fredericia, afslag Børkop, campingborden volgen, ook door dorp Gårslev. Vlak bij zee is splitsing van campings Mørkholt en Hagen.

CC €16   28/3-4/7   21/8-27/9   7=6, 14=12

📍 N 55°39'32'' E 9°43'45''

Gårslev/Børkop, DK-7080

▲ Mørkholt Strand Camping***
🏠 Hagenvej 105b
☎ +45 75959122
FAX +45 75959144
⊙ 1/1 - 31/12
@ info@morkholt.dk

6,5ha 380T(90-100m²) 10A

1 CD**F**IJKLMOQ
2 AERVX
3 AB**F**HIN**Q**RUWY
4 (C+G 29/5-20/8)
 (Q+S 24/3-23/10)
 (T+U 25/6-1/8)
5 **AB**DFGJKLMNO**PR**SUW
6 ACEGH**IK**M(N 15km)OQTV

💬 Grote camping in gezellige sfeer. Prima voorzieningen. Prachtig zwembad, veel activiteiten.

🚗 Weg 28 Vejle-Fredericia N. Op 14 km van Vejle en op 10 km van Fredericia staat camping bij afslag Gårslev aangegeven.

CC €16   1/1-20/6   20/8-31/12   N 55°39'23" E 9°43'35"

Glesborg, DK-8585

▲ FDM Camping Hegedal Strand***
🏠 Ravnsvej 3
☎ +45 86317750
⊙ 27/3 - 16/9
@ c-hegedal@fdm.dk

2,2ha 110T(85-120m²) 6A

1 BCD**G**IJLMOPQ
2 AEGIJLMNORTUXY
3 ABGJNRUW
4 (Q+R ⊙)
5 **AB**DFG**IJKL**MNOPRU
6 CEK(N 3km)TUV

💬 Op deze bloemrijke en milieuvriendelijke camping bent u verzekerd van een gezond en relaxed verblijf. Direct aan strand en zee gelegen. Veel mogelijkheden voor uitstapjes in de omgeving.

🚗 Camping ligt aan oostkant van het Hegedal. Wordt aan N547 aangegeven met campingbord FDM, 2,5 km vanaf Fjederup Strand.

CC €16   10/4-13/5   26/5-2/7   27/8-16/9   N 56°30'44" E 10°32'59"

Haderslev/Diernæs, DK-6100

▲ Gåsevig Strand Camping***
🏠 Gåsevig 19
☎ +45 74575597
FAX +45 74575010
⊙ 28/3 - 20/9
@ info@gaasevig.dk

6ha 250T(100-120m²) 10A CEE

1 CD**G**IJKLMOPQ
2 AEIKLNRSTVWX
3 BC**F**GNRU**W**Y
4 **N**(Q+S ⊙)
5 **AB**DEFGIJKLMNO**PQR**UW Z
6 CDEGHIK(N 13km)OTV

💬 Familiecamping aan zee met eigen strand in centraal Zuid-Jutland. Speelmogelijkheden voor kinderen binnen en buiten. Voor ouders vele recreatiemogelijkheden. Fiets- en wandeltochten naar keuze. Sanitaire voorzieningen zijn aangepast aan huidige normen.

🚗 In Aabenraa de weg 170 richting Kolding nemen tot in Genner, daar rechtsaf naar Sønderballe. Verder met borden aangegeven. Slechts 30 km van de Duitse grens.

CC €18   28/3-12/5   18/5-21/5   26/5-28/6   1/9-20/9   N 55°8'34" E 9°30'5"

Haderslev/Halk, DK-6100

▲ Halk Strand Camping***
🏠 Brunbjerg 105
☎ +45 74571187
📅 2/4 - 20/9
@ info@halkcamping.dk

46

4,5ha 140T(80-100m²) 10A CEE

1 **CDG**IJKLMOPRS
2 AEKNRSVWX
3 BCGN**Q**RU**W**Y
4 (Q+S)
5 **ABDEF**GIJKLMNO**PR**UWZ
6 CDEGH**IK**(N 15km)O

💬 De camping ligt in een groen natuurgebied met uitzicht over de Kleine Belt naar Funen en Als. Goede speelgelegenheid (binnen en buiten) voor kinderen. Speeltuin, sportveld en minigolfbaan en nog veel andere mogelijkheden in Haderslev.

🚗 Weg 170 Aabenraa-Haderslev verlaten in Hoptrup, richting Kelstrup/Aarøsund. Voor Hejsager rechtsaf naar Halk. Verder aangegeven.

CC €18   2/4-13/5   27/5-26/6   17/8-20/9   N 55°11'9''   E 9°39'17''

Hesselager, DK-5874

▲ Bøsøre Strand Feriepark*****
🏠 Bøsørevej 16
☎ +45 62251145
📠 +45 62251146
📅 27/3 - 18/10
@ info@bosore.dk

47

23,6ha 275T(100-150m²) 10A CEE

1 **CDG**IJKLMOPQ
2 AEGLORVWXY
3 BCD**F**GJKN**OPQ**RU**W**Y
4 (F+H) **IKNP**
   (Q+S+T+U+Y) Z
5 **ABC**DEFGIJKLMNO**PQRS**
   TUWXYZ
6 CDEGH**K**(N 7km)OSTV

💬 Midden in de sprookjesachtige natuur van Fyn, tussen het bos en de zee vindt u Bøsøre Strand Feriepark. De camping is gelegen rond het prachtige Manor House en bijbehorende boerderijgebouwen van 200 jaar oud.

🚗 E20, afslag 45 naar weg 163 Nyborg-Svendborg. Bij Langå afslag Vormark/Bøsøre en Bøsøre-camping volgen.

CC €16   27/3-13/5   26/5-28/6   18/8-18/10   N 55°11'36''   E 10°48'23''

Horsens, DK-8700

▲ Husodde Strand Camping***
🏠 Husoddevej 85
☎ +45 75657060
📠 +45 75655072
📅 1/1 - 31/12
@ camping@husodde.dk

48

10ha 227T(100-140m²) 10-13A

1 **CDG**IJKLMNPQ
2 ABEFGLRVWXY
3 BC**FH**JKN**Q**RUWY
4 (Q) (S 29/3-18/10)
5 **AB**DEFGIJKLMNO**PQR**UW
   XYZ
6 CDFGH**K**(N 3km)OTUV

💬 Camping voor ieder wat wils. Speciale plaatsen geschikt voor rust, voor kinderen of met uitzicht op de fjord. De camping is opgedeeld in gezellige, kleinere gebieden. Geniet van de sfeer, de natuur, het mooie zandstrand of maak een trip naar het centrum van Horsens (4 km van de camping). CampingCard ACSI is alleen geldig op de standaard (witte) plaatsen. In de winter vooraf bellen.

🚗 In Horsens weg 451 richting Odder. Daarna langs de havens en campingborden volgen.

CC €18   1/1-27/3   6/4-30/4   3/5-8/5   25/5-26/6   30/8-31/12   N 55°51'31''   E 9°55'3''

Jelling, DK-7300

- Fårup Sø Camping***
- Fårupvej 58
- ☎ +45 75871344
- 1/4 - 13/9
- @ faarupsoecamp@firma.tele.dk

9ha 330T(90-100m²) 16A CEE

1. CDFIJKLMOPRS
2. ADFIJKLRTUWXY
3. ABCFHJNUWZ
4. (C+H 23/5-31/8) K(Q+S)
5. ABDEFGIJKLMNPRUWZ
6. ACDEGHIK(N 2km)OTV

49

💬 Fårup Sø Camping is een gezellige familiecamping in een mooi natuurgebied. Op de camping is een verwarmd zwembad met whirlpool open van 23/5 tot 31/8 (gratis). De camping vormt de perfecte uitvalsbasis voor uitstapjes naar Legoland, het Leeuwenpark, Jelling Runenstenen en grafheuvels.

🚗 E45, afslag 61. Borden Billund volgen (weg 28). Na ca. 6 km bij Skibet afslag Jelling Fårup Sø. Cp. borden volgen.

€18 1/4-12/5 18/5-20/5 26/5-30/6 17/8-12/9

N 55°44'10" E 9°25'3"

Lisbjerg/Århus-N, DK-8200

- Aarhus Camping***
- Randersvej 400
- ☎ +45 86231133
- 1/1 - 31/12
- @ info@aarhuscamping.dk

6,9ha 200T(80-150m²) 16A CEE

1. BCDGIJKLMNOPQ
2. BFGRSWXY
3. AFQRU
4. (C+H 15/6-15/8) K (Q+S+T+U)
5. ABEFGJLPRUZ
6. CDEGIK(N 4km)OV

50

💬 De camping heeft alle info voor een bezoek aan Århus, tweede stad van Denemarken met musea en parken. In het campingrestaurant iedere dag (eenvoudige) Deense keuken. Van half juni tot half augustus heerlijk relaxen in de jacuzzi bij het vernieuwde zwembad. Veel groen op deze goed geoutilleerde camping met ruime, vlakke percelen. Duits en Engels gesproken op de receptie.

🚗 E45, afrit 46 Århus N. Dan richting Lisbjerg en weg 180 nog 2,8 km volgen tot camping.

€18 1/1-21/5 26/5-30/6 17/8-31/12

N 56°13'36" E 10°9'49"

Løgstrup, DK-8831

- Hjarbæk Fjord Camping***
- Hulager 2
- ☎ +45 22131500
- 1/1 - 31/12
- @ info@hjarbaek.dk

10ha 150T(100-120m²) 10-13A CEE

1. CDGIJKLMOPQ
2. AEGJKLNRSVWX
3. BCDGHJNQRUY
4. (B+G 1/6-15/8) (Q+S+U 27/4-27/9)
5. ABDFGIJKLMNOPRUWZ
6. ACDEGHKL(N 3km)OV

51

💬 Rustige, goed onderhouden camping in een prachtig, wisselend landschap met uitzicht op Limfjord. Gedeeltelijk terrassencamping. Grote staanplaatsen. Hondenlosloopgebied. Nieuwe buitenkeuken. Mooie speeltuin, openluchtzwembad. Goede fietsmogelijkheden. Van 29 september tot 4 april wintercamping (vooraf aanmelden).

🚗 Weg 26 Viborg-Skive. Afslag Løgstrup/Hjarbæk. Camping staat aangegeven.

€16 1/1-13/5 25/5-30/6 17/8-31/12

N 56°32'3" E 9°19'53"

Løkken, DK-9480
▲ Camping Rolighed***
Grønhøj Strandvej 35
☎ +45 98883036
🔓 1/1 - 31/12
@ info@camping-rolighed.dk

2,8ha 350T(100-250m²) 13A CEE
1 CDGIJKLMOPQ
2 AIKLRSVWXY
3 ABCDFHJMNRUW
4 (C+H 31/5-31/8) (Q 🔓)
  (S+U+X 1/4-20/10)
5 **AB**EFGIJKLN**PQ**RUW
6 CEGH**K**(N 6km)OTUV

Op loopafstand van het Grønhøjstrand ligt bij de hoofdweg 55, ongeveer 6 km ten zuiden van Løkken, deze verzorgde vriendelijke familiecamping. Er zijn open en beschutte plaatsen en een prachtig verwarmd zwembad. De camping heeft onder andere een minigolf- en tennisbaan. Goede fiets- en wandelmogelijkheden.

🚗 Vanaf hoofdweg 55 ligt de camping 6 km ten zuiden van Løkken, richting Grønhøjstrand. Na 800m ligt de camping links.

CC €16 27/3-27/6 17/8-31/12   N 57°19'4'' E 9°41'44''

Løkken, DK-9480
▲ Løkken Strandcamping***
Furreby Kirkevej 97
☎ +45 98991804
🔓 1/5 - 7/9
@ info@loekkencamping.dk

3,2ha 200T(> 100m²) 10A
1 CD**G**IJKLMOPQ
2 AEFKLRSVWX
3 ABJU**WY**
4 (Q+R 1/6-7/9)
5 **AB**FGJLN**PQ**RUW
6 CEG**K**(N 1km)TV

Bij badplaats Løkken, zonsondergang, bijzonder licht, frisse lucht, fietsen, wandelen, paragliden, kitesurfen, modelvliegtuigen, rust, natuurgebied, Fårup Sommerland. Vanaf de camping meerdere mogelijkheden tot culturele activiteiten.

🚗 U verlaat de hoofdweg 55, bij de rotonde Løkken N via 3e afslag rechts. Na rotonde direct rechtsaf. Na 900m op de Furreby Kirkevej ligt de camping links van de weg. Camping ligt 1,5 km van Løkken.

CC €18 1/5-30/6 17/8-6/9 **7=6**   N 57°23'7'' E 9°43'32''

Løkken/Ingstrup, DK-9480
▲ Grønhøj Strand Camping***
Kettrupvej 125
☎ +45 98884433
FAX +45 98883644
🔓 27/3 - 20/9
@ info@gronhoj-strand-camping.dk

2,3ha 500T(100-150m²) 13A
1 CDGIJKLMOPQ
2 ABLRSVWXY
3 BDFGHJ**M**N**PQ**RTU
4 **N**(Q+R 11/4-14/9)
5 **AB**EFGJKLMNO**PQ**RUW
  XYZ
6 CDEGH**K**(N 1km)OTV

Grote camping, omgeven door bos en 700m van het strand. Goed beschutte plaatsen. Mooi, breed, kindvriendelijk zandstrand. Gratis ponyrijden.

🚗 Vanaf hoofdweg 55, 6 km ten zuiden van Løkken naar Grønhøjstrand. Na ca. 2 km is het de 2e camping links.

CC €16 27/3-30/6 17/8-14/9 **7=6**   N 57°19'15'' E 9°40'38''

55 — Middelfart, DK-5500

- ⛺ Vejlby Fed★★★★
- 🏠 Rigelvej 1
- ☎ +45 64402420
- 📅 28/3 - 13/9
- @ mail@vejlbyfed.dk

55,7ha 243T(100-140m²) 10A CEE

1. **CG**IJKLMO**PQ**
2. **A**EFSWXY
3. **BCGKMNPQR**UW**Y**
4. (**C+H** 1/6-1/9) **N**(Q+S ⚡) (T+U+V+W 1/5-30/8)
5. **AB**DEFGIJKLMNO**PQR**UWZ
6. DGH**IK**(N 5km)OQTV

💬 Op het eiland Funen. Rustige, vriendelijke camping met uitgebreide voorzieningen nabij strand en Kleine Beltbrug met mogelijkheid tot vissen.

🚗 E20, afslag 58 richting weg 317 Bogense (2x driekwart rotonde nemen). Vanaf Bogensevej is camping met borden aangegeven.

CC €16 28/3-13/5 18/5-21/5 26/5-27/6 17/8-13/9

N 55°31'11" E 9°51'0"

---

56 — Nordborg/Augustenhof, DK-6430

- ⛺ Augustenhof Strand Camping★★★
- 🏠 Augustenhofvej 30
- ☎ +45 74450304
- 📅 1/1 - 31/12
- @ mail@augustenhof-camping.dk

4ha 272T(100-120m²) 16A CEE

1. **CDG**IJKLMO**PQ**
2. **A**EGKLORTVWX
3. **B**FHJNQU**WY**
4. (Q+S+T+V 1/3-1/12)
5. **AB**DEFGIJKLMNO**PQR**UWZ
6. CEGH**IK**(N 4km)O

💬 Rustige (zand)strandcamping met privé-toegang vanaf strand naar zee. Panoramisch uitzicht op de fjord Kleine Belt. Zeer kindvriendelijk met zowel rustiek als nieuw sanitair. Mooie gemarkeerde wandel- en fietsroutes. In 2014 de blauwe vlag gekregen.

🚗 Op de weg Sønderborg-Fynshav links, richting Nordborg. Dan richting Købingsmark en Augustenhof rijden.

CC €16 1/1-12/5 26/5-30/6 1/9-31/12

N 55°4'38" E 9°42'53"

---

57 — Nørre Åby, DK-5580

- ⛺ Ronæs Strand Camping★★★
- 🏠 Ronæsvej 10
- ☎ +45 64421763
- 📅 21/3 - 20/9
- @ campingferie@hotmail.com

4ha 125T(85-150m²) 10A CEE

1. **CG**IJKLM**PQ**
2. **A**EFJKLORVX
3. **AB**F**G**HJKNRU**WY**
4. (Q+S ⚡) (T+U 2/7-7/8)
5. **AB**DEFGIJKLMNO**PQR**UWXYZ
6. CDEGH**IK**(N 6km)OTUV

💬 Rustige en gemoedelijke kwaliteitscamping in een mooie groene omgeving met zicht op het Gamborg Fjord. Hier ontmoeten in voor- en najaar veel 50+-ers elkaar. Vele activiteiten mogelijk zoals fietstochten, vissen, zeilen, surfen, fitness, wandeltochten. Vele bezienswaardigheden in de omgeving. WiFi internet kr. 10,- per dag.

🚗 E20, afslag 57 richting Nørre Åby, na ongeveer 5 km op weg 313 campingborden volgen.

CC €18 21/3-1/4 7/4-12/5 26/5-27/6 17/8-20/9

N 55°26'24" E 9°49'26"

Nørre Nebel, DK-6830 — 58

▲ Houstrup Camping***
✉ Houstrupvej 90
☎ +45 75288340
⌚ 27/3 - 18/10
@ info@houstrupcamping.dk

6ha 220T(120-170m²) 13A CEE

1 ACD**G**IJKLMOPQ
2 A**R**UVWXY
3 B**FGM**N**Q**RU
4 (C+H 1/6-31/8) J
  (Q 12/4-19/10) (S ⌂)
5 **AB**DEFGIJKLMNO**PR**UWXZ
6 ACDEGKM(N 1km)OTV

CC €18   27/3-30/6   17/8-18/10

Houstrup ligt aan de rand van het grote duin- en boslandschap 'Blåbjerg Klitplantage'. Tot aan de Noordzee, met zijn brede stranden strekt dit prachtige 'West-Jutlandse' gebied zich uit. Het leent zich uitstekend voor fiets- en wandeltochten. Prima tegen de wind beschutte plaatsen en een minimarkt met de hele dag versgebakken brood. Op 1500m ligt de sporthal 'SeaWest' met o.a. tropisch zwemparadijs.

🚗 Op de 181 van Nørre Nebel naar Nymindegab, afslag Lønne. Borden volgen.

N 55°46'28'' E 8°14'18''

Oksbøl, DK-6840 — 59

▲ CampWest***
✉ Baunhøjvej 34
☎ +45 75271130
⌚ 1/1 - 31/12
@ info@campwest.dk

10ha 145T(110-140m²) 16A CEE

1 **G**IJKLMNPQ
2 BDGKLRSTVWXY
3 BD**F**HIJKNOPR**U**W
4 (**A**+Q ⌂) (R 1/3-1/11)
  (T 27/6-15/8)
5 **AB**DEFGIJKLMNPQRUWZ
6 ACEG**IK**(N 1km)OV

CC €16   1/1-27/6   23/8-31/12

Gelegen tussen de duinen en slechts 10 km van het beste strand van de westkust. Ideaal voor fietsen, wandelen en paardrijden. Luxe sanitair met gratis warm water. Put & Take-meer en kinderboerderij op de camping. Gratis toegang tot het 3.500 m² waterpark.

🚗 Via Ribe de 11, noordelijk tot Varde volgen. Bij Varde de 431 ri Billum, dan ri Oksbøl. In Oksbøl de borden Henne/Vrogum en cp-borden volgen.

N 55°38'26'' E 8°16'52''

Østbirk, DK-8752 — 60

▲ Elite Camp Vestbirk***
✉ Møllehøjvej 4
☎ +45 75781292
FAX +45 75780211
⌚ 28/3 - 20/9
@ vestbirk@vestbirk.dk

15ha 170T(90-130m²) 10-16A

1 CD**G**IJKLMOPQ
2 CDRVWXY
3 BCDGNP**Q**RUW**Z**
4 (C+H 14/5-30/8) J**K**
  (Q+S 12/4-20/9)
  (T+U 26/6-16/8)
5 **AB**DEFGIJKLMNO**PQR**UW
6 CDEGH**K**(N 5km)OTV

CC €18   28/3-12/5   17/5-21/5   25/5-25/6   17/8-19/9

Elite Camp Vestbirk is een familievakantie met mogelijkheden voor iedereen. Naast de vele activiteiten voor kinderen, biedt de ligging van de camping, precies tussen de Vestbirk meren, de ideale gelegenheid voor mooie wandelingen en ontspanning aan het water. Natuurlijk zijn er goede mogelijkheden om te vissen en te kanoën.

🚗 Op E45 bij Vejle afslag 59, weg 13 richting Nørre Snede. Na ± 10 km weg 409 richting Skanderborg. Op 1 km voor Vestbirk is camping aangegeven.

N 55°57'50'' E 9°41'59''

61 — Otterup, DK-5450

- ▲ Hasmark Strand Camping***
- 🏠 Strandvejen 205
- ☎ +45 64826206
- ⌬ 28/3 - 20/9
- @ info@hasmark.dk

12ha 500T(100-150m²) 10A CEE

1 CGIJKLMOPQ
2 AERVWX
3 BCGHJKNOQRUVWY
4 (C 28/6-11/8) IKLNP
  (Q+S ⌬) (T 12/4-21/9)
  (U+V+Y ⌬) Z
5 ABDEFGIJKLMNPRSTUW XYZ
6 CDEGHIKM(N 7km)OSTV

CC €16 28/3-13/5 26/5-26/6 10/8-24/8 1/9-20/9

N 55°33'45" E 10°27'16"

▶ Bij het mooiste strand van Funen. Op de cp vindt u een prachtig subtropisch zwemparadijs en een exclusief wellness gedeelte met spa, sauna en solarium. Er is een gevarieerd activiteitenprogramma voor jong en oud en voor de kinderen een echte Vikingen speeltuin. U vindt op de cp een restaurant, pizzeria en supermarkt. Houdt u eens vakantie!

🚗 In Otterup, bij verkeerslichten richting Hasmark; weg uitrijden tot 300m voor strand. Camping ligt rechts van de weg.

---

62 — Rebild/Skørping, DK-9520

- ▲ Safari Camping Rebild***
- 🏠 Rebildvej 17
- ☎ +45 98391110
- ⌬ 1/1 - 31/12
- @ info@safari-camping.dk

6ha 235T(80-120m²) 10-16A CEE

1 CDGIJKLMOPQ
2 BFGRVWX
3 AFHJNQU
4 (Q 1/6-31/8) (S ⌬)
5 ABDFGIJKLMNOPRUWZ
6 ACDEGK(N 2km)OV

CC €18 1/1-15/6 17/8-31/12 14=12, 21=18, 28=24

N 56°49'57" E 9°50'46"

▶ Rustige, ruim opgezette camping midden in het prachtige natuurgebied 'Rebild-Bakker'. Volop wandel- en fietsgelegenheid.

🚗 E45, afrit 33 via 535 ri Rold naar weg 180 ri Aalborg of E45, afrit 31 via 519 ri Skørping dan naar weg 180 ri Hobro. Op weg 180 afslag Skørping/Rebild. Camping wordt aangegeven.

---

63 — Ribe, DK-6760

- ▲ Ribe Camping***
- 🏠 Farupvej 2
- ☎ +45 75410777
- ⌬ 1/1 - 31/12
- @ info@ribecamping.dk

9ha 400T(100-200m²) 16A

1 CDGIJKLMOPQ
2 BRSUVWXY
3 BDFGHJNRU
4 (C+H 1/6-31/8) J
  (Q 1/4-23/10)
  (R 16/3-20/10) (T 1/7-15/8)
5 ABDFGIJKLMNOPQRST UWXYZ
6 CDEGHIJ(N 1,5km)OSTUV

CC €18 1/1-31/3 6/4-30/4 3/5-12/5 25/5-30/6 20/8-3/9 6/9-23/12 7=6, 14=11

N 55°20'27" E 8°46'0"

▶ Rustige camping met ruime plaatsen en vijfsterren-faciliteiten. Bezoek Ribe: uitgeroepen tot Europa's mooiste stad, en Nationaal Park Waddenzee: onderdeel van de UNESCO-werelderfgoedlijst. Ribe heeft een mooie omgeving, perfect voor fiets- en wandelvakanties.

🚗 Weg 11 Tønder-Ribe. Ten westen van Ribe ri. Varde/Esbjerg, tot camping staat aangegeven. Vanuit het noorden van de stad re. af. Vanuit het zuiden op weg 11 Ribe Noord aanhouden. 1e verkeerslicht li. af.

Ringkøbing, DK-6950 — 64

🛆 Ringkøbing Camping***
🏠 Herningvej 105
☎ +45 97320420
🗓 21/3 - 27/9
@ info@ringkobingcamping.dk

7,5ha 110T(36-140m²) 10A CEE

1 CD**G**HIJKLMOPQ
2 BRSTVWXY
3 AB**F**GHJN**Q**RU**W**
4 (Q 1/7-31/8) (R 🔒)
5 **AB**DFGIJK**L**MNO**P**RUWZ
6 CEGJ(N 5km)OUV

CC €18   21/3-20/6   17/8-26/9   N 56°5'18'' E 8°19'0''

Rømø, DK-6792 — 65 NIEUW

🛆 Rømø Familiecamping***
🏠 Vestervej 13
☎ +45 74755154
🗓 3/4 - 18/10
@ romo@romocamping.dk

10ha 345T(100-120m²) 10A CEE

1 C**G**IJLPQ
2 RSVWX
3 BHN**QU**W
4 (Q+R 🔒)
5 **AB**EFGIJKLMNOPRUW
6 CEGJ(N 4,5km)ORSV

CC €16   3/4-21/5   26/5-5/7   22/8-18/10   *14=11, 21=18*   N 55°9'46'' E 8°32'51''

Rønne, DK-3700 — 66

🛆 Galløkken Strand Camping***
🏠 Strandvejen 4
☎ +45 40133344
🗓 1/5 - 2/9
@ info@gallokken.dk

2,6ha 125T(< 130m²) 13A CEE

1 CD**G**IJKLMOPQ
2 ABEGLRSTUWXY
3 ABC**F**HJKRUWY
4 (Q+R 🔒)
5 **AB**DEFGIJKLMNO**PQ**RUWXY
6 CEG**IJK**(N 1km)QSTV

Ruim opgezette familiecamping, op korte afstand van het strand en de stad. Bosrijke omgeving.

🚗 Vanaf de haven in Rønne, rechtsaf 1 km de kustweg volgen richting Nexø. De camping staat aan de weg aangegeven.

CC €16   1/5-4/7   21/8-2/9   N 55°5'21'' E 14°42'16''

Sakskøbing, DK-4990

- Sakskøbing Camping★★★
- Saxes Allé 15
- +45 54704566
- 20/3 - 18/10
- @ camping@saxsport.dk

2,5ha 71T(80-144m²) 10A CEE

1 CDGIJKLMOPQ
2 FGRVWXY
3 BFGHMNQRUVW
4 (F+Q+R)
5 ABDFGIJKLMNOPQRUW
6 ACDEGK(N 0,3km)TV

💬 Welkom op onze kleine, rustige en gezellige camping. Gelegen nabij het centrum van Sakskøbing met diverse winkels en restaurants. Meer een natuurmens? We hebben een mooi bos om de hoek en een korte wandeling langs de camping leidt naar de fjord.

🚗 De camping ligt in het centrum van Sakskøbing en staat aangegeven.

CC €18 20/3-26/6 17/8-18/10

N 54°47'54" E 11°38'28"

67

Sindal, DK-9870

- A35 Sindal Camping & Kanoudlejning★★★
- Hjørringvej 125
- +45 98936530
- 1/1 - 31/12
- @ info@sindal-camping.dk

4,6ha 165T(90-150m²) 13-16A CEE

1 CDGIJKLMOPQ
2 BCFGLMRSVWXY
3 BFGHIJKMNQRUW
4 (A 1/7-15/8) (C+H 1/6-15/8) N(Q+R 1/4-20/9)
5 ABDEFGJLNPQRUWYZ
6 ACDEGIJ(N 0,5km)OTU

💬 Deze uitermate goed verzorgde familiecamping ligt in het hart van de kop van Noord-Denemarken. Een prima uitgangspunt om de natuur en omringende plaatsen te verkennen. De camping beschikt over uitstekende faciliteiten o.a. een verwarmd zwembad. Op afspraak kan ook buiten het seizoen, voor 1 april en na 15 september, gekampeerd worden.

🚗 Komend vanuit het zuiden via E39 afslag 3 richting Sindal, weg 35. Na ± 6 km ligt de camping aan de rechterkant, ± 1 km vóór Sindal.

CC €18 1/1-30/6 17/8-31/12

N 57°28'2" E 10°10'43"

68

Sjølund/Grønninghoved, DK-6093

- Grønninghoved Strand Camping★★★★
- Mosvvej 21
- +45 75574045
- FAX +45 75574345
- 1/4 - 15/9
- @ info@gronninghoved.dk

6ha 225T(80-120m²) 10A CEE

1 CDFIJKLMOQ
2 AEIRX
3 BHJMNQRUWY
4 (C+H 14/5-31/8) IJN (Q+S)
5 ABDEFGIJKLMNPRUWXYZ
6 ACDFGHK(N 4km)OTV

💬 Grote en gezellige camping met vele vermaakmogelijkheden. Vlak bij zee, veel begroeiing. Prachtig sanitair.

🚗 E45, afslag 65 Kolding S. nemen en richting Kolding gaan tot weg 170. Dan richting Haderslev; na 5 km links richting Sjølund. Daarna via Grønninghoved campingborden volgen.

CC €18 4/4-13/5 18/5-22/5 26/5-30/6 17/8-15/9

N 55°24'40" E 9°35'31"

69

Skærbæk, DK-6780 — 70

- Skærbæk Familie Camping★★★
- Ullerupvej 76
- +45 74752222
- 1/1 - 31/12
- skfamcamp@gmail.com

4ha 140T(150m²) 10A CEE

1 CGIJLMPQ
2 RSVWXY
3 BDGNU**W**
4 (R ⊙)
5 **AB**DFGIJKLMNOPRUW
6 CDEGIJ(N 1,5km)OT

Camping ligt in een bosrijke omgeving. Fietsliefhebbers en wandelaars kunnen volop genieten. In voor- en najaar de 'Zwarte Zon' beleven! ± 300.000 spreeuwen verduisteren de zon, een natuurfenomeen. 70 speciale kampeerplekken met faciliteiten.

🚗 Weg 11 Tønder-Ribe loopt door Skærbæk. Daar staat de camping aangegeven.

CC €16   1/1-30/6   1/9-31/12   7=6, 14=12, 21=18
N 55°10'4'' E 8°47'4''

Skagen, DK-9990 — 71

- Råbjerg Mile Camping★★★
- Kandestedvej 55
- +45 98487500
- 29/3 - 30/9
- info@raabjergmilecamping.dk

20ha 446T(80-150m²) 10A CEE

1 C**D**GIJKLMOPQ
2 AGRSTVWX
3 AB**F**GHJK**MN**QRUW
4 (C 27/6-7/8) **KN**
  (F+H 23/6-17/8) **KN**
  (Q+R ⊙) (T+U 3/7-6/8)
5 **AB**DEFGIJKLMNO**PQ**RUWZ
6 CEGH**K**(N 8km)OTV

Dicht bij het idyllische Skagen, tussen twee mooie stranden en buitengewone natuur, vindt u Råbjerg Mile Camping. Unieke cirkelvormige plaatsen betekenen rust, privacy en een groene omgeving om u heen, en nooit ver van de faciliteiten. De omgeving biedt fantastische excursies en fietstochten naar Skagen, Råbjerg Mile, Kattegat en de Noordzee.

🚗 Camping ligt ca. 8 km ten Noorden van Ålbæk. Vanaf weg 40 richting Råbjerg Mile. Na ca. 400m ligt de camping links.

CC €18   29/3-28/6   17/8-30/9
N 57°39'19'' E 10°27'1''

Skaven/Vostrup/Tarm, DK-6880 — 72

- Skaven Strand Camping★★★
- Skavenvej 32
- +45 97374069
- +45 97374469
- 27/3 - 24/10
- info@skaven.dk

6,5ha 250T(100-150m²) 6A CEE

1 C**G**IJKLMPQ
2 ADLRVWXY
3 BGHJKN**QR**UW**Z**
4 (C+H 15/5-15/9) N
  (Q+S+W+Y ⊙)
5 **AB**DEFGIJKLMNO**PQR**UW
6 CEGH**IK**(N 13km)OTV

NIEUW

Aan de Ringkøbing Fjord ligt de moderne 'Skaven Strand Camping' een prima uitvalspunt voor o.a. watersporten en vissen. Het tweede Nationale Park de 'Skjern River Delta' heeft mooie fiets- en wandelroutes. Ervaar de rustige en relaxte omgeving.

🚗 Weg 11 Varde-Tarm nemen. Bij Tarm richting Lønborg/Vostrup. In Vostrup wordt de camping

CC €18   7/4-13/5   26/5-28/6   24/8-24/10
N 55°53'32'' E 8°21'55''

Skiveren/Aalbæk, DK-9982

- Skiveren Camping★★★★
- Niels Skiverenvej 5-7
- ☎ +45 98932200
- FAX +45 98932160
- 27/3 - 30/9
- @ info@skiveren.dk

18,4ha 595T(60-140m²) 16A CEE

1 CDGIJKLMOPQ
2 AEGRSWX
3 ABCFHJKMN**Q**RTU**V**WY
4 (C+H 30/5-31/8) **KLN**
  (Q+S)
  (T+U+W+X 16/4-14/9)
5 **AB**EFGJLNPQRUWXYZ
6 CEGH**IJ**OTV

💬 Luxe camping met uitgebreide en uitstekend verzorgde voorzieningen (supermarkt, fitnesscentrum, minigolf, indoor speelgelegenheid etc.). De camping ligt op een steenworp afstand van de Noordzee, midden in een natuurbeschermingsgebied.

🚗 Vanuit Frederikshaven weg 40 Skagen, ca 1 km na Aalbæk bij de rotonde links richting Tversted. Na 8 km rechtsaf richting Skiveren campingborden volgen.

CC €18 27/3-27/6 17/8-30/9 N 57°36'58" E 10°16'50"

73

Strøby, DK-4671

- Stevns Camping★★★
- Strandvejen 29
- ☎ +45 60144154
- 1/1 - 31/12
- @ info@stevnscamping.dk

10ha 206T 16A CEE

1 CD**G**IJKLMNOPQ
2 EGLRUVWXY
3 B**F**GJKNP**Q**RU**VW**Y
4 (A) (C+H 1/6-15/8)
  (Q+R+U 1/4-31/10)
5 **AB**DEFGI**JKL**MN**P**R**S**UWXYZ
6 CDEG**IK**(N 1km)OTUV

💬 De camping ligt 10 km van Køge, 50 km van Kopenhagen, 40 km van BonBonland en 700m van het Køge Strand. De regio is geschikt voor wandelen, fietsen en vogels kijken. Hengelaars kunnen vissen in de Tryggevaelde rivier en de Køge Baai. Het is genieten om te wandelen in de oude stad Køge, die een warm gevoel uitstraalt. Waar straten met muziek zijn gevuld in de zomertijd en met vele goede restaurants.

🚗 In Køge weg 261 richting Strøby. In Strøby is de camping aangegeven.

CC €18 1/1-13/5 18/5-22/5 26/5-30/6 17/8-31/12 N 55°23'50" E 12°17'25"

74

Sydals/Mommark, DK-6470

- Mommark Marina Camping★★
- Mommarkvej 380
- ☎ +45 74407700
- 1/4 - 18/10
- @ info@mommarkmarina.dk

2,1ha 99T(70-100m²) 10A CEE

1 CDGIJKLMOPQ
2 AEGIJKLRVWX
3 B**F**HJKU**W**Y
4 (Q+R+T+U+X) Z
5 **AB**GIJMNO**PR**UWZ
6 CDEGIJM(N 5km)OV

NIEUW

💬 Rustige, kleine grasland- en terrassencamping aan kleine vissers- en stilgelegde marinehaven van Mommark. Goede uitvalsbasis voor licht hellende fiets- en wandeltoeren. Na een verkwikkende douche in nieuw sanitairgebouw, neemt u een hapje en drankje in restaurant met panoramazicht over de Oostzee.

🚗 Vanaf autoweg E45 afrit 73 richting Sønderberg, dan weg 8. Enkele kilometers voorbij Sønderberg weg 427 tot Horup, dan links naar Mommark. De camping staat verder aangegeven.

CC €16 1/4-30/6 1/9-18/10 N 54°55'53" E 10°2'38"

75

Tårup/Frørup, DK-5871 76

- Tårup Strandcamping***
- Lersey Alle 25
- ☎ +45 65371199
- 1/4 - 20/9
- @ mail@taarupstrandcamping.dk

11ha 140T(80-120m²) 10A CEE

1 CDGIJKLMOPQ
2 EIJKLMORVWXY
3 BDFGNRUWY
4 (Q+S 1/4-20/5)
5 ABDEFGIJKLMNOPRUWZ
6 CEGKM(N 12km)V

🗨 Mooie, rustige camping in een natuurlijke omgeving, 10 km vanaf Nyborg en de autoweg. Prachtig uitzicht op de Grote Belt en de geweldige Grote Beltbrug. Ideaal vertrekpunt voor uitstapjes naar Odense, Svendborg en zelfs Legoland en Kopenhagen. Ook om te zwemmen, vissen, zeilen en fietsen is er volop gelegenheid.

🚗 Weg 163 Nyborg-Svendborg, na ca. 10 km 1e afslag Tårup nemen en campingborden Tårup-strand volgen.

CC €16 1/4-5/7 23/8-20/9   N 55°14'14" E 10°48'28"

Tønder, DK-6270 77

- Tønder Camping***
- Sønderport 4
- ☎ +45 74928000
- FAX +45 74723505
- 10/1 - 19/12
- @ booking@danhostel-tonder.dk

2ha 81T(80-130m²) 10A

1 ACGIJKLPQ
2 CRVWXY
3 BFGJKMNRSUVWX
4 (F+H) JLN(Q)
5 ABDEFGIJKLMNOPRUWX
6 ACEGI(N 1km)QTV

🗨 Rustige camping in een van de oudste steden van Denemarken. Het gezellige centrum van Tønder ligt op 10 min. loopafstand van de camping. De plaatsen zijn goed beschut. Groot sportterrein. De overdekte zwemhal met fitnessruimte ligt naast de camping. De omgeving leent zich prima voor wandel- en fietstochten.

🚗 Vanuit het zuiden weg 11. Vanuit het oosten weg 8 richting Tønder. De camping ligt aan de oostelijke dorpsrand.

CC €18 10/1-30/6 1/9-19/12   N 54°56'4" E 8°52'36"

Tranekær, DK-5953 78

- Feriepark Langeland/ Emmerbølle Strand Cp****
- Emmerbøllevej 24
- ☎ +45 62591226
- FAX +45 62591228
- 27/3 - 20/9
- @ info@emmerbolle.dk

15ha 300T(60-160m²) 10A CEE

1 CDGIJKLMPQ
2 AEJRVWXY
3 ABCDGJKMNQRUVWY
4 (C+H 1/6-10/9) (Q+S) (T+U+V+X 29/6-12/8) Z
5 ABDEFGIJKLMNOPRUWX YZ
6 CDEGIK(N 16km)OPSTV

🗨 Prachtige viersterren camping, faciliteiten en activiteiten voor groot en klein. Een groot zwembad, een nieuwe fitnesszaal (2011) en een mooi 'veilig' strand. Heel kindvriendelijk.

🚗 E20 richting Odense-Svendborg. Vervolgens de A9 richting Langeland. Ga dan in noordelijke richting op weg 305. Sla 5 km ten noorden van Tranekær linksaf naar Emmerbølle Strand.

CC €16 27/3-30/6 17/8-20/9   N 55°2'1" E 10°50'56"

Tversted, DK-9881 — 79

- Aabo Camping★★★
- Aabovej 18
- ☎ +45 98931234
- FAX +45 98931888
- 20/3 - 14/9
- @ info@aabo-camping.dk

14ha 500T(100-120m²) 10-13A CEE

1. CDGIJKLMOPQ
2. ACFGRSVWX
3. BFGHJKNQRUW
4. (C+H 1/6-30/8) J
   (Q+S 1/7-15/8)
   (T 23/6-15/8)
   (U+V+W 1/7-15/8) Z
5. ABCDEFGHJLNPQRUWX YZ
6. CEGHJK(N 0,3km)OTV

Prachtig gelegen in heuvelachtig terrein. Geeft aan de noordkant direct toegang tot een groot beschermd gebied waar u via de duinen naar het strand kunt lopen. De camping biedt alles wat uw hart begeert, waaronder 1200 m² waterpark, café, supermarkt, leuke speeltuinen en binnenactiviteiten. Centraal gelegen voor excursies naar de hele Kop van Jutland.

🚗 Weg 597 Hirtshals-Skagen. Bij de kruising Tversted/Bindslev afslaan richting strand/Tversted. Na 450m linksaf.

CC €18 20/3-30/6 3/8-17/8 1/9-14/9 7=6, 14=12

N 57°35'6'' E 10°11'6''

Ulbjerg/Skals, DK-8832 — 80

- Camping Ulbjerg★★★
- Skråhedevej 6
- ☎ +45 86697093
- 1/1 - 31/12
- @ camping@ulbjerg.dk

23ha 90T(80-120m²) 10A CEE

1. CDGIJKLMOPQ
2. BKMRSVWXY
3. BDGJKMNRUW
4. (C+G 1/6-1/9)
   (Q+S 21/3-18/10)
5. ABDFGIJKMNOPRUWZ
6. ACEGIK(N 2km)OV

Prachtig gelegen camping midden in een natuurgebied aan het Limfjord met ruime door natuurlijke begroeiing omzoomde plaatsen. Geschikt voor gehandicapten. Solar verwarmd zwembad (20x7m).

🚗 De camping ligt net ten noorden van Ulbjerg, aan weg 533 Viborg-Løgstør. Vanaf de autoweg afrit 35 Hobro V.

CC €16 1/1-30/6 17/8-31/12

N 56°38'42'' E 9°20'19''

Ulfborg, DK-6990 — 81

- Vedersø Klit Camping★★★
- Øhusevej 23
- ☎ +45 97495200
- 21/3 - 18/10
- @ info@klitcamping.dk

4ha 245T 13A CEE

1. BCDGIJKLMOPQ
2. BDELRUWXY
3. ABFGHJKMNQRUWY
4. (C+H 1/6-1/9) JKLN
   (Q+R+S) (T 1/6-1/9)
   (U)
5. ABDEFGIJMNOPQRWZ
6. CDEGHKOUV

NIEUW

Grote familiecamping met vele faciliteiten. Ligt prachtig tegen de duinen en ± 500m van het strand. Wandel- en fietsmogelijkheden.

🚗 Volg weg 181, dan met borden aangegeven.

CC €16 1/5-22/5 1/6-28/6 17/8-1/10

N 56°15'34'' E 8°8'45''

Vejers Strand, DK-6853

🏕 Vejers Familie Camping***
🏠 Vejers Havvej 15
☎ +45 75277036
📠 +45 75277275
🔑 1/1 - 31/12
@ ftj@vejersfamiliecamping.dk

4,2ha 156T(80-100m²) 10A CEE

1 C**G**IJKLPQ
2 AEGRWXY
3 B**FQ**RU**W**Y
4 (C+H 23/5-30/8)
  (Q+R 27/3-13/9)
5 **AB**DEFGIJKLMNO**PQ**RUW
6 AEG**IK**(N 0,2km)OSTV

💬 Een rustige camping bij de Noordzee. Strand is te berijden met de auto. Het kan voorkomen dat herten de camping bezoeken. Visgelegenheid is er aan het Graerup meer en de Noordzee. Een mooie omgeving om te fietsen, wandelen en van rust te genieten. In het dorpje zijn enige boetiekjes waaronder een kunstgalerie.

🚗 Via Oksbol 431 richting Vejers nemen. De camping ligt aan het begin van het dorp. Wordt aangegeven.

CC €16 1/1-21/5 25/5-3/7 20/8-31/12 7=6, 14=12, 21=18   N 55°37'9'' E 8°8'11''

Vernieuwd

Op de website vindt u met de zoekmachine heel gemakkelijk een camping. Zoek bijvoorbeeld op kaart, plaatsnaam of voorzieningen.

www.CAMPINGCARD.com

Nederland

Algemeen
Nederland is lid van de EU.

Tijd
Het is in Nederland net zo laat als in Berlijn, Parijs en Rome.

Taal
Nederlands.

Grensformaliteiten
Veel formaliteiten en afspraken rond zaken zoals de benodigde reisdocumenten, autodocumenten, eisen aan uw vervoer- en verblijfmiddel, ziektekosten en het meenemen van dieren zijn niet alleen afhankelijk van het land van bestemming, maar ook van uw vertrekpunt en nationaliteit. Ook de lengte van uw verblijf speelt hierbij een rol. Het is onmogelijk om in het bestek van deze gids voor alle gebruikers de juiste en up-to-date informatie met betrekking tot deze zaken te garanderen.

Wij adviseren u om voor vertrek bij de bevoegde instanties na te gaan:
- welke reisdocumenten u nodig heeft voor uzelf en uw reisgenoten
- welke documenten u nodig heeft voor uw auto
- aan welke eisen uw caravan moet voldoen
- welke goederen u in en uit mag voeren
- hoe in geval van ongeval of ziekte de medische behandeling in uw vakantieland is geregeld en kan worden betaald
- of u huisdieren mee kunt nemen. Neem lang van te voren contact op met uw dierenarts. Die kan u informatie geven over relevante vaccinaties, bewijzen daarvan en verplichtingen bij terugkomst. Ook is het verstandig om na te gaan of in uw vakantieland bepaalde voorwaarden gelden voor huisdieren in het openbare leven.

Zo moeten in sommige landen honden altijd worden gemuilkorfd of achter tralies worden vervoerd.

Veel algemene informatie vindt u op ▶ *www.europa.eu* ◀ maar zorg dat u de informatie achterhaalt die op uw specifieke situatie van toepassing is.

Voor recente douaneverplichtingen kunt u contact opnemen met de vertegenwoordiging van uw vakantieland in het land waar u woont.

Valuta en geldzaken
De munteenheid in Nederland is de euro.

Creditcard
Op veel plaatsen kunt u betalen met uw creditcard. Om geld te wisselen kunt u bij grenswisselkantoren (GWK) op treinstations terecht, die zijn 's avonds en in het weekend geopend.

Openingstijden en feestdagen
Banken
Banken zijn geopend van maandag tot en met vrijdag tot 17.00 uur. Bij elke bank kunt u 24 uur per dag geld pinnen en bij vrijwel elke supermarkt kunt u geld pinnen tijdens de openingstijden

Winkels
Winkels zijn open op maandag van 13.00 uur tot 18.00 uur. Van dinsdag tot en met vrijdag zijn de winkels open tot 18.00 uur, op zaterdag meestal tot 17.00 uur. In de meeste plaatsen is er een koopavond op donderdag of op vrijdag, de winkels zijn dan open tot 21.00 uur.

In grote steden zoals Rotterdam, Amsterdam, Utrecht en Den Haag zijn de winkels op zondag open van 12.00 uur tot 17.00 uur, soms zijn de winkels nog langer open.

Toeristische informatiekantoren
De openingstijden zijn van 9.00 uur tot 18.00 uur en op zaterdag tot 17.00 uur. U kunt de toeristische informatiekantoren herkennen aan de blauw met witte driehoek en de letters 'VVV'. U kunt er terecht voor allerlei inlichtingen omtrent de stad, omgeving, bezienswaardigheden, openingstijden enz.

Apotheken
De meeste apotheken zijn open van maandag tot en met vrijdag tot 18.00 uur.

Feestdagen
Nieuwjaarsdag, Pasen, 27 april (Koningsdag), Hemelvaartsdag, Pinksteren, Kerst.

Communicatie
(Mobiele) telefoon
Het mobiele netwerk is goed in heel Nederland. Er is een 3G-netwerk voor mobiel internet. Telefoonkaarten kunt u krijgen bij supermarkten, warenhuizen en telefoonwinkels.

WiFi, internet
Veel cafés en restaurants hebben gratis WiFi voor gasten.

Post
Postkantoren in Nederland zijn vervangen door agentschappen in supermarkten en andere winkels. In de regel zijn deze agentschappen open van maandag tot en met vrijdag tot 17.00 uur en op zaterdagochtend. Postzegels koopt u in vrijwel elke supermarkt.

Wegen en verkeer
Wegennet
Aan de rand van veel grote steden bevinden zich zogenaamde 'transferiums' van waar u snel en goedkoop naar de binnenstad kunt met het openbaar vervoer. Voor pechhulp kunt u terecht bij de ANWB. Een goed alternatief voor de wegenwacht van de ANWB is Route Mobiel. Nadere informatie tel. 088-2692888 (ANWB), tel. 020-6515115 (Route Mobiel).

Maximale snelheid

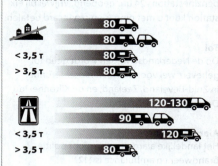

Op steeds meer snelwegen mag u 130 km/h. Let hierbij goed op de verkeersborden. Het maximaal toegestane alcoholpromillage is 0,5 ‰. Op een rotonde heeft u voorrang op het voertuig dat van rechts komt, tenzij anders aangegeven. Overdag wordt u aangeraden om dimlicht te voeren. U dient handsfree te bellen. Een rond bord met rode rand en de letter 'B' duidt op een B-weg: de maximale breedte van deze wegen is 2,20m.

Navigatie
Signalering van vaste flitslocaties met behulp van navigatie of mobiele telefoon is toegestaan.

Caravan, camper
U mag niet aan de openbare weg overnachten in uw camper.

Toegestane afmetingen
Hoogte 4m, breedte 2,55m, lengte 12m, met voertuig inbegrepen 18m.

Motorbrandstof
Loodvrije benzine, diesel en LPG goed verkrijgbaar.

Tankstations
De benzinestations zijn geopend tot 22.00 uur. In grote steden en aan snelwegen zijn benzinestations 24 uur geopend. Vrijwel bij elk station kunt u met pinpas en creditcard betalen.

Tol
Op de Nederlandse wegen wordt geen tol geheven, wel voor de Westerscheldetunnel in Zuid-Beveland, Zeeland, en de Kiltunnel in Dordrecht, Zuid-Holland.

Alarmnummer
Het landelijke alarmnummer voor politie, brandweer en ambulance is 112.

Kamperen
Nederlandse campings behoren tot de beste van Europa: voor kinderen is er uitgebreide animatie en de voorzieningen (zoals indoorspeeltuinen en straatvoetbalveldjes) zijn innovatief. De campings zijn goed georganiseerd en er is veel groen. Auto's staan vaak buiten het kampeerterrein geparkeerd wat de rust op de camping ten goede komt. Kamperen buiten de erkende terreinen is slechts in enkele gemeenten toegestaan. Veel Nederlandse campings hanteren zogenaamde gezinstarieven voor 4, 5 of meer personen inclusief elektriciteit. Dit houdt in dat u voor 2 personen vaak hetzelfde bedrag betaalt als voor een heel gezin.

Praktisch
- Bijkomende kosten voor zaken zoals toeristenbelasting en milieuheffing kunnen soms hoog uitvallen.
- Zorg dat u altijd een verloopstekker (wereldstekker) bij u heeft.
- Het kraanwater is veilig te drinken.

Classificatie van campings
ACSI kiest ervoor geen sterren op te nemen bij de campinginformatie van Nederlandse campings. De sterren die u in de advertenties ziet, zijn door de campings zelf opgegeven, maar ACSI draagt voor de correctheid van het aantal sterren geen enkele verantwoordelijkheid.

Akersloot/Alkmaar, NL-1921 CE / Noord-Holland — 83

- De Boekel
- Boekel 22
- ☎ +31 (0)72-5330109
- 1/1 - 31/12
- @ info@deboekel.nl

2ha 40T(125-200m²) 16A CEE

1. **AG**IJKL**NPQ**
2. FGKRUVWX
3. AD**F**GJKLNOP**RU**W
4. (Q+R ⌂) Z
5. **AB**CDFGHIJKLMNO**PR**UWZ
6. ACDEGH**K**(N 2km)TUV

📧 Kleine, autovrije en kindvriendelijke camping met ruime kampeerplaatsen en recreatieruimte. Gelegen aan het Noordhollands kanaal. Goed viswater. Startpunt voor mooie fietstochten. Met de rondvaartboot vanaf de camping naar de kaasmarkt. De camping is het hele jaar open.

🚗 A9 Amstelveen-Alkmaar, afslag 11 richting Akersloot. In Akersloot rechtdoor rijden tot Pontveer. Vanaf Pontveer nog 1,5 km richting Alkmaar.

CC €14 1/1-24/4 18/5-21/5 26/5-14/6 22/6-10/7 31/8-31/12

N 52°35'10" E 4°45'9"

Alkmaar, NL-1817 ML / Noord-Holland — 84

- Camping Alkmaar
- Bergerweg 201
- ☎ +31 (0)72-5116924
- 20/3 - 1/10
- @ info@campingalkmaar.nl

2,8ha 150T(80-100m²) 6A CEE

1. **A**CDEIJLMNRS
2. FGRSUVWXY
3. **A**FJKR
4. (Q ⌂)
5. **AB**CDFGIJ**K**LMN**PQ**UWXYZ
6. ACDFG**K**(N 2km)ST

📧 Kleine groene camping gelegen aan de Bergerweg tussen Alkmaar en Bergen. Goed uitgangspunt voor uitstapjes naar Alkmaar (kaasmarkt), kunstenaarsdorp Bergen, duinen, bos en niet te vergeten STRAND. Alles op fietsafstand.

🚗 Alkmaar ring west, afslag Bergen. Campingborden volgen.

CC €16 11/5-12/5 18/5-21/5 26/5-12/6 22/6-30/6 1/9-30/9

N 52°38'32" E 4°43'24"

Amstelveen, NL-1187 NZ / Noord-Holland — 85

- Het Amsterdamse Bos
- Kleine Noorddijk 1
- ☎ +31 (0)20-6416868
- FAX +31 (0)20-6402378
- 1/1 - 31/12
- @ info@campingamsterdam.com

6,8ha 430T(45-100m²) 6A CEE

1. ABCFIJKL**P**Q
2. BDFGRUX
3. BHJK**W**
4. (Q+S ⌂)
5. **AB**DEFGIJKLMN**P**U
6. CDEGHJ(N 1km)R

📧 De camping ligt aan de zuidrand van het schitterende Amsterdamse Bos. Een prachtige plek: midden in de natuur en toch heel dicht bij het centrum. Een perfecte uitvalsbasis voor een bezoek aan Amsterdam, Keukenhof, Volendam, etc.

🚗 A9 afslag 6 Aalsmeer, vandaar N231 volgen richting Aalsmeer. Na 500m bij verkeerslichten over het water richting Amstelveen. De camping bevindt zich na 2 km aan de linkerkant.

CC €16 1/4-15/7 1/9-30/10

N 52°17'39" E 4°49'23"

Amsterdam, NL-1026 CP / Noord-Holland   86

- Camping de Badhoeve
- Uitdammerdijk 10
- +31 (0)20-4904294
- 27/3 - 4/10
- info@campingdebadhoeve.com

5ha 100T(15-50m²) 8A CEE

1 ABD**G**IJLN**PQ**
2 DFGKLMRWX
3 **B**FHJNRU**WZ**
4 (Q+R+T+U+X+Y)Z
5 GIKM**P**UWZ
6 CDEHJ(N 2km)TV

Camping ligt in het weide- en natuurgebied van Waterland aan het Kinselmeer tussen Amsterdam (10 minuten) en het pittoreske Marken. Ideaal uitgangspunt voor fietsen, wandelen en vissen. Camping heeft verharde camperplaatsen, verzorgd sanitair en gratis WiFi.

A10 noord, afslag S115. Bij verkeerslichten richting Durgerdam. Bij rotonde richting Durgerdam. Na Durgerdam rechtdoor. Camping na 500m. Borden volgen.

€18 27/3-9/7 31/8-4/10   N 52°23'4'' E 5°0'47''

Amsterdam, NL-1108 AZ / Noord-Holland   87

- Gaasper Camping Amsterdam
- Loosdrechtdreef 7
- +31 (0)20-6967326
- FAX +31 (0)20-6969369
- 15/3 - 1/11, 27/12 - 5/1
- info@gaaspercamping.nl

5,5ha 350T(20-100m²) 10A CEE

1 ACD**F**IJKLM**PQ**
2 FGRUVWX
3 **A**FHJK**OR**W
4 (Q+S 15/3-1/11,27/12-31/12) (T+U+V+X+Y 1/4-1/10)Z
5 **AB**DFGI**JK**LM**P**UWXY
6 ACDEGK(N 2,5km)OT

De camping is snel en makkelijk bereikbaar en ligt aan de rand van de stad, gedeeltelijk omringd door een park en op loopafstand van het metrostation. De metro brengt u in 15 minuten naar het centrum van Amsterdam. Daarnaast biedt de camping voor een ontspannen verblijf vele extra's zoals gratis WiFi, een sfeervol restaurant en een goed gesorteerde supermarkt.

A9, het gedeelte tussen de A1 en A2. Bij afslag 1, Weesp (S113) afslaan. Dan campingborden volgen.

€18 26/5-30/6 1/9-5/10   N 52°18'45'' E 4°59'25''

Andijk, NL-1619 EH / Noord-Holland   88

- Vakantiedorp Het Grootslag
- Proefpolder 4
- +31 (0)228-592944
- 1/4 - 31/10
- info@grootslag.nl

40ha 130T(80-115m²) 10A CEE

1 ACD**F**IJKLMOPQ
2 DLRVX
3 **B**FGJKLMN**PQR**T**UW**
4 (F+H+Q+S+T+U+V+Y)Z
5 **AB**FGIJMNOP**ST**UXY
6 ACDEGHJ(N 4km)O

De camping ligt centraal in de historische driehoek Enkhuizen, Medemblik en Hoorn. Ruime plaatsen, alle omgeven door bosschages. De camping voorziet in alle faciliteiten, inclusief overdekt zwembad. Veel mogelijkheden voor uitstapjes, zoals met stoomtrein, boottochten over het IJsselmeer of fietstochten langs idyllische dorpjes of de IJsselmeerdijk.

De camping ligt naast de jachthaven Andijk-West.

€16 1/4-13/5 19/5-22/5 26/5-10/7 28/8-31/10   N 52°45'6'' E 5°11'33''

Blaricum/Huizen, NL-1272 JP / Noord-Holland 📶 iD 89

- 🏕 Kampeercentrum De Woensberg
- 🏠 Woensbergweg 5
- ☎ +31 (0)800-4004004
- 📅 1/4 - 1/11
- @ woensberg@paasheuvelgroep.nl

7,9ha 85T(60-100m²) 6A CEE

1. ACD**G**IJKLMNOPQ
2. BGRSVWXY
3. A**F**GHJKLN
4. (T+U+X+Y 🅾)
5. **AB**CDGHIJMNPUW
6. ACDEGH**IK**(N 1km)TV

💬 Op het hoogste punt van het Gooi vind je een onverwachte oase van rust en ruimte. Ook in het voor- en naseizoen zijn er veel bezienswaardigheden in de directe omgeving.

🚗 Vanaf de A1 Blaricum volgen. In Blaricum campingborden volgen. Op de A27 staan de campingborden.

CC €16 1/4-1/5 26/5-6/7 24/8-1/11   N 52°16'54'' E 5°14'35''

Bloemendaal aan Zee, NL-2051 EC / Noord-Holland ♿ 📶 ✿ iD 90

- 🏕 Kennemer Duincamping de Lakens
- 🏠 Zeeweg 60
- ☎ +31 (0)23-5411570
- 📅 27/3 - 25/10
- @ delakens@kennemerduincampings.nl

27ha 580T(80-120m²) 16A CEE

1. ABCD**G**IJKLMPST
2. ADEFGISTVWX
3. AB**F**GHJKLNRUYZ
4. (**A** 28/3-26/10) MN (Q+S+V+Y 🅾) Z
5. **AB**DEFGIJKLMNOPQRUWZ
6. ACDEGHJ**K**M(N 3,5km)OR TV

💬 Grote camping tussen duin en strand, gelegen in de duinpannen. Eigen doorgang naar het strand. Goed sanitair. Goede uitvalsbasis voor fiets- en wandeltochten door duin en strand. Oud-Hollandse steden als Haarlem en Amsterdam in het achterland.

🚗 Vanaf A9 Rottepolderplein A200, later N200 volgen richting Haarlem-Overveen-Bloemendaal aan Zee. Na Overveen 2e camping rechts vlak bij de zee.

CC €18 27/3-13/5 27/5-3/7 31/8-25/10   N 52°24'21'' E 4°33'13''

Callantsoog, NL-1759 NX / Noord-Holland ♿ 📶 iD 91

- 🏕 Callassande
- 🏠 Voorweg 5a
- ☎ +31 (0)224-581663
- 📅 27/3 - 1/11
- @ receptie.callassande@roompot.nl

12,5ha 385T(60-90m²) 10A CEE

1. ACD**G**IJKLMOPST
2. AGRSVWX
3. B**F**JKLMNRU**W**
4. (F+H 🅾) IJ (Q+S+T+U+X+Y 🅾) Z
5. **AB**CDEFGHIJKLMNOPUWXYZ
6. ACEGH**IK**(N 3km)STVX

💬 Rustige camping, net achter de duinen, midden tussen de bollenvelden. Veel windbeschutting door bossages rondom de velden. Een overdekt zwembad met gezellig terras. Veel gezellige restaurants in de omgeving. De horeca op de camping is in het voor- en naseizoen in de weekeinden geopend.

🚗 N9 afslag 't Zand, volg richting Groote Keeten. Zie campingborden.

CC €14 7/4-24/4 26/5-4/6 8/6-7/7 24/8-30/10   N 52°51'23'' E 4°43'3''

92 Callantsoog, NL-1759 JD / Noord-Holland

- De Nollen
- Westerweg 8
- +31 (0)224-581281
- FAX +31 (0)224-582098
- 28/3 - 31/10
- info@denollen.nl

9ha 227T(70-120m²) 6-10A CEE

1. ACDGIJKLMOPQ
2. ARSVWX
3. BFGJKNRUW
4. (Q+S+T+U+Y)
5. ABDEFGHIJKLMNOPUWXYZ
6. ACEGHIKM(N 1,5km)OQRSTV

CC €16 28/3-12/5 25/5-30/6 17/8-31/10

N 52°50'29'' E 4°43'8''

Rustige camping aan de rand van Callantsoog, met goed beschutte velden en nieuw sanitair. Ligt in de onmiddellijke nabijheid van natuurgebied Kooijbosch en het Zwanewater. Uitstekend startpunt voor fiets- of wandeltochten door de bollenvelden.

Neem vanaf de N9 afslag Callantsoog en volg campingborden De Nollen.

---

93 Callantsoog, NL-1759 JD / Noord-Holland

- Tempelhof
- Westerweg 2
- +31 (0)224-581522
- FAX +31 (0)224-582133
- 1/1 - 31/12
- info@tempelhof.nl

14ha 210T(80-135m²) 10-16A CEE

1. ACDFIJKLMNOPQ
2. ARSVWX
3. ABFJKLMNRUVW
4. (A 1/4-2/11)
   (F+H 27/3-1/11) JMN
   (Q+S+T+U+Y 27/3-1/11) Z
5. ABDEFGIJKLMNOPQSTUWXY
6. ABCEGHIKM(N 1km)ORSTV

CC €16 1/1-27/3 12/4-1/5 26/5-3/7 22/8-31/12

N 52°50'48'' E 4°42'56''

Camping gelegen aan de rand van het dorp met uitstekend, op het milieu gericht sanitair. Kleine velden omzoomd door bossages dragen zorg voor rust en bescherming tegen weersinvloeden. Verpozen in het overdekte zwembad of de fitnessruimte geven het volmaakte vakantiegevoel op deze sfeervolle camping die, in het voorjaar, gelegen is temidden van de Noord-Hollandse bollenvelden.

N9 neem afslag 't Zand en vervolg richting Groote Keeten. Zie campingborden Tempelhof.

---

94 Castricum, NL-1901 NH / Noord-Holland

- Kennemer Duincamping Geversduin
- Beverwijkerstraatweg 205
- +31 (0)251-661095
- 27/3 - 25/10
- geversduin@kennemerduincampings.nl

23ha 298T(80-100m²) 16A CEE

1. ABCDGIJKLPST
2. BFGRSVWXY
3. ABDGHJKLNRU
4. (A 4/7-30/8) M(Q+S)
   (T+X 1/5-25/5,4/7-30/8) Z
5. ABDEFGHIJKLMNOPQRUWZ
6. ABCEGHIJM(N 3km)ORT

CC €16 27/3-30/4 18/5-21/5 26/5-2/7 30/8-24/10

N 52°31'49'' E 4°38'55''

Bosrijke duincamping. Heerlijk fietsen door duinen en polder. Beleef het avontuur met de boswachter op expeditie. Op 4 km van het stille strand van Heemskerk. Door de goede voorzieningen ook geriefelijk buiten de zomer.

A9 afslag 9 Heemskerk. Bij rotonde re-af ri Heemskerk. Bij verkeerslichten rechtdoor Baandert in. Aan het eind li Mozartlaan in. Bij rotonde re-af Marquettelaan in. Uitrijden. Bij Rijksstraatweg re-af. Na 1,5 km li-af en weg naar de camping in.

Castricum aan Zee, NL-1901 NZ / Noord-Holland

- Kennemer Duincamping Bakkum
- Zeeweg 31
- +31 (0)251-661091
- 27/3 - 25/10
- bakkum@kennemerduincampings.nl

60ha 337T(80-130m²) 10A CEE

1. ABCDEIJKLPST
2. BFRSUVWXY
3. ABDGHJKLMNRU
4. (A 25/4-29/8) M (Q+S+T+V+X ⌫)
5. **AB**DEFGIJKLMNOPQRUWZ
6. ABCDEGH**IJK**M(N 4km)ORT

In de Noord-Hollandse Duinen, vlak bij zee wacht u een pure kampeerervaring. Op deze duincamping met goede voorzieningen kunt u nostalgie ervaren; wandelen, fietsen en cultuurbeleving. Ruime plaatsen in een natuurlijke omgeving.

A9 Beverwijk-Alkmaar afrit 10 Castricum. Bij verkeerslichten N203 ri Castricum. Bij Castricum ri Castricum aan Zee. Over het spoorwegviaduct, bij rotonde rechtdoor. Cp ligt na 1,5 km re van de weg.

CC €16   27/3-30/4   18/5-21/5   26/5-2/7   30/8-24/10

N 52°33'44" E 4°38'0"

De Cocksdorp (Texel), NL-1795 JV / Noord-Holland

- Vakantiepark De Krim Texel
- Roggeslootweg 6
- +31 (0)222-390111
- +31 (0)222-390121
- 1/1 - 31/12
- info@krim.nl

31ha 423T(80-100m²) 10A CEE

1. ACD**G**IJKLMNOPQ
2. AGLRSVWXY
3. ABC**E**GHJKLN**OPQ**R**T**UW
4. (A ⌫) (C 15/5-15/9) (F+H ⌫) JK**LN** (Q+S+T+U+V+X+Y ⌫) Z
5. **AB**DEFGIJKLMNOPQSTUWXYZ
6. ACDEGHKM(N 0,5km)ORSTUV

Camping gelegen in een bosrijk duinlandschap met ruime plaatsen op goed beschutte velden. Een gezellig oud-Hollands dorpsplein voorzien van veel uitgaansmogelijkheden maakt een verblijf compleet. Vooral de fietsen niet vergeten.

Vanaf de veerboot de N501 volgen. Bij afslag 10 richting De Cocksdorp. Afslag 33 linksaf naar Vakantiepark De Krim.

CC €16   1/1-2/4   8/4-26/4   27/5-5/7   27/8-31/12

N 53°9'6" E 4°51'32"

De Koog (Texel), NL-1796 BD / Noord-Holland

- Texelcamping De Shelter/Om de Noord
- Boodtlaan 43
- +31 (0)222-390112
- +31 (0)222-327167
- 29/3 - 25/10
- info@texelcampings.nl

216T(90-120m²) 16A CEE

1. ACD**G**IJKLMOPQ
2. AEGRSVWX
3. AB**F**GJKLNRU**W**
4. (Q ⌫)
5. **AB**DFGIJKLMNOPQ**ST**UWXY
6. ACEGH**I**K(N 0,5km)S

Rustig gelegen camping in de directe omgeving van bos, duin en strand. Op loopafstand van het gezellige, centraal op het eiland gelegen dorp De Koog. Een prima startpunt voor fiets- en wandeltochtjes in alle richtingen. Alle plaatsen hebben eigen aan- en afvoer van water- en RTV-aansluiting.

Vanaf de veerboot de N501 volgen. Bij rotonde nr 10 richting De Koog. In De Koog doorgaande weg volgen en de campingborden De Shelter/Om de Noord.

CC €16   29/3-2/4   8/4-26/4   27/5-5/7   27/8-25/10

N 53°6'15" E 4°46'9"

98 — Den Helder, NL-1783 BW / Noord-Holland

- De Donkere Duinen
- Jan Verfailleweg 616
- +31 (0)223-614731
- 16/4 – 4/9
- info@donkereduinen.nl

5,5ha 177T(100-140m²) 4-16A CEE

1 ACDGIJKLMOPQ
2 ABGLRSVWXY
3 W
5 ABCFGIJKLMNOPUXYZ
6 ACEGK(N 0,5km)S

CC €16   16/4-23/5   25/5-4/7   24/8-3/9

N 52°56'12''   E 4°44'1''

---

99 — Edam, NL-1135 PZ / Noord-Holland

- Strandbad
- Zeevangszeedijk 7A
- +31 (0)299-371994
- FAX +31 (0)299-371510
- 27/3 – 30/9
- info@campingstrandbad.nl

4,5ha 150T(60-80m²) 10A CEE

1 ACDEIJKLMPQ
2 DGKLMRUWX
3 ABFHJKNRUWZ
4 (G 15/4-15/9)
  (Q+T+U+X+Y ⌂) Z
5 ABDEFGHIJKLMNOPQR UWZ
6 ABCDEGHKM(N 1,2km)ORV

CC €16   27/3-13/5   18/5-21/5   26/5-3/7   1/9-30/9

N 52°31'7''   E 5°4'26''

---

100 — Egmond aan Zee, NL-1931 AV / Noord-Holland

- Kustcamping Egmond aan Zee
- Nollenweg 1
- +31 (0)72-5061702
- 1/1 – 31/12
- info.egmondaanzee@roompot.nl

11ha 73T(100-120m²) 10A CEE

1 ABCDGIJKLMOPRS
2 GJRSVWX
3 BFGHJKLNRU
4 (C+H 24/4-13/9)
  (Q+S+T+U+V+X+Y ⌂) Z
5 ABDFGIJKLMNOPUWXY
6 CDEGJKL(N 0,6km)OSTVX

CC €18   7/4-24/4   26/5-4/6   8/6-7/7   24/8-30/10

N 52°37'19''   E 4°38'17''

Halfweg, NL-1165 NA / Noord-Holland ♿ 📶 iD 101

- 🏕 DroomPark Spaarnwoude
- 🏠 Zuiderweg 2
- ☎ +31 (0)20-4972796
- FAX +31 (0)20-4975887
- 📅 27/3 - 24/10
- @ spaarnwoude@droomparken.nl

15ha 60T(90-100m²) 6A CEE

1. ACGIJKLMPQ
2. ABDFJLRUXY
3. BFGJKNRUV**W**Z
4. FHN(Q+R 📅)
   (T+X 1/7-31/8) Z
5. **AB**DEFG**IJK**LMN**P**UZ
6. CDEG**IJ**(N 4km)OV

💬 Het park is gelegen in het prachtige recreatiegebied Spaarnwoude, wat vele mogelijkheden tot recreëren biedt. In de omgeving kunt u wandelen, fietsen, moutainbiken, skaten, roeien en heel veel meer. DroomPark Spaarnwoude beschikt over een geweldig campinggedeelte dat is ingedeeld in fraaie kampeerweiden, omsloten door een zeer gevarieerde bebossing.

🚗 A9 bij Rottepolderplein A200 richting Amsterdam. Afslag Zwanenburg-Halfweg (1e afslag). Daarna campingborden volgen.

CC €14 27/3-1/5 18/5-22/5 29/5-25/6 30/6-10/7 28/8-24/10   M N 52°23'45'' E 4°45'15''

Hilversum, NL-1213 PZ / Noord-Holland ♿ 📶 iD 102

- 🏕 De Zonnehoek
- 🏠 Noodweg 50
- ☎ +31 (0)35-5771926
- 📅 15/3 - 31/10
- @ info@campingzonnehoek.com

4ha 60T(80-100m²) 4A CEE

1. ACDGIJKLMNO**P**RS
2. BRSXY
3. **A**F**H**JNRU
4. (G+T+U+Y 📅) Z
5. **AB**EFG**IJ**MN**P**UXYZ
6. AEG**IK**(N 1km)OV

💬 Camping De Zonnehoek ligt in het bosrijke Gooi en uitgestrekte heidevelden en het unieke plassengebied van Loosdrecht. Voor de vakantieganger die van ongerepte natuur houdt, valt er bijzondere plantengroei en een unieke vogelstand te ontdekken. Voor mensen die van drukte houden zijn er mogelijkheden volop, zoals in Oud- en Nieuw Loosdrecht en Hilversum.

🚗 Vanaf A27 afslag 33 Hilversum ri. Loosdrecht. Daarna borden 'Vliegveld Hilversum' volgen.

CC €14 15/3-27/4 26/5-4/7 23/8-31/10   M N 52°11'37'' E 5°9'17''

Hoorn/Berkhout, NL-1647 DR / Noord-Holland 📶 iD 103

- 🏕 't Venhop
- 🏠 De Hulk 6a
- ☎ +31 (0)229-551371
- FAX +31 (0)229-553286
- 📅 1/1 - 31/12
- @ info@venhop.nl

8,5ha 80T(80-100m²) 10A CEE

1. ACDFIJKLN**P**RS
2. FRVWXY
3. AB**F**HJRUW
4. (Q 27/6-29/8)
   (R+U+X+Y 📅) Z
5. **AB**DG**IJ**KLMNOPUXYZ
6. ABCDG**K**(N 3km)OSV

💬 Camping is gelegen aan goed vis- en vaarwater met gezellig terras. De velden met toerplaatsen zijn omgeven door bomen en struiken. Uitgangspunt voor kanotochten (kano's te huur op de camping). Eén hond gratis.

🚗 A7 Purmerend-Hoorn, afslag 7 Berkhout. Bij de verkeerslichten linksaf campingborden volgen.

CC €16 1/1-12/5 27/5-2/7 24/8-31/12   M N 52°37'55'' E 5°0'42''

Julianadorp aan Zee, NL-1787 CX / Noord-Holland — 104

- ▲ Ardoer camping 't Noorder Sandt
- 🏠 Noorder Sandt 2
- ☎ +31 (0)223-641266
- 🗓 28/3 - 25/10
- @ noordersandt@ardoer.com

NIEUW

11ha 180T(100m²) 10A CEE

1. ACDGIJKLMOPQ
2. AELRSVWXY
3. ABFGJKNOPRUWY
4. (F+H 31/3-25/10) IJN (Q+S+T+U+V+Y 31/3-25/10) Z
5. ABDEFGIJKLMNOPQUWXYZ
6. CDEGHKL(N 2km)ORSVX

💬 Camping vlak achter de duinen midden in het bloembollengebied. Een veld met vrij uitzicht over de bollenvelden direct aan de kanoroute, maar ook beschutte velden. Aparte plaatsen voor campers. De camping ligt direct aan het knooppunten-fietsroutesysteem. Een sauna en een gezellige bibliotheek staan garant voor enige rustige uurtjes.

🚗 Vanaf N9 afslag Julianadorp. In het dorp rechtdoor naar Julianadorp aan Zee. Kustweg rechtsaf en campingborden volgen.

Den Helder

CC €16 12/4-26/4 10/5-12/5 18/5-21/5 27/5-2/7 23/8-24/10   N 52°54'22" E 4°43'29"

Julianadorp aan Zee, NL-1787 PP / Noord-Holland — 105

- ▲ De Zwaluw
- 🏠 Zanddijk 259
- ☎ +31 (0)223-641492
- 🗓 27/3 - 11/10
- @ campingdezwaluw@quicknet.nl

2ha 76T(50-100m²) 6-16A CEE

1. ADGIJKLMOPQ
2. AERSVW
3. BFJRTWY
4. (Q+R+T 28/3-11/10) (Y) Z
5. ABCDFGIJKLMNOPQUWZ
6. ACEGHK(N 2km)ORV

💬 Camping ligt ingeklemd tussen de duinen en de bollenvelden op slechts 200m vanaf het strand en 500m vanaf een waterparadijs. Uitstekende eetgelegenheden bij de camping en de directe omgeving.

🚗 Vanuit Alkmaar (N9) 1e afslag Julianadorp (Zuid). Vanuit Den Helder (N9) 2e afslag Julianadorp (Zuid). Volg borden Kustrecreatie. Bij de duinen re-af. 1e camping in Julianadorp aan Zee rechts.

Den Helder, Anna Paulowna

CC €16 27/3-12/5 26/5-26/6 22/8-10/10   N 52°53'43" E 4°43'4"

Petten, NL-1755 LA / Noord-Holland — 106

- ▲ Corfwater
- 🏠 Strandweg 3
- ☎ +31 (0)226-381981
- FAX +31 (0)226-383371
- 🗓 27/3 - 4/10
- @ camping@corfwater.nl

5,5ha 250T(80-120m²) 6A CEE

1. ACDEIJLNPS
2. AEGJKRSVW
3. BHJKRUWY
4. (Q+R)
5. ABDEFGIJKLMNOPQSUWZ
6. CDEGHKM(N 0,3km)OTV

💬 Rustige, in de duinen gelegen camping pal aan het strand en de zee aan de rand van het dorp Petten. In Petten vindt u alle winkel- en horecavoorzieningen.

🚗 N9 Alkmaar-Den Helder. Bij rotonde in Burgervlotbrug richting Petten. Tot de rotonde bij de duinen. Rechtdoor campingborden volgen.

Anna Paulowna

CC €16 27/3-13/5 26/5-4/7 22/8-4/10   N 52°46'14" E 4°39'33"

Schoorl, NL-1871 CD / Noord-Holland — 107

- Kampeerterrein Buitenduin
- Molenweg 15
- ☎ +31 (0)72-5091820
- 📠 +31 (0)72-5093617
- 27/3 - 1/11
- @ buitenduin@hetnet.nl

1,2ha 31T(70-90m²) 10A CEE

1. **A**E**IJ**L**N**P
2. **G**RSVWX
3. **AF**HJNR
4. (A 11/7-23/8)
5. **ABD**G**IJKL**MOPUWXYZ
6. ABCDEHK(N 0,6km)

💬 Rustig gelegen camping in bosrijke omgeving op loopafstand van het dorpscentrum en de duinen. Goed uitgangspunt voor wandelingen en fietstochten. Camping is geschikt voor jonge kinderen.
Het beeldmerk van de camping is de monumentale, nog in werking zijnde korenmolen 'Kijkduin', die wekelijks te bezichtigen is.

🚗 N9 Alkmaar-Den Helder, afslag Schoorl, ri. Schoorl. Vlak voor de verkeerslichten bij voetgangersoversteekplaats rechtsaf. Voor 'molen' rechtsaf.

CC €16 27/3-24/4 27/5-30/6 31/8-1/11

N 52°42'24'' E 4°41'49''

St. Maartenszee, NL-1753 BA / Noord-Holland — 108

- St. Maartenszee
- Westerduinweg 30
- ☎ +31 (0)224-561401
- 28/3 - 4/10
- @ sintmaartenszee@ardoer.com

5ha 300T(60-90m²) 6-10A CEE

1. **A**D**F**IJ**KL**MPRS
2. **G**RSVWX
3. **AB**HJK**NQ**RU
4. (Q+S+U+V+X+Y 🔒) Z
5. **AB**CDEF**G**IJ**KL**MNP**Q**SUWXYZ
6. ACDEGHKLM(N 0,3km)OSTV

💬 Gezellige familiecamping met luxe verwarmd sanitair. Direct gelegen tegen de duinen. Knusse plaatsen voor een rustig verblijf en op loopafstand van het strand.

🚗 N9 Alkmaar-Den Helder. In St. Maartensvlotbrug richting St. Maartenszee. Tot rotonde bij de duinen. Rechtsaf, eerste camping rechts.

CC €16 12/4-26/4 10/5-12/5 18/5-21/5 27/5-2/7 23/8-4/10

N 52°47'39'' E 4°41'22''

Tuitjenhorn, NL-1747 CA / Noord-Holland — 109

- Campingpark de Bongerd
- Bongerdlaan 3
- ☎ +31 (0)226-391481
- 1/4 - 27/9
- @ info@bongerd.nl

18ha 156T(100-120m²) 10A CEE

1. ABCD**G**IJ**KL**NOPQ
2. RVWX
3. ABCD**F**GJKMN**QR**U**W**
4. (C 25/4-31/8) (H 🔒) JM (Q+S+T+X 🔒)
5. **AB**DEFGIJKLMNPUWXY
6. AEGHJK**M**(N 1km)OSTU

💬 Parkachtig aangelegde vijfsterrencamping voor kinderen tot en met 11 jaar en hun (groot) ouders. Topklasse sanitair en een uitgebreid kinderprogramma. Ruim spetter- en spatbad voor peuters. Op het park ligt ook het speelparadijs 'de Holle Bolle Boom'. Ieder weekend is het sfeervolle à la carte restaurant geopend.

🚗 N245 Alkmaar-Schagen. Afslag Tuitjenhorn/industrieterrein De Banne, daarna de campingborden volgen.

CC €16 1/4-27/4 26/5-15/7 1/9-27/9

N 52°44'6'' E 4°46'33''

110 — Velsen-Zuid, NL-1981 LK / Noord-Holland

- DroomPark Buitenhuizen
- Buitenhuizerweg 2
- +31 (0)88-0551500
- 27/3 - 24/10
- buitenhuizen@droomparken.nl

20ha 99T(100-120m²) 6A CEE

1. ACDGIJLNST
2. BCDFGRWXY
3. ABEGHJKNRUVWZ
4. (C 1/5-1/10) N (Q+R+T+U+Y) Z
5. DEFGIJMNOPUWX
6. ACDGIJ(N 7km)OTV

DroomPark Buitenhuizen ligt midden in het prachtige natuur- en recreatiegebied Spaarnwoude. Veel mogelijkheden: wandelen, fietsen, skeeleren, zwemmen, skiën, paardrijden, klimmen, mountainbiken. In Spaarnwoude ligt ook de grootste openbare golfbaan van Europa; 66 holes.

Op de A9, Amsterdam-Alkmaar of Alkmaar-Amsterdam, afslag IJmuiden. Bij 1e verkeerslicht rechtsaf ri. Amsterdam over N202. Neem afslag golfbaan Spaarnwoude. Cp ligt rechts na 1 km.

€14 27/3-1/5 18/5-22/5 29/5-25/6 30/6-10/7 28/8-24/10

N 52°25'54'' E 4°42'31''

111 — Vogelenzang, NL-2114 AP / Noord-Holland

- Vogelenzang
- Tweede Doodweg 17
- +31 (0)23-5847014
- 1/4 - 30/9
- camping@vogelenzang.nl

22ha 250T(80-120m²) 16A CEE

1. ACDEIJKLPRS
2. BLRVWXY
3. AFJKNRU
4. (B+G 15/5-15/9) (Q+S+T+U+X) Z
5. ABDFGIJKLMOPU
6. ACEGK(N 2km)OT

Zeer rustig gelegen camping net buiten het plaatsje Vogelenzang. Intieme trekkersveldjes, geen echte afscheidingen.

N206 Haarlem-Leiden. Bij Vogelenzang campingbord. Vanuit Haarlem rechtsaf. Vanuit Leiden linksaf.

€16 1/4-13/5 27/5-5/7 22/8-30/9

N 52°18'55'' E 4°33'46''

112 — Wijdenes, NL-1608 EX / Noord-Holland

- Het Hof
- Zuideruitweg 64
- +31 (0)229-501435
- 27/3 - 25/10
- info@campinghethof.nl

2,5ha 55T(80-100m²) 6A CEE

1. ACDFIJKLNOPRS
2. GRVWXY
3. BFJRUW
4. (C+H 1/5-30/8) (Q) (T+U+X 27/3-20/9) Z
5. ABDFGHIJMNPUZ
6. ACEGKM(N 1km)V

Familiecamping, gelegen aan het oude IJsselmeer, centraal gelegen in de historische driehoek Hoorn, Enkhuizen en Medemblik. Verwarmd openluchtzwembad op de camping. Apart jeugdhonk. Goede fietsmogelijkheden. Gezellig restaurantje op de camping.

A7 Purmerend-Hoorn, afslag 8 Hoorn. N506 richting Enkhuizen. Na 10 km bij 'Tako's wok' rechtsaf richting Wijdenes. ANWB-campingborden volgen.

€16 27/3-12/5 18/5-21/5 26/5-5/7 24/8-25/10

N 52°37'32'' E 5°9'16''

113 — Zandvoort, NL-2041 JA / Noord-Holland

- ▲ de Branding
- 🏠 Boulevard Barnaart 30
- ☎ +31 (0)23-7516800
- FAX +31 (0)23-7516784
- 📅 27/3 - 5/10
- @ info@campingdebranding.nl

3ha 150T 4A CEE

1. ACD**G**IJKLN**P**Q
2. AEGRSW
3. BKY
4. (Q+R 🔌) Z
5. **AB**DGIJMN**P**U
6. FGHJ(N 1km)ORTV

💬 Camping de Branding ligt aan de boulevard van Zandvoort. Steek de straat over en u bent op het strand. Aan de andere kant van de camping ligt het autocircuit en hebt u uitzicht over de duinen. Er zijn twee grote kampeervelden op gras.

🚗 Vanaf A9 Rottepolderplein de A200, later N200 volgen richting Haarlem/Overveen/Bloemendaal aan Zee/Zandvoort. Laatste camping vóór Zandvoort aan linkerzijde (afslag voorbij TinQ tankstation).

€16 27/3-2/4 6/4-12/5 17/5-20/5 25/5-2/6 7/6-25/6 1/9-4/10

N 52°23'11" E 4°32'7"

114 — Brielle, NL-3231 AA / Zuid-Holland

- ▲ Camp. Jachthaven de Meeuw
- 🏠 Batterijweg 1
- ☎ +31 (0)181-412777
- FAX +31 (0)181-418127
- 📅 28/3 - 25/10
- @ info@demeeuw.nl

13ha 165T(80-130m²) 10A CEE

1. ACD**G**IJKLOPQ
2. ADLRVWX
3. B**F**JKNRU**W**Z
4. (R+T+U 🔌) (X 1/4-1/9)
5. **AB**DFGIJKMOPRUWXYZ
6. CEGH**K**(N 0,5km)OV

💬 Camping direct gelegen aan het Brielse meer met een strandje met afgezet zwemwater en een eigen jachthaven. Op loopafstand gelegen van het geuzenstadje Brielle midden in een uniek watersport- en recreatiegebied.

🚗 A15, afslag Europoort blijven volgen. Brielle volgen. In Brielle bewegwijzerd.

€14 28/3-2/4 7/4-23/4 28/4-12/5 18/5-21/5 26/5-3/7 31/8-25/10

N 51°54'24" E 4°10'31"

115 — Delft, NL-2616 LJ / Zuid-Holland

- ▲ Recreatiecentrum Delftse Hout
- 🏠 Korftlaan 5
- ☎ +31 (0)15-2130040
- FAX +31 (0)15-2131293
- 📅 27/3 - 1/11
- @ info@delftsehout.nl

6ha 170T(80-120m²) 10A CEE

1. ACD**FI**JLMPQ
2. DFGLRVWX
3. B**F**GHJKNRUWZ
4. (A 1/4-31/10)
   (C+H 1/5-15/9)
   (Q 1/7-31/8) (S 1/4-31/10)
   (T+U+Y 1/4-1/10) Z
5. **AB**DEFGIJKLMNPQUWXYZ
6. BCDEGH**IK**L(N 2km)OSTV

NIEUW

💬 Moderne camping gelegen in een natuurgebied op loopafstand van het schilderachtige centrum. Ontelbare mogelijkheden voor dagtrips in de randstad. Deze camping heeft afgebakende plaatsen op intieme terreintjes.

🚗 A13, afslag 9 Delft. Vanaf hier bewegwijzerd.

€18 27/3-17/4 18/5-21/5 25/5-1/7 24/8-1/11

N 52°1'5" E 4°22'45"

89

Den Haag, NL-2555 NW / Zuid-Holland — 116

- Kampeerresort Kijkduin
- Machiel Vrijenhoeklaan 450
- +31 (0)70-4482100
- 1/1 - 31/12
- info@kijkduinpark.nl

29ha 350T(80-120m²) 10A CEE

1 ACGIJKLMPQ
2 AEGRSVX
3 BFHJKMNQRUWY
4 (F+H)K (Q+S+T+U+V+X+Y)Z
5 ABDEFGIJKLMNOPQRSUXYZ
6 CFGHIJLM(N 1,5km)STUV

💬 Moderne viersterrencamping aan de ZW-punt van Den Haag. Gelegen in de duinen met een eigen toegangsweg naar het strand. Schaduwplaatsen aanwezig evenals wandel- en fietsmogelijkheden. Het uitgaanscentrum Kijkduin is op 1 km afstand. Voor campers is een beperkt aantal plaatsen. Informeer bij de receptie.

🚗 Gelegen bij Kijkduin (zuidwestpunt van Den Haag). Bordjes langs toegangswegen.

CC €18   1/1-27/3   7/4-24/4   26/5-4/6   8/6-7/7   24/8-30/10

N 52°3'36'' E 4°12'43''

Hellevoetsluis, NL-3221 LV / Zuid-Holland — 117

- De Quack
- Parkweg 2
- +31 (0)181-312646
- FAX +31 (0)181-319633
- 27/3 - 31/12
- info@dequack.nl

16ha 190T(100m²) 10A CEE

1 ACDFIJLPRS
2 ADEGRVWX
3 ABCFKLMNRTUWZ
4 M(R+T+X)
5 ABFGIJKMNOPUWZ
6 ACDEGHIK(N 3km)O

💬 Rustig en natuurlijk gelegen camping vlak bij het Noordzeestrand en het natuurgebied Quackjeswater. Zeer ruime staanplaatsen voor tent en caravan.

🚗 N57, afslag Hellevoetsluis. ANWB-borden volgen.

CC €16   7/4-13/5   26/5-30/6   1/9-31/12

N 51°50'17'' E 4°5'25''

Melissant, NL-3248 LH / Zuid-Holland — 118

- Elizabeth Hoeve
- Noorddijk 8
- +31 (0)187-601548
- FAX +31 (0)187-603180
- 15/3 - 31/10
- info@campingelizabethhoeve.nl

8ha 18T(250m²) 16A CEE

1 AGIJKLMOPQ
2 RVWX
3 ABFGJRW
5 ABGIJKMNOPUWXYZ
6 ACEGK(N 0,5km)T

💬 Zeer rustig gelegen camping in het Zuid-Hollandse polderlandschap, grote staanplaatsen. Ideaal voor de rustzoeker. Alle watersportmogelijkheden in de directe nabijheid.

🚗 N215, vanaf Hellevoetsluis of Ouddorp bij km-paal 13,4 rechtsaf, vanaf Middelharnis bij 13,4 linksaf.

CC €14   15/3-12/7   29/8-31/10   14=12, 21=18, 28=24

N 51°45'47'' E 4°4'10''

Noorden, NL-2431 AA / Zuid-Holland — 119

- Koole Kampeerhoeve
- Hogedijk 6
- +31 (0)172-408206
- 27/3 - 4/10
- info@kampeerhoevekoole.nl

1ha 30T(40-100m²) 6A CEE

1. **A**G**IJL**NPQ
2. GRX
3. **B**JKN**W**
5. **D**G**IJKLMNO**P**UZ
6. EG(N 0,4km)

Landelijk gelegen camping met groen, rust en ruimte. De camping ligt bij de Nieuwkoopse Plassen waar u kunt kanovaren en varen met fluisterboten. Er zijn veel mooie fietsroutes.

A2, afslag 5 ri Kockengen (N401). Voorbij Kockengen op rotonde re-af (N212), 1e weg li, ri Woerdens Verlaat/Noorden aanhouden. In Noorden na de kerk staat de cp langs de weg aangegeven dmv eigen reclamebord.

CC €16   10/4-10/5   29/5-30/6   28/8-4/10   7=6, 14=11

N 52°9'53'' E 4°49'8''

Noordwijk, NL-2204 AN / Zuid-Holland — 120

- De Carlton
- Kraaierslaan 13
- +31 (0)252-372783
- FAX +31 (0)252-370299
- 1/4 - 1/11
- campingdecarlton@gmail.com

2,1ha 55T(100-150m²) 10A CEE

1. **A**G**IJ**KLNPQ
2. FRTVW
3. **B**FK**OP**R
4. (C 1/6-15/9)
5. **AB**DG**IJ**MN**P**U
6. ACEGK(N 2km)T

Mooie en gezellige cp waar rust, ruimte en privacy hoog in het vaandel staan. Ruime plaatsen, veel groen en goede sanitaire voorzieningen: de ultieme vakantie in het hart van de bollenstreek. Strand, bos en duinen op loop- en fietsafstand. De cp is een ideale uitvalsbasis voor leuke uitstapjes.

A44, afslag 3 Sassenheim/Noordwijkerhout, ri Nwh. Bij rotonde Congrescentrum rechtsaf (Gooweg). Bij volgende rotonde links (Schulpweg). Na manege Bakker rechtsaf.

CC €16   26/5-2/7   30/8-31/10

N 52°16'17'' E 4°28'35''

Noordwijk, NL-2204 AS / Zuid-Holland — 121

- De Duinpan
- Duindamseweg 6
- +31 (0)252-371726
- FAX +31 (0)252-344112
- 1/1 - 31/12
- contact@campingdeduinpan.com

3,5ha 81T(100-140m²) 16A CEE

1. **A**CDG**IJ**KLNPQ
2. FHRTVWX
3. **A**FKL
5. **AB**G**IJ**MNOPUXYZ
6. BCEGHK(N 3km)OST

Camping De Duinpan is een vriendelijke, goed uitgeruste camping met mooi aangelegd terrein en schoon sanitair. Landelijk gelegen nabij bos en duinen. Prachtig strand met internationaal eco-label De Blauwe Vlag op 1 km van de camping. Goed uitgangspunt voor fiets- en wandeltochten.

A44, afslag 3 Sassenheim/Noordwijkerhout, richting Noordwijkerhout. Bij rotonde (Congrescentrum) rechtsaf (Gooweg). Volgende rotonde linksaf (Schulpweg), gaat over in Duindamseweg.

CC €16   1/1-19/4   25/5-2/7   30/8-31/12

N 52°16'6'' E 4°28'11''

Noordwijk, NL-2204 BC / Zuid-Holland 122

- Le Parage
- Langevelderlaan 43
- +31 (0)252-375671
- FAX +31 (0)252-377728
- 15/3 - 1/10
- info@leparage.nl

4ha 45T(85-100m²) 4A CEE

1 ACD**G**IJLNPRS
2 FRSVWX
3 **B**FHJKLNRU
4 (T+U+X 1/7-1/9) Z
5 **AB**DFGIJKLMNOPUZ
6 CEG**K**(N 3km)TV

💬 Rustige camping met leuke kleine veldjes voor toerplaatsen. Bos, zee, recreatiemeer en manege binnen een straal van 2 km.

🚗 Op de N206 afslag Langeveldserslag, richting Langeveldserslag. Tweede weg links. Aan het eind rechtsaf. Camping wordt met borden aangegeven.

€16 15/3-31/3 1/5-10/5 1/6-30/6 1/9-30/9 N 52°16'57" E 4°29'12"

Noordwijkerhout, NL-2211 XR / Zuid-Holland 123

- Op Hoop van Zegen
- Westeinde 76
- +31 (0)252-375491
- 15/3 - 31/10
- info@campingophoopvanzegen.nl

1,8ha 120T(80-100m²) 6A CEE

1 ACD**G**IJKL**P**RS
2 FRWX
3 ABKNR
4 (Q 1/4-15/10)
5 **AB**DEFGIJ**M**P**Q**UWZ
6 ABCDEGH**K**(N 2km)O

💬 Cp 'Op Hoop van Zegen' is een gezellige familiecp, gelegen tussen Noordwijk en Noordwijkerhout. Omgeven door bollenvelden en bossen en toch maar 2,5 km van het Noordwijkerstrand. Mooie routes voor fietsen en wandelen. In de 100 jaar oude boerderij waar vroeger kaas werd gemaakt, is cp 'Op Hoop van Zegen' gevestigd.

🚗 A44, afrit Sassenheim/Noordwijkerhout, richting Noordwijkerhout. Bij rotonde congrescentrum rechtdoor. Bij T-splitsing links.

€14 15/3-22/4 26/5-2/7 24/8-30/10 N 52°14'56" E 4°27'49"

Oostvoorne, NL-3233 XC / Zuid-Holland 124

- Molecaten Park Kruininger Gors
- Gorsplein 2
- +31 (0)181-482711
- FAX +31 (0)181-485957
- 27/3 - 30/9
- kruiningergors@molecaten.nl

108ha 80T(100m²) 6A CEE

1 ACD**E**IJKLNOPQ
2 ADRVW
3 **B**FGJKNRUWZ
4 (Q 1/4-30/9) (S+T+Y) Z
5 **AB**GIJMNO**P**UWZ
6 DEG**K**(N 2km)OS

💬 Kampeerterrein in recreatiedorp met veel voorzieningen, eigen stranden aan Brielse Meer. Noordzeestrand op korte afstand.

🚗 Vanuit Rotterdam richting Europoort/Oostvoorne. Vanaf hier bewegwijzerd.

€14 27/3-23/4 18/5-21/5 26/5-7/7 24/8-30/9 N 51°55'31" E 4°7'55"

Ouddorp, NL-3253 MG / Zuid-Holland — 125

- Camping Port Zélande
- Port Zélande 2
- ☎ +31 (0)111-674020
- FAX +31 (0)111-674021
- 27/3 - 1/11
- @ camping.portzelande@groupepvcp.com

6ha 220T(100m²) 10A CEE

1. ACDFIJKLMOPQ
2. ADEMSWX
3. AGHJK**MN**O**PQRT**UVWXYZ
4. (C+F+H) IJ**KLN** (Q+S+T+U+V+W+Y) Z
5. **AB**EFGIJKLMNOPRUWZ
6. CDEGH**IKP**RTUV

💬 De camping ligt in een uniek stukje natuurgebied aan de Brouwersdam. De camping is omringd door diverse strandjes en op loopafstand Noordzeestrand (0,5 km).

🚗 Vanaf Zierikzee N59 Renesse - Burgh-Haamstede. Dan N57 Ouddorp-Rotterdam, volg borden Port Zélande/Kabbelaarsbank.

CC €16 7/4-23/4 11/5-12/5 18/5-21/5 26/5-3/6 7/6-25/6 1/9-3/10 N 51°45'22" E 3°51'53"

Ouddorp, NL-3253 LR / Zuid-Holland — 126

- RCN Vakantiepark Toppershoedje
- Strandweg 2-4
- ☎ +31 (0)187-682600
- FAX +31 (0)187-683659
- 27/3 - 2/11
- @ toppershoedje@rcn.nl

13ha 134T(100m²) 10A CEE

1. ACD**G**IJKLNOPQ
2. AEGRSX
3. AKNRUWY
4. (S+T+U+X+Y)
5. **AB**FGJLNPUW
6. EGH**IK**(N 3km)

💬 Camping ligt op loopafstand van het Noordzeestrand. Vele watersportmogelijkheden in de buurt. Op de camping vindt u een restaurant, snackbar en croissanterie. Schitterend wandel- en fietsgebied en nabij de gezellige badplaats Ouddorp.

🚗 Snelweg Hellegatsplein-Oude Tonge-Ouddorp. In Ouddorp is de camping aangegeven.

CC €14 27/3-13/5 18/5-22/5 26/5-10/7 27/8-2/11 N 51°49'24" E 3°55'0"

Rockanje, NL-3235 LL / Zuid-Holland — 127

- Midicamping Van der Burgh
- Voet- of Kraagweg 9
- ☎ +31 (0)181-404179
- FAX +31 (0)181-404866
- 1/1 - 31/12
- @ info@midicamping.nl

5ha 85T(150m²) 10A CEE

1. AD**G**IJKLMNOPQ
2. RWX
3. BDJKPR
4. (Q 1/7-31/8)
5. **AB**CDG**IJ**MNO**PQ**UWXYZ
6. ACDEGH**K**O

💬 De camping is gelegen op de Zuid-Hollandse eilanden, dicht bij strand, duinen en viswater. Middelgrote camping met nieuw sanitairpaviljoen en grote plaatsen.

🚗 Rotterdam-Europoort A15, afslag 12 richting Brielle. N57 Rockanje daarna N496, in Rockanje bewegwijzerd.

CC €12 1/1-30/4 26/5-30/6 1/9-31/12 N 51°51'23" E 4°5'36"

128 — Rockanje, NL-3235 LA / Zuid-Holland

▲ Molecaten Park Rondeweibos
Schapengorsedijk 19
☎ +31 (0)181-401944
FAX +31 (0)181-402380
27/3 - 31/10
@ rondeweibos@molecaten.nl

32ha 100T(80m²) 10A CEE

1 ACD**G**IJLPQ
2 AEGRSVWX
3 BGHJK**M**NRUW
4 (C+G 1/5-31/8)
   (Q+S+T+U+Y 27/3-15/9)
5 A**B**FGIJKLMNOP**S**UWXYZ
6 ACDEGH**K**(N 2,5km)OSTV

Rondeweibos is een gezellige gezinscp direct achter het Noordzeestrand, in een schitterend duingebied met een unieke flora en fauna. De zee is op loopafstand. De comfortkampeerplaatsen zijn verdeeld over kleine veldjes. U heeft de mogelijkheid tot het huren van een privé-sanitaire unit in het toiletgebouw. De cp heeft o.a. een verwarmd buitenbad, restaurant en bar, supermarkt en fietsverhuur.

🚗 A15/N57. Afrit Rockanje. ANWB-borden Rondeweibos volgen.

CC €16   27/3-23/4   18/5-21/5   26/5-7/7   24/8-31/10

N 51°51'25''   E 4°5'4''

129 — Rockanje, NL-3235 CC / Zuid-Holland

▲ Molecaten Park Waterbos
Duinrand 11
☎ +31 (0)181-401900
FAX +31 (0)181-404233
27/3 - 31/10
@ waterbos@molecaten.nl

7,5ha 118T(100m²) 10A CEE

1 ACDEIJLPQ
2 RSVWXY
3 BGJKLNRUW
4 (C+H 30/4-1/9) (R)
   (T+X 15/6-15/9)
5 A**B**DFGJLMNO**PST**UWZ
6 ACDEGH**K**(N 1km)SV

Waterbos is een rustige en gezellige camping direct aan de duinen, op slechts een paar minuten lopen van het strand. De kampeervelden met comfortkampeerplaatsen worden afgescheiden met beukenhagen. Centraal op de camping vindt u het restaurant met bar en het winkeltje. In de omgeving kunt u heerlijk wandelen en fietsen door o.a. het natuurgebied 'Voornes Duin'.

🚗 A15, afslag Europoort blijven volgen, richting Hellevoetsluis, afslag Rockanje, daarna borden volgen.

CC €16   27/3-23/4   18/5-21/5   26/5-7/7   24/8-31/10

N 51°52'48''   E 4°3'15''

130 — Zevenhuizen, NL-2761 ED / Zuid-Holland

▲ Recreatiepark De Koornmolen
Tweemanspolder 6A
☎ +31 (0)180-631654
FAX +31 (0)180-631380
1/4 - 1/10
@ info@koornmolen.nl

6ha 76T(90-140m²) 6A CEE

1 ACD**G**IJKLMNO**P**Q
2 CDFLRUWXY
3 B**D**FGHJK**Q**RU**VW**Z
4 (F) (Q+T+U+X 14/7-1/9)
   (Y)
5 A**B**DFIJKLMN**PS**Z
6 DEGH**KL**(N 2km)OTV

NIEUW

Gezellige familiecamping, onderdeel van het recreatiepark 'De Koornmolen' aan de rand van de Rottemeren. Passantenveldjes omgeven door groen en gescheiden van de vaste staanders.

🚗 A12 afslag 9 Zevenhuizen-Waddinxveen; op de A20 afslag 17 Nieuwerkerk a/d IJssel-Zevenhuizen. Dan richting Zevenhuizen. Bij brandweerkazerne linksaf Tweemans Polder. Na ca 1 km rechts ligt de ingang van De Koornmolen.

CC €14   1/4-23/4   26/5-7/7   24/8-29/9

N 52°0'32''   E 4°33'54''

Aagtekerke, NL-4363 RJ / Zeeland   ♿ 📶 ✿ **iD** | 131

- 🔺 Ardoer camping Westhove
- 🏕 Zuiverseweg 2
- ☎ +31 (0)118-581809
- 📠 +31 (0)118-582502
- 🔓 27/3 - 1/11
- @ westhove@ardoer.com

8,4ha 261T(81-100m²) 10A CEE

1. **AD**F**IJ**LN**PQ**
2. **RVWX**
3. **BC**F**GJKNRU**V
4. (F+H) ⌂ N(Q+S+T+X) ⌂
5. **AB**DFG**IJ**KLMNPRUWXYZ
6. **ACDEGHKM**(N 1,5km)**ORS** **TV**

💬 Camping Westhove ligt op slechts 1500m van de badplaats Domburg. Mooie ruime staanplaatsen, op de camping overdekt zwembad, indoor speeltuin en badhuis in oud Griekse stijl.

🚗 Vanaf Middelburg de borden Domburg volgen. Voor Domburg bewegwijzerd.

CC €16 27/3-3/4 6/4-24/4 10/5-13/5 25/5-4/7 22/8-1/11   M 📍 N 51°33'21'' E 3°30'52''

Baarland, NL-4435 NR / Zeeland   📶 ✿ | 132

- 🔺 Ardoer comfortcamping Scheldeoord
- 🏕 Landingsweg 1
- ☎ +31 (0)113-639900
- 📠 +31 (0)113-639500
- 🔓 26/3 - 1/11
- @ scheldeoord@ardoer.com

17ha 200T(120m²) 16A CEE

1. **CDG**I**JK**LMNOPQ
2. **AEGKLRVX**
3. **BC**G**JKM**NRUWY
4. (A 5/7-29/8) (C 16/5-1/9) (F+H ⌂) **JN** (S+T+U+X 28/3-27/10) Z
5. **AB**DEFG**IJ**KLMNOPR**S**TU XYZ
6. **CDEG**K(N 2km)**OPRSTV**

💬 Een actieve familiecamping welke van alle gemakken is voorzien. Rustig gelegen aan de zeedijk van de Westerschelde in de Zak van Zuid-Beveland, een prachtig gebied benoemd tot Nationaal Landschap. Hier heeft u alle ruimte om actief te zijn en tegelijk tot rust te komen. Wandelen, fietsen, vissen? Het is aan u!

🚗 A58 afslag 's-Gravenpolder (35). Via 's-Gravenpolder naar Hoedekenskerke. Borden 'Scheldeoord' volgen.

CC €16 26/3-5/7 22/8-31/10   M 📍 N 51°23'47'' E 3°53'53''

Breskens, NL-4511 RG / Zeeland   ♿ 📶 | 133

- 🔺 Zeebad
- 🏕 Nieuwesluisweg 1
- ☎ +31 (0)117-388000
- 🔓 1/1 - 31/12
- @ info@roompot.nl

20ha 260T(80-90m²) 4-6A CEE

1. **CD**F**IJ**LNOPQ
2. **AEGJ**LRVWX
3. **AB**FG**JKM**NRUWY
4. (F+H) ⌂ J (Q+S+T+U+X 2/7-4/9) Z
5. **AB**DFG**IJ**KLMNOPR**S**UWX YZ
6. **CEG**I**K**(N 1km)**OSTUV**

💬 Als kamperen voor u synoniem is aan Bourgondische gezelligheid: kom naar onze rustige vierster-rencp 'Zeebad'. Fietsen en wandelen in een maritieme omgeving. Overdekt zwembad (gratis voor gasten), grote tennis-/sporthal, direct aan het Noordzeestrand. Ideale familiecp vlak bij België. Voor campers is een beperkt aantal plaatsen. Informeer bij de receptie.

🚗 Via Terneuzen (tol) richting Breskens. 2e afslag Breskens nemen. Na viaduct direct rechtsaf. Zie campingborden.

CC €12 1/1-3/4 7/4-24/4 26/5-7/7 24/8-30/10   M 📍 N 51°24'15'' E 3°32'14''

95

Brouwershaven, NL-4318 TV / Zeeland — 134

- ▲ Den Osse
- 🏠 Blankersweg 4
- ☎ +31 (0)111-691513
- FAX +31 (0)111-691058
- ⚬ 20/3 - 1/11
- @ denosse@zeelandnet.nl

8,5ha 80T(80-120m²) 16A CEE

1. ACD**G**IJKLMNOPQ
2. GRVX
3. BGJ**M**NRUW
4. (C+H 8/5-31/8)(S+T+U+Y ⚬)
5. **AB**FGIJKLMNOPUWXY
6. CDEGH**K**(N 2km)STV

💬 Gezellige gezinscamping op een steenworp afstand van het Grevelingenmeer en de Brouwersdam. Ideaal voor duiken en als u van rust, ruimte, watersport, zon, zee en strand houdt. Met verwarmd buitenbad en animatie in de zomervakantie.

🚗 N59 richting Zierikzee. In Zierikzee richting Brouwershaven. In Brouwershaven bewegwijzerd.

CC €16 20/3-12/5 26/5-2/6 8/6-3/7 23/8-1/11 **7=6**

N 51°44'18" E 3°53'21"

Burgh-Haamstede, NL-4328 GR / Zeeland — 135

- ▲ Ardoer camping Ginsterveld
- 🏠 Maireweg 10
- ☎ +31 (0)111-651590
- FAX +31 (0)111-653040
- ⚬ 27/3 - 1/11
- @ ginsterveld@ardoer.com

14ha 310T(80-100m²) 16A CEE

1. ACDEIJKLOPQ
2. GRSVX
3. BJ**KM**NRUW
4. (F+H+S+T+U+V+X+Y ⚬)
5. **AB**DEFGIJKNOPR**S**UWXY
6. CEGHK(N 2km)OST

💬 Camping op 2 km van het strand en op steenworp afstand van gezellige dorpjes. Vele mogelijkheden voor wandel- en fietstochten. De camping beschikt over een overdekt zwembad met glijbaan. Gratis WiFi.

🚗 Vanaf Burgh-Haamstede bewegwijzerd. R107 volgen.

CC €14 27/3-3/4 7/4-24/4 10/5-13/5 26/5-4/7 29/8-1/11

N 51°42'59" E 3°43'46"

Burgh-Haamstede, NL-4328 GR / Zeeland — 136

- ▲ De Duinhoeve B.V.
- 🏠 Maireweg 7
- ☎ +31 (0)111-651562
- FAX +31 (0)111-651444
- ⚬ 26/3 - 1/11
- @ info@deduinhoeve.nl

47,5ha 820T(100-110m²) 10A CEE

1. ACD**G**IJKLMNOPQ
2. GRSVX
3. AJ**KM**N**Q**RUW
4. **KN**(S+T+U+Y 27/3-1/11)
5. **AB**EFGIJMNO**PQS**UWZ
6. CDEGH**IJ**(N 2,5km)ORTVX

💬 Luxe of juist eenvoudig, jong of minder jong, bij ons voelt u zich altijd thuis! Camping De Duinhoeve ligt midden in het mooie natuurgebied op de Kop van Schouwen. De camping ligt vlakbij het strand en het bos. Er zijn beschutte plaatsen met of zonder voorzieningen.

🚗 A29 Dinteloord-Rotterdam. Vanaf Hellegatsplein richting Zierikzee. Daarna richting Renesse/Haamstede. Route 107 volgen.

CC €16 26/3-2/4 7/4-13/5 26/5-28/6 1/9-31/10

N 51°43'7" E 3°43'44"

137 — Burgh-Haamstede, NL-4328 GV / Zeeland

- Groenewoud
- Groenewoudswegje 11
- ☎ +31 (0)111-651410
- 28/3 - 25/10
- @ info@campinggroenewoud.nl

17ha 62T(100-125m²) 10A CEE

1. AEIJKLOPQ
2. DLRSVWX
3. BHJKNRUVWZ
4. (C+H 1/5-1/10) (Q+T+U+X+Y 🔑)
5. **AB**DFG**IJKL**MNO**PQ**UWY
6. ACEGH**K**(N 0,2km)OSV

🗨 Gelegen op een 17 ha schitterend natuurdomein, is deze familiecp een echte aanrader voor rust en natuurbelevenis. Een mooi buitenzwembad met een gezellig eetcafé, 2 vijvers, luxe, nieuwe sanitaire voorzieningen met vloerverwarming, maken uw unieke vakantieverblijf compleet. Staanplaatsgrootte 100-125 m². Kabel TV (gratis) en draadloos internet aanwezig.

🚗 Vanaf Burgh-Haamstede richting vuurtoren. Vanaf verkeerslichten 4e weg links, na 200m ligt de camping links.

CC €16 28/3-24/4 18/5-21/5 26/5-3/7 24/8-24/10

N 51°42'29'' E 3°43'18''

138 — Cadzand, NL-4506 HK / Zeeland

- Wulpen
- Vierhonderdpolderdijk 1
- ☎ +31 (0)117-391226
- 📠 +31 (0)117-391299
- 3/4 - 15/10
- @ info@campingwulpen.nl

4,7ha 91T(100-130m²) 6-10A CEE

1. ADFIJKLNO**P**RS
2. AGRVWX
3. AB**F**GJNRU**W**
4. (Q 1/5-30/8) (R 13/7-23/8)
5. **AB**DFGHI**JKL**MNO**P**UWXYZ
6. CDEG**K**(N 0,5km)O

🗨 Een zeer goed verzorgde familiecamping met veel privacy en windbeschutte plaatsen. Verrassende speelplaatsjes voor kinderen en een leerzame landbouwtuin.

🚗 Bij binnenkomen in Cadzand bij molen rechts. Daarna de eerste weg rechts.

CC €14 3/4-12/5 27/5-10/7 28/8-14/10

N 51°22'12'' E 3°25'0''

139 — Cadzand-Bad, NL-4506 HT / Zeeland

- Molecaten Park Hoogduin
- Zwartepolderweg 1
- ☎ +31 (0)117-391235
- 1/1 - 31/12
- @ hoogduin@molecaten.nl

10ha 215T(50-105m²) 10A CEE

1. ACD**G**IJKLOPQ
2. AERVWX
3. ABC**F**GJKLNRU**W**Y
4. (Q+S+T+Y 27/3-31/10) Z
5. **AB**CDFGIJKLMNO**PQ**UWXYZ
6. ABCDEGH**K**LM(N 1,5km)OS

🗨 Hoogduin ligt achter het duin, slechts 200m vanaf het strand! De comfortplaatsen zijn gesitueerd op beschutte velden. De camping heeft o.a. een restaurant/bar, supermarkt en fietsverhuur. De omgeving is enorm veelzijdig; diverse fiets- en wandelroutes door natuurgebieden en gezellige dorpen en steden.

🚗 Via Terneuzen (tol) richting Oostburg via Schoondijke. Bij de tweede rotonde rechtsaf richting Cadzand. Bij de molen in Cadzand rechts richting Cadzand-Bad. Zie campingborden.

CC €16 1/1-23/4 18/5-21/5 26/5-7/7 24/8-31/12

N 51°23'4'' E 3°24'50''

Dishoek/Koudekerke, NL-4371 NT / Zeeland — 140

- Dishoek
- Dishoek 2
- ☎ +31 (0)118-551348
- FAX +31 (0)118-552990
- 27/3 - 1/11
- @ info@roompot.nl

4,6ha 270T(< 80m²) 6-10A CEE

1 ACDGIJKNOPQ
2 AEFRSVWX
3 ABKNRUWY
4 (S+T+U+V+X 27/3-26/10) Z
5 ABDFGIJKLMNOPUWXY
6 EGKM(N 4km)OSTV

💬 Wilt u eens echt 'direct aan strand en zee' kamperen, dan is deze knusse viersterrenfamiliecp de ultieme bestemming. U kampeert aan de voet van de duinen. Aan de andere kant van de duinenrij ligt het zonnigste en enige zuidstrand van Nederland. In het nabij gelegen bosrijke natuurgebied zijn schitterende wandel- en fietspaden. Er zijn op deze camping geen staanplaatsen voor campers beschikbaar.

🚗 A58 tot Vlissingen, afslag Dishoek nemen. Borden volgen.

CC €14 7/4-24/4 26/5-4/6 8/6-7/7 24/8-30/10   N 51°28'8'' E 3°31'25''

Domburg, NL-4357 RD / Zeeland — 141

- Hof Domburg
- Schelpweg 7
- ☎ +31 (0)118-588200
- FAX +31 (0)118-583668
- 1/1 - 31/12
- @ info@roompot.nl

20ha 473T(80m²) 6-16A CEE

1 ACDGIJKNOPQ
2 EFGRSVX
3 ABCEJKMNQRSTUVW
4 (C 1/4-31/10) (F 🔒) JLNP (S+T+U+X+Y Z)
5 ABFGJLMNPSUWXYZ
6 EGHIK(N 0,5km)ORSTX

💬 Gezellige familiecamping gelegen op 100m van het plaatsje Domburg en op 400m van het Noordzeestrand. Subtropisch zwemparadijs op de camping. Er zijn op deze camping geen staanplaatsen voor campers beschikbaar.

🚗 A58 Bergen op Zoom-Vlissingen, afslag Middelburg. Borden volgen, Domburg. In Domburg bewegwijzerd.

CC €18 1/1-27/3 7/4-24/4 26/5-4/6 8/6-7/7 24/8-30/10   N 51°33'33'' E 3°29'12''

Ellemeet, NL-4323 LC / Zeeland — 142

- Klaverweide
- Kuijerdamseweg 56
- ☎ +31 (0)111-671859
- FAX +31 (0)111-671298
- 15/3 - 25/10
- @ info@klaverweide.com

4ha 76T(100-120m²) 10A CEE

1 ACDGIJKLMNOPQ
2 GRW
3 BJKLNRU
4 (Q+S+T+X 1/4-25/10)
5 ABEFGIJKLMNOPUWXY
6 CDEGIK(N 0,2km)S

💬 Gastvrije cp bij Noordzeestrand en Grevelingenmeer. Vele watersportmogelijkheden. Ruime plaatsen met 10A stroom, CAI, wateraansluiting en -afvoer. Supermarkt 's ochtends verse broodjes. Modern, schoon sanitairgebouw. In de omgeving: leuke dorpjes, wandel- en fietspaden door de prachtige natuur. Iedere gast ontvangt de Schouwen Duiveland-Pas voor kortingen en gratis busvervoer op het hele eiland.

🚗 Camping ligt aan de N57 Brouwersdam-Serooskerke, afslag Ellemeet.

CC €16 15/3-12/5 26/5-25/6 28/6-4/7 22/8-25/10   N 51°43'55'' E 3°49'13''

Groede, NL-4503 PA / Zeeland 143

- Strandcamping Groede
- Zeeweg 1
- +31 (0)117-371384
- 26/3 - 2/11
- receptie@strandcampinggroede.nl

28ha 706T(80-200m²) 4-16A CEE

1. AD**G**IJKLMOPQ
2. AERVWX
3. AB**F**GHJKNRUWY
4. (Q+S) (T+U+X+Y 26/3-27/9) Z
5. **AB**CDEFGHIJKLMNOPQUWXYZ
6. ABCDEGHIKLM(N 6km)ORSTUV

💬 Een échte familiecamping direct aan het Schoonste Strand van Nederland. Prachtig sanitair, van alle gemakken voorzien. Gelegen aan gemarkeerde fiets- en wandelroutes. Kijk op www.campingcard.com voor de ervaringen van onze gasten.

🚗 Voor de plaats Groede richting strand. Campingbord volgen.

CC €16 12/4-24/4 10/5-13/5 17/5-21/5 26/5-3/6 7/6-27/6 23/8-1/11 ⛺ N 51°23'48" E 3°29'21"

Groot Valkenisse/Biggekerke, NL-4373 RR / Zeeland 144

- Strandcamping Valkenisse bv
- Valkenisseweg 64
- +31 (0)118-561314
- Fax +31 (0)118-562739
- 27/3 - 5/10
- info@campingvalkenisse.nl

10,2ha 150T(100m²) 6-16A CEE

1. ADEIJLOPQ
2. AEFRVWX
3. ACKNRUWY
4. (Q+S+T+U 3/4-24/10) (X 1/4-25/10) (Y 3/4-24/10)
5. **AB**DEFG**IJ**K**L**MNO**PST**UXY
6. CEGH**K**M(N 2km)ORSV

💬 Op deze camping ervaart u echt vakantie! Zonnen op het strand, zwemmen en vissen; de zon onder zien gaan met het zand tussen uw tenen; uitwaaien tegen de wind in en genieten van de woeste golven die het strand oprollen; wandelen over de hoogste duinen van Nederland met een prachtig panoramazicht op het passerende scheepsverkeer; ideaal gelegen startpunt voor wandel- en fietstochten.

🚗 Op weg Vlissingen-Koudekerke richting Zoutelande, afslag Groot Valkenisse.

CC €16 27/3-2/4 7/4-13/5 18/5-21/5 26/5-10/7 29/8-4/10 ⛺ N 51°29'32" E 3°30'24"

Hengstdijk, NL-4585 PL / Zeeland 145

- Recreatiecentrum De Vogel
- Vogelweg 4
- +31 (0)114-681625
- 5/1 - 20/12
- info@de-vogel.nl

54ha 235T(100-110m²) 6A CEE

1. D**G**IJLMOPQ
2. ADGLRVXY
3. BG**K**MNOP**Q**RU**VW**Z
4. (F+H 1/3-2/11) **N** (S 1/4-31/10) (T+U+V+X+Y) Z
5. **AB**DEFG**I**JK**L**MNO**PQ**UW
6. CDEGH**IK**M(N 0,5km)OPSTUV

💬 Ruime familiecamping met vernieuwd sanitair, groot zwembad met waterglijbaan, diverse speeltuinen en binnenspeeltuin, overdekte plaza met restaurant, cafetaria en terras. Ideaal gelegen startpunt voor wandel- en fietstochten.

🚗 Op N61 Terneuzen-Zaamslag-Hulst via afslag Vogelwaarde richting Hengstdijk. Campingborden volgen.

CC €16 26/5-5/7 24/8-30/9 ⛺ N 51°20'31" E 3°59'25"

146 Hoek, NL-4542 PN / Zeeland

- Oostappen Vakantiepark Marina Beach
- Middenweg 1
- +31 (0)115-481730
- 22/3 - 2/11
- info@vakantieparkmarinabeach.nl

212ha 475T(100-110m²) 4-6A CEE

1 D**G**IJKLMOPQ
2 ADGKLRSVWXY
3 B**G**JK**M**NQRUW**Z**
4 (A 1/7-31/8) (Q+S+T+U+X+Y 18/4-26/10) Z
5 **AB**DEFGIJKLMNO**PQ**UWXYZ
6 ACDEG(N 3,5km)STUV

💬 Park met veel faciliteiten, direct gelegen aan het water. Diverse in- en outdoor sportactiviteiten. Heeft alle ingrediënten voor een heerlijke (gezins)vakantie. Inclusief gebruik Aquadome Scheldorado in Terneuzen.

🚗 Aan weg N61, 4 km ten westen van Hoek.

CC €16   7/4-30/4   26/5-3/7   29/8-15/10

N 51°18'52''   E 3°43'34''

147 Kamperland, NL-4493 CX / Zeeland

- RCN de Schotsman
- Schotsmanweg 1
- +31 (0)113-371751
- FAX +31 (0)113-372490
- 27/3 - 2/11
- schotsman@rcn.nl

30ha 668T(100m²) 16A CEE

1 ACD**F**IJKLNPQ
2 ADGLORSX
3 BJK**M**NQ**R**UW**Z**
4 (C+H 1/5-14/9) J (S+T+U+W+X+Y ⚷)
5 **AB**FGIJKLMNOPUWXYZ
6 ACDEGH**I**K(N 2km)ORS

💬 Camping RCN de Schotsman ligt direct aan het Veerse Meer met eigen zandstrand en ligt direct aan een uitgestrekt wandelbos. Op ca. 2 km ligt het Noordzeestrand.

🚗 A58 Bergen op Zoom-Vlissingen, afslag Zierikzee. Voor de Zeelandbrug richting Kamperland. In Kamperland bewegwijzerd.

CC €16   27/3-13/5   18/5-22/5   26/5-10/7   27/8-2/11

N 51°34'6''   E 3°39'48''

148 Kamperland, NL-4493 PH / Zeeland

- Roompot Beach Resort
- Mariapolderseweg 1
- +31 (0)113-374000
- 1/1 - 31/12
- info@roompot.nl

72ha 584T(90-115m²) 6-16A CEE

1 ACDGIJKNPQ
2 AEGLRVWX
3 ABCGJK**MN**Q**RST**UWY
4 (F+H ⚷) IJK**LN** (Q+S+T+U+V+W+Y ⚷) Z
5 **AB**DEFGIJKLMNOP**S**UWXYZ
6 AEGH**I**KM(N 3km)OSTV

💬 Camping Roompot is gelegen nabij de Oosterschelde. Op de camping worden talloze kinderactiviteiten georganiseerd. Op de camping bevindt zich een subtropisch zwemparadijs. Er zijn op deze camping geen staanplaatsen voor campers beschikbaar.

🚗 A58 Bergen op Zoom-Vlissingen, afslag Zierikzee. Voor de Zeelandbrug richting Kamperland. In Kamperland bewegwijzerd.

CC €14   1/1-27/3   7/4-24/4   26/5-4/6   8/6-7/7   24/8-30/10

N 51°35'23''   E 3°43'17''

Kortgene, NL-4484 NT / Zeeland   149

- Ardoer vakantiepark de Paardekreek
- Havenweg 1
- +31 (0)113-302051
- +31 (0)113-302280
- 27/3 - 1/11
- paardekreek@ardoer.com

10ha 120T(80-120m²) 10A CEE

1. ADGIJKLMOPQ
2. DGLRVX
3. BCJKMNRUWZ
4. (D 1/5-30/9) KLMN (Q+S+T+Y)
5. ABDEFGIJMNOPUWXY
6. CEGHIKM(N 0,5km)STUV

💬 Camping de Paardekreek ligt direct aan het Veerse Meer, dus ideaal voor een fijne watersportvakantie. Er is een grote recreatiehal en een overdekt kinderzwembad aanwezig op de camping.

🚗 A58 Bergen op Zoom-Vlissingen, afslag Zierikzee. Richting Zierikzee, afslag Kortgene.

€16 12/4-24/4 26/5-3/6 7/6-3/7 29/8-1/11

N 51°33'4'' E 3°48'28''

Nieuwvliet, NL-4504 AA / Zeeland   150

- Ardoer camping International
- St. Bavodijk 2D
- +31 (0)117-371233
- 27/3 - 1/11
- international@ardoer.com

8ha 112T(80-140m²) 6A CEE

1. ACDGIJKLMOPRS
2. AGRVWX
3. ABCFGJKMNRUW
4. (G 14/5-13/9) M (Q+R+T+U)
5. ABDFGIJKLMNOPSUWXYZ
6. ACDEGHKLM(N 0,5km)ORSTV

💬 Rustige camping met zicht op rustieke molen, direct aan grensoverschrijdende fietsroute knooppuntensysteem. Met CampingCard ACSI comfortplaatsen voorzien van alle gemakken. De in het tarief opgenomen max. 3 kinderen t/m 5 jaar zullen zich uitstekend vermaken in het bij de camping behorende speelparadijs Pierewiet.

🚗 Via Terneuzen (tol) richting Breskens rijden. Vóór Breskens richting Groede en naar Nieuwvliet rijden. Bij rotonde R102 rechtsaf gaan. Na 700m ligt de cp.

€14 13/4-1/5 26/5-3/7 30/8-31/10

N 51°22'28'' E 3°28'10''

Nieuwvliet-Bad, NL-4504 PT / Zeeland   151

- Schippers
- Baanstpoldersedijk 6
- +31 (0)117-371250
- 27/3 - 1/11
- info@campingschippers.nl

4ha 50T(80m²) 6A CEE

1. ADFIJKLNPRS
2. AERVWX
3. ACFJNOPRWY
5. ABFGIJMNOPUWZ
6. ABDEGJ(N 2,5km)R

💬 Kleine familiecamping met zeer goede windbeschutte plaatsen op kleine veldjes, een aanbeveling voor rustzoekers op slechts 300m van het strand. Fietsroute knooppuntensysteem direct aan de camping. Goede uitvalsbasis voor uitstapjes naar Knokke, Brugge, Gent en Sluis.

🚗 Via Terneuzen (tol) richting Breskens. Vóór Breskens via Groede naar Nieuwvliet rijden. Bij rotonde R102 richting Nieuwvliet-Bad. Zie campingborden.

€14 27/3-12/5 26/5-3/7 28/8-31/10

N 51°23'23'' E 3°27'23''

Nieuwvliet-Bad, NL-4504 PS / Zeeland 152

- 🔼 Zonneweelde
- 🛏 Baanstpoldersedijk 1
- ☎ +31 (0)117-371910
- FAX +31 (0)117-371648
- 🔑 1/1 - 31/12
- @ info@campingzonneweelde.nl

7,5ha 85T(80-130m²) 10A CEE

1. ADGIJKLMNOPQ
2. ARVWX
3. ABFGJKNRUW
4. (B+G 1/5-15/9) M (Q+S+T+U+X 20/3-2/11) Z
5. ABCDEFGIJKLMNOPQU WXYZ
6. ACDEGHKM(N 5km)OV

💬 Rustig gelegen familiecamping op 600m van een prachtig zandstrand. Gedeeltelijk nieuw sanitair. Op de camping een unieke 250 m² grote waterspeeltuin. Uitgebreid fietspadennet. Goede uitvalsbasis voor uitstapjes naar Sluis, Brugge of Gent. Campingwinkel, snackbar en kantine. Ook speciale camperplaatsen beschikbaar.

🚗 Via Terneuzen (tol) richting Breskens. Vóór Breskens via Groede naar Nieuwvliet rijden. Bij rotonde R102 rechtsaf en daarna borden volgen.

CC €16 1/1-11/7 28/8-31/12   N 51°22'56'' E 3°27'28''

Noordwelle/Renesse, NL-4326 LJ / Zeeland 153

- 🔼 Ardoer strandpark De Zeeuwse Kust
- 🛏 Hellweg 8
- ☎ +31 (0)111-468282
- FAX +31 (0)111-468237
- 🔑 1/1 - 31/12
- @ zeeuwsekust@ardoer.com

13,4ha 168T(115-150m²) 16A CEE

1. ADGIJKLMOPQ
2. AERVW
3. BCJKMNRUWY
4. (F+H 🔑) KN (Q+R+T+U+Y 🔑) Z
5. ABDEFGIJKLMNOPRSUW XY
6. CDEGHKSUV

💬 Strandpark De Zeeuwse Kust is een nieuwe camping, gelegen aan de voet van de duinen. Circa 250m van het Noordzeestrand en op maar 5 minuten fietsen van de gezellige badplaats Renesse.

🚗 A29 Dinteloord-Rotterdam. Vanaf Hellegatsplein richting Zierikzee, dan richting Renesse, Ellemeet, Scharendijke R101/Hellweg.

CC €18 1/1-2/4 8/4-30/4 10/5-12/5 26/5-2/6 8/6-4/7 1/9-31/12   N 51°44'16'' E 3°48'8''

Oostkapelle, NL-4356 RE / Zeeland 154

- 🔼 Ardoer camping De Pekelinge
- 🛏 Landmetersweg 1
- ☎ +31 (0)118-582820
- FAX +31 (0)118-583782
- 🔑 27/3 - 1/11
- @ pekelinge@ardoer.com

10ha 323T(80-120m²) 10A CEE

1. ACDGIJKLMNOPQ
2. FLRVX
3. BCDFJKMNRU
4. (F+H 🔑) J(S+T+X 🔑)
5. ABDEFGIJKLMNPRSUWX YZ
6. CDEGHIKM(N 1km)ORSTV

💬 De Pekelinge is een ruim opgezette familiecamping op 3 km van de Noordzeekust. Op de camping treft u een verwarmd overdekt zwembad en een apart kleuterbad aan.

🚗 A58 Bergen op Zoom-Vlissingen, afslag Middelburg. Borden volgen, Domburg/Oostkapelle. In Oostkapelle bewegwijzerd.

CC €16 12/4-24/4 26/5-29/6 29/8-1/11   N 51°33'25'' E 3°33'3''

Oostkapelle, NL-4356 RJ / Zeeland — 155

- Ardoer campingpark Ons Buiten
- Aagtekerkseweg 2A
- ☎ +31 (0)118-581813
- FAX +31 (0)118-583771
- 27/3 - 1/11
- @ onsbuiten@ardoer.com

7,6ha 310T(110-150m²) 8A CEE

1. **A**DEIJKLNOPQ
2. GRVX
3. BC**F**GJKN**Q**RU
4. (C+D+F+H ☐) KLN (Q+S+T+U+X+Y ☐)
5. **AB**DEFGIJKLMNOPQRSUWXYZ
6. CDEGH**IK**(N 0,3km)RSTV

💬 Mooie, kindvriendelijke cp. Op de camping is een verwarmd zwembad met schuifbare overkapping en overdekte waterspeeltuin. De camping beschikt over sauna en wellness en een grandcafé. Op 2 km van zee, strand en bos, aan de rand van Oostkapelle en nabij Domburg. Voor CampingCard-houders zijn staanplaatsen beschikbaar tot maximaal 125 m².

🚗 A58 Bergen op Zoom-Vlissingen, afslag Middelburg. Borden volgen, Domburg/Oostkapelle. In Oostkapelle bewegwijzerd.

CC €16 27/3-25/4 26/5-11/7 28/8-1/11

N 51°33'47" E 3°32'47"

Renesse, NL-4325 CP / Zeeland — 156

- Ardoer camping De Wijde Blick
- Lagezoom 23
- ☎ +31 (0)111-468888
- FAX +31 (0)111-468889
- 1/1 - 31/12
- @ wijdeblick@ardoer.com

8ha 218T(90-120m²) 10A CEE

1. ACD**F**IJKLMNOPQ
2. GRSX
3. BGJKN**OP**RU
4. (F+H+Q ☐) (S+T+U+X 1/3-30/10)
5. **AB**EFGIJKLMNOPSUWXYZ
6. ACDEGH**IK**(N 1,5km)ORSTV

💬 Rustig gelegen camping met veel fiets en wandelmogelijkheden. Op 1,5 km afstand één van de mooiste en breedste stranden van Nederland.

🚗 Voor Renesse route R106 volgen. Vanaf hier bewegwijzerd.

CC €16 1/1-3/4 7/4-2/5 26/5-29/6 22/8-31/12

N 51°43'7" E 3°46'5"

Renesse, NL-4325 EP / Zeeland — 157

- Duinhoeve
- Scholderlaan 8
- ☎ +31 (0)111-461309
- FAX +31 (0)111-462760
- 17/3 - 1/11
- @ info@campingduinhoeve.nl

4,5ha 200T(90-120m²) 16A CEE

1. A**F**IJKLMOPQ
2. EGRSVWX
3. BJKN**OP**RUW
4. (E+S+T+U+X+Y 13/4-28/10)
5. **AB**DEFGI**J**MNPUWXYZ
6. ACEG**IK**(N 1km)OS

💬 De cp is in een rustige hoek van Renesse gelegen, midden in een natuurgebied en op loopafstand (5 min.) van zee en duinen, een fiets- en wandelgebied bij uitstek. Op de cp treft u een keur van voorzieningen, modern sanitair, centrumgebouw met compleet ingerichte Spar minimarkt, wasserette, receptie, snackbar en campingrestaurant.

🚗 A29 Dinteloord-Rotterdam, vanaf Hellegatsplein richting Zierikzee. Daarna richting Renesse. Volg route 101 en 102, daarna aangegeven.

CC €16 15/4-30/4 27/5-11/6 14/6-3/7 30/8-25/10

N 51°44'21" E 3°46'39"

158 — Renesse, NL-4325 LD / Zeeland

- International
- Scharendijkseweg 8
- ☎ +31 (0)111-461391
- FAX +31 (0)111-462571
- 1/3 - 1/11
- @ info@camping-international.net

3,1ha 320T(80-100m²) 16A CEE

1. ADFIJLPQ
2. EGRSX
3. BJKRUW
4. (Q+S) Z
5. ABDEFGIJKLMNOPUWXY
6. CDEGHK(N 1,5km)OSTV

💬 Leuke gezinscamping gelegen op 300m van het Noordzeestrand. Alle kampeervelden zijn omzoomd door houtsingels en u kampeert op een goed onderhouden grasmat.

🚗 A29 Dinteloord-Rotterdam, vanaf Hellegatsplein richting Zierikzee. Daarna richting Renesse. Bij de eerste rotonde route 101 volgen.

CC €16 1/3-1/4 8/4-12/5 27/5-3/6 8/6-25/6 29/8-1/11
N 51°44'20'' E 3°47'19''

---

159 — Renesse, NL-4325 DL / Zeeland

- Julianahoeve
- Hoogenboomlaan 42
- ☎ +31 (0)111-461414
- FAX +31 (0)111-462769
- 20/3 - 1/11
- @ info@julianahoeve.nl

39ha 209T(85-110m²) 16A CEE

1. ACDEIJKLMOPQ
2. AERSVX
3. BCMNOPRUW
4. (F+H) JKL (Q+S+T+U+X+Y) Z
5. ABDEFGIJKLMNOPSUWXYZ
6. CDFGHIK(N 1,5km)OST

💬 Een mooie camping gelegen in de duinen van Renesse. Dichter bij het strand van Renesse kunt u uw vakantie niet doorbrengen. CampingCard ACSI is alleen geldig op de comfortplaatsen van park Reiger.

🚗 A29 Dinteloord-Rotterdam. Vanaf Hellegatsplein richting Zierikzee. Daarna richting Renesse. Renesse-West, R104.

CC €16 13/4-23/4 10/5-12/5 18/5-21/5 26/5-2/6 8/6-25/6 31/8-31/10
N 51°43'50'' E 3°45'19''

---

160 — Retranchement/Cadzand, NL-4525 LX / Zeeland

- Ardoer camping De Zwinhoeve
- Duinweg 1
- ☎ +31 (0)117-392120
- FAX +31 (0)117-392248
- 27/3 - 1/11
- @ zwinhoeve@ardoer.com

9ha 117T(80-125m²) 10A CEE

1. ACDGIJKLMOPQ
2. AERVWX
3. ABFGJRWY
4. KN(Q+R+T+U+Y) Z
5. ABDFGIJKLMNOPSUWXYZ
6. ABCDEGHKL(N 2km)S

💬 Camping gelegen direct achter de zeedijk van natuurgebied 'Het Zwin' en de duinen. Fietsroutes direct aan de camping middels het knooppuntensysteem, grensoverschrijdend met België. Zeer goede uitgangsbasis voor bezoek aan Gent, Sluis of Brugge. In juni / juli broedende ooievaars in de omgeving van de camping of erop.

🚗 Via Cadzand naar Cadzand-Bad rijden. Volg borden 'Het Zwin'. Via Antwerpen naar Sluis, daar richting Retranchement nemen.

CC €16 13/4-23/4 10/5-12/5 18/5-21/5 26/5-2/6 8/6-30/6 31/8-31/10
N 51°21'57'' E 3°22'26''

Retranchement/Cadzand, NL-4525 LW / Zeeland — 161

- Cassandria-Bad
- Strengweg 4
- +31 (0)117-392300
- +31 (0)117-392425
- 27/3 - 31/10
- info@cassandriabad.nl

5,5ha 110T(80-100m²) 10A CEE

1. A F IJKLMNOPQ
2. A R V W X
3. A B F JKNRU W
4. (Q+T+U)Z
5. A B DFGIJKL MOPQUWXY
6. A E G H K (N 1,7km)OSV

💬 Cp in landelijk gebied. Beschutte plaatsen en goed sanitair. Gelegen aan fietsroutesysteem, vlak bij zee. Uitstapjes naar Sluis, Damme, Brugge of Gent. Persoonlijke aandacht. Groot tv-scherm in kantine. Alle plaatsen internet via kabel en 100% WiFi.

🚗 Via Terneuzen (tol) tot Schoondijke, daarna ri Oostburg naar Cadzand ri Retranchement. Daar re-af borden volgen. Of N49 Antwerpen-Knokke, afsl. Sluis. Na 1 km links (Retranchement). Door het dorp dan li-af borden volgen.

CC €16 27/3-9/7 26/8-30/10   N 51°21'57'' E 3°23'11''

Retranchement/Cadzand, NL-4525 LW / Zeeland — 162

- Den Molinshoeve
- Strengweg 2
- +31 (0)117-391674
- +31 (0)117-392375
- 3/4 - 25/10
- info@molinshoeve.nl

5,2ha 39T(160-190m²) 10A CEE

1. A D GIJKLMOPQ
2. A G KRVWX
3. B F GJRUW
5. A B DFGIJKL MOPS UXYZ
6. A C D E G K (N 1,5km)

💬 Sfeervolle cp rondom een Zeeuwse hoeve met plaatsen met prachtige vergezichten. Verwarmd sanitair. Ruime plaatsen min. 150 m². Dicht bij het strand. Veel wandel/fietsmogelijkheden vanaf de cp. Goede uitvalsbasis voor grensoverschrijdende uitstapjes.

🚗 Via Terneuzen (tol) tot Schoondijke. Daarna ri Cadzand. Vervolgens ri Retranchement, daar re-af. Dan borden volgen. Of N49 Antwerpen-Knokke, afslag Sluis. Na 1 km li ri Retranchement. Door het dorp dan li-af borden volgen.

CC €14 3/4-12/5 18/5-21/5 26/5-10/7 31/8-24/10   N 51°21'42'' E 3°23'1''

Scharendijke, NL-4322 NM / Zeeland — 163

- Duin en Strand
- Kuyerdamseweg 39
- +31 (0)111-671216
- +31 (0)111-676010
- 1/3 - 15/11
- info@duinenstrand.nl

8ha 300T(60-100m²) 10A CEE

1. A D G IJKLMNOPRS
2. G R W X
3. J N R U
4. (Q+S+T 15/3-15/11)
5. A B DGIJ MNOP UWXYZ
6. A C D E G J O R V

💬 Camping gelegen dicht bij Noordzeestrand. Jongeren zijn ook welkom.

🚗 N59 Zierikzee-Renesse, Rotterdam-Ouddorp volgen. Afslag Ellemeet-Scharendijke, onderaan afrit links.

CC €16 1/3-12/5 17/5-21/5 25/5-25/6 28/6-2/7 29/8-15/11   N 51°44'6'' E 3°49'40''

Scharendijke, NL-4326 LK / Zeeland 164

- Resort Land & Zee
- Rampweg 28
- +31 (0)111-671785
- Fax +31 (0)111-671733
- 13/2 - 31/12
- info@landenzee.nl

7ha 65T(110-200m²) 16A CEE

1. ACDGIJKLMNOPQ
2. ERVX
3. AKLR
4. (R 14/3-1/11) (Y)
5. ABDEFGIJMNOPQUWXYZ
6. CDEGKS

💬 Camping ligt dichtbij Noordzeestrand en Grevelingenmeer. Plaatsen zijn autovrij, veel waterpartijen op de camping waar niet in gezwommen of gevist mag worden. Mogelijkheid om met een tent op een van de eilandjes te kamperen.

🚗 N59 Zierikzee-Renesse, Rotterdam Ouddorp volgen, afslag Ellemeet, Scharendijke, einde afrit links, einde weg rechts, einde links.

CC €16 13/2-2/4 6/4-12/5 17/5-21/5 7/6-25/6 28/6-15/7 1/9-31/12 M N 51°44'17'' E 3°49'3''

St. Kruis/Oostburg, NL-4528 KG / Zeeland 165

- Bonte Hoeve
- Eiland 4
- +31 (0)117-452270
- 1/4 - 1/11
- info@bontehoeve.nl

9ha 51T(100-130m²) 10A CEE

1. AFIJKLMOPQ
2. GRVXY
3. BCFGJNRUW
4. (Q) (R+T 1/7-31/8) Z
5. ABFGIJKLMNPUWXYZ
6. ADEGHK(N 3km)OSTV

💬 Volop genieten van rust, ruimte en vrijheid. Een gezellige familiecamping met bar, frituur en terras. Royale plaatsen met 10 Amp, water- en tv-aansluiting. Op het hele terrein draadloos internet. Modern sanitair. Golfbaan en strand vlakbij en het is hier ideaal om te fietsen. Dichtbij Brugge en Gent. De ideale uitvalsbasis voor een afwisselende vakantie in Zeeuws-Vlaanderen.

🚗 Camping ligt op de weg Oostburg-St. Margriete (B).

CC €16 1/4-12/7 29/8-1/11 7=6, 14=11 M N 51°18'5'' E 3°30'36''

Vrouwenpolder, NL-4354 NN / Zeeland 166

- De Zandput
- Vroondijk 9
- +31 (0)118-597210
- 27/3 - 1/11
- info.zandput@roompot.nl

12ha 246T(70-110m²) 4-10A CEE

1. ACDGIJKLPQ
2. AERVWX
3. BJKNRUW
4. (Q+S+T+Y)
5. ABDFGIJMNPUWXYZ
6. CDEGKM(N 2km)STV

💬 Volop genieten van rust, ruimte en vrijheid. Een gezellige familiecamping met bar en frituur. Speeltuin aan het terras. Modern sanitair. De ideale uitvalsbasis voor een afwisselende vakantie in Walcheren. Voor campers is een beperkt aantal plaatsen. Informeer bij de receptie.

🚗 A58 Bergen op Zoom-Vlissingen, afslag Middelburg, Oostkapelle-Vrouwenpolder. In dorp bewegwijzerd.

CC €12 7/4-24/4 26/5-4/6 8/6-7/7 24/8-30/10 M N 51°35'11'' E 3°36'19''

Baarn, NL-3744 BC / Utrecht — 167

- Allurepark De Zeven Linden
- Zevenlindenweg 4
- +31 (0)35-6668330
- 27/3 - 25/10
- allurepark@dezevenlinden.nl

11,5ha 278T(110m²) 6-10A CEE

1. ADGIJKLMNPRS
2. BFGRVWXY
3. AFGHJKLNRU
4. (Q+R+S)
   (T 28/4-10/6, 15/7-15/8)
5. ABCDEFGHIJKLMNOPQ RUWXYZ
6. BCDEGHIKM(N 3km)OU

Het kampeerterrein voor natuurlijk, eenvoudig en toch comfortabel kamperen. Zes kampeerweiden hebben een eigen speelplaatsje. Voor de wat grotere kinderen is het huttenbos het einde. Op loopafstand liggen Kasteel Drakensteyn, Paleis Soestdijk en in Lage Vuursche.

Op de N415 Hilversum-Baarn is de camping op ongeveer 2 km vanaf Baarn goed aangegeven.

€18   27/3-10/5   26/5-12/7   29/8-25/10   N 52°11'48'' E 5°14'49''

Bilthoven, NL-3722 GZ / Utrecht — 168

- Bos Park Bilthoven
- Burg. van de Borchlaan 7
- +31 (0)30-2286777
- FAX +31 (0)30-2293888
- 28/3 - 24/10
- info@bosparkbilthoven.nl

20ha 250T(< 175m²) 16A CEE

1. ADGIJKLOPST
2. BGLRSVWXY
3. BEGHJMNOPQRU
4. (C+H 27/4-13/9)
   (Q 15/7-31/8) (T+X+Y)
5. ABCDEFGHIJKLMNOPQRU XYZ
6. ABCDEGHIK(N 1km)OSTV

Bos Park Bilthoven is een mooie, bosrijke cp temidden van zandverstuivingen, met ruime seizoen(comfort)plaatsen tot 175 m² omringd door prachtige bomen. Verwarmd buitenbad (ook badje voor de kleinsten) en meerdere speeltoestellen. Vanuit uw staanplaats wandelt of fietst u zo het bos in. Op loopafstand van het station voor uitstapjes naar o.a. Utrecht en Amersfoort. U zult genieten van Bos Park Bilthoven.

Aan de weg Den Dolder-Bilthoven is de camping goed aangegeven.

€16   28/3-23/4   27/5-11/7   29/8-23/10   N 52°7'52'' E 5°13'14''

Bunnik, NL-3981 HG / Utrecht — 169

- Buitengoed De Boomgaard
- Parallelweg 9
- +31 (0)30-6563896
- 27/3 - 1/11
- info@buitengoeddeboomgaard.nl

11ha 200T(150m²) 6-10A CEE

1. ADGIJKLMNOPRS
2. FGRTWXY
3. AFGHJKMNOPRU
4. (B 1/5-31/8) M(Q 1/7-31/8)
5. ABCDFGHIJKLMNOPQU Z
6. ACDEGIKM(N 1,5km)OTV

Caravans en tenten staan onder breed uitwaaierende fruitbomen in voormalige boomgaard. Gevarieerd terrein met houtwalletjes, meertje, boerenschuur en kinderboerderij. In het voorjaar is het prachtig fietsen langs de vele in bloei staande fruitgaarden. Wandelen in de uiterwaarden in voor- en na seizoen is mooi. Op fietsafstand van Utrecht (7 km).

A12, afslag 19 Bunnik/Odijk/Wijk bij Duurstede. Na de afrit direct rechtsaf Parallelweg.

€14   27/3-13/5   26/5-3/7   20/8-1/11   N 52°3'35'' E 5°11'56''

Doorn, NL-3941 ZK / Utrecht — 170

- RCN Het Grote Bos
- Hydeparklaan 24
- ☎ +31 (0)343-513644
- FAX +31 (0)343-512324
- 1/1 - 31/12
- @ hetgrotebos@rcn.nl

80ha 350T(75-150m²) 10A CEE

1. ACDGIJKLNOPQ
2. BFGLRSTVWXY
3. BFGHIJKLMNOPQRTU
4. (A 1/7-31/8,15/10-2/11) (C+H 30/4-15/9) J (Q+S+T+U+X+Y 27/3-2/11) Z
5. ABCDEFGHIJKLMNOPQRU WXYZ
6. BCDEGHIKM(N 1,5km)OST UV

💬 Een compleet vakantieoord, met gezellige velden of echte bosplaatsen, in een schitterend natuurgebied aan de zuidelijke rand van de Utrechtse Heuvelrug.

🚗 A12 Utrecht-Arnhem, afslag Driebergen. Dan dorp in en bewegwijzering volgen. Camping ligt in driehoek Doorn-Driebergen-Maarn.

CC €16 27/3-24/4 8/5-13/5 18/5-22/5 26/5-10/7 27/8-2/11
N 52°3'22'' E 5°18'49''

Doorn, NL-3941 XR / Utrecht — 171

- Recr.Centr. De Maarnse Berg
- Maarnse Bergweg 1
- ☎ +31 (0)343-441284
- FAX +31 (0)343-442440
- 27/3 - 25/10
- @ info@maarnseberg.nl

20ha 75T(100-225m²) 6A CEE

1. ADEIJKLMNOPQ
2. BFRVWXY
3. ABFGHJNQRTU
4. (G 28/3-26/10) (Q+T+U+X+Y) Z
5. ABCDGHIJKLMNPQUXYZ
6. AEGIJ(N 2,5km)OV

💬 Schitterend gelegen camping tussen de bossen van Nationaal Park De Utrechtse Heuvelrug. Volop genieten, vooral ook in voor- en naseizoen van een rustige camping in een natuurlijke omgeving met uitgebreide fiets- en wandelmogelijkheden.

🚗 Op A12 vanaf Utrecht bij afslag Maarn/Doorn campingbord, onderaan afrit 2x rechts. A12 vanaf Arnhem, afslag Maarsbergen. Door centrum Maarn. Op N227 borden volgen.

CC €14 27/3-12/5 25/5-5/7 22/8-25/10
N 52°3'48'' E 5°21'6''

Leersum, NL-3956 KD / Utrecht — 172

- Molecaten Park Landgoed Ginkelduin
- Scherpenzeelseweg 53
- ☎ +31 (0)343-489999
- FAX +31 (0)343-489998
- 27/3 - 31/10
- @ info@landgoedginkelduin.nl

95ha 220T(80-110m²) 10A CEE

1. ACDEIJKLMNOPQ
2. BFLRSVWXY
3. ABCFGHIJKMNOPQRTU
4. (A 1/5-31/5,1/7-31/8) (C 15/5-15/9) (F+H) KLN (Q+S+T+U+V+X+Y) Z
5. ABCDEFGHIJKLMNOPQR SUWXYZ
6. ACDEGHKLM(N 3km)OST V

💬 Molencaten Park Landgoed Ginkelduin ligt in Nationaal Park Utrechtse Heuvelrug, vlakbij 'het stilste plekje van Nederland'. Ruime kampeervelden met comfort(plus)kampeerplaatsen worden omringd door prachtige bomen. De camping heeft o.a. een overdekt zwembad, buitenzwembad, tennisbaan, restaurant, winkel en fietsverhuur. In de omgeving zijn prachtige wandel- en fietsroutes te maken.

🚗 N225, in centrum van Leersum bij de kerk staat de camping aangegeven.

CC €16 27/3-23/4 18/5-21/5 26/5-7/7 24/8-31/10
N 52°1'46'' E 5°27'31''

Maarn, NL-3951 KD / Utrecht — 173

- Allurepark Laag-Kanje
- Laan van Laagkanje 1
- +31 (0)343-441348
- 28/3 - 27/9
- allurepark@laagkanje.nl

30ha 241T(100m²) 4-10A CEE

1. ADGIJKLMNPQ
2. ABDGLRTVWXY
3. ABDFGHIJKMNOPRUWZ
4. (Q+S+T+U+Y 29/3-27/9) Z
5. ABCDEFGHIJLMNOPQRU WXYZ
6. ACDEGHIK(N 2km)OSTV

💬 Op een bosrijke plek bij het Henschotermeer ligt te midden van een glooiend en mooi gevarieerd landschap (met bossen, heide en zandverstuivingen) een mooi terrein met autovrije kampeervelden, waar het ook in het voor- en naseizoen goed vertoeven is.

🚗 Op de N227 Amersfoort-Doorn zowel bij Maarn als bij kruispunt 'Quatre Bras' goed aangegeven.

€18 28/3-10/5 26/5-12/7 29/8-27/9

N 52°4'39'' E 5°22'46''

Renswoude, NL-3927 CJ / Utrecht — 174

- Camping de Grebbelinie
- Ubbeschoterweg 12
- +31 (0)318-591073
- 21/3 - 17/10
- info@campingdegrebbelinie.nl

4,5ha 100T(105-140m²) 10A CEE

1. ADGIJKLPRS
2. FKLRWX
3. ABDGHIJKLU
4. (Q 🅿)
5. ABCDEFGIJMNOPQRUWX Y
6. AEGHKL(N 2km)S

💬 Camping de Grebbelinie is een unieke kampeerlocatie centraal gelegen in Nederland tussen de Utrechtse Heuvelrug en de Veluwe. Aan de Grebbelinie met het Fort Daatselaar. Vanaf de camping starten direct diverse wandel- en fietsroutes in een afwisselende natuur.

🚗 Vanaf de A30 afslag Scherpenzeel. Bij de rotonde rechtdoor ri Renswoude (volg de campingborden). Vanaf de A12 afslag 23 Renswoude/Veenendaal. Volg de borden ri Renswoude. Daarna cpborden volgen.

€16 21/3-27/4 26/5-9/7 26/8-17/10

N 52°5'5'' E 5°33'4''

Woerden, NL-3443 AP / Utrecht — 175

- Batenstein
- van Helvoortlaan 36
- +31 (0)348-421320
- FAX +31 (0)348-409691
- 27/3 - 1/11
- campingbatenstein@planet.nl

1,6ha 40T(60-100m²) 6A CEE

1. ACGIJLNPRS
2. FRUVWX
3. BHJKRVW
4. (F+H 🅿) IJN
5. ABEFGIJKLMNOPUWYZ
6. ACDEGIJ(N 1,5km)O

💬 Gemoedelijke camping in een groene zone aan de rand van Woerden. Erg goed verzorgd, net sanitair. De camping is volledig omgeven door waterpartijen. Direct naast de camping ligt een nieuw zwemparadijs met fitness-gelegenheid.

🚗 Op A2 afslag 5 richting Kockengen, daarna richting Woerden (N212). In Woerden staat de camping aangegeven. Of A12, afslag 14, daarna borden volgen.

€16 27/3-26/4 26/5-4/7 28/8-1/11

N 52°5'34'' E 4°53'6''

176 — Woudenberg, NL-3931 MK / Utrecht

- ▲ 't Boerenerf
- 🏠 De Heygraeff 15
- ☎ +31 (0)33-2861424
- 📠 +31 (0)33-2864419
- 📅 27/3 - 26/9
- @ info@campingboerenerf.nl

4,5ha 50T(80-100m²) 6A CEE

1. ADGIJKLM**PQ**
2. ADFGRTVWXY
3. AB**DFGH**JKLNP**R**U**W**Z
5. **ABCDEFG**IJ**KLMN**O**PUW**XYZ
6. ADEGH**IK**(N 3km)OT

CC €14 27/3-1/5 26/5-4/7 21/8-26/9

N 52°4'51" E 5°23'12"

---

177 — Woudenberg, NL-3931 ML / Utrecht

- ▲ Vakantiepark De Heigraaf
- 🏠 De Heygraeff 9
- ☎ +31 (0)33-2865066
- 📅 27/3 - 31/10
- @ info@heigraaf.nl

16ha 250T(100-250m²) 4-16A CEE

1. ADEIJKLM**PQ**
2. ADFGMRVWXY
3. ABCD**FGH**JKN**OP**RU**W**Z
4. (Q+S+T 28/3-25/10) (Y 1/5-9/5,10/7-22/8)
5. **ABCDEFGHIJKLMN**O**PQ**R**S**UWXYZ
6. ACDEGH**KM**(N 2,5km)OST

CC €16 27/3-8/5 26/5-4/7 21/8-31/10

N 52°4'47" E 5°22'54"

---

178 — Zeist, NL-3707 HW / Utrecht

- ▲ Allurepark De Krakeling
- 🏠 Woudenbergseweg 17
- ☎ +31 (0)30-6915374
- 📠 +31 (0)30-6920707
- 📅 27/3 - 27/9
- @ allurepark@dekrakeling.nl

22ha 347T(120m²) 6-10A CEE

1. ADGIJKLMOPQ
2. BDFGRSVWXY
3. BD**F**GHJNRUZ
4. (**A** 1/7-31/8) (Q+S+T+U+X+Y 28/3-28/9) Z
5. **AB**DFGIJ**KLMN**O**PQR**UW
6. ACDEGHIKM(N 2,5km)OSV

CC €18 27/3-10/5 26/5-12/7 29/8-27/9

N 52°5'35" E 5°16'58"

Almere, NL-1324 ZZ / Flevoland 179

- ▲ Waterhout
- Archerpad 6
- ☎ +31 (0)36-5470632
- FAX +31 (0)36-5470634
- 📅 3/4 - 18/10
- @ info@waterhout.nl

4ha 160T(100m²) 10A CEE

1. **ADG**IJKLOPRS
2. ADFGLMRTVWXY
3. BDF**G**HJK**M**N**O**P**R**TUVWZ
4. (A 1/7-31/8) **KL**M**NP** (Q+R+T+U+X 🔑) Z
5. **AB**CDEFGHIJKLMNOPQRUXYZ
6. ACDEGIJ(N 0,5km)OTV

Camping Waterhout is de ideale plek om te verblijven. Dicht bij de stad en midden in de natuur. Vlakbij Oostvaardersplassen, Amsterdam, Walibi, Aviodrome en 't Gooi. Fietsen, varen, vissen, wandelen en genieten van de rust en natuur. Tijdens vakanties is er animatie voor jong en oud. Een heerlijke vakantie om nooit te vergeten.

🚗 A6, afrit 4 Almere-Haven. Borden Weerwater volgen. Bij verkeerslichten richting Weerwater.

CC €16 3/4-12/5 18/5-21/5 27/5-15/7 1/9-18/10
N 52°21'25'' E 5°13'30''

Biddinghuizen, NL-8256 RD / Flevoland 180

- ▲ Aqua Centrum Bremerbergse Hoek
- Bremerbergdijk 35
- ☎ +31 (0)321-331635
- FAX +31 (0)321-332141
- 📅 15/4 - 25/10
- @ info@aquacentrum.nl

6ha 80T(100-120m²) 6A CEE

1. **ADF**IJKLMNO**PQ**
2. ADLMRSVWX
3. BFJK**M**RUWZ
4. (Q+S+T+U+Y 🔑) Z
5. **AB**DFGHIJMNO**P**UWXY
6. AEGH**IKM**(N 5km)OV

Camping met ruime comfortplaatsen, eigen strand en jachthaven. Prachtig gelegen aan het breedste deel van het Veluwemeer. Fietspont naar Nunspeet vanaf de camping. Vlakbij Walibi, Dolfinarium en Batavia. Verhuur van fietsen. Huisdier toegestaan.

🚗 Vanaf het zuiden A28 afslag 13, richting Lelystad. Borden Walibi World volgen. Vanuit het noorden A28 afslag 16 Elburg/Dronten. Daarna borden Walibi World volgen.

CC €12 15/4-24/4 10/5-13/5 26/5-3/6 8/6-3/7 24/8-25/10
N 52°24'55'' E 5°44'44''

Biddinghuizen, NL-8256 RZ / Flevoland 181

- ▲ Molecaten Park Flevostrand
- Strandweg 1
- ☎ +31 (0)320-288480
- FAX +31 (0)320-288617
- 📅 27/3 - 31/10
- @ flevostrand@molecaten.nl

25ha 330T(80-120m²) 10A CEE

1. ACD**G**IJKLMNOPQ
2. ADFGKLRSVWX
3. ABCD**F**HJKL**M**N**Q**RUWZ
4. (C 15/5-15/9) (**F**+H 🔑) IJ (Q+S+T+U+X 🔑) Z
5. **AB**DEFGIJMNPQUWXYZ
6. ABCEGH**KL**(N 3,5km)OSTV

Flevostrand ligt direct aan het Veluwemeer en is een geweldige locatie voor watersportliefhebbers. Er zijn vele fiets- en wandelmogelijkheden in de omgeving. Camping Flevostrand heeft ruime kampeervelden aan het water of binnendijks. Sinds 2010: nieuw activiteitencomplex met o.a. restaurant en bar, binnenzwembad, supermarkt en boot- en fietsverhuur.

🚗 A28 afrit 13, richting Lelystad. Borden Walibi volgen. De camping ligt tussen de N306 en het Veluwemeer. Wordt aangegeven.

CC €16 27/3-23/4 18/5-21/5 26/5-7/7 24/8-31/10
N 52°23'7'' E 5°37'45''

Biddinghuizen, NL-8256 RJ / Flevoland ♿ 📶 iD **182**

🔺 Oostappen Vakantiepark Rivièra Beach
📧 Spijkweg 15
☎ +31 (0)321-331344
📠 +31 (0)321-331402
🔑 22/3 - 2/11
@ info@vakantieparkrivierabeach.nl

45ha 559T(100m²) 10A CEE

1 ACD**G**IJKLMNOPQ
2 AD**G**LRVWX
3 ABC**F**GHJKNR**TUW**Z
4 (F+H 1/4-30/10) JLN (Q+S+T+U+W+X+Y 1/4-30/10)
5 **AB**CDEFGHIJKLMNOPQ**S**UWXYZ
6 ACDFGH**IK**L(N 4km)ORST V

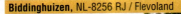

💬 De camping is direct gelegen aan het Veluwemeer met eigen zandstrand. Vele voorzieningen zoals subtropisch zwemparadijs, bowlingbaan en supermarkt. Veel te doen in de omgeving zoals o.a. Walibi Holland.

🚗 Vanuit het zuiden: A28 afslag 13 richting Lelystad, borden Walibi World volgen, voorbij Walibi. Vanuit het noorden: A28 afslag 16 richting Lelystad, dan borden Walibi World volgen. Cp ligt aan de N306.

CC €16 7/4-30/4 26/5-3/7 29/8-15/10 📍 N 52°26'49'' E 5°47'30''

Dronten, NL-8251 ST / Flevoland 📶 iD **183**

🔺 't Wisentbos
📧 De West 1
☎ +31 (0)321-316606
🔑 1/4 - 30/9
@ info@wisentbos.nl

9ha 40T(80-110m²) 10A CEE

1 ACD**G**IJKLMOPQ
2 BC**G**LRWX
3 B**F**JRU**W**X
4 (U 🔑)
5 **AB**ACDFGHI**JK**LMNO**P**UWZ
6 ACDEGH**K**M(N 1km)V

💬 Grote camping met veel vaste staanplaatsen, gelegen in een bosrijke omgeving aan een viswater. Regelmatig worden viswedstrijden gehouden. De camping heeft een prachtig groot speelveld, waaraan de zonnige toeristenplaatsen zijn gelegen. Goede voorzieningen. Dronten ligt vrij centraal voor vele attracties: Walibi, Lelystad, Harderwijk/Veluwe, Zwolle, Kampen en Urk.

🚗 Vanaf N309 Lelystad-Dronten op de rotonde linksaf. Na ± 500m ligt de camping aan de linkerkant.

CC €14 1/4-13/5 26/5-30/6 1/9-30/9 📍 N 52°31'16'' E 5°41'31''

Kraggenburg, NL-8317 RD / Flevoland 📶 iD **184**

🔺 De Voorst
📧 Leemringweg 33
☎ +31 (0)527-252524
🔑 1/4 - 30/9
@ Devoorst@vdbrecreatie.nl

13ha 180T(100-200m²) 4A CEE

1 ADG**G**IJKLMOPQ
2 BC**F**GKLRSTVWXY
3 AB**F**GHJ**MN**Q**RUW**X
4 (A 🔑) (B 29/5-31/8) (G 1/5-15/9) J (T+U+V+X+Y 🔑) Z
5 **AB**EFGIJ**K**L**M**NO**P**UWZ
6 EGIK(N 2km)OV

💬 Mooie natuurcamping gelegen midden in het Voorsterbos aan de Zwolsevaart. Goede vis- en vaarmogelijkheden.

🚗 A6 tot Lelystad-Nagele-Ens. Verder campingborden volgen.

CC €16 1/4-8/5 1/6-30/6 17/8-30/9 📍 N 52°40'32'' E 5°53'32''

Lelystad, NL-8245 AB / Flevoland ♿ 📶 [iD] 185

- 't Oppertje
- Uilenweg 11
- ☎ +31 (0)320-253693
- FAX +31 (0)320-250873
- 📅 28/3 - 4/10
- @ info@oppertje.nl

3ha 70T(120-150m²) 6-10A CEE

1. **A**G**IJ**KLMNO**PRS**
2. **A**DLMRSVWXY
3. **AF**HJKR**W**Z
4. (Q 🚿)
5. **ABC**DEFGHI**J**K**L**MNO**PQ** RUWXYZ
6. ABCDEGIK(N 4km)T

💬 Gelegen aan de schitterende zeil- en surfplas 'Het Bovenwater' en pal naast het bekende natuurgebied 'de Oostvaardersplassen'. De camping heeft voor tentkampeerders een apart veld. Voor campers is er een veld met verharde plaatsen.

🚗 Vanaf A6 afslag 10, de Larserdreef richting Lelystad. Vier rotondes rechtdoor, bij de 5e rotonde linksaf. Buizerdweg op. Volg campingborden.

CC €14 28/3-10/5 27/5-12/7 29/8-4/10   ▲ N 52°29'9'' E 5°25'1''

Urk, NL-8321 NC / Flevoland 📶 [iD] 186

- Vakantiepark 't Urkerbos
- Vormweg 9
- ☎ +31 (0)527-687775
- 📅 1/4 - 1/11
- @ info@heturkerbos.nl

14ha 190T(120-150m²) 10A CEE

1. **A**DG**IJ**KLMO**PQ**
2. **B**LRSVWX
3. **B**DHJKLN**OP**RU
4. (B+G 15/5-1/9) (Q 🚿) (T+U 14/5-25/5,1/7-31/8) (X 🚿) Z
5. **ABC**DFGIJMNOPQUWXYZ
6. CDEG**K**M(N 2km)OSV

💬 De camping heeft ruime velden, meestal omringd door hoge bomen. Urk, met veel bezienswaardigheden, haven en strand, ligt op 2 km van de camping. Goede mogelijkheden tot wandelen (Urkerbos) en fietsen (Schokland, Emmeloord). Binnen 40 km liggen fraaie steden als Kampen, Zwolle en Hasselt.

🚗 A6 afrit 13 naar Urk. Volg de weg door Urk rechtdoor, op 3e rotonde linksaf (wordt aangegeven). Na 1,5 km ligt de camping rechts.

CC €14 1/4-12/5 26/5-30/6 24/8-31/10   ▲ N 52°40'45'' E 5°36'35''

Zeewolde, NL-3896 LS / Flevoland ♿ 📶 ✿ [iD] 187

- Camping het Groene Bos
- Groenewoudse Weg 98
- ☎ +31 (0)36-5236366
- FAX +31 (0)36-5235159
- 📅 1/4 - 18/10
- @ info@hetgroenebos.nl

4ha 50T(85-225m²) 10A CEE

1. **A**CD**G**IJKLO**PQ**
2. **B**RSVWX
3. **B**D**F**GJKLRU
4. (Q 1/6-1/9) Z
5. **ABC**DFGHIJKLMNPUWXYZ
6. EGH**K**(N 4km)V

💬 Parkachtig aangelegde camping in het Horsterwold in het hart van de provincie Flevoland met uitmuntend sanitair. De ruime plaatsen worden beschut door hoge struiken. Een goede plek voor rustzoekers.

🚗 A28 afrit 9 richting Zeewolde. Camping ligt ten westen van Zeewolde en wordt aangegeven.

CC €14 1/4-10/5 26/5-5/7 24/8-18/10   ▲ N 52°20'24'' E 5°30'20''

Zeewolde, NL-3896 LB / Flevoland 📶 iD 188

▲ Erkemederstrand
🏠 Erkemederweg 79
☎ +31 (0)36-5228421
📠 +31 (0)36-5228543
🔑 27/3 - 25/10
@ info@erkemederstrand.nl

35ha 151T(120-180m²) 16A CEE

1 ADG**I**JKLMNOPQ
2 ABDFKLMRSVWX
3 ABD**F**JKN**Q**RUW**Z**
4 (Q+S+T+U+Y 🅿) Z
5 **AB**DFGIJMNOPQUWXYZ
6 ACDEGH**I**KM(N 7km)ORST UV

💬 Prachtig gelegen tussen het Horsterwold en het Nuldernauw. Eigen jachthaven. Goed restaurant, veel sportmogelijkheden. Speciale voorzieningen voor honden, o.a. apart hondenstrand. Toeristische plaatsen als Nijkerk, Harderwijk, Bunschoten liggen op fietsafstand. CampingCard ACSI geldig op de binnendijkse plaatsen. NKC-leden welkom voor het CampingCard-tarief.

🚗 A28, afrit 9 ri Zeewolde. Over brug 1e weg rechts, daarna linksaf (Erkemederweg). Cp staat aangegeven.

CC €16 27/3-12/5 19/5-21/5 26/5-8/7 25/8-24/10   ⛺ N 52°16'12" E 5°29'19"

Zeewolde, NL-3896 LT / Flevoland ♿ 📶 ✿ iD 189

▲ RCN Zeewolde
🏠 Dasselaarweg 1
☎ +31 (0)36-5221246
📠 +31 (0)36-5221474
🔑 27/3 - 2/11
@ zeewolde@rcn.nl

43ha 350T(100-120m²) 10A CEE

1 ACD**G**IJKLMNOPQ
2 ADKLMRSVWX
3 AB**F**HIJKL**M**NRUW**Z**
4 (F 1/4-1/11) (H 1/5-15/9) (Q+S+T+U+Y 🅿) Z
5 **AB**DEFGIJKLMNPUWXYZ
6 CDEGH**I**KM(N 1,5km)OSV

💬 Grote camping, aparte ruime terreinen, omgeven door 2m hoge struiken, gelegen aan het Wolderwijd met veel recreatiemogelijkheden. Een deel van de camping ligt buitendijks aan het water. Goede sanitaire voorzieningen.

🚗 A28 afslag 9, richting Zeewolde. De camping ligt aan de zuidkant, 1 km buiten Zeewolde en wordt aangegeven.

CC €14 27/3-13/5 18/5-22/5 26/5-10/7 27/8-2/11   ⛺ N 52°18'42" E 5°32'37"

Balkbrug, NL-7707 PK / Overijssel ♿ 📶 ✿ iD 190

▲ 't Reestdal
🏠 De Haar 5
☎ +31 (0)523-656232
📠 +31 (0)523-617592
🔑 1/4 - 1/11
@ info@reestdal.nl

8,5ha 76T(100-120m²) 10A CEE

1 AD**F**IJKLMNOPRS
2 LRSVWXY
3 ABD**F**HJKN**P**RUW
4 (A 🅿) (C+H 1/5-15/9) (Q 27/4-5/5,1/7-31/8) (R+T 🅿) (U 27/4-5/5,1/7-31/8) (X+Y 🅿) Z
5 **AB**EFGIJKLMNOPQR**ST**U WXYZ
6 CDEG**K**L(N 2km)OTV

💬 Nieuw in 2015: Kamperen met privé-sanitair voor CampingCard-houders. Ervaar het comfort van eigen verwarmd sanitair bij de kampeerplaats. Uniek gelegen in het mooie Reestdal met diverse fietsroutes vanaf de camping via de app van route.nl.

🚗 In Balkbrug richting De Wijk. Daarna bruine borden volgen (zandweg vermijden).

CC €18 1/4-1/5 26/5-3/7 24/8-31/10   ⛺ N 52°36'37" E 6°22'17"

191 — Bathmen, NL-7437 RZ / Overijssel

- de Flierweide
- Traasterdijk 16
- +31 (0)570-541478
- 15/3 - 1/11
- info@flierweide.nl

2ha 60T(120-140m²) 4-16A CEE

1. **A**G**IJKLMN**P**Q**
2. FGRUVWX
3. **AF**GHJK
5. **AB**DEFGIJKLMNPRUXY
6. ACDEG**IK**(N 1km)SU

💬 U kampeert op zeer ruime comfortplaatsen, evt. met TV-aansluiting en draadloos internet. Rustig gelegen, aan de rand van het dorp, tegen bosrand. Het moderne, verwarmde sanitair met luxe voorzieningen maakt deze eenvoudige camping tot een comfortabele camping. Bathmen is een gemoedelijk en gezellig dorp in het Sallandse land, fraai gelegen tussen Deventer en de Holterberg.

🚗 A1, afslag 25 Bathmen. Campingborden volgen (richting Flierweide).

€14 15/3-13/5 26/5-5/7 22/8-1/11

N 52°15'22'' E 6°17'31''

---

192 — Beerze/Ommen, NL-7736 PK / Overijssel

- Beerze Bulten
- Kampweg 1
- +31 (0)523-251398
- FAX +31 (0)523-251167
- 28/3 - 2/11
- info@beerzebulten.nl

26ha 540T(100-120m²) 16A CEE

1. **A**D**FIJKLN**P**Q**
2. ACDLRSVXY
3. ABC**F**GHIJKL**M**NQRU**V**W XZ
4. (A 1/7-31/8) (B 25/4-5/9) (F+H) J**KLMN** (Q+S+T+U 1/4-1/11) (V+X+Y) Z
5. **AB**DEFGIJKLMNOP**QRST** UWXYZ
6. ACEGH**IK**M(N 2km)OSTV

💬 Buitengewoon kindvriendelijke vijfsterrencamping. Alle comfort binnen handbereik, in een natuurlijke omgeving.

🚗 Vanaf de N36 afslag Beerze nemen. Verder aangegeven.

€18 28/3-3/7 22/8-2/11

N 52°30'41'' E 6°32'43''

---

193 — Belt-Schutsloot, NL-8066 PT / Overijssel

- Kleine Belterwijde
- Vaste Belterweg 3
- +31 (0)38-3866795
- FAX +31 (0)38-3866619
- 1/4 - 31/10
- camping@kleinebelterwijde.nl

3,5ha 40T(70-100m²) 6A CEE

1. **A**EIJKL**MN**PQ
2. ADKLMRSVWXY
3. AGHJMNUWZ
4. (G) MZ
5. **AB**DEFGIJKL**M**NO**P**QUX Z
6. ADEGIJ(N 0,2km)OTV

💬 De schitterend gelegen camping aan het water, in het pittoreske waterdorp, is zeer geschikt voor land- en waterrecreatie. Uitstekende vismogelijkheden. Wandel-, fiets- en kanoroutes vanaf de camping. Uitstekende sanitaire voorzieningen.

🚗 N334 richting Giethoorn, afslag Belt-Schutsloot. Camping in dorp aangegeven.

€16 1/4-10/5 1/6-5/7 24/8-31/10

N 52°40'15'' E 6°3'38''

Beuningen, NL-7588 RK / Overijssel — 194

- Natuurkampeerterrein Olde Kottink
- Kampbrugweg 3
- ☎ +31 (0)541-351826
- 1/4 - 27/9
- @ info@campingoldekottink.nl

6ha 90T(120-200m²) 6A CEE

1. ADEIJKLMNOPQ
2. BCFIRSWXY
3. AHIJKLRUW
4. (Q 14/5-25/5,11/7-23/8)
5. **AB**DFGH**IJ**KLMNO**P**UWX
6. AEHK(N 3km)

💬 Natuurcamping met ruime plaatsen. Men krijgt hier een heel gastvrij onthaal en veel persoonlijke aandacht. Een verademing. De camping is een voorbeeld van eenvoud en rust. Wie genieten wil van puur natuur klopt hier op de juiste deur.

🚗 A1 Hengelo-Oldenzaal. Op de weg van Oldenzaal-Denekamp staat de camping goed met borden aangegeven.

CC €16 1/4-13/5 26/5-7/7 24/8-27/9 **21=19, 28=22**

📍 N 52°21'14'' E 7°0'45''

Blokzijl, NL-8356 VZ / Overijssel — 195

- Watersportcamping 'Tussen de Diepen'
- Duinigermeerweg 1A
- ☎ +31 (0)527-291565
- FAX +31 (0)527-292203
- 1/4 - 31/10
- @ camping@tussendediepen.nl

5,2ha 60T(60-80m²) 10A CEE

1. AD**G**IJKLMNO**P**Q
2. CKLRVWX
3. AHIJKNRUW
4. (C+H 1/5-15/9) (Q+R+T+U+V+X+Y) Z
5. **AB**CFG**IJ**KLMO**P**UWZ
6. ACDEGHIKM(N 1km)OPV

💬 Volop waterrecreatiemogelijkheden. Ideaal gelegen om in de Weerribben te fietsen en te wandelen. Kamperen op goed onderhouden weiden, prima sanitair, gratis gebruik van verwarmd zwembad.

🚗 Vanuit Zwolle richting Hasselt-Zwartsluis-Vollenhove. Bij rotonde rechtuit over de zeedijk naar Blokzijl. Borden volgen.

CC €14 1/4-8/5 1/6-3/7 20/8-30/9

📍 N 52°43'43'' E 5°58'13''

Dalfsen, NL-7722 KG / Overijssel — 196

- Starnbosch
- Sterrebosweg 4
- ☎ +31 (0)529-431571
- 1/1 - 31/12
- @ info@starnbosch.nl

8ha 248T(100-140m²) 10A CEE

1. AD**G**IJKLMNOPQ
2. BLRVWXY
3. ABJKNRU
4. (E+H 1/4-1/11) (Q+R 30/3-1/10) (S 28/4-2/9) (U 30/3-1/10) (Y) Z
5. **AB**CDFGH**IJ**KLMNO**PQ**R UWXY
6. ACDEGHJ**K**M(N 4,5km)OTV

💬 Te midden van landgoederen, kastelen en havezaten ligt camping Starnbosch, de groenste camping van het Vechtdal. Een gastvrije camping, die zich kenmerkt door zijn gemoedelijke en rustige sfeer en waar jong en oud van zijn vakantie geniet.

🚗 A28 Zwolle-Meppel-Hoogeveen, afslag 21 de N340 richting Dalfsen. Dan borden volgen.

CC €16 1/1-13/5 26/5-5/7 24/8-31/12 **7=6**

📍 N 52°28'31'' E 6°15'47''

Dalfsen, NL-7722 HV / Overijssel **197**

- Vechtdalcamping Het Tolhuis
- Het Lageveld 8
- +31 (0)529-458383
- 28/3 - 30/9
- info@tolhuis.nl

5ha 54T(120-150m²) 10A CEE

1. A**DEIJKL**NOPST
2. LRTVWXY
3. ABHIJKMN**Q**RUW
4. (A 4/7-16/8)
   (C+H 30/4-15/9) (Q+R ⌂)
   (T+U+V+X+Y 30/4-15/9) Z
5. **AB**DEFGIJKLMNO**PQ**UW XYZ
6. ACDEG**K**M(N 5km)OSTV

💬 Ideaal uitgangspunt voor fiets- en wandelliefhebbers. De gratis routes liggen voor u klaar om u te laten genieten van ons schitterende Vechtdal. Een 4-sterren terrein met 5-sterren sanitair. Onze sfeer is het proeven waard.

🚗 A28 afslag 21, N340 richting Dalfsen. In Dalfsen richting Vilsteren. Dan de borden volgen.

€16 28/3-12/5 27/5-4/7 21/8-30/9   N 52°30'7" E 6°19'18"

De Bult/Steenwijk, NL-8346 KB / Overijssel **198**

- Residence De Eese
- Bultweg 25
- +31 (0)521-513736
- 1/1 - 31/12
- info@residencedeeese.nl

12,5ha 83T(80-100m²) 10A CEE

1. ABD**G**IJKLMNOPQ
2. BFLRSVWXY
3. ABDGHJKL**M**NRU
4. (C+H 1/5-1/9)
   (Q+T+U+V+X+Y ⌂) Z
5. **AB**CDEFGHI**J**MN**P**QUWX Z
6. ACDEG**K**(N 3,5km)OSTV

💬 Luxe familiecamping in een bosrijke omgeving. Unieke fiets- en wandelroutes. Varen kunt u in Giethoorn en Nationaal Park De Weerribben. Op de camping o.a. verwarmd buitenbad, kabelbaan, trampoline. Animatieprogramma voor alle leeftijden. Zondags gratis poffertjes eten!

🚗 A32, afrit 6: Steenwijk/Vledder en dan de ANWB-borden volgen.

€16 1/1-3/4 8/4-14/4 27/5-4/7 1/9-31/12   N 52°48'52" E 6°7'12"

De Lutte, NL-7587 LH / Overijssel **199**

- Landgoedcamping Het Meuleman
- Lutterzandweg 16
- +31 (0)541-551289
- fax +31 (0)541-551037
- 1/4 - 30/9
- info@camping-meuleman.nl

7ha 111T(100-300m²) 6A

1. AD**G**IJKLMNOPQ
2. ABDFIRSXY
3. A**F**GHIJK**Q**RWZ
4. (Q+U+Y ⌂)
5. **AB**DEFGIJKLMNPQRUWZ
6. AEGHIJ(N 3km)O

NIEUW

💬 Waar de Dinkel slingerend door het landschap stroomt ligt deze camping met recreatievijver.
In het landgoed 'Het Meuleman'. In de bossen met een prachtig landschap eromheen: het Lutterzand. De camping is tevens een goede uitvalsbasis voor fietsers en wandelaars voor een bezoek aan het verrassend mooie Twente.

🚗 A1 Hengelo-Oldenzaal, afslag De Lutte. Door De Lutte heen richting Beuningen, campingborden volgen.

€16 1/4-13/5 26/5-30/6 1/9-30/9   N 52°20'1" E 7°1'46"

Delden, NL-7491 DZ / Overijssel — 200

- Park Camping Mooi Delden
- De Mors 6
- ☎ +31 (0)74-3761922
- FAX +31 (0)74-3767539
- 1/4 - 1/10
- @ info@mooidelden.nl

3ha 45T(100-130m²) 10A CEE

1. ADFIJKLMNPQ
2. FLRSVWXY
3. ADEFGHJKMNQRUW
4. (C+H 1/5-15/9) J (R+T+X 1/4-30/9) Z
5. ABDEFGIJKLMNOPQUWXYZ
6. AEGHIK(N 1km)V

💬 De camping ligt in een parkachtige omgeving vlak naast een uitgebreid sportcomplex met zwembad, golfbaan en een kanaal om te vissen, gedeeltelijk onder de bomen met ruim bemeten plekken. Het ziet er echt geweldig uit.

🚗 In en om Delden staat de camping goed aangegeven.

CC €16 1/4-12/5 25/5-5/7 22/8-30/9   N 52°15'16'' E 6°43'37''

Denekamp, NL-7591 NH / Overijssel — 201

- De Papillon
- Kanaalweg 30
- ☎ +31 (0)541-351670
- FAX +31 (0)541-355217
- 28/3 - 27/9
- @ info@depapillon.nl

16ha 265T(125-160m²) 4-16A CEE

1. ADGIJKLMNOPRS
2. ADFLMRSVWXY
3. BFGHJKMNRUWZ
4. (A 1/5-30/8) (E+H 10/4-20/9) M (Q+S+T+U+X+Y 10/4-20/9) Z
5. ABCDEFGIJLMNPQRUWXYZ
6. CEGJK(N 1,5km)OSUV

💬 Gezellige, rustige familiecamping, waar het u en uw familie aan niets zal ontbreken. Luxe en zeer schoon sanitair, ook aangepast sanitair voor minder validen, ruime plaatsen en heerlijke zwemfaciliteiten. Het is kamperen op z'n mooist. Een uitstekend startpunt voor fietsers en wandelaars voor een bezoek aan het verrassend mooie Twente.

🚗 Op de N342 Denekamp-Nordhorn, staat de camping goed aangegeven.

CC €16 28/3-11/5 27/5-3/7 22/8-27/9   N 52°23'32'' E 7°2'55''

Deventer, NL-7419 AD / Overijssel — 202

- Stadscamping Deventer
- Worp 12
- ☎ +31 (0)570-613601
- 1/4 - 31/10
- @ deventer@stadscamping.eu

2,5ha 70T(100-120m²) 16A CEE

1. AGIJLMPQ
2. ACFLRWXY
3. FHJWX
4. ABDIJMNOPQUZ
5. DFGK(N 1km)T

💬 Eenvoudige camping gelegen tegenover Hanzestad Deventer aan westelijke IJsseloever. U staat op de uiterwaarden tussen enkele zeer oude bomen op een groot grasveld met veel ruimte. Ideaal gelegen voor uitstapjes naar de Hanzesteden Deventer, Zwolle en Zutphen. Mooie omgeving voor fietstochten.

🚗 A1 Apeldoorn-Hengelo, afslag 23 richting Deventer-centrum. Brug over richting Twello N344, na brug meteen rechtsaf. Camping ligt achter het hotel.

CC €16 1/4-1/5 4/5-13/5 25/5-4/6 7/6-12/6 14/6-1/7 31/8-31/10 7=6   N 52°15'2'' E 6°8'57''

Diffelen/Hardenberg, NL-7795 DA / Overijssel 〠 ♿ 🛜 ID 203

- de Vechtvallei
- Rheezerweg 76
- ☎ +31 (0)523-251800
- FAX +31 (0)523-251508
- 1/4 - 31/10
- @ info@devechtvallei.nl

7,6ha 50T(100-120m²) 16A CEE

1. ADGIJKLPQ
2. FGLRSVWXY
3. BIJKLNRUW
4. (E ⌂) (G 1/5-30/8) (Q+T+U+X ⌂) Z
5. ABDEFGIJKLMNPUW
6. ACEGHIK(N 4,5km)OV

💬 Camping ligt in een bosrijke omgeving en is rustig gelegen temidden van de natuur. De voorzieningen zijn ruim voldoende en vanaf de camping zijn er leuke fietstochten te maken. Elektrische fietsen op aanvraag te huur.

🚗 Hardenberg-Rheeze. Door Rheeze heen. Na ca. 2 km links van de weg.

CC €14 7/4-24/4 26/5-1/7 18/8-30/10   N 52°32'8'' E 6°34'10''

Enschede, NL-7534 PA / Overijssel 〠 🛜 ✿ ID 204

- Euregio-Cp 'De Twentse Es'
- Keppelerdijk 200
- ☎ +31 (0)53-4611372
- FAX +31 (0)53-4618558
- 1/1 - 31/12
- @ info@twentse-es.nl

10ha 80T(100-130m²) 10A CEE

1. ACDGHIJKLMOPQ
2. DFLRSVWXY
3. AHJKNRUW
4. (C+H 13/5-1/10) (Q+S+T+U+V 1/4-1/10) (X+Y ⌂) Z
5. ABDFGIJKLMNOPQUWXYZ
6. AFGHK(N 1km)ORSTV

💬 Een ideale camping voor o.a. een bezoek aan Enschede. En toch ligt de camping midden in de natuur aan een prachtige (vis)vijver. Mooie grasvelden, goed verzorgd sanitair. Een camping voor jong en oud. Ook voor fietsers en wandelaars een prima startpunt.

🚗 A35 naar Enschede, afslag Glanerbrug. Richting Glanerbrug aanhouden. Camping staat goed met borden aangegeven.

CC €18 1/1-13/5 18/5-23/5 26/5-30/6 17/8-31/12   N 52°12'37'' E 6°57'5''

Haaksbergen (Twente), NL-7481 VP / Overijssel ♿ 🛜 ✿ ID 205

- Camping & Bungalowpark 't Stien'n Boer
- Scholtenhagenweg 42
- ☎ +31 (0)53-5722610
- 27/3 - 30/9
- @ info@stien-nboer.nl

10,5ha 130T(80-100m²) 6-10A CEE

1. ADGIJKLMNPRS
2. BFLRSVWXY
3. ABCDEGHJKMNOQRUW
4. (A 22/5-25/5,12/7-23/8) (C 1/5-1/9) (F+H ⌂) IJ (Q 14-30/9,11/10-25/10) (R 1/4-30/9) (S 1/7-1/9) (T+U+W+X 3/4-30/9) (Y 1/5-30/9) Z
5. ABDEFGIJKLMNOPQRUWXYZ
6. CDEGHIKM(N 1,5km)OSTUV

💬 In een natuurlijke omgeving gelegen familiecamping met uitstekende faciliteiten. Prima uitvalsbasis voor fietsers en wandelaars die volop kunnen genieten van landschap en de typisch Twentse gemoedelijkheid. Prima voor kinderen; onder meer een overdekte speeltuin, overdekt zwembad met peuter- en kleuterbad en speeltuintjes op de kampeervelden. WiFi op het hele terrein.

🚗 Even ten zuiden van Haaksbergen richting Eibergen N18. Met borden aangegeven.

CC €14 27/3-12/5 26/5-10/7 28/8-30/9   N 52°8'24'' E 6°43'28''

Haaksbergen (Twente), NL-7481 VP / Overijssel 206

- Camping Scholtenhagen B.V.
- Scholtenhagenweg 30
- +31 (0)53-5722384
- FAX +31 (0)53-5740242
- 1/1 - 31/12
- @ campingscholtenhagen@planet.nl

9,3ha 120T(100-110m²) 6A CEE

1 ADFIJLMOPQ
2 FRSVWX
3 ABFGJKNRUW
4 (D) IJ(R) (T+U+X 1/7-31/8) Z
5 ABCFGIJKLMNOPQRUWXYZ
6 CDEGHIK(N 0,5km)OUV

💬 Ontspannen in een uitnodigende omgeving. Naast de camping is een tropisch zwembad, voorzien van sauna en turks stoombad. Met kaart van de camping vrij zwemmen.

🚗 Even ten zuiden van Haaksbergen N18 richting Eibergen. Met borden aangegeven.

€16 1/1-13/5 25/5-7/7 24/8-31/12   N 52°8'53'' E 6°43'23''

Hardenberg/Heemserveen, NL-7796 HT / Overijssel 207

- Ardoer vakantiepark 't Rheezerwold
- Larixweg 7
- +31 (0)523-264595
- FAX +31 (0)523-266120
- 1/4 - 25/10
- @ rheezerwold@ardoer.com

9ha 81T(100-150m²) 6-10A CEE

1 ACDGIJKLPRS
2 BFLRSVWX
3 ABGHJKMNRUW
4 (C 1/5-1/9) (F+H) N (Q+R+T+X) Z
5 ABDFGIJKLMNOPRUWXYZ
6 ACEGHIKM(N 4km)OSV

💬 De camping ligt in een natuurgebied en is rustig gelegen temidden van veel groen. Het sanitair is modern. Er is een mooi overdekt zwembad met een Finse sauna, infraroodsauna, zonneweide, een buitenzwembad, speeltoestellen op alle velden etc. De sfeer op de camping is prima.

🚗 Volg secundaire weg Hardenberg-Ommen. 2 km buiten Hardenberg rechtsaf, volg verharde weg. Eerste weg rechts. Camping is bewegwijzerd.

€16 1/4-1/5 18/5-22/5 26/5-5/7 22/8-25/10 14=12, 21=18   N 52°34'28'' E 6°33'56''

Heino, NL-8141 PX / Overijssel 208

- Camping Heino
- Schoolbosweg 10
- +31 (0)572-391564
- FAX +31 (0)572-392153
- 27/3 - 30/9
- @ info@campingheino.nl

13ha 197T(100-120m²) 10A CEE

1 ACDGIJKLMNOPQ
2 ADFGLRSTVWXY
3 ABCDGHJKMNOPRUZ
4 (A 24/4-22/8) (F+H) J (Q+R+T+U+X+Y) Z
5 ABCDEFGHIJKMNPQRUWXYZ
6 CDEGHJKLM(N 2,5km)ORSTUV

💬 Familiecamping, een oase voor senioren. Recreatieprogramma ook in het voor- en naseizoen.

🚗 Amersfoort-Zwolle-Meppel, afslag 20 Zwolle-Noord, N35 richting Raalte. Vanaf Almelo N35 richting Zwolle, afslag Heino-Noord, vanaf Deventer richting Raalte-Zwolle.

€16 27/3-13/5 26/5-5/7 24/8-30/9   N 52°26'21'' E 6°16'48''

120

Hellendoorn, NL-7447 PR / Overijssel 〔209〕

- Natuurcamping Eelerberg
- Ossenkampweg 4
- +31 (0)548-681223
- 1/4 - 4/10
- camping@camping-eelerberg.nl

5,5ha 76T(81-150m²) 6A CEE

1. ADEIJKLNPS
2. RSVWXY
3. ABGHJKRUW
4. (B 1/5-31/5,1/7-31/8) (G 1/5-31/8) (Q+R+T+X)
5. **AB**DFG**IJKLM**PRUWXYZ
6. EGJ(N 5km)OST

💬 Op camping Eelerberg beleeft u de rust, ruimte en gezelligheid van Twente. De camping biedt ruime plaatsen op parkachtige velden. Het is goed toeven voor senioren en gezinnen met jonge kinderen. De verrassende omgeving biedt alle gelegenheid om heerlijk te genieten: fietsen, wandelen en vissen. Gratis WiFi.

🚗 De camping wordt duidelijk met borden aangegeven langs de N347 Ommen-Hellendoorn.

CC €14 1/4-30/4 26/5-3/7 24/8-3/10 N 52°25'12" E 6°25'12"

Holten, NL-7451 HL / Overijssel 〔210〕

- Ardoer camping De Holterberg
- Reebokkenweg 8
- +31 (0)548-361524
- FAX +31 (0)548-364648
- 1/1 - 31/12
- holterberg@ardoer.com

6,5ha 120T(80-100m²) 6A CEE

1. A**G**IJKLMPQ
2. BFLRVWXY
3. ABCGKLNRU
4. (C+H 1/5-31/8) (Q 3/4-15/9) (R) (T+U+Y 3/4-15/9) Z
5. **AB**DEFGIJKLMNOPQUWXYZ
6. EGH**K**(N 1km)OV

💬 Ideaal gelegen camping tegen de zuidhelling van de Holterberg, het meest glooiende gebied van het Nationaal Park 'Sallandse Heuvelrug'. U kampeert op afgebakende ruime plaatsen rond velden met speel- en sportmogelijkheden. Prima sanitair en een restaurant met smaak, garanderen dat u langer blijven wil.

🚗 A1 Deventer-Hengelo, afslag 27 richting Holten. Voor Holten richting Rijssen, weg 350. Voor de rotonde staat de camping aangegeven.

CC €16 1/1-13/5 26/5-3/7 21/8-31/12 **14=12** N 52°17'31" E 6°26'6"

Lattrop, NL-7635 NJ / Overijssel 〔211〕

- De Bergvennen
- Bergvennenweg 35
- +31 (0)541-229306
- 1/4 - 30/9
- info@campingdebergvennen.nl

15ha 150T(100-200m²) 4-10A CEE

1. AD**G**IJKLMNOPRS
2. ABDLRSVWXY
3. AGHJNRUWZ
4. (Q+T+U+X) Z
5. **AB**CDFGHIJKLMNOPUZ
6. AFGH**J**(N 2km)OV

💬 Rustige, groene camping op een prachtige locatie aan natuurgebied de Bergvennen. Plaatskeuze aan de zwemvijver, in het bos of op een zonnig veld. Mooie fietsroutes vanaf de camping. Bij 'Vennenhoreca VOF' moet je zijn voor feesten en partijen in de kantine op de camping.

🚗 Op de weg Denekamp-Nordhorn wordt de camping goed aangegeven.

CC €14 1/4-13/5 26/5-5/7 24/8-29/9 N 52°25'32" E 7°0'19"

Lemele, NL-8148 PC / Overijssel — 212

- de Lemeler Esch Natuurcamping
- Lemelerweg 16
- ☎ +31 (0)572-331241
- FAX +31 (0)572-331243
- 1/4 - 24/10
- @ info@lemeleresch.nl

12ha 208T(100-150m²) 10A CEE

1. ADEIJKLMPRS
2. LRSVWXY
3. ABFGHIJKLNRU
4. (A 1/5-1/10) (C+H 24/4-15/9) N (Q+R+T+U+X 🚻)
5. ABDEFGIJKLMNPRSUWXYZ
6. ACDEGIKM(N 1,5km)OSTV

💬 Ideaal voor kampeerders die op zoek zijn naar ruimte, rust en natuur. Direct gelegen aan de Lemelerberg, perfect vertrekpunt voor heel veel wandel- en fietsplezier. Ommen, Hellendoorn en Den Ham zijn nabij. Prima sanitair. Het hele jaar door speciaal 55+ tarief. Ook leuk voor opa's en oma's met kleinkinderen. Er zijn ook comfortplaatsen (2 Euro toeslag).

🚗 Vanaf Ommen richting Hellendoorn. Neem afslag Lemele en ga direct rechts de ventweg op. Camping ligt na 200m links.

CC €14 1/4-30/4 27/5-3/7 20/8-23/10   N 52°28'3'' E 6°25'39''

Lemelerveld, NL-8151 PP / Overijssel — 213

- Charmecamping Heidepark
- Verbindingsweg 2a
- ☎ +31 (0)572-371525
- 28/3 - 30/9
- @ info@campingheidepark.nl

5,5ha 100T(100-200m²) 10A CEE

1. ACDGIJKLMNPRS
2. ADFGLRSWXY
3. ABCDFGHJKMNRUWZ
4. (C+H 1/5-30/9) (Q 1/7-1/9) (R+T+U+X 🚻) Z
5. ABCDEFGHIJKLMNOPQUWXYZ
6. ACEGHK(N 0,5km)OSTV

💬 Parkachtig aangelegde gezellige gezinscamping in bosrijke omgeving. Speeltoestellen op alle veldjes. Kindvriendelijk en autovrij. Gratis toegang tot naast gelegen natuurzwembad. Elk weekend recreatieprogramma.

🚗 A28 Amersfoort-Zwolle, afslag 18 Zwolle-Zuid, dan N35 richting Almelo/Heino. Bij Raalte richting Ommen. Afslag Lemelerveld. Vanaf noorden, gelegen langs weg Hoogeveen-Raalte. Afslag Lemelerveld.

CC €16 28/3-30/4 27/5-4/7 22/8-30/9   N 52°26'26'' E 6°20'51''

Mander, NL-7663 TD / Overijssel — 214

- Dal van de Mosbeek
- Uelserweg 153
- ☎ +31 (0)541-680644
- FAX +31 (0)541-626224
- 27/3 - 31/10
- @ receptie@dalvandemosbeek.nl

6ha 132T(160-180m²) 16A CEE

1. ADFIJKLMNPQ
2. RSVWX
3. ADGHJNOPR
4. (Q 1/7-31/8)
5. ABCDEFGHIJKLMNOPQRUWXYZ
6. ACEGK(N 1km)SV

💬 Gezellige cp bij historisch kunststadje Ootmarsum. Ruime plaatsen. Velden, bijna alle autovrij, geschikt voor de allerkleinsten, senioren, rustzoekers. Mooi sanitairgebouw met o.a. vloerverwarming, ruime douches, babywasruimte en een toilet- en wasruimte voor de mindervalide. Rustige en bosrijke omgeving met volop fiets- en wandelmogelijkheden.

🚗 A1 afslag Almelo. Naar Tubbergen. Dan ri Uelsen. Op Uelserweg 153 'Erve Nejhoes' (Dal van de Mosbeek).

CC €16 27/3-2/4 7/4-23/4 26/5-30/6 1/9-31/10   N 52°26'40'' E 6°49'25''

Markelo, NL-7475 ST / Overijssel — 215

- De Bovenberg
- Bovenbergweg 14
- ☎ +31 (0)547-361781
- FAX +31 (0)547-363239
- 28/3 - 25/10
- @ info@debovenberg.nl

4,5ha 67T(100-200m²) 10A CEE

1. ADGIJKLMNPRS
2. ADFLRTVWX
3. ABGHJKMNRUZ
4. (Q+R+T ⌂)
5. ABFGIJKLMNOPQUWXY
6. CDEGK(N 4km)TV

De Bovenberg is gelegen aan de voet van de Friezenberg in een heuvelachtig terrein, omringd door akkers, bossen, heideveld en historische grafheuvels. U kampeert op ruime, afgebakende plaatsen aan de rand van een grasveld. Door de jonge aanplant is er veel plaats in de zon. Het nieuwe sanitairgebouw biedt het nodige comfort.

🚗 A1 Apeldoorn-Hengelo, afrit 27. In Markelo ri. Rijssen, ca. 3 km buiten Markelo staat de camping voor de rotonde links met borden aangegeven.

€14 28/3-13/5 26/5-4/7 21/8-25/10 14=12, 21=18

N 52°15'56" E 6°31'13"

Nijverdal, NL-7441 DK / Overijssel — 216

- Ardoer camping De Noetselerberg
- Holterweg 116
- ☎ +31 (0)548-612665
- FAX +31 (0)548-611908
- 28/3 - 26/10
- @ noetselerberg@ardoer.com

12ha 210T(90-110m²) 10A CEE

1. ACDFIJKLNPRS
2. RSVWXY
3. ABCFGHJKLNRU
4. (B 2/5-1/9) (F+H ⌂) J (Q ⌂) (R 4/4-26/10) (S+T+U+V+Y ⌂) Z
5. ABDEFGIJKLMNOPQRUWXYZ
6. ABCEGHIKM(N 1,5km)ORSTV

Gezellige gezinscamping, gelegen aan de voet van de Sallandse Heuvelrug. Verdeeld over verschillende veldjes. Op elk veldje enkele speeltoestellen. Een aantrekkelijke camping om te profiteren van de kortingskaart in voor- en naseizoen.

🚗 In Nijverdal weg richting Rijssen volgen. Route naar de camping wordt langs deze weg duidelijk aangegeven.

€16 28/3-30/4 18/5-22/5 26/5-4/7 22/8-25/10

N 52°21'0" E 6°27'21"

Oldemarkt/Paasloo, NL-8378 JB / Overijssel — 217

- De Eikenhof
- Paasloërweg 12
- ☎ +31 (0)561-451430
- FAX +31 (0)561-452099
- 1/4 - 31/10
- @ info@eikenhof.nl

11ha 90T(90-110m²) 10A CEE

1. ACDGIJKLMOPQ
2. FGLRSVWXY
3. BCDHJKLNRU
4. (C+H 1/5-31/8) (Q ⌂) (T+U+X+Y 1/5-15/9) Z
5. ABDEFGIJMNOPQUWXYZ
6. ACDEGHIKM(N 1km)ORSV

Goed onderhouden gezinscamping met een verwarmd openluchtzwembad. Door bos omzoomde kampeerweiden. Het sanitair is van topkwaliteit. Ideale omgeving om te fietsen. De camping is gelegen nabij het natuurgebied De Weerribben.

🚗 Via N351 Emmeloord-Wolvega. In Kuinre richting Oldemarkt. Of via A32 Steenwijk-Wolvega; afrit 7 en richting Oldemarkt bewegwijzering volgen.

€16 1/4-13/5 26/5-3/7 9/7-17/7 29/8-31/10

N 52°48'57" E 5°59'48"

Olst, NL-8121 SK / Overijssel ♿ 📶 iD 218

- 't Haasje
- Fortmonderweg 17
- ☎ +31 (0)570-561226
- FAX +31 (0)570-562089
- 📅 1/4 - 31/10
- @ info@kampeeridee.eu

15ha 100T(80-120m²) 4A CEE

1. ACD**G**IJKLMOPRS
2. ACKLRSTVWXY
3. BHJKNRUWX
4. (C+H 30/4-5/9)
   (Q+R 1/4-1/10)
   (T+U 1/4-15/9)
   (X+Y 1/5-15/9) Z
5. **AB**DFG**IJK**LMN**P**RUZ
6. CEGH**K**LM(N 5km)ORTV

💬 Familiecamping, mooi gelegen aan de IJssel.

🚗 Aan de weg Zwolle-Deventer (N337), weg ten oosten van de IJssel. Camping ligt ten noorden van Olst. Afslag bij Den Nul.

CC €16 1/4-13/5 26/5-30/6 17/8-31/10 7=6, 14=11 N 52°21'47" E 6°5'14"

Ommen, NL-7731 PB / Overijssel ♿ 📶 iD 219

- Recreatiecentrum Besthmenerberg
- Besthemerberg 1
- ☎ +31 (0)529-451362
- FAX +31 (0)529-454245
- 📅 28/3 - 25/10
- @ info@besthmenerberg.nl

25ha 414T(100m²) 10A CEE

1. AD**G**IJKLMPQ
2. BLRSXY
3. ABD**F**HJKLNRU
4. (A 1/7-31/8) (C 2/5-1/9)
   (**F**+H 🔑) **K**N
   (Q+S+T+U+X+Y 🔑) Z
5. **AB**DEFGHIJKLMNOPQRU WXYZ
6. AEGHJ**K**L(N 2km)OSTV

💬 Camping gelegen midden in het bos dicht bij het gezellige stadje Ommen. Er is modern sanitair en een binnenbad en restaurant. De omgeving is prachtig en uitermate geschikt om te wandelen en te fietsen.

🚗 Langs de R103 Ommen-Beerze gelegen. Bij campingbord de spoorlijn oversteken.

CC €14 28/3-2/4 7/4-23/4 28/4-12/5 18/5-21/5 26/5-3/7 31/8-25/10 N 52°30'30" E 6°26'37"

Ommen, NL-7731 RC / Overijssel 📶 iD 220

- Resort de Arendshorst
- Arendshorsterweg 3a
- ☎ +31 (0)529-453248
- FAX +31 (0)529-453045
- 📅 27/3 - 31/10
- @ info@resort-de-arendshorst.nl

12ha 125T(150-250m²) 10A CEE

1. AD**G**IJKLMPS
2. ABCFLRSVWXY
3. BDF**G**HJKLN**OQ**RUWX
4. (A 1/7-1/9) (G 15/6-15/9)
   (Q+R+T+U+V+Y 🔑) Z
5. **AB**FG**I**JKLMNO**P**UWXYZ
6. ADEGJ(N 3km)OTV

💬 Gelegen aan de Vecht, vlak bij het gezellige stadje Ommen. Royale plaatsen op een schitterend glooiend terrein. Met uw kortingskaart vindt u hier voordelig rust en ruimte. CampingCard-houders maken gebruik van een comfortplaats. Bij reservering (aanbevolen) melden dat u komt met CampingCard ACSI!

🚗 Camping wordt aangegeven langs de weg N340 Ommen-Zwolle.

CC €16 27/3-13/5 26/5-7/7 24/8-31/10 N 52°31'10" E 6°21'52"

Ootmarsum, NL-7638 PP / Overijssel — 221

- Bij de Bronnen
- Wittebergweg 16-18
- ☎ +31 (0)541-291570
- FAX +31 (0)541-295118
- 1/1 - 31/12
- @ info@campingbijdebronnen.nl

8ha 43T(70-120m²) 6A CEE

1. AFIJKLOPRS
2. BRSWXY
3. BGHJKMNU
4. (T+U 1/4-1/10) (X ⊡) Z
5. ABCDEFGHIJKLMNOPUXYZ
6. ACDEGHIK(N 2,5km)OV

💬 Camping gelegen in het bos met gezellige terreintjes en ruime plaatsen. Van hieruit is het prima fietsen en wandelen door een streek met zo veel afwisseling dat u keer op keer verrast wordt. Een prima 5 sterren sanitairgebouw met vloerverwarming en alle denkbare comfort maakt kamperen tot een waar genoegen.

🚗 In Ootmarsum wordt de camping goed aangegeven. (Met de navigatie in Nutter.)

CC €14 1/1-12/5 26/5-8/7 25/8-31/12   N 52°25'30'' E 6°53'23''

Ootmarsum, NL-7631 CJ / Overijssel — 222

- De Kuiperberg
- Tichelwerk 4
- ☎ +31 (0)541-291624
- FAX +31 (0)541293093
- 28/3 - 1/11
- @ info@kuiperberg.nl

4ha 80T(70-100m²) 4-16A CEE

1. AGIJKLMOPRS
2. GIRSUVWXY
3. GHJU
4. (Q+T+X ⊡) Z
5. ABDFGIJMNOPQUWXYZ
6. ACDEGJK(N 1km)V

💬 Rustige relaxcamping zonder toeters en bellen. Het sanitair wordt goed schoon gehouden en heeft speciale voorzieningen voor mensen met een handicap. Vlakbij het centrum van het pittoreske Ootmarsum. Prima start voor wandel- en fietsroutes.

🚗 In Ootmarsum de groene bordjes volgen met 'De Kuiperberg'.

CC €14 28/3-12/7 31/8-31/10   N 52°24'29'' E 6°53'4''

Ootmarsum, NL-7637 PM / Overijssel — 223

- De Witte Berg
- Wittebergweg 9
- ☎ +31 (0)541-291605
- FAX +31 (0)541-295456
- 1/4 - 25/10
- @ info@dewitteberg.nl

6,5ha 136T(100-140m²) 10A CEE

1. ADGIJKLMPST
2. ABDLMRSUVWXY
3. ABDGHJKLMNPQRUWZ
4. (Q+T+U 4/4-30/9) (X ⊡) Z
5. ABCDEFGIJKLOPQRSTUWXYZ
6. ACDEGHK(N 2,5km)OVX

💬 Onstaan op een boerderij; nu een familiecamping met erg veel zorg. Ligt aan de rand van het bos met veel wandel- en fietsmogelijkheden. De eigenaar houdt goed toezicht. De camping bestaat al meer dan 70 jaar. Splinternieuw sanitair met een luxe uitstraling. Gratis WiFi op het hele terrein.

🚗 In Ootmarsum wordt de camping goed aangegeven.

CC €14 1/4-13/5 26/5-5/7 22/8-25/10   N 52°25'25'' E 6°53'35''

Ootmarsum/Agelo, NL-7636 PL / Overijssel ♿ 📶 ID 224

▲ De Haer
🏠 Rossummerstraat 22
☎ +31 (0)541-291847
📅 1/4 - 1/11
@ info@dehaer.nl

5,5ha 130T(100-140m²) 6A CEE

1 ADGIJKLMOPQ
2 BFGRSUVWXY
3 ABGHJKLNQRU
4 (B 14/5-1/9) (Q ⚿)
   (T 5/7-1/9) Z
5 ABCDEFGIJKLMNOPUW
   XY
6 ACDEGK(N 1,5km)OV

💬 De camping ligt vlakbij het pittoreske Ootmarsum. Er is modern sanitair met sepkey. Niet voor alleenstaande jongeren. De omgeving is prachtig en geschikt voor wandelen en fietsen. De camping bestaat al meer dan 30 jaar en de jonge generatie is nu enthousiast bezig het de kampeerder steeds meer naar de zin te maken.

🚗 Camping ligt aan de weg van Ootmarsum naar Oldenzaal en staat goed aangegeven.

CC €14 1/4-13/5 26/5-11/7 28/8-31/10   N 52°23'25" E 6°54'6"

Ootmarsum/Hezingen, NL-7662 PH / Overijssel 👨‍👩‍👧 ♿ 📶 ID 225

▲ Hoeve Springendal
🏠 Brunninkhuisweg 3
☎ +31 (0)541-291530
📠 +31 (0)541-293856
📅 1/1 - 31/12
@ info@hoevespringendal.nl

3ha 58T(120-200m²) 10A CEE

1 ADGIJKLMNOPQ
2 BCRSUVWXY
3 ADGHJKLUW
4 (A 1/4-1/11) (Q ⚿)
5 ABDFGIJMNOPQRUWXY
   Z
6 ABEGHK(N 4,5km)SV

💬 Een heerlijk rustige camping gelegen in het fraaie Twentse land. Het ademt nog de boerensfeer. Aan de rand van een prachtig beekdal; ver weg van de bewoonde wereld. Camping wordt gerund door een enthousiaste familie, die klaar staat om het de campinggasten prima naar de zin te maken.

🚗 In Ootmarsum wordt de camping goed aangegeven.

CC €16 1/1-12/5 26/5-15/7 1/9-31/12   N 52°26'30" E 6°53'38"

Reutum, NL-7667 RR / Overijssel ♿ 📶 ID 226

▲ De Weuste
🏠 Oldenzaalseweg 163
☎ +31 (0)541-662159
📠 +31 (0)541-625770
📅 3/4 - 25/9
@ info@deweuste.nl

9,5ha 74T(100-165m²) 10A CEE

1 ADGIJKLMOPRS
2 BCGRSVWXY
3 ABDGHIJNOPRTUW
4 (C+H 25/4-13/9) (Q+T ⚿) Z
5 ABCDEFGIJKLMNOPQRU
   WXYZ
6 ACEGHIK(N 1,5km)SV

💬 Ruime comfortplaatsen met 10A elektra, luxe (kinder)sanitair, verwarmd buitenzwembad met gratis ligbedden, schitterende omgeving met diverse wandel- en fietsroutes. Puur genieten voor jong en oud op deze gezellige familiecamping in het mooie Twente. In het voor- en naseizoen zijn de snackbar en de kantine in het weekend open.

🚗 De camping ligt aan de N343 Oldenzaal-Tubbergen. Goed aangegeven met borden. Als u van de A1 komt neem afslag 31 Weerselo.

CC €14 3/4-12/5 18/5-21/5 26/5-10/7 27/8-25/9   N 52°21'59" E 6°50'2"

Rheeze, NL-7794 RA / Overijssel

- 't Veld
- Grote Beltenweg 15
- ☎ +31 (0)523-262286
- FAX +31 (0)523-271886
- 3/4 - 3/10
- @ info@campingtveld.nl

8ha 108T(80-100m²) 6-10A CEE

1. ADGIJKLNPQ
2. ADFMRVWX
3. ACGJKNRUW
4. (E+H+Q+R+T+U+X 28/3-26/9)
5. ABDFGIJKLNOPSTUWXYZ
6. ACEGHKM(N 3,5km)OQST

💬 Gemoedelijke 4,5 sterrencp in het Overijsselse Vechtdal. Volop wandel-, fiets-, en uitgaansmogelijkheden. Kampeerplaatsen, zowel standaard als comfort, zijn autovrij. Verder: uniek overdekt zwembad, horeca, minishop met broodjesservice, modern verwarmd sanitair, wasserette, fietsverhuur, vis- en roeivijver met speelstrand, animatie.

🚗 Provinciale weg Ommen-Hardenberg, bij benzinepomp rechts. Hardenberg-Rheeze volgen. Ca. 1 km buiten Hardenberg rechts. Volg borden.

CC €14   3/4-1/5   18/5-21/5   26/5-3/7   29/8-2/10

N 52°32'48"   E 6°34'19"

Rheeze/Hardenberg, NL-7794 RA / Overijssel

- Kampeerdorp de Zandstuve
- Grote Beltenweg 3
- ☎ +31 (0)523-262027
- FAX +31 (0)523-267418
- 2/4 - 21/9
- @ info@zandstuve.nl

10ha 375T(100-125m²) 6A CEE

1. ADFIJKLMOPQ
2. BFLRSVWXY
3. ABCFGHJKLNRU
4. (A 1/7-31/8) (C 29/4-11/9) (F+H) IJK (Q+S+T+U+V+X+Y) Z
5. ABDEFGIJKLMNOPQRUWXYZ
6. CDEGHKM(N 2km)OPSV

💬 Deze rustige familiecamping voor zowel gezinnen als senioren ligt in het prachtige Overijsselse Vechtdal, waar je heerlijk kunt genieten van de schitterende natuur. De camping is voorzien van ruime kampeerplaatsen. Gedurende het seizoen animatie voor de kinderen, ook buiten de schoolvakanties. Ontspan en geniet!

🚗 Provinciale weg Ommen-Hardenberg, bij verkeerslichten in Hardenberg rechts. Volg borden Rheeze. Ca. 2 km buiten Hardenberg rechts.

CC €16   2/4-1/5   9/5-13/5   26/5-4/7   22/8-21/9

N 52°33'30"   E 6°35'16"

St. Jansklooster, NL-8326 BG / Overijssel

- Kampeer- & Chaletpark Heetveld
- Heetveld 1
- ☎ +31 (0)527-246243
- 27/3 - 11/10
- @ info@campingheetveld.nl

5ha 51T(140-150m²) 6A CEE

1. AGIJKLMNOPRS
2. GRTVWXY
3. HJKU
4. Z
5. ABCDGHIJLMOPUWXYZ
6. AEGIK(N 1,5km)OTV

💬 In de kop van Overijssel, in het Nationaal Park Weerribben-Wieden. Vlakbij St. Jansklooster, het dorpje Heetveld. Hier kunt u ontspannen in een natuurlijke omgeving. Alle faciliteiten zijn aanwezig om een verblijf zo prettig mogelijk te maken.

🚗 Op N331 Zwartsluis-Vollenhove in Barsbeek richting St. Jansklooster. De camping in Heetveld wordt met blauwe borden aangegeven.

CC €12   27/3-10/5   1/6-14/7   31/8-11/10

N 52°40'5"   E 6°0'48"

Steenwijk/Baars, NL-8336 MC / Overijssel — 230

🏠 't Kappie
📧 Bergweg 76
☎ +31 (0)521-588575
📅 1/4 - 30/9
@ info@campingkappie.nl

4ha 52T(120-200m²) 6-10A CEE

1 ADEIJKLMNOPRS
2 BFMRVWXY
3 AHJ
4 (A 1/5-1/9) (G+R 🔒)
5 **ABCDEFGHI**JK**L**MNO**PQ**
UYZ
6 EGIK(N 3,5km)OST

💬 Camping 't Kappie weet zich te onderscheiden door rust en prachtige natuur. Gelegen te midden van 3 Nationale Parken; Drents-Friese Wold, De Weerribben en Dwingelderveld. Een kindvriendelijke camping met topsanitair.

🚗 A32 Zwolle-Leeuwarden, afrit 7. Rotonde 1e afslag. Na 500m rechtsaf Witte Paarden. Borden volgen.

CC €12 1/4-12/5 1/6-15/7 1/9-30/9
N 52°48'49" E 6°6'18"

Stegeren/Ommen, NL-7737 PE / Overijssel — 231

🏠 De Kleine Wolf
📧 Coevorderweg 25
☎ +31 (0)529-457203
FAX +31 (0)529-457324
📅 1/4 - 21/9, 16/10 - 24/10
@ info@kleinewolf.nl

24ha 400T(100-160m²) 10A CEE

1 AD**G**IJKLNOPQ
2 ADLRSVWXY
3 ABCD**F**GHJKL**M**N**Q**RUWZ
4 (C 1/5-15/9) (F+H 🔒) IJ (Q+S+T+U+X+Y 🔒) Z
5 **AB**DEFGIJKLMNO**PQ**RU WXYZ
6 ACEGH**IK**(N 5km)OSTUV

💬 Zeer kindvriendelijke vijfsterrencamping met uniek buitenbad en nieuw gethematiseerd binnenbad. Gelegen in een prachtige omgeving niet ver van de Overijsselse Vecht. Dankzij uw kortingskaart: een luxe ambiance voor weinig geld in het voor- en naseizoen. Vooraf bij het reserveren aangeven dat u komt met CampingCard ACSI. Kaart moet bij aankomst ook getoond worden.

🚗 Vanaf N36 via rotonde tussen Ommen en Hardenberg, afslag Stegeren. Campingborden volgen.

CC €16 1/4-30/4 10/5-12/5 18/5-21/5 26/5-3/7 22/8-20/9 16/10-23/10
N 52°32'40" E 6°29'41"

Tubbergen, NL-7651 KP / Overijssel — 232

🏠 Ardoer recreactiepark 'n Kaps
📧 Tibsweg 2
☎ +31 (0)546-621378
FAX +31 (0)546-623917
📅 28/3 - 31/10
@ kaps@ardoer.com

10ha 120T(100-120m²) 6A CEE

1 ACD**F**IJKLMNOPQ
2 RSVWXY
3 ABCHJKLNR**T**UW
4 (C+H 25/4-1/9) (Q+R+T+U+X+Y 🔒) Z
5 **AB**DFGIJ**KL**MNPQUWXYZ
6 AEGJKL(N 1,5km)OSV

💬 In het vlakke land van Twente ligt deze goed verzorgde camping. Goede en goed onderhouden voorzieningen. Het sanitair is recentelijk uitgebreid. Het is er heerlijk wandelen en ook fietsers kunnen mooie tochten maken: routes verkrijgbaar aan de receptie.

🚗 Vanaf de rondweg om Tubbergen bewegwijzerd (N343). Campingborden volgen.

CC €14 28/3-12/5 26/5-5/7 22/8-31/10
N 52°24'36" E 6°48'19"

Vollenhove, NL-8325 PP / Overijssel — 233

- Ardoer vakantiepark 't Akkertien
- Noordwal 3
- ☎ +31 (0)527-241378
- FAX +31 (0)527-241965
- 1/1 - 31/12
- @ akkertien@ardoer.com

11ha 150T(100-140m²) 10A CEE

1. ADGIJKLMOPRS
2. CGKLRVWX
3. ADGHJNQRUWX
4. (C+H 1/5-15/9) (Q+R)
   (T 1/5-1/9) Z
5. ABCDEFGIJKLMNOPSUXYZ
6. CDEGHK(N 0,8km)OSV

💬 Gezellige familiecamping gelegen bij het natuurgebied de Wieden en de Weerribben. Ideaal voor fietsers en wandelaars. Vis- en zwemgelegenheid. Ruime plaatsen, uitstekende sanitaire voorzieningen. Op loopafstand van het historische stadje Vollenhove.

🚗 N331 richting Vollenhove en dan borden volgen. Ga niet door het centrum van Vollenhove.

CC €12 1/1-12/5 26/5-3/7 17/8-27/8 31/8-31/12   N 52°40'32'' E 5°56'22''

IJhorst, NL-7955 PT / Overijssel — 234

- De Vossenburcht
- Bezoensweg 5
- ☎ +31 (0)522-441626
- 1/1 - 31/12
- @ info@devossenburcht.nl

20ha 90T(90-100m²) 16A CEE

1. ADGIJKLMOPRS
2. FLRSTVWXY
3. BDHJNRUW
4. (C+H 1/5-15/9)
   (T+U+X 25/7-4/9) Z
5. ABDEFGHIJKLMNOPQUWZ
6. ACDEGHK(N 3km)OSTV

💬 Camping in het mooie Reestdal. Volop mogelijkheden voor fiets- en wandeltochten.

🚗 A28 afslag 23 Staphorst, of A28 afslag 24 De Wijk richting IJhorst. In IJhorst borden volgen.

CC €14 1/1-30/4 26/5-3/7 20/8-31/12   N 52°39'16'' E 6°18'7''

Zuna/Nijverdal, NL-7466 PD / Overijssel — 235

- Vakantiepark Mölke
- Molendijk 107
- ☎ +31 (0)548-512743
- FAX +31 (0)548-513477
- 1/4 - 1/11
- @ info@molke.nl

9,5ha 75T(90-125m²) 10A CEE

1. ADFIJKLMOPQ
2. CFLRSVWXY
3. ABCDFIJKLMNRTUWX
4. (F+H+Q) (R 1/5-1/10)
   (T+U+X+Y) Z
5. ABDFGIJKLMNOPSTUWXYZ
6. ADEGHIK(N 2km)OSTUV

💬 Sfeervolle camping aan het schilderachtige riviertje de Regge. Gemoedelijk, kindvriendelijk in een parkachtige omgeving.

🚗 De camping wordt met borden duidelijk aangegeven op de weg tussen Rijssen en Nijverdal.

CC €14 1/4-13/5 18/5-21/5 26/5-3/7 22/8-31/10   N 52°19'35'' E 6°31'7''

Zwolle, NL-8034 PJ / Overijssel — 236

- De Agnietenberg
- Haersterveerweg 27
- +31 (0)38-4531530
- FAX +31 (0)38-4542084
- 27/3 - 31/10
- info@campingagnietenberg.nl

14ha 150T(80-100m²) 10A CEE

1. ACDFIJKLMNOPQ
2. ABCDFLMRVWXY
3. ABGHJK**MNOP**RUWXZ
4. (A 7/7-26/8) (G 1/4-1/10) (Q+R 1/4-31/10) (T+U 1/7-1/9) (X+Y) Z
5. **AB**DFGIJKLMNO**P**UWXY
6. ACDFG**K**(N 3km)OSTV

Familiecamping gelegen in een natuurgebied aan de rand van Zwolle. Volop gelegenheid voor wandel-, fiets- en waterrecreatie.

A28 ri Leeuwarden/Groningen, onderaan afrit ri Zwolle-Noord rechts, direct links. Na 400m bij verkeerslichten links, weg volgen.

€16 27/3-13/5 26/5-4/7 24/8-31/10 7=6, 14=11

N 52°32'13'' E 6°7'47''

Zwolle, NL-8035 PA / Overijssel — 237 NIEUW

- Terra Nautic
- Vechtdijk 1
- +31 (0)529-427171
- FAX +31 (0)529-427038
- 1/4 - 1/10
- info@terranautic.nl

7ha 100T(90-100m²) 4A CEE

1. AD**G**IJLNPRS
2. CFGLRSVWXY
3. BGJKNRWX
4. **AB**EFGIJ**KL**MNO**P**UZ
5. CDEGJ(N 2km)OT

Familiecamping aan de Overijsselse Vecht. Veel fietsroutes vanaf de camping. Ideaal voor sportvissers en watersporters. Trailerhelling aanwezig.

Snelweg A28 Amersfoort-Meppel, afslag Ommen. Bij de verkeerslichten rechtsaf. Daarna campingborden volgen.

€16 1/4-13/5 26/5-30/6 1/9-30/9 7=6

N 52°32'5'' E 6°8'48''

Anjum, NL-9133 DT / Friesland — 238

- Landal Esonstad
- Oostmahorn 29B
- +31 (0)519-329555
- FAX +31 (0)519-329554
- 27/3 - 2/11
- esonstad@landal.nl

5ha 129T(100-120m²) 16A CEE

1. CD**G**IJKLMPQ
2. ADGKLMUV
3. ABC**F**GHIJKLMNRU**W**Z
4. (**A** 2/7-1/9) (F+H) KLN (Q+S+T+V 1/4-1/11) (X+Y) Z
5. **AB**DEFGIJKLMNOPWXYZ
6. CDEGH**J**(N 0,3km)T

Op de grens met het Nationaal Park Het Lauwersmeer kampeert u aan het water. U kunt gebruik maken van de faciliteiten van het bungalowpark. Dagjes uit naar Dokkum, Pieterburen en Schiermonnikoog.

Vanaf Leeuwarden N355 Dokkum richting Lauwersoog N361.

€14 27/3-2/4 7/4-23/4 11/5-13/5 18/5-21/5 26/5-9/7 26/8-15/10

N 53°22'30'' E 6°9'32''

Appelscha, NL-8426 EP / Friesland — 239

- Alkenhaer
- Alkenhaer 1
- +31 (0)516-432600
- Fax +31 (0)516-433926
- 1/4 - 31/10
- info@campingalkenhaer.nl

11ha 100T(80-120m²) 10A CEE

1. ACDFIJKLMOPRS
2. FGLRTVWXY
3. AFHJKNOPRUW
4. (A 1/5-30/9) (G 1/5-1/9) (Q) (T+U+X 30/3-30/9) Z
5. ABCDEFGHIJKLMNOPU WZ
6. ACDEGIJM(N 1,5km)OV

💬 Rustige, in het groen gelegen camping op de grens van Drenthe en Friesland. Ruime kampeerplaatsen op met bossage afgebakende veldjes. Zeer geschikt voor wandelaars en fietsers. Centraal gelegen tussen het Drents-Friese Woud en het Fochteloërveen. Dorp en zwembad op loopafstand.

🚗 N381 Drachten-Appelscha, afslag Appelscha. N371 Meppel-Assen, afslag Appelscha. Camping wordt met bruine borden aangegeven.

CC €14 1/4-13/5 26/5-12/7 29/8-31/10

N 52°56'45" E 6°21'44"

Appelscha, NL-8426 GK / Friesland — 240

- RCN Vakantiepark De Roggeberg
- De Roggeberg 1
- +31 (0)516-431441
- Fax +31 (0)516-432993
- 1/1 - 31/12
- roggeberg@rcn.nl

69ha 375T(100-120m²) 10A CEE

1. ACGIJKLMNOPQ
2. BFLRSVWXY
3. ABFGHJKLMNQRU
4. (A 28/3-25/10) (C+G 1/5-1/9) J (Q 28/3-27/10) (S+T+U+X+Y 28/3-25/10) Z
5. ABDEFGIJKLMNOPQRST UWXYZ
6. CEGHIKM(N 2,5km)OSTUV

💬 Goed ingerichte camping met ruime plaatsen in een zeer mooi landschap. Veel wandel- en fietsmogelijkheden in het uitgestrekte Drents-Friese Wold.

🚗 Vanaf de N31 wordt deze camping duidelijk ter hoogte van Appelscha aangegeven.

CC €14 1/1-13/5 18/5-22/5 26/5-10/7 27/8-31/12

N 52°56'18" E 6°20'30"

Bakhuizen, NL-8574 VC / Friesland — 241

- De Wite Burch
- Wite Burch 7
- +31 (0)514-581382
- 15/3 - 31/10
- info@witeburch.nl

10ha 60T(80-100m²) 10A CEE

1. ADGIJKLMOPRS
2. RSVWXY
3. ABCDFJKLNPRU
4. (Q+S+T 1/4-15/9) (X 1/7-31/8) Z
5. ABDEFGHIJMNOPUWXY Z
6. AEGK(N 0,6km)OV

💬 De camping is zeer rustig gelegen in het bosrijke Gaasterland. Een uitstekend vertrekpunt voor fiets- en autotochten langs het IJsselmeer of de Friese meren. Comfortplaatsen met RTV-aansluiting. Nieuw overdekt speelpaviljoen en een nieuw luxe sanitairgebouw. Gratis WiFi.

🚗 Vanaf Lemmer N359 richting Koudum. Afslag Rijs links. Bij kruispunt richting Bakhuizen, campingborden volgen. Camping buiten dorp, ten noorden ervan.

CC €16 15/3-13/5 26/5-1/7 18/8-31/10

N 52°52'18" E 5°28'8"

131

Bakkeveen, NL-9243 KA / Friesland 242

- De Ikeleane
- Duerswâldmerwei 19
- +31 (0)516-541283
- 29/3 - 30/9
- info@ikeleane.nl

9ha 79T(90-100m²) 10A CEE

1 ADFIJKLMNPST
2 GKRSVWX
3 ABCDGHJKNRU
4 (Q+T+U+V+X) Z
5 **AB**CFGIJKLMNO**PQR**UWX YZ
6 ACDEG**K**(N 1,5km)OSV

Rustige camping in Zuid-Oost Friesland met ruime groene basis en comfortplaatsen. Volledig nieuw luxe sanitair. In de omgeving zijn uitstekende fietsmogelijkheden.

Vanaf Heerenveen A7 naar Drachten. Bij afslag 31 richting Frieschepalen. In Frieschepalen richting Bakkeveen. In Bakkeveen richting Wijnjewoude, na 1,5 kilometer camping links.

€14 1/4-2/5 10/5-13/5 26/5-3/7 22/8-30/9   N 53°4'16'' E 6°14'34''

Bakkeveen, NL-9243 KA / Friesland 243

- Molecaten Park 't Hout
- Duerswâldmerwei 11
- +31 (0)516-541287
- fax +31 (0)516-541639
- 27/3 - 30/9
- thout@molecaten.nl

21,4ha 235T(100-120m²) 10A CEE

1 ADGIJKLMNPQ
2 BFGLRSVWXY
3 ABCDHJKNRU
4 (C+H 1/5-30/8) JM (Q+T+U+V+X 5/4-29/5,7/7-8/9)
5 **AB**DEFGI**JKL**MNOPQUW XYZ
6 ACDEG**IJ**(N 0,3km)OSTV

Rustige cp in een bosrijke omgeving. Buitenzwembad, overdekte speeltuin en grote ballenbak. Ideale camping voor jonge gezinnen en in voor- en naseizoen voor senioren. Uitgebreide wandel- en fietsmogelijkheden. Gratis fietsroutes. Ruime staanplaatsen op diverse grasvelden, omgeven door bomen en struikgewas.

A7 knooppunt Oosterwolde, richting Oosterwolde. Afslag Wijnjewoude/Bakkeveen. Of A7 Heerenveen-Groningen, afslag 31 richting Bakkeveen. Vervolgens borden volgen.

€16 27/3-23/4 18/5-21/5 26/5-7/7 24/8-30/9   N 53°4'44'' E 6°15'11''

Dokkum, NL-9101 XA / Friesland 244

- Harddraverspark
- Harddraversdijk 1a
- +31 (0)519-294445
- 1/4 - 31/10
- info@campingdokkum.nl

2,5ha 80T(100-120m²) 16A CEE

1 ABD**G**IJKLM**P**Q
2 CGRSTUVWXY
3 ABGHJ**M**K
5 **AB**CGIJKLMNO**P**UWXYZ
6 ACDEGHJK(N 0,4km)OT

Een camping in een parkachtige omgeving op een steenworp afstand gelegen van de historische binnenstad Dokkum met zijn stadswallen, steegjes en haventjes.

Vanaf Leeuwarden richting Dokkum-Oost, borden volgen. Vanaf Drachten richting Dokkum-Oost. Rondweg volgen (Lauwersseeweg). Vanuit Groningen-Zoutkamp via N361 richting Dokkum. Borden volgen.

€14 1/4-10/5 26/5-5/7 7/9-31/10   N 53°19'36'' E 6°0'17''

Franeker, NL-8801 PG / Friesland

- ▲ Recreatiepark Bloemketerp bv
- 🏠 Burg. J. Dijkstraweg 3
- ☎ +31 (0)517-395099
- FAX +31 (0)517-395150
- 📅 1/1 - 31/12
- @ info@bloemketerp.nl

♿ 📶 iD **245**

5ha 85T(100m²) 6A CEE

1. ACD**G**IJKLMO**P**Q
2. CFGLRUVWX
3. AB**C**HJK**MNS**T**U**V**W**
4. (A+F+G 🔒) **IJN** (S+T+U+Y 🔒)
5. **AB**DFGIJKLMNO**P**UXYZ
6. ACDEGH**K**SV

💬 Viersterrencamping annex recreatiepark grenzend aan de stadswallen van Franeker. Comfortplaatsen met aansluiting voor water, elektra, riolering, kabel-tv en internet. Moderne fraaie sanitaire voorzieningen. Veel eersteklas overdekte sportfaciliteiten: fitness, tennis, wellness, squash. Supermarkt op 50m van de camping.

🚗 A31 afslag Franeker, richting Franeker. Borden volgen.

CC €16 1/1-8/7 25/8-31/12   N 53°11'22" E 5°33'9"

Harlingen, NL-8862 PK / Friesland

- ▲ De Zeehoeve
- 🏠 Westerzeedijk 45
- ☎ +31 (0)517-413465
- FAX +31 (0)517-416971
- 📅 1/4 - 31/10
- @ info@zeehoeve.nl

📶 iD **246**

10ha 125T 16A CEE

1. ACD**G**IJKLMO**P**Q
2. AEFLRWX
3. ABJKNRUWY
4. (T+U 1/4-1/10) (Y 15/6-30/8) Z
5. **AB**DFGIJ**K**LMNO**PQ**RUWXYZ
6. CDEG**IK**(N 1km)OV

💬 De camping ligt direct aan de Waddenzee, werelderfgoed sinds 2009. Dagtochten naar Terschelling en Vlieland. Rondvaarten naar zeehondenbank. Camping ligt net buiten historische (elfsteden)stad Harlingen. Vismogelijkheid op de camping en prima horecavoorziening.

🚗 Op de N31 Zürich-Harlingen afslag Kimswerd. Bij de rotonde 3e afslag en campingbordjes volgen. De camping ligt na ongever 1 km rechts van de weg.

CC €18 14/4-8/5 28/5-26/6 2/9-26/10   N 53°9'44" E 5°25'1"

Hindeloopen, NL-8713 JA / Friesland

- ▲ Hindeloopen
- 🏠 Westerdijk 9
- ☎ +31 (0)514-521452
- FAX +31 (0)514-523221
- 📅 28/3 - 31/10
- @ info@campinghindeloopen.nl

✈ ♿ 📶 iD **247**

16ha 135T(100m²) 6-16A CEE

1. ACDE**I**JKLMO**P**Q
2. ADEFLRUVX
3. ABDK**M**NRUWZ
4. (Q+R 1/4-1/11) (T 5/4-1/11) (X 1/7-1/9) Z
5. **AB**DEFGIJKLMNO**PR**UWY Z
6. ACDEGHK(N 1km)OTV

💬 De cp ligt in de luwte van de IJsselmeerdijk, net buiten Hindeloopen, één van de Friese Elfsteden. De cp is aan drie zijden omringd door vis- en vaarwater. Vanuit Hindeloopen kunt u legio tochten en excursies maken om van Friesland te genieten. Een cp met veel voorzieningen en een modern sanitairgebouw. Verharde comfortcamperplaatsen en verharde come and go camperplaatsen.

🚗 Vanaf Lemmer N359 richting Bolsward. Afslag Hindeloopen. Campingborden volgen.

CC €16 12/4-12/5 7/6-27/6 1/9-31/10   N 52°56'6" E 5°24'15"

Koudum, NL-8723 CG / Friesland — 248

- Vakantiepark de Kuilart
- De Kuilart 1
- +31 (0)514-522221
- +31 (0)514-523010
- 1/1 - 31/12
- info@kuilart.nl

30ha 360T(80-100m²) 6-16A CEE

1. ACD**G**IJKLMNOPQ
2. ADGLMRUVX
3. AB**FKLM**NR**TUW**Z
4. (F+H 28/3-1/11) J**LN**
   (Q 28/3-25/4,6/9-1/11)
   (S 25/4-6/9)
   (T+U+X+Y 28/3-1/11) Z
5. **AB**DEFGHIJKLMNO**PQRS
   T**UWXYZ
6. ACDFGH**IK**L(N 2km)OSTUV

De camping is centraal gelegen in Friesland aan het water De Fluessen. Er zijn uitgebreide watersportmogelijkheden en er is luxe sanitair. Er zijn comfortplaatsen eventueel aan het water gelegen. Er is een mogelijkheid tot bootverhuur, skûtsjezeiltochten. Tevens is er een café-restaurant, bowling en een overdekt zwembad.

Vanaf N359 bij rotonde/aquaduct Galamadammen borden Kuilart volgen.

€16 1/1-1/5 10/5-12/5 18/5-22/5 26/5-3/7 22/8-31/12

N 52°54'11" E 5°27'58"

Leeuwarden, NL-8926 XE / Friesland — 249

- De Kleine Wielen
- De Groene Ster 14
- +31 (0)511-431660
- 1/4 - 30/9
- info@dekleinewielen.nl

15ha 180T(80-120m²) 4A CEE

1. ABCD**G**IJKLMORS
2. ADFGLRSVX
3. AB**E**GJN**Q**RUWZ
4. (Q+R+S+T+X+Y ⌂) Z
5. **AB**DFGIJKLMNOPUWZ
6. ACEG**K**(N 2km)OTV

Circa 5 km oostelijk van Leeuwarden, midden in een groot natuurgebied, ligt De Kleine Wielen. De camping ligt aan het gelijknamige meertje en is de ideale uitvalsbasis voor prachtige uitstapjes. Ook een bezoek aan de stad Leeuwarden mag u niet missen. De camping is voorzien van verwarmd sanitair en alle plaatsen zijn ruim van opzet. Uiteraard kunt u bij ons ook een hapje eten in onze gezellige kantine.

Aan N355 tussen Hardegarijp en Leeuwarden. Door borden aangegeven.

€16 1/4-12/5 27/5-3/7 24/8-30/9

N 53°12'59" E 5°53'18"

Offingawier, NL-8626 GG / Friesland — 250

- RCN De Potten
- De Potten 2-38
- +31 (0)515-415205
- +31 (0)515-411471
- 27/3 - 2/11
- potten@rcn.nl

300T(100m²) 10A CEE

1. CD**F**IJKLMNOPQ
2. ADLRVWX
3. ABGJKL**MN**Q**R**UWZ
4. (Q 1/7-31/8)
   (R+T+U+V+X+Y ⌂) Z
5. **AB**DEFGIJKLMNOPRUWZ
6. ADEGH**IK**M(N 5km)OTV

Gezellige watersportcamping. De camping heeft twee eigen jachthavens, aan het Sneekermeer en aan de Grote Potten. Het restaurant heeft een terras aan het water.

Vanaf A7 richting Sneek, dan N7 volgen. Richting Sneekermeer. Campingborden volgen.

€14 27/3-13/5 18/5-22/5 26/5-10/7 27/8-2/11

N 53°1'47" E 5°43'28"

Oudega, NL-8614 JD / Friesland   251

- De Bearshoeke
- Tsjerkewei 2a
- +31 (0)515-469805
- 1/4 - 31/10
- info@bearshoeke.nl

45T(> 100m²) 6A CEE

1 **AD**G**IJKLN**O**PQ**
2 **A**DGLRV**WXY**
3 **A**HJK**R**U**WZ**
5 **ABD**FGIJKLMNO**P**UZ
6 DEGHK(N 0,5km)UV

Mooi aangelegde en keurig onderhouden camping aan het water. De camping ligt centraal in Zuidwest-Friesland. Er zijn prachtige fietstochten naar diverse Elfstedenstadjes te maken. Het dorpje Oudega ligt op 5 min. loopafstand van de camping.

Vanaf de A6 afslag 18. Volg N354 richting Sneek. In Hommerts links richting Osingahuizen, weg volgen naar Oudega. Campingborden volgen.

CC €16   1/4-13/5   18/5-21/5   26/5-6/7   24/8-31/10   N 52°59'30'' E 5°32'40''

Oudemirdum, NL-8567 HB / Friesland   252

- De Wigwam
- Sminkewei 7
- +31 (0)514-571223
- FAX +31 (0)514-571725
- 1/4 - 31/10
- camping@dewigwam.nl

4,5ha 70T(80-100m²) 16A CEE

1 **AC**DGIJKLO**PQ**
2 **B**FRTV**WX**
3 **ABD**F**K**LNR**U**
4 (A 14/7-9/8) (G 15/6-15/8) (Q) (T 1/7-15/8) Z
5 **AB**FGHI**JK**LMO**PQ**UXY
6 ACEGH**K**(N 2km)OV

De camping ligt in een bosrijke omgeving en dicht bij het IJsselmeer. Er zijn diverse prachtige velden, omgeven door bomen en struiken. Er zijn goede sanitaire voorzieningen. Een goed vertrekpunt om Friesland te verkennen, ook te voet of op de fiets.

A50, afslag Lemmer N359 richting Balk/Koudum. Afslag Oudemirdum.

CC €16   1/4-13/5   26/5-7/7   24/8-31/10   N 52°51'37'' E 5°32'42''

Rijs, NL-8572 WG / Friesland   253

- Rijsterbos
- Marderleane 4
- +31 (0)514-581211
- FAX +31 (0)514-581532
- 1/4 - 1/11
- info@rijsterbos.nl

5ha 50T(100m²) 6A CEE

1 **G**IJKLMO**PQ**
2 **B**FGLRS**X**
3 **B**DFKLN**Q**R**U**
4 (C+Q+R+T+U+V+X+Y 17/5-30/9)Z
5 **AB**DFG**IJ**K**L**MNO**PQ**UX
6 CEG**IK**(N 2km)OSV

Gezellige familiecamping, centraal gelegen in Gaasterland, tussen het IJsselmeer en de Fluessen: bos en water zijn ruimschoots aanwezig. Ideaal uitgangspunt om Friesland wandelend, fietsend of per auto te ontdekken. De kampeerveldjes zijn omzoomd door bomen en struiken. Verwarmd buitenbad geopend vanaf medio mei. Camping beschikt over restaurant met kleine kaart.

N359 Lemmer ri. Koudum, afslag Rijs. Op T-splitsing in Rijs li. De cp ligt na 100m re. van de weg.

CC €16   1/4-13/5   27/5-30/6   1/9-31/10   N 52°51'44'' E 5°29'58''

254 — Roodhuis, NL-8736 JB / Friesland

- De Finne
- Sânleansterdyk 6
- +31 (0)515-331219
- 14/3 - 18/10
- info@campingdefinne.nl

65T(< 140m²) 6A CEE

1 **A**GIJKLMOPQ
2 CRSUVWX
3 AKNRUWX
5 **AB**FGIJKLMNOPUZ
6 CDEGJ(N 3km)V

💬 Camping De Finne ligt 6 km ten oosten van Bolsward en ca. 4 km ten noorden van Sneek. De camping heeft een royale vissteiger en u kunt er heerlijke vaar- en fietstochten maken. De camping beschikt over modern sanitair, een prachtige recreatieruimte met eenvoudige horecavoorzieningen met terras. Een ideale plek voor ruimte en rust.

🚗 Vanaf de rondweg Sneek ri Leeuwarden. Rotonde ri Scharnegoutum. Re-af ri Wommels/Oosterend, richting Roodhuis. Bordjes camping volgen.

CC €14 14/3-12/5 26/5-30/6 1/9-18/10

N 53°4'35" E 5°37'58"

---

255 — Sloten, NL-8556 XC / Friesland

- Watersport en Recr.camp. De Jerden
- Lytse Jerden 1
- +31 (0)514-531389
- FAX +31 (0)514-531837
- 15/3 - 1/11
- info@campingdejerden.nl

3,5ha 65T(120-150m²) 10-16A CEE

1 **A**GIJKLMOPQ
2 CDFRVWXY
3 **AB**FJKLNUWZ
4 (Q 15/4-30/9)
5 **AB**DFGIJKLMNO**P**QUWZ
6 ACDEG**K**(N 0,45km)O

💬 Zeer fraai gelegen camping bij Sloten. Rust en privacy zijn de belangrijkste kenmerken. De camping ligt aan het vaarwater en is een uitstekend vertrekpunt voor fiets- en wandeltochten. Ook voor vissen en varen een prima stek.

🚗 A6, afslag Oosterzee. N354 richting Sneek. Bij Spannenburg richting Sloten. Bij Sloten de borden volgen.

CC €16 15/3-13/5 26/5-5/7 22/8-31/10

N 52°53'58" E 5°38'32"

---

256 — Sneek, NL-8605 CP / Friesland

- Camping de Domp
- Jachthaven de Domp 4
- +31 (0)515-755640
- 1/1 - 31/12
- camping@dedomp.nl

1ha 67T(80-100m²) 6-16A

1 **A**DFIJKLMNOPQ
2 LMSTWX
3 AJW
4 (E+H) **J**(X+Y)
5 **AB**DEFGHIJKMNOPUWXYZ
6 CDEGHKM(N 0,5km)O

💬 Uniek gelegen camping in waterstad Sneek, met onder andere verharde camperplaatsen en fraai uitzicht op de jachthaven. Supermarkt en zwembad op loopafstand.

🚗 A7 volgen tot Sneek. Daarna N7 volgen richting Sneekermeer. Campingborden volgen.

CC €16 1/1-13/5 18/5-22/5 26/5-3/7 31/8-31/12

N 53°2'8" E 5°40'38"

St. Nicolaasga, NL-8521 NE / Friesland

- Camping Blaauw
- Langwarderdijk 4
- +31 (0)513-431361
- +31 (0)513-432631
- 28/3 - 31/10
- info@campingblaauw.nl

6ha 150T(80m²) 10A CEE

1. **DG**IJKLNOPQ
2. **A**DLRSWX
3. **AB**F**HJKNRUWZ
4. (Q 13/7-16/8) (T 28/3-25/10) (X+Y 28/3-1/9) Z
5. **AB**FGIJKLMNOPUXYZ
6. ACEGHJ(N 1,5km)T

Deze sfeervolle camping ligt midden tussen de bossen en de meren. Goed om te fietsen, wandelen en te varen.

Vanaf A6 richting St. Nicolaasga. Door dit dorp richting Joure. Afslag richting Langweer. Camping ligt rechts van de weg.

257

€14 28/3-2/4 7/4-12/5 18/5-21/5 26/5-9/7 26/8-31/10

N 52°56'18'' E 5°45'0''

Weidum, NL-9024 BE / Friesland

- Weidumerhout
- Dekemawei 9
- +31 (0)58-2519888
- +31 (0)58-2519826
- 1/2 - 31/10
- welkom@weidumerhout.nl

3,6ha 48T(150-350m²) 10A CEE

1. ACD**F**IJKLNPQ
2. **C**KRVWX
3. **A**GHJKUWX
4. **KN**(Q+X)
5. **AB**DFGIJKLMNOPUWX
6. ACDEGHIK(N 0,8km)OQRTV

Zeer ruim opgezette charmecamping van hoge kwaliteit met een kleinschalig en persoonlijk karakter. Nabij Leeuwarden, aan de elfstedenroute, in het hart van Friesland. In het sfeervolle restaurant kunt u zich culinair laten verwennen. Relaxen kan in de aanwezige sauna.

Vanaf Heerenveen richting Leeuwarden via A32. Afslag Weidum/Wytgaard. Daarna de campingborden volgen.

258

€16 1/3-28/6 1/9-31/10

N 53°8'57'' E 5°45'42''

Witmarsum, NL-8748 DT / Friesland

- Mounewetter
- Mouneplein 1
- +31 (0)517-531967
- +31 (0)517-532074
- 1/4 - 12/10
- info@rcmounewetter.nl

4,5ha 33T(100m²) 10A CEE

1. AC**F**IJKLMOPQ
2. **C**FGLRTVWX
3. AB**E**GJK**M**NRUW
4. (C+G 1/5-6/9) IJ (T 1/6-15/8) Z
5. **AB**DEFGI**J**KLMN**PQ**RUWXYZ
6. ACDEG**IK**OSV

Rustige, uitstekend onderhouden camping met door heggen afgeschermde plaatsen. De camping ligt aan de elfsteden vaarroute voor kleine bootjes. Sanitair is schitterend, de ontvangst uiterst vriendelijk. Centraal gelegen om Friesland te ontdekken.

Vanaf A7 richting Witmarsum. In dorp borden volgen door woonwijk.

259

€16 1/4-13/5 26/5-3/7 24/8-11/10

N 53°5'58'' E 5°28'14''

Workum, NL-8711 GX / Friesland ♿ 📶 iD 260

- 🔺 It Soal
- 🏠 Suderséleane 29
- ☎ +31 (0)515-541443
- 📠 +31 (0)515-543760
- 🗓 27/3 - 3/11
- @ camping@itsoal.com

20ha 235T(60-100m²) 6-10A CEE

1 ACD**G**IJKLMNOPQ
2 A**D**EFKLMRSVWXY
3 AB**KLM**NRUWZ
4 M(Q+S+T+U+X+Y ⚬) Z
5 **AB**DFGIJKLMN**PQ**UWXYZ
6 ACDEGHI**K**(N 2km)ORSTUV

💬 Aantrekkelijke viersterrencamping gelegen pal aan het heldere water van het IJsselmeer, net buiten het historische stadje Workum. Unieke locatie voor zeilers en surfers. Royale plaatsen, goede sanitaire voorzieningen. Een uitstekend vertrekpunt om de provincie Friesland te ontdekken. Uw hond is alleen op het toeristenveld toegestaan.

🚗 Vanaf de A6 bij Lemmer de N359 richting Balk/Bolsward, afslag Workum, in de plaats borden volgen.

CC €16 | 27/3-2/4 | 7/4-13/5 | 25/5-3/6 | 7/6-4/7 | 22/8-1/11 | ▲ | N 52°58'8" E 5°24'52"

Woudsend, NL-8551 NW / Friesland ♿ 📶 iD 261

- 🔺 Aquacamping De Rakken
- 🏠 Lynbaen 10
- ☎ +31 (0)514-591525
- 📠 +31 (0)514-591926
- 🗓 1/1 - 31/12
- @ info@derakken.nl

4ha 40T(80m²) 6A CEE

1 A**F**IJKLMNOPQ
2 C**D**FGLRVWXY
3 B**DF**GJKL**M**NRWZ
4 (**A**) 1/7-31/8)
5 **AB**DFGIJKLMNOPUZ
6 ACDEGHI**K**M(N 0,3km)TU

💬 De camping ligt aan de vaarroute tussen het Heegermeer en Slotermeer en beschikt over een eigen jachthaven met trailerhelling. Woudsend ligt centraal tussen Frieslands mooiste landschappen. Er zijn ruime kampeerplaatsen op beschut aangelegde velden, modern sanitair. Een goede uitvalsbasis om Friesland te ontdekken.

🚗 A50 Lemmer-Joure, afslag Oosterzee, ri. Sneek. Afslag N354 richting Woudsend. Camping in het centrum van het dorp, wordt met borden aangegeven.

CC €16 | 1/1-12/5 | 18/5-21/5 | 26/5-2/6 | 8/6-2/7 | 24/8-31/12 | ▲ | N 52°56'46" E 5°37'40"

Bourtange, NL-9545 VJ / Groningen 👨‍👧 ♿ 📶 iD 262

- 🔺 't Plathuis
- 🏠 Bourtangerkanaal Noord 1
- ☎ +31 (0)599-354383
- 📠 +31 (0)599-354388
- 🗓 1/4 - 20/12
- @ info@plathuis.nl

4ha 100T(100-150m²) 10A CEE

1 A**D**GIJKLMOPQ
2 AC**D**FGLRVWXY
3 A**F**HJKLNRUWZ
4 (Q+T+X 1/4-1/11) Z
5 **AB**DFGIJKL**M**NO**P**RUWXYZ
6 ADEG**I**K(N 0,5km)OSTU

💬 Een mooie camping met rust en ruimte in het sterk wisselende landschap van Westerwolde. Diverse kampeerveldjes omgeven door houtsingels. Schoon en verwarmd toiletgebouw. Aan de rand van de camping ligt een jachthaven. Er zijn veel mogelijkheden voor uitstapjes in de omgeving.

🚗 Weg Zwolle-Hoogeveen-Emmen-Ter Apel-Sellingen-Jipsinghuizen, afslag Bourtange. Vervolgens de borden volgen.

CC €16 | 1/4-13/5 | 26/5-7/7 | 24/8-20/12 | **7=6, 14=12** | ▲ | N 53°0'34" E 7°11'5"

263 — Kropswolde, NL-9606 PR / Groningen

- Meerwijck
- Strandweg 2
- +31 (0)598-323659
- FAX +31 (0)598-321501
- 3/4 - 4/10
- info@meerwijck.nl

23ha 200T(100-120m²) 6A CEE

1. ACD**G**IJKLMOPRS
2. ABDFLRSVWX
3. ABD**F**HJK**M**NRUW**Z**
4. (F+H+Q+S) (T+U 25/4-6/9) (X+Y 25/4-4/10) Z
5. **AB**CDFGIJKLMNOPQUWXYZ
6. ACDEGH**K**(N 7km)OSTV

De camping ligt prachtig aan 't Zuidlaardermeer; zandstrand en bos met speelweiden. Ideaal voor gezinnen met kinderen, watersporters, vis-, wandel- en fietsliefhebbers. Meerwijck is de vakantie waar u kunt genieten van natuur, rust en gezelligheid met een sportief tintje.

Vanuit Groningen-Winschoten rijksweg Groningen-Nieuweschans afsl. Foxhol, afsl. 40 over spoor in Kropswolde borden volgen. Vanuit Assen-Groningen afsl. Vries/Zuidlaren, afsl. 35 ri Hoogezand.

€16 3/4-12/5 27/5-3/7 23/8-4/10

N 53°8'59" E 6°41'35"

264 — Lauwersoog, NL-9976 VS / Groningen

- Camping recreatiecentrum Lauwersoog
- Strandweg 5
- +31 (0)519-349133
- FAX +31 (0)519-349195
- 1/1 - 31/12
- info@lauwersoog.nl

25ha 262T(120-200m²) 10A CEE

1. ACD**G**IJKLMNOPRS
2. ABDEGLMRSTUVWXY
3. ABCD**F**GHIJKL**MNOP**QRU**WY**Z
4. (A) M(Q+S) (T 1/4-1/11) (U+V+X+Y)Z
5. **AB**CDEFGIJKLMNO**P**QRUWXYZ
6. CDEGH**IJ**KM(N 0,5km)OPRSTUV

Parkachtig terrein aan het Lauwersmeer met natuurlijke beplanting en verschillende soorten kampeerplaatsen. Alle voorzieningen zijn aanwezig. Cp ligt in het Nationaal Park Lauwersmeer. Tevens museumhaven met nostalgische schepen. Uitgebreide speelmogelijkheden voor kinderen, buiten en binnen. Tevens eigen rondvaartschepen voor o.a. zeehondentochten.

Camping ligt aan de route N361 Groningen-Dokkum in het Nationaal Park Lauwersmeer (veerdienst naar Schiermonnikoog).

€16 1/1-13/5 25/5-4/7 28/8-31/12 7=6, 14=11

N 53°24'7" E 6°12'56"

265 — Midwolda, NL-9681 AH / Groningen

- De Bouwte
- Hoofdweg 20A
- +31 (0)597-591706
- FAX +31 (0)597-591963
- 6/1 - 20/12
- info@campingdebouwte.nl

14,5ha 100T(100-120m²) 10A CEE

1. ACD**G**IJKLMOPQ
2. ADFGLRVWXY
3. AJNRUWZ
4. JN(Q 15/4-15/9) (T+U+X 1/4-30/9) Z
5. **AB**DGIJ**KL**MNPQUWXYZ
6. ACEGKM(N 1,5km)OSV

De Bouwte is een grote groene camping in een verrassende streek. Karakteristieke boerderijen, wisselende landschappen met vergezichten in de polders. Gelegen dichtbij het Oldambtmeer en de Dollard. Hier begint Genieten met een hoofdletter.

Via A7 Groningen-Nieuweschans of via N33 Assen-Delfzijl en vervolgens A7 richting Winschoten. Afrit 45 Scheemda-Midwolda, richting Midwolda. Campingborden volgen.

€16 6/1-5/7 22/8-20/12

N 53°11'24" E 6°59'26"

266 Opende, NL-9865 XE / Groningen

- De Watermolen
- Openderweg 26
- +31 (0)594-659144
- 1/4 - 30/9
- info@campingdewatermolen.nl

12,5ha 70T(100-125m²) 16A CEE

1 AD**G**IJKLMNPQ
2 ABDFKLMRSUVWXY
3 ABHJKLRU**W**Z
4 (Q+R+X) Z
5 **AB**DFGIJKLMNOPQUWXY Z
6 ACDEGIJ(N 2,5km)OV

💬 Actief genieten van rust, ruimte, natuur en water in een prachtig groen coulissenlandschap. Met vis- en zwemmeer en vele fiets- en wandelroutes. Nieuw verwarmd sanitair. 50-plussers en jonge gezinnen die geen massatoerisme zoeken voelen zich hier thuis. WiFi aanwezig. Groningen en Leeuwarden zijn dichtbij. Bistro met terras op de camping.

🚗 Vanaf A7 afslag 32 Marum/Kornhorn richting Kornhorn. In Noordwijk bij de kerk linksaf. Na ca. 2 km sla Openderweg in en rechtsaf.

CC €14 1/4-3/7 20/8-30/9   N 53°9'52" E 6°13'22"

267 Sellingen, NL-9551 VT / Groningen

- De Bronzen Eik
- Zevenmeersveenweg 1
- +31 (0)599-322006
- 1/1 - 31/12
- receptie@debronzeneik.nl

4ha 65T(100-130m²) 6A CEE

1 ACD**G**IJKLMOPRS
2 BCRVWX
3 **AF**HIJKLNW
4 (U 1/4-31/10) (X+Y) Z
5 **AB**DEFGIJKLMNOPUWXYZ
6 ACDEGKM(N 1km)O

💬 Midden in het bosrijke natuurgebied van Sellingen ligt kleinschalige cp de Bronzen Eik. Het dorpje Sellingen is op loopafstand. De kampeerders hebben gratis toegang tot het verwarmde, gemeentelijke zwembad. 2 km verwijderd van Duitsland. Naast de camping het uitmuntende restaurant De Ruiten Aa.

🚗 In Sellingen staat de camping duidelijk aangegeven met borden. Op de weg Ter Apel-Sellingen vlak voorbij het dorp linksaf. Vanaf Vlagtwedde voor het dorp rechtsaf.

CC €16 1/1-12/5 17/5-22/5 25/5-5/7 22/8-31/12   N 52°57'16" E 7°8'17"

268 Sellingen, NL-9551 VE / Groningen

- Vakantiepark de Barkhoorn
- Beetserweg 6
- +31 (0)599-322510
- +31 (0)599-322725
- 1/4 - 31/10
- info@barkhoorn.nl

15,5ha 150T(100-120m²) 10A CEE

1 AD**G**IJKLMNOPQ
2 ABCDGLRVWXY
3 AD**F**GHJKL**M**NQRUWZ
4 (A 1/7-30/8) (C+G 4/5-8/9) J (Q+S+T+U+X+Y) Z
5 **AB**DFGIJKLMNPR**S**UWXY Z
6 ACDFGHKM(N 0,8km)OSTV

💬 De camping ligt in een bosrijke omgeving bij het gezellige Westerwoldse dorpje Sellingen nabij het Drenthse Emmen. Een kwalitatief goed uitgeruste camping. Op de camping bevindt zich een recreatieplas.

🚗 Vanaf A31, afslag Haren richting Ter Apel-Sellingen. Vanaf zuiden, Zwolle-Hoogeveen-Emmen-Ter Apel-Sellingen. Vlak voor het dorp Sellingen linksaf. De cp wordt met borden aangegeven.

CC €16 1/4-12/4 17/5-22/5 25/5-5/7 22/8-31/10 7=6, 14=11, 30=20   N 52°56'47" E 7°7'52"

Vierhuizen, NL-9975 VR / Groningen 269

- Lauwerszee
- Hoofdstraat 49
- +31 (0)595-401657
- 1/4 - 31/10
- info@camping-lauwerszee.nl

4ha 110T(120-225m²) 6A CEE

1. ADFIJKLOPS
2. GRTVWXY
3. ABHJKL
4. (Q 2/7-1/9) (Y 24/4-30/9)
5. ABDEFGIJKLMNOPUX
6. ACDEGIJK(N 2,5km)OT

💬 Een gezellige groene camping met restaurant grenzend aan natuurgebied Lauwerszee waar rust, ruimte, natuur en gemoedelijkheid de basiskenmerken zijn.

🚗 Via de N361 Groningen-Dokkum, voorbij afrit Ulrum richting N388. Vanaf Vierhuizen campingborden volgen.

CC €16 1/4-13/5 26/5-5/7 31/8-31/10

N 53°21'36" E 6°17'42"

Wedde, NL-9698 XV / Groningen 270

- Wedderbergen
- Molenweg 2
- +31 (0)597-561673
- 27/3 - 5/10
- info@wedderbergen.nl

30ha 233T(120-150m²) 10A CEE

1. ACDGIJKLMOPQ
2. ABCDFGLRVWXY
3. ABDFHIJKLMNRUWXZ
4. (A 1/7-20/8) (E+H ✉) J (Q+S+T+U+X ✉) Z
5. ABDEFGIJKLMNOPQRUWXYZ
6. ACFGHJKLM(N 1km)ORSTV

💬 Gelegen in het gebied Westerwolde. Afwisselende natuur met onder andere oerbossen, heide en vooral veel water. U kunt er wandelen, fietsen, varen en vissen. Waterrecreatie in overvloed. Uitstapjes naar winkelstad Groningen of vestingstad Bourtange.

🚗 Weg Zwolle-Emmen, vervolgens Ter Apel-Winschoten. Bij afslag Wedde, richting Wedderbergen aanhouden en borden volgen.

CC €16 27/3-2/4 7/4-30/4 26/5-2/7 30/8-5/10

N 53°5'10" E 7°4'58"

Amen, NL-9446 TE / Drenthe 271

- Ardoer Vakantiepark Diana Heide
- Amen 53
- +31 (0)592-389297
- 1/4 - 1/10
- dianaheide@ardoer.com

30ha 300T(100-200m²) 10A CEE

1. ADGIJKLMOPRS
2. BDLRSVWXY
3. ABFHJKNQRUWZ
4. (Q+R+T+X ✉) Z
5. ABDEFGIJKLMNOPQSUWXY
6. ACEGHK(N 4km)ST

💬 Een familiecamping in een bosrijke omgeving waar men een oase van rust vindt. Een zwembad plus restaurant completeren de camping. De kampeervelden zijn door bomen en struiken omgeven.

🚗 A28 Zwolle-Groningen, afslag 31 richting Hooghalen. Afslag Grolloo/Amen, borden volgen.

CC €12 1/4-3/4 7/4-30/4 11/5-12/5 18/5-21/5 26/5-3/7 20/8-1/10

N 52°55'57" E 6°35'12"

141

Assen, NL-9405 VE / Drenthe — 272

- Vakantiepark Witterzomer
- Witterzomer 7
- ☎ +31 (0)592-393535
- FAX +31 (0)592-393530
- 1/1 - 31/12
- @ info@witterzomer.nl

75ha 500T(100-120m²) 10A CEE

1. ACD**G**IJKLMOPRS
2. ABDFLRSVWXY
3. AB**F**GHIJKL**MN**P**Q**R**T**UWZ
4. (C+H 1/5-6/9) J(Q ⚐)(S+T+U+X+Y 28/3-31/10)
5. **AB**CDEFGIJKLMNOPQ**S**UWXYZ
6. ACDEGH**I**KLM(N 3km)ORSTV

💬 Veelzijdig en natuurrijk vakantiepark. Voorzieningen zijn eindeloos en u en eventueel de (klein)kinderen zullen zich geen moment vervelen. Er is een ruime keuze aan plaatsen, zoals plusplaatsen en comfortplaatsen. Witterzomer is gelegen in het hart van Drenthe op fietsafstand van de gezellige stad Assen.

🚗 A28 Hoogeveen-Groningen, afslag Assen/Smilde (2e afslag), dan borden volgen.

€16 1/1-4/4 26/5-23/6 17/8-31/12 7=6, 14=12

N 52°58'44'' E 6°30'20''

Borger, NL-9531 TC / Drenthe — 273

- Bospark Lunsbergen
- Rolderstraat 11A
- ☎ +31 (0)599-236565
- FAX +31 (0)599-236507
- 27/3 - 1/11
- @ info.lunsbergen@roompot.nl

20ha 194T(100m²) 10A CEE

1. ACD**G**IJKLMNOPQ
2. BFRSVWX
3. A**F**GHJKL**M**N**Q**RUW
4. (F+H+Q+S+T+U+Y 1/4-1/11) Z
5. **AB**FGHIJKLMNOPQUWXY
6. ACDEGH**K**M(N 3km)OSTUV

💬 Een goed geoutilleerde camping, door bos omgeven. Met verwarmd, overdekt zwembad en recreatieruimte. Heel erg geschikt voor een fiets- en/of wandelvakantie. Voor campers is een beperkt aantal plaatsen. Informeer bij de receptie.

🚗 A28 afslag Assen-Zuid N33 richting Veendam. Vervolgens afslag Borger. 2 km voor Borger staat Euroase Borger op het bord aangegeven.

€10 27/3-7/7 24/8-30/10

N 52°55'55'' E 6°44'52''

Borger, NL-9531 TK / Drenthe — 274

- Camping Hunzedal
- De Drift 3
- ☎ +31 (0)599-234698
- 27/3 - 1/11
- @ info@hunzedal.nl

30ha 350T(100m²) 6-16A CEE

1. ACD**G**IJKLMNOPQ
2. ADFGLRSVWXY
3. AB**F**GHJK**M**N**Q**R**T**UW**Z**
4. (C 28/3-27/10) (F+H ⚐) I**N** (Q+S+T+U ⚐) (X+Y 28/3-27/10) Z
5. **AB**DEFGIJKLMNOPRUWXYZ
6. CEGH**K**(N 0,5km)OSTUV

💬 Even buiten Borger, op de grens van de bosrijke Drentse Hondsrug, ligt dit luxe en veelzijdige recreatiepark. Voor alle weersomstandigheden uitstekende voorzieningen. Het park is geschikt als familiepark en voor mensen die van de Drentse natuur houden. Voor campers is een beperkt aantal plaatsen. Informeer bij de receptie.

🚗 Vanaf de N34 Groningen-Emmen richting Borger/ Stadskanaal de borden volgen.

€12 27/3-3/4 7/4-24/4 26/5-7/7 24/8-30/10

N 52°55'22'' E 6°48'14''

Diever, NL-7981 LW / Drenthe — 275

- Diever
- Haarweg 2
- ☎ +31 (0)521-591644
- FAX +31 (0)521-594219
- 1/4 - 1/10
- @ info@campingdiever.nl

8,5ha 150T(80-100m²) 10A CEE

1. ADGIJKLMNOPRS
2. BGSVX
3. ABDGHJKNRU
4. (A+Q+R+V ⌂)
5. ABCDFGHIJKLMNOPQS TUWXYZ
6. ACEGIK(N 1km)OTV

💬 Camping Diever is een unieke boscamping, direct gelegen in het bos en op loopafstand van het rustieke Diever. Veel privacy. Uitermate geschikt voor kampeerauto's. Het perfecte startpunt voor dagenlang fiets- en wandelplezier, te midden van de Nationale Parken het Drents-Friese Wold en het Dwingelderveld. Wat u niet mag missen is de jaarlijkse voorstelling van het Shakespeare theater.

🚗 Vanuit Diever richting Zorgvlied. Na 1 km wordt de camping met borden aangegeven.

CC €18 1/4-1/5 26/5-30/6 17/8-30/9 N 52°52'0" E 6°19'13"

Diever/Oude Willem, NL-8439 SN / Drenthe — 276

- Hoeve aan den Weg
- Bosweg 12
- ☎ +31 (0)521-387269
- FAX +31 (0)521-387413
- 27/3 - 11/10
- @ camping@hoeveaandenweg.nl

9ha 110T(100-200m²) 10A CEE

1. ADGIJKLMOPQ
2. LRVXY
3. ABDHJKLNRU
4. (C+H 1/5-15/9)(Q+R+T+U+V+X+Y ⌂) Z
5. ABCDFGHIJKLMNOPQU WZ
6. AEGIKM(N 4km)OTV

💬 De familiecamping is gelegen in het centrum van het nationaal park het Drents-Friese Wold. Ruime staanplaatsen op diverse veldjes. Uitvalsbasis voor fietsen en wandelen. Genieten in en van de natuur en onverwachte recreatiemogelijkheden.

🚗 Vanuit Diever richting Zorgvlied. In het dorpje Oude Willem ligt de camping rechts van de weg.

CC €14 27/3-12/5 26/5-4/7 21/8-11/10 N 52°53'25" E 6°18'48"

Diever/Wittelte, NL-7986 PL / Drenthe — 277

- Wittelterbrug
- Wittelterweg 31
- ☎ +31 (0)521-598288
- 1/4 - 31/10
- @ info@wittelterbrug.nl

4,6ha 90T(80-115m²) 10A CEE

1. ADGIJKLPQ
2. CGLRSVX
3. ABFGJKLNRUWX
4. (F+H 1/5-15/9)(Q+R+T+U+X ⌂) Z
5. ABDFGIJKLMNOPUWXY Z
6. GKM(N 4km)OV

💬 Camping met zwembad en speelvoorzieningen. Knus, compleet en kindvriendelijk. Luxe sanitairgebouw en gezellige kantine. Leuke uitstapjes naar Diever, Dwingeloo of Ruinen. Kleine camping met voorzieningen van een grote.

🚗 Langs de Drentse Hoofdvaart Dieverbrug-Wittelte. Na 3 km wordt de cp aangegeven. Vanuit Meppel A32 afsl. Havelte, dan langs de vaart en voorbij Uffelte wordt de cp aangegeven met borden.

CC €12 1/4-13/5 26/5-3/7 20/8-31/10 N 52°49'30" E 6°19'6"

Drouwen, NL-9533 PE / Drenthe — 278

- Alinghoek
- Alinghoek 16
- +31 (0)599-564271
- FAX +31 (0)599-564237
- 1/4 - 30/9
- @ info@alinghoek.nl

2,5ha 60T(100-120m²) 6-10A CEE

1 AD**G**IJKLOPQ
2 ABFRSVWX
3 A**F**GHJKL**Q**R**TUW**
4 (C+G 13/5-1/9) (Q+R+T+U+X+Y) Z
5 **AB**CDFGIJKLMNOPQUWXYZ
6 ACDEG**K**(N 4km)OSTV

Een gezellige gezinscamping omringd door bossingels. De camping beschikt over een bescheiden zwembad met zonneterras en een royale recreatiehal.

Gelegen aan de weg Gasselte-Borger, afslag (links) Drouwen. De camping wordt met borden aangegeven.

CC €14 1/4-12/5 26/5-10/7 27/8-30/9   N 52°57'23'' E 6°47'51''

Dwingeloo, NL-7991 PM / Drenthe — 279

- Meistershof
- Lheebroek 33
- +31 (0)521-597278
- 1/4 - 30/9
- @ info@meistershof.nl

6ha 120T(100-160m²) 10A CEE

1 ACD**G**HIJKLMNOPQ
2 FKLMRSVWX
3 ABCD**F**GHIJKN**Q**RUW
4 (A 1/5-1/9) M(Q+R) (T 1/5-1/9)
5 **AB**CDEFGHIJKLMNO**PQ**RSTUWXYZ
6 ACDEG**IK**(N 5km)ORSTUV

Rustige, landschappelijk schitterend gelegen parkachtige camping met zeer ruime plaatsen. Aan de rand van het Nationaal Park Dwingelderveld. Uitmuntende sanitaire voorzieningen.

Vanaf Dieverbrug richting Dwingeloo. Vóór Dwingeloo wordt bij wegsplitsing de richting van de camping met borden aangegeven.

CC €16 1/4-30/4 27/5-30/6 17/8-30/9   N 52°50'43'' E 6°25'40''

Dwingeloo, NL-7991 PB / Drenthe — 280

- RCN De Noordster
- Noordster 105
- +31 (0)521-597238
- 1/1 - 31/12
- @ noordster@rcn.nl

42ha 220T(90-100m²) 10A CEE

1 AD**G**IJKLMNOPQ
2 BFRSWX
3 ABD**F**GHIJKL**M**N**Q**RU
4 (A 27/3-2/11) (C+H 1/5-1/9) J (Q+R+T+U+X+Y 27/3-2/11) Z
5 **AB**CDFGHIJKLMNOPQUWZ
6 CDEH**IK**M(N 2km)SV

Midden in het bos van Nationaal Park Dwingelderveld gelegen cp met veel voorzieningen en uitstekende horecagelegenheid. Het Nationaal Park heeft een oppervlakte van maar liefst 3700 hectare. De heidevelden vormen het mooiste en best bewaarde vochtige heidegebied van Europa. Een grote schaapskudde werkt mee aan het natuurbeheer.

Vanaf Dieverbrug richting het centrum van Dwingeloo. Dwars door Dwingeloo tot aan vijfsprong bij bosrand. Volg de bordjes langs de bosweg.

CC €14 27/3-13/5 18/5-22/5 26/5-10/7 27/8-2/11   N 52°48'48'' E 6°22'42''

Dwingeloo, NL-7991 SE / Drenthe

- Torentjeshoek
- Leeuweriksveldweg 1
- +31 (0)521-591706
- 1/1 - 31/12
- info@torentjeshoek.nl

10ha 140T(100-140m²) 10A CEE

1. AD**G**IJKLMNOPQ
2. BFLRSVWXY
3. ABD**F**GHJKN**OP**RUW
4. (A 1/7-25/10) (C+H 1/5-1/9) J(Q 1/4-27/9) (R) (T 1/4-31/10) Z
5. **AB**CEFGIJKLMNOPQUWXYZ
6. ACDEGHIKM(N 1,5km)OSV

€16 1/1-12/5 26/5-2/7 19/8-31/12

N 52°49'9" E 6°21'39"

Een gezellige familiecamping met ruime comfortplaatsen in de schitterende natuur van Nationaal Park Dwingelderveld. Ideaal uitgangspunt voor fiets- en wandeltochten.

Vanaf Dieverbrug richting Dwingeloo. Dwars door Dwingeloo tot aan kruising met bosrand. Volg de campingborden langs boslaan rechtsaf, voorbij Planetron.

Echten, NL-7932 PX / Drenthe

- Vakantiepark Westerbergen BV
- Oshaarseweg 24
- +31 (0)528-251224
- FAX +31 (0)528-251509
- 29/3 - 31/10
- info@westerbergen.nl

55ha 334T(110m²) 6-16A CEE

1. ACD**G**IJKLMNOPQ
2. BFGLRSWXY
3. ABCGHIJK**LM**N**Q**RUW
4. (A 1/7-31/8) (C 1/5-1/9) (F+H) M (Q+S+T+U+V+X+Y) Z
5. **AB**DEFGIJKLMNOPQRUWXYZ
6. ACDEGH**IK**M(N 5km)OSTV

€14 29/3-13/5 26/5-11/7 28/8-31/10

N 52°42'1" E 6°22'40"

Ruim opgezet, groot recreatiepark in de bossen. Veel voorzieningen van goede kwaliteit. Gelegen te midden van veel natuurschoon.

Vanaf A28 afslag Zuidwolde/Echten. Richting Echten en borden volgen naar camping.

Een (Gem. Noordenveld), NL-9342 TC / Drenthe

- Recreatie Centrum 'Ronostrand'
- Amerika 16
- +31 (0)592-656206
- 1/4 - 30/9
- info@ronostrand.nl

35ha 190T(80-120m²) 10A CEE

1. AD**G**IJKLMNPST
2. ADFKLMRSVWXY
3. ABFGHJKN**OP**RUZ
4. (Q) (S 1/4-15/4) (T+U+V+W 1/4-15/9) (X 1/5-1/9) Z
5. **AB**CDEFGIJKL**MO**P**QR**UXYZ
6. ACEGH**JK**M(N 4km)OSTV

€14 1/4-12/5 27/5-3/7 20/8-30/9

N 53°6'1" E 6°22'19"

De camping is mooi gelegen, beschut door bomen en aan een meer, dat gevoed wordt door bronwater. Groot strandbad en zonneweide. Veel fiets- en wandelmogelijkheden.

Weg Roden richting Norg, na begraafplaats/sportvelden rechtsaf. Aangegeven.

284 Een-West/Noordenveld, NL-9343 TB / Drenthe

- De Drie Provinciën
- Bakkeveenseweg 15
- +31 (0)516-541201
- 28/3 - 1/10
- info@dedrieprovincien.nl

6ha 139T (110-130m²) 6A CEE

1 ADGIJKLPQ
2 FGKRSVWX
3 HJKW
4 (X+Y)
5 ABDGJLMNOPUWXYZ
6 ADEGIJ(N 4km)

💬 Precies op de grens van Groningen, Friesland en Drenthe vindt u onze fraai verzorgde en zeer landelijk gelegen camping. Een parkachtig terrein, ten dele gelegen rond drie visvijvers, met ruime en beschutte plaatsen, voorzien van een gevarieerde beplanting. Volop wandel- en fietsmogelijkheden. Uitstekend à la carte restaurant met tuinterras.

🚗 A32 richting Wolvega, afslag Wolvega, N351 richting Oosterwolde. Daarna Haulerwijk/Een-West. Borden volgen De Drie Provinciën.

N 53°5'19" E 6°18'41"

€16 28/3-13/5   26/5-7/7   24/8-1/10

---

285 Ees, NL-9536 TA / Drenthe

- De Zeven Heuveltjes
- Odoornerstraat 25
- +31 (0)591-549256
- 1/4 - 15/10
- info@dezevenheuveltjes.nl

6ha 135T (80-100m²) 6A CEE

1 ADGIJKLOPRS
2 BFGRSVXY
3 ABFGHJKNR
4 (C+H 1/5-1/9) (Q 2/5-10/5, 4/7-16/8)
5 ABCDEFGIJKLMNOPQRUWXY
6 ADEGHK(N 4km)OST

💬 Gelegen in een prachtig bosrijk wandel- en fietsgebied op de Hondsrug. Goed verzorgde, rustige camping met comfortplaatsen en uitstekende sanitaire voorzieningen. Tevens heeft de camping een verwarmd buitenzwembad, inclusief peuterbad, op basis van zout water. Natuur, rust en sfeer! Ontdek het zelf! Gratis WiFi.

🚗 N34 Groningen-Emmen, afslag Exloo. Neem secundaire weg terug richting Groningen naar Ees (ca. 500m).

N 52°53'39" E 6°49'5"

€12 1/4-6/5   26/5-4/7   21/8-30/9

---

286 Eext, NL-9463 TA / Drenthe

- De Hondsrug
- Annerweg 3
- +31 (0)592-271292
- Fax +31 (0)592-271440
- 1/4 - 30/9
- info@hondsrug.nl

23ha 250T (75-150m²) 10A CEE

1 ACDFIJKLMOPRS
2 FGLRSVWX
3 ABFHIJKLMNRUW
4 (C 1/5-30/8) (F+H) L (Q+S+T+X 4/4-30/8) Z
5 ABCDEFGIJKLMNOPRSUWXYZ
6 ACEGHK(N 2km)OSTUV

💬 Een sfeervolle jonge gezinscamping met speeltoestellen op de veldjes en een verwarmd binnen- en buitenzwembad. Gelegen aan de bosrand met ruime fiets- en wandelmogelijkheden.

🚗 N34 Groningen-Emmen afslag Anloo/Annen, Eext li-af richting Annen, vervolgens re-af. Camping wordt aangegeven. N34 Emmen-Groningen, afslag Anloo/Annen, re-af ri Annen. Borden volgen.

N 53°2'10" E 6°44'21"

€16 1/4-1/5   26/5-3/7   23/8-30/9

Exloo, NL-7875 TA / Drenthe ♿ 📶 iD 287

- Camping Exloo
- Valtherweg 37
- ☎ +31 (0)591-549147
- 🗓 1/1 - 31/12
- @ info@campingexloo.nl

3ha 40T(100-120m²) 6A CEE
1. **G**IJKLMNO**P**Q
2. FRWXY
3. FGHJU
5. **A**DGIJKLMNOPUXZ
6. ACEG**K**(N 2,5km)TV

💬 Rustige gemoedelijke camping. Camping ligt in het Geopark de Hondsrug en nabij het gezellige Exloo. Fiets- en wandelroutes vanaf de camping.

🚗 N34 richting Groningen, afslag Exloo. Einde dorp rechts richting Valthe. Na 2 km camping aan de linkerzijde.

CC €14   1/1-12/5   19/5-21/5   27/5-5/7   25/8-31/12   Ⓜ 📍 N 52°51'56'' E 6°53'17''

Frederiksoord/Nijensleek, NL-8383 EG / Drenthe 📶 iD 288

- De Moesberg
- Hoofdweg 14
- ☎ +31 (0)521-381563
- 🗓 28/3 - 31/10
- @ info@moesberg.nl

8ha 100T(100-150m²) 10A CEE
1. **A**DGIJKLMO**P**Q
2. FGRSUX
3. BC**F**GHJKNRU
4. (C+H 1/5-1/9) (T+X 30/3-31/10) Z
5. **AB**CDEGHIJKLMNOP**S**UWXYZ
6. ACDEGHK(N 3,5km)OSV

💬 Goed onderhouden kleinschalige camping, gelegen in één der mooiste streken van Nederland met veel wandel- en fietsgelegenheid. Vlakbij een prima restaurant. Verwarmd zwembad op de camping. Gezellige stadjes en dorpen in de nabije omgeving, o.a. Steenwijk, Vledder, Blokzijl.

🚗 A32 Meppel-Steenwijk, afslag 6 Frederiksoord/Vledder. Na 6 km aan de linkerkant van de weg.

CC €16   28/3-12/5   26/5-30/6   17/8-31/10   Ⓜ 📍 N 52°50'30'' E 6°10'35''

Gasselte, NL-9462 TB / Drenthe ♿ 📶 iD 289

- De Lente van Drenthe
- Houtvester Jansenweg 2
- ☎ +31 (0)599-564333
- 📠 +31 (0)599-565390
- 🗓 3/4 - 3/10
- @ info@delentevandrenthe.nl

15ha 140T(100m²) 6A CEE
1. **A**D**G**IJKLMO**P**RS
2. ABDFRSVWXY
3. AB**F**GHJKLMNRU**W**Z
4. (C+G 2/5-13/9) (Q+R+T+U+X+Y 🚗) Z
5. **AB**DEFGIJKLMNO**P**QRUWXYZ
6. ACDEGH**K**(N 3km)OSTV

💬 Camping gelegen op de Hondsrug aan de rand van Boswachterij Gieten-Borger. Strandbad 't Nije Hemelriek op 250m afstand. Ruime kampeerplaatsen op kleine velden. Modern sanitair, met babybad en familiedouche. Ideale uitvalsbasis om de regio te verkennen per fiets. Schitterende natuur, denk aan Nationaalpark De Drentsche Aa, Hunebedden en De Hunzevallei.

🚗 Vanaf N34 Groningen-Emmen bij afslag Gasselte rechts staatsbos in. Volg borden 'Kremmer'.

CC €16   3/4-1/5   18/5-21/5   26/5-30/6   24/8-3/10   Ⓜ 📍 N 52°58'35'' E 6°45'23''

290 — Gasselte, NL-9462 TT / Drenthe

- Het Horstmannsbos
- Hoogte der Heide 8
- +31 (0)599-564270
- FAX +31 (0)599-565486
- 1/4 - 31/10
- info@horstmannsbos.nl

6,5ha 100T(100-130m²) 10A CEE

1. AD**G**IJKLMNOPQ
2. **B**FGRSVWXY
3. AB**F**GHJKL**M**NRU
4. (G 1/6-31/8) (Q+T+U 14/5-31/8) Z
5. **AB**CDFGIJKLMNOPRUWZ
6. AEGH**K**(N 0,5km)OSV

CC €14 1/4-13/5 26/5-7/7 24/8-31/10

N 52°58'15'' E 6°48'26''

291 — Gasselternijveen, NL-9514 BW / Drenthe

NIEUW

- Hunzepark
- Hunzepark 4
- +31 (0)599-512479
- FAX +31 (0)599-512594
- 27/3 - 1/11
- info@hunzepark.nl

7ha 71T(100-120m²) 10A CEE

1. AD**F**IJKLN**P**Q
2. DFGILRWXY
3. **F**GJK**M**R**W**
4. (C 1/5-13/9) (Q+R+T+U+X) Z
5. **AB**GIJKLMNOPUWZ
6. FGH**J**(N 1km)OSTV

CC €10 27/3-7/7 24/8-30/10

N 52°58'58'' E 6°50'7''

292 — Gees, NL-7863 TA / Drenthe

- Vakantiecentrum De Wolfskuylen
- Holtweg 9
- +31 (0)524-581575
- FAX +31 (0)524-581185
- 1/1 - 31/12
- info@wolfskuylen.nl

8ha 100T(60-200m²) 6A CEE

1. A**G**IJKLMO**P**Q
2. **C**FLMRSVWXY
3. AB**H**JKMNRUWX
4. (C+H 25/4-5/9) J (T 27/4-9/5,11/7-22/8) Z
5. **AB**DFGIJ**M**NO**PQ**RUZ
6. AEG**K**(N 3km)OQV

CC €12 1/1-11/7 28/8-31/12

N 52°44'0'' E 6°42'2''

Gieten, NL-9461 AP / Drenthe 293

- 🅐 Zwanemeer
- 🏠 Voorste Land 1
- ☎ +31 (0)592-261317
- 📅 1/4 - 1/10
- @ info@zwanemeer.nl

6ha 140T(80-120m²) 6-10A CEE

1. ADGIJKLNO**P**RS
2. ABFGLRSVWXY
3. AD**F**GHIJKLNRU**W**
4. (A 4/7-23/8) (C+H 25/4-29/8) JM(Q 🔒)
5. **ABC**DEFGI**J**K**L**MNOPQRUWXYZ
6. AEGH**K**(N 0,8km)OST

💬 Een gezellige familiecamping aan de rand van het Nationaal beek- en esdorpenlandschap Drentsche Aa en het Zwanemeerbos.

🚗 Via de N33 Assen-Gieten, door het dorp de campingborden volgen.

CC €16 1/4-30/6 23/8-1/10 7=6, 14=12   N 53°0'56'' E 6°46'0''

Havelte, NL-7971 CT / Drenthe 294

- 🅐 Jelly's Hoeve
- 🏠 Raadhuislaan 2
- ☎ +31 (0)521-342808
- 📠 +31 (0)521-340475
- 📅 1/4 - 30/9
- @ info@jellyshoeve.nl

2ha 40T(< 130m²) 10A CEE

1. ADF**IJ**LPQ
2. BFGRSVWXY
4. (Q 🔒)
5. **AB**DGIJKN**P**UWYZ
6. EK(N 1km)

💬 Deze camping ligt tussen de Nationale Parken Dwingelderveld en de Weerribben, dus een uniek uitgangspunt voor een zwerftocht door bossen, heide, langs vennetjes en Drentse esdorpen. De camping is niet geschikt voor kinderen.

🚗 Op A32 afrit 4 nemen. Vervolgens N371 richting Havelte/Diever. Na ca. 4 km over brug en N371 volgen richting Uffelte/Diever/Assen. Na ca. 1 km bij brug (60 km zone) linksaf N371 verlaten, rechts aanhouden en 1e weg rechts.

CC €16 1/4-12/5 26/5-5/7 24/8-30/9   N 52°46'7'' E 6°14'57''

Hoogersmilde, NL-9423 TA / Drenthe 295

- 🅐 De Reeënwissel
- 🏠 Bosweg 23
- ☎ 📠 +31 (0)592-459356
- 📅 27/3 - 27/9
- @ info@reeenwissel.nl

15ha 80T(90-110m²) 10A CEE

1. ADGLMRS
2. U
3. DHJKLU
4. (A 🔒) (B+G 1/5-1/9) (Q+X 🔒)
5. **AB**DEFGIK**L**MNOPQUWXYZ
6. AEGH**IK**L(N 1km)OSTUV

NIEUW

💬 Ruime kampeerplaatsen op gezellige door bossages omgeven veldjes. Ideaal voor kampeerders die van fietsen en wandelen houden. Grenst aan Nationaal Park Drents-Friese Wold.

🚗 Langs de Drentse Hoofdvaart (westzijde) rijden van Dieverbrug richting Hoogersmilde. Langs deze route wordt de camping met bordjes aangegeven.

CC €16 26/5-5/7 24/8-27/9   N 52°54'14'' E 6°22'50''

Klijndijk/Odoorn, NL-7871 PE / Drenthe 296

- ▲ De Fruithof
- 🏠 Melkweg 2
- ☎ +31 (0)591-512427
- FAX +31 (0)591-513572
- ⛔ 1/4 - 28/9
- @ info@fruithof.nl

17ha 250T(100m²) 6A CEE

1. ADGIJKLOPQ
2. ADFGLMRVWX
3. ABFGHJKLMNQRUZ
4. (E+H 3/4-13/9) J (Q+S+T+U+X+Y 27/4-15/9) Z
5. ABDFGIJKLMNOPQUWXYZ
6. ACFGHK(N 3km)OSTV

💬 Deze perfect geoutilleerde camping ligt op de Drentse Hondsrug bij de dorpen Klijndijk en Odoorn. Op ongeveer 5 km ligt het Noorder Dierenpark in Emmen. Erg veel bezienswaardigheden (natuur en cultuur) in de directe omgeving.

🚗 N34 Emmen-Groningen afslag Klijndijk, vervolgens de borden volgen (bij rotonde).

CC €16 1/4-1/5 9/5-12/5 18/5-21/5 26/5-3/7 20/8-27/9   N 52°49'44'' E 6°51'27''

Meppen, NL-7855 TA / Drenthe 297

- ▲ De Bronzen Emmer
- 🏠 Mepperstraat 41
- ☎ +31 (0)591-371543
- ⛔ 28/3 - 31/10
- @ info@bronzenemmer.nl

20ha 230T(100-140m²) 10A CEE

1. ADFIJKLMNOPQ
2. BFLRSVWXY
3. ABDFGHJKMNOPRU
4. (F 18/4-30/10) (G 18/4-20/10) N(Q ⛔) (R+T+U+X 24/4-31/8) Z
5. ABDEFGIJKLMNOPUWXYZ
6. ACEGHKL(N 2km)OSV

💬 In een bosrijke omgeving van het vlakke land van Drenthe ligt deze heerlijke camping. Gerund door een enthousiaste familie. Veel toeristenplaatsen met caravans en tenten. Ook auto-vrije plaatsen. Je voelt je er meteen thuis.

🚗 A37 Hoogeveen-Emmen, afslag Oosterhesselen (N854) richting Meppen. In Meppen wordt de camping met borden aangegeven richting Meppen/Mantinge.

CC €16 28/3-13/5 18/5-21/5 26/5-11/7 28/8-31/10 7=5, 14=12, 21=18, 28=24   N 52°46'44'' E 6°41'11''

Meppen, NL-7855 PV / Drenthe 298

- ▲ Erfgoed de Boemerang
- 🏠 Nijmaten 2
- ☎ +31 (0)591-372118
- ⛔ 1/4 - 1/11
- @ info@erfgoeddeboemerang.nl

1,7ha 39T(100-200m²) 10A CEE

1. AGIJKLMNOPQ
2. DFRSUVWXY
3. DFHJKLU
5. ABCDGHIJMNOPUWXYZ
6. ADEGK(N 2km)S

💬 In het historische dorpje Meppen, in een bosrijke, rustige omgeving, ligt dit idyllische kampeerterrein, gerund door een stel enthousiaste mensen, die met oog voor detail dit terrein beheren.

🚗 A37 Hoogeveen-Emmen. Afslag Oosterhesselen (N854) richting Meppen. Dan richting Mantinge. Borden volgen.

CC €14 1/4-7/5 27/5-2/7 24/8-31/10   N 52°46'49'' E 6°41'30''

299
Norg, NL-9331 AC / Drenthe

- Boscamping Langeloërduinen
- Kerkpad 12
- +31 (0)592-612770
- 1/4 - 30/9
- info@boscamping.nl

7,5ha 130T(100-120m²) 10A CEE

1. **AG**IJKLMNPQ
2. BGRSWXY
3. ABHJNR
5. **AB**CDFGHIJKLMNOPQUWXYZ
6. EGJ**K**(N 0,7km)OS

💬 Een mooie, natuurlijke camping midden in het bos waar u ongedwongen kunt kamperen. De winkels en horeca liggen op 10 minuten lopen van de camping. Vanaf uw staanplaats wandelt of fietst u zo verder het bos in. Op iedere plaats desgewenst elektra, CAI en internet. Gratis WiFi op alle staanplaatsen. Bij aankomst krijgt u diverse wandel- en fietsroutes om de veelzijdige omgeving te ontdekken. U zult aangenaam verrast zijn!

🚗 Vanaf N371 ri Norg, in centrum aanduiding volgen.

€16 3/4-3/5 26/5-3/7 23/8-30/9

N 53°4'21" E 6°27'25"

300
Norg, NL-9331 VA / Drenthe

- De Norgerberg
- Langeloërweg 63
- +31 (0)592-612281
- 27/3 - 1/11
- info@norgerberg.nl

10ha 150T(100-150m²) 10A CEE

1. AD**FI**JKL**P**Q
2. BFGRTUVWXY
3. ABF**H**IJKMNRU
4. I**KN** (F 28/3-16/10) (Q+R+T+U+X+Y 🔑) Z
5. **AB**CDEFGIJKLMNOPQRUWXYZ
6. ACDEGH**IJK**(N 1km)OSTV

💬 Gemoedelijke camping, rustig gelegen, omgeven door bos en op loopafstand van het authentieke brinkdorp Norg. Prima uitvalsbasis naar Groningen en Friesland. Middelpunt van uitgebreid fietspadennet en volop wandelmogelijkheden. Sfeervol restaurant voor de camping. Alle plaatsen zijn ruim opgezette comfortplus-plaatsen. Modern luxe sanitair met wellness. Gratis toegang subtropisch zwembad.

🚗 De camping ligt aan de N373, 2 km ten noorden van Norg aan de weg Norg-Roden.

€16 27/3-3/4 7/4-1/5 26/5-3/7 22/8-16/10

N 53°4'40" E 6°26'55"

301
Rolde, NL-9451 AK / Drenthe

- De Weyert
- Balloërstraat 2
- +31 (0)592-241520
- 1/4 - 25/10
- info@deweyert.nl

7ha 80T(100-120m²) 4-6A CEE

1. AD**G**IJKLMOPS
2. FGRSVWX
3. ABCD**F**GHJKLNRU
4. (Q 2/5-15/9) Z
5. **AB**CDEFG**IJK**LMNO**P**UWXY
6. ACEGH**IK**(N 0,5km)OST

💬 In het vijfsterren gebied de Drentsche Aa en aan het brinkdorp Rolde (500m) kampeert u op een ruime comfortplaats, veel mogelijkheden voor fietsen en wandelen. De Drentsche Aa fietsroute is de op één na mooiste fietsroute van Nederland.

🚗 N33 Assen-Gieten, afslag Rolde. Vervolgens richting centrum, door centrum heen, richting Ballo, rechtsaf en borden volgen.

€16 1/4-13/5 26/5-5/7 22/8-25/10

N 52°59'27" E 6°38'31"

Ruinen, NL-7963 RB / Drenthe 👪 ♿ 📶 iD 302

- 🏠 De Wiltzangh
- ✉ Witteveen 2
- ☎ +31 (0)522-471227
- 📠 +31 (0)522-472178
- 🗓 27/3 - 2/11
- @ info@dewiltzangh-ruinen.nl

13ha 86T(80-145m²) 6A CEE

1. A D G I J K L M N P Q
2. B R S V X Y
3. B D G H J K L N Q R U
4. (C+H 1/5-1/9) (Q+S+T+X+Y 🔒)
5. A B D E F G I J K L N P U W Z
6. A C D E G K M(N 2,5km)O S V

💬 Ruim opgezette camping met goede voorzieningen in de bossen tussen de Drentse dorpen Ruinen en Dwingeloo. Gelegen aan de rand van het Nationaal Park Dwingelderveld.

🚗 Vanuit Ruinen richting Ansen/Havelte. 1ste weg rechts vervolgen, na 1 km links. De camping wordt aangegeven.

CC €16 27/3-13/5 26/5-8/7 25/8-2/11   📍 N 52°47'0'' E 6°21'59''

Ruinen, NL-7963 PX / Drenthe ♿ 📶 iD 303

- 🏠 Landclub Ruinen
- ✉ Oude Benderseweg 11
- ☎ +31 (0)522-471770
- 🗓 3/4 - 28/9
- @ info@landclubruinen.nl

25ha 207T(110-150m²) 6-10A CEE

1. A C D G I J K L N O P Q
2. B F G L R S V W X Y
3. A B C D F G H J K P Q R U
4. A 1/7-31/8 (F+H+Q+R+T+U+V 🔒) (X 1/7-31/8)
5. A B D E F G I J K L M N O P Q R U W X Y Z
6. C D E G I J(N 1,5km)O S T V

💬 Grenzend aan het natuurgebied het Dwingelderveld ligt LandClub camping Ruinen. Een natuurlijk aangelegde familiecamping met mooie grote plaatsen, zeer geschikt voor 50 plussers en gezinnen met kinderen. Nieuw in 2014: overdekt zwembad, restaurant en een kinderboerderij, waar kinderen actief mee kunnen helpen met het verzorgen van de dieren. Camping ligt direct aan prachtige fietsroutes.

🚗 Ruinen richting Pesse. Na 600m 4e weg links. De camping wordt met borden aangegeven.

CC €16 3/4-12/5 18/5-21/5 26/5-30/6 17/8-28/9   📍 N 52°46'31'' E 6°22'14''

Schipborg, NL-9469 PL / Drenthe ♿ 📶 iD 304

- 🏠 De Vledders
- ✉ Zeegserweg 2a
- ☎ 📠 +31 (0)50-4091489
- 🗓 3/4 - 25/10
- @ info@devledders.nl

13ha 220T(80-100m²) 6A CEE

1. A D G I J K L M P R S
2. A B D F L R S V W X Y
3. A B F H J K N O P R U W Z
4. (Q+R+S+T+U 3/4-30/9) (Y 🔒)
5. A B C D E F G I J K L N P Q R U W Z
6. A C E K(N 3km)O T V

💬 Fraai gelegen terrein in het Nationaal Park 'de Drentsche Aa'. Zeer geschikt voor de actieve, maar ook rustzoekende kampeerder en ideaal voor kinderen (o.a. (pony-)animatie en recreatieplas). Prachtige fiets- en wandelmogelijkheden in de omgeving.

🚗 Vanaf de A28 Zwolle-Groningen en de N34 Groningen-Emmen, afslag Zuidlaren. Vlak vóór deze plaats rechtsaf, ri Schipborg en volg de campingborden.

CC €16 3/4-8/5 1/6-3/7 24/8-25/10 *14=12, 21=18*   📍 N 53°4'46'' E 6°39'56''

Schoonebeek, NL-7761 PJ / Drenthe — 305

- 🔺 Camping Emmen
- 🛏 Bultweg 7
- ☎ +31 (0)524-532194
- 📅 1/1 - 31/12
- @ info@campingemmen.nl

4,6ha 50T(120m²) 16A CEE

1. ADGIJKLMNOPQ
2. DFGRVWXY
3. ADFGHIJKLQRUWZ
4. (Q+R+T+U+X) Z
5. ABDEFGIJMNOPRUWZ
6. ACDFGHJLM(N 1km)OTV

💬 Overzichtelijke camping geschikt voor jong en oud. Geschikt voor een bezoek aan dierenpark Emmen. De kamperplaatsen zijn ruim opgezet. Er zijn meerdere velden met picknicktafels. Op de hele camping gratis WiFi.

🚗 A37 afslag Schoonebeek, rechtsaf borden volgen naar camping.

CC €14 1/1-5/7 24/8-31/12

📍 N 52°40'11" E 6°52'43"

Uffelte, NL-7975 PZ / Drenthe — 306

- 🔺 De Blauwe Haan
- 🛏 Weg achter de es 11
- ☎ +31 (0)521-351269
- 📅 27/3 - 25/10
- @ info@blauwehaan.nl

5,5ha 100T(120m²) 10A CEE

1. ADGIJKLMNPQ
2. BRSVWXY
3. ABCFGHJKLNPRU
4. (G 1/5-1/9) (Q+R+T+V) Z
5. ABDFGIJKLMNOPQRUWYZ
6. CDEGJKM(N 5km)OV

💬 Een rustige, in een natuurgebied gelegen familiecamping met goede voorzieningen. Er heerst een vriendelijke sfeer. Vanaf de camping zijn leuke wandelingen te maken.

🚗 De camping ligt ca. 2 km ten noorden van Uffelte. Via de N371 Meppel-Assen linksaf de bewegwijzering volgen.

CC €16 27/3-1/5 18/5-21/5 27/5-3/7 20/8-2/10

📍 N 52°48'12" E 6°16'22"

Vledder, NL-8381 AB / Drenthe — 307

- 🔺 De Adelhof
- 🛏 Vledderweg 19
- ☎ +31 (0)521-381440
- 📅 1/4 - 31/10
- @ info@adelhof.nl

15ha 100T(90-100m²) 4A CEE

1. ADFIJKLMOPRS
2. FGRSWXY
3. ABFGHJKMNQRUW
4. (C+H 1/5-1/9) J (Q 30/4-4/9) (R 30/4-31/8) (T+U+W+X+Y) Z
5. ABDFGIJKLMNPUZ
6. EGIK(N 2km)OQTV

💬 De camping ligt in een parkachtig aangelegd landschap. Vele recreatiemogelijkheden, o.a. zwemmen, tennis en minigolf. Ideaal uitgangspunt voor fietsen en wandelen in een bosrijke omgeving.

🚗 Vanuit Vledder richting Frederiksoord. De camping wordt aangegeven.

CC €16 1/4-30/6 17/8-31/10

📍 N 52°51'5" E 6°11'57"

Wateren, NL-8438 SC / Drenthe — 308

▲ Molecaten Park Het Landschap
✉ Schurerslaan 4
☎ +31 (0)521-387244
FAX +31 (0)521-387593
⊙ 27/3 - 31/10
@ hetlandschap@molecaten.nl

16ha 270T(80-100m²) 6-10A CEE

1. ACD**G**IJKL**M**P**Q**
2. ADLRSWXY
3. ABGHIJKL**NOPQ**RUWZ
4. (A 5/7-17/8) (F+H 1/5-30/9) (Q+S+T+U+X ⌖) Z
5. **AB**FGIJKLMNOPUWXYZ
6. EGH**IK**(N 10km)OSTV

💬 De camping is gelegen in het Drenths Friese Wold (6000 hectare) aan een idyllisch gelegen meertje waarin gezwommen kan worden. Veel wandel- en fietsmogelijkheden in de omgeving. Ruime kampeerplaatsen.

🚗 Vanaf Diever richting Zorgvlied. De camping ligt even voor Zorgvlied aan de rechterkant.

CC €14   27/3-23/4   18/5-21/5   26/5-7/7   24/8-31/10

N 52°55'19"   E 6°16'4"

Wezuperbrug, NL-7853 TA / Drenthe — 309

▲ Molecaten Park Kuierpad
✉ Oranjekanaal NZ 10
☎ +31 (0)591-381415
FAX +31 (0)591-382235
⊙ 27/3 - 31/10
@ kuierpad@molecaten.nl

53,5ha 620T(95-200m²) 10A CEE

1. AD**G**IJKLOPRS
2. ADFLRSVWX
3. ABF**G**HIJKN**Q**R**UW**Z
4. (C 28/5-1/9) (F+H ⌖) J**L** (Q ⌖) (S 1/5-31/10) (T+U+X+Y ⌖) Z
5. **AB**DEFGIJKLMNOPQRUWXYZ
6. ACEG**K**M(N 2km)OSTV

💬 Gelegen temidden van bijzonder fraai natuurschoon, ideaal voor fietsers, wandelaars en gezinnen met kinderen.

🚗 N31 Beilen-Emmen, afslag Westerbork. Via Orvelte richting Schoonoord.

CC €16   27/3-23/4   18/5-21/5   26/5-7/7   24/8-31/10

N 52°50'26"   E 6°43'28"

Zorgvlied, NL-8437 PE / Drenthe — 310

▲ Park Drentheland
✉ De Gavere 1
☎ +31 (0)521-388136
⊙ 1/4 - 1/11
@ info@parkdrentheland.nl

NIEUW

8ha 130T(100m²) 16A CEE

1. AD**G**IJKLMPQ
2. FLMRSVWXY
3. ABHJKL**MN**O**PQ**RU
4. (A 1/7-1/9) (C+H 1/5-1/9) J (Q+R+T 1/5-1/9)
5. **AB**DEFGIJKLMNOPUWXYZ
6. AEGHIK(N 8km)STV

💬 De camping is een perfecte uitvalsbasis, voor rustzoekers, natuurliefhebbers, wandelaars, fietsers, paardenliefhebbers en vertier. In de regio vindt u de sfeervolle dorpen Diever, Vledder, Dwingeloo met hun gezellige terrassen, restaurantjes en streekmarkten. Rust, ruimte en comfort dat zijn de belangrijkste kenmerken van Park Drenthe Land. Zo dicht bij de natuur de juiste sfeer om tot uzelf te komen.

🚗 In Zorgvlied tegenover de kerk afslaan.

CC €14   1/4-13/5   26/5-30/6   17/8-31/10

N 52°55'25"   E 6°15'2"

Zweeloo, NL-7851 AA / Drenthe 👫 ♿ 📶 iD 311

- De Knieplanden
- Hoofdstraat 2
- +31 (0)591-371599
- 1/4 - 1/10
- info@campingknieplanden.nl

2,5ha 64T(90-110m²) 4-6A CEE

1 ADGIJKLMNOPQ
2 FGLRSVWXY
3 AFGHJNQRUW
4 (C 25/4-30/8) J(T+U ⌂) Z
5 ABDEFGIJMNOPQRUWZ
6 AFGJ(N 0,3km)V

💬 Kleinschalige camping in het vlakke land van Drenthe. Veel bomen en begroeiing. Het straalt rust uit. Er vlak naast is een mooi en gratis openluchtzwembad. De eigenaar woont op het terrein en zorgt voor een persoonlijke ontvangst. Mooi, luxe, nieuw sanitairgebouw en een fraai, nieuw cafetaria.

🚗 A37 Hoogeveen-Emmen, afslag Oosterhesselen N854. In Zweeloo wordt de camping aangegeven.

CC €14 1/4-12/5 26/5-3/7 24/8-1/10   N 52°47'41'' E 6°43'27''

Aalten, NL-7121 LJ / Gelderland 👫 ♿ 📶 iD 312

- 't Walfort
- Walfortlaan 4
- +31 (0)543-451407
- 28/3 - 31/10
- info@campingwalfort.nl

5,5ha 40T(80-100m²) 6-10A CEE

1 ADGIJKLMOPQ
2 BCRVWX
3 ABJNRW
4 (G 14/5-31/8)
   (Q 14/5-25/5,4/7-23/8)
5 ABCDFGIJKLMNOPQRU WY
6 GK(N 2km)

💬 Gelegen nabij Duitsland in schitterend natuurschoon, 2 km verwijderd van boekenstad Bredevoort. Zeer modern toiletgebouw. Naast de camping is een overdekt zwembad.

🚗 A18, vervolgens richting Varsseveld-Aalten-Winterswijk. Vóór Bredevoort borden volgen.

CC €12 28/3-12/5 26/5-2/7 19/8-30/10 7=6, 14=12   N 51°56'4'' E 6°36'20''

Aalten, NL-7122 PC / Gelderland 👫 📶 iD 313

- Goorzicht
- Boterdijk 3
- +31 (0)543-461339
- FAX +31 (0)543-461743
- 1/4 - 30/9
- camping.goorzicht@planet.nl

6,5ha 39T(80-100m²) 6A CEE

1 ACDGIJKLMOPQ
2 BFRSWXY
3 ABGHJKNRU
4 (C+G 2/5-31/8)
   (Q+T 2/5-25/5,11/7-23/8) Z
5 ABDEFIJKLMNOPUXZ
6 BDEGK(N 3km)V

💬 Camping ligt nabij natuurreservaat 't Goor. Men kan volop fietsen, wandelen, nordic walken in de natuur van de Achterhoek tegen de grens van Duitsland. Vermeldingswaard zijn de goede, moderne en verwarmde sanitaire voorzieningen. Nu ook fietsverhuur en jeu de boulesbanen aanwezig.

🚗 Vanuit Arnhem: Over A12 richting Duitsland, afslag A18 Doetinchem/Enschede, richting Varsseveld, afslag Winterswijk/Aalten. Op rotonde in Aalten 3e afslag rechts. Volg verder de ANWB-borden.

CC €16 1/4-8/5 26/5-30/6 17/8-30/9 7=6, 14=12, 21=18, 28=24   N 51°56'40'' E 6°32'37''

Aalten, NL-7121 LZ / Gelderland — 314

- Lansbulten
- Eskesweg 1
- ☎ +31 (0)543-472588
- FAX +31 (0)543-532505
- ⚐ 1/4 - 2/10
- @ info@lansbulten.nl

7,5ha 44T(120m²) 6A CEE

1 ADGIJKLMOPQ
2 BCLRSWXY
3 BJNRWX
4 (C+G 15/5-15/9)
  (Q 14/5-25/5,11/7-23/8)
5 ABDEFGIJMNOPUXYZ
6 ADEGHIK(N 1,5km)

💬 Rustige camping gelegen in het groen, aan de rand van Aalten. Zeer ruime plaatsen met water, elektra en riool. Mogelijkheid tot vissen in naastgelegen beek. Draadloos internet aanwezig. Goede fiets- en wandelmogelijkheden. Veel speelvertier en verwarmd zwembad voor de jongere gastjes.

🚗 N318 Varsseveld-Winterswijk. Bij Bredevoort de bruin-witte borden volgen.

CC €16 1/4-12/5 26/5-15/7 1/9-1/10 7=6, 14=12, 21=18   N 51°55'34'' E 6°36'15''

Aerdt, NL-6913 KH / Gelderland — 315

- De Rijnstrangen V.O.F.
- Beuningsestraat 4
- ☎ +31 (0)316-371941
- ⚐ 1/3 - 1/11
- @ info@derijnstrangen.nl

0,6ha 30T(> 100m²) 6A CEE

1 AEIJLMNPRS
2 FLRVWXY
3 HJKU
4 ACIJKLMNOPQRUW
6 ABDEHK(N 3km)O

💬 Een verzorgde camping met vloerverwarmd sanitair in Aerdt (bij Lobith). Gelegen in het natuurgebied 'de Gelderse Poort', aan de oude loop van de Rijn. Strategisch goed gelegen voor wandel- en fietstochten door polders, uiterwaarden, maar ook Montferland. Bed en boterham mogelijk.

🚗 A12 afrit 29, richting Lobith tot afslag Aerdt. Rechtsaf dijk op. 1,5 km doorrijden tot kerk. Na 100m links naar beneden.

CC €14 1/3-24/4 26/5-3/7 24/8-1/11 14=13   N 51°53'47'' E 6°4'13''

Apeldoorn, NL-7345 AP / Gelderland — 316

- De Parelhoeve
- Zwolseweg 540
- ☎ +31 (0)55-3121332
- ⚐ 1/4 - 31/10
- @ camping@deparelhoeve.nl

2,5ha 50T(100m²) 6A CEE

1 ADGIJKLMPQ
2 BFGRVX
3 AHJKLRW
5 ABDGIJKLMOPUXZ
6 DEGHK(N 3km)OT

💬 Ruim afgebakende plaatsen op een rustige camping aan een bosrand. Landelijk gelegen tussen Apeldoorn en Vaassen. Gemoedelijke en gastvrije camping voor ouderen en jonge gezinnen. Prima verwarmd sanitair. Professionele dialysemogelijkheid aanwezig.

🚗 A50 Zwolle-Arnhem, afslag 25 Apeldoorn-Noord richting Paleis Het Loo. Daarna richting Vaassen. Na 3 km camping rechts.

CC €12 1/4-12/5 26/5-30/6 17/8-31/10   N 52°15'32'' E 5°57'12''

Arnhem, NL-6816 TC / Gelderland — 317

- DroomPark Hooge Veluwe
- Koningsweg 14
- +31 (0)88-0551500
- 27/3 - 24/10
- @ hoogeveluwe@droomparken.nl

18ha 180T(100-300m²) 16A CEE

1. ACD**G**IJLNPQ
2. BFGLRSVWXY
3. ABGHJKLN**OP**RU
4. (C 13/5-1/9) (F+H) **N** (Q+R+T+U+X+Y) Z
5. **AB**DEFGIJKLMNOPQRUWXYZ
6. ACEG**IK**(N 6km)OSTV

💬 Ruim opgezette camping gelegen midden in de Veluwse bossen. Direct tegenover het park vindt u Nationaal Park De Hooge Veluwe. Gelegen op nog geen drie kilometer van Burgers' Zoo. Binnen twintig minuten bent u in het bruisende centrum van Arnhem. De camping heeft vele faciliteiten waaronder een binnen- en buitenzwembad.

🚗 Vanaf A12 en A50, borden camping en Nationaal Park Hoge Veluwe volgen.

€16 27/3-1/5 18/5-22/5 29/5-10/7 28/8-24/10

N 52°1'52" E 5°52'0"

Arnhem, NL-6816 RW / Gelderland — 318

- Oostappen Vakantiepark Arnhem
- Kemperbergerweg 771
- +31 (0)26-4431600
- FAX +31 (0)26-4457705
- 22/3 - 2/11
- @ info@vakantieparkarnhem.nl

36ha 450T(80-150m²) 10A CEE

1. ACD**G**IJKLMPST
2. BFLRSWXY
3. ABF GHJKMN**OP**QRU
4. (D+H 27/3-1/11) KLN (Q+S+T+U+X+Y 27/3-1/11) Z
5. **AB**DEFGIJKLMNOPUWXY
6. CDGH**IK**L(N 8km)OSTV

💬 Ideale gezinscamping in het bos gelegen vlak bij de Hoge Veluwe en Arnhem. Met vele faciliteiten en een overdekt zwembad.

🚗 A12 (beide richtingen) en A50 vanuit het zuiden afslag Arnhem-Noord nemen. Daarna borden volgen. Vanuit Apeldoorn de A50 afslag Schaarsbergen.

€16 7/4-30/4 26/5-3/7 29/8-15/10

N 52°1'27" E 5°51'36"

Beek (gem. Bergh), NL-7037 CN / Gelderland — 319

- Vakantiepark De Byvanck BV
- Melkweg 2
- +31 (0)316-531413
- 1/1 - 31/12
- @ info@byvanck.nl

7,2ha 30T(80-120m²) 6A CEE

1. ACDGIJKLMPQ
2. FRSWXY
3. **F**JRU
4. (F) **N**
5. **AB**DFGIJNO**P**TUWZ
6. EG**K**M(N 4km)SV

💬 Camping met deels schaduwrijke vlakke plaatsen, gelegen net buiten het dorpje Beek, aan de voet van de Montferlandse heuvels in het hart van de Gelderse Achterhoek. Verwarmde sanitaire voorzieningen met overdekt zwembad. Watertemperatuur van minimaal 28° C. Prima uitvalsbasis voor wandel- en fietstochten.

🚗 A12 Arnhem-Oberhausen, in Duitsland afrit 2 Beek/Elten op de A3. Rechtsaf richting Beek. Na Nederlandse grens 1e weg links.

€14 1/1-28/6 17/8-31/12 7=6, 14=12, 21=18

N 51°53'59" E 6°10'44"

Beekbergen, NL-7361 TM / Gelderland — 320

- Het Lierderholt
- Spoekweg 49
- +31 (0)55-5061458
- FAX +31 (0)55-5062541
- 1/1 - 31/12
- info@lierderholt.nl

25ha 200T(100-150m²) 10A CEE

1. ACDGIJKLMNPQ
2. BFLRSVWXY
3. ABGHIJKL**MNPQ**RU
4. (A 26/4-5/5)
   (C+G 25/4-16/9) I
   (Q+R 1/4-31/10)
   (T+U+Y) Z
5. **AB**DEFGIJKLMNOPQRUW XY
6. ACDEGHIKLM(N 3,2km)OS TV

In het bos, mooi gelegen gezellige familiecamping met zeer veel mogelijkheden. Ook mooie open plekken met diverse hoogteverschillen.

A50 vanuit Arnhem, afslag 22 Beekbergen of A50 vanuit Zwolle, afslag 22 Hoenderloo. Daarna borden volgen.

CC €14   1/1-8/5   26/5-9/7   26/8-31/12   14=12, 21=18

N 52°7'59'' E 5°56'44''

Beekbergen, NL-7361 TG / Gelderland — 321

- Vak.centrum De Hertenhorst
- Kaapbergweg 45
- +31 (0)55-5061343
- FAX +31 (0)55-5061381
- 1/4 - 26/10
- info@hertenhorst.nl

22ha 55T(80-100m²) 10A CEE

1. ACDGIJKL**P**Q
2. BFIRSVWXY
3. ABGHIJK**M**N**Q**RU
4. (C+H 27/4-1/9) J
   (Q+R+T+X) Z
5. **AB**DFGIJ**M**NO**P**UWXY
6. ACDEGHI**K**(N 2km)OSTV

Prachtig gelegen in de Veluwse bossen. Nabij Park Hoge Veluwe en Paleis het Loo. Gezellige cp met ruime comfortplaatsen en camperplaatsen. Honden zijn toegestaan. Faciliteiten: verwarmd zwembad met glijbaan (Pasen - augustus), speeltuin met airtrampoline, tennisbanen, eetcafé, WiFi, cafetaria, supermarkt, camperservice en animatieteam. Beleef de Veluwe bij ons op de Hertenhorst!

A50 afrit 22, einde afslag rechts dan 1e weg rechts. Vervolgens 2e weg links.

CC €14   1/4-13/5   26/5-5/7   22/8-26/10

N 52°8'6'' E 5°57'51''

Beesd, NL-4153 XC / Gelderland — 322

- Betuwestrand
- A. Kraalweg 40
- +31 (0)345-681503
- FAX +31 (0)345-681686
- 28/3 - 27/9
- info@betuwestrand.nl

27ha 187T(80-100m²) 10A CEE

1. ABDEIJLPQ
2. ADFLRVWX
3. BGHJK**M**NRUWZ
4. (Q 1/4-1/10) (S 25/3-26/9)
   (T+U+Y 1/4-30/9) Z
5. **AB**DFGIJKLMNO**PQ**RUW XYZ
6. ACDEGHI**K**(N 2km)OTV

Al enkele jaren één van de mooiste en gezelligste campings van Nederland met uitstekende voorzieningen. Royaal opgezet, gelegen aan een eigen recreatiemeer met zandstrand. In het boeiende Betuwse landschap met volop fiets- en wandelmogelijkheden. Centraal gelegen in Nederland tussen Utrecht (25 km) en 's-Hertogenbosch.

A2 Den Bosch-Utrecht, afslag 14 Beesd, daarna aangegeven.

CC €18   28/3-30/4   26/5-3/7   22/8-27/9

N 51°53'56'' E 5°11'18''

Beltrum, NL-7156 NB / Gelderland — 323

- Erve 't Byvanck
- Bruggertweg 5
- +31 (0)545-261552
- 1/4 - 1/11
- info@erve-byvanck.nl

NIEUW

1,7ha 40T(100-150m²) 10A CEE

1. AGIJKLMNPQ
2. CGLRWXY
3. ADJKLRUW
5. ABCDFGIJKLMNOPUWXYZ
6. CDEGJ(N 3,5km)V

Goed verzorgde camping. Ruime plaatsen. Een camping voor kampeerders die rust zoeken. Geen horizonvervuiling, de nachten zijn daar donker.

Vanaf de N315 Ruurlo-Neede, richting Haarlo/Eibergen. Na 1,2 km rechts richting Groenlo. Bij 4e wegaanduiding rechts (=Bruggertweg).

€12   7/4-10/5   27/5-2/7   31/8-31/10

N 52°5'41'' E 6°33'40''

Berg en Dal, NL-6571 CH / Gelderland — 324

- Nederrijkswald
- Zevenheuvelenweg 47
- +31 (0)24-6841782
- 15/3 - 31/10
- info@nederrijkswald.nl

1,5ha 52T(80-130m²) 6A CEE

1. ADGIJKLNOPRS
2. BGLRSVWXY
3. ADEFGHIJKLNU
4. (A 🚿)
5. ABCDFGHIJKLMNOPQT UWXZ
6. ABDEGHKM(N 3km)OTV

Bij het landgoed Nederrijk, aan de rand van Berg en Dal en Groesbeek, ligt camping Nederrijkswald, aan drie zijden omgeven door bos. Men kan hier genieten van de prachtige natuur, rust, ruimte, bezienswaardigheden, gezelligheid en het landelijk leven. Kenmerkend zijn de ruime plaatsen en goede sanitaire voorzieningen.

A73, afslag 3 Malden. N271 ri. Groesbeek. Bij rotonde richting Berg en Dal; T-splitsing links volgen, 2e weg rechts N841 (bij tankstation). Na 750m links.

€16   15/3-25/4   26/5-4/7   25/8-30/10

N 51°48'8'' E 5°55'25''

Braamt, NL-7047 AP / Gelderland — 325

- Recreatie Te Boomsgoed
- Langestraat 24
- +31 (0)314-651890
- 1/1 - 31/12
- info@teboomsgoed.nl

6ha 35T(100m²) 10-16A CEE

1. ADGIJKLMNOPQ
2. BDFGLRSVXY
3. ABHJNOPQRU
4. (Q 2/5-10/5,11/7-30/8) (T+V 🚿)
5. ABDFGHIJKLMNPUWXZ
6. BCDEGHJOTV

Gelegen aan de Pieterpad-route in het Montferland. Kampeerplaatsen afgebakend met beukenhagen. Verzorgde maaltijden mogelijk. Camping beschikt over manege, minigolfbaan en recreatieruimte.

A18 afslag 3 Doetinchem/Zelhem/Zeddam. Na afslag links, 2e rotonde links richting Braamt. Na 250m ligt de camping.

€12   1/1-1/5   26/5-30/6   26/8-31/12

N 51°55'31'' E 6°15'42''

326
Doesburg, NL-6984 AG / Gelderland

- Camping & Jachthaven Het Zwarte Schaar
- Eekstraat 19
- +31 (0)313-473128
- Fax +31 (0)313-479212
- 1/1 - 31/12
- info@zwarteschaar.nl

17ha 77T(90-120m²) 10A CEE

1. ADGIJKLMOPRS
2. ACFKLMSTVWX
3. ACHJKLNRTUWX
4. (E 30/3-31/10) (G 1/5-15/9) IJ(T+X+Y) Z
5. ABDEFGIJKLMNPSUWX YZ
6. ABCDEGHK(N 5km)OTV

Camping en Jachthaven Het Zwarte Schaar is een gezellige familiecamping voor jong en oud, gelegen aan een arm van de IJssel op de grens van de gemoedelijke Achterhoek en de uitgestrekte Veluwe. Watersport, fietsen, wandelen, alles is mogelijk.

Vanaf A348 rechts richting Doetinchem (N317). Neem na 3,9 km 3e afslag op rotonde en dan borden cp volgen.

€14 1/4-10/5 27/5-3/7 31/8-17/10 7=6, 14=12, 21=18

N 52°2'10" E 6°9'43"

327
Doesburg, NL-6984 AG / Gelderland

- IJsselstrand
- Eekstraat 18
- +31 (0)313-472797
- Fax +31 (0)313-473376
- 1/1 - 31/12
- info@ijsselstrand.nl

50ha 200T(80-120m²) 10A CEE

1. ACDGIJKLMOPQ
2. ACFLRUWXY
3. ABCHIJKLMNOPRTUWX
4. (E+H 30/3-31/10) IJK (Q+S 1/3-31/10) (T+X+Y) Z
5. ABDEFGIJKLMNPSTUWX YZ
6. ACDEGHK(N 3km)OSTV

Cp is het hele jaar open. Ideaal voor rustzoekers in het voor- en naseizoen. Voor families met kinderen is er een grote indoorspeeltuin en een nieuw overdekt buitenzwembad. In de zomer kan men aan het IJsselstrand liggen. Tevens speciale verharde camperplaatsen en ruime kampeerplekken met privé sanitair.

Vanaf Arnhem komende A348 re ri Doetinchem (N317). Na 3,9 km 3e afslag op de rotonde (bord cp aangegeven). Neem na 1,2 km 3e afslag op de rotonde. Na 1,4 km links.

€14 1/1-24/4 26/5-10/7 27/8-16/9 23/10-31/12 7=6, 14=12, 21=18

N 52°1'44" E 6°9'43"

328
Doetinchem, NL-7004 HD / Gelderland

- De Wrange
- Rekhemseweg 144
- +31 (0)314-324852
- 28/3 - 1/11
- info@dewrange.nl

10ha 75T(90-110m²) 6A CEE

1. ADGIJKLMOPQ
2. BFLRSVWXY
3. BFGIJKNQRU
4. (C+H 1/5-1/9) (Q 1/5-10/5,13/7-22/8) (S+T+U+X 13/7-22/8) (Y 1/7-30/8) Z
5. ABDFGIJKLMNOPUWZ
6. AEGHKL(N 3km)OUV

Rustgevende camping in een bosrijke omgeving, maar niet afgelegen. Royale plaatsen op onafgebakende plaatsen met gras in het bos.

Vanaf de A18, afslag 4 Doetinchem-Oost. Onder aan de rijksweg linksaf. Doorrijden tot volgende verkeerslicht, daar rechtsaf en aan borden volgen (deels door woonwijk).

€14 1/4-1/5 18/5-22/5 26/5-5/7 24/8-30/10 7=6, 14=11

N 51°56'47" E 6°20'1"

Doornenburg, NL-6686 MC / Gelderland

- De Waay
- Rijndijk 67a
- +31 (0)481-421256
- FAX +31 (0)481-483048
- 1/4 - 1/10
- info@de-waay.nl

19ha 110T(100-120m²) 6A CEE

1. ACDGIJKLMPQ
2. ADFLRWX
3. ABCFGJKMNRUWZ
4. (C+D+H 2/5-25/5) JN (Q+R+T+U 2/5-25/5, 12/7-28/8)(X+Y 2/5-25/5) Z
5. ABDEFGIJKLMNOPQRUWYZ
6. CEGHK(N 2km)OSTUV

Gemoedelijke camping met moderne sanitaire voorzieningen. Veel boomgaarden rondom. Aparte velden voor toeristische kampeerders en aparte velden met vaste staanplaatsen.

Vanaf A15 afslag Bemmel/Gendt. In Gendt linksaf en vanaf daar de borden volgen.

€18 1/4-11/5 26/5-9/7 31/8-1/10

N 51°54'16'' E 5°59'8''

329

Ede, NL-6718 SM / Gelderland

- Bos- en Heidecamping Zuid-Ginkel
- Verlengde Arnhemseweg 97
- +31 (0)318-611740
- FAX +31 (0)318-618790
- 27/3 - 25/10
- info@zuidginkel.nl

4,7ha 75T(100-130m²) 6A CEE

1. ADGIJKLMNPQ
2. BFRSVWXY
3. ABFHJKLR
4. (Q+R)
5. ABCDFGIJKLMNOPRUWXY
6. AEGHK(N 4,5km)OS

Unieke, rustige, sfeervolle en gastvrije camping midden in de natuur vol bos en heide. Uitermate geschikt voor fietsen en wandelen. Veel mogelijkheden voor uitstapjes in de nabije omgeving. Zeer schoon en verwarmd sanitair. Kamperen op grote of kleine veldjes of, als u het liever heeft, een plekje voor uzelf. Kwaliteit en persoonlijke service worden gegarandeerd en privacy gerespecteerd.

A12, afrit 25 Ede-Oost. Zie bord.

€16 27/3-12/5 26/5-6/7 23/8-25/10 7=6, 14=12, 21=18

N 52°2'18'' E 5°44'8''

330

Eerbeek, NL-6961 LD / Gelderland

- Landal Coldenhove
- Boshoffweg 6
- +31 (0)313-659101
- FAX +31 (0)313-654776
- 13/3 - 6/11
- coldenhove@landal.nl

20ha 180T(100-120m²) 6A CEE

1. CDGIJLPQ
2. BFILRSVX
3. ABCFGHJKLNQRTU
4. (A 14/3-3/11) (F+H+Q+S+T+U+X+Y) Z
5. ABDEFGIJKLMNOPRUWXZ
6. AEGHIKM(N 3km)OSTV

Zeer ruim opgezette camping, midden in het bos gelegen. Van alle gemakken voorzien, uitstekende faciliteiten. Het CampingCard ACSI-tarief van 14 euro is geldig op de C2 plekken. De C5-plekken kosten met CampingCard ACSI 16 euro.

A50 afslag Loenen/Eerbeek richting Loenen/Eerbeek. Daarna rotonde richting Dieren. Borden Coldenhove volgen.

€14 13/3-2/4 7/4-23/4 11/5-13/5 18/5-21/5 26/5-9/7 26/8-15/10

N 52°5'31'' E 6°2'5''

331

161

332 — Eerbeek, NL-6961 LK / Gelderland

- Robertsoord
- Doonweg 4
- ☎ +31 (0)313-651346
- FAX +31 (0)313-655751
- 3/4 - 31/10
- @ info@campingrobertsoord.com

2,5ha 25T(80-100m²) 10A CEE

1 AD**FIJKL**P**ST**
2 B**FGRSWXY**
3 A**BHJKNRU**
4 (Q 1/7-31/8) (T 1/7-1/9)
5 **AB**DFGI**JKL**MNO**PQ**UWXZ
6 C**EGJK**(N 1km)STV

💬 De camping ligt op de grens van het Nationaal Park Veluwezoom en de IJsselvallei en is daardoor zeer geschikt voor fietsers en wandelaars. Kampeerplaatsen zijn er met zowel schaduw als zon. Modern en verwarmd sanitair, voor kinderen is er een speeltuin.

🚗 Richting Eerbeek, dan borden volgen.

CC €14   3/4-30/4   26/5-5/7   31/8-31/10

N 52°6'5"   E 6°4'50"

333 — Eibergen, NL-7152 DB / Gelderland

- Het Eibernest
- Kerkdijk 1
- ☎ +31 (0)545-471268
- FAX +31 (0)545-476331
- 1/1 - 31/12
- @ recreatie@eibernest.nl

17ha 100T(100m²) 10A CEE

1 ACD**G**IJ**KL**MPQ
2 F**GLRVWXY**
3 A**BFGHJKL**N**OPQ**Ru
4 (C+H 4/4-31/10) (Q 🅿) (T+U+X+Y 4/4-31/10) Z
5 **AB**DEFGIJKLMNPUXYZ
6 ACDFGH**IJ**M(N 3km)OTUV

💬 In de Gelderse Achterhoek gelegen, gezellige familiecamping. Een mooi, wisselend landschap, ideaal om te wandelen, fietsen of een toertocht met de auto te maken. Voorzien van ruime plekken, verwarmd sanitairgebouw. Gezellige bar/restaurant, biljart, speeltuin, zwembaden, wasserette en fietsverhuur.

🚗 De camping is gelegen vlak bij de provinciale weg van Eibergen naar Groenlo.

CC €16   1/1-30/6   22/8-31/12

N 52°4'18"   E 6°38'25"

334 — Elburg, NL-8081 LB / Gelderland

- Natuurcamping Landgoed Old Putten
- Zuiderzeestraatweg (oost) 65
- ☎ +31 (0)525-681938
- 3/4 - 23/9
- @ info@oldputten.nl

5ha 70T(100-120m²) 4A CEE

1 AD**G**HIJLNPRS
2 C**F**GLRTWXY
3 A**H**JK**MOP**UW
4 (A 1/5-25/5,11/7-16/8) (G 🅿) (Q 18/7-15/8)
5 **A**EFGIJMNPUWZ
6 EGK(N 0,5km)T

💬 Rustige familiecamping, ideaal voor kleine kinderen. Ruime plaatsen. Prachtig natuur- en fietsgebied vlakbij vestingstadje Elburg.

🚗 A28, afslag 16 't Harde. N309 richting Elburg. Recht tegenover afslag Elburg-Vesting aan rotonde N309 links ingang.

CC €14   3/4-3/5   25/5-15/7   1/9-23/9

N 52°26'31"   E 5°50'40"

335 — Emst, NL-8166 GT / Gelderland

- De Zandhegge
- Langeweg 14
- ☎ +31 (0)578-613936
- FAX +31 (0)578-614721
- 28/3 - 1/10
- @ info@zandhegge.nl

5,9ha 65T(80-120m²) 16A CEE

1 ADGIJKLMPQ
2 BFRVWXY
3 ABCDGHIJKLMNRU
4 (C+H 30/4-15/9)
   (Q+R+T+U)
5 ABDEFGIJKLMNOPUWX YZ
6 AEGHJK(N 2km)OSTV

💬 Gezellige familiecamping met uitstekend sanitair. U kampeert op ruime afgebakende plaatsen. Een heerlijke camping voor jong en oud, waar het met het zwembad en de uitstekende fiets- en wandelmogelijkheden goed toeven is. Daarnaast is de landelijke omgeving een oase van rust.

🚗 A50 Apeldoorn-Zwolle, afslag 27 Epe. Bij de verkeerslichten links, richting Emst, 1e weg rechts. Camping staat voor de verkeerslichten al aangegeven.

CC €16   28/3-2/5   26/5-10/7   27/8-1/10   7=6, 14=12, 21=17   N 52°19'49" E 5°57'42"

---

336 — Epe, NL-8162 PT / Gelderland

- De Vossenberg
- Centrumweg 17
- ☎ +31 (0)578-613800
- 1/4 - 31/10
- @ info@campingvossenberg.nl

6ha 50T(80-100m²) 10A CEE

1 ADGIJKLMNOPRS
2 BFRSTVWXY
3 ABFGHJNQRU
4 (C+H 1/5-1/9)
   (Q 15/5-15/8)
   (T+U 1/5-31/8)
   (X 15/7-23/8) (Y 15/7-16/8)
   Z
5 ABDFGHIJKLMNOPRUWX
6 BEGHK(N 3km)OSV

💬 Schitterende camping gelegen tussen verschillende natuurgebieden en nabij de bossen van de Veluwe waar bezoekers heerlijk doorheen kunnen fietsen. Camping beschikt over zeer ruime plekken, prachtig verwarmd buitenzwembad, WiFi-netwerk, modern toiletgebouw en alle faciliteiten.

🚗 A50 Zwolle-Apeldoorn, afslag 27 Nunspeet tot afslag Wissel. A28 Amersfoort-Zwolle, afslag 15 Epe (N309) tot afslag Wissel. Dan borden volgen.

CC €14   1/4-1/5   27/5-9/7   24/8-29/8   1/9-31/10   N 52°20'28" E 5°56'17"

---

337 — Epe, NL-8162 NR / Gelderland

- RCN de Jagerstee
- Officiersweg 86
- ☎ +31 (0)578-613330
- FAX +31 (0)578-621336
- 1/1 - 31/12
- @ jagerstee@rcn.nl

33ha 350T(100m²) 10A CEE

1 ABCDGIJKLNPRS
2 BFLRSVWXY
3 ABFHJKLNQRU
4 (A 27/3-2/11)
   (C+H 1/5-15/9) (Q)
   (R+T+U 27/3-2/11)
   (X+Y 27/3-2/11,24/12-5/1) Z
5 ABDFGIJKLMNPQUWZ
6 EGHKM(N 3km)STV

💬 Gelegen in een bosgebied vol ruimte, rust en sfeer en middenin Nationaal Park De Hoge Veluwe. Ideaal gebied om te wandelen en te fietsen. Op de camping vindt u een openluchttheater en een supermarkt. Dicht bij gezellige steden als Apeldoorn en Zwolle.

🚗 A50 Apeldoorn-Zwolle, afslag 27, volg de N309 richting Nunspeet, na de rotonde de ANWB-campingborden 'Jagerstee' volgen.

CC €14   1/1-13/5   18/5-22/5   26/5-10/7   27/8-31/12   N 52°21'51" E 5°57'32"

163

Ermelo, NL-3852 MC / Gelderland   ♿ 🛜 iD   **338**

- ⛺ De Kriemelberg
- 🏠 Drieërweg 104
- ☎ +31 (0)341-552142
- 📠 +31 (0)341-551029
- 📅 27/3 - 31/10
- @ info@kriemelberg.nl

7ha 80T(80-140m²) 10A CEE

1. **AD**F**IJKLMNOPQ**
2. **AB**F**GRSVWXY**
3. **AB**HJ**KNRU**
4. (A 🔒) M(Q+R 🔒)
   (T 4/4-12/9) Z
5. **ABC**DEFGHI**JMNOPQS**U **WXYZ**
6. **C**DEH**K**(N 3km)OS

CC €14   27/3-24/4   11/5-13/5   26/5-3/7   20/8-31/10

📍 N 52°17'12'' E 5°38'48''

Ermelo, NL-3852 ZD / Gelderland   🛜 iD   **339**

- ⛺ In de Rimboe
- 🏠 Schoolweg 125
- ☎ +31 (0)341-552753
- 📅 28/3 - 30/10
- @ info@inderimboe.nl

10,1ha 40T(80-110m²) 6A CEE

1. AD**G**IJKLMO**P**ST
2. BFGRSVWXY
3. BGHJKLNRU
4. (C 15/5-15/9) (H 1/5-15/9)
   (Q+T+U+X+Y 29/3-27/10) Z
5. **ABC**DFGHI**JKMNOP**UWX YZ
6. AEGK(N 3km)OSV

CC €16   28/3-13/5   26/5-5/7   24/8-30/10

📍 N 52°17'29'' E 5°38'59''

Ermelo, NL-3852 MA / Gelderland   ♿ 🛜 ✱ iD   **340**

- ⛺ Recreatiecentrum De Paalberg
- 🏠 Drieërweg 125
- ☎ +31 (0)341-552373
- 📅 1/1 - 31/12
- @ info@paalberg.nl

30ha 184T(100-120m²) 10A CEE

1. AD**G**IJKLMNPRS
2. BFGLRSVWXY
3. ABGHIJKLMN**Q**RU
4. (C 1/5-31/8) (F+H 🔒) IJK**L M N**
   (Q+S+T+U+Y 1/4-31/10) Z
5. **AB**DFGHIJKLMNOPQUWX YZ
6. ABCEGHK(N 3km)OSV

CC €16   1/1-1/5   26/5-5/7   22/8-31/12

📍 N 52°17'16'' E 5°39'25''

Garderen (Veluwe), NL-3886 PG / Gelderland **341**

- ▲ Ardoer camping De Hertshoorn
- ▣ Putterweg 68-70
- ☎ +31 (0)577-461529
- FAX +31 (0)577-461556
- ⌚ 27/3 - 1/11
- @ hertshoorn@ardoer.com

10ha 340T(80-150m²) 10A CEE

1 ACDEIJKLMNOPQ
2 BFGLRSVWXY
3 ABCD**F**GHJKLMNRU
4 (C 1/5-1/9) (F+H ⌚) M (Q+S+T+U+Y ⌚)
5 **AB**CDEFGHIJKLMNOPQUWXY
6 BCDEGH**IK**LM(N 1,5km)OSV

💬 De camping heeft zeer goede voorzieningen en ligt centraal op de Veluwe, vlakbij Garderen. De ruime, maar toch intieme velden zijn omgeven door bomen en hoge struiken. Direct vanaf de camping zijn verscheidene fiets- en wandelroutes uitgezet. Veel toeristische attracties op korte afstand. Restaurant in eigen beheer.

🚗 A1, afslag 17. Door Garderen richting Putten. De camping ligt direct na Garderen aan de rechterkant.

CC €14 28/3-30/4 27/5-3/7 29/8-25/10

N 52°14'12" E 5°41'21"

Gorssel, NL-7213 AX / Gelderland **342**

- ▲ Jong Amelte
- ▣ Kwekerijweg 4
- ☎ +31 (0)575-491371
- ⌚ 1/1 - 31/12
- @ mjansen@jongamelte.nl

4,1ha 35T(100-120m²) 6-10A CEE

1 ADGIJKLM**P**Q
2 BFRX
3 BGHJNRU
4 (T+U+X 11/7-30/8) Z
5 **AB**DGIJKLMOPUWXYZ
6 EG(N 1km)T

💬 U kampeert op ruime plaatsen langs de rand van enkele veldjes. De camping is gelegen aan de rand van een landgoed. Het dorp Gorssel ligt op loopafstand. Iets verder ligt de prachtige IJsselvallei met ruime wandel- en fietsmogelijkheden. Op fietsafstand liggen ook de hanzesteden Zutphen en Deventer.

🚗 A1, afslag 23 richting Zutphen N348. Bij Gorssel staat de camping al aangegeven.

CC €12 1/1-3/4 7/4-12/5 26/5-10/7 31/8-31/12 10=9

N 52°11'57" E 6°12'59"

Groesbeek, NL-6561 KR / Gelderland **343**

- ▲ De Oude Molen
- ▣ Wylerbaan 2a
- ☎ +31 (0)24-3971715
- ⌚ 30/3 - 31/10
- @ camping@oudemolen.nl

6,5ha 150T(80-120m²) 4-16A CEE

1 ADG**I**JLPQ
2 FGIRSVWX
3 ABD**F**GJKLNRU
4 (C+H 1/5-31/8) JN (Q 26/4-3/5,11/7-23/8)(R ⌚) (T 26/4-3/5,11/7-23/8) (U 11/7-23/8) (X 11/7-17/8)Z
5 **AB**DEFGIJKLMNOPQRUWXY
6 ACEGH**IK**OTV

💬 De camping heeft een origineel sanitairgebouw (met onder andere een sauna). De camping ligt in het dorp. Veel struikgewas.

🚗 Op A73 afslag Groesbeek. In Groesbeek door centrum, borden volgen. Camping ligt rechts. Op A50 of A15 afslag Kleve. Kleve aanhouden. Na grens rechts en daarna 2e straat rechts.

CC €14 30/3-1/5 26/5-3/7 20/8-30/10 14=12, 21=18

N 51°47'4" E 5°56'6"

344 — Hall, NL-6964 AM / Gelderland

- Nivon Het Hallse Hull
- Hallseweg 10
- +31 (0)313-651350
- 1/4 - 31/10
- hethallsehull@gmail.com

9ha 122T(100-160m²) 6A CEE

1 ABDFIJLNPRS
2 BCFR
3 AFHIJKR
5 ABDEFGIJKLMNOPUWZ
6 EGK(N 1,5km)

💬 Een rustig gelegen natuurcamping met ruime kampeerplaatsen en eenvoudige voorzieningen.

🚗 De camping ligt aan de doorgaande weg Apeldoorn-Dieren langs het kanaal, afslaan bij Hallse Brug en campingborden volgen.

CC €12   1/5-12/5   26/5-2/7   1/9-4/10

N 52°6'17" E 6°5'20"

345 — Harfsen, NL-7217 PG / Gelderland

- Camping De Waterjuffer
- Jufferdijk 4
- +31 (0)573-431359
- 27/3 - 25/10
- info@campingdewaterjuffer.nl

11,9ha 63T(120-150m²) 10-16A CEE

1 ADGIJKLMPQ
2 ADFGLRVWX
3 ABDGJKLNRZ
4 (T+X 🐕)
5 ABDFGIJMNPUWXYZ
6 ACDEGIK(N 0,8km)OT

💬 Unieke, gastvrije, groene camping met uitstekend sanitair. U staat op een zeer ruime kampeerplaats, op ons parkachtige terrein. Een oase van rust en ruimte in een bosrijke omgeving. De Hanzesteden Deventer en Zutphen zijn zeker een bezoekje waard. Er zijn mooie wandel- en fietsroutes langs de vele kastelen in een prachtig coulisselandschap.

🚗 A1, afslag 23 richting Zutphen N348. In Epse N339 richting Laren/Lochem. Voor Harfsen staat de camping aangegeven.

CC €14   27/3-30/4   26/5-5/7   22/8-25/10   **14=12, 21=18**

N 52°12'34" E 6°17'13"

346 — Hattem, NL-8051 PW / Gelderland

- Molecaten Park De Leemkule
- Leemkuilen 6
- +31 (0)38-4441945
- FAX +31 (0)38-4446280
- 27/3 - 31/10
- deleemkule@molecaten.nl

24ha 150T(100m²) 10A CEE

1 ACDEIJKLMNOPQ
2 BFLRSTVWXY
3 ABDFHJKLMNRU
4 (A 10/7-20/8) (C 13/5-31/8) (F+H 🐕) KLN (Q+S+T+U+X+Y 🐕) Z
5 ABDFGIJKLMNOPUWXYZ
6 AEGIKM(N 4km)OSTV

💬 Sfeervol vakantiepark midden in de Veluwse bossen bij Hattem, grenzend aan Landgoed Molecaten. O.a. comfort kampeerplaatsen, overdekt zwembad, tennisbaan, restaurant, winkel en fietsverhuur aanwezig. Wandel- en fietsroutes. Vlakbij Apenheul, Paleis 't Loo en Dolfinarium.

🚗 A28 afslag 17 Wezep, bij de rotonde rechtdoor en bij de eerstvolgende splitsing ri Heerde. Na 3,5 km, over het spoor, tot de afslag Hattem Wapenveld. Linksaf slaan. Na ong. 3 km toegang park aan de linkerkant.

CC €16   27/3-23/4   18/5-21/5   26/5-7/7   24/8-31/10

N 52°27'22" E 6°2'11"

Hattem, NL-8051 PM / Gelderland 347

▲ Molecaten Park Landgoed Molecaten
🏠 Koeweg 1
☎ +31 (0)38-4447044
🗓 27/3 - 30/9
@ landgoedmolecaten@molecaten.nl

10ha 41T(100m²) 10A CEE
1 AD**F**IJKLMNO**PQ**
2 BFGRVWXY
3 A**F**IJKR
4 (A+Q+T+X ⌂)
5 **AB**CDG**IJ**K**L**MNO**PQ**UXZ
6 EG**K**(N 1km)OTV

💬 De camping bevindt zich in een bosrijke omgeving en toch dicht bij het prachtige stadje Hattem. Op een aantal kleine veldjes treft u zowel zonnige als schaduwrijke plaatsen aan.

🚗 A50 afslag Hattem. Via Hessenweg en Gelderse Dijk. Einde re-af. Op Nieuweweg re-af Stationstraat in. Dan li-af Stadslaan in. Vervolgens re-af Eliselaan en li-af Koeweg in.

€14 27/3-23/4 18/5-21/5 26/5-7/7 24/8-30/9   N 52°27'59'' E 6°3'26''

Heerde, NL-8181 PK / Gelderland 348

▲ De Mussenkamp
🏠 Mussenkampseweg 28A
☎ +31 (0)578-693956
🗓 1/4 - 31/10
@ campingdemussenkamp@planet.nl

5ha 130T(100-120m²) 10A CEE
1 ADG**IJ**KLMOPRS
2 FRSVWX
3 BGHJNR
4 **AB**CDEFGH**IJ**KLMNO**PQ**UWXYZ
6 ABEG**K**(N 3km)T

💬 Rustige, landelijk gelegen familiecamping aan de rand van de Veluwe tussen de twee gezellige dorpen Heerde en Epe. De Veluwe is een prachtig natuurgebied, gekenmerkt door zijn bosrijke en glooiende omgeving. Bij de camping hoort een boerderij. Kampeerders mogen altijd de stal inlopen en bij de koeien en de kalfjes komen kijken.

🚗 A50 Apeldoorn-Zwolle, afslag 28 richting Heerde nemen. Dan campingborden volgen.

€14 1/4-8/5 30/5-3/7 20/8-31/10   N 52°22'38'' E 6°0'43''

Heerde, NL-8181 LP / Gelderland 349

▲ De Zandkuil
🏠 Veldweg 25
☎ +31 (0)578-691952
🗓 29/3 - 31/10
@ info@dezandkuil.nl

NIEUW

11,5ha 160T(90-100m²) 10A CEE
1 AD**F**IJKLMOPST
2 BFRSVWXY
3 AB**F**GHJKNRU
4 (C+H 1/5-1/9)
   (Q+R 1/4-31/10)
   (T 25/4-3/5,4/7-23/8)
   (U 4/7-23/8,25/4-3/5)
   (X+Y 25/4-3/5,4/7-23/8)
5 **AB**DFG**IJ**KLMNO**PQ**RUW
6 ABEGH**K**(N 2,5km)OST

💬 Comfortabele familiecamping in de Noord-Veluwse bossen.

🚗 A50 Apeldoorn-Zwolle, afslag 29 Heerde. Bij 1e rotonde 2e afslag (Molenweg), bij 2e rotonde 1e afslag, bij 3e rotonde 2e afslag richting Wapenveld, linksaf de Koerbergseweg in, borden volgen.

€14 29/3-10/5 27/5-5/7 22/8-31/10 7=6, 14=11   N 52°24'38'' E 6°2'37''

Heerde, NL-8181 LL / Gelderland 350

- Molecaten Park De Koerberg
- Koerbergseweg 4/1
- +31 (0)578-699810
- FAX +31 (0)578-694152
- 27/3 - 31/10
- dekoerberg@molecaten.nl

22ha 113T(> 100m²) 10A CEE

1 ACDFIJKLOPQ
2 BFIRSWXY
3 ABFHJKMNRTU
4 (C+H 1/6-16/9) (Q+R+T+U+X+Y)
5 ABDEFGHIJKLMNOPQRU WXY
6 AEGK(N 3km)OSTV

De ligging van de Koerberg is fantastisch. Het Zwolsche Bos, het prachtige heideveld en de Veluwe zijn de grootste trekpleisters.

A50 Apeldoorn-Zwolle, afslag 29 Heerde/Wapenveld. Richting Heerde. Op rotonde 2e afslag (Molenweg), volgende rotonde 3e afslag (Veldweg). Einde Veldweg links Koerbergseweg, daarna direct rechts.

€16 27/3-23/4 18/5-21/5 26/5-7/7 24/8-31/10

N 52°24'34'' E 6°3'5''

Hengelo (Gld.), NL-7255 MJ / Gelderland 351

- Kom-Es-An
- Handwijzersdijk 4
- +31 (0)575-467242
- FAX +31 (0)575-441324
- 1/4 - 31/10
- informatie@kom-es-an.nl

10,5ha 90T(100-110m²) 10A CEE

1 ADGIJKLMPQ
2 BRSWXY
3 ABFGHJKNRUW
4 (B+G 1/6-1/9) (Q) (R 15/5-1/9) (T+U+X) Z
5 ABDEFGIJKLMNOPQRU W
6 ACDEGHIJ(N 2,5km)OV

Gezinscamping gelegen tussen het groen van de Achterhoek. Ruime plaatsen. Modern sanitairgebouw, kindersanitair en familiedouche. In schoolvakanties animatieteam aanwezig.

Vanaf Hengelo (Gld) richting Ruurlo 2 km. Aangegeven met borden.

€14 1/4-13/5 26/5-3/7 24/8-31/10

N 52°3'35'' E 6°21'19''

Heteren, NL-6666 LA / Gelderland 352

- Camping Overbetuwe
- Uilenburgsestraat 3
- +31 (0)26-4742233
- FAX +31 (0)26-4723434
- 1/1 - 31/12
- info@campingoverbetuwe.nl

4,2ha 39T(100-200m²) 10A CEE

1 ABGIJKLMNPQ
2 FGLRSX
3 ABDFGHJNORUW
4 (R) Z
5 ABDFGIJMNOPU
6 ADEGJ(N 3km)TV

Strategisch prima gelegen camping annex kinderboerderij voor uitstapjes (met de fiets) naar de Veluwe en het rivierenland. Rustige ligging. Goed bereikbaar via A50. Kampeerplaatsen zijn afgebakend met struikjes en er is voldoende schaduw.

A50, afslag 18 Heteren. Dan campingborden volgen.

€14 1/1-30/6 17/8-31/12

N 51°56'55'' E 5°46'21''

Hoenderloo, NL-7351 TN / Gelderland — 353

- De Pampel
- Woeste Hoefweg 35
- ☎ +31 (0)55-3781760
- FAX +31 (0)55-3781992
- 1/1 - 31/12
- @ info@pampel.nl

14,5ha 253T(100-200m²) 16A CEE

1. ACDEIJLMPQ
2. BFGILRSVWXY
3. ABCGHIJKL**MNOP**RU
4. (C+D 29/3-30/9,15/10-31/10) (H 29/3-31/10) (Q+S+T+U+V+Y 1/4-30/9)
5. **AB**CDEFGIJKLMNOPQR**S T**UWXYZ
6. ACDEGH**IK**(N 1km)OSTV

Prachtige 5-sterren cp met alleen toerplaatsen in een bosrijke omgeving. Grote plaatsen op een grasveld, of privé-plaatsen omgeven door bomen en struiken. Vloerverwarming en luchtbeheersing in de sanitairgebouwen, dus ook als wintercamping ideaal. Verwarmd en overdekt zwembad. Aankomst na 13:00 uur en vertrek voor 12:00 uur.

A1, afslag 19 Apeldoorn/Hoenderloo, in Hoenderloo ri. Loenen volgen. Of A50 Arnhem-Apeldoorn, afslag 22 Hoenderloo. Borden Hoenderloo volgen.

€16 1/1-1/5 25/5-3/7 20/8-31/12 7=6, 14=12, 21=18 N 52°7'10" E 5°54'19"

Hoenderloo, NL-7351 TM / Gelderland — 354

- Recreatiepark 't Veluws Hof
- Krimweg 152-154
- ☎ +31 (0)55-3781777
- FAX +31 (0)55-3781674
- 1/3 - 26/10
- @ info@veluwshof.nl

32ha 70T(100-130m²) 6A CEE

1. ADFIJLPQ
2. BFLRSVWXY
3. ABGHJKL**MN**Q**RT**U
4. (A 1/7-1/9) (C+H 26/4-14/9) IJ(Q+S+T+U+Y) Z
5. **AB**CDFGIJMNOPQRUWXY
6. AEGH**K**MOSTV

Recreatiepark 't Veluws Hof ligt vlakbij Het Nationale Park De Hoge Veluwe en in de bossen waar u heerlijk kunt wandelen en fietsen. Alle plaatsen zijn ruime comfortplaatsen en van alle gemakken voorzien. In het hoogseizoen is er een recreatieteam aanwezig.

A1, afslag 19 Apeldoorn-Hoenderloo, in Hoenderloo ri campings volgen of A50 Arnhem-Hoenderloo, afslag 22 Hoenderloo, borden Hoenderloo volgen.

€16 1/3-30/4 26/5-10/7 27/8-26/10 7=6, 14=12, 21=18 N 52°7'21" E 5°55'17"

Hoenderloo, NL-7351 BP / Gelderland — 355

- Veluwe camping 't Schinkel
- Miggelenbergweg 60
- ☎ +31 (0)55-3781367
- FAX +31 (0)55-3781992
- 1/1 - 31/12
- @ info@hetschinkel.nl

7,5ha 200T(80-100m²) 10A CEE

1. AD**G**IJLMNPQ
2. FILRSVWX
3. BCGHJKLNRU
4. (C+H 26/4-15/9) I (Q+R+T+U+X+Y 1/4-30/9)
5. **AB**DEFGIJKLMNOPQRUW XYZ
6. ACDEG**K**L(N 1km)OST

Camping is zowel in het voor- als in het naseizoen een oase van rust en ruimte. De camping is aan de rand van het bos gelegen, zonnig en ruim opgezet. Door de centrale ligging in het hart van de Veluwe is de camping de perfecte uitvalsbasis om te fietsen of te wandelen over de eindeloze Veluwe en de rijke Veluwse cultuur te ontdekken.

Vanuit Arnhem/Apeldoorn/Ede ri. Hoenderloo aanhouden. Daarna bord Beekbergen/Loenen richting Beekbergen en borden camping volgen.

€14 1/4-1/5 25/5-10/7 27/8-30/9 7=6, 14=12, 21=18 N 52°7'42" E 5°54'15"

356 — Hulshorst, NL-8077 RB / Gelderland

- DroomPark Bad Hoophuizen B.V.
- Varelseweg 211
- +31 (0)341-451353
- +31 (0)341-451522
- 27/3 - 26/10
- badhoophuizen@droomparken.nl

30ha 370T(90-125m²) 16A CEE

1. ACDGIJKLMNOPQ
2. ADFKLMRSVWX
3. ABCFJKLMNRUWZ
4. (F+H) KLN (Q+R+T+U+X+Y) Z
5. ABDFGIJMPUWXYZ
6. BCDEGHKM(N 4km)OSV

Voormalig landgoed aan het Veluwemeer met 1100m eigen strand en ondiep, veilig water. De plaatsen liggen op ruime velden tussen hoge hagen en bomen. Fietsroutes (knooppuntroutes) lopen langs de camping naar de Veluwe en de oude steden aan de vroegere Zuiderzee. Voor comfortplaatsen en plaatsen aan het water wordt een hoger tarief gehanteerd.

Vanaf de A28, afrit 13, ri. Lelystad (N 302). Ri. Hierden-Hulshorst. Bij Hulshorst borden volgen.

CC €14 27/3-1/5 18/5-22/5 29/5-10/7 28/8-25/10
N 52°22'58" E 5°42'30"

357 — Hummelo, NL-6999 DT / Gelderland

- Camping De Graafschap
- Loenhorsterweg 7C
- +31 (0)314-343752
- +31 (0)314-327355
- 1/1 - 31/12
- info@camping-degraafschap.nl

4ha 65T(120-150m²) 6A CEE

1. ADGIJKLPRS
2. FRSTVWXY
3. AFGHJKLNRU
4. (Q 1/5-30/7) (R+T) (X 1/5-31/7)
5. ABCDFGIJKLMNOPSUWXYZ
6. ACDEGHIJ(N 2km)OSTUV

Mooi terrein met gevarieerde parkbegroeiing. Standplaatsen zijn open velden en hofjes omringd door groene hagen. Rustig gelegen, dichtstbijzijnde winkels op 1,5 km. Omgeving leent zich zeer goed voor wandel- en fietstochten. Aankomst na 14:00.

Vanuit Doesburg ri Doetinchem. In Hummelo de borden volgen. Vanuit Zutphen N314 ri Baak/Steenderen. In Hummelo op rotonde li-af. Borden volgen.

CC €16 1/1-30/4 29/5-30/6 17/8-31/12 14=13
N 51°59'31" E 6°16'47"

358 — Hummelo, NL-6999 DW / Gelderland

- Camping Jena
- Rozegaarderweg 7
- +31 (0)314-381457
- +31 (0)314-382326
- 3/4 - 31/10
- info@camping-jena.nl

6ha 168T(100-150m²) 6-10A CEE

1. ADGIJKLMPRS
2. BFLRSVWXY
3. AFIKLNRU
4. (Q+R+T)
5. ABCFGHIJKLMOPQRUWZ
6. ACDEHIK(N 2km)OTV

Zonnig gelegen landgoedcamping aan de rand van het bos. Diverse kampeerweides, boomgaard en individuele plaatsen. Groot sportveld. Voor kinderen diverse speeltoestellen. Omgeving leent zich goed voor wandel- en fietstochten. Voor kinderen GPS-kabouter-wandeltocht met opdrachten. Aankomst na 14:00.

A18 afrit 2 Wehl ri Zutphen volgen. Na Hummelo bij rotonde rechtdoor, borden volgen. Vanuit Doetinchem de N317 ri Doesburg. Na Langerak bij rotonde rechts borden volgen.

CC €14 3/4-30/4 29/5-30/6 17/8-31/10 14=13
N 51°59'35" E 6°15'23"

Kootwijk, NL-3775 KB / Gelderland — 359

- Harskamperdennen
- H. van 't Hoffweg 25
- +31 (0)318-456272
- FAX +31 (0)318-457695
- 27/3 - 24/10
- info@harskamperdennen.nl

16ha 302T(100-200m²) 6A CEE

1. ACD**F**HIJLNPQ
2. **B**FGRSWXY
3. **A**BGHIJKLNRU
4. M(Q+R)
5. **AB**DEFGIJKMN**P**RUWYZ
6. CDEGH**J**(N 2,5km)OTV

Perfect gelegen in het natuurgebied van Staatsbosbeheer. Op wandel- en fietsafstand van het Kootwijker Zand en Radio Kootwijk, in het hart van de driehoek Amersfoort-Apeldoorn-Arnhem. Sfeervolle, karakteristieke boscamping met veel variatie aan kampeerplaatsen, met alleen toeristische plaatsen en geen vaste staanplaatsen.

A1, afslag 17 richting Harskamp, dan borden volgen.

€16 27/3-30/4 26/5-9/7 26/8-24/10

N 52°9'1" E 5°44'28"

Kring van Dorth (gem. Lochem), NL-7216 PB / Gelderland — 360

- de Vlinderhoeve
- Bathmenseweg 7
- +31 (0)573-431354
- 1/4 - 31/10
- info@vlinderhoeve.nl

12,5ha 200T(100-120m²) 6A CEE

1. ACD**F**IJKLMNPQ
2. FLRVX
3. ABJK**M**N**Q**RU
4. (C+H 14/5-31/8) (Q 18/7-15/8) (R 2/5-9/5,18/7-15/8) (T+U+X) Z
5. **AB**DEFGIJKLMNPQRUWZ
6. ACDEGH**I**KM(N 3km)OSTV

In een bosrijke omgeving, fietsend of wandelend, van de geuren en geluiden van het seizoen genieten. Op de camping zorgen de ruime plaatsen, verwarmd sanitair en zwembad voor rust en een relaxte sfeer.

A1, afslag 23 Deventer/Zutphen richting Zutphen N348. Vanaf Epse met borden aangegeven.

€14 1/4-1/5 28/5-8/7 25/8-31/10 14=12, 21=18

N 52°13'7" E 6°15'48"

Laag-Soeren, NL-6957 DP / Gelderland — 361

- Ardoer Vakantiedorp De Jutberg
- Jutberg 78
- +31 (0)313-619220
- 1/1 - 31/12
- jutberg@ardoer.com

18ha 153T(80-120m²) 6A CEE

1. ACD**G**IJKLPQ
2. **B**FILRSVWXY
3. **A**BGHIJKLNRU
4. (A 1/7-1/9) (D+H 1/4-31/10) J(Q+R 1/4-31/10) (T+U+X+Y 1/4-30/10) Z
5. **AB**DEFGIJKLMNOPQRUWXYZ
6. ACEGHIKL(N 3km)OSTVX

In bos gelegen topcamping die voldoet aan alle eisen voor zijn kampeerders.

A1 afslag Apeldoorn-Zuid richting Dieren, volg de borden. Vanaf de A12 richting Zutphen-Dieren, Laag-Soeren en dan de borden volgen.

€16 1/1-30/4 26/5-10/7 27/8-31/12 7=6, 14=12, 21=18

N 52°4'5" E 6°4'48"

362 Laag-Soeren, NL-6957 DE / Gelderland

- Boszicht
- Priesnitzlaan 4
- +31 (0)313-420435
- 27/3 - 1/11
- info@campingboszicht.nl

2ha 80T(100m²) 4A CEE

1 ADGIJKLMNOPQ
2 FGRSWX
3 ABHJPU
5 AGIJKLMNOPUWX
6 AEGK(N 1km)OV

💬 Een gezellige camping in Laag Soeren, aan de rand van het Nationaal Park Veluwezoom. Uitgangspunt voor wandel-, fiets-, men- en ruitertochten. Stalling voor uw eigen paard aanwezig.

🚗 Richting Dieren/Laag Soeren. Borden volgen.

€12 27/3-1/6 26/6-10/7 27/8-1/11 14=12, 21=18

N 52°4'4" E 6°5'4"

363 Lieren/Beekbergen, NL-7364 CB / Gelderland

- Ardoer comfortcamping De Bosgraaf
- Kanaal Zuid 444
- +31 (0)55-5051359
- FAX +31 (0)55-5052682
- 27/3 - 25/10
- bosgraaf@ardoer.com

22ha 237T(100-144m²) 6A CEE

1 ADEIJKLPQ
2 BFRSWXY
3 ABFGHJKLMNRUW
4 (C+H 26/4-15/9) JMN (Q+S+T+X 3/4-15/9) Z
5 ABDFGIJMNOPQRSTUWXZ
6 EGHKL(N 2,5km)OSTV

💬 Grote, maar rustige camping, buiten het dorp aan het kanaal. Mooie plaatsen op open velden en in het bos.

🚗 A1, afslag 20 Apeldoorn-Zuid/Beekbergen na afslag linksaf en borden volgen. Of A50 afslag 23 Loenen, richting Loenen linksaf Klarenbeek. Borden volgen.

€16 27/3-10/7 27/8-25/10

N 52°8'39" E 6°2'9"

364 Lunteren, NL-6741 KG / Gelderland

- De Rimboe
- Boslaan 129
- +31 (0)318-482371
- 1/3 - 25/10
- info@campingderimboe.com

10,5ha 140T(80-120m²) 6A CEE

1 ACDFIJKLMOPQ
2 BFIRSVWXY
3 ABGHJKNRU
4 (A 1/7-1/9)
5 ABCDFGIJKLMNOPRUWXYZ
6 ACEGHK(N 2,5km)OTV

💬 Vriendelijke en gastvrije camping voor rustzoekers en fietsers. Schitterende plaatsen op diverse velden (zowel zonnig als schaduwrijk), of vrije kampeerplaatsen in het bos. De camping heeft uitstekende sanitaire voorzieningen. Vele fiets- en wandelmogelijkheden. Gezellige toeristische plaatsen zoals Lunteren, Ede en Barneveld. Op korte afstand een openluchtzwembad.

🚗 Richting Lunteren; in Dorpstraat tegenover fietsenzaak Boslaan inslaan.

€14 1/3-12/5 26/5-6/7 23/8-25/10 14=12, 21=18

N 52°5'31" E 5°39'47"

365 — Maurik, NL-4021 GH / Gelderland ♿ 📶 iD

- Camp. Jachthaven de Loswal
- Rijnbandijk 36
- ☎ +31 (0)344-692892
- FAX +31 (0)344-694359
- 🔓 1/4 - 1/10
- @ info@loswal.com

5,5ha 50T(100m²) 6A CEE

1. AD**FIJ**LNPQ
2. ACDFLRSTWX
3. BFGNRUX
4. (T+U+X 🔓)
5. **AB**DFG**IJKL**MNO**P**UW
6. EGHJ(N 1km)OTV

💬 Kleine, groene jachthaven-camping in de Betuwe aan de Nederrijn. Kampeerplaatsen zijn afgebakend en hebben voldoende schaduw. Vlakbij de historische plaatsen Wijk bij Duurstede, Buren en Culemborg.

🚗 A15 Gorinchem-Nijmegen, afslag Tiel/Maurik, richting Maurik volgen. In Maurik bewegwijzerd. A2 afrit 13 Culemborg/Kesteren N320. Campingborden volgen.

CC €14 1/4-10/5 1/6-30/6 24/8-1/10   N 51°57'47'' E 5°24'25''

---

366 — Neede, NL-7161 MA / Gelderland 📶 iD

- 't Klumpke
- Diepenheimseweg 38
- ☎ +31 (0)545-291780
- 🔓 1/4 - 31/10
- @ info@klumpke.nl

10ha 220T(80-120m²) 6A CEE

1. AD**G**IJKLMN**P**RS
2. BCGRSVWXY
3. A**F**GHJKLRUW
4. (C+H 26/4-1/10) M
   (Q 18/4-21/4,28/5-1/6)
   (R 26/4-5/5,6/6-9/6)
   (S+T+U+W+X 🔓) Z
5. **AB**DEFG**IJKL**MNO**PQ**RU
   WZ
6. AEG**IK**M(N 3km)OV

💬 Ruime boscamping in hartje Achterhoek. In het voor- en naseizoen een oase van rust met comfortabele en verwarmde sanitaire voorzieningen. Gooi vanaf uw kampeerplaats uw hengel uit of fiets en wandel urenlang door het schitterende landschap. 't Klumpke is in deze mooie jaargetijden een perfecte uitvalsbasis voor een actieve of juist luie vakantie. Bij meer dan 21 overnachtingen WiFi gratis.

🚗 Aan de weg Neede-Diepenheim. Bij Hengevelde wordt de camping met borden aangegeven.

CC €12 1/4-30/6 17/8-31/10 7=6, 14=12, 21=18   N 52°9'55'' E 6°35'54''

---

367 — Neede, NL-7161 LW / Gelderland ♿ 📶 ✱ iD

- Den Blanken
- Diepenheimseweg 44
- ☎ +31 (0)547-351353
- 🔓 28/3 - 31/10
- @ info@campingdenblanken.nl

7,2ha 165T(100-150m²) 6A CEE

1. ABD**G**HIJKLPRS
2. CLRVWXY
3. ABC**F**GHJK**M**NRU**W**X
4. (C+H 30/4-1/9)
   (Q 1/4-30/9) (R 30/3-28/9)
   (T+U+X 18/4-30/9)
5. **AB**CDEFG**IJKL**MNO**PQ**R
   UWXYZ
6. ACDEGH**IK**M(N 3km)OV

💬 Gezellige gezinscamping in de mooie, oerhollandse Achterhoek. Perfect onderhouden terrein en gloednieuw, comfortabel sanitair. Urenlang ongestoord vissen, fietsen en wandelen in de omgeving. Honden toegestaan. Blijf in contact met het thuisfront dankzij WiFi internetverbinding.

🚗 Aan de weg Diepenheim-Neede. De camping wordt met borden aangegeven.

CC €12 28/3-1/5 18/5-21/5 26/5-4/7 21/8-31/10 7=6, 14=12, 21=18   N 52°10'49'' E 6°35'13''

Nieuw-Milligen, NL-3888 NR / Gelderland 368

▲ Landal Rabbit Hill
🏠 Grevenhout 21
☎ +31 (0)577-456431
📠 +31 (0)577-456440
🔒 1/1 - 31/12
@ rabbithill@landal.nl

6ha 140T(100-120m²) 16A CEE

1 ACDEIJKLMOPQ
2 BFGLRSVXY
3 ABCD**FHIJKL**M**NQR**T**U
4 (A 🔒) (C 1/6-15/9)
  (F+H 🔒) IK**LN**
  (Q+S+T+U+W+Y 🔒)
5 **AB**DEFGIJKLMNOPUWXYZ
6 ACEGH**IK**M(N 5km)OSV

💬 Prachtige camping met grote plaatsen, zowel zonnige als beschutte (bos)plaatsen. Veel overdekte (binnen)recreatiemogelijkheden, onder andere zwemmen, tennissen, bowlen en spelen op een speelplaats. Voorwaarden voor reseveren worden door de camping vastgesteld. Max. 2 weken voor aankomst reserveren. In mei, juni, september alleen te boeken op dag van aankomst.

🚗 A1 afrit 18 richting Harderwijk. Vlak voor de N344 rechtsaf. Camping staat goed aangegeven.

CC €16 1/1-2/4 7/4-23/4 18/5-21/5 26/5-9/7 28/8-15/10 2/11-31/12
📍 N 52°13'6'' E 5°47'7''

Nunspeet, NL-8071 SH / Gelderland 369

▲ Molecaten Park De Hooghe Bijsschel
🏠 Randmeerweg 8
☎ +31 (0)341-252406
📠 +31 (0)341-262565
🔒 27/3 - 30/9
@ info@hooghebijsschel.nl

9,6ha 113T(80-150m²) 6A CEE

1 ACD**F**IJKLMNOPQ
2 ADFLMRSVWX
3 AB**F**JKM**R**U**WZ**
4 (C+H 30/4-1/9)
  (Q+R 29/5-9/6, 1/7-31/8)
  (T+U+X 14/5-25/5, 1/7-31/8)
  Z
5 **AB**FGHIJMNO**PQ**UWXY
6 ADEG**K**LM(N 4km)OSV

💬 De Hooghe Bijsschel ligt direct aan de oevers van het Veluwemeer. Ideaal voor een zonnige strandvakantie, maar ook een eldorado voor de actieve zeiler, surfer, fietser en wandelaar. De kampeervelden met ruime comfortplaatsen worden omlijst met hagen en grote bomen. De camping heeft o.a. een verwarmd buitenbad, tennisbaan en een restaurant met bar en terras.

🚗 A28 afslag 14 richting Nunspeet. Na het spoor ri. Hulshorst. Op de 3e rotonde richting Veluwemeer.

CC €16 27/3-23/4 18/5-21/5 26/5-7/7 24/8-30/9
📍 N 52°23'31'' E 5°44'6''

Nunspeet, NL-8072 PK / Gelderland 370

▲ Recreatiecentrum De Witte Wieven
🏠 Wiltsangh 41
☎ +31 (0)341-252642
📠 +31 (0)341-262935
🔒 1/4 - 1/11
@ info@wittewieven.nl

40T(100m²) 6A CEE

1 AD**G**IJKLMNO**P**RS
2 BFRWX
3 BFJKL**OP**RU
4 (B+G 1/6-31/8)
  (Q+R+T+U+X 🔒) Z
5 **AB**DFGIJMNO**P**UWZ
6 EGK(N 1km)OVX

💬 Mooi gelegen camping in de bossen van Nunspeet. Voor de jeugd is er een nieuwe speeltuin en ponyrijden behoort tot de mogelijkheden. U kunt ook uw paard/pony meenemen.

🚗 Op A28 afslag 15 richting Nunspeet, 1e weg rechts voorbij spoorwegovergang.

CC €12 1/4-13/5 26/5-4/7 29/8-31/10
📍 N 52°22'50'' E 5°49'1''

371 — Olburgen, NL-7225 ND / Gelderland

- Dorado Beach
- Pipeluurseweg 8
- ☎ +31 (0)575-451529
- FAX +31 (0)575-452895
- 1/4 - 31/10
- @ info@doradobeach.nl

21ha 56T(100-150m²) 16A CEE

1. BDGIJKLMOPQ
2. ACLMRSWX
3. AIJKNQRUX
4. (C 1/5-1/10) (Q+R+T+X) Z
5. ABDGIJMNOPUWZ
6. EGHK(N 1km)OTX

NIEUW

💬 De omgeving leent zich voor onthaasten door de schoonheid en rust. De camping heeft een restaurant, buitenzwembad, speeltuin, zwemstrand met ligweide, visstekjes en jachthaven. Fietsen en kano's te huur. De sanitaire voorzieningen zijn eenvoudig en sommige moeilijk bereikbaar voor mensen die slecht ter been zijn (bruggetje).

🚗 A1, afslag Zutphen/Voorst. Richting Zutphen. Dan richting Doetinchem tot rotonde waar u li-af richting Steenderen gaat. Dan cp-borden volgen.

CC €14 1/4-30/6 1/9-26/10

N 52°2'19'' E 6°7'58''

---

372 — Otterlo, NL-6731 BV / Gelderland

- Ardoer camping De Wije Wereld
- Arnhemseweg 100-102
- ☎ +31 (0)318-591201
- FAX +31 (0)318-592101
- 27/3 - 31/10
- @ wijewerelt@ardoer.com

12ha 170T(100-130m²) 10A CEE

1. ACDFIJKLMPQ
2. BFGLRSVWXY
3. ABCDGHIJKLNRU
4. (A) (C+H 25/4-15/9) M (Q+S+T+U+X+Y) Z
5. ABDEFGIJKLMNOPQUWXY
6. ACEGHIKM(N 2km)OSTV

💬 Prachtig gelegen camping nabij Nationaal Park De Hoge Veluwe, grenzend aan natuurgebied Planken Wambuis en de Ginkelse Heide. De camping beschikt over ruime kampeervelden en uitstekende voorzieningen. De prachtige Veluwse bossen en velden maken de camping het ideale uitgangspunt voor fietsers en wandelaars.

🚗 A12, afslag 23 of 25. A1, afslag 17 of 19. Bij alle afslagen staat bord Park Hoge Veluwe. In Otterlo borden volgen.

CC €16 27/3-25/4 26/5-10/7 27/8-31/10 14=12, 21=18

N 52°5'12'' E 5°46'10''

---

373 — Otterlo, NL-6731 SN / Gelderland

- Beek en Hei
- Heideweg 4
- ☎ +31 (0)318-591483
- FAX +31 (0)318-591431
- 1/1 - 31/12
- @ info@beekenhei.nl

5ha 120T(60-100m²) 6A CEE

1. ACDGIJKLNPST
2. BFGRSVWXY
3. ABHJKLORU
4. (Q 1/5-1/10)
5. ABDFGIJKLMNOPRUWXY
6. ACDEGHK(N 1km)TV

💬 Gastvrije camping net buiten Otterlo. In mooi natuurgebied, vlak bij natuurpark De Hoge Veluwe, Kröller-Müller museum, Planken Wambuis en Ginkelse Heide. Goede uitvalsbasis voor fietsen en wandelen.

🚗 A12, afslag 23 Arnhem-Oosterbeek richting Arnhem. Daarna richting Otterlo en campingborden volgen.

CC €16 1/1-12/5 28/5-12/7 29/8-31/12 7=6, 14=12, 21=18

N 52°5'31'' E 5°46'14''

Putten, NL-3882 RN / Gelderland — 374

- Strandparc Nulde
- Strandboulevard 27
- +31 (0)341-361304
- 1/4 - 1/10
- strandpcnulde@vdbrecreatie.nl

8ha 70T(90-110m²) 10A CEE

1. ACD**G**IJKLMNOPQ
2. ADFKLMRSVWX
3. B**F**HJK**M**NRU**W**Z
4. M(Q+R+T+U+X ⌧) Z
5. **AB**DEFGIJKLMNO**PQ**UWXYZ
6. ABGH**K**(N 5km)SVX

💬 Aan het Nuldernauw gelegen camping met ruime zonnige en schaduwrijke plaatsen. Eigen strand, vanaf elke plaats is er uitzicht op het water, veel watersportmogelijkheden en goede sanitaire voorzieningen.

🚗 A28, afslag 10 Strand Nulde. Camping ligt aan het water, wordt aangegeven bij de afrit.

CC €16   1/4-13/5   26/5-5/7   24/8-30/9   7=6
N 52°16'17'' E 5°32'14''

Ruurlo, NL-7261 RG / Gelderland — 375

- De Meibeek
- Bekkenwal 2
- +31 (0)573-491236
- 1/4 - 31/10
- info@campingdemeibeek.nl

7,5ha 80T(120-150m²) 4-16A CEE

1. ADFIJKLMNOPRS
2. CLRSVWXY
3. BDFGHIJKN**OP**RU**W**
4. (A 7/7-31/8) (C+G 1/5-31/8) M**N**(Q ⌧) (R 1/5-13/10) (T+U+W+X+Y ⌧) Z
5. **AB**CDEFGIJK**L**MNO**P**SUWXYZ
6. ACDEGH**IJ**(N 3km)OV

💬 Enthousiaste campingbeheerders met veel aandacht voor hun kampeerders. Men kan kanovaren, de beheerder gaat met groepjes de natuur in. Hij gaat ook vaak een boerderij bezoeken met zijn gasten. Kinderboerderij aanwezig.

🚗 N319 Ruurlo-Groenlo. Na 3 km vanaf Ruurlo met borden aangegeven.

CC €12   1/4-13/5   26/5-6/7   24/8-31/10
N 52°4'6'' E 6°30'9''

Ruurlo, NL-7261 MR / Gelderland — 376

- Tamaring
- Wildpad 3
- +31 (0)573-451486
- 1/4 - 31/10
- info@camping-tamaring.nl

3,5ha 110T(100-150m²) 10A CEE

1. AD**G**IJKLMPQ
2. BRSVXY
3. ABFGHIJKLRU
4. (G 1/7-31/8) (Q+R+X ⌧)
5. **AB**CDEFGIJKLMNO**PQ**UWXYZ
6. ACDEG**J**(N 2km)OS

💬 Prachtig begroeide en rustige camping in de mooie Achterhoek. De camping is geschikt voor gezinnen en rustzoekers.

🚗 Vanaf de A1 afrit 26 en het noorden; N332 richting Lochem-Barchem-Ruurlo. Borden vlak bij de camping.

CC €16   1/4-13/5   26/5-4/7   22/8-31/10
N 52°6'10'' E 6°26'29''

Stokkum, NL-7039 CV / Gelderland — 377

- Brockhausen
- Eltenseweg 20
- ☎ +31 (0)314-661212
- FAX +31 (0)314-668563
- 27/3 - 31/10
- @ info@brockhausen.nl

4ha 78T(100-140m²) 4-6A CEE

1. ADFIJKLOPS
2. BFRSVWXY
3. BFGHJKL
4. (A ⌂)
5. ABCDEFGIJKLMNOPQUWZ
6. BCDEGIJK(N 2km)T

💬 Rustige familiecamping, gelegen in een landelijke en bosrijke omgeving. Ruime staanplaatsen op diverse grasvelden, omgeven door bomen en struikgewas. Zeer mooi sanitairgebouw met vele faciliteiten.

🚗 Vanaf Oberhausen afslag Emmerich/'s-Heerenberg. B220 ri. Doetinchem, bij eerste rotonde linksaf en dan na 2e rotonde cpborden volgen. Vanaf A12 Arnhem afslag 30 Beek/Babberich/'s-Heerenberg ri. Beek. In Beek borden volgen.

CC €16 27/3-12/5 25/5-3/7 21/8-30/10   N 51°52'40'' E 6°12'39''

Stokkum, NL-7039 CW / Gelderland — 378

- De Slangenbult
- St. Isidorusstraat 12
- ☎ +31 (0)314-662798
- 1/1 - 31/12
- @ info@deslangenbult.nl

10ha 60T(100-140m²) 10-16A CEE

1. ADGIJKLMOPQ
2. BFGILRSWX
3. ABDFGHJKLNR
4. (Q 1/4-1/10)
5. ABCDFGIJKLMNOPUZ
6. AEGK(N 3km)S

💬 Camping rustig gelegen in het hart van de Montferlandse bossen op de grens met Duitsland nabij het stadje 's-Heerenberg (Kasteel Huis Bergh). Ruime plaatsen met kabeltelevisie. Modern en schoon sanitair. Prima uitvalsbasis voor fietsen, mountainbiken, wandelen of Nordic Walking.

🚗 A12 afslag 30 Beek, ri Beek. 1e rotonde in Beek rechtsaf direct daarna 1e straat links, weg 3 km vervolgen. In Stokkum 1e straat rechts (de lange heg). Campingborden volgen.

CC €14 23/1-9/5 28/5-11/7 28/8-19/12   N 51°52'43'' E 6°12'53''

Stroe, NL-3776 PV / Gelderland — 379

- Jacobus Hoeve
- Tolnegenweg 53
- ☎ +31 (0)342-441319
- FAX +31 (0)342-440902
- 1/2 - 30/11
- @ info@jacobus-hoeve.nl

5ha 55T(100-150m²) 16A CEE

1. ADGIJKLMNOPQ
2. FRSTUVWX
3. ABDFGHJKMR
4. (A 1/5-30/8)
   (Q 14/5-25/5,2/7-25/8)
   (T+X ⌂) Z
5. ABCDFGIJMNOPUWXY
6. ABDEGKM(N 1km)OSV

💬 Gezellige familiecamping omgeven door bossen en stuifzand. Prachtig gelegen aan de rand van de uitgestrekte Veluwe. De camping heeft een eigen sporthal.

🚗 A1 afrit 17 richting Stroe. Op de 1e rotonde links, vóór de spoorwegovergang rechts. Na 800m camping links van de weg.

CC €14 1/2-13/5 26/5-3/7 21/8-30/11   N 52°11'38'' E 5°40'42''

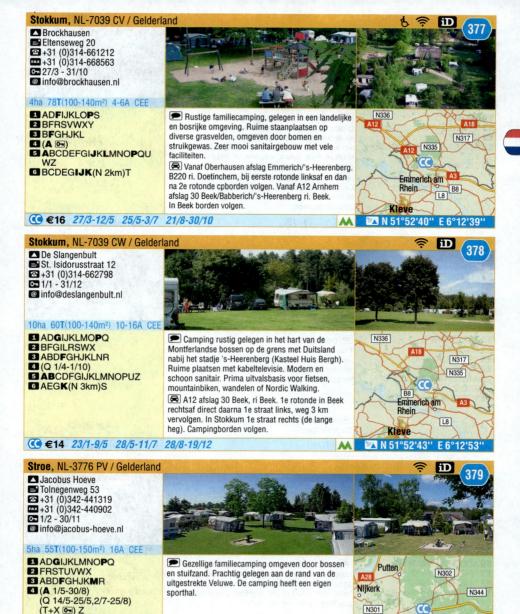

Ugchelen, NL-7339 GG / Gelderland — 380

- De Wapenberg
- Hoenderloseweg 187
- +31 (0)55-5334539
- FAX +31 (0)55-5344296
- 27/3 - 1/11
- info@dewapenberg.nl

4ha 54T(50-120m²) 16A CEE

1 AGIJKLPQ
2 BFGIRSTVWXY
3 AHJKRU
5 ABDEFGIJKLMNOPUWXYZ
6 CEGK(N 2km)T

💬 Deze sfeervolle camping is gelegen in een uitgestrekt gebied van bossen, heidevelden, heuvels en de 'koppelsprengen'. U kampeert aan de rand van het bos op speels aangelegde, afgebakende plaatsen. Rust, natuur, wandelen en fietsen met de bezienswaardigheden van Apeldoorn in de buurt.

🚗 A1, afslag 19 Hoenderloo ri Ede/Hoenderloo. Campingborden volgen. Via A50, afslag 22. In Beekbergen, 1e verkeerslicht li. Weg volgen tot cp staat aangegeven.

CC €14 27/3-2/5 26/5-4/7 21/8-1/11 21=18

N 52°10'19" E 5°54'45"

Vaassen, NL-8171 RA / Gelderland — 381

- De Helfterkamp
- Gortelseweg 24
- +31 (0)578-571839
- FAX +31 (0)578-570378
- 14/2 - 31/10
- info@helfterkamp.nl

4ha 180T(100-120m²) 16A CEE

1 ACGIJKLNPQ
2 FRVWXY
3 ABDGHJKLNRU
4 (Q 5/4-25/10) (S ⚹)
5 ABDEFGIJKLMNOPQRUWXYZ
6 ACEGHK(N 2,5km)OV

💬 De camping ligt aan de rand van de Veluwse Kroondomeinen. U kampeert op gevarieerde veldjes rondom een Gelderse boerderij. Veel fiets- en wandelmogelijkheden direct bij de camping. Nieuw verwarmd sanitairgebouw.

🚗 A50 Apeldoorn-Zwolle, afslag 26 Vaassen, dan borden volgen.

CC €16 14/2-24/4 26/5-3/7 20/8-31/10

N 52°17'27" E 5°56'42"

Vierhouten, NL-8076 RE / Gelderland — 382

- De Paasheuvel
- 't Frusselt 30
- +31 (0)577-411336
- FAX +31 (0)577-411250
- 1/1 - 31/12
- info@paasheuvelgroep.nl

15ha 240T(100m²) 6A CEE

1 ACDGIJKLMNOPRS
2 ABDFGLRSWXY
3 ABGHJKLMNRUZ
4 (Q 14/5-25/5,1/7-31/8)
   (T+U 14/5-25/5,1/6-31/10)
   (V+X 1/4-31/10) Z
5 ABCDEFGIJKLMNOPQRUWXYZ
6 ACDEGHKOV

💬 Camping De Paasheuvel is een gevarieerde camping in Gelderland met kleine open velden en bosachtige plekjes. Met het bos en de Elspeetsche heide direct naast de camping bent u verzekerd van prachtige wandel- en fietsroutes.

🚗 A28 Amersfoort-Zwolle, afslag 14 Nunspeet/Elspeet richting Vierhouten. Dan borden volgen.

CC €16 1/4-1/5 26/5-6/7 24/8-1/11

N 52°19'49" E 5°49'18"

Vierhouten, NL-8076 PM / Gelderland — 383

- Recreatiepark Samoza
- Plaggeweg 90
- ☏ +31 (0)577-411283
- FAX +31 (0)577-411470
- 28/3 - 25/10
- @ info@samoza.nl

70ha 250T(100m²) 10A CEE

1. ACDGIJKLMOPRS
2. BFLRSTVWXY
3. ABD**F**GHJKL**MN**O**P**RU
4. (C 17/5-31/8) (F+H) J (Q 30/3-26/10) (S+T+X+Y) Z
5. **AB**DEFGHIJKLMNPUXYZ
6. CGH**J**(N 2km)OSTV

💬 Familiecamping, verscholen in de bossen. Uitgebreide voorzieningen zoals het zwembad, restaurant, manege en modern sanitair. De prachtige omgeving nodigt uit om eindeloze wandel- en fietstochten te maken.

🚗 A28 Amersfoort-Zwolle, afslag 14 Nunspeet/Elspeet. Dan richting Vierhouten. Daarna borden volgen.

CC €16 28/3-2/4 7/4-23/4 28/4-12/5 18/5-21/5 26/5-3/7 31/8-25/10 — N 52°20'54" E 5°49'27"

Voorthuizen, NL-3781 NJ / Gelderland — 384

- Ardoer recreatiecentrum Ackersate
- Harremaatweg 26
- ☏ +31 (0)342-471274
- FAX +31 (0)342-475769
- 27/3 - 24/10
- @ ackersate@ardoer.com

15ha 130T(100-120m²) 10A CEE

1. ACD**F**IJKLMNOPQ
2. FGRSVWX
3. ABD**F**GIJKL**MN**QRU
4. (F 30/3-27/10) (H) IJK (Q+S+T+U+Y) Z
5. **AB**DEFGIJKLMNOPQUWXY
6. CDEGH**IK**L(N 1,5km)OSV

💬 Grote camping met ruime velden. De voorzieningen zijn uitstekend, het zwembad bevat o.a. een 20-meterbad. Voorthuizen heeft veel toeristische voorzieningen. Het ligt tussen de bossen op de Veluwe en de agrarische Gelderse Vallei.

🚗 A1, afslag 16. In Voorthuizen N344 rechtsaf richting Garderen. Vlak na Voorthuizen rechtsaf. De camping wordt aangegeven.

CC €16 28/3-24/4 28/5-4/7 22/8-24/10 — N 52°11'11" E 5°37'30"

Voorthuizen, NL-3781 NJ / Gelderland — 385

- Recreatiepark De Boshoek
- Harremaatweg 34
- ☏ +31 (0)342-471297
- FAX +31 (0)342-475534
- 21/3 - 31/10
- @ info@deboshoek.nl

4,5ha 117T(110-120m²) 6-10A CEE

1. ADFIJKLMNOPQ
2. FGLRSVW
3. ABD**F**GIJKLMN**OP**QR**T**U
4. (C 1/5-30/9) (F+H) **LN** (Q+R+S+T+U+Y) Z
5. **AB**DEFGIJKLMNPQ**S**UWXY
6. ADEGH**K**(N 1,5km)OS

💬 Nieuwe, moderne camping met ruime plaatsen, gescheiden door hagen. Gedeeltelijk autovrij. Zwembad en horeca op bungalowpark tegenover de camping. Meerprijs privé-sanitair 8 euro per nacht. Voor een 10A aansluiting wordt een meerprijs van 1,50 euro per nacht gerekend.

🚗 A1 afslag 16 richting Voorthuizen, op de rotonde de N344 richting Garderen. Vlak na Voorthuizen rechtsaf. De camping wordt aangegeven. De receptie is tegenover de ingang van de camping.

CC €16 21/3-2/4 7/4-1/5 26/5-3/7 24/8-31/10 7=6, 14=11, 21=16 — N 52°11'16" E 5°37'52"

386 — Vorden, NL-7251 KT / Gelderland

- 't Meulenbrugge
- Mosselseweg 4
- +31 (0)575-556612
- 15/3 - 31/10
- info@meulenbrugge-vorden.nl

4ha 107T(100-350m²) 6-16A CEE

1 ADGIJKLNPQ
2 CRSUWXY
3 GK
5 ABDGIJKLMNPWXYZ
6 AEGIJK(N 2,5km)

🛈 Gelegen in een prachtig natuurgebied aan de rand van het bos en langs een beekje. De camping straalt rust en ruimte uit. Geen speeltoestellen en animatie en is daarom minder geschikt voor kinderen.

🚗 Vanuit Zutphen N319 ri Vorden, door Vorden, rotonde rechtover ri Ruurlo. Na 2,5 km in S-bocht li (Mosselseweg), deze weg 400m volgen, re-af naar de cp. Vanuit N319 Ruurlo ri Vorden. Door Kranenburg, in S-bocht re, deze weg 400m volgen dan cp bereikt.

CC €16 15/3-13/5 26/5-11/7 29/8-31/10   N 52°6'28" E 6°21'16"

---

387 — Vorden, NL-7251 KA / Gelderland   NIEUW

- De Reehorst
- Enzerinckweg 12
- +31 (0)575-551582
- FAX +31 (0)575-553426
- 1/4 - 31/10
- info@dereehorst.nl

7,5ha 49T(100-140m²) 6A

1 ABDGIJKLMOPQ
2 BVWXY
3 ABGHJKLRU
4 B(Q 1/7-31/8)
  (T+U+X+Y 1/4-30/9) Z
5 ABDFGIJLMNOPRTUXYZ
6 AEGJ(N 3km)OSV

🛈 Een mooie camping gelegen in een bosrijk gebied voor rustzoekers en gezinnen met jonge kinderen. De camping ligt aan de schitterende kastelenroute voor fietsers en wandelaars. In de directe omgeving verwarmd zwembad.

🚗 Vanuit Vorden N319 richting Ruurlo. Voorbij de spoorbomen, na 400m links. Met borden aangegeven.

CC €16 1/4-10/7 27/8-31/10   N 52°6'58" E 6°20'12"

---

388 — Winterswijk, NL-7103 EA / Gelderland

- Camping Klompenmakerij ten Hagen
- Waliënsestraat 139A
- +31 (0)543-531503
- 1/1 - 31/12
- info@hagencampklomp.nl

2ha 46T(100-150m²) 10-16A CEE

1 ACDFIJKLMOPQ
2 DRSVWXY
3 ABFHJNRUWZ
5 ABCDFGIJKLMNOPUWXYZ
6 ACDEGHK(N 1km)T

🛈 Gelegen aan recreatieplas 't Hilgelo en landgoed Het Bönnink, 1 km van Winterswijk en ook geschikt voor de invalide kampeerder. Uniek is de combinatie met de klompenmakerij waar u na afspraak een bezoek kunt brengen. Goede sanitaire voorzieningen (verwarmd). Ideaal voor wandel- en fietstochten. Gehele jaar geopend.

🚗 N319 Groenlo-Winterswijk. Op rotonde aan de Groenloseweg ri recreatieplas 't Hilgelo. Daarna borden volgen. Ligging ca. 1 km ten noorden van Winterswijk.

CC €14 1/1-1/4 7/4-30/4 18/5-21/5 26/5-2/6 8/6-9/7 26/8-31/12   N 51°59'28" E 6°43'9"

Winterschwijk, NL-7109 AH / Gelderland — 389

- Vakantiepark De Twee Bruggen
- Meenmolenweg 13
- ☎ +31 (0)543-565366
- FAX +31 (0)543-565222
- 1/1 - 31/12
- @ info@detweebruggen.nl

30ha 350T(80-100m²) 10-16A CEE

1. ACD**G**IJKLMOPQ
2. CDLRSWXY
3. ABD**F**GHJKL**MN**QR**T**U**W**Z
4. (C 1/5-15/9) (**F**+H) **JN** (Q+R+S+T+X+Y) Z
5. **AB**DFGIJKLMNOP**ST**UWXYZ
6. BCDEGH**IK**M(N 6km)SV

Royaal opgezette, gezellig aandoende camping. Verschillende grote en grotere velden met kampeerplaatsen. Modern comfort, ook privé sanitair. Overdekt zwembad op de camping.

Vanaf A18 (Doetinchem) naar N18 Varsseveld; over N318 naar Aalten. Even vóór Winterswijk linksaf naar camping. Duidelijk aangegeven.

CC €16 1/1-2/4 7/4-12/5 18/5-21/5 26/5-7/7 24/8-31/12

N 51°56'58'' E 6°38'47''

Winterswijk, NL-7102 EK / Gelderland — 390

- Vreehorst
- Vreehorstweg 43
- ☎ +31 (0)543-514805
- FAX +31 (0)543-531621
- 1/1 - 31/12
- @ info@vreehorst.nl

10ha 170T(90-150m²) 10A CEE

1. ACD**G**IJKLMOPQ
2. LRSVWY
3. BHJKLMNRU**W**
4. (B+H 28/3-1/11) **N** (Q+R 27/3-1/11) (T 1/5-30/9) (X 28/3-2/11) Z
5. **AB**DEFGIJKLMNOPRS**T**UWXYZ
6. ABCDEGH**IJK**M(N 3km)SV

Rustiek gelegen camping in een bosrijke omgeving. Unieke sanitairgebouwen, o.a. met sauna. Ruim opgezette velden met o.a. comfortplaatsen en tegen bijbetaling met privé-sanitair. Ideaal uitgangspunt voor fietsers en wandelaars.

Aan de weg tussen Aalten en Winterswijk, ca. 2 km vanaf Winterswijk bewegwijzering volgen.

CC €16 1/1-2/4 7/4-30/4 11/5-12/5 18/5-21/5 26/5-3/7 22/8-31/12

N 51°56'56'' E 6°41'30''

Winterswijk/Henxel, NL-7113 AA / Gelderland — 391

- Het Wieskamp
- Kobsterderweg 13
- ☎ +31 (0)543-514612
- FAX +31 (0)543-530260
- 13/3 - 1/11
- @ info@wieskamp.nl

11ha 37T(140-150m²) 16A CEE

1. AD**G**IJKLMOPQ
2. MSWX
3. ABCD**F**HJKR**T**U
4. (C+H 14/5-31/8) (Q) (T+U 15/3-26/10) (Y) Z
5. **AB**GIJMNOPSUWXYZ
6. ABCDEGHK(N 2km)PS

Vriendelijke en gastvrije camping gelegen aan het Nationale Landschap van Winterswijk. Alle ruim opgezette plaatsen hebben privé-sanitair. Het terrein heeft veel voorzieningen, zoals verwarmd zwembad, binnenspeeltuin, restaurant en een eigen struinnatuurpark. Ideaal uitgangspunt voor fietsen en wandelen.

Groenlo richting Vreden. Aan deze weg borden volgen naar camping.

CC €16 13/3-12/5 18/5-21/5 26/5-2/7 21/8-31/10

N 51°59'12'' E 6°44'35''

Winterswijk/Woold, NL-7108 AX / Gelderland — 392

- De Harmienehoeve
- Brandenweg 2
- +31 (0)543-564393
- FAX +31 (0)543-564749
- 1/1 - 31/12
- info@campingdeharmienehoeve.nl

14ha 50T(100-180m²) 16A CEE

1. ADGIJKLMOPQ
2. BRTWXY
3. BEHJMRU
4. (B 24/5-31/8) G (Q+R+T+U) Z
5. ABDGIJKLMNOPUWXYZ
6. GHKL(N 7km)TV

💬 De camping bevindt zich in het Winterswijkse buurtschap 'Woold', coulisselandschap. Prachtig gebied voor fietsen en wandelen. Verwarmd sanitair, kiosk, café en snackbar. Verder is er een oplaadpunt voor elektrische fietsen aanwezig.

🚗 N318 Aalten richting Winterswijk. Rotonde N319 richting A31 (Rondweg Zuid). Na 1,5 km rotonde richting Woold. Na 700m splitsing, volg blauw/witte bordjes Harmienehoeve. Nog 7,5 km rijden.

€12 1/1-31/3 8/4-30/4 4/5-13/5 27/5-31/5 8/6-30/6 1/9-31/12 7=6, 14=11

N 51°54'30" E 6°43'31"

Zennewijnen, NL-4062 PP / Gelderland — 393

- Campingpark Zennewijnen
- Hermoesestraat 13
- +31 (0)344-651498
- FAX +31 (0)344-626488
- 15/3 - 31/10
- info@campingzennewijnen.nl

5ha 46T(100-120m²) 10A CEE

1. ADFIJKLPS
2. ACFLRSVX
3. BFGHJKNRUW
4. (B+G 15/5-15/9) (Q+R+T+U+X) Z
5. ABCDFGIJKLMNOPRUW XYZ
6. ACDEGIKM(N 2km)OTV

💬 In het hartje van de Betuwe ligt de gezellige familiecamping Zennewijnen tussen Tiel en Ophemert. Uitstekende uitvalsbasis om te fietsen en wandelen.

🚗 A15 vanaf Rotterdam, afslag 31. Vanaf Nijmegen, afslag 32. Vanaf de afslagen wordt de camping met borden aangeven.

€16 15/3-13/5 26/5-12/7 29/8-31/10

N 51°51'17" E 5°24'26"

Alphen (N.Br.), NL-5131 NZ / Noord-Brabant — 394

- 't Zand
- Maastrichtsebaan 1
- +31 (0)13-5081746
- FAX +31 (0)13-5083066
- 27/3 - 27/9
- info@tzand.nl

20ha 75T(100-120m²) 10A CEE

1. ADFIJKLMNOPQ
2. ABDFLMRSVWXY
3. ABFGHIJKMNRUZ
4. (A 1/7-31/8) (Q 26/4-5/5,4/7-31/8) (R 26/4-5/5,1/7-31/8) (T) (U 26/4-5/5,1/7-31/8) (V 26/4-5/5,1/7-5/9) (X) Z
5. ABDEFGIJKLMNOPQRS TUWXYZ
6. ACDEGHK(N 1,5km)OSUV

💬 Camping gelegen bij een meer en midden in recreatiegebied. Maakt deel uit van de groene driehoek Baarle-Tilburg-Turnhout. Bosrijke fietsomgeving.

🚗 A58 afslag Gilze/Rijen, richting Baarle-Nassau. In Alphen de borden volgen. Let op: campingborden volgen, niet het bord recreatiegebied.

€14 27/3-2/4 8/4-24/4 9/5-13/5 26/5-10/7 27/8-26/9

N 51°29'34" E 4°56'59"

Alphen (N.Br.), NL-5131 NH / Noord-Brabant

📷 395

- 🏠 Buitenlust
- 📧 Huisdreef 1
- ☎ +31 (0)13-5081480
- 📠 +31 (0)13-5082949
- 🗓 1/3 - 1/11
- @ info@campingbuitenlust.nl

7ha 30T(90-120m²) 10A CEE

1. ABCDGIJKLOPRS
2. BFRSVWXY
3. ABFGHJK**O**PRU
4. (Q+T+U+X+Y 🔒) Z
5. **AB**DEFGHIJKLMNO**P**UWXY
6. BEGK(N 2km)SUV

💬 Gemoedelijke familiecamping in de Chaamse bossen. U kunt genieten van rust, ruimte en Brabantse gastvrijheid. Prima omgeving om te wandelen en te fietsen.

🚗 A58 vanaf Breda afslag 14 Chaam, daarna borden volgen. Vanaf Tilburg afslag 12 Gilze-Alphen.

CC €14   1/3-2/4   6/4-13/5   17/5-21/5   25/5-2/7   31/8-1/11

N 51°30'2'' E 4°54'43''

Asten/Heusden, NL-5725 TG / Noord-Brabant

396

- 🏠 De Peel
- 📧 Behelp 13
- ☎ +31 (0)493-693222
- 🗓 15/3 - 1/11
- @ info@campingdepeel.nl

2,2ha 45T(100m²) 6A CEE

1. ADF**I**JKLMNO**P**Q
2. FLRVWXY
3. ABD**F**GHJKLNRU
4. (B 1/6-31/8) (Q 11/7-22/8)
5. **AB**CFGIJMNO**P**UWZ
6. ACDEGK(N 2km)

💬 Kleine, kindvriendelijke camping waar ook de rustzoekende 50+'er zich thuis voelt. Vlakbij Nationaal Park De Groote Peel met veel fiets- en wandelmogelijkheden. Een rit met onze Peelexpress, onze speeltuin, skelters en zwembad mag u niet missen. Nieuwe camperplaatsen. Gratis WiFi.

🚗 Vanaf A67 afrit 36 richting Asten, dan N279 richting Someren. Na 2 km rechtsaf en na 1 km linksaf richting Heusden. In Heusden borden volgen. Vanuit Someren richting Asten dan borden volgen.

CC €14   15/3-12/5   26/5-10/7   27/8-31/10

N 51°22'23'' E 5°45'9''

Asten/Ommel, NL-5724 PL / Noord-Brabant

397

- 🏠 Oostappen Vakantiepark Prinsenmeer
- 📧 Beekstraat 31
- ☎ +31 (0)493-681111
- 📠 +31 (0)493-681110
- 🗓 22/3 - 2/11
- @ info@vakantieparkprinsenmeer.nl

50ha 580T(80-100m²) 10A CEE

1. ADGIJKLMOPST
2. ADFLMRVWX
3. ABC**F**GHJKMNQR**T**UZ
4. (F+H 1/5-30/9) IJKLN(S 🔒) (T+V+W 1/5-30/9) Z
5. **AB**DEFGIJKLMNOPQUWXY
6. CFGHKLM(N 3km)OSTUV

💬 Kampeerterrein is gesitueerd bij Plaza met talrijke voorzieningen. Er is een grote recreatieplas met zandstrand, waarop vele speeltoestellen staan. Waterplezier niet alleen buiten, maar ook in het subtropische zwemparadijs.

🚗 A67 Eindhoven-Venlo, afrit 36 Asten. Richting Ommel. Borden volgen.

CC €16   7/4-30/4   26/5-3/7   29/8-15/10

N 51°25'21'' E 5°44'9''

Bergen op Zoom, NL-4625 DD / Noord-Brabant — 398

- Uit en Thuis
- Heimolen 56
- +31 (0)164-233391
- FAX +31 (0)164-238328
- 1/4 - 31/10
- info@campinguitenthuis.nl

8ha 80T(80-100m²) 6-10A CEE

1 ADFIJKLMOPQ
2 BFRSVX
3 BDGHJKLMNQRU
4 (R) (T+U+X 1/4-1/10) Z
5 ABFGIJMNOPRUXYZ
6 CDEGHIJ(N 5km)OSTV

Gelegen op de Brabantse Wal, is deze groene camping een ware oase van rust. U bent omgeven met natuur, maar toch biedt deze camping alle comfort die u van een moderne camping mag verwachten. Een uitstapje naar het bourgondische stadje Bergen op Zoom is een aanrader. Er zijn talloze historische bezienswaardigheden zoals het Markiezenhof.

A58 afslag Bergen op Zoom-Zuid/Huijbergen. Borden volgen.

€14 1/4-13/5 18/5-21/5 26/5-30/6 1/9-31/10

N 51°28'9'' E 4°19'20''

Breda, NL-4838 GV / Noord-Brabant — 399

- Liesbos
- Liesdreef 40
- +31 (0)76-5143514
- FAX +31 (0)76-5146555
- 1/4 - 1/10
- info@camping-liesbos.nl

5ha 50T(100m²) 10A CEE

1 ACDFIJKLMPQ
2 FLRSVX
3 BFGHJKMNRU
4 (C+G 30/4-30/9)
   (Q+R+T+U 1/4-30/9)
   (Y 1/4-31/8) Z
5 ABCFGIJKMNOPUW
6 CDEGIJ(N 3km)OSTV

Camping Liesbos is een sfeervolle gezinscamping gelegen in een bosrijke omgeving op 5 km van het centrum van de Oranjestad Breda. Door de centrale ligging 'buiten Breda' is Camping Liesbos gemakkelijk te bereiken. Ideaal voor fiets- en wandelvakantie, citytrip of weekendje weg. De historische stad Breda is een bezoek meer dan waard.

A58 Breda-Roosendaal, afslag 18 Etten-Leur. Daarna campingborden volgen.

€16 1/4-9/5 26/5-30/6 1/9-1/10

N 51°33'54'' E 4°41'47''

Chaam, NL-4861 RC / Noord-Brabant — 400

- RCN De Flaasbloem
- Flaasdijk 1
- +31 (0)161-491654
- FAX +31 (0)161-492004
- 27/3 - 2/11
- flaasbloem@rcn.nl

100ha 450T(80-150m²) 10A CEE

1 ACDGIJKLNOPQ
2 BFLRSVWXY
3 ABDFGHJKLMNRUW
4 (A 1/7-31/8) (C 1/5-1/9)
   (F) (H 1/5-1/9) MN
   (Q+S+T+U+V+X+Y)
5 ABDEFGIJKLMNOPQRUW Z
6 CEGHIKM(N 2km)OS

Grote camping met veel recreatiemogelijkheden. Voor de kleintjes een fantastisch waterspeelland. Binnenbad voor familiezwemmen. De horeca is bijzonder smaakvol ingericht.

A58 afrit 14 Ulvenhout richting Chaam. Van Chaam richting Alphen. Campingborden volgen.

€14 27/3-24/4 8/5-13/5 18/5-22/5 26/5-10/7 27/8-2/11

N 51°29'28'' E 4°53'47''

De Heen, NL-4655 AH / Noord-Brabant ♿ 📶 iD 401

- De Uitwijk
- Dorpsweg 136
- ☎ +31 (0)167-560000
- 📠 +31 (0)167-560010
- 📅 27/3 - 27/9
- @ info@de-uitwijk.nl

2,5ha 59T(100-150m²) 10A CEE

1. ACD**G**IJKLMNO**PRS**
2. CGRVX
3. ABD**F**GHJKN**Q**RUWX
4. (Q+U+Y 28/3-28/9) Z
5. **AB**DEFGIJKLMNOPRUWXYZ
6. CDEG**IJ**OSTV

💬 Natuurgebied en jachthaven direct bij camping. Rustige camping beschut gelegen met sfeervolle antieke boerderij met restaurant, uitstekende sanitaire voorzieningen. Goed uitgangspunt voor fiets- en boottochten. Vriendelijke en gastvrije eigenaar.

🚗 N257 Steenbergen-Zierikzee, afslag De Heen, einde dorpsweg rechts. De camping wordt met borden aangegeven.

CC €16 27/3-3/4 6/4-24/4 10/5-13/5 18/5-22/5 26/5-10/7 30/8-27/9 14=12 ⛺ 📍 N 51°36'37" E 4°16'22"

Eerde, NL-5466 PZ / Noord-Brabant 📶 iD 402

- Het Goeie Leven
- Vlagheide 8b
- ☎ +31 (0)413-310171
- 📅 28/3 - 16/10
- @ info@hetgoeieleven.nl

3ha 52T(120-200m²) 16A CEE

1. A**DG**IJLNPQ
2. AFGLRWX
3. AB**F**GHJKLNRU**W**
4. (**A** 4/7-30/8) (C 14/5-15/9) (Q+T+U+Y 4/7-30/8) Z
5. **A**DEFGIJKLMNPQUWXY
6. AEGKM(N 5km)O

💬 In 2012 nieuw aangelegd kampeerterrein. Fraai en natuurlijk ingericht. Gelegen aan de rand van het gezellige dorp Eerde. Deels omgeven door bos, met veel ruimte. Zowel schaduwrijke plaatsen aan de bosrand als plekken met veel zon. Buiten de schoolvakanties is de bistro met bosterras in het weekend geopend.

🚗 A50 afslag 10 Veghel-Eerde. Eerde aanhouden en borden volgen.

CC €16 28/3-30/4 17/5-21/5 26/5-2/7 30/8-15/10 ⛺ 📍 N 51°36'24" E 5°29'13"

Eersel, NL-5521 RD / Noord-Brabant 👨‍👩‍👧 🐕🚫 ♿ 📶 iD 403

- Recreatiepark TerSpegelt
- Postelseweg 88
- ☎ +31 (0)497-512016
- 📅 27/3 - 9/11
- @ info@terspegelt.nl

65ha 482T(80-130m²) 16A CEE

1. ACDEIJKLMNPQ
2. ADFLMRVWXY
3. ABCD**F**GHJK**M**N**Q**RUWZ
4. (F+H ☾) JKM (S+T+U+X+Y ☾) Z
5. **AB**DEFGIJKLMNOPQ**S**UWXYZ
6. ACDFGHJ**K**LM(N 3km)ORST

💬 Kwaliteitscamping met kampeerplaatsen van 80 tot 130 m² en veel comfort, aan recreatieplas gelegen of op speciale bosrijke veldjes. Breed scala aan faciliteiten, gehele seizoen geopend, met onder meer overdekt zwembad. Uitgebreide wandel- en fietsmogelijkheden in de directe omgeving. Ter Spegelt is huisdiervrij.

🚗 Via A67 Eindhoven-Antwerpen, afslag 30 Eersel. Borden volgen.

CC €16 27/3-23/4 18/5-21/5 26/5-2/6 8/6-10/7 28/8-8/11 ⛺ 📍 N 51°20'16" E 5°17'37"

Esbeek, NL-5085 NN / Noord-Brabant — 404

- De Spaendershorst
- Spaaneindsestraat 12
- +31 (0)13-5169361
- 1/4 - 31/10

11ha 90T(80-130m²) 10A CEE

1 ABD**G**IJKLNOPQ
2 GLRSVWXY
3 ABFHJNRU
4 (C+H) (Q 18/7-30/8) (T 1/4-1/10) Z
5 **AB**DFG**IJKL**MNO**P**UWXY
6 BEGH**K**(N 1,5km)O

💬 Gezellige en rustige familiecamping aan de rand van een uitgestrekt bosgebied dat doorloopt tot in België. Mooi en verwarmd sanitair.

🚗 A58 afrit 10 naar N269 richting Reusel. Voorbij Hilvarenbeek bij Esbeek campingborden volgen.

NIEUW

€16 1/4-29/4 26/5-30/6 1/9-31/10

N 51°28'0" E 5°7'37"

Hilvarenbeek, NL-5081 NJ / Noord-Brabant — 405

- Vakantiepark Beekse Bergen
- Beekse Bergen 1
- +31 (0)13-5491100
- FAX +31 (0)13-5366716
- 27/3 - 1/11
- @ info@beeksebergen.nl

75ha 200T(100m²) 6-10A CEE

1 ACD**F**IJKLOPQ
2 ACDFLRSVWXY
3 AB**F**HJKNQRUWZ
4 (**A** 1/4-1/11) (F+H) J (Q 1/4-1/11) (S+T+U+V+X+Y) Z
5 **AB**DEFGIJKLMNOPUWXYZ
6 ABCEGHIJM(N 4km)OSTUV

💬 Tijdens een kampeervakantie op Vakantiepark Beekse Bergen beleeft u een vakantie met een vleugje Afrika. De velden zijn vernoemd naar Afrikaanse dieren te zien in het naastgelegen Safaripark Beekse Bergen. De camping heeft modern sanitair dat gedeeltelijk is verwarmd.

🚗 N65 Den Bosch-Tilburg. A65 afslag Beekse Bergen. A58 Breda-Eindhoven. Borden 'Beekse Bergen' volgen.

€12 27/3-24/4 26/5-4/7 29/8-1/11

N 51°31'42" E 5°7'29"

Hoeven, NL-4741 SG / Noord-Brabant — 406

- Molecaten Park Bosbad Hoeven
- Oude Antwerpsepostbaan 81b
- +31 (0)165-502570
- FAX +31 (0)165-504254
- 27/3 - 31/10
- @ info@bosbadhoeven.nl

56ha 220T(110-160m²) 10A CEE

1 ACDEIJKLMOPS
2 BDFGLRSVWXY
3 AB**C**GHJK**M**QRUWZ
4 (C 26/4-31/8) (F+G) IJM (Q+R+T+Y) Z
5 **AB**DFG**IJ**KLMNO**PQ**UWXY
6 CEGH**IJ**(N 2,5km)OST

💬 Prachtige bosrijke cp voor het hele gezin! Als campinggast heeft u gratis toegang tot waterpark Splesj (open mei tot september). In de omgeving vele fiets- en wandelmogelijkheden. De kampeervelden met comfortplaatsen zijn fraai aangelegd en omringd door bomen. Op de cp is o.a. een overdekt zwembad, tennisbaan, grote speeltuin en een restaurant.

🚗 A58 Roosendaal-Breda, afslag 20 St. Willebrord (let op: navigatiesysteem kan afwijken) richting Hoeven. Zie campingborden.

€16 27/3-23/4 18/5-21/5 26/5-7/7 24/8-31/10

N 51°34'11" E 4°33'42"

Kaatsheuvel, NL-5171 RC / Noord-Brabant 407

- ▲ Oostappen Vakantiepark Droomgaard
- 🏠 Van Haestrechtstraat 24
- ☎ +31 (0)416-272794
- 📅 22/3 - 2/11
- @ receptie@ vakantieparkdroomgaard.nl

28ha 362T(80-120m²) 10A CEE

1. **AB**D**G**IJLPRS
2. FLRSVWXY
3. ABD**F**HJKMNQR
4. (C 1/6-31/8) (F+H 18/4-26/10) IJK**N**P (Q+S+T+U+X+Y 18/4-26/10) Z
5. **AB**DEFGIJKLMNOP**ST**UW XYZ
6. FGH**J**M(N 2km)OSTV

💬 Grote familiecamping nabij Efteling en Beekse Bergen. Beperkte opening horeca en zwembad.

🚗 A59 Waalwijk-Tilburg, afslag Kaatsheuvel. Verder campingbordjes volgen.

CC €16   7/4-30/4   26/5-3/7   29/8-15/10

📍 N 51°39'40'' E 5°3'45''

Lage Mierde, NL-5094 EG / Noord-Brabant 408

- ▲ De Hertenwei
- 🏠 Wellenseind 7-9
- ☎ +31 (0)13-5091295
- 📅 1/1 - 31/12
- @ receptie@hertenwei.nl

20ha 350T(100-150m²) 6A CEE

1. ACD**G**IJKLMOPRS
2. BGLRSVWXY
3. ABF**G**HJKM**N**RU
4. (A 1/7-31/8) (C 28/5-31/8) (F 🔒) (H 28/5-31/8) **KN** (Q 12/4-13/10) (S 22/3-26/10) (T+U+X+Y 🔒) Z
5. **AB**DFGIJKLOPUWXYZ
6. ACEGH**IJ**(N 2km)OSTV

💬 Parkachtige familiecamping, het hele jaar open. Heeft overdekt zwembad met whirlpool. Veel mogelijkheden voor wandelen, fietsen en leuke uitstapjes in de omgeving.

🚗 A58 Breda-Tilburg, afsl 10 ri Hilvarenbeek/ Reusel. A67 Eindhoven-Antwerpen, afsl 32 ri Hoge Mierde, dan N269 ri Hilvarenbeek. Aanrijden over N269, anders komt u bij een slagboom uit. Cp ligt ten noorden van Lage Mierde.

CC €16   1/1-1/5   17/5-22/5   25/5-5/7   22/8-31/12

📍 N 51°25'14'' E 5°8'32''

Lierop/Someren, NL-5715 RE / Noord-Brabant 409

- ▲ De Somerense Vennen
- 🏠 Philipsbosweg 7
- ☎ +31 (0)492-331216
- 📅 28/3 - 25/10
- @ info@somerensevennen.nl

10ha 120T(120-150m²) 16A CEE

1. ACD**G**IJKLMPQ
2. BFRVWXY
3. ABC**F**GHJN**OP**QRU
4. (E+H 1/5-15/9) (Q 2/5-8/5,1/7-15/8) (T+U+X+Y 2/5-8/5,1/7-31/8) Z
5. **AB**DEFGIJMNO**P**UWXYZ
6. AEG**K**M(N 2km)S

💬 Fraai aangelegde camping met uitstekend en sfeervol restaurant. In het laagseizoen is het restaurant alleen in het weekend geopend. Gelegen in schitterend natuurgebied met veel wandel- en fietsmogelijkheden.

🚗 A67 Eindhoven-Venlo, afslag 35 Someren. In Someren richting Lierop volgen. Daarna campingborden volgen.

CC €18   28/3-30/4   9/5-12/5   18/5-21/5   26/5-2/7   29/8-24/10   **14=12**

📍 N 51°24'0'' E 5°40'35''

410 — Luyksgestel, NL-5575 XP / Noord-Brabant

- ▲ Vakantiecentrum De Zwarte Bergen
- Zwartebergendreef 1
- ☎ +31 (0)497-541373
- 28/3 - 27/9
- @ info@zwartebergen.nl

25,5ha 227T(100-120m²) 6A

1. AD**G**IJKLMNOPRS
2. BFLRVWXY
3. ABFGHJKM**N**QRU
4. (C+H 12/5-1/9) (S ⌂) (T+X+Y 2/5-27/9) Z
5. **AB**DEFGIJKLMNOPQUWX
6. ACEGH**K**M(N 3km)OS

💬 Midden in de Brabantse naaldbomenbossen liggen de open en ruime kampeerplaatsen. Het fietspad loopt naast de camping. Vlak bij Belgische grens. Ook buiten het hoogseizoen heerst hier een vakantiesfeer.

🚗 A67 afslag Eersel. Bij rotonde afslag Bergeyk. Borden volgen.

CC €18 28/3-12/5 18/5-21/5 26/5-10/7 27/8-26/9
N 51°17'29" E 5°17'42"

411 — Mierlo, NL-5731 XN / Noord-Brabant

- ▲ Boscamping 't Wolfsven
- Patrijslaan 4
- ☎ +31 (0)492-661661
- 27/3 - 1/11
- @ receptie.wolfsven@roompot.nl

67ha 130T(100-120m²) 6A CEE

1. ACDFIJKLMOPQ
2. ABDFGLMRVWXY
3. BC**F**GHJKL**M**NQRUWZ
4. (F+H ⌂) K (S+T+U+X+Y ⌂) Z
5. **AB**DFGIJMNPQUWXY
6. ACDEGHJ**K**M(N 2km)OSU VX

💬 Gezinscamping met comfortabele plaatsen in het bos. Watervertier in het natuurbad en het overdekte zwembad. Voor campers is er een beperkt aantal speciale plaatsen.

🚗 A2 richting Eindhoven, daarna A67 richting Venlo. Afslag 34 Geldrop, richting Geldrop en daarna Mierlo volgen. Daar staat bord Wolfsven.

CC €12 27/3-3/4 7/4-24/4 26/5-7/7 24/8-30/10
N 51°26'20" E 5°35'25"

412 — Mierlo, NL-5731 PK / Noord-Brabant

- ▲ De Sprink
- Kasteelweg 21
- ☎ +31 (0)492-661503
- 27/3 - 1/11
- @ info@campingdesprink.nl

2ha 63T(100-120m²) 6-10A CEE

1. A**F**IJKL**N**PRS
2. FGRVWX
3. A**F**GHJKNU
4. (T 4/4-15/9) Z
5. **A**CDGHIJKLMNOPUWXYZ
6. ACDEG**K**(N 2km)V

💬 In 2012 grotendeels nieuw aangelegde camping. Landelijk en rustig gelegen aan de rand van Mierlo. Dichtbij Strabrechtse Heide met prachtige fiets- en wandelroutes.

🚗 A67 afslag Geldrop/Mierlo, borden Mierlo volgen. Bij binnenrijden Mierlo rechts aanhouden. Na ca 1,4 km rechts, na 200m weer rechts Kasteelweg.

CC €14 27/3-15/7 1/9-31/10
N 51°25'57" E 5°37'2"

Netersel, NL-5534 AP / Noord-Brabant — 413

- ⛺ De Couwenberg
- 🏠 De Ruttestraat 9A
- ☎ +31 (0)497-682233
- 📅 1/1 - 31/12
- @ info@decouwenberg.nl

8ha 100T(80-100m²) 6A CEE

1. **ADG**I**JKL**MOP**RS**
2. **F**L**RVWXY**
3. **B**F**HJQ**R**UW**
4. (C+H 1/5-15/9) (Q+T+X 1/7-15/8) Z
5. **AB**DEF**GIJKLMN**PUW**XZ**
6. **AEGK**M(N 5km)OV

💬 Gastvrije familiecamping. Bossen rondom. Heide en vennen in de onmiddellijke nabijheid. Ideaal fietsgebied.

🚗 A58, afslag 10 Hilvarenbeek richting Reusel. Bij Lage Mierde richting Netersel volgen. Of: A67 richting Antwerpen, afrit 29 Hapert/Bladel richting Bladel-Netersel. Borden volgen.

CC €14   1/1-15/7   1/9-31/12   14=12

N 51°24'47''   E 5°11'59''

Nijnsel/St. Oedenrode, NL-5492 TL / Noord-Brabant — 414

- ⛺ Landschapscamping De Graspol
- 🏠 Bakkerpad 17
- ☎ +31 (0)413-474133
- 📅 1/3 - 1/10
- @ info@campingdegraspol.nl

2,5ha 55T(100-200m²) 16A CEE

1. **ADG**I**JLST**
2. **C**F**RVWX**
3. F**HJKUVW**
4. (A+Q 15/3-15/10)
5. **ABD**FG**HIJMN**OP**UWXY**
6. **ACDEGK**(N 2km)O**SV**

💬 In 2009 nieuw, fraai aangelegde, ruim en landschappelijk opgezette camping, grenzend aan natuurgebied en riviertje de Dommel. Luxe sanitair en gastvrije ontvangst. Overdekte fietsenstalling aanwezig. De CampingCard ACSI-plaatsen zijn autovrij. Toeslag comfortplaats 4,50 euro (inclusief 10A/5 kWh). Huisdieren zijn uitsluitend toegestaan op een deel van de comfortplaatsen.

🚗 A50 afslag St. Oedenrode/Nijnsel, richting Nijnsel. Daarna kleine groene borden volgen.

CC €18   1/3-12/5   26/5-15/7   1/9-30/9

N 51°32'52''   E 5°29'12''

Nispen/Roosendaal, NL-4709 PB / Noord-Brabant — 415

- ⛺ Zonneland
- 🏠 Turfvaartsestraat 4-6
- ☎ +31 (0)165-365429
- 📅 1/3 - 5/10
- @ info@zonneland.nl

15ha 54T(100-130m²) 10A CEE

1. **ACD**EI**JKL**M**OP**Q
2. **B**F**RS**V**XY**
3. **BJ**N**RUVW**
4. (C 1/5-1/9) (R 1/5-30/9)
5. **AB**EG**IJMP**UXYZ
6. **CDEGHIJ**(N 3,5km)**STV**

💬 Dicht bij de Nederlands-Belgische grens vindt u deze camping met ruime kampeerplaatsen in het bos of veld. Vanuit de camping kunt u te voet of per fiets heerlijke tochten maken in de bossen of heidegebieden in de omgeving.

🚗 A58 afslag 24 Nispen. N262 volgen tot borden.

CC €14   1/3-7/7   24/8-5/10

N 51°29'40''   E 4°29'6''

416
Oirschot, NL-5688 MB / Noord-Brabant

- de Bocht
- Oude Grintweg 69A
- +31 (0)499-550855
- 1/1 - 31/12
- info@campingdebocht.nl

1,8ha 25T(100m²) 10A CEE

1. ADFIJLPQ
2. FRVWXY
3. ABFHJK**OR**TU
4. (B+G 16/6-31/8) (T 1/7-31/8) (U+X ⌕) Z
5. **AB**DFGIJKLMNO**PQ**UWXYZ
6. ACDEGH**K**M(N 1km)OSV

💬 Genieten van de ouderwetse rust in Brabant. Heide, bossen, vennen, landgoederen in directe omgeving. Aan rand van het dorp Oirschot. Schitterende omgeving, onbegrensde wandel- en fietsmogelijkheden. Ruime comfortplaatsen met tv-aansluiting. Zeer comfortabel, nieuw sanitair.

🚗 A58 afslag 8 Oirschot richting Oirschot, bij 4e rotonde rechts. Na 800m aan linkerzijde. Of A2 afrit 26 richting Boxtel, rotonde oversteken, linksaf richting Oirschot. Na 8 km rechts van de weg.

CC €18 1/1-1/5 26/5-2/7 25/8-31/12

N 51°31'1'' E 5°18'28''

417
Oirschot, NL-5688 GP / Noord-Brabant

- Vakantiepark Latour
- Bloemendaal 7
- +31 (0)499-575625
- 27/3 - 27/9
- latour@kempenrecreatie.nl

7,3ha 68T(100-120m²) 10A CEE

1. AD**G**IJLMPT
2. BFLRVWXY
3. ABD**F**GHJ**M**NRU**VW**
4. (C 1/5-31/8) (F+H ⌕) JKL**N** (T ⌕) (X 27/3-17/9) (Y ⌕) Z
5. **AB**DEFGHIJKLMNOPQUWXYZ
6. AEGH**K**(N 1,5km)OSV

💬 Rustige gezinscamping, gedeeltelijk autovrij, met voor een groot deel toeristische plaatsen. Gelegen in fiets- en wandelgebied bij historisch dorp Oirschot. Groot binnen- en buitenzwembad naast de camping, gratis voor de gasten.

🚗 A58 afslag Oirschot. Campingbord Latour volgen. Navigatiesysteem niet gebruiken.

CC €18 27/3-15/7 1/9-26/9 7=6, 14=11

N 51°29'47'' E 5°19'12''

418
Oisterwijk, NL-5062 TE / Noord-Brabant

- Ardoer streekpark Klein Oisterwijk
- Oirschotsebaan 8A
- +31 (0)13-5282059
- FAX +31 (0)13-5216653
- 1/1 - 31/12
- kleinoisterwijk@ardoer.com

13ha 150T(100m²) 10A CEE

1. ADFIJKLPRS
2. ABDFLMRSVWXY
3. ABCD**F**GHIJKLN**Q**RU**W**Z
4. **A**(C+H 1/5-28/8) M (Q+S+T+U+X 1/4-26/9) (Y ⌕) Z
5. **AB**DFGIJKLMNOPQRUWXYZ
6. AEGH**K**M(N 3km)OSUV

💬 Gezellige familiecamping in een bosrijke omgeving. Restaurant met binnenspeeltuin. Prachtige omgeving om te wandelen en te fietsen.

🚗 A58 afslag Oirschot richting Oisterwijk. A58 Eindhoven-Tilburg en N65 Den Bosch-Tilburg, afslag Oirschot ri Oisterwijk. Borden overige recreatievoorzieningen volgen. Oirschotsebaan aanhouden. Via navigatie: vanaf N65 afrit Oisterwijk nemen.

CC €16 1/1-24/4 26/5-5/7 22/8-31/12

N 51°33'13'' E 5°13'32''

Oisterwijk, NL-5062 TP / Noord-Brabant   419

- ▲ Ardoer vakantiepark De Reebok
- ≡ Duinenweg 4
- ☎ +31 (0)13-5282309
- ⌚ 1/1 - 31/12
- @ reebok@ardoer.com

8ha 90T(80-100m²) 16A CEE

1 ABCD**F**IJKLOPRS
2 BFRSX
3 BD**F**GHIJKN**RT**U
4 (Q+R+T+U 1/4-31/10) (Y ⌂)
5 **AB**DFGIJKLMNPRUWXYZ
6 ADEGHJ**K**LM(N 2,7km)OS

💬 Gemoedelijk vakantiepark op toplocatie in een groene oase van bossen, vennen en heide. Gelegen binnen stedendriehoek Den Bosch, Tilburg, Eindhoven, met Oisterwijk als gezellig hart. Een klein mondain stadje met ruim 50 terrassen en veel exclusieve boetieks en shops.

🚗 In Oisterwijk borden andere recreatievoorzieningen volgen. Daarna letten op straatnaam Duinenweg.

CC €16 1/1-24/4 26/5-3/7 21/8-31/12
N 51°34'24'' E 5°13'56''

Oisterwijk, NL-5062 TM / Noord-Brabant   420

- ▲ Natuurkampeerterrein Morgenrood
- ≡ Scheibaan 15
- ☎ +31 (0)13-5215935
- ⌚ 1/1 - 31/12
- @ info@nivonmorgenrood.nl

3ha 75T(100-150m²) 6A CEE

1 AD**G**IJKLNPQ
2 BFLRSWXY
3 ABF**G**HJKNR
4 **AB**DGIJMNOPUWZ
6 ADEHIK(N 4km)

💬 Kamperen in de natuur, tussen de bomen of in de zon. Rustig, ruim opgezet terrein in een open bos. Ideaal voor wandel- en fietsliefhebbers. Vrije toegang tot natuurgebied 'Kampina'. Deel van de camping is natuurkampeerterrein/Nivon. Honden worden op een bepaald deel van de camping toegestaan.

🚗 In Oisterwijk borden overige recreatievoorzieningen volgen tot op de Scheibaan. Aan deze weg ligt Morgenrood, op nr 15.

CC €14 1/1-30/4 26/5-30/6 1/9-31/12
N 51°34'5'' E 5°14'7''

Oosterhout, NL-4904 SG / Noord-Brabant   421

- ▲ De Katjeskelder
- ≡ Katjeskelder 1
- ☎ +31 (0)162-453539
- FAX +31 (0)162-454090
- ⌚ 27/3 - 1/11
- @ receptie.katjeskelder@roompot.nl

28ha 102T(80m²) 4A CEE

1 CD**F**IJNPRS
2 BFRSVX
3 B**F**HIJKLN**QR**TU
4 (C 26/4-26/10) (F+H ⌂) J (Q+S+T+U+V+W+X+Y ⌂) Z
5 **AB**DEFGIJKLMNOPRUWXZ
6 AFGHIJ**K**M(N 3km)ORSTVX

💬 Gezellige kampeervelden omgeven door bos. Eigen groot recreatiepark, grote speeltuin en subtropisch zwembad. Prachtige omgeving voor wandel- en fietstochten. Er zijn op deze camping geen staanplaatsen voor campers beschikbaar.

🚗 A27 afslag 17 Oosterhout-Zuid. Borden Katjeskelder volgen.

CC €14 27/3-3/4 7/4-24/4 26/5-7/7 24/8-30/10
N 51°37'44'' E 4°49'57''

422 — Schaijk, NL-5374 RK / Noord-Brabant

- De Holenberg
- Udensedreef 14
- ☎ +31 (0)486-461703
- FAX +31 (0)486-464124
- 1/4 - 1/11
- @ info@paasheuvelgroep.nl

10ha 128T(80-150m²) 6A CEE

1. ABCD**G**IJKLNPQ
2. ABDFRSVXY
3. BFGHJK**M**NRUZ
4. (A+Q 15/7-17/8)
   (R 29/5-1/11)
   (T+U 14/5-25/5,15/7-17/8)
   (X 15/7-17/8) Z
5. **AB**CDFGIJKLMNOPUWZ
6. ACEG**K**(N 2km)OTV

Gezellige familiecamping voor zowel senioren als jonge gezinnen. Direct aan natuurgebied De Maashorst. De camping heeft zowel weideplaatsen als ook bosplaatsen en een natuurlijke zwemplas.

A50, afslag Schaijk nemen. Dan borden volgen.

CC €14 1/4-1/5 26/5-6/7 24/8-1/11

N 51°43'37'' E 5°37'59''

---

423 — Sint Anthonis, NL-5845 EB / Noord-Brabant

- Ardoer vak.centrum De Ullingse Bergen
- Bosweg 36
- ☎ +31 (0)485-388566
- FAX +31 (0)485-388569
- 1/4 - 27/9
- @ ullingsebergen@ardoer.com

11ha 113T(100-150m²) 10-16A CEE

1. ADEIJKLMPST
2. BFLRSVWXY
3. ABGHIJK**M**NRU
4. (C+H 24/4-10/9) J
   (Q+T+U+Y 2/4-27/9)
5. **AB**DFGIJKLMNPUWXYZ
6. ABCEGH**K**L(N 1,5km)OST V

U geniet van rust, stilte en natuur. Direct aangrenzend aan de camping kunt u uitgebreid fietsen en wandelen door bossen, over heide en zandverstuivingen. Een ideale camping voor jonge gezinnen (met kinderen tot +/- 10 jaar), senioren en natuurliefhebbers. Kamperen op een veldje of rustig in een laantje. Alle plaatsen zijn door groen afgescheiden.

A73, afslag St. Anthonis. In St. Anthonis de borden volgen.

CC €16 1/4-13/5 18/5-22/5 26/5-5/7 22/8-27/9

N 51°37'39'' E 5°51'42''

---

424 — Sint Hubert, NL-5454 NA / Noord-Brabant

- Van Rossum's Troost
- Oude Wanroijseweg 24
- ☎ +31 (0)485-470193
- FAX +31 (0)485-470196
- 3/4 - 27/9
- @ info@rossumstroost.nl

5,5ha 45T(90-120m²) 6A CEE

1. ABD**G**IJKLN**P**RS
2. BFGRVX
3. BGHIJK**MN**O**PQ**RUV
4. (A 30/4-8/5,16/7-21/8)
   (G 16/7-21/8) (Q 5/4-28/4)
   (R 30/4-11/9) (T 23/4-11/9) Z
5. **AB**CEFGIJMO**P**QUXYZ
6. ACDEGH**IJ**M(N 0,8km)OST

Gastvrije familiecamping voor senioren en jonge gezinnen. Gelegen in een bosrijke omgeving, royale fiets- en wandelmogelijkheden. Ruim opgezet terrein met o.a. comfortplaatsen, draadloos internet en een kleurrijke speel- en peutertuin. Zeer geschikt voor hondenbezitters.

A73, afslag Haps richting Mill. Na St. Hubert richting Wanroij en borden volgen.

CC €12 3/4-8/5 26/5-11/7 29/8-27/9 14=12

N 51°40'9'' E 5°47'48''

Udenhout, NL-5071 RR / Noord-Brabant ♿ 📶 ❄ iD 425

- 🔺 Ardoer recreatiepark Duinhoeve
- 🏠 Oude Bosschebaan 4
- ☎ +31 (0)13-5111363
- FAX +31 (0)13-5111749
- 📅 28/3 - 27/9
- @ duinhoeve@ardoer.com

9ha 120T(100-120m²) 6A CEE

1. **ADG**IJLPRS
2. **F**RSVWX
3. **AB**JKNRU**V**
4. (C+H 25/4-31/8) (Q 1/5-31/8) (R+T+U+X 1/4-27/9)
5. **AB**EFGHIJLMNOPQUWXYZ
6. AEGH**IK**(N 4km)SV

💬 Rustige familiecamping, gelegen aan de rand van de Drunense Duinen. Kindvriendelijke camping. In de directe omgeving de Efteling en Beekse Bergen. Gemoedelijke sfeer met Brabantse gastvrijheid.

🚗 A58 Breda-Tilburg-Den Bosch, afslag Udenhout (N65). Vanaf Waalwijk N261 richting Efteling. Voorbij Efteling richting Loon op Zand. Voorrangsweg volgen en dan de borden van de camping volgen.

CC €16 1/4-23/4 26/5-7/7 24/8-27/9   📡 N 51°38'11" E 5°7'4"

Valkenswaard, NL-5556 VB / Noord-Brabant ♿ 📶 iD 426

- 🔺 Oostappen Vakantiepark Brugse Heide
- 🏠 Maastrichterweg 183
- ☎ +31 (0)40-2018304
- 📅 22/3 - 2/11
- @ info@vakantieparkbrugseheide.nl

7ha 95T(81-100m²) 6A CEE

1. **ADG**IJKLPQ
2. **F**LRVWXY
3. ABCD**F**GHJKNQRU
4. (C+G 1/5-1/9) N (Q+T+X 1/7-31/8) Z
5. **AB**DEFGIJKLMNPQUWXY
6. ACEGH**K**LM(N 1,5km)S

💬 Goed geoutilleerde camping in bosrijke omgeving met groot wandel- en fietsgebied. Veel bezienswaardigheden op de fiets te bereiken.

🚗 Via A2 afslag Valkenswaard richting Achel. Borden volgen.

CC €14 7/4-30/4 26/5-3/7 29/8-15/10   📡 N 51°19'44" E 5°27'45"

Veldhoven, NL-5504 PZ / Noord-Brabant ♿ 📶 iD 427

- 🔺 Ardoer vakantiepark 't Witven
- 🏠 Witvenseweg 6
- ☎ +31 (0)40-2300043
- 📅 28/3 - 27/9
- @ witven@ardoer.com

13,3ha 62T(80-120m²) 6A CEE

1. **A**CD**F**IJKLMNPRS
2. **A**DFGLRVWXY
3. ABD**F**GHJK**M**N**Q**RUWZ
4. (Q+R+T+U+X+Y 📅) Z
5. **AB**DFGIJKLMNPQ**S**UWXYZ
6. ACDEGHK(N 1km)OV

💬 Bij recreatieplas en restaurant gelegen camping even buiten Veldhoven, met veel natuur rondom. Privé-sanitair te huur. Gebruik overdekt zwembad Veldhoven (3 km) inbegrepen. WiFi is niet inbegrepen.

🚗 Randweg Eindhoven N2 afslag 32 richting Veldhoven. Daarna borden volgen.

CC €18 28/3-12/5 18/5-21/5 26/5-11/6 15/6-15/7 1/9-26/9   📡 N 51°23'42" E 5°24'43"

Vessem, NL-5512 NW / Noord-Brabant 428

- Eurocamping Vessem
- Zwembadweg 1
- +31 (0)497-591214
- 28/3 - 4/10
- info@eurocampingvessem.com

50ha 450T(120-200m²) 6A CEE

1. AD**G**IJKLMOPRS
2. **B**FGLRWXY
3. ABDFHJMNQRUW
4. (B+G 15/5-1/9) (R+T 1/7-31/8) Z
5. **AB**GIJMNO**P**UWXYZ
6. ACDEG**K**(N 1,5km)V

Unieke camping in het hart van Brabant. Groot en zeer bosrijk terrein met ruime en fraai gelegen velden. Veel fiets- en wandelmogelijkheden. Grote, door bos omzoomde visvijver. Speciale camperplaatsen voor de camping.

A58 afslag 8 Oirschot richting Oostelbeers. Camping aangegeven op weg Vessem-Hoogeloon.

€16 28/3-12/5 18/5-21/5 26/5-15/7 1/9-3/10
N 51°24'38" E 5°16'35"

Vinkel, NL-5382 JX / Noord-Brabant 429

- Vakantiepark Dierenbos
- Vinkeloord 1
- +31 (0)73-5343536
- FAX +31 (0)73-5321698
- 27/3 - 1/11
- info@dierenbos.nl

55ha 390T(115-125m²) 16A CEE

1. ABCD**F**IJKLMOPQ
2. ABDFLRSWXY
3. ABD**F**GHJKL**MN**Q**R**T**U**WZ
4. (C 15/5-1/9) (F ⌧) (H 15/5-1/9) J (Q+S+T+U+Y ⌧) Z
5. **AB**DEFGIJKLMNOPQUWXYZ
6. ACEGH**IJ**(N 3km)OSTU

Op vakantiepark Dierenbos beleeft u een heerlijke vakantie tussen de talrijke bosdieren op grote kampeervelden. Voor jong en oud is er veel te zien en te doen! Hier beleeft u zwempret, fantastische natuurwandelingen en spannende bowlingavonden.

A59, afrit 51. De camping staat vanaf de afrit aangegeven.

€12 27/3-24/4 26/5-4/7 29/8-1/11
N 51°42'17" E 5°25'48"

Wanroij, NL-5446 PW / Noord-Brabant 430

- Vakantiepark De Bergen
- Campinglaan 1
- +31 (0)485-335450
- 1/4 - 31/10
- info@debergen.nl

NIEUW

92ha 373T(80-125m²) 10A CEE

1. AD**F**IJKLMQ
2. ADFLMRVWXY
3. AB**C**DGHJKLN**P**RUWZ
4. J(S+T+U+Y 1/7-15/8)
5. **AB**DEFGIJKLMNPUWXYZ
6. ACDEGH**JK**LM(N 2km)OSU

Grote gezinscamping met veel ruimte en mooie begroeiing. Veel faciliteiten o.m. groot strandbad en indoorspeeltuin.

A73, afslag Boxmeer naar St. Anthonis en rechtsaf naar Wanroij. De camping wordt door borden goed aangegeven.

€14 1/4-12/5 1/6-15/7 1/9-30/10
N 51°38'26" E 5°48'40"

Zandoerle/Veldhoven, NL-5506 LA / Noord-Brabant — 431

- Vakantiepark Molenvelden
- Banstraat 25
- ☎ +31 (0)40-2052384
- FAX +31 (0)40-2052836
- 27/3 - 27/9
- @ molenvelden@kempenrecreatie.nl

14ha 66T(80-100m²) 10A CEE

1 ADGIJKLMPQ
2 FRVWXY
3 ABDFHJNQRUW
4 (C+H 1/5-27/9) M (T+X+Y ⌂) Z
5 AB**DEF**GHI**J**MNOPQUWXY
6 ACEGHJ**K**(N 3km)OSV

💬 Gezinscamping met open kampeerplaatsen, gelegen aan bosgebied. Landelijke omgeving met veel wandel- en fietsmogelijkheden. Restaurant en café hebben ruime openingstijden. Er is ook een afzonderlijk pannenkoekenrestaurant.

🚗 N2 rondweg Eindhoven, afrit 31 Veldhoven. Borden volgen.

CC €16   27/3-15/7   1/9-26/9   7=6, 14=11

N 51°24'30" E 5°21'27"

Afferden, NL-5851 AG / Limburg — 432

- Klein Canada
- Dorpsstraat 1
- ☎ +31 (0)485-531223
- FAX +31 (0)485-532218
- 1/1 - 31/12
- @ info@kleincanada.nl

12ha 135T(100-120m²) 6-10A CEE

1 ADFIJKLMNPRS
2 FGLRSUWX
3 ABD**EF**GJKLM**N**RUW
4 (A 1/5-25/5,10/7-23/8) (B 1/5-31/8)(F+G 27/3-31/10) **JN** (Q 1/4-31/10) (S 1/5-31/8) (T 27/3-31/8) (U+X+Y 1/5-31/8) Z
5 AB**DEF**GIJLMNOPQR**STU**WXYZ
6 ABCDFG**IJ**(N 0,5km)OSTU

💬 Ruim opgezette familiecamping met vele voorzieningen gelegen aan de rand van het Nationaal Park 'De Maasduinen'. De verschillende veldjes hebben ieder een eigen karakter. Een deel van de plaatsen heeft eigen sanitair. Een aantal ligt aan de visvijver. Horeca op het terrein aanwezig.

🚗 Vanuit Nijmegen A73 afslag A77 (Keulen), dan N271 en vóór Afferden linksaf. Vanuit Venlo, voorbij Afferden rechtsaf.

CC €16   1/1-12/5   26/5-10/7   29/8-31/12   7=6, 14=11, 21=16

N 51°38'20" E 6°0'15"

Afferden, NL-5851 EK / Limburg — 433

- Roland
- Rimpelt 33
- ☎ +31 (0)485-531431
- FAX +31 (0)485-531880
- 1/1 - 31/12
- @ info@campingroland.nl

11ha 84T(80-120m²) 6A CEE

1 ADFIJKLMNOPQ
2 FLRVX
3 B**F**GHJK**N**QRUW
4 (C+H 25/4-14/9) J (Q 1/4-15/9) (R+S 1/4-23/9) (T+U+Y 1/4-20/9) Z
5 AB**DF**GJLMNO**P**RUWXYZ
6 BCDEGH**K**(N 1km)OSTUV

💬 Luxe familiecamping met zeer fraaie ligging in het hart van het nationale park Maasduinen. In dit park kan men ongestoord naar hartelust wandelen en fietsen langs prachtige bossen, heidevelden en waterplassen, die gelegen zijn tussen de Maas en de Duitse grens.

🚗 A73 Nijmegen-Venlo, bij knooppunt Rijkevoort via A77 tot afrit 2 de N271 Nieuw-Bergen - Afferden. Na ong. 5 km richting Venlo. Zie ANWB-borden.

CC €14   1/1-13/5   26/5-8/7   25/8-31/12

N 51°38'4" E 6°2'3"

Arcen, NL-5944 EX / Limburg ♿ 📶 iD 434

- 🏠 Klein Vink
- 📧 Klein Vink 4
- ☎ +31 (0)77-4732525
- 📠 +31 (0)77-4732396
- 📅 1/1 - 31/12
- @ info@roompot.nl

17ha 310T(80-90m²) 10A CEE

1. ACDFIJKLMOPQ
2. ADFLMRSVWXY
3. ABCGHJKL**MN**Q**WZ**
4. (F+H 🅿) **O**
   (Q+S+T+X+Y 🅿)
5. **AB**DFGIJKLMNOPUWXYZ
6. ACDEGH**K**MSTUV

💬 Mooie, sfeervolle camping. Zeer goed onderhouden. Op het campingterrein is een schitterend thermaalbad. Ook de recreatieplas is heerlijk om in te zwemmen. Met de schoolvakanties laat het animatieteam zich van de goede kant zien. Voor campers is een beperkt aantal plaatsen. Informeer bij de receptie.

🚗 N271 Nijmegen-Venlo. Goed aangegeven met borden.

L361	L362
Kevelaer	
	L480
	Geldern
A73	CC
	Straelen
N556	N271

CC €12 1/1-3/4 7/4-24/4 26/5-7/7 24/8-30/10   M N 51°29'46" E 6°11'4"

Baarlo, NL-5991 NV / Limburg 📶 iD 435

- 🏠 Oostappen Vakantiepark De Berckt
- 📧 Napoleonsbaan Noord 4
- ☎ +31 (0)77-4777222
- 📠 +31 (0)77-4777223
- 📅 22/3 - 2/11
- @ info@vakantieparkdeberckt.nl

40ha 281T(80-120m²) 10A CEE

1. AD**G**IJKLMOPQ
2. BFGLRSWXY
3. ABDGHJKNQRU
4. (F+H 🅿) IJKLN
   (Q+S+T+U 22/3-25/5,6/7-30/8)
   (X+Y 🅿) Z
5. **AB**DEFGIJKLMNOPQUWXYZ
6. ACEGH**J**M(N 2km)STV

💬 Vrolijke familiecamping in een bosrijke omgeving met een prachtig zwemparadijs in sprookjesachtige sfeer. En buiten staat dan ook nog een verrassend speelkasteel: dat is genieten!

🚗 A73 afslag Baarlo (N273). Op de N273 (Napoleonsbaan) ligt camping aan de westkant van de weg, tussen Blerick en Baarlo.

N277	N271	
		B58
A67	Blerick	Venlo
N560		A74	B221
	CC	Tegelen	Nettetal
N562	A74	
	N273	

CC €16 7/4-30/4 26/5-3/7 29/8-15/10   M N 51°20'46" E 6°6'20"

Beesel, NL-5954 PB / Limburg ✈ 📶 iD 436

- 🏠 Petrushoeve
- 📧 Heidenheimseweg 3
- ☎ +31 (0)77-4741984
- 📅 1/3 - 31/10
- @ info@campingpetrushoeve.nl

6ha 107T(120-140m²) 6-10A CEE

1. ADEIJKLMNPQ
2. BFRSVWXY
3. AD**F**GHIJKLNRU
4. (**A**+Q+V 🅿)
5. **AB**DFGIJKLMNOPUWZ
6. AEGI**K**(N 2,5km)T

💬 Rustige, auto- en huisdiervrije, kleinschalige groene camping gelegen in het vlakke Midden-Limburg tussen Roermond en Venlo. Zeer ruime, afgebakende plaatsen. Grenzend aan natuur- en stiltegebied Meerlebroek, het uitgestrekte Brachter Wald en het Pieterpad. Gevarieerde omgeving om te wandelen en te fietsen. Nabij recreatieplas Drakenrijk.

🚗 Van A73 afslag 18 Reuver/Beesel. Daarna borden volgen.

N275	N277	A74
	N562	Reuver
	N273	
		L373
N279	CC	Elmpt
	Roermond	A52
		B221

CC €16 1/3-4/7 21/8-31/10   M N 51°15'8" E 6°4'22"

Belfeld, NL-5951 NS / Limburg ♿ 📶 iD 437

- 🏠 DroomPark Maasduinen
- ✉ Maalbekerweg 25
- ☎ +31 (0)77-4751326
- 📠 +31 (0)77-4751763
- 📅 27/3 - 24/10
- @ maasduinen@droomparken.nl

20ha 104T(100-140m²) 6-10A CEE

1. ACD**G**IJKLMOPQ
2. ABDLRSVWX
3. ABHJKNRUVZ
4. (F+H 28/3-24/10) (Q 1/7-31/8) (T 28/3-30/9) (X+Y 28/3-24/10) Z
5. **AB**DEFGIJKLMNO**P**UWXYZ
6. AEG**K**(N 3km)OT

💬 De camping is gelegen in het glooiend groene Noord-Limburg tussen de vennen en beekjes. Een ruim opgezette camping met standaard en luxe kampeerplaatsen. Er zijn vele faciliteiten aanwezig, waaronder een natuurmeer met zandstrand.

🚗 Op snelweg A73 richting Roermond afslag 17 Belfeld. Vanaf de afrit bordjes volgen.

CC €16   27/3-1/5   18/5-22/5   29/5-10/7   28/8-24/10   N 51°18'27'' E 6°8'47''

Blitterswijck, NL-5863 AR / Limburg 👫♿📶 iD 438

- 🏠 't Veerhuys
- ✉ Veerweg 7
- ☎ +31 (0)478-531283
- 📠 +31 (0)478-531792
- 📅 1/4 - 31/10
- @ info@campingveerhuys.nl

2,8ha 75T(72-150m²) 10A CEE

1. ACD**F**IJKLPQ
2. CFJKLRSW
3. AB**F**GHJKN**OP**RUWX
4. (G 1/5-31/10) (T+U+X+Y 🌞) Z
5. **AB**CDFGIJLMN**P**UWXZ
6. CDEGH**JM**(N 1km)QSTV

💬 Mooi gelegen camping met verwarmd sanitair aan de Maas bij een fiets- en voetveer, dat u naar de overkant kan brengen naar het Nationaal Park Maasduinen. Campingcafé 'De Proeverij' met aangrenzend restaurant 'Tante Jet' is aan te bevelen.

🚗 A73, afrit 9 richting Wanssum. Bij rotonde in Wanssum rechtsaf en direct links richting Blitterswijck.

CC €16   1/4-13/5   25/5-10/7   27/8-31/10   7=6, 14=12   N 51°31'52'' E 6°7'5''

Echt, NL-6102 RD / Limburg 👫 📶 iD 439

- 🏠 Marisheem
- ✉ Brugweg 89
- ☎ +31 (0)475-481458
- 📠 +31 (0)475-488018
- 📅 1/3 - 31/10
- @ info@marisheem.nl

12ha 95T(80-100m²) 10A ÇEE

1. AD**G**IJKLPQ
2. FGLRVWXY
3. ABGHJR
4. (B+G 17/5-1/9) J (T 7/7-18/8) Z
5. **AB**DFGIJKLMNOPQUWZ
6. ACG**IK**(N 2km)OSTV

💬 CampingCard ACSI óók geldig tijdens meivakantie, Hemelvaart en Pinksteren! Marisheem ligt in Echt, Midden-Limburg, 'het smalste stukje Nederland'. Breed genoeg om te kamperen en te genieten. En óók uw hond is welkom! Prachtige bosrijke fiets- en wandelomgeving. Genieten met de zachte G!

🚗 A2 richting Maastricht. Afslag 45 Echt. Borden Camping Marisheem volgen.

CC €14   1/3-30/6   17/8-31/10   7=6, 14=12, 21=18, 28=24   N 51°5'33'' E 5°54'40''

197

Geijsteren/Maashees, NL-5823 CB / Limburg ♿ 📶 iD 440

- ▲ Natuurkampeerterrein Landgoed Geijsteren
- 🏠 Op den Berg 5a
- ☎ +31 (0)478-532601
- 📅 28/3 - 1/11
- @ info@ campinglandgoedgeijsteren.nl

3ha 75T(80-100m²) 6A CEE

1. ADFIJKLN**P**RS
2. BCFKLMORSTVXY
3. AE**F**HIJWX
4. (A 1/7-1/9)
   (Q 1/7-10/8,1/7-31/8)
   (R 1/7-10/8)
5. **AB**CDFGIJKLMNPQUW
6. AEGK(N 2,5km)

💬 Kleinschalige landgoedcamping, schitterend gelegen aan de Maas nabij het Pieterpad. Bij uitstek geschikt voor fiets- en wandeltochten door bossen met vennen en langs bezienswaardigheden als de Rosmolen en de St. Willibrorduskapel (1680).

🚗 A73, afslag 8 Venray-Noord richting Maashees. Na 4 km afslag Geijsteren. Na 800m bij naambord linksaf.

CC €16 27/5-29/6 31/8-31/10 N 51°33'36" E 6°2'30"

Grubbenvorst, NL-5971 ND / Limburg 👫 📶 iD 441

- ▲ Californië
- 🏠 Horsterweg 23
- ☎ +31 (0)77-3662049
- FAX +31 (0)77-3662997
- 📅 15/3 - 15/10
- @ info@limburgsecamping.nl

2ha 80T(100-200m²) 10A CEE

1. ADGIJKLMNOPQ
2. FRSUWXY
3. AHJKU
4. (A 1/5-30/6)
5. **AB**DGIJKLMNOPUWXY
6. ACDFGJ(N 2km)V

💬 Gezellige camping ook met plaatsen rond fraaie vijvers. De camping wordt gerund door enthousiaste mensen. Achter de boerderij is het verrassend mooi.

🚗 Vanaf A73, afslag Grubbenvorst. Grubbenvorst blijven volgen, daarna de campingborden volgen. Camping goed aangegeven.

CC €14 15/3-15/7 1/9-15/10 7=6 N 51°25'13" E 6°6'24"

Gulpen, NL-6271 NP / Limburg 📶 iD 442

- ▲ Gulperberg Panorama
- 🏠 Berghem 1
- ☎ +31 (0)43-4502330
- FAX +31 (0)43-4504609
- 📅 27/3 - 5/11
- @ info@gulperberg.nl

7,9ha 285T(100-120m²) 10A CEE

1. AD**G**IJKL**PQ**
2. FJKLRVWX
3. BF**GH**IJKN**OP**RU
4. (A 28/4-6/5,2/7-30/8)
   (B+G 28/4-25/9)
   (Q+R 6/4-28/10)
   (S 28/4-15/9)
   (T+U+V+Y 6/4-28/10) Z
5. **AB**DFGJKLMNOPRUWXYZ
6. CDEGH**K**(N 2km)OSTV

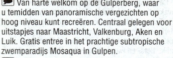
NIEUW

💬 Van harte welkom op de Gulperberg, waar u temidden van panoramische vergezichten op hoog niveau kunt recreëren. Centraal gelegen voor uitstapjes naar Maastricht, Valkenburg, Aken en Luik. Gratis entree in het prachtige subtropische zwemparadijs Mosaqua in Gulpen.

🚗 Heerlen-Vaals, afslag Gulpen. Bij het laatste stoplicht in Gulpen li, vanaf daar borden volgen. Met GPS: selecteer postcode, daarna de Landsraderweg volgen tot T-splitsing, li-af. Cp na 200m re.

CC €16 27/3-2/5 9/5-14/5 26/5-8/7 29/8-5/11 7=6, 14=11, 21=16 N 50°48'25" E 5°53'39"

Gulpen, NL-6271 PP / Limburg 443

- Osebos
- Euverem 1 (post: Osebos 1)
- ☎ +31 (0)43-4501611
- FAX +31 (0)43-4506020
- ⌑ 28/3 - 1/11
- @ info@osebos.nl

7ha 210T(100-120m²) 10A CEE

1. A**CD**G**IJKLPRS**
2. **JKL**R**TVWX**
3. **AB**F**HJNRU**
4. (B+G 15/5-30/9) (Q+S+T+U+X+Y ⌑) Z
5. **AB**DEFG**IJKLMNP**QUWXYZ
6. CEGK(N 1,5km)OSTV

💬 Terrassencamping met een fantastisch uitzicht over het heuvelland. De omgeving heeft een uniek microklimaat: gemiddeld meer zon en warmte dan in de rest van Nederland. Veel comfort, voorzieningen van hoog niveau.

🚗 N278 Maastricht-Vaals. Voor Gulpen richting Euverem/Beutenaken, eerste weg rechts.

CC €14 28/3-13/5 17/5-4/7 21/8-31/10

📍 N 50°48'27" E 5°52'15"

Heel, NL-6097 NL / Limburg 444

- Narvik HomeParc Heelderpeel B.V.
- De Peel 13
- ☎ +31 (0)475-452211
- FAX +31 (0)475-452099
- ⌑ 28/3 - 24/10
- @ info@heelderpeel.nl

55ha 136T(100m²) 10A CEE

1. A**CD**F**IJKLMNOPQ**
2. **AD**F**LRSVX**
3. **B**G**HJKMNQRUZ**
4. (C 1/5-15/9) J (Q+T+U 1/7-31/8) (X 1/7-1/9) (Y 1/7-30/9) Z
5. **AB**DFG**IJKLMNOPUWZ**
6. AEG**J**M(N 3km)STUV

💬 Gezinscamping in Midden Limburg. Sanitair is vernieuwd. In de omgeving vele fiets- en wandelmogelijkheden. Eveneens veel watersportmogelijkheden in nabijheid.

🚗 Vanuit Eindhoven A2, afslag 41. Op de N273 richting Venlo volgen. Na ong. 3 km staat de camping links aangegeven.

CC €12 28/3-5/7 22/8-24/10 7=6, 14=12

📍 N 51°11'49" E 5°52'31"

Heerlen, NL-6413 TC / Limburg 445

- Hitjesvijver
- Willem Barentszweg 101
- ☎ +31 (0)45-5211353
- FAX +31 (0)45-5223553
- ⌑ 1/1 - 31/12
- @ info@hitjesvijver.nl

4,5ha 66T 6A CEE

1. **AD**F**IJKLMNOPRS**
2. FGL**RWXY**
3. **AB**F**GHJNRU**
4. (C+H 10/5-30/8) Z
5. **AB**DFG**IJKLMNOPUW**
6. ACDEGK(N 0,6km)OT

💬 Goed onderhouden stadscamping. Verwarmd sanitair. Centrale ligging. Tal van mogelijkheden om te genieten van de prachtige Zuid-Limburgse natuur. Bezoek vele bezienswaardigheden, zoals de historische steden Maastricht, Aken en Luik.

🚗 Vanaf Eindhoven volgt u de borden A76 ri Heerlen; na Nuth re de N281 volgen ri Heerlen; afslag Heerlen-Nrd nemen; aan het einde van de afrit links, bij rotonde na McDonalds links, dan 1e rotonde re. De Willem Barentszweg. Na 800m cp li.

CC €14 1/1-13/5 1/6-10/6 16/6-7/7 24/8-31/12 7=6, 14=11

📍 N 50°55'16" E 5°57'26"

Helden, NL-5988 NH / Limburg ♿ 📶 iD 446

🔺 Ardoer camping De Heldense Bossen
📧 De Heldense Bossen 6
☎ +31 (0)77-3072476
📠 +31 (0)77-3072576
📅 28/3 - 1/11
@ heldensebossen@ardoer.com

30ha 399T(80-120m²) 10A CEE

1 ADGIJKLMOPQ
2 BFLRVWXY
3 BDFGHJKNRU
4 (C 25/4-30/8) (F+H 🅿) IJM (Q+S+T+U+Y 🅿) Z
5 ABDEFGIJKLMNOPQUWXYZ
6 CEGHKM(N 2km)OSV

💬 Sfeervolle gezinscamping met ruime staanplaatsen. Unieke ligging in een bosrijke omgeving met wandel- en fietsroutes. Camping is voorzien van verwarmd binnen- en buitenbad. Verder een unieke speeltuin, kinderboerderij, roeivijver, sportvelden en bosspeeltheater.

🚗 Vanaf N277, Midden Peelweg, afslag Helden nemen. Vanuit Helden richting Kessel. Na 1 km linksaf. Na ruim 1 km de camping.

CC €14   28/3-1/5   10/5-13/5   17/5-22/5   25/5-4/7   28/8-1/11
N 51°19'5"   E 6°1'25"

Herkenbosch, NL-6075 NA / Limburg 📶 iD 447

🔺 Oostappen Vakantiepark Elfenmeer
📧 Meinweg 1
☎ +31 (0)475-531689
📠 +31 (0)475-534775
📅 22/3 - 2/11
@ info@vakantieparkelfenmeer.nl

37ha 334T(100m²) 10A CEE

1 ADGIJLMOPQ
2 ABDFGLRSVWXY
3 ABDFGHJKMNOPQRTUWZ
4 (C+H 30/4-2/9) J(Q+S (X+Y 30/4-8/5,1/7-2/9) Z
5 ABDEFGIJKLMNPQRUWXYZ
6 CEGHIJM(N 2km)OSTV

💬 Vijfsterren camping met vele faciliteiten. Aan de rand van Nationaal Natuurpark Meinweg, dat doorloopt in Duitsland. Centraal gelegen ten opzichte van o.a. Roermond, Sittard, Mönchengladbach.

🚗 Via A2 naar Roermond. Volg borden Roermond-Oost en Melick. Neem afslag Herkenbosch en volg campingborden.

CC €16   7/4-30/4   26/5-3/7   29/8-15/10
N 51°9'43"   E 6°5'30"

Kelpen-Oler, NL-6037 NR / Limburg 📶 iD 448

🔺 Geelenhoof
📧 Grathemerweg 16
☎ +31 (0)495-651858
📅 1/3 - 4/11
@ info@geelenhoof.nl

2,3ha 60T(120-150m²) 6A CEE

1 ADFIJLMNOPRS
2 FGRSVXY
3 ABCFGJQRUW
4 (R 1/3-30/10) Z
5 ABFGIJKLMNPUXYZ
6 ACDEGHIJ(N 3km)ST

💬 Rustige camping met ruime plaatsen met WiFi en TV-aansluiting. Mini- en boerengolf, beugelbaan en jeu de boules. Overdekte fietsenstalling en oplaadpunt voor electrische fietsen. Bezienswaardigheden: het witte stadje Thorn, het historische Roermond en Nationaal Park De Groote Peel.

🚗 Vanaf Eindhoven: A2, afslag 40 ri Kelpen/Oler. Neem op de N280 afslag Kelpen/Oler en volg doorgaande weg. Vanaf Maastricht: A2, afslag 41 ri Grathem. Volg vanaf de N273 de campingborden.

CC €14   1/3-12/5   26/5-12/7   29/8-4/11   7=6, 14=12, 21=18
N 51°12'35"   E 5°49'47"

449 — Landgraaf, NL-6374 LE / Limburg

- De Watertoren
- Kerkveldweg 1
- ☎ +31 (0)45-5321747
- FAX +31 (0)45-5330193
- 1/4 - 31/10
- @ info@campingdewatertoren.nl

5,3ha 120T(100-150m²) 10A CEE

1. ACDGIJKLMPQ
2. BRTWXY
3. ABFGHJKNRU
4. (A 14/7-25/8) (C+H 15/5-1/9) (Q+R+T+U) Z
5. ABDEFGIJKLMNOPQRUW Z
6. ACDEGJM(N 1km)OSV

💬 Camping voor jonge gezinnen en natuurliefhebbers. Tegen groot bosgebied. Verwarmd openluchtzwembad en verwarmd sanitair met gehandicaptenvoorziening. Ruime plaatsen (10x10m). Wandel- en fietsroutes vanaf de camping.

🚗 A2 afsl 47 Born/Brunssum. Volg Brunssum. Vanaf Maastricht/Heerlen: afsl Kerkrade-West (Beitel) of borden Park Gravenrode volgen. Volg Hofstr.-Einsteinstr.-Dr.Calsstr.-Torenstr. Li-af op rotonde Europaweg Zuid. Via navigatie: Maastrichterweg 96 intoetsen.

CC €16 1/4-12/5 18/5-10/6 15/6-6/7 23/8-31/10   N 50°54'38" E 6°4'23"

450 — Meerlo, NL-5864 CZ / Limburg

- 't Karrewiel
- Peschweg 8
- ☎ +31 (0)478-698062
- FAX +31 (0)478-698063
- 1/4 - 31/10
- @ info@karrewiel.eu

18,5ha 35T(< 120m²) 6A CEE

1. ADFIJKLMOPQ
2. FLRSVWXY
3. ABDHJKMNRUW
4. (B+G 1/5-15/9) J (Q+R+T+U+X) Z
5. ABGIJKLMNOPUWXYZ
6. AEGHIJM(N 0,8km)TV

💬 Familiecamping gelegen bij Meerlo in het gebied van de Peel en de Maas. Ideaal voor wandel-, fiets- en dagtochten in het landelijke Noord-Limburg.

🚗 A73 Nijmegen-Venlo, afslag 10 Horst-Noord. Richting Tienray. In Tienray borden volgen.

CC €16 1/4-10/7 27/8-30/10 7=6, 14=12, 21=18, 28=24   N 51°30'58" E 6°5'46"

451 — Meerssen, NL-6231 KT / Limburg

- Camping Meerssen
- Houthemerweg 95
- ☎ +31 (0)43-3654743
- FAX +31 (0)43-3654745
- 1/4 - 30/9
- @ info@campingmeerssen.nl

0,7ha 40T(90-100m²) 6A CEE

1. AGIJKLMNPRS
2. FRWXY
3. GHJKR
5. ABDGIJKLMNOPUZ
6. ADGK(N 2km)

💬 Een kleine gezellige familiecamping, ook gunstig gelegen voor doortrekkers naar het zuiden. Met verzorgde sanitaire voorzieningen (5 sterren). Centraal voor al uw uitstapjes naar Maastricht, Valkenburg en België.

🚗 Vanaf Luik A79 ri Heerlen. Afsl 2 Meerssen. Li, daarna weer li, na 600m rechts. Vanaf Eindhoven A2 afsl 51 Meerssen. Ri Valkenburg A79 op 1e afslag Meerssen. Li, daarna weer li, na 600m re.

CC €16 1/4-13/7 1/9-30/9   N 50°52'43" E 5°46'16"

452 — Meijel, NL-5768 PK / Limburg

- Kampeerbos De Simonshoek
- Steenoven 10
- +31 (0)77-4661797
- 1/1 - 31/12
- info@simonshoek.nl

8,5ha 75T(120-130m²) 6A CEE

1. ADFIJKLMOPQ
2. BFLRSVWX
3. AGHJKNRU
4. (C+D+H) (Q 31/3-31/10) (T+X 1/4-31/5,1/7-31/8) Z
5. ABDFGIJKLMNOPUWZ
6. CEGHIJ(N 1km)STV

€14 1/1-6/7 24/8-31/12

N 51°20'23'' E 5°52'16''

453 — Panningen, NL-5981 NX / Limburg

- Beringerzand
- Heide 5
- +31 (0)77-3072095
- fax +31 (0)77-3074980
- 27/3 - 8/11
- info@beringerzand.nl

20ha 370T(80-100m²) 10A CEE

1. ADFIJLMPQ
2. FLRSVWXY
3. ABCFGHIJKMNQRUW
4. (C 1/7-1/9) (F+H) JM (Q+S+T+U+X) Z
5. ABDEFGIJKLMNPQRUWXY
6. CDEGHIKL(N 3km)ORSTVW

€14 27/3-23/4 26/5-1/7 6/7-10/7 24/8-29/9 2/11-8/11

N 51°20'56'' E 5°57'40''

454 — Plasmolen/Mook, NL-6586 AE / Limburg

NIEUW

- Camping Eldorado
- Witteweg 18
- +31 (0)24-6962366
- fax +31 (0)24-6963017
- 1/4 - 31/10
- info@eldorado-mook.nl

6ha 30T(100m²)

1. ADGIJKLMP
2. CDFKLRSWXY
3. ABGHJRUWZ
4. (A 28/7-30/8) M (Q+S 2/5-25/5,28/7-30/8) (T 2/5-25/5,20/7-30/8) (X+Y 2/5-25/5,28/7-30/8) Z
6. O

€16 1/4-29/4 26/5-30/6 1/9-31/10

N 51°44'8'' E 5°55'1''

Roermond, NL-6041 TR / Limburg 👫 📶 iD **455**

- Resort Marina Oolderhuuske
- Oolderhuuske 1
- ☎ +31 (0)475-588686
- 📠 +31 (0)475-582652
- 📅 1/4 - 31/10
- @ info@oolderhuuske.nl

5,5ha 60T(80-200m²) 6-16A CEE

1. ACDGIJKLMPQ
2. ACDFLMRVWX
3. ABGJKMNRVWZ
4. (F+H 🔑) LMN(Q 🔑)
   (R 1/7-31/8) (T 1/5-1/10)
   (X+Y 🔑) Z
5. ABDFGIJKLMNOPRUWXYZ
6. ACDEGHK(N 5km)TU

💬 Direct aan de Maas gelegen camping met watersportmogelijkheden. Camping is voorzien van modern sanitair en beschikt over een zandstrand, speciaal voor de campinggasten.

🚗 Vanaf A68 afslag Hatenboer/de Weerd nemen. Daarna direct linksaf en bruine borden volgen met Marina Oolderhuuske.

CC €16 8/4-29/4 4/5-13/5 18/5-22/5 26/5-3/6 8/6-3/7 24/8-31/10 14=12 📍 N 51°11'32'' E 5°56'58''

Roggel, NL-6088 NT / Limburg 👫 ♿ 📶 iD **456**

- Recreatiepark De Leistert
- Heldensedijk 5
- ☎ +31 (0)475-493030
- 📠 +31 (0)475-496012
- 📅 27/3 - 9/11
- @ info@leistert.nl

50ha 750T(90-120m²) 10A CEE

1. ACDGIJKLMOPQ
2. ALRSVWXY
3. ABCFGHJKLMNOPQRST UVW
4. (C 15/5-1/9) (F+H 🔑) IJKL N(Q+S+T+U+V+X+Y 🔑) Z
5. ABDEFGIJKLMNOPRUWXYZ
6. ACFGHKM(N 1km)OSV

💬 Prachtige camping met ruime staanplaatsen, gelegen aan de rand van het prachtige Leudal. Op de camping is een subtropisch zwembad. Men kan er prachtige fietstochten maken in de omgeving.

🚗 De camping ligt aan de weg Helden-Roggel, ongeveer 1 km van Roggel.

CC €16 27/3-30/4 18/5-21/5 26/5-11/7 28/8-9/11 📍 N 51°16'27'' E 5°55'55''

Schimmert, NL-6333 BR / Limburg 📶 iD **457**

- Mareveld
- Mareweg 23
- ☎ +31 (0)45-4041269
- 📠 +31 (0)45-4042148
- 📅 1/1 - 31/12
- @ info@mareveld.nl

3,5ha 43T(80m²) 6A CEE

1. ADGIJKLMNOPRS
2. FGKRWX
3. BDHIJN
4. (C 1/6-31/8) (Q 7/7-19/8) (Y 🔑) Z
5. ABDFGIJMNOPSUWZ
6. AEGK(N 1km)UV

💬 Rustige camping met een gezellig eetcafé. Schitterend gelegen in het hart van Zuid-Limburg. Camping beschikt over verwarmd buitenzwembad. Ideaal uitgangspunt voor fietsers en wandelaars.

🚗 A76 afslag Spaubeek, rechts richting Schimmert. In Schimmert 2e weg links. Camping staat aangegeven.

CC €12 30/3-5/7 24/8-15/10 📍 N 50°54'26'' E 5°49'54''

458 — Schin op Geul, NL-6305 EA / Limburg

- 🔼 Schoonbron
- 🏠 Valkenburgerweg 128
- ☎ +31 (0)43-4591209
- 🔑 1/3 - 1/11
- @ info@schoonbron.nl

12ha 465T 4A CEE

1. ADGIJKLMOPQ
2. CFGLRTVWXY
3. ABFGHJNRU
4. (C 26/4-15/9) (H 16/4-15/9) (Q+S+T+U+V+X+Y 12/4-1/11) Z
5. ABDEFGIJKLMNOPRUZ
6. AFGIJ(N 4km)ORTUV

📩 Een gastvrije camping met moderne voorzieningen, plezierige gemakken, een fijne sfeer, kindvriendelijk en met een zeer romantische ligging in het Geuldal, grenzend aan natuurgebied 'het Gerendal'.

🚗 Gelegen aan weg Valkenburg-Wijlre. Vanaf N278 bij Partij richting Wijlre/Valkenburg.

CC €14 15/3-13/5 18/5-22/5 26/5-5/7 22/8-31/10 7=6, 14=11, 21=15, 28=18   N 50°51'0'' E 5°52'50''

459 — Schin op Geul/Valkenburg, NL-6305 PM / Limburg

- 🔼 Vinkenhof
- 🏠 Engwegen 2a
- ☎ +31 (0)43-4591389
- FAX +31 (0)43-4591780
- 🔑 1/1 - 4/1, 1/3 - 31/12
- @ info@campingvinkenhof.nl

2,5ha 111T(80-100m²) 6-10A CEE

1. ACDGIJKLMOPQ
2. CFGRTVWXY
3. AFGHJNOPRU
4. (C 1/5-30/9) (Q 13/5-26/5,18/7-23/7) (T+U+V+X+Y 1/4-1/10) Z
5. ABCDFGIJKLMNOPUWXYZ
6. ACDEGK(N 2km)TV

📩 Camping Vinkenhof ligt op een unieke plek in het prachtige Zuid-Limburgse landschap aan de voet van de hellingen van de Keutenberg en de Sousberg. Ideale ligging voor het maken van wandelingen of uitstapjes naar bijv. Valkenburg, Maastricht, Aken en Luik.

🚗 Vanaf A76 afslag Nuth, via Hulsberg naar Valkenburg, in Valkenburg richting Schin op Geul.

CC €14 1/1-3/1 1/3-16/4 20/4-12/5 17/5-21/5 25/5-4/7 21/8-31/12   N 50°51'0'' E 5°52'23''

460 — Vaals, NL-6291 NM / Limburg

- 🔼 Natuurkampeerterrein Hoeve De Gastmolen
- 🏠 Lemierserberg 23
- ☎ +31 (0)43-3065755
- 🔑 1/4 - 31/10
- @ info@gastmolen.nl

6ha 100T(100-140m²) 6A CEE

1. ADGIJKLNPQ
2. CFGIJKRTVWXY
3. ACFGHJMNOPQRSTU
4. (Q 10/7-15/8)
5. ABDFGIJKLMNOPQUWXYZ
6. AEIK(N 1,5km)O

📩 Hoeve de Gastmolen is een voormalige Limburgse carréboerderij. De weilanden, welke nu deel uitmaken van het natuurkampeerterrein, grenzen aan de Selzerbeek. In deze fraaie omgeving willen wij u laten proeven van het rustieke kamperen.

🚗 Vanaf A76 op knooppunt Bocholtz ri N281. Bij Nijswiller N278 ri Vaals. Vlak vóór Vaals is de cp aangegeven. Let op: de GPS-waarden leiden niet naar hoofdingang van de cp, maar naar de te nemen kruising ri de cp.

CC €14 1/4-1/5 25/5-3/7 20/8-31/10   N 50°46'54'' E 6°0'25''

Valkenburg aan de Geul, NL-6301 WP / Limburg — 461

- De Bron BV
- Stoepertweg 5
- ☎ +31 (0)45-4059292
- ⌚ 1/4 - 20/12
- @ info@camping-debron.nl

8ha 365T(100-120m²) 4-6A CEE

1 ADGIJKLMPRS
2 FLRVWXY
3 BFGHJKNRU
4 (B+G 1/6-31/8) (Q+R+T+U+X+Y 1/4-1/11) Z
5 ABDEFGIJKLMNPU
6 ACDEGHK(N 2km)ORSTV

💬 Parkachtige uitstraling door de aparte bomen die verspreid over de camping staan. Keurig verzorgd sanitair; gezellig café/restaurant op de camping.

🚗 A2 vanuit het noorden: A76 richting Heerlen, afslag Nuth, einde afslag links richting Valkenburg. Na Hulsberg campingborden volgen. Vanaf het zuiden: A79 richting Heerlen, afslag 4 en campingborden volgen.

CC €16 1/4-16/4 20/4-12/5 26/5-5/7 22/8-31/10 7=6, 14=11   N 50°52'50" E 5°50'0"

Valkenburg aan de Geul, NL-6325 AD / Limburg — 462

- De Cauberg
- Rijksweg 171
- ☎ +31 (0)43-6012344
- FAX +31 (0)43-6012453
- ⌚ 14/3 - 31/10, 13/11 - 2/1
- @ info@campingdecauberg.nl

1ha 72T(50-130m²) 10A CEE

1 ACDFIJKLPRS
2 FGIJKRUWXY
3 AFHJU
4 (A 14/3-31/10) (Q 14/3-31/10,13/11-31/12) (R 13/11-31/12) (T+U+X 1/4-31/10, 13/11-31/12) Z
5 ABDFGIJMNPUWXZ
6 ACDEGK(N 1,5km)SV

💬 Gemoedelijke kleinschalige camping in bosrijke omgeving op het hoogste punt van de Cauberg. Zowel zon- als schaduwplaatsen. Op alle plaatsen elektriciteit. Nieuw verwarmd sanitairgebouw met goede voorzieningen. Eetcafé met bar en (afhaal-) maaltijden. Veel fiets- en wandelmogelijkheden in de directe omgeving.

🚗 A2 afslag Berg en Terblijt/Cauberg. Na 5 km staat de camping aangeven, links van de weg.

CC €16 14/3-1/4 7/4-14/4 20/4-30/4 26/5-4/7 23/8-31/10   N 50°51'24" E 5°49'8"

Valkenburg/Berg en Terblijt, NL-6325 PE / Limburg — 463

- Oriëntal
- Rijksweg 6
- ☎ +31 (0)43-6040075
- FAX +31 (0)43-6042912
- ⌚ 2/4 - 1/11
- @ info@campingoriental.nl

5,5ha 280T(100m²) 6-10A CEE

1 ACDGIJKLPRS
2 FGLRUVWX
3 ABFGHJNRU
4 (A 4/7-31/8) (E+H+Q+S ⌚) (T 1/7-26/8) (X ⌚) Z
5 ABDEFGIJKLMNOPQRUWXYZ
6 ACDEGHK(N 0,5km)OSTUV

💬 Gezellige familiecamping ideaal gelegen voor het maken van uitstapjes. Prachtig nieuw overdekt zwembad (29 °C). De campingplaatsen hebben 6A. Tegen betaling is 10A, een tv-aansluiting en een watertappunt mogelijk. Vanaf de camping mooie wandel- en fietsroutes. Geheel nieuw sanitair (2014). Bushalte voor de deur. WiFi 15 min. gratis per dag.

🚗 Vanaf A2 bij Maastricht richting Berg en Terblijt. Camping ligt na 3 km aan de rechterkant van de weg net voor de rotonde.

CC €16 2/4-17/4 20/4-24/4 6/5-13/5 26/5-4/7 21/8-1/11 7=6, 14=12   N 50°51'36" E 5°46'21"

205

Venray/Oostrum, NL-5807 EK / Limburg — 464

- Parc De Witte Vennen
- Sparrendreef 12
- +31 (0)478-511322
- +31 (0)478-514954
- 11/4 - 26/9
- info@wittevennen.nl

17ha 130T(120-150m²) 6A CEE

1 ADGIJKLMNOPQ
2 ADFGLMRWXY
3 ABDGHJKMNQRUWZ
4 (A 11/7-28/8) JLN
  (R 11/7-28/8) (T 6/7-31/8) Z
5 ABDEFGIJKLMNPUWXYZ
6 BCDEGIK(N 3km)STV

Parkachtige familiecamping aan een meertje met grote kampeerplaatsen op ruime velden. Prima sanitair. Gezellig lounge-café met terras. Tennis- en jeu-de-boulesbanen. Goede vislocatie. Eigen fiets- en wandelroutes door Maasdal en Nederlands-Duits grensgebied. Strandbad voor de kinderen, grote speeltuin en gratis waterfietsen. Wellness.

A73, afslag 9 Venray/Oostrum. N270 richting Oostrum, bij eerste rotonde rechtdoor, bij tweede rotonde rechtsaf en meteen linksaf.

€16 11/4-1/5 18/5-21/5 26/5-30/6 1/9-26/9

N 51°31'25" E 6°2'8"

Vijlen, NL-6294 NE / Limburg — 465

- Cottesserhoeve
- Cottessen 6
- +31 (0)43-4551352
- +31 (0)43-4552655
- 20/3 - 1/10
- info@cottesserhoeve.nl

5,5ha 180T(90-100m²) 6-10A CEE

1 ADGIJKLPRS
2 CJKLRTUVWXY
3 BFGHJNRU
4 (C+H 1/5-15/9)
  (Q+S 29/3-15/9)
  (T 2/5-9/5,4/7-23/8)
  (X 4/7-23/8)
5 ABDFGIJKLMNOPUWXZ
6 ACDEGHK(N 5km)OSV

Gelegen op een schilderachtige plek in het Geuldal. Terrassencamping bij een 17e eeuwse boerderij. Eigentijds comfort en veel activiteiten. 10A mogelijk tegen meerprijs.

Vanaf A76 op knooppunt Bochholz richting N281. Bij Nijswiller N278 richting Vaals. Afslag Vijlen. In Vijlen richting Epen. Daarna aangegeven.

€16 20/3-2/5 26/5-4/7 22/8-30/9

N 50°45'34" E 5°56'26"

Vijlen/Vaals, NL-6294 NB / Limburg — 466

- Rozenhof
- Camerig 12
- +31 (0)43-4551611
- +31 (0)43-4552725
- 1/1 - 31/12
- info@campingrozenhof.nl

2ha 69T(< 110m²) 10A CEE

1 ACDGIJKLMOPQ
2 JKLRTWXY
3 BFHIJKNRU
4 (A 10/7-21/8)
  (C+H 1/5-30/9)
  (Q+S+T+U+V+X+Y) Z
5 ABDFGIJKLMNOPUWXY
6 CFGJL(N 2km)OSV

NIEUW

Van harte welkom op de prachtig gelegen terrassencamping, met uitsluitend comfortplaatsen en dus 10 ampère met panoramische vergezichten tussen Epen (1,5km) en Vijlen (5km). Met name voor wandelaars en fietsers een eldorado. Ook Maastricht, Valkenburg, Aken en Luik op relatief korte afstand.

Vanaf A75 knooppunt Bochholz richting N281. Bij Nijswiller 278 richting Vaals. Afslag Vijlen. Vanaf Vijlen richting Epen. Bij driesprong links. Camping verder aangegeven.

€16 1/1-1/5 27/5-5/7 22/8-31/12

N 50°46'12" E 5°55'45"

Wijlre, NL-6321 PK / Limburg — 467

- De Gele Anemoon
- Haastad 4
- +31 (0)43-4591607
- 28/3 - 3/10
- degeleanemoon@nivon.nl

1,1ha 58T(90-100m²) 6A CEE

1. ABDFIJLNPQ
2. CRWXY
3. AHJRU
4. (G 1/4-30/9)
5. **AB**CDEFGIJKLMNOPUW
6. ADEGJ(N 1,4km)OTV

💬 Schitterend gelegen camping in een oude boomgaard aan de Geul en aan de voet van de Keutenberg. Prima vertrekpunt voor fiets- en wandeltochten en voor uitstapjes naar bijvoorbeeld Maastricht, Valkenburg, Aken en Luik.

🚗 A2 tot Maastricht, dan richting Vaals. In Gulpen richting Wijlre. In Wijlre met borden aangegeven.

CC €14 28/3-12/5 26/5-5/7 22/8-3/10

N 50°50'26" E 5°52'46"

Wijlre, NL-6321 PK / Limburg — 468

- De Gronselenput
- Haastad 3
- +31 (0)43-4591645
- 1/4 - 1/11
- gronselenput@paasheuvelgroep.nl

2ha 60T(60-120m²) 10A CEE

1. ACD**G**IJLNPQ
2. CRUVWX
3. AB**F**HJNRU
4. M(Q+R+V 🚿) Z
5. **AB**DFGIJKLMNOPUWXY
6. ADEG**K**(N 3km)OTV

💬 Natuurcamping met een on-Nederlandse sfeer direct aan de Keutenberg. Rust en natuur komen ruim aan bod. Kleine camping met overzichtelijke plaatsen, ideaal voor gezinnen met kleine kinderen.

🚗 A2 tot Maastricht, dan richting Vaals. In Gulpen richting Wijlre. In Wijlre met borden aangegeven.

CC €16 1/4-1/5 26/5-6/7 24/8-1/11

N 50°50'31" E 5°52'38"

Camping bezocht?
Laat een beoordeling achter en maak kans op mooie prijzen!

www.CAMPINGCARD.com

België

Algemeen
België is lid van de EU.

Tijd
In België is het net zo laat als in Amsterdam, Parijs en Rome.

Taal
Nederlands, Frans en Duits.

Grensformaliteiten
Veel formaliteiten en afspraken rond zaken zoals de benodigde reisdocumenten, autodocumenten, eisen aan uw vervoer- en verblijfmiddel, ziektekosten en het meenemen van dieren zijn niet alleen afhankelijk van het land van bestemming, maar ook van uw vertrekpunt en nationaliteit. Ook de lengte van uw verblijf speelt hierbij een rol. Het is onmogelijk om in het bestek van deze gids voor alle gebruikers de juiste en up-to-date informatie met betrekking tot deze zaken te garanderen.

Wij adviseren u om voor vertrek bij de bevoegde instanties na te gaan:
- welke reisdocumenten u nodig heeft voor uzelf en uw reisgenoten
- welke documenten u nodig heeft voor uw auto
- aan welke eisen uw caravan moet voldoen
- welke goederen u in en uit mag voeren
- hoe in geval van ongeval of ziekte de medische behandeling in uw vakantieland is geregeld en kan worden betaald
- of u huisdieren mee kunt nemen. Neem lang van te voren contact op met uw dierenarts. Die kan u informatie geven over relevante vaccinaties, bewijzen daarvan en verplichtingen bij terugkomst. Ook is het verstandig om na te gaan of in uw vakantieland bepaalde voorwaarden gelden voor huisdieren in het openbare leven. Zo moeten in sommige landen honden altijd worden gemuilkorfd of achter tralies worden vervoerd.

Veel algemene informatie vindt u op ▶ *www.europa.eu* ◀ maar zorg dat u de informatie achterhaalt die op uw specifieke situatie van toepassing is.

Voor recente douaneverplichtingen kunt u contact opnemen met de vertegenwoordiging van uw vakantieland in het land waar u woont.

Valuta en geldzaken
De munteenheid in België is de euro.

Creditcard
U kunt op vele plaatsen betalen met uw creditcard.

Openingstijden en feestdagen
Banken
De banken in België zijn geopend tot 16.00 uur, met een pauze tussen 12.00 uur en 14.00 uur.

Winkels
Deze zijn over het algemeen open van maandag tot en met zaterdag tot 18.00 uur, op vrijdag tot 21.00 uur.

Apotheken
De meeste apotheken zijn van maandag tot en met vrijdag geopend tot 18.00/19.00 uur. Sommige zijn ook op zaterdag open.

Feestdagen
Nieuwjaarsdag, Pasen, 1 mei (Dag van de Arbeid), Hemelvaartsdag, Pinksteren, 11 juli (Feest Vlaamse Gemeenschap), 21 juli (Nationale Feestdag), 15 augustus (Maria Hemelvaart), 27 september (Feest Waalse Gemeenschap), Allerheiligen, 11 november (Wapenstilstand 1918), Eerste Kerstdag.

Communicatie
(Mobiele) telefoon
Het mobiele netwerk is goed in heel België. Er is een 3G-netwerk voor mobiel internet.

WiFi, internet
Internetcafés vindt u met name in de grote steden, maar meer in Vlaanderen dan in Wallonië.

Post
Geopend van maandag tot en met vrijdag tot 17.00 uur, 's zaterdags tot 12.00 uur. Agentschappen in supermarkten en andere winkels vervangen veelal de kleinere postkantoren.

Wegen en verkeer
Wegennet
De secundaire wegen kunnen in Wallonië van

mindere kwaliteit zijn. Op de snelwegen kunt u bij pech gebruikmaken van de praatpalen. Vraagt u naar Touring tel. 070-344777.

Verkeersvoorschriften
Alle bestuurders die van rechts komen, dus ook bestuurders van langzaam verkeer, hebben voorrang. Wanneer u op een rotonde rijdt, heeft u voorrang op iemand die de rotonde op wil rijden. Trams hebben altijd voorrang.

Maximale snelheid

< 3,5 т : 90 / 90
> 3,5 т : 90 / 90

< 3,5 т : 120 / 120 / 120
> 3,5 т : 90

Het maximaal toegestane alcoholpromillage is 0,5 ‰. U dient handsfree te bellen. Het is niet verplicht om overdag met dimlicht te rijden. Door oranje licht rijden is altijd een overtreding. Het is niet toegestaan de motor warm te draaien wanneer uw auto stilstaat. Het gebruik van winterbanden is niet verplicht.

Navigatie
Signalering van vaste flitslocaties met behulp van navigatie of mobiele telefoon is toegestaan.

Caravan, camper
Gaat u met de caravan op reis in België, houdt u er dan rekening mee dat het wegdek soms beschadigd kan zijn. Heeft u een camper met een gewicht boven de 7,5 ton, dan mag u niet inhalen op de auto- of snelweg. Langs de weg overnachten in uw caravan of camper is toegestaan, mits er niet gekampeerd wordt.

Toegestane afmetingen
Hoogte 4m, breedte 2,55m en maximale lengte 12m.

Motorbrandstof
Loodvrije benzine, diesel en LPG zijn goed verkrijgbaar.

Tankstations
Tankstations aan autosnelwegen zijn vaak dag en nacht geopend. Voor de andere tankstations geldt doorgaans dat ze maandag tot en met zaterdag open zijn tussen 8.00 uur en 20.00 uur en zondag tot 19.00 uur.

Tol
België heeft geen wegen waar tol wordt geheven. U dient wel tol te betalen voor de Liefkenshoektunnel in de buurt van Antwerpen.

Alarmnummer
112: nationaal alarmnummer voor ambulance, brandweer en politie.

Kamperen
Bent u van plan om in het hoogseizoen te kamperen aan de Belgische kust, dan doet u er verstandig aan om tijdig te reserveren. Belgische campings zijn doorgaans kindvriendelijk: er is veel animatie en voorzieningen zoals speeltuinen en sportveldjes zijn veelal aanwezig.

Praktisch
- Zorg dat u altijd een verloopstekker (wereldstekker) bij u heeft.
- Het kraanwater is veilig.

Aische-en-Refail, B-5310 / Namur — 469

▲ Manoir de la Bas**
📧 180 route de Gembloux
☎ +32 (0)81-655353
🔑 1/4 - 31/10
@ europa-camping.sa@skynet.be

24ha 100T(80-100m²) 6A CEE

1 **A**FIJKLMOPQ
2 GLRTVW
3 BGHJNU**W**
4 (**C+H** 1/7-31/8) (Q ⊙) (T+U+X+Y 1/7-31/8) Z
5 **AB**GI**JKL**M**OP**UZ
6 CEGJ(N 0,2km)OTV

💬 Prachtig domein met kasteel uit de 17e eeuw. Een idyllisch kader voor uw vakantie. Op 15 km van Namen en 50 km van Brussel. Het ruime kampeerterrein van 20 hectare werd aangelegd en onderhouden om ervoor te zorgen dat u kunt genieten van een rustig, ongestoord en ontspannen verblijf. Visvijver, speelterreinen en vanaf de camping zijn fietsroutes. Receptie gesloten tussen 12u en 13u30.

🚗 E411 afslag 12 Eghezee. Borden camping Aische-en-Refail volgen.

CC €16 1/4-30/6 1/9-31/10

📍 N 50°35'59'' E 4°50'36''

Arlon, B-6700 / Luxembourg — 470

▲ Officiel Arlon**
📧 373 route de Bastogne
☎ 📠 +32 (0)63-226582
🔑 1/1 - 31/12
@ campingofficiel@skynet.be

1,4ha 76T(80-100m²) 6A CEE

1 **A**GIJKLMOPQ
2 FIKLRTWXY
4 (B 15/6-15/9) (Q+R ⊙) (X 1/4-31/10) Z
5 **AB**GIJMNOPUWZ
6 ACDEGIKSUV

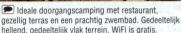

💬 Ideale doorgangscamping met restaurant, gezellig terras en een prachtig zwembad. Gedeeltelijk hellend, gedeeltelijk vlak terrein. WiFi is gratis.

🚗 Vanaf E411 afslag 31 ri Arlon. Borden 'autres directions' en Bastogne volgen. N82 volgen (2 rotondes rechtdoor, niet afslaan). Na 4 km eindigt deze weg in een bocht naar links op de N4. Cp ligt na de bocht op 200m re.

CC €16 1/1-30/6 1/9-31/12 7=6, 14=12, 21=18

📍 N 49°42'8'' E 5°48'24''

Attert, B-6717 / Luxembourg — 471

▲ Sud****
📧 75 voie de la Liberté
☎ +32 (0)63-223715
🔑 1/4 - 15/10
@ info@campingsudattert.com

2ha 86T(80-200m²) 6A CEE

1 **A**EIJKLMOPQ
2 CGRTVWXY
3 **A**HJRU
4 (B+G 1/7-31/8) (Q+R+T+U+Y ⊙) Z
5 **AB**DGIJKLMN**P**UZ
6 ADEGK(N 5,5km)V

💬 Kleine, gezellige camping voor natuurliefhebbers en gezinnen met jonge kinderen. Gunstige ligging als doorgangscamping en ook voor langer verblijf. Gelegen in de driehoek België, Luxemburg, Frankrijk. Gratis WiFi op alle plaatsen.

🚗 Via N: E25 afslag 54, dan N4 ri Arlon tot Attert, of E411 afslag 18, naar Bastogne N4 ri Arlon tot Attert. Via Z: E25/E411 afslag 31, N82 volgen, dan N4 ri Bastogne.

CC €12 1/4-7/7 25/8-14/10

📍 N 49°44'55'' E 5°47'10''

Aywaille, B-4920 / Liège 👨‍👦 ♿ 📶 iD 472

▲ Domaine Château de Dieupart*
✉ 37 route de Dieupart
☎ +32 (0)4-2631238
🗓 1/1 - 31/12
@ jeroen@dieupart.be

5ha 100T(80-120m²) 10A CEE

1 ACDFIJKLOPRS
2 BCFGRTVWXY
3 AGHJRW
4 (Q+S 📷) (T+X 1/5-30/9) Z
5 ABDEFGIJKLMOPUWXYZ
6 CDEGJSV

💬 Toerplaatsen langs de Amblève, beschut in het dal gelegen, met het hele jaar door een behaaglijk klimaat. Op 500m van winkels, terrasjes, gemeentelijk overdekt zwembad en tennisbanen.

🚗 E25 verlaten via afrit 46 Remouchamps/Aywaille. Bij verkeerslichten rechtsaf richting Aywaille en voor de kerk rechtsaf. Parkeerterrein Delhaise direct links en rechts, oprijlaan naar kasteel oprijden. Aangegeven.

CC €16   1/1-13/5   26/5-5/7   24/8-31/12   M   N 50°28'35'' E 5°41'21''

Bertrix, B-6880 / Luxembourg ♿ 📶 iD 473

▲ Ardennen Camping Bertrix****
✉ route de Mortehan
☎ +32 (0)61-412281
FAX +32 (0)61-412588
🗓 27/3 - 12/11
@ info@campingbertrix.be

16ha 256T(80-120m²) 10A CEE

1 ACGIJKLMOPQ
2 BFIJRTVWXY
3 BCGHJMNRU
4 (A 1/7-31/8)
   (C+H 30/4-15/9) N
   (Q+R+T+U+V+Y 📷) Z
5 ABDEFGIJKLMNOPRUWXYZ
6 CDEGHIJM(N 3km)OTV

💬 Schitterende terrassencamping met hoog service-niveau en eersteklas voorzieningen. Grenst direct aan onmetelijke bossen met beekjes en wild. Luxe kamperen in een oase van rust en ongerepte natuur, ideaal voor een complete vakantie of als camping op doorreis.

🚗 Vanaf E411 afrit 25 Bertrix. Volg N89 tot afslag Bertrix. Neem de N884 tot in het centrum. Vanaf daar borden camping volgen.

CC €16   27/3-10/7   27/8-29/10   7=6   M   N 49°50'18'' E 5°15'8''

Bihain/Vielsalm, B-6690 / Luxembourg 👨‍👦 ⛷ 📶 iD 474

▲ Aux Massotais**
✉ Petites Tailles 20
☎ +32 (0)80-418560
FAX +32 (0)80-418140
🗓 1/1 - 31/12
@ camping@auxmassotais.com

2,7ha 40T(70-90m²) 16A CEE

1 ACDGIJKLMNOPQ
2 BFRVWXY
3 ADGHJNPRU
4 (B 1/7-31/8)
   (Q+T 30/1-31/12) (U 📷)
   (Y 30/1-31/12) Z
5 ABDGIJMNOPUWZ
6 DEGIK(N 8km)OV

💬 Gelegen in de Ardennen op een van de hoogste gebieden van België. Camping geschikt voor doortrekkers. Schaduwrijke, met bomen afgebakende, plaatsen. Zwembad, speeltuin, kinderboerderij, prima restaurant en verse broodjes.

🚗 E25, afrit 50 Baraque de Fraiture richting Houffalize. Na 1,2 km is de camping links gelegen.

CC €16   1/1-30/6   1/9-31/12   M   N 50°14'24'' E 5°45'14''

475 Blankenberge, B-8370 / West-Vlaanderen

- Bonanza 1****
- Zeebruggelaan 137
- +32 (0)50-416658
- 27/3 - 27/9
- info@bonanza1.be

5ha 65T(80-100m²) 10A CEE

1. ADGHIJKLMPQ
2. RTX
3. BGHJKRU
4. (Q+T+U+V+Y 4/4-19/4, 4/7-30/8)
5. ABDFGIJKLMOPUX
6. CDEGK(N 0,5km)OSV

Bonanza 1 is een moderne gezinscamping, gelegen op loopafstand van strand en centrum van de bruisende stad Blankenberge. Een ideale uitvalsbasis voor Gent, Brugge, Oostende, Knokke, Damme en Sluis (NL).

E40 richting Oostende, afrit Brugge/Zeebrugge, richting Blankenberge. In Blankenberge bij 2e verkeerslicht rechts. De camping wordt aangegeven.

CC €18 27/3-3/4 7/4-14/5 18/5-22/5 26/5-3/7 22/8-27/9   N 51°18'41" E 3°9'12"

476 Blier-Erezée, B-6997 / Luxembourg

- Le Val de l'Aisne****
- rue du T.T.A.
- +32 (0)86-470067
- FAX +32 (0)86-470043
- 1/1 - 31/12
- info@levaldelaisne.be

25ha 110T(100-140m²) 16A

1. ACDGIJKLMOPQ
2. CDFKLRTVWXY
3. BFGHJKMNRUW •
4. (A 1/4-11/11) (Q+T+U+V+Y) Z
5. ABDFGIJKLMNOPUWXZ
6. ACDEGK(N 2km)OPRSTV

Grote, mooi aangelegde en goed verzorgde camping met aangelegd meer (vissen). Wandelingen in de prachtige natuurlijke omgeving. De camping heeft een uitstekend restaurant (het hele jaar open). Gratis internet (WiFi).

Uit NL E25/A26, afrit 49 Manhay richting Erezée. Borden camping volgen. Uit Vlaanderen N4 - tot Marche - richting Hotton/Erezée. Borden camping volgen.

CC €16 1/1-12/5 18/5-22/5 27/5-5/7 24/8-31/12 7=6, 14=12, 21=18   N 50°16'45" E 5°32'52"

477 Bocholt, B-3950 / Limburg

- Goolderheide****
- Bosstraat 1
- +32 (0)89-469640
- FAX +32 (0)89-464619
- 3/4 - 30/9
- info@goolderheide.be

45ha 350T(100-150m²) 16A CEE

1. AGIJKLPQ
2. ABDGLRSUVXY
3. BDGHJKMNOQRUWZ
4. (C+H 1/6-31/8) IJM(Q) (S+T+U+W 1/7-31/8) Z
5. ABDEFGIJKLMNOPRSTUWXYZ
6. ACEGHIJ(N 3km)OSTUV

Grote familiecamping met kinderboerderij in een bosrijk park, dichtbij de Nederlandse grens en op slechts drie kilometer van het centrum van Bocholt. Er is een zwembadencomplex met waterglijbaan. De visvijver is mooi geïntegreerd in het geheel en is gratis beschikbaar voor kampeerders. Verder is er een zelfbedieningsrestaurant.

Route Weert-Bocholt. In Kaulille richting Bocholt. Halverwege tussen Kaulille en Bocholt (3 km) goed aangegeven.

CC €16 3/4-5/7 24/8-30/9   N 51°10'24" E 5°32'21"

Bomal-sur-Ourthe, B-6941 / Luxembourg 👫 📶 iD 478

- 🔺 Camping International**
- 🏠 2 rue Pré-Cawiaï
- ☎ +32 (0)498-629079
- 📠 +32 (0)86-321877
- 🔑 1/3 - 15/11
- @ info@campinginternational.be

2,5ha 40T(80-150m²) 10A

1 **AG**IJKLMOPRS
2 BCGRTWX
3 A**F**GHJRUW**X**
4 (T 🔒) (U 15/3-15/11) (X 🔒) Z
5 **AB**DGIJMPUW
6 AEI**K**(N 1km)OV

💬 Een kleine, gezellige camping aan de Ourthe met veel groen in een schilderachtige omgeving. Een klein stadje met een wekelijkse zondagsmarkt. U kunt hier genieten van de natuur, maar ook op sportief vlak bezig zijn zoals kayakken, fietsen, vissen en wandelen. Geen stacaravans.

🚗 Op de E25 Liège-Bastogne-Luxembourg afslag 46. Dan ri Aywaille. Daar de N86 ri Durbuy volgen tot Bomal. In Bomal de N806 ri Tohogne. Na ± 300m net over brug kleine weg li naar beneden.

CC €14 1/3-7/7 24/8-15/11 Ⓜ N 50°22'30'' E 5°31'10''

Bredene, B-8450 / West-Vlaanderen 📶 iD 479

- 🔺 17 Duinzicht
- 🏠 Rozenlaan 23
- ☎ +32 (0)59-323871
- 📠 +32 (0)59-330467
- 🔑 1/1 - 31/12
- @ info@campingduinzicht.be

10ha 92T(80-120m²) 10A CEE

1 **A**CDGHIJKLO**PQ**
2 AEFGLRUWX
3 BD**F**GHJMNRY
4 (T+U+X 30/3-15/10) Z
5 **AB**DFGIJKLMN**PQ**RUXYZ
6 ACDEG**K**(N 0,5km)ORS

💬 Camping 17 Duinzicht is een gezellige, verzorgde familiecamping waar jong en oud zich thuisvoelt. De familie De Coster zorgt ervoor dat uw vakantie een speciale gebeurtenis wordt. Schitterend gelegen op 300m van het strand en bij de unieke duinengordel van Bredene. Er zijn vele wandel- en fietsmogelijkheden.
Open van 9u - 12u en van 14u - 19u.

🚗 E40 einde snelweg richting Bredene/De Haan. Op de Driftweg bord 'campingzone' volgen, daarna bord 'camping 17'.

CC €16 1/1-2/4 20/4-12/5 18/5-21/5 26/5-3/7 31/8-31/12 Ⓜ N 51°14'55'' E 2°58'1''

Bredene, B-8450 / West-Vlaanderen 📶 iD 480

- 🔺 Veld en Duin***
- 🏠 Koningin Astridlaan 87
- ☎ +32 (0)59-322479
- 📠 +32 (0)59-332332
- 🔑 1/1 - 31/12
- @ info@veldenduin.be

5ha 20T(80-100m²) 10A CEE

1 AB**G**HIJKLOPQ
2 AEFGRUW
3 B**F**GHIJ**W**
4 **N**
5 **AB**DGIJKLMO**P**UXZ
6 DEG**K**(N 0,3km)S

💬 Sfeervolle familiecamping tegenover zee en strand. Gelegen in een groene omgeving en met alle comfort. Gezien de centrale ligging van Bredene aan de kustlijn, is dit tevens een ideale uitvalsbasis voor een daguitstap naar de nabijgelegen kustplaatsen of het historische Brugge.

🚗 E40 ri Bredene-Blankenberge, kustlijn volgen tot in Bredene. Afslaan bij bord 'Bredene', bord 'campingzone Astrid' volgen. Bij frituur Alaska afslaan en doorrijden tot het einde van de straat.

CC €18 1/1-2/4 7/4-13/5 18/5-21/5 26/5-7/7 24/8-31/12 7=6 Ⓜ N 51°15'8'' E 2°58'41''

Bree, B-3960 / Limburg — 481

▲ Recreatieoord Kempenheuvel
🏠 Heuvelstraat 8
☎ +32 (0)89-462135
📠 +32 (0)89-468600
🗓 1/3 - 15/11
@ de.kempenheuvel@telenet.be

7,5ha 80T(80-140m²) 6A CEE

1. **AD**F**IJKLMP**RS
2. G**L**RSUVWXY
3. B**GJM**NRUW
4. (C+H 15/5-15/9)
   (Q+T+U+Y 1/7-31/8) Z
5. **AB**DFG**IJKLMN**PUYZ
6. ACDEG**K**(N 1km)OTUV

💬 Familiecamping op 2 km van het centrum van Bree met speeltuin en verwarmd openluchtzwembad, peuterbad, visvijver en ligweide. Voor de toerkampeerder is er een volledig nieuw terrein met modern sanitair. Er is een restaurant met een gevarieerde menukaart. Vanaf de camping is er aansluiting op het fietsroutenetwerk Limburg.

🚗 Route Eindhoven-Hasselt. In Hechtel via Peer naar Bree. Camping ligt 1 km voor Bree en is langs de N73 aangegeven.

CC €12 1/3-3/7 22/8-15/11   N 51°8'14" E 5°34'7"

Bure/Tellin, B-6927 / Luxembourg — 482

▲ Parc La Clusure****
🏠 Chemin de la Clusure 30
☎ +32 (0)84-360050
📠 +32 (0)84-366777
🗓 1/1 - 31/12
@ info@parclaclusure.be

15ha 314T(100-120m²) 16A CEE

1. **ACD**F**IJKLMO**P**Q**
2. BCFL**R**TWXY
3. BGHJKL**MNOP**R**UW**X
4. (A 1/4-31/10)
   (C+H 28/4-16/9) (Q 🔑)
   (S+T+U+V+X+Y 6/4-4/11) Z
5. **AB**CDEFG**IJKLMN**OPUWX
   Y
6. CDFG**I**KM(N 4km)ORSTV

💬 Charmante camping onder Nederlandse leiding in het hart van de Ardennen, in een beschutte vallei, aan de oever van een visrijk riviertje. De mooie natuur biedt unieke wandelmogelijkheden. Net sanitair en kwaliteitsvoorzieningen garanderen een comfortabel verblijf.

🚗 Vanaf Brussel A4/E411, afslag 23a via Bure/Tellin of vanaf Luik N63 Marche, Rochefort richting St. Hubert. Vanaf Luxemburg A4/E411, afslag 24 na Bure/Tellin.

CC €16 1/1-12/5 17/5-21/5 25/5-5/7 22/8-31/12 7=6   N 50°5'46" E 5°17'9"

Bütgenbach, B-4750 / Liège — 483

▲ Worriken*
🏠 Worriken 9
☎ +32 (0)80-446961
📠 +32 (0)80-444247
🗓 1/1 - 31/12
@ info@worriken.be

16ha 45T(80-100m²) 10A CEE

1. ABC**G**HIJKLOP**RS**
2. AD**I**JKLMORTVWX
3. AGHJL**MN**R**S**U**W**Z
4. (F 1/1-22/11,20/12-31/12) **N**
   (Q+T+X+Y 🔑)
5. **AB**DG**IJK**MNPUXYZ
6. CDEG**K**(N 0,5km)V

💬 Camping ligt aan een groot meer naast sportcentrum met animatie. Afgebakende plaatsen. Sanitaire blokken goed verwarmd. Tijdens de wintermaanden skimogelijkheid in de onmiddellijke omgeving. Carnaval wordt uitbundig gevierd. CampingCard ACSI wordt niet geaccepteerd tijdens Francorchamps F1.

🚗 E40/A3 afrit 38 Eupen, richting Malmedy, de wegwijzers Worriken volgen.

CC €16 1/1-3/7 23/8-31/12   N 50°25'29" E 6°13'19"

De Haan, B-8421 / West-Vlaanderen 🛜 iD 484

- ⛺ Strooiendorp
- 📧 Wenduinesteenweg 125
- ☎ +32 (0)59-234218
- FAX +32 (0)59-238473
- 🔓 1/1 - 31/12
- @ info@strooiendorp.be

3,5ha 28T(80-100m²) 10A CEE

1. **A**G**IJKLOPRS**
2. **ABGRUWX**
3. **BCF**GHJQRU
4. (T 4/4-19/4,1/7-31/8) Z
5. **AB**DGIJKLMNO**P**UXYZ
6. CDEG**IJ**(N 0,6km)SUV

💬 Kleine familiecamping aan de kust. Zeer verzorgde kampeerplaatsen en nieuw sanitair. WiFi.

🚗 Op E40 afrit Jabbeke richting De Haan, rechtdoor. Na ongeveer 10 km bij de T-splitsing naar links. De camping ligt na 200m links van de weg.

CC €18 1/1-2/4 7/4-30/4 4/5-12/5 18/5-22/5 26/5-7/7 24/8-31/12 M N 51°16'39'' E 3°3'0''

De Klinge, B-9170 / Oost-Vlaanderen 🛜 iD 485

- ⛺ Fort Bedmar**
- 📧 Fort Bedmarstr. 42
- ☎ +32 (0)3-7705647
- FAX +32 (0)3-7070712
- 🔓 1/1 - 31/12
- @ fort.bedmar@skynet.be

9ha 50T(100-110m²) 10A CEE

1. **A**G**IJKLMP**RS
2. GRSVWXY
3. **B**GHJNRUW
4. (C+H 15/5-15/9) (Q 1/4-30/9) (T 1/7-31/8) Z
5. **AB**CDGIJ**KL**MNO**P**UZ
6. CEG**JK**(N 2,5km)O

NIEUW

💬 Landelijk gelegen. Talloze wandelingen en fietstochten. Ontdek de historie van het Fort Bedmar en de Staats-Spaanse Linies. Vlakbij Zeeuws-Vlaanderen, Antwerpen, Gent en Brugge. Gezellig terras aan het zwembad. Eigen visvijver. Ideaal voor wie rust en natuur zoekt.

🚗 Van E34-afrit 11 of Sint-Niklaas: N403 ri. Hulst. Van Zeeuws-Vlaanderen: N290 ri. Sint-Niklaas. Telkens tot rotonde De Klinge. Aangegeven vanaf centrum.

CC €16 1/1-12/5 25/6-9/7 26/8-31/12 M N 51°16'1'' E 4°6'41''

Grand-Halleux, B-6698 / Luxembourg 🛜 iD 486

- ⛺ Les Neufs Pres***
- 📧 8 av. de la Resistance
- ☎ +32 (0)80-216882
- FAX +32 (0)80-217266
- 🔓 1/4 - 30/9
- @ info@vielsalm-campings.be

5ha 151T(80-100m²) 10A CEE

1. ACDGIJKLOPQ
2. CGLRWXY
3. **B**GHJ**M**N**Q**RUW
4. (C+G 1/7-31/8) Z
5. **AB**DGIJKLMNO**P**U
6. DEG**K**(N 0,5km)TV

NIEUW

💬 Mooie verzorgde camping aan een klein riviertje, in groene omgeving. Leuke speeltuin, veel sport- en spelfaciliteiten. Groot zwembad.

🚗 De camping ligt aan de N68 Vielsalm-Trois Ponts, 1 km van het centrum.

CC €16 1/4-30/6 1/9-30/9 M N 50°19'50'' E 5°54'5''

Hechtel/Eksel, B-3941 / Limburg ♿ 📶 iD 487

- 🏕 Vakantiecentrum De Lage Kempen*****
- 📧 Kiefhoekstraat 19
- ☎ +32 (0)11-402243
- FAX +32 (0)11-348812
- 📅 3/4 - 1/11
- @ info@lagekempen.be

3,5ha 70T(100-140m²) 6A CEE

1. **ACDFIJKLOPQ**
2. **LRVX**
3. **BGHIJKQRU**
4. (C 13/5-6/9) (H 13/5-31/8) I J(Q 🔒) (R 14/5-13/9) (T+X 🔒) Z
5. **AB**DFGIJKLMNPRUZ
6. ACDEGH**IJK**(N 7km)OTV

💬 Wil je nu toch iets weten, laat Marc en Gonnie voor 12 euro zweten! Kleine, gezellige familiecamping in een bosrijke omgeving met prachtig buitenzwembad en fietsroutenetwerk.

🚗 Weg 715 Eindhoven-Hasselt, 12 km na grensovergang rechts richting Kerkhoven, 4 km volgen. Links in de bossen, wordt goed aangegeven.

CC €12 6/4-12/5 25/5-4/7 24/8-31/10 N 51°9'40" E 5°18'53"

Hotton, B-6990 / Luxembourg 👨‍👩‍👦 📶 iD 488

- 🏕 Eau-zone
- 📧 rue des Fonzays 10
- ☎ +32 (0)84-477715
- 📅 1/3 - 30/11
- @ campingeauzone@hotmail.be

2ha 49T 16A

1. **A**GIJKLMOPQ
2. **C**RTWX
3. **HJ**WX
4. (Q 🔒) (Y 1/7-31/8) Z
5. IJMNO**P**UXYZ
6. EGK(N 1,5km)SV

💬 Trekkerscamping aan de oevers van de Ourthe, in het hart van de Belgische Ardennen. Veel ruimte, geen afgebakende plaatsen. Elektriciteit, WiFi, tv, wateraansluiting en -afvoer op iedere kampeerplaats.

🚗 E411 afsl 18 naar Marche. Dan N86 naar Hotton. Of E25 afsl 49, rechts tot Pont d'Erezée. Op rotonde ri Hotton. In Hotton over brug links ri Melreux. Linksaf rivier volgen.

CC €14 1/3-12/5 18/5-22/5 27/5-5/7 24/8-30/11 7=6, 14=12, 21=18 N 50°16'15" E 5°26'18"

Houthalen, B-3530 / Limburg ♿ 📶 iD 489

- 🏕 De Binnenvaart
- 📧 Binnenvaartstraat 49
- ☎ +32 (0)11-526720
- FAX +32 (0)11-605170
- 📅 1/1 - 31/12
- @ debinnenvaart@limburgcampings.be

6ha 200T(100-150m²) 16A CEE

1. **A**GIJKLMPRS
2. ABDFKLRSVWXY
3. **B**FGJMNRUWZ
4. (Q+T+Y 🔒) Z
5. **AB**DFGIJKLMNO**PQR**UXYZ
6. ACDEGK(N 5km)STV

💬 Vrij grote camping. De plaatsen voor de toerkampeerder liggen achteraan op het terrein en zijn erg groot. Naast de camping is een meer. Camping grenst aan een groot recreatiepark met een restaurant en visvijver. Ook op de camping zelf is een snackbar en een klein restaurant.

🚗 Eindhoven-Hasselt volgen tot in Houthalen. Daar linksaf richting 'Park Midden-Limburg'. Op 2de rotonde bij de meubelzaak, links afslaan naar camping en borden volgen.

CC €16 1/1-4/7 25/8-31/12 7=6 N 51°1'55" E 5°24'58"

217

490 — Houthalen/Helchteren, B-3530 / Limburg

- Oostappen Vakantiepark Hengelhoef
- Tulpenstraat 141
- ☎ +32 (0)89-382500
- FAX +32 (0)89-844582
- 1/1 - 31/12
- @ info@vakantieparkhengelhoef.be

15ha 360T(80-120m²) 10A CEE

1. ACD**G**IJKLMPQ
2. ABD**F**GKLMRSVXY
3. BC**F**GHJKMNQRUW
4. (C+F+H 1/4-30/9) IJKLN (Q+S 18/4-26/10) (T 1/7-31/8) (U+V 18/4-26/10) (Y 1/7-31/8) Z
5. **AB**DFGIJKLMNOPUWXY
6. CEGH**J**(N 2km)STV

€16 7/4-30/4 26/5-3/7 29/8-15/10

N 51°0'52'' E 5°28'0''

491 — Jabbeke, B-8490 / West-Vlaanderen

- Klein Strand
- Varsenareweg 29
- ☎ +32 (0)50-811440
- FAX +32 (0)50-814289
- 1/1 - 31/12
- @ info@kleinstrand.be

28ha 92T(100m²) 10A CEE

1. ACD**G**IJKLMOPQ
2. ADFGRVWX
3. BGHJKL**M**NRU**W**Z
4. (G 15/5-15/9) JM (Q+R 1/6-31/8) (T+U+X+Y)
5. **AB**DEFGIJKLMNO**P**RUWY Z
6. CDGH**K**(N 1km)ORSV

€18 1/1-3/7 30/8-31/12 7=6, 14=11, 21=15

N 51°11'4'' E 3°6'18''

492 — Kasterlee, B-2460 / Antwerpen

- Houtum
- Houtum 39
- ☎ +32 (0)14-859216
- FAX +32 (0)14-853803
- 1/1 - 31/12
- @ info@campinghoutum.be

9ha 70T(100-130m²) 10A CEE

1. ACD**G**IJKLM**P**Q
2. CFGRSVWX
3. AB**C**DGHJN**Q**R
4. (**A**+R) (T+U+X 1/7-31/8) Z
5. **AB**DFGIJKLMNO**PQR**UW XYZ
6. CEG**J**(N 1km)

€16 1/1-26/6 7/9-31/12

N 51°14'0'' E 4°58'40''

La Roche, B-6980 / Luxembourg — 493

- Benelux**
- 24 rue de Harzé
- ☏ +32 (0)84-411559
- FAX +32 (0)84-412359
- 28/3 - 30/9
- @ info@campingbenelux.be

7ha 280T(100m²) 4A

1. A**G**IJKLMO**PRS**
2. CGKLRWXY
3. BGHJNRU**W**X
4. (A 11/7-18/8) (Q+S ☐)
   (T 10/7-15/8) (Y ☐)
5. **AB**GIJMPU
6. AEG**K**(N 0,5km)OV

💬 Deze camping ligt op slechts 500m van het centrum en is gemakkelijk te voet te bereiken. Ruime plaatsen op een zeer groot terrrein gelegen langs de Ourthe. Het overdekte gemeentezwembad ligt vlakbij. Vele wandelmogelijkheden in en bij het mooiste stadje van de Belgische Ardennen.

🚗 Vanaf centrum richting Marche, over brug Ourthe naar rechts. Borden camping volgen. De camping ligt 500m van het centrum.

CC €16   28/3-4/7   21/8-30/9   N 50°11'28'' E 5°34'24''

Lommel, B-3920 / Limburg — 494

- Oostappen Vakantiepark Blauwe Meer*****
- Kattenbos 169
- ☏ +32 (0)11-544523
- 22/3 - 2/11
- @ info@vakantieparkblauwemeer.be

27ha 240T(80-100m²) 10A CEE

1. ACD**G**IJKLMOPQ
2. ABDGLRSVXY
3. BDGHJKNQRUW
4. (C+H 24/4-1/9) J
   (Q+S+T+U+Y 1/7-31/8) Z
5. **AB**DFGIJKLMNOPUWYZ
6. CFGH**IJK**M(N 5km)OSTUV

💬 Een ruime vijver domineert deze bosrijke omgeving. Veel waterrecreatie, steeds wel iets te beleven.

🚗 Op de weg 746 van Leopoldsburg naar Lommel, vlak bij het Duitse kerkhof rechts van de weg.

CC €16   7/4-30/4   26/5-3/7   29/8-15/10   N 51°11'39'' E 5°18'13''

Lommel-Kolonie, B-3920 / Limburg — 495

- Oostappen Vakantiepark Parelstrand
- Luikersteenweg 313A
- ☏ +32 (0)11-649349
- FAX +32 (0)11-802257
- 22/3 - 2/11
- @ info@vakantieparkparelstrand.be

40ha 130T(100m²) 10A CEE

1. ACD**G**IJKLMPQ
2. ADLMRVX
3. BGHJKMNQRUW
4. (B+G 1/7-31/8) J
   (Q+S+T+U+X 1/7-31/8) Z
5. **AB**DEFGIJKLMNOPUWYZ
6. CEGH**IJ**LM(N 1,5km)STV

💬 Een camping met ruime plaatsen, groot zwembad, surf- en visvijver. Gelegen nabij de Nederlandse grens.

🚗 Op weg 715 Hasselt-Eindhoven, op grondgebied Lommel 2,5 km van de Nederlandse grens, 100m achter het Kempisch Kanaal naar links.

CC €14   7/4-30/4   26/5-3/7   29/8-15/10   N 51°14'36'' E 5°22'43''

Malempré/Manhay, B-6960 / Luxembourg ♿ 📶 iD 496

▲ Domaine Moulin de Malempré****
🏠 Moulin de Malempré 1
☎ +32 (0)476-303849
FAX +32 (0)86-455674
⌕ 1/3 - 11/11
@ info@camping-malempre.be

12ha 90T(100-200m²) 10A CEE

1 ACD**G**IJKLMOPQ
2 BCFIJKLRTVWXY
3 BGHJNRU
4 (C 28/5-14/9) (H 15/5-15/9) (Q+S ⌕) (X 1/7-31/8) Z
5 **AB**DFGIJKLMNO**P**RUWXY
6 ACDEGIJ(N 6km)TV

💬 Centraal gelegen viersterrencamping, volledig gerenoveerd in 2011, pal aan bosgebied. Modern, verwarmd sanitair met voorzieningen voor gehandicapten, privé-wasruimten met bad. Openluchtzwembad (28/5-14/9), camperverzorgingsstation, specifieke plaatsen voor doorreizigers. Restaurant in weekends en schoolvakanties. Nieuwe uitbaters, Nederlandstalig.

🚗 Op E25, afslag 49 Manhay. Dan N822 richting Lierneux (500m). Eerste afslag naar Malempré. Borden camping volgen, vanaf E25 4 km.

CC €16   1/3-5/7   22/8-11/11   N 50°17'39" E 5°43'16"

Malmedy/Arimont, B-4960 / Liège 📶 iD 497

▲ Familial
🏠 19 rue des Bruyères
☎ FAX +32 (0)80-330862
⌕ 1/1 - 31/12
@ info@campingfamilial.be

2,2ha 60T(80-100m²) 6A CEE

1 AGIJKLOPQ
2 FIJKRTWX
3 AGHJRU
4 (B+Q 1/7-31/8) (R+T+U+V 1/4-1/11) (X 1/7-31/8) Z
5 **AB**DFGIJMNO**P**UZ
6 DEG**K**(N 1,5km)O

💬 Rustig gelegen, in een bosrijke omgeving op een zuidgerichte helling met prachtig uitzicht. Nabij gezellig stadje Malmedy en natuurgebied Hoge Venen. Ideaal voor wandelen, fietsen en moutainbike. Op 500m van het RAVEL-fietspad.

🚗 A27/E42 afrit 11 ri Malmedy. Dan ri Waimes. 900m voorbij Carrefour tweede afslag li-af ri. Arimont. Komende van St. Vith de rotonde in Malmedy geheel rondrijden en terug rijden tot voorbij de Carrefour om afslag li naar Arimont goed te kunnen nemen.

CC €14   1/1-5/7   24/8-31/12   N 50°25'13" E 6°4'15"

Mol, B-2400 / Antwerpen ♿ 📶 iD 498

▲ Oostappen Vakantiepark Zilverstrand
🏠 Kiezelweg 17
☎ +32 (0)14-810098
FAX +32 (0)14-816685
⌕ 22/3 - 2/11
@ info@vakantieparkzilverstrand.be

26ha 180T(120m²) 10A CEE

1 ACD**F**IJKLMPST
2 ABDLRSWXY
3 ACFGJKQRUWZ
4 (H 1/7-31/8) IJKLN (Q+R+T+U+Y 1/7-31/8) Z
5 **AB**DEFGIJKLMNOPQRUWXYZ
6 EGH**IJ**L(N 4km)STV

💬 Een camping waar u zich vanaf het eerste moment thuis zult voelen! U zult zich geen moment vervelen, maar gewoon lekker luieren kan natuurlijk ook. Grote waterplas en een mooi tropisch binnenzwembad (niet bij de prijs inbegrepen). Veel recreatiemogelijkheden en op vlak bij de camping. Prachtige bewegwijzerde wandel- en fietspaden.

🚗 Snelweg Mol-Lommel, over 2e brug onmiddellijk links. De borden volgen (Molse meren). De camping is gelegen aan de N712 tussen Mol en Lommel.

CC €16   7/4-30/4   26/5-3/7   29/8-15/10   N 51°12'34" E 5°10'20"

Neufchâteau, B-6840 / Luxembourg 499

▲ Spineuse Neufchâteau***
✉ Malome 7
☎ +32 (0)61-277320
FAX +32 (0)61-277104
🗓 1/1 - 31/12
@ info@camping-spineuse.be

6,5ha 75T(100-120m²) 16A CEE

1. ACD**G**IJKLMO**P**Q
2. CDFLRVWXY
3. BDGHJ**M**RUW
4. (A 1/7-31/8) (B 15/5-15/9)
   (G 1/7-31/8)
   (Q+T+U+Y 1/4-1/11) Z
5. **AB**DFGIJKLMNOPUWZ
6. ACDEGK(N 2,5km)OUV

💬 Rustige, verzorgde camping in een bloemrijke, natuurlijke omgeving. Voldoende en schoon sanitair. Grote visvijver en tal van wandelmogelijkheden. Gezellig café-restaurant. WiFi gratis.

🚗 E25/E411 komende vanaf Brussel afrit 26, vanaf Luik afrit 27, vanaf Luxemburg afrit 28 ri Neufchâteau. Vanuit centrum de N85 ri Florenville. Camping ligt 2 km verder (3e camping links).

CC €12 1/1-5/7 22/8-31/12   N 49°49'58" E 5°25'3"

Nieuwpoort, B-8620 / West-Vlaanderen 500

▲ Kompas Camping
   Nieuwpoort****
✉ Brugsesteenweg 49
☎ +32 (0)58-236037
FAX +32 (0)58-232682
🗓 27/3 - 11/11
@ nieuwpoort@kompascamping.be

23ha 932T(100-150m²) 10A CEE

1. ACD**G**IJKLMOPRS
2. DFRVWXY
3. BCD**F**GHJK**M**NRU**W**
4. (C+H 14/5-13/9) J
   (Q+S+T+U 🔑)
   (Y 3/4-19/4,1/7-31/8) Z
5. **AB**DEFGJLNPQRUWXYZ
6. ABCDEGKM(N 2km)OTUV

💬 Ruime familiecamping met vernieuwd sanitair, groot zwembad met waterglijbanen, ruime speelterreinen, bar, winkel en restaurant. Gelegen naast een spaarbekken geschikt voor alle vormen van waterrecreatie. Op 4 km van de zee.

🚗 E40 afrit 3 Diksmuide/Nieuwpoort. Op de rotonde richting Westende. Rechtdoor tot T-splitsing. Daar rechts. De camping ligt direct aan de linkerzijde.

CC €16 27/3-3/4 19/4-30/4 3/5-13/5 17/5-22/5 25/5-1/7 31/8-30/10   N 51°7'48" E 2°46'20"

Opglabbeek, B-3660 / Limburg 501

▲ Recreatieoord Wilhelm Tell****
✉ Hoeverweg 87
☎ +32 (0)89-810013
FAX +32 (0)89-810010
🗓 1/1 - 31/12
@ wilhelmtell@limburgcampings.be

4ha 75T(80-100m²) 6-10A

1. A**B**G**I**JKLMPQ
2. FLRVWX
3. BC**F**GHJKRU
4. (A+C 1/7-31/8) (F 🔑)
   (H 1/7-31/8) IJK
   (Q+R+T+U+V+Y 🔑) Z
5. **AB**DFG**IJ**K**L**MN**P**UWZ
6. CEGK(N 2km)STV

💬 Camping op 2 km van het centrum van Opglabbeek. Rustige ligging temidden van het groen. Er is een groot openluchtzwembad met waterglijbaan. Tijdens voor- en naseizoen kan gezwommen worden in het binnenbad.

🚗 E314 Aken-Brussel; afslag 32. A2 richting As volgen en verder naar Opglabbeek. Camping staat aangegeven rechts voor het centrum.

CC €16 1/1-4/7 25/8-31/12 7=6   N 51°1'42" E 5°35'52"

Opgrimbie/Maasmechelen, B-3630 / Limburg 502

▲ Recreatieoord Kikmolen
🏠 Kikmolenstraat 3
☎ +32 (0)89-770900
FAX +32 (0)89-770908
⌛ 1/4 - 31/10
@ info@kikmolen.be

20ha 150T(80-100m²) 6A CEE
1 ABEHIJKLMO**PRS**
2 BDFLMRTVWX
3 BGHJK**M**NU**WZ**
4 (A 1/7-30/9) J(Q 1/4-15/9)
 (S 1/6-15/8) (T 1/4-30/9)
 (U+X+Y 1/7-30/9) Z
5 **AB**CDFGHIJ**K**LMN**P**RUZ
6 CD**K**(N 1,5km)TV

💬 Gelegen in het natuurrijk Limburgse Maasland aan de rand van het nationaal park 'Hoge Kempen'. Op gezellige grasspleintjes, zelfs met schaduw. Groot zwemmeer met 2 glijbanen. Forellenvijver op wandelafstand. Groot winkelcentrum Maasmechelen-Village op 6 km.

🚗 A2/E314 verlaten bij afrit 33 richting Lanaken. Bij de rotonde rechtdoor, na 1 km rechtsaf slaan richting Zutendaal. Dan de campingborden volgen.

CC €14 1/4-5/7 24/8-31/10   N 50°57'14'' E 5°39'45''

Opoeteren, B-3680 / Limburg 503

▲ Zavelbos★★★
🏠 Kattebeekstraat 1
☎ +32 (0)89-758146
FAX +32 (0)89-758148
⌛ 1/1 - 31/12
@ zavelbos@limburgcampings.be

6ha 50T(100-120m²) 6-10A CEE
1 A**G**IJKLMPQ
2 BGRTVWY
3 B**F**GHJKRUW
4 **KP**(Q+T+U+Y ⌛) Z
5 **AB**DEFG**I**J**K**LMN**PR**UWX
 Y
6 ACDEGK(N 1km)SV

💬 Camping met visvijver in een bosrijke omgeving. Schitterende sanitaire voorzieningen. Ligt aan uitgestippelde wandel-, fiets- en ruiterroutes en op slechts 6 km van het 6000 ha grote Nationale Park van de Hoge Kempen.

🚗 A2 Eindhoven-Maastricht, afslag Maaseik. Daar via Neeroeteren naar Opoeteren. De camping ligt rechts van de weg Opoeteren-Opglabbeek.

CC €16 1/1-4/7 25/8-31/12 7=6   N 51°3'29'' E 5°37'45''

Oteppe, B-4210 / Liège 504

▲ L'Hirondelle Holiday Resort
🏠 76a rue de la Burdinale
☎ +32 (0)85-711131
FAX +32 (0)85-711021
⌛ 1/4 - 31/10
@ info@lhirondelle.be

45ha 300T(80-120m²) 10A
1 ACD**F**IJKLMPQ
2 BGIJLRTVWXY
3 BGHJ**M**N**Q**RUW
4 (A 8/7-20/8) (B 1/6-10/9)
 (E 1/4-30/9) (G 1/6-10/9) J
 (Q+S 1/4-15/9)
 (T+U+W+X+Y 1/4-30/9) Z
5 **AB**EFG**I**JKLMN**P**UZ
6 CFGH**I**KOSTV

💬 Camping gelegen op het domein van een kasteel, 45 ha groot. Bosrijke omgeving. Prachtige speeltuin en alle accommodaties van een moderne camping.

🚗 N80 St. Truiden-Namur. In Burdinne links afslaan, wegwijzers volgen naar Oteppe. Zeer goed aangegeven.

CC €14 1/4-30/6 1/9-31/10   N 50°34'56'' E 5°7'34''

505 Polleur, B-4910 / Liège

- Polleur
- 90 route du Congrès
- +32 (0)87-541033
- FAX +32 (0)87-542530
- 1/4 - 31/10
- info@campingpolleur.be

3,7ha 102T(80-100m²) 10A

1. ACD**G**IJKLNO**P**Q
2. CFLRVWX
3. BGINRU**WX**
4. (A 1/7-31/8)
   (C+G 30/4-30/9) J(Q ⌂)
   (S+T+U 1/7-30/8)
   (V 15/7-15/8) (X ⌂) Z
5. **AB**FGIJKLMNOPUWXY
6. CDEGH**K**M(N 1km)OSTUV

💬 Gezinscamping onder Nederlandse leiding. De camping ligt in een dal aan een beek in de bossen van Spa. Mooi zwembad met waterglijbaan. Veel animatie voor de jeugd. De winkel is ook open tijdens weekends en feestdagen in voor- en naseizoen. Geen CampingCard ACSI geaccepteerd tijdens de dagen van Francorchamps F1.

🚗 E42/A27 verlaten via afrit Polleur. Bordjes camping Polleur volgen. In Polleur Route du Congrès richting Theux. Camping staat aangegeven.

CC €12 3/4-30/4 10/5-13/5 18/5-21/5 26/5-3/7 25/8-31/10 7=6, 21=17   N 50°31'54'' E 5°51'46''

---

506 Poupehan, B-6830 / Luxembourg

- Ile de Faigneul***
- 54 rue de la Chérizelle
- +32 (0)61-466894
- FAX +32 (0)61-256956
- 1/4 - 30/9
- iledefaigneul@belgacom.net

3ha 130T(100m²) 6A CEE

1. AC**G**IJKLMPQ
2. BCLRTVWXY
3. BGHJNRU**WX**
4. (Q+R+T+U ⌂) Z
5. **AB**DFGIJKLMNPRUZ
6. GK(N 5km)TV

💬 Te midden van een ongerepte natuur. Talrijke aangegeven wandelroutes in de bosrijke omgeving. Met mogelijkheid tot mountainbiken, vissen en kanovaren. Leuke speeltoestellen voor de kinderen.

🚗 In het centrum van Poupehan campingborden volgen.

CC €16 1/4-12/5 18/5-21/5 26/5-2/7 31/8-30/9   N 49°48'59'' E 5°0'57''

---

507 Remersdaal/Voeren, B-3791 / Limburg

- Camping Natuurlijk Limburg BVBA
- Roodbos 3
- +32 (0)4-3810176
- 1/1 - 31/12
- info@campingnatuurlijklimburg.be

6ha 70T(80-100m²) 6A CEE

1. AB**G**IJKLMNOPRS
2. GIRTXY
3. BGHJKLNRU
4. (A 1/7-30/9) (B+G 1/7-1/9)
   (Q+T+X ⌂) Z
5. **AB**DGIJKL MNO**P**QUWZ
6. ACDEG**K**(N 2km)OV

💬 Een rustige camping met alle voorzieningen, gelegen in het mooie landschap van de Voeren, met prachtige vergezichten over het heuvelend landschap. Wandel- en fietsroutes zijn te verkrijgen op de receptie. Dagelijks wordt er vers brood geleverd (vooraf bestellen). Gezellig terras en bar.

🚗 A2/E25 in Maastricht verlaten richting Aken/Vaals. Even voorbij Margraten rechtsaf richting De Planck. De B-grens (ca. 5 km) over, richting Aubel.

CC €16 1/1-13/5 18/5-21/5 26/5-5/7 31/8-31/12   N 50°43'46'' E 5°51'53''

508 — Retie, B-2470 / Antwerpen

- Berkenstrand★★★★
- Brand 78
- ☎ +32 (0)14-379041
- FAX +32 (0)14-375139
- 1/4 - 30/9
- @ info@berkenstrand.be

10ha 33T(120-150m²) 10A CEE

1. ACDGIJKLNOPST
2. ACDFLRSVWXY
3. BDGHJNUWZ
4. (A 1/7-31/8)
   (Q+S 4/4-19/4, 1/7-31/8)
   (T+U+X+Y ⌂) Z
5. ABDFGIJKLMNOPUXY
6. ACDEGK(N 3,5km)TUV

De nieuwe eigenaren heten u van harte welkom op deze rustige familiecamping. Voor elk wat wils; 3 vijvers met zwem- en vismogelijkheden, meerdere speeltuinen, gelegen aan het fietsknooppuntennetwerk 'Antwerpse Kempen' en startpunt van verschillende wandelroutes. In de taverne bent u van harte welkom met kleine of grote honger.

E34, uitrit 26 richting Retie, naar de kerk richting Postel volgen. De camping staat aangegeven d.m.v. borden. (GPS = Postelsebaan 3).

CC €14 1/4-2/4 19/4-29/4 3/5-12/5 18/5-21/5 26/5-30/6 18/8-30/9

N 51°16'32" E 5°7'44"

509 — Rochefort, B-5580 / Namur

- Les Roches★★★★
- 26 rue du Hableau
- ☎ +32 (0)84-211900
- 1/4 - 4/11
- @ campingrochefort@lesroches.be

74T(50-80m²) 16A CEE

1. ACDGIJKLMOPQ
2. GILSTWX
3. ABGHJMQRU
4. (C+H 1/7-31/8) (Q ⌂)
   (T+U+X 1/7-31/8) Z
5. ABDFGIJKLMNPQRUWXY
6. ACDEGIK(N 0,5km)TV

Prachtige, volledig vernieuwde camping nabij het stadscentrum en zwembad.

Vanaf E411 afrit Rochefort. Net voor het dorp staat de camping met borden aangegeven.

CC €16 1/4-30/6 1/9-4/11

N 50°9'34" E 5°13'35"

510 — Sart-lez-Spa, B-4845 / Liège

- Spa d'Or★★★★
- Stockay 17
- ☎ +32 (0)87-474400
- FAX +32 (0)87-475277
- 3/4 - 28/9
- @ info@campingspador.be

6,5ha 250T(80-100m²) 10A CEE

1. ACDGIJKLOPQ
2. CFGILRTVWX
3. ABFGHNRUW
4. (A 1/7-31/8)
   (C+H 28/4-15/9)
   (Q 15/4-28/9) (S 12/4-28/9)
   (T 7/7-15/8)
   (U+X+Y 12/4-28/9) Z
5. ABDEFGIJKLMNOPUWYZ
6. EGIKM(N 4km)ORTV

Gelegen aan de rand van natuurpark 'Hoge Venen-Eifel' 4 km van Spa. Terrasvormig terrein tot aan de rivier Wayai. Mooi verwarmd zwembad en kinderbadje. Let op! Tijdens weekend van Grand Prix Formule 1 in Francorchamps geldt CampingCard ACSI niet op deze camping.

Vanuit Z: A27/E42 afslag 10 Francorchamps, volg borden. Vanuit N: afslag 8, volg borden Spa d'Or cp. Vanuit Luxemburg: E25 afslag Remouchamps ri Spa/Francorchamps. Even buiten Spa li borden volgen.

CC €16 3/4-12/5 17/5-21/5 25/5-10/7 27/8-28/9 7=6

N 50°30'29" E 5°55'11"

511 — Spa, B-4900 / Liège

- Parc des Sources
- rue de la Sauvenière 141
- +32 (0)87-772311
- FAX +32 (0)87-475965
- 1/4 - 31/10
- info@campingspa.be

2,5ha 93T(80-100m²) 6A CEE

1 AD**G**HIJKLO**P**RS
2 FI**L**RVWXY
3 B**F**HJR
4 (B+G+Q+T 1/7-31/8) (U+X) Z
5 **AB**DFG**I**JKLMN**P**UW
6 ACDEGJ(N 1,5km)V

💬 Aan de rand van een bos, op wandelafstand van kuuroord Spa. De camping ligt op een glooiend terrein. In de wintermaanden mogelijkheid om te skiën in de nabije omgeving. Verwarmd sanitair. CampingCard ACSI wordt niet geaccepteerd tijdens Francorchamps.

🚗 De camping is gelegen 1,5 km buiten Spa rechts van weg N62 richting Francorchamps/Malmédy. Met borden aangegeven.

€16 1/4-13/5 18/5-21/5 26/5-3/7 25/8-31/10
N 50°29'7" E 5°53'1"

512 — Stavelot, B-4970 / Liège

- l'Eau Rouge**
- Cheneux 25
- +32 (0)80-863075
- 15/3 - 1/11
- info@eaurouge.nl

4ha 100T(100-120m²) 10A

1 A**G**IJKLMO**P**RS
2 CFRTWXY
3 B**G**HJNR**UW**
4 (C 26/4-30/9) (Q+T 26/4-3/5,1/7-2/9) Z
5 **AB**DEFG**I**JKLMN**P**RUZ
6 CEGJ(N 1,5km)V

💬 Charmante groene familiecamping op 2 km van het centrum. Nieuw sanitair sinds 2012. Apart terrein voor tenten. Gelegen aan een riviertje in de vallei van l'Eau Rouge. Nieuw verwarmd zwembad.

🚗 Vanaf E42 afslag 11, rotonde ri Stavelot (navigatie uitschakelen!), na ± 5 km bij T-splitsing re. Daarna 1e straat re, klein weggetje naar beneden. Bij gesloten circuit van Francorchamps blijft de cp goed bereikbaar.

€16 15/3-13/5 18/5-21/5 25/5-10/7 1/9-1/11
N 50°24'43" E 5°57'3"

513 — Tenneville, B-6970 / Luxembourg

- Pont de Berguème***
- Berguème 9
- +32 (0)84-455443
- FAX +32 (0)84-456231
- 1/1 - 31/12
- info@pontbergueme.be

3ha 100T(80-100m²) 6A CEE

1 ACD**G**IJKLPQ
2 C**L**RVWXY
3 B**G**HJN**O**RUW**X**
4 (A 15/7-15/8) (Q+S) Z
5 **AB**DFG**I**JKLMNOPUZ
6 ACEGJ(N 4km)OV

💬 Verzorgde, rustig gelegen camping aan de Ourthe. Modern sanitair met vloerverwarming. Winkel. Bar in blokhutstijl. La Roche op 10 minuten, Bastogne op 12 minuten en St. Hubert op 15 minuten.

🚗 Via de N4, afslag Berguème. Verder borden Berguème plus de campingborden volgen.

€16 1/1-13/5 26/5-6/7 25/8-31/12
N 50°4'33" E 5°33'19"

Thommen/Burg-Reuland, B-4791 / Liège 514

- Hohenbusch*****
- Grüfflingen 44A
- +32 (0)80-227523
- +32 (0)80-420807
- 1/4 - 1/11
- info@hohenbusch.be

5ha 71T(100-175m²) 5A CEE

1. ACDGIJKLMOPRS
2. FGJKRVWX
3. BDGHJLRU
4. (C 14/5-31/8) K
   (Q+T+U+X)
5. ABCDFGJLNPQRSUWXYZ
6. ABEGK(N 5km)STUV

Ruime familiecamping met heel goede sanitaire voorzieningen. Dicht bij Luxemburg en Duitsland. Nabij fietsroute VENNbahn. Verwarmd zwembad met terras en ligweide. Alle plaatsen hebben stroom, wateraan- en afvoer.

E42 afslag 15. N62 richting Luxemburg/Burg Reuland. Na 3 km aan rechterkant.

NIEUW

CC €16 1/4-12/5 18/5-21/5 26/5-5/7 24/8-1/11

N 50°14'30" E 6°5'35"

Tintigny, B-6730 / Luxembourg 515

- De Chênefleur***
- Norulle 16
- +32 (0)63-444078
- +32 (0)63-445211
- 1/4 - 1/10
- info@chenefleur.be

7,2ha 194T(100-125m²) 6A CEE

1. ACDGIJKLOPRS
2. CFGLRVWXY
3. BGHIJOPRUWX
4. (A 25/4-3/5, 1/7-31/8)
   (C+H 25/4-15/9)
   (Q+R 1/4-30/9)
   (T+U+Y 25/4-3/5, 1/7-31/8) Z
5. ABDEFGIJKLMNOPUWXZ
6. ADEGIK(N 3km)OTV

Gelegen aan de visrijke rivier de Semois, is dit een gezellige camping. Er is een zwembad en animatie voor jong en oud. Restaurant, snack en afhaal alle dagen in het hoogseizoen (1/7-31/8) en de schoolvakanties, alleen in het weekend in de andere periodes (1/4-30/6 en 1/9-30/9).

Via E411 afslag 29, richting Etalle. In Etalle richting Florenville (N83) volgen. In het dorp Tintigny borden camping volgen. Goed aangegeven.

CC €16 1/4-3/7 20/8-30/9 7=6, 14=12

N 49°41'6" E 5°31'14"

Turnhout, B-2300 / Antwerpen 516

- Baalse Hei***
- Roodhuisstraat 10
- +32 (0)14-448470
- +32 (0)14-448474
- 15/1 - 15/12
- info@baalsehei.be

30ha 74T(55-250m²) 16A CEE

1. ACDGIJKLMNOPQ
2. ACDFLRSWXY
3. ABGHJKMNRUWZ
4. (Q+R+T+U+X+Y 1/4-30/9) Z
5. ABDGIJKLMNPUWXYZ
6. CDEGIK(N 4km)OSV

Baalse Hei ligt verscholen in de prachtige natuur van de Antwerpse Kempen. Rust, ruimte, comfort en vooral veel privacy zijn de troeven van dit terrein. Uitgestippelde wandelingen en directe aansluiting op het fietsknooppuntennetwerk. Ruime, comfortabele staanplaatsen voor tent, caravan of motorhome. Op 3 km van Turnhout, 20 minuten van Bobbejaanland. Gratis WiFi.

Vanuit Nederland: volg de weg Breda/Baarle-Nassau/Turnhout. Na 10 km is de cp links aangeduid.

CC €16 29/5-30/6 1/9-30/9

N 51°21'27" E 4°57'32"

Westende, B-8434 / West-Vlaanderen ♿ 📶 ✱ iD 517

▲ Kompas Camping Westende★★★★
✉ Bassevillestraat 141
☎ +32 (0)58-223025
FAX +32 (0)58-223028
🗓 27/3 – 11/11
@ westende@kompascamping.be

12ha 226T(100-150m²) 10A CEE

1 ACD**G**IJKLMOPQ
2 EFGLRVWX
3 BC**F**GHJKNRUY
4 M(Q+S ⌂)
   (T+U+Y 3/4-19/4,1/7-31/8) Z
5 **AB**DEFGJKLNPQRUWXZ
6 ACDEG**K**(N 0,3km)OTV

💬 Compleet uitgeruste en milieuvriendelijke camping met bar, winkel en restaurant op loopafstand van de duinen en de zee. Erg geschikt om te fietsen en uitstapjes langs de kust of naar mooie stadjes te maken. Afzonderlijk terrein voor campers (het gehele jaar open).

🚗 E40 afrit 4 richting Middelkerke. Na ± 2 km kanaal over richting Middelkerke. Bij de kerk links richting Westende. Voorbij de kerk van Westende 4e straat rechts (Hovenierstraat) tot einde rijden.

Oostende

CC €16 27/3-3/4 19/4-30/4 3/5-13/5 17/5-22/5 25/5-1/7 31/8-30/10 N 51°9'27" E 2°45'40"

Westende, B-8434 / West-Vlaanderen 👫 📶 iD 518

▲ Poldervallei★★
✉ Westendelaan 178
☎ +32 (0)59-301771
FAX +32 (0)59-304862
🗓 1/4 – 28/11
@ info@campingpoldervallei.be

7ha 100T(80-100m²) 6A

1 A**F**IJKLMOPRS
2 EFGRVW
3 BD**F**GHJNQRUVY
4 (Q+R+T+U 1/7-31/8) Z
5 **AB**DEFGIJKLM**P**UZ
6 CDEG**K**(N 2km)TV

💬 Groene ruime kindvriendelijke familiecamping. Centraal gelegen op loopafstand van bus en tram, en op 250m van Westende-Bad met zijn gezellige winkelstraatjes en terrasjes. Op 400m van de zee met breed zandstrand en zijn uitgestrekte duinen. Reservering buiten de schoolvakanties is niet nodig.

🚗 De camping vindt u ongeveer halverwege langs weg 318 van Middelkerke (dorp) naar Westende-dorp.

Oostende

CC €18 1/4-3/4 20/4-13/5 26/5-30/6 31/8-26/11 8=7, 14=12 N 51°10'0" E 2°46'57"

Westende, B-8434 / West-Vlaanderen ♿ 📶 iD 519

▲ Westende
✉ Westendelaan 341
☎ +32 (0)58-233254
🗓 1/3 – 15/11
@ info@campingwestende.be

5ha 25T(80-100m²) 10A CEE

1 A**F**IJKLMPRS
2 FGRSVWX
3 B**F**GHJKLU
4 (C 15/6-1/9) (Q+S+U ⌂)
   (X+Y 4/4-1/9) Z
5 **AB**EFGIJKLMNOPUXYZ
6 ACDEG**J**OSTV

💬 Camping Westende, gelegen in het centrum, biedt alles om van uw verblijf een onvergetelijke en zorgeloze vakantie te maken. Kampeerautovriendelijk terrein. Speciale plaatsen voor kampeerauto's.

🚗 E40, afrit 4 richting Middelkerke daar volgt u de N318. Net voorbij de kerk van Westende-dorp richting Nieuwpoort, vindt u na 150m de camping aan de linkerkant.

Oostende

CC €18 1/3-3/4 6/4-30/4 3/5-13/5 17/5-22/5 25/5-1/7 31/8-15/11 N 51°9'26" E 2°45'56"

520 — Westerlo/Heultje, B-2260 / Antwerpen

- Hof van Eeden★★★
- Kempische Ardennen 8
- +32 (0)16-698372
- Fax +32 (0)16-680348
- 1/1 - 31/12
- info@hofvaneeden.be

12ha 72T(100-130m²) 10A

1. ACD**G**IJKLMPQ
2. ABDFGLMRSVWXY
3. BGHJKNRUWZ
4. (B+G 21/6-31/8) (T ⌂) (U 1/5-31/10) (X+Y ⌂) Z
5. **AB**CDGIJKLMNO**P**UXYZ
6. CDEGK(N 1km)OSTV

🗨 Rustige familiale camping. Mooie wandel- en fietsomgeving. Nieuw sanitair, ruime comfortplaatsen.

🚗 Op E313, afrit 22 Herentals-Oost/Olen, volg N152 tot Zoerle-Parwijs. Daar rechts richting Heultje, campingborden volgen.

CC €16 1/1-5/7 22/8-31/12   N 51°4'44'' E 4°49'16''

---

521 — Zele, B-9240 / Oost-Vlaanderen

- Groenpark★★★
- Gentsesteenweg 337
- +32 (0)9-3679071
- 28/3 - 1/11
- groenpark@scarlet.be

5ha 70T(105-160m²) 16A CEE

1. A**G**IJKLM**P**Q
2. BDFGRSVWXY
3. AGHJRU
4. (Q 1/6-31/8) Z
5. **AB**DGIJKLMNOPRUXY
6. ACDEG**IJ**(N 0,3km)TV

🗨 Volledig vernieuwde camping centraal gelegen tussen Gent, Antwerpen en Dendermonde. Wandel- en fietsgebied in de directe omgeving.

🚗 Vanuit NL: E17 afrit 12, li N47 volgen. Op 3e rotonde 1e afslag N445 volgen. Op 1e en 2e rotonde 2e afslag nemen. Na 2 km li cp. Vanuit F: E17 afrit 11, li N449 volgen. Op T li N445 volgen. Na 7 km op rotonde 2e afslag nemen. Na 500m re cp.

CC €16 28/3-30/6 1/9-1/11   N 51°3'10'' E 3°58'48''

---

522 — Zonhoven, B-3520 / Limburg

- Holsteenbron
- Hengelhoefseweg 9
- +32 (0)11-817140
- 1/4 - 8/11
- camping.holsteenbron@telenet.be

4ha 57T(80-100m²) 6A

1. A**G**IJKLPRS
2. FRSVXY
3. A**F**GHJKRUW
4. (A+Q+T+X ⌂) Z
5. **AB**DGIJKLMNO**P**UWZ
6. CEGHK(N 3km)TV

🗨 Op deze camping zorgen Yvo en Hilda voor een gevarieerd animatie-aanbod. Er worden regelmatig uitstapjes en fietstochten in de omgeving georganiseerd. De camping heeft een vernieuwde toegangsweg, een visvijver en ruime, afgebakende plaatsen.

🚗 Op E314 afslag 29 richting Hasselt; na 800m bij verkeerslichten links en dan borden volgen. Of weg Eindhoven-Hasselt; over brug van E314. Na 800m links; bij verkeerslichten links en borden volgen.

CC €16 1/4-30/6 1/9-8/11   N 50°59'42'' E 5°24'59''

Luxemburg

Algemeen
Luxemburg is lid van de EU.

Tijd
In Luxemburg is het net zo laat als in Amsterdam, Parijs en Rome.

Taal
Luxemburgs, Frans en Duits. Met Engels kunt u ook uit de voeten.

Grensformaliteiten
Veel formaliteiten en afspraken rond zaken zoals de benodigde reisdocumenten, autodocumenten, eisen aan uw vervoer- en verblijfmiddel, ziektekosten en het meenemen van dieren zijn niet alleen afhankelijk van het land van bestemming, maar ook van uw vertrekpunt en nationaliteit. Ook de lengte van uw verblijf speelt hierbij een rol. Het is onmogelijk om in het bestek van deze gids voor alle gebruikers de juiste en up-to-date informatie met betrekking tot deze zaken te garanderen.

Wij adviseren u om voor vertrek bij de bevoegde instanties na te gaan:
- welke reisdocumenten u nodig heeft voor uzelf en uw reisgenoten
- welke documenten u nodig heeft voor uw auto
- aan welke eisen uw caravan moet voldoen
- welke goederen u in en uit mag voeren
- hoe in geval van ongeval of ziekte de medische behandeling in uw vakantieland is geregeld en kan worden betaald
- of u huisdieren mee kunt nemen. Neem lang van te voren contact op met uw dierenarts. Die kan u informatie geven over relevante vaccinaties, bewijzen daarvan en verplichtingen bij terugkomst. Ook is het verstandig om na te gaan of in uw vakantieland bepaalde voorwaarden gelden voor huisdieren in het openbare leven. Zo moeten in sommige landen honden altijd worden gemuilkorfd of achter tralies worden vervoerd.

Veel algemene informatie vindt u op ▶ www.europa.eu ◀ maar zorg dat u de informatie achterhaalt die op uw specifieke situatie van toepassing is.

Voor recente douaneverplichtingen kunt u contact opnemen met de vertegenwoordiging van uw vakantieland in het land waar u woont.

Valuta en geldzaken
De munteenheid in Luxemburg is de euro.

Creditcard
U kunt op veel plaatsen betalen met uw creditcard.

Openingstijden en feestdagen

Banken
Banken zijn geopend van maandag tot en met vrijdag van 9.00 uur tot 12.00 uur en van 14.00 uur tot 16.30 uur.

Winkels
In het algemeen zijn de winkels van maandag tot en met zaterdag van 9.00 uur tot 12.00 uur open en van 14.00 uur tot 18.00 uur.

Feestdagen
Nieuwjaarsdag, Pasen, 1 mei (Dag van de Arbeid), Hemelvaartsdag, Pinksteren, 23 juni (Nationale Feestdag), 15 augustus (Maria Hemelvaart), Allerheiligen, Kerst.

Communicatie
(Mobiele) telefoon
Het mobiele netwerk is goed in heel Luxemburg. Er is een 3G-netwerk voor mobiel internet.
In telefooncellen met een geel symbool kunt u internationaal bellen.

WiFi, internet
Er is één internetcafé: in de stad Luxemburg. WiFi is beperkt aanwezig.

Post
Open van maandag tot en met vrijdag van 8.00 uur tot 12.00 uur en van 14.00 uur tot 17.00 uur.

Wegen en verkeer
Wegennet
De Luxemburgse automobielclub ACL heeft een hulpdienst 'Service Routier' die dag en nacht werkzaam is: tel. 26000, e-mail acl@acl.lu.

Verkeersvoorschriften
Verkeer van rechts heeft voorrang.
Trams hebben altijd voorrang. Autobussen en schoolbussen hebben voorrang als ze de halteplaats verlaten.

Maximale snelheid

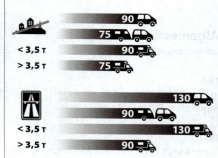

Het maximaal toegestane alcoholpromillage is 0,8 ‰. U dient in tunnels dimlicht te voeren. Handsfree bellen in uw auto is verplicht. Op eenrichtingswegen mag u ook rechts inhalen. In de wintermaanden dient uw voertuig winterbanden te hebben in winterse omstandigheden.

Navigatie
Signalering van vaste flitslocaties met behulp van navigatie of mobiele telefoon is toegestaan. U mag uw navigatie alleen aan de linkeronderzijde van uw voorruit aanbrengen; niet in het midden van de ruit.

Caravan, camper
Rijdt u met een caravan van langer dan 7m achter een andere caravan, dan dient u een afstand van 50m in acht te nemen. Service stations voor campers zijn veelvuldig voorhanden in Luxemburg.

Toegestane afmetingen
Hoogte 4m, breedte 2,50m en lengte 12m.

Motorbrandstof
Brandstof is in Luxemburg goedkoop in

vergelijking met andere landen. Loodvrije benzine en diesel zijn goed verkrijgbaar. LPG is zeer beperkt verkrijgbaar.

Tankstations
Tankstations aan de grens zijn vaak 24 uur per dag open, omdat de brandstofprijzen voordeliger zijn. De overige tankstations zijn doorgaans open tot 20.00 uur. Vaak kunt u bij tankstations betalen met uw creditcard.

Tol
In Luxemburg wordt geen tol geheven op de wegen.

Alarmnummers
112: het nationale alarmnummer voor brandweer en ambulance.
113: het noodnummer voor de politie.

Kamperen
De sanitaire voorzieningen zijn in Luxemburg van bovengemiddelde kwaliteit. Meer dan de helft van de kampeerterreinen wordt geclassificeerd met behulp van sterren: oplopend van 1 tot en met 5 sterren. De classificatie geldt uitsluitend voor campings die daaraan vrijwillig hun medewerking verlenen. Er zijn ook campings die ervoor gekozen hebben de 'oude' classificatie, op basis van categorieën, te vermelden. Let op: er zijn campings met hoge standaard die ervoor gekozen hebben in geen enkel classificatiesysteem opgenomen te worden. Overnachten langs de openbare weg en vrij kamperen in auto, caravan of camper is verboden. Kamperen bij de boer is toegestaan indien er - na toestemming van de boer - niet meer dan 3 tenten met 2 volwassenen op het erf verblijven.

Praktisch
- Zorg dat u altijd een verloopstekker (wereldstekker) bij u heeft.
- Het drinkwater is van goede kwaliteit.

Alzingen, L-5815 / Centre ♿ 📶 **iD** ⬤ **523**

- 🔺 Bon Accueil Kat. I
- 🏠 2 rue du Camping
- ☎ +352 367069
- 📠 +352 26362199
- 🗓 1/4 - 15/10
- @ syndicat.dinitiative@internet.lu

2,5ha 70T(100-120m²) 16A

1. **AF**HIJKLMOPST
2. FGRUVWXY
3. BGJNU
4. (Q+S+T 🔑) Z
5. **AB**DFGIJKLMNOPUWZ
6. CDEGHKV

💬 Goed onderhouden camping in het hart van het stadje, naast een mooi gemeentepark. Geschikt als rustpunt voor de trek van en naar het Zuiden, maar ook als uitvalsbasis met directe busverbinding voor een bezoek aan de stad Luxemburg en haar mooie omgeving. Receptie gesloten tussen 12.00-14.00.

🚗 A3/E25 richting Luxemburg-stad. Afrit 1 Hesperange/Howald. Op rotonde 1e rechts richting Hesperange. Bij 3e verkeerslichten campingborden volgen. Cp ligt rechts, voor de kerk.

CC €14   1/4-30/6   1/9-15/10   7=6   **M**   📍 N 49°34'9" E 6°9'36"

Beaufort, L-6310 / Mullerthal ♿ 📶 **iD** ⬤ **524**

- 🔺 Camping Plage Beaufort Kat.I
- 🏠 Grand Rue 87
- ☎ +352 836099300
- 📠 +352 869414
- 🗓 1/1 - 31/12
- @ camplage@pt.lu

4ha 190T(90-120m²) 10A CEE

1. ACD**G**IJKLMO**P**Q
2. GIJLRSVWXY
3. ABGHJKL**M**NRU
4. (A 15/7-15/8)
   (C+H 16/5-30/8) J
   (T 16/5-30/8) (X 🔑)
5. **AB**DFGIJKLMNOPUZ
6. AEGHIJ

💬 Camping midden in de natuur en nabij het dorpscentrum van Beaufort. Ideaal uitgangspunt voor wandel- en mountainbiketochten. Openluchtzwembad in de zomer, kunstijsbaan in de winter, tennisbanen, barbecuevoorziening, speeltuin, fietsverhuur, gratis WiFi-punt. Staanplaatsen voor zowel caravans als tenten. Het hele jaar geopend.

🚗 Volg N10 Diekirch-Echternach tot Reisdorf. Rechtsaf richting Beaufort. In Beaufort rechts van de weg.

CC €16   5/1-2/4   26/5-30/6   1/9-15/10   9/11-17/12   **M**   📍 N 49°50'22" E 6°17'17"

Berdorf, L-6551 / Mullerthal ✈ 📶 ✿ **iD** ⬤ **525**

- 🔺 Bon Repos Kat.I/****
- 🏠 39 rue de Consdorf
- ☎ +352 790631
- 📠 +352 799571
- 🗓 1/4 - 8/11
- @ irma@bonrepos.lu

1ha 50T(100m²) 16A CEE

1. AEIJKLMOPQ
2. GIJRVWXY
3. AHJNRU
4. (A 8/7-26/8)
   (Q 1/5-25/5,1/7-31/8) (R 🔑)
5. **AB**CDFGIJKLMNOPRUWX
6. EGJ(N 6km)OV

💬 Rustig gelegen, zeer goed onderhouden terrassencamping, afhellend naar het zuiden, met mooi uitzicht op de omgeving. Onderaan ligt een vlak, groot gezinsveld. Kampeerplaatsen zijn gescheiden door ligusterhagen. Ideaal uitgangspunt voor wandel- en fietstochten in 'Klein Zwitserland'. Honden niet toegelaten.

🚗 De N19/N10 Diekirch-Echternach tot Grundhof. Hier rechtsaf richting Berdorf. In centrum richting Consdorf. 2e camping links.

CC €16   1/4-8/5   18/5-30/6   17/8-7/11   **M**   📍 N 49°49'8" E 6°20'49"

Berdorf, L-6552 / Mullerthal ♂♀ ♿ 📶 iD 526

- Martbusch Kat.I/***
- 3 Bäim Maartbësch
- ☎ +352 790545
- FAX +352 26784866
- 1/1 - 31/12
- @ camping.martbusch@pt.lu

3ha 104T(80-100m²) 16A CEE

1. **ACDG**IJKLMOPQ
2. **B**RSVWXY
3. **B**GHJKLN**Q**RU
4. (A 1/4-20/10) (Q ⚷) (T+U+X 4/4-31/10)
5. **AB**DFGIJKLMNOPUWXZ
6. **C**DEG**IK**(N 6km)OV

💬 Schaduwrijke camping, gelegen in een dennenbos aan de rand van het rotsachtige wandelgebied 'Klein Zwitserland'. De kampeerplaatsen zijn afgebakend met manshoge hagen.

🚗 De N17/N19/N10 Diekirch-Echternach tot Grundhof. Hier richting Berdorf. In Berdorf 2e straat links. Dan de borden volgen.

CC €16 1/1-13/5 26/5-30/6 1/9-31/12   N 49°49'34" E 6°20'37"

Bourscheid/Moulin, L-9164 / Ardennes 📶 iD 527

- Um Gritt****
- Buurschtermillen 10
- ☎ +352 990449
- FAX +352 908046
- 1/4 - 31/10
- @ umgritt@castlegarden.lu

NIEUW

2ha 83T(100m²) 10A CEE

1. **ACDG**IJKLMOPRS
2. **C**GKLRVW
3. **A**GHJNRU**WX**
4. (A 7/7-23/8) (Q+T+U+V+X+Y ⚷) Z
5. **AB**DEFGIJKMNOPUZ
6. **C**EG**K**(N 14km)OV

💬 Onder Nederlands beheer en gelegen aan een meander van de rivier de Sûre, midden in een groene, bosrijke omgeving. Aan de voet van de burcht van Bourscheid. Verzorgde voorzieningen, een cafeetje, talloze wandelmogelijkheden en vlakbij een restaurant.

🚗 De camping ligt langs de N27 bij Michelau, aan de oever van de Sûre. De camping binnenrijden bij de brug en langs het restaurant.

CC €16 1/4-12/5 25/5-3/7 23/8-31/10   N 49°54'37" E 6°5'14"

Diekirch, L-9234 / Ardennes ♿ 📶 iD 528

- De la Sûre***
- route de Gilsdorf
- ☎ +352 809425
- FAX +352 802786
- 27/3 - 18/10
- @ tourisme@diekirch.lu

5ha 202T(100m²) 10A CEE

1. **ACD**F**IJ**KLMOPQ
2. **C**GRSVWXY
3. **B**GJKRU**W**
4. (A 10/7-15/8) (Q ⚷) (T 1/7-31/8) Z
5. **AB**DFGIJKLMN**P**UWXZ
6. **A**CEGIJ(N 0,5km)SV

💬 Mooie, vlakke camping gelegen aan de oever van de Sûre met voldoende schaduwrijke plaatsen, op 5 minuten wandelen van het centrum van Diekirch. Overdekt zwembad is vlakbij.

🚗 In Diekirch richting Larochette. Na de brug over de Sûre linksaf richting Gilsdorf. Na 100m 1e camping.

CC €16 27/3-27/5 4/6-30/6 17/8-18/10   N 49°51'57" E 6°9'54"

Diekirch, L-9234 / Ardennes

🏕 👨‍🦽 📶 ✿ iD **529**

- 🏠 Op der Sauer Kat.I
- 📍 route de Gilsdorf
- ☎ +352 808590
- 🔑 1/3 - 31/10
- @ info@campsauer.lu

5ha 270T(100m²) 10A CEE

1. ACDGIJKLMOPQ
2. CGLRSVWXY
3. BGHJN**Q**RU**W**X
4. **N**(Q+X+**Y** 🔑) Z
5. **A**DGIMNO**P**UXYZ
6. AEG**IK**(N 1km)V

💬 Vlakke gezinscamping met schaduwrijke plaatsen, gelegen aan de Sûre (visgelegenheid) op loopafstand van het gezellige stadje Diekirch. Sportfaciliteiten op en rond de camping: minigolf, fietsen, wandelen, kanovaren, mogelijkheid tot zwemmen in overdekt gemeentezwembad. Gezellig restaurant met bar en terras. 14 euro inclusief toeristenbelasting.

🚗 In Diekirch richting Larochette. Na de brug over de Sûre linksaf richting Gilsdorf: tweede camping. Ingang op de rotonde.

CC €14   1/3-27/5   1/6-5/7   22/8-30/10   7=6, 14=12

Ⓜ N 49°51'55'' E 6°10'12''

Dillingen, L-6350 / Mullerthal

📶 iD **530**

- 🏠 Wies-Neu Kat.I
- 📍 12 rue de la Sûre
- ☎ +352 836110
- 📠 +352 26876438
- 🔑 1/4 - 15/11
- @ info@camping-wies-neu.lu

4,8ha 190T(100-120m²) 6A CEE

1. **A**GIJKLMOPQ
2. CGJRVWXY
3. ABDGHJKRU**W**X
4. A 1/7-15/8) (Q 15/5-15/9) (R 14/4-3/11) (T 15/5-10/9)
5. **AB**DFGIJKLMNO**P**U
6. EGJ(N 4km)OV

💬 Goed onderhouden familiecamping, gelegen langs de oever van de Sûre met ruime, afgebakende vlakke plaatsen, voldoende schaduwrijk. Gelegenheid tot kanovaren. Camping ligt aan het fietspad tussen Diekirch en Echternach. Ideale uitvalsbasis voor wandelingen in 'Klein Zwitserland'.

🚗 De N19/N10 Diekirch-Echternach tot Dillingen. In Dillingen op kruispunt linksaf, dan rechts aanhouden.

CC €16   1/4-3/7   20/8-14/11

Ⓜ N 49°51'8'' E 6°19'18''

Echternach, L-6430 / Mullerthal

📶 iD **531**

- 🏠 Officiel
- 📍 17 route de Diekirch
- ☎ +352 720272
- 📠 +352 720230
- 🔑 1/4 - 1/11
- @ info@camping-echternach.lu

4ha 298T(80-120m²) 10A

1. ADGIJKLMO**P**Q
2. GJLRTWXY
3. BGHJKMNRU
4. (A 5/7-15/8) (C+H 1/7-30/8) (Q 1/7-31/8)
5. **AB**GIJMNOPUZ
6. BCDFGJ(N 0,3km)TV

NIEUW

💬 Ruime, drieledige terrassencamping met een terrein voor lang verblijf, een doortrekterrein gelegen in een boomgaard en een jeugdterrein. Grote speeltuin, sportterrein en zwembad. Gelegen op 10 minuten wandelen van het centrum, grenzend aan het rots- en wandelgebied van Klein Zwitserland.

🚗 Volg weg N10-N19 Diekirch-Echternach. Voor Echternach vindt u de camping aan de rechterzijde.

CC €16   12/4-10/5   26/5-30/6   17/8-31/10

Ⓜ N 49°49'1'' E 6°24'38''

Eisenbach, L-9838 / Ardennes

- TopCamp Kohnenhof Kat.I/****
- 1, Kounenhaff
- ☎ +352 929464
- FAX +352 929690
- 1/4 - 1/11
- @ kohnenhof@pt.lu

6ha 100T(100-120m²) 16A CEE

1. ACDGIJKLMOPQ
2. CGIJLRVWXY
3. BFGHIJLNORUWX
4. (A 12/7-19/8)
   (Q+R+T+U+X+Y) Z
5. ABDEFGHIJKLMNPRSUWXYZ
6. ACDEGHIJK(N 4km)OV

💬 Rustige gezinsvriendelijke camping in een bosrijke natuur aan de oever van de Our. Goede uitvalsbasis om de Eifel en de Ardennen te verkennen en om stadjes zoals Vianden en Clervaux te bezoeken. Speelmogelijkheid in de rivier. Speciale arrangementen voor golfers.

🚗 Op N7 bij Hosingen afslag Rodershausen of Eisenbach. In het dal borden camping 'Kohnenhof' volgen.

532

€16 1/4-30/4 10/5-12/5 17/5-21/5 25/5-10/7 27/8-31/10 7=6

N 50°0'59'' E 6°8'12''

Ermsdorf, L-9366 / Mullerthal

- Neumuhle Kat.I/****
- 27 Reisduerferstrooss
- ☎ +352 879391
- FAX +352 878771
- 15/3 - 29/10
- @ info@camping-neumuhle.lu

3ha 105T(80-100m²) 6A CEE

1. AGIJKLOPRS
2. CGJRVWXY
3. BGHIJNRU
4. (A 6/7-16/8) (B 1/5-30/8)
   (Q+R 15/3-26/10)
   (T 1/7-20/8)
   (X+Y 15/3-26/10) Z
5. ABDFGIJKLMNPUWZ
6. CEGK(N 4km)OV

💬 Een goed onderhouden terrassencamping op een heuvel met afgebakende plaatsen van maximum 100 m². Mooi uitzicht. Een klein zwembad kan in warme dagen voor de nodige verfrissing zorgen. Goed uitgangspunt voor talrijke uitstappen en wandelingen.

🚗 De N14 Diekirch-Larochette tot Medernach. Hier linksaf richting Ermsdorf. In Ermsdorf ongeveer 1 km doorrijden richting Reisdorf tot Hostellerie en camping Neumühle.

533

€14 15/3-9/7 26/8-29/10

N 49°50'21'' E 6°13'31''

Esch-sur-Sûre, L-9650 / Ardennes

- Im Aal***
- 1 Am Aal
- ☎ +352 839514
- FAX +352 899117
- 13/2 - 20/12
- @ info@camping-im-aal.lu

2,5ha 150T(100m²) 10A CEE

1. AGIJKLMOPQ
2. CGLRVWXY
3. BHINRUWX
4. (A 15/7-15/8)
   (Q+R 1/4-30/9) Z
5. ABDFGIJMNOPUWZ
6. AEGJN(N 7km)TV

💬 Gelegen in een bosrijke omgeving aan de oever van de Sûre. Rustig, kalm en ingericht met eerbied voor de natuur. Wandelen en diverse ontspanningsmogelijkheden dichtbij.

🚗 De weg Bastogne-Diekirch N15, afslag Esch-sur-Sûre nemen. Tunnel doorrijden, camping ligt 150m verder langs de rivier.

534

€16 13/2-3/4 7/4-26/4 4/5-13/5 26/5-7/7 24/8-19/12

N 49°54'24'' E 5°56'34''

Ettelbruck, L-9022 / Ardennes — 535

- Ettelbruck★★★★
- 88 chemin du Camping
- +352 812185
- 14/4 - 1/11
- ellen.ringelberg@gmx.de

3ha 101T(80-120m²) 16A CEE

1. **A**G**IJKLMOPQ
2. FGJKRVWXY
3. BGHIJLRU
4. (**A** 1/7-30/8)
   (Q+T+U+X ⌂) Z
5. **AB**DFG**IJ**KLMNOPQUWZ
6. ACDEH**KL**(N 1km)V

💬 Rustige camping gelegen op een hoogte nabij de stad Ettelbruck. Kalkesdelt is een gemeentecamping met eenvoudige maar degelijke en goed onderhouden voorzieningen.

🚗 In Ettelbruck stadscentrum N15 naar Wiltz/Bastogne. Na 300m links de campingborden volgen. Komende vanuit richting Wiltz vóór centrum rechts.

CC €16   14/4-29/6   17/8-31/10   N 49°50'46'' E 6°4'56''

Heiderscheid, L-9156 / Ardennes — 536

- Fuussekaul★★★★★
- 4 Fuussekaul
- +352 268888
- FAX +352 26888828
- 1/1 - 31/12
- info@fuussekaul.lu

18ha 222T(< 120m²) 16A CEE

1. ACD**G**IJKLMPQ
2. BGJLRTVWXY
3. BCGHIN**O**QR**U**V
4. (A 1/7-15/9) (C+H 1/5-30/9)
   KLN(Q+S+T+U+V+X+Y ⌂) Z
5. **AB**DEFG**IJ**KLMNO**PRS**UWXYZ
6. ACDEG**IK**OSV

💬 Fuussekaul is een groot vakantiepark met veel voorzieningen in een rustieke omgeving. De ruime keuze aan stacaravans is niet hinderlijk voor gewone kampeerders, maar maakt dat er altijd leven en beweging is op de camping. Centraal gelegen in Luxemburg, waardoor een waaier aan mogelijke uitstapjes naar bezienswaardigheden.

🚗 De N15 Bastogne-Diekirch nemen. Ten zuiden van Heiderscheid ligt de camping aan deze weg. Verder bewegwijzerd.

CC €16   1/1-4/7   22/8-31/12   7=6, 14=11, 21=16, 28=21   N 49°52'39'' E 5°59'34''

Ingeldorf/Diekirch, L-9161 / Ardennes — 537

- Gritt Kat.I/★★★
- 2 rue Gritt
- +352 802018
- FAX +352 802019
- 1/4 - 31/10
- apeeters@pt.lu

3,5ha 150T(100-150m²) 6A CEE

1. ACD**G**IJKLMOPRS
2. CGRVWXY
3. BHJRW
4. (T+U+X 1/4-1/10) Z
5. **AB**DEFGHIJKLMNOPQUWZ
6. AEGJ(N 0,8km)V

💬 Camping gelegen in een pittoreske omgeving, aan de oever van de rivier de Sûre. Schaduwrijke, ruime plaatsen. Gezellige bar met terras. Op loopafstand van een winkelcentrum en het stadje Diekirch.

🚗 Volg N7 Ettelbrück-Diekirch. Na circa 2 km rechtsaf richting Ingeldorf. Dan borden volgen.

CC €16   1/4-30/6   17/8-30/10   N 49°51'2'' E 6°8'4''

Larochette, L-7633 / Mullerthal ♟ ♿ 📶 iD 538

- ⛺ Birkelt Kat.I/*****
- 🏠 1 Um Birkelt
- ☎ +352 879040
- 📠 +352 879041
- 📅 27/3 - 1/11
- @ info@camping-birkelt.lu

12ha 250T(100-200m²) 16A CEE

1. **ACD**G**IJ**KLMO**P**RS
2. BGLRVWXY
3. **BF**GH**MN**OQRU
4. (C 15/5-1/9)
   (E+Q+S+T+U+X+Y 28/3-8/11)
   Z
5. **AB**DEFGIJKLMNOPQRUW XYZ
6. ACDEGHK(N 2,5km)ORSV

💬 Moderne, goed onderhouden familiecamping met ruime afgebakende plaatsen met manshoge hagen. De camping heeft alle comfort. Kampeerwinkel aanwezig. Veel recreatiemogelijkheden o.a. all-weather zwembad, paardrijden, mini-golf, tennis op aanvraag. Kinderanimatie in voorseizoen.

🚗 De N14 Diekirch-Larochette. In centrum van Larochette rechtsaf. Daarna campingborden volgen.

CC €12   27/3-5/7   29/8-1/11

📍 N 49°47'5'' E 6°12'40''

Lieler, L-9972 / Ardennes ⛷ ♿ 📶 iD 539

- ⛺ Trois Frontières Kat.I****
- 🏠 Hauptstrooss 12
- ☎ +352 998608
- 📠 +352 979184
- 📅 1/1 - 31/12
- @ camp.lieler@vo.lu

2ha 120T(100-120m²) 6-10A CEE

1. ABCD**G**IJKLMO**P**Q
2. GKLRSWXY
3. **BF**GHKNRU
4. (A 7/7-22/8) (E 1/4-30/10)
   (H 1/7-31/8) (Q+T 📅)
   (U 1/4-1/11) (X+Y 📅) Z
5. **AB**DEFGHIJKLMNPQRUW XYZ
6. ACEGHIK(N 3km)OTV

💬 Gastvrije gemoedelijkheid voor families met kinderen. Camping boven op de heuvel met mooi uitzicht. Door bomen omgeven kampeerveldjes.

🚗 N7 Weiswampach-Diekirch, ongeveer 3 km na Weiswampach links afslaan richting Lieler. De camping staat aangegeven.

CC €16   1/1-3/7   20/8-31/12

📍 N 50°7'26'' E 6°6'18''

Mamer/Luxemburg, L-8251 / Centre ♿ 📶 iD 540

- ⛺ Camping Mamer Kat.I
- 🏠 4 route de Mersch
- ☎ +352 312349
- 📅 1/4 - 15/10
- @ campingmamer@gmail.com

1,5ha 60T(80m²) 6-16A CEE

1. **AG**IJKLMO**P**RS
2. BCFLRSWXY
3. AHJ
4. (Q 1/7-30/9) (U 1/4-30/9)
   (X 📅) Z
5. DGIJMNOPUZ
6. ADGJ(N 2km)V

💬 Kampeerders op doorreis doen deze camping aan. 's Avonds en 's morgens druk, overdag uitermate rustig. Een echte doorreiscamping, met restaurant dat van 1/04-15/10 geopend is.

🚗 A6/E25 ri Frankrijk, afslag 2. Volg Mamer, bij 3e rotonde links (niet de tunnel in!). Let op borden. A6/E25 ri Nederland, afslag 4. Volg Strassen/Capellen, bij 2e rotonde rechts. Let op borden.

CC €16   1/4-30/6   24/8-15/10

📍 N 49°37'45'' E 6°2'48''

Maulusmühle, L-9974 / Ardennes   541

- Woltzdal Kat.I/***
- Maison 12
- ☎ +352 998938
- FAX +352 979739
- 🕒 4/4 - 31/10
- @ info@woltzdal-camping.lu

2ha 84T(70-140m²) 4A CEE

1. ABCD**G**IJKL**P**RS
2. BCGRTUVXY
3. BF**G**HIJNRUX
4. (Q+S 🚿) (T 12/4-25/10) (U 🚿) (X 4/4-25/10) Z
5. **AB**DEFGIJKLMN**PQ**RUXZ
6. ADEG**IK**(N 7km)OT

📷 Camping ligt in een mooi dal. Ondanks trein erg rustig. Dichtbij het historische stadje Clervaux.

🚗 Weg Clervaux-Weiswampach (CR355). 6 km ten noorden van Clervaux ligt Maulusmühle. Camping ligt aan deze weg in het dal, dichtbij station.

CC €16   4/4-30/6   17/8-31/10   N 50°5'31'' E 6°1'40''

Mersch, L-7572 / Centre   542

- Camping Krounebierg*****
- rue Quatre Vents
- ☎ +352 329756
- FAX +352 327987
- 🕒 1/4 - 31/10
- @ contact@campingkrounebierg.lu

3ha 140T(60-200m²) 10A CEE

1. ACD**G**IJKLMOPQ
2. FGJLRTVWXY
3. BGHJNRU**V**
4. (A 4/7-22/8) (F 🚿) (G 15/5-30/9) **IJKLN** (Q+S+T+U+Y 🚿) Z
5. **AB**DFGIJKLMNOPUWZ
6. ACDEGHJ(N 1,5km)OUV

📷 Cp ligt op 1,5 km van Mersch. Privacy door met 1m hoge heggen afgebakende staanplaatsen. Doordat de cp vlak bij de N7 en de A7 ligt, is de cp zeer geschikt voor passanten. Restaurant altijd open, behalve op maandag. Naastgelegen schitterend waterrecreatiecentrum (betaald).

🚗 Vanuit het N: A7, afsl Kopstal; ri Mersch. Cp-borden volgen. Vanaf N7 in Mersch stadscentrum borden volgen. Vanuit het Z: A6 ri Bruxelles; dan afsl 3 Bridel/Kopstal. Ri Mersch, dan cp-borden volgen.

CC €16   1/4-3/7   22/8-30/10   N 49°44'37'' E 6°5'23''

Nommern, L-7465 / Centre   543

- TopCamp Europacamping Nommerlayen Kat.I/*****
- rue Nommerlayen
- ☎ +352 878078
- FAX +352 879678
- 🕒 1/3 - 1/11
- @ info@nommerlayen-ec.lu

15ha 396T(70-150m²) 16A CEE

NIEUW

1. ACD**G**IJKLMO**P**RS
2. FJKRVWXY
3. ABF**G**HIJKNR**T**U
4. (**A** 1/4-30/10) (B+E+F+H 1/5-15/9) **KLMN** (Q+S+T+U+X+Y 1/4-31/10) Z
5. **AB**CDEFGHIJKLMNOP**R**S UWXY
6. CDEGHIKL(N 8km)OTV

📷 Luxe terrassencamping in wandelgebied met ruime, afgebakende, vlakke plaatsen voorzien van water toe- en afvoer. Hypermodern sanitair met o.a. privébadkamers. Twee openluchtzwembaden, waarvan één met schuifdak. Camping biedt 2 Amp staanplaatsen, tegen bijbetaling ook 16 Amp mogelijk.

🚗 De N7 tot Ettelbrück/Schieren daarna afslag 7, Colmarberg/Cruchten. Onderaan afslag na Shell-tankstation linksaf ri Cruchten/Nommern. In Cruchten linksaf, dan borden volgen.

CC €16   1/4-25/4   25/5-4/7   22/8-31/10   N 49°47'6'' E 6°9'54''

544 Reisdorf, L-9390 / Mullerthal

- De la Sûre Kat.I
- 23 route de la Sûre
- +352 836509
- 30/3 - 31/10
- reisdorfcamp@gmail.com

2,9ha 80T(100-150m²) 10A CEE

1 AGIJKLMOPQ
2 CGRVWXY
3 BGHJKRU**W**
4 (Q+R+T+U+X+Y) Z
5 **AB**DFGHIJLMNOPQUWZ
6 CDEGK(N 5km)V

🗨 Rustige familiecamping aan de Sûre met mooie schaduwrijke plaatsen. Bar/restaurant met groot terras. Uitstekend vertrekpunt voor fietstochten en wandelingen. Tweede camping aan de linkerzijde, na de brug.

🚗 Volg N10 Diekirch-Echternach. In Reisdorf 2e camping over de brug.

€16 30/3-30/6 17/8-30/10 7=6, 14=12, 21=18

N 49°52'11" E 6°16'3"

---

545 Rosport, L-6580 / Mullerthal

- Du Barrage Rosport Kat.I
- route d'Echternach
- +352 730160
- FAX +352 735155
- 15/3 - 31/10
- campingrosport@pt.lu

4,2ha 128T(100m²) 16A CEE

1 ACD**G**IJKLPQ
2 CGLRSVWX
3 BGHJKNU**W**
4 (C 15/6-15/9)
5 **AB**DEFGIJKMNOPQU
6 FGHK(N 0,5km)

🗨 Vlakke familiecamping gelegen aan de oever van de Sûre met ruime plaatsen, een paradijs voor fietsers en vissers (visseizoen: 15/6-28/2). Nieuw sanitair en openluchtzwembad. Goed uitgangspunt voor het maken van uitstapjes in de regio.

🚗 De N10 Echternach-Wasserbillig tot Rosport. Dan borden volgen.

€16 15/3-4/7 24/8-31/10 7=6, 14=12

N 49°48'33" E 6°30'12"

---

546 Troisvierges, L-9912 / Ardennes

- Walensbongert Kat.I
- rue de Binsfeld
- +352 997141
- FAX +352 26957799
- 1/4 - 30/9
- wbongert@pt.lu

5ha 150T(80-120m²) 6-10A

1 ABCD**G**IJKL**N**PQ
2 CGJLRVXY
3 B**F**GHJM**RS**U
4 (A 15/7-15/8) (C 1/7-31/8)
   (**F**) (G 1/7-31/8) J
   (Q) (T+U 1/7-31/8)
5 **AB**DFGJLMNPUWZ
6 AEG**J**(N 0,2km)OV

🗨 Rust voor jong en oud in een natuurpark. Mooi wandel- en fietsgebied, o.a. de Venbaan. Gelegen aan de rand van een stadje.

🚗 Camping ligt op 300m van centrum van het stadje Troisvierges, aan de weg naar Binsfeld. In Troisvierges campingborden volgen.

€14 1/4-5/7 23/8-30/9

N 50°7'7" E 6°0'5"

Walsdorf, L-9465 / Ardennes — 547

- Beter-uit Vakantiepark Walsdorf****
- Tandlerbaach
- ☎ +352 834464
- FAX +352 834440
- 24/4 - 3/10
- @ info@beter-uit.nl

6ha 131T(100-160m²) 4A CEE

1 **ABG**IJKLOPRS
2 BCJLRSVWXY
3 AHJNRU
4 (Q+R ⌂) (S 1/7-31/8) (T ⌂) (X 24/4-30/6,1/9-3/10) (Y 30/6-31/8) Z
5 **AB**DEFGHIJKLMNOPUZ
6 DEGK(N 5km)V

CC €16   24/4-1/5   11/5-3/7   20/8-2/10

N 49°55'2'' E 6°10'43''

Fraai gelegen camping te midden van rust en natuur. Vele voorzieningen o.a. zeer modern sanitair. Ruime staanplaatsen o.a. aan het beekje 'Tandelerbach'. Camping van Beter-uit Reizen. Nabij historische steden Vianden en Diekirch.

Volg de N17 Diekirch-Vianden. Na Tandel linksaf. Campingborden volgen.

Wiltz, L-9550 / Ardennes — 548

- Kaul Kat.l
- 46B rue Joseph Simon
- ☎ +352 950359
- FAX +352 957770
- 1/4 - 31/10
- @ campkaul@pt.lu

6ha 95T(100m²) 6-10A CEE

1 ACD**G**IJKLMOPQ
2 LRTVWX
3 BGHJ**M**NRU
4 (A 10/7-6/9) (C+**H** 1/6-31/8) J (T+U 1/4-1/10) (X ⌂) Z
5 **AB**DFGIJKLMNOP**QRS**UW
6 EGIK(N 0,2km)V

CC €16   1/4-12/5   17/5-21/5   25/5-3/7   23/8-31/10

N 49°58'14'' E 5°56'3''

Stadscamping met alle comfort, gelegen bij het sportpark van Wiltz en op loopafstand van het centrum. Rustige, fraaie ligging midden in het groen. Gesitueerd aan de bosrand van de Ardennen en uitgangspunt voor mooie, lange boswandelingen.

Camping ligt op 300m van het centrum van de benedenstad in Wiltz. Langs de weg Troisvierges-Clervaux staan de campingborden.

← Zonder dit CampingCard-logo géén acceptatie

www.CAMPINGCARD.com

Duitsland

Algemeen
Duitsland is lid van de EU.

Tijd
In Duitsland is het net zo laat als in Amsterdam, Parijs en Rome.

Taal
Duits, maar met Engels kunt u zich ook redden.

Grensformaliteiten
Veel formaliteiten en afspraken rond zaken zoals de benodigde reisdocumenten, autodocumenten, eisen aan uw vervoer- en verblijfmiddel, ziektekosten en het meenemen van dieren zijn niet alleen afhankelijk van het land van bestemming, maar ook van uw vertrekpunt en nationaliteit. Ook de lengte van uw verblijf speelt hierbij een rol. Het is onmogelijk om in het bestek van deze gids voor alle gebruikers de juiste en up-to-date informatie met betrekking tot deze zaken te garanderen.

Wij adviseren u om voor vertrek bij de bevoegde instanties na te gaan:
- welke reisdocumenten u nodig heeft voor uzelf en uw reisgenoten
- welke documenten u nodig heeft voor uw auto
- aan welke eisen uw caravan moet voldoen
- welke goederen u in en uit mag voeren
- hoe in geval van ongeval of ziekte de medische behandeling in uw vakantieland is geregeld en kan worden betaald
- of u huisdieren mee kunt nemen. Neem lang van te voren contact op met uw dierenarts. Die kan u informatie geven over relevante vaccinaties, bewijzen daarvan en verplichtingen bij terugkomst. Ook is het verstandig om na te gaan of in uw vakantieland bepaalde voorwaarden gelden voor huisdieren in het openbare leven. Zo moeten in sommige landen honden altijd worden gemuilkorfd of achter tralies worden vervoerd.

Veel algemene informatie vindt u op ▶ www.europa.eu ◀ maar zorg dat u de informatie achterhaalt die op uw specifieke situatie van toepassing is.

Voor recente douaneverplichtingen kunt u contact opnemen met de vertegenwoordiging van uw vakantieland in het land waar u woont.

Valuta en geldzaken
De munteenheid in Duitsland is de euro.

Creditcard
Creditcards worden op de meeste plaatsen geaccepteerd.

Openingstijden en feestdagen
Banken
Er zijn geen algemene tijden voor banken. Meestal sluiten ze om 18.00 uur.

Winkels
De openingstijden zijn maandag tot en met vrijdag van 9.30 uur tot 20.00 uur. Op zaterdag zijn winkels in grote steden geopend tot 18.00 uur.

Apotheken, artsen
Artsen houden over het algemeen spreekuur van 9.00 uur tot 12.00 uur en van 15.00 uur tot 18.00 uur, behalve op woensdag. Apotheken zijn geopend van maandag tot en met vrijdag tot 18.00 uur en op zaterdag tot 12.00 uur.

Feestdagen
Hele Bondsrepubliek:
Nieuwjaarsdag, Goede Vrijdag, Pasen, 1 mei (Dag van de Arbeid), Hemelvaartsdag, Pinksteren, 3 oktober (Dag van de Duitse Eenheid) en Kerst.

Afzonderlijke deelstaten:
- 6 januari (Driekoningen): Bayern, Baden-Württemberg en Sachsen-Anhalt.
- 16 februari (Rosenmontag): Nordrhein-Westfalen, Rheinland-Pfalz, Baden-Württemberg en Bayern.
- 4 juni (Sacramentsdag): Baden-Württemberg, Bayern, Hessen, Nordrhein-Westfalen, Rheinland-Pfalz en Saarland.
- 15 augustus (Maria Hemelvaart): Saarland en het katholieke deel van Bayern.
- 31 oktober (Hervormingsdag): Brandenburg, Mecklenburg-Vorpommern, Sachsen, Sachsen-Anhalt en Thüringen.
- 1 november (Allerheiligen): Baden-Württemberg, Bayern, Nordrhein-Westfalen, Rheinland-Pfalz en Saarland.

Communicatie

(Mobiele) telefoon
Het mobiele netwerk is goed in heel Duitsland. Er is een 3G-netwerk voor mobiel internet. In elke telefooncel kunt u internationaal bellen.

WiFi, internet
Op veel plaatsen is WiFi beschikbaar. Internetcafés vindt u in het hele land, maar vooral in de grote steden.

Post
Over het algemeen open van maandag tot en met vrijdag tot 18.00 uur. Op zaterdag tot 12.00 uur.

Wegen en verkeer

Wegennet
Op snelwegen kan men via de praatpalen de 'Straßenwachthilfe' aanvragen. Wanneer u dit niet doet, komt de 'Straßendienst' en moet u voor de hulp betalen. Elders belt u de hulpdienst van ADAC: tel. 01802-222222 of ACE: tel 01802-343536.

Verkeersvoorschriften
Alle bestuurders van rechts hebben voorrang, behalve op rotondes. Rijdt u op een rotonde, dan heeft u voorrang op een bestuurder die de rotonde op wil. Op smalle bergwegen geldt dat het voertuig dat het gemakkelijkst kan uitwijken, voorrang verleent. Let op! U mag geen richting aangeven wanneer u een rotonde nadert en oprijdt.

Maximale snelheid

		100
		80
< 3,5 t		100
> 3,5 t		80

	(aanbevolen)	130
	80-100	
< 3,5 t	(aanbevolen)	130
> 3,5 t		100

Het maximaal toegestane alcoholpromillage is 0,5 ‰. Het voeren van dimlicht is niet verplicht, alleen in tunnels. U dient handsfree te bellen. U mag uw voertuig niet langs de snelweg repareren, u dient te allen tijde afgesleept te worden. Bij filevorming op de snelwegen moet u zoveel mogelijk naar rechts of links uitwijken zodat in het midden ruimte komt voor hulpverlenende voertuigen. Auto's in Duitsland (dus ook de auto's van toeristen) moeten in winterse omstandigheden beschikken over een winteruitrusting. Dat betekent dat ze winterbanden en voldoende ruitensproeiervloeistof moeten hebben.

Navigatie
Signalering van vaste flitslocaties met behulp van navigatie of mobiele telefoon is niet toegestaan.

Caravan, camper
Let op! In Duitsland dient u één groene kaart te hebben voor uw auto en één voor uw caravan indien deze zwaarder is dan 750 kg. Het milieuvignet is nodig als u een camper rijdt. Nadere informatie vindt u onder 'Milieuvignet'. Een inhaalverbod voor vrachtwagens geldt ook voor campers zwaarder dan 3500 kg.

Tempo 100-ontheffing
Om met auto en caravan maximaal 100 km/h te gaan, heeft u een zogenaamde 'Tempo 100-ontheffing' nodig. Uw auto- en caravancombinatie dient dan te voldoen aan een aantal keuringseisen. U kunt hierover contact opnemen met TÜV tel. 055-3788130.

Maximaal toegestane afmetingen
Hoogte 4m, breedte 2,55m en lengte combinatie 18,75m.

Milieuvignet
In steeds meer Duitse steden bent u verplicht om een milieuvignet achter de voorruit van uw auto of camper te hebben. Kosten: € 17,95. Het vignet kan rood, geel of groen zijn, afhankelijk van de milieueisen. Op snelwegen is het vignet niet nodig. De maatregel geldt ook voor niet-Duitse voertuigen.

In de betreffende steden treft u verkeersborden met het opschrift 'Umweltzone'; u mag deze zone uitsluitend binnen als u in het bezit bent van het vignet. Rijdt u zonder vignet de zone

Alarmnummer
112: het nationale alarmnummer voor politie, brandweer en ambulance.

Kamperen
De Duitse campings behoren tot de betere van Europa. De campings specialiseren zich in toenemende mate op doelgroepen; zoals gezinnen met kinderen, wandelaars en fietsers of wellnessliefhebbers. Het aantal comfortplaatsen en camperplaatsen met servicestations neemt gestaag toe. Bijna alle campings kennen een middagpauze (meestal van 13.00 uur tot 15.00 uur) waar zeer streng de hand aan wordt gehouden.

Praktisch
- De VVV's in Duitsland zijn geopend tussen 10.00 uur en 16.00 uur.
- Zorg dat u altijd een verloopstekker (wereldstekker) bij u heeft.
- Het kraanwater is veilig.

Vissen
In Duitsland is een sportvisakte verplicht. Daarnaast heeft u een visvergunning nodig voor een bepaald visgebied. Deze vergunning en aanvullende informatie kunt u krijgen bij de plaatselijke VVV.

binnen dan riskeert u een boete van € 40. Oudere dieselauto's en auto's zonder katalysator komen het centrum van deze steden niet in. Het vignet is (ook online) verkrijgbaar bij TÜV Nord. Nadere informatie ▶ *www.umwelt-plakette.de* ◀

Motorbrandstof
Loodvrije benzine en diesel zijn goed verkrijgbaar, LPG steeds beter. Sinds 2011 gaan Duitse benzinestations in grote mate over op de nieuwe brandstof E10. Euro 95 blijft vooralsnog beschikbaar aan de pomp.

Tankstations
Tankstations zijn doorgaans geopend tussen 8.00 uur en 20.00 uur. Aan de snelwegen zijn tankstations vaak dag en nacht geopend.

Tol
De wegen in Duitsland zijn voor personenauto's tolvrij.

Bad Bederkesa, D-27624 / Niedersachsen — 549

- Regenbogen Ferienanlage Bad Bederkesa**
- Ankeloherstraße 14
- ☎ +49 (0)4745-6487
- FAX +49 (0)4745-8033
- 1/1 - 31/12
- @ badbederkesa@regenbogen.ag

12ha 100T(80-120m²) 16A CEE

1. ACD**G**HIJKLMOPQ
2. CFRVWXY
3. AB**F**GHJKNR**UW**
4. **O**(Q 1/4-30/9) (U 28/3-2/11) (X+Y) Z
5. **AB**DEFGIJKLMNOP**QR**UW XYZ
6. CDEGJ(N 1,5km)OQTUV

💬 Grote, goed verzorgde camping in leuk dorp. Veel watersportmogelijkheden vlakbij. Veel gebruikt als doorgangscamping. Grote, royale kampeerplaatsen. Restaurant is van 1 oktober tot eind maart op maandag en dinsdag gesloten. De rest van het jaar is het restaurant open.

🚗 A27 Bremerhaven-Cuxhaven, afslag Debstedt. Richting Bederkesa. In Bederkesa afslaan bij het bord (wit) 'Feriënpark'.

CC €14 1/1-3/7 31/8-31/12
N 53°37'15" E 8°50'57"

Bad Bentheim, D-48455 / Niedersachsen — 550

- Am Berg
- Suddendorferstraße 37
- ☎ +49 (0)5922-990461
- FAX +49 (0)5922-990460
- 2/3 - 23/12
- @ info@campingplatzamberg.de

3ha 81T(100-120m²) 16A CEE

1. A**G**IJKLMOPRS
2. GRWXY
3. **A**F**H**J
4. (X)
5. **AB**DGHIJLMNOPU
6. EG**K**(N 4km)

💬 Op de camping net buiten het historische stadje kunt u kamperen op een door bomen omzoomde weide of in een lieflijk 'straatje'. De omgeving leent zich uitstekend voor wandel- en fietstochten. De Nederlandse eigenaren verwelkomen u graag.

🚗 A1 grensovergang Hengelo richting Osnabrück (A30). Afslag 3 Bad Bentheim. Weg 403 volgen. Camping staat met borden aangegeven.

CC €16 2/3-29/3 12/4-13/5 26/5-30/6 17/8-23/12
N 52°17'52" E 7°11'30"

Bad Rothenfelde, D-49214 / Niedersachsen — 551

- Campotel*****
- Heidland 65
- ☎ +49 (0)5424-210600
- FAX +49 (0)5424-210609
- 1/1 - 31/12
- @ info@campotel.de

13ha 255T(75-180m²) 16A CEE

1. AC**G**HIJKLMO**P**Q
2. AFGLMNRUVWXY
3. BD**F**GHIJK**M**NOP**QR**S**U** **VW**
4. (**A** 1/5-31/10) **KLNO** (Q+R+T+U+X+Y) Z
5. **AB**DEFGIJKLMNPQ**R**UWX YZ
6. CDEGH**IJ**(N 0,5km)OSTUV

💬 Campotel, een camping met een bijzondere uitstraling met uitstekend sanitair. Een mooie omgeving om te fietsen, te wandelen, gezonde lucht op te snuiven bij de zoutmuren. Het nieuwe thermaalbad is een aanrader.

🚗 A30 van Enschede tot Lotte Kreuz. Daarna ri Hannover. Bij Autobahnkreuz Osnabrück-Süd A33 ri Bielefeld/Bad Rothenfelde. Daarna afslag nr. 13 ri Bad Rothenfelde. Rotonde rechtdoor, dan borden volgen.

CC €16 5/1-22/3 13/4-13/5 26/5-3/7 1/9-20/12
N 52°5'53" E 8°10'22"

Bispingen/Behringen, D-29646 / Niedersachsen 552

- Brunautal★★★★
- Seestr. 17
- ☎ +49 (0)5194-4188022
- FAX +49 (0)5194-970812
- 1/3 - 8/11
- @ info@campingplatz-brunautal.de

2,8ha 74T(85-175m²) 6-16A CEE

1. ACD**G**IJKLMO**P**Q
2. CDFGRSWXY
3. AHJ**OP**UWZ
4. (Q ⌂) (R 22/3-6/10) (T 1/6-30/9)
5. **AB**DFGIJKLMNOPUWZ
6. CDE**K**(N 3km)OV

💬 Fraai gelegen. Een beekje loopt over de camping. Groot recreatiemeer op 100m. Ideaal uitgangspunt voor fietstochten over de Lüneburger Heide. Paardrijden mogelijk op korte afstand. Doortrekkers kunnen gemakkelijk aangekoppeld overnachten.

🚗 A7 Hannover-Hamburg, afslag 43 Behringen. Na 900m ziet u de camping.

€16 1/3-26/6 15/9-8/11

N 53°6'31'' E 9°57'56''

Bleckede, D-21354 / Niedersachsen 553

NIEUW

- KNAUS Campingpark Elbtalaue★★★★
- Am Waldbad 23
- ☎ +49 (0)5854-311
- FAX +49 (0)5854-1640
- 1/1 - 31/12
- @ elbtalaue@knauscamp.de

6,5ha 152T(80-100m²) 16A CEE

1. ACDEHIJKLMOPQ
2. BCGLRVWXY
3. BGHJK**M**NRUW
4. (C+H 1/5-30/8) J**N** (Q+R+T+U ⌂)
5. **AB**DEFGHJLNPUWZ
6. ACDEGJ(N 6km)OV

💬 Mooi aangelegde camping in het biosfeerreservaat 'Niedersächsische Elbtalaue', een paradijs voor fietsers, watersporters, wandelaars en vissers. Comfortabele, drempelvrije voorzieningen, modern, royaal sanitairgebouw. Gelegen naast een groot bosbad met vrije entree.

🚗 A7 Hannover-Hamburg afslag Soltau-Ost richting Lüneberg/Dahlenburg. Links naar Bleckede, dan Hitzacker.

€18 1/1-13/5 8/6-27/6 30/8-31/12

N 53°15'34'' E 10°48'20''

Bleckede (OT Radegast), D-21354 / Niedersachsen 554

- Camping Elbeling
- Hinter den Höfen 9a
- ☎ +49 (0)5857-555
- 1/3 - 1/11
- @ info@elbeling.com

3,8ha 100T(100-360m²) 16A CEE

1. A**G**IJKLPQ
2. ACGKLMRWXY
3. B**F**GJKLRU**W**X
4. (B 1/5-1/10) (Q+R+T+U+V+X 1/4-1/10) Z
5. **AB**FGIJLMNO**P**UWXZ
6. ADEG**IJ**(N 5km)OTV

💬 Prachtige, verzorgde en comfortabele camping met ruime plaatsen. Vlak gelegen aan de Elbe en door Unesco erkende natuurgebied 'biosphären reservat'. Een unieke omgeving voor natuurliefhebbers, met veel fiets- en wandelmogelijkheden. De camping is in 2012 gerenoveerd en heeft Nederlandse eigenaars.

🚗 Vanaf Luneburg richting Bleckede, dan richting Radegast. In Radegast is de camping d.m.v. borden aangegeven. Bij de huifkar de zijweg nemen. Ingang: Hinter den Höfen 9a.

€18 1/3-1/7 1/9-1/10

N 53°20'27'' E 10°43'46''

Butjadingen/Burhave, D-26969 / Niedersachsen 555

▲ Knaus Campingpark Burhave / Nordsee★★★★
🏠 An der Nordseelagune
☎ +49 (0)4733-1683
📠 +49 (0)4741-914061
🔑 15/4 - 15/10
@ burhave@knauscamp.de

2,5ha 100T(90m²) 16A CEE

1. ACD**G**HIJKLMPQ
2. ADEGLMPRSTUVW
3. BGIJKLN**OPQ**UWYZ
4. (**A** 1/6-31/8) (Q+T+U+Y 🅿)
5. **AB**DEFGIJKLMNOPUWXYZ
6. CDEG**J**(N 2km)OUV

💬 Rustig gelegen strandcamping in het Werelderfgoed Waddenzee met goede voorzieningen, naast het zwemparadijs Nordseelagune. In het dorp veel leuke restaurants en winkeltjes. Staanplaatsen direct aan zee. Wadlopen. Groot overdekt speelterrein voor kinderen nabij.

🚗 A7 Groningen-Leer. Richting A28 Oldenburg. Afslag 14 richting Wilhelmshaven. Afslag 8 Varel. Afslag Schweiburg richting Nordenham/Butjadingen. Afslag Tossens richting Langwarden. Cp aangegeven.

CC €14   15/4-17/5   7/6-27/6   6/9-15/10   N 53°35'1'' E 8°22'12''

Clausthal-Zellerfeld, D-38678 / Niedersachsen 556

▲ Prahljust★★★★
🏠 An den Langen Brüchen 4
☎ +49 (0)5323-1300
📠 +49 (0)5323-78393
🔑 1/1 - 31/12
@ camping@prahljust.de

13ha 600T(80-110m²) 16A CEE

1. ACD**G**IJKLMPQ
2. BDILNRTUX
3. BHJRU**W**Z
4. (F 🅿) **N**(Q+S+T+U+Y 🅿)
5. **AB**DFGIJKLMNOPUWZ
6. CDEGK(N 4km)OU

💬 Moderne gezinscamping met veel bossen en meren in directe omgeving. In de zomer kunt u hier uitstekend fietsen en wandelen. In de winter zijn er mogelijkheden voor wintersport. De camping beschikt over verwarmd sanitair. In de omgeving mooie stadjes zoals Clausthal-Zellerfeld en Goslar.

🚗 A7, uitrit 67 Seesen. Naar Bad Grund en Clausthal-Zellerfeld. Dan op B242 richting Braunlage.

CC €16   1/1-14/7   1/9-31/12   N 51°47'5'' E 10°21'1''

Dorum/Neufeld, D-27632 / Niedersachsen 557

▲ Knaus Campingpark Dorum
🏠 Am Kutterhafen
☎ +49 (0)4741-5020
🔑 1/4 - 30/9
@ dorum@knauscamp.de

8,5ha 120T(80-140m²) 16A CEE

1. ACD**G**HIJKLMO**P**Q
2. EGKLMRVW
3. ABHJK**Q**Y
4. (T+X 🅿) Z
5. **AB**EGIJKLMNOPUWZ
6. ACDEGM(N 7km)O

💬 Camping ligt buitendijks op een vlak terrein aan zee. Binnen 50m van de camping zijn er vele mogelijkheden wat betreft eten en drinken. Er is een leuk haventje. De camping wordt in het voorseizoen opgebouwd en in het naseizoen weer afgebroken.

🚗 A27 Bremerhaven-Cuxhaven. Afslag Neuenwalde. Richting Dorum. In Dorum richting Midlum, daarna richting Dorum/Neufeld. Ongeveer 7 km rijden tot haven, rechtsaf, campingbord volgen.

CC €14   1/4-17/5   7/6-27/6   6/9-30/9   N 53°44'19'' E 8°31'3''

Dransfeld, D-37127 / Niedersachsen 558

- Am Hohen Hagen*****
- Zum Hohen Hagen 12
- ☎ +49 (0)5502-2147
- FAX +49 (0)5502-47239
- 1/1 - 31/10, 1/12 - 31/12
- @ camping.lesser@t-online.de

10ha 180T(80-120m²) 16A CEE

1. ACDGHIJKLMPQ
2. FIJKLRTUVX
3. BHJKMNOPQRU
4. (A 1/7-31/8) (C+H 1/5-15/9) IJKNP (Q 15/4-31/12) (R+T+U+X+Y 🔑)
5. ABDEFGIJKLMNOPUWXYZ
6. CDEGJ(N 1km)OPTV

💬 Camping biedt sportieve vakantiegangers excursies, begeleide wandeltochten, diverse fietstochten en animatieprogramma. Om je na een intensieve dag te ontspannen: sauna, zonnebank, whirlpool en beautycentrum. Grenzend aan de camping: een zwemparadijs met wildwaterbaan, buitenzwembad en pierenbad. WiFi alleen eerste 30 minuten gratis.

🚗 A7 Kassel-Hannover afrit 73 Göttingen, daar B3 richting Hannover-Münden, na 6 km Dransfeld, daar staat de camping aangegeven.

CC €18   2/1-2/4   7/4-13/5   26/5-30/6   1/9-31/10   1/12-31/12   N 51°29'29" E 9°45'41"

Eckwarderhörne, D-26969 / Niedersachsen 559

- Knaus Campingpark Eckwarderhörne****
- Zum Leuchtfeuer 116
- ☎ +49 (0)4736-1300
- FAX +49 (0)4736-102593
- 1/1 - 31/12
- @ eckwarderhoern@knauscamp.de

6ha 25T(80-130m²) 16A CEE

1. ADGHIJKLMPQ
2. AEMPRSUVWX
3. BGHIJKNOPRUWY
4. (A 1/6-30/9) (Q+R+T+U+Y 🔑)
5. ABDEFGIJKLMNOPUWXY
6. CDEGIK(N 3km)OV

💬 Landelijk gelegen camping aan de Waddenzee (UNESCO). Ook uw huisdieren zijn op de daarvoor aangewezen plekken van harte welkom. Met het fietsveer kunt u direct vanaf Eckwarderhörne meerdere keren per week naar de Helgolandkade in Wilhemshaven.

🚗 A7 Groningen-Leer. A28 bij Oldenburg, afslag 14 ri Wilhelmshaven. A29 afslag 8 Varel. Afslag Schweiburg B437 ri Norderham/Butjadingen/Eckwarden dan ri Burhave. Cp staat aangegeven.

CC €16   1/1-17/5   7/6-27/6   6/9-31/12   N 53°31'17" E 8°14'6"

Egestorf, D-21272 / Niedersachsen 560

- Regenbogen Ferienanlage Egestorf
- Hundornweg 1
- ☎ +49 (0)4175-661
- FAX +49 (0)4175-8383
- 27/3 - 1/11
- @ egestorf@regenbogen.ag

22ha 240T(100-120m²) 16A CEE

1. ACDGHIJKLMPST
2. BFGIJLRSTVWX
3. BHJKR
4. (B 15/5-15/9) N (Q+R+Y 🔑)
5. ABDEFGJLNPUWZ
6. CEGJ(N 3,5km)OQTUV

💬 Camping gelegen op de Lüneburger Heide. De omgeving leent zich uitstekend voor het maken van lange wandelingen over de heide of voor uitstapjes naar Hamburg of Lüneburg. De camping heeft een openluchtzwembad.

🚗 A7 Hamburg-Hannover afslag Evendorf, dan richting Egestorf.

CC €14   27/3-2/7   31/8-31/10   N 53°10'27" E 10°6'1"

561 Essel/Engehausen, D-29690 / Niedersachsen

- ▲ Aller-Leine-Tal
- ✉ Marschweg 1
- ☎ +49 (0)5071-511549
- ⚷ 1/3 - 31/10
- @ camping@camping-allerleinetal.de

5ha 130T 10A

1 ACD**G**IJKLMPQ
2 C**F**RWXY
3 BHJK**Q**RUWX
4 (Q 15/3-15/10) (U+X ⚷) Z
5 **AB**DFGIJKLMNPUWZ
6 AEGJ(N 7km)OV

💬 De camping ligt bij een bosgebied op 100m van de Aller. Door de ligging aan de zuidrand van de Lüneburger heide is de camping geschikt voor een langer verblijf. De camping ligt 800m van de A7 en is ook geschikt als doorgangscamping. Hartelijke Nederlandse eigenaren.

🚗 A7 Hannover-Bremen, afslag 'Rasthof Allertal' richting Celle. Campingbordjes volgen.

CC €16   1/3-30/6   17/8-31/10   N 52°41'20"   E 9°41'50"

562 Ganderkesee/Steinkimmen, D-27777 / Niedersachsen

- ▲ Camping & Ferienpark Falkensteinsee
- ✉ Am Falkensteinsee 1
- ☎ +49 (0)4222-9470077
- FAX +49 (0)4222-9470079
- ⚷ 1/1 - 31/12
- @ info@falkensteinsee.de

24ha 80T(100-150m²) 16A CEE

1 A**G**IJKLMOPQ
2 ABDFLMRVWXY
3 AB**F**GHJN**Q**RU**W**Z
4 (Q+R+T+U+Y 1/4-31/10)
5 **AB**DEFGJLMN**PQRS**UWXYZ
6 CDEG**J**(N 6km)OUV

💬 Kamperen en puur natuur aan de Falkensteinsee! Water, strand, weiden, bos: alles is inclusief op de camping! We bieden u één van de mooiste plekjes van Noord-Duitsland, omringd door natuurpark Hasbruch en de Wildeshauser Geest, tussen Oldenburg en Bremen. Eenvoudig 'zijn' en relaxen met z'n tweeën, als familie, als fietsliefhebbers, rustzoekers, avonturiers...

🚗 Groningen-Leer-Oldenburg. Ri Bremen, afslag 18 Hude, ri Falkenburg. De cp staat aangegeven.

CC €16   15/1-13/5   17/5-22/5   26/5-31/5   7/6-19/6   1/7-12/7   1/9-15/12   N 53°2'55"   E 8°28'3"

563 Garlstorf, D-21376 / Niedersachsen

- ▲ Freizeit-Camp-Nordheide e.V.
- ✉ Egestorfer Landstraße 50
- ☎ +49 (0)4172-7556
- FAX +49 (0)4172-962448
- ⚷ 1/1 - 31/12
- @ camping-garlstorf@t-online.de

6ha 250T(80-140m²) 16A

1 A**G**HIJKLMPQ
2 BFRTWXY
3 ABHJNRUW
4 G
5 **A**BDEGJKLMNOPUWYZ
6 CEG**IK**(N 3km)OV

💬 Camping midden in de Nordheide, slechts 2 km van de autobaan. Ideaal als doorgangscamping. Slechts 40 km van Hamburg. 4 km van Wildpark Nindorf. Heidebütenfest. Royale sanitaire voorzieningen.

🚗 A7 afslag 40 Garlstorf. Dan Hansteder-Landstrasse richting Garlstorf. Camping staat aangegeven richting Egerstorf.

CC €14   1/3-14/7   1/9-31/10   N 53°13'30"   E 10°5'16"

Heidenau, D-21258 / Niedersachsen 564

▲ Ferienzentrum Heidenau★★★★
✉ Zum Ferienzentrum
☎ +49 (0)4182-4272
FAX +49 (0)4182-401130
⊙ 1/1 - 31/12
@ info@ferienzentrum-heidenau.de

70ha 87T 16A CEE

1 ADEHIJKLMOPQ
2 BDFLRWXY
3 ABGHIJK**M**N**PQ**RU**W**
4 (C+H 1/5-15/9) **NP**
(Q+R ⊙)
(U+Y 1/1-31/10, 1/12-31/12)
Z
5 **AB**DFGIJKLMNOPUWXYZ
6 ACEGJ(N 5km)V

💬 De camping is zowel geschikt als doorgangscamping als verblijfscamping. Het toeristische deel ligt apart en is een combinatie van velden aan enkele meertjes. Modern sanitair, fraai zwembad en internetcafé. Goed startpunt voor fiets- en wandeltochten en voor een bezoek aan Hamburg, Bremen, Stade en Lüneburg.

🚗 A1 Bremen-Hamburg, afslag 46 richting Heidenau. In Heidenau borden volgen.

CC €16 1/1-23/5 26/5-4/6 1/9-31/10   N 53°18'31'' E 9°37'14''

Heinsen, D-37649 / Niedersachsen 565

▲ Weserbergland Camping
✉ Weserstraße 66
☎ +49 (0)5535-8733
⊙ 1/4 - 31/10
@ info@weserbergland-camping.com

2,5ha 128T(100-120m²) 16A CEE

1 AD**G**IJKLMOPQ
2 ACGLMRUWX
3 AB**F**GHJNR**W**X
4 (A 1/7-1/9) (C 1/5-31/10)
(Q+R ⊙) Z
5 **AB**CDFGIJKLMNO**P**QUWX
6 ADEGI**J**(N 2km)OTV

💬 Echte familiecamping in een prachtige natuur en rustig gelegen aan de Weser. Eigen trailerhelling en mooi uitgangspunt voor wandelingen en fietstochten. Vissen en kanotochten zijn mogelijk. Zwembad (verwarmd) aanwezig.

🚗 Via Hamelen en Bodenwerder naar Heinsen, B83. Borden volgen.

CC €16 1/4-5/7 24/8-31/10   N 51°53'6'' E 9°26'33''

Hohegeiß (Harz), D-38700 / Niedersachsen 566

▲ Am Bärenbache★★★★
✉ Bärenbachweg 10
☎ +49 (0)5583-1306
FAX +49 (0)5583-1300
⊙ 1/1 - 31/12
@ info@campingplatz-hohegeiss.de

3ha 150T(80-100m²) 10A CEE

1 A**G**HIJKLMOPQ
2 BJKLRTUVX
3 BHIJR
4 (A ⊙) (C+G 1/6-30/8)
(Q+U+Y ⊙)
5 **AB**DEFGIJ**K**LMNOPUWZ
6 CEGJOU

💬 Centraal gelegen in Harz. Gunstig gelegen voor alle bezienswaardigheden in de omgeving. Veel wandel- en skimogelijkheden. Vlakbij het boszwembad. Prima restaurant op de camping. In de vakanties worden er diverse activiteiten georganiseerd.

🚗 A7 Kassel-Hannover, uitrit 72 Göttingen. Via Herzberg en Walkenried (of Braunlage) naar Hohegeiß.

CC €16 1/1-30/6 17/8-31/12 14=12   N 51°39'25'' E 10°40'4''

567 — Holle, D-31188 / Niedersachsen ♿ 📶 iD

- ▲ Seecamp Derneburg
- 🏕 Seecamp 1
- ☎ +49 (0)5062-565
- 📠 +49 (0)5062-9656585
- 📅 1/4 - 31/10
- @ info@seecamp-derneburg.de

7,8ha 50T(80-100m²) 16A CEE

1. A D **G** H I J K L O P Q
2. D F G K L M R T U X
3. B F H J **Q** R W Z
4. (Q+R+U+Y 🅟)
5. **A B** D F G I J K M N O **P** U W Z
6. C E G **I** K (N 4km) O U

💬 Familiecamping, direct aan het meer. Goed verzorgd grasveld met boombeplanting. Vanuit de camping leuke uitstapjes in de directe omgeving. CampingCard ACSI-kampeerders krijgen één uur gratis internet per dag.

🚗 A7, afrit Derneburg en borden volgen.

CC €16   11/4-13/5   1/6-30/6   7/9-18/10   📍 N 52°6'11'' E 10°8'18''

---

568 — Hösseringen/Suderburg, D-29556 / Niedersachsen ♿ 📶 iD

- ▲ Am Hardausee *****
- 🏕 Am Campingplatz 1
- ☎ +49 (0)5826-7676
- 📠 +49 (0)5826-8303
- 📅 1/3 - 31/10
- @ info@camping-hardausee.de

10ha 100T(90-100m²) 16A CEE

1. A D **G** H I J K L M O P Q
2. A D G L R V W X Y
3. A B H I J K R W Z
4. (A 1/6-15/9) (Q 1/4-15/10) (R+T+U+X 1/4-31/10)
5. **A B** D E F G J L N P U W X Y Z
6. A C D E G **I** K (N 1,5km) O S

💬 Ideaal uitgangspunt voor vakantie op de hei met gezonde lucht, schoon water en een uniek landschap. De camping heeft een open kampeerterrein, maar ook door middel van heggen afgebakende plaatsen (aansluitingen voor stroom, water en deels ook riool). Mogelijkheden voor dagtochtjes naar historische stadjes, waterpretparken, enzovoorts.

🚗 Weg 191 van Celle naar Uelzen, afslag Suderburg. In Suderburg rechtsaf naar Hösseringen/Räber naar Hardausee.

CC €16   1/3-29/3   12/4-10/5   1/6-15/7   6/9-31/10   📍 N 52°52'11'' E 10°25'22''

---

569 — Laatzen/Hannover, D-30880 / Niedersachsen ♿ ✿ iD

- ▲ Campingplatz Birkensee
- 🏕 Campingplatz Birkensee
- ☎ +49 (0)511-529962
- 📠 +49 (0)511-5293053
- 📅 1/1 - 31/12
- @ info@camping-birkensee.de

11ha 100T(80-100m²) 16A CEE

1. A D **G** H I J K L M O P Q
2. A B D F K L M R W X Y
3. **B F** J K R W Z
4. (Q+R+T+U+V+X+Y 🅟) Z
5. **A B** D F G H I J K L M N O P **Q** U W X Z
6. A C D E G (N 3km) O T V

💬 Gelegen midden in het beschermde natuurgebied Bockmerholz vindt u het idyllische Birkensee, omgeven door bossen. De camping biedt rust en ontspanning en nodigt uit tot het maken van mooie wandelingen. Kindvriendelijk, hele jaar geopend en eigen meer en strand. Ideaal gelegen (5 min. van de A7 of 5 min. tot de Hannover Messe) voor uitstapjes naar Hannover en omliggende gebieden.

🚗 A7, Hamburg-Kassel, afrit 59 richting Laatzen. Na enkele kilometers ligt links de camping.

CC €16   1/1-1/7   1/9-31/12   📍 N 52°18'15'' E 9°51'44''

Löwenhagen, D-37127 / Niedersachsen 570

- 🔺 Campingplatz Am Niemetal
- 📧 Mühlenstraße 4
- ☎ FAX +49 (0)5502-998461
- ⛔ 1/4 - 31/10
- @ info@am-niemetal.com

2,5ha 70T(100-125m²) 16A CEE

1 ABGIJKLPQ
2 BCFGRTVWXY
3 BDHIJRUX
4 (Q+R+U+X ⛔) Z
5 ABDGHIJLMNOPQRUWXYZ
6 AEGK(N 5km)OTV

💬 Op een idyllisch plekje midden in de natuur in het dal van het riviertje de Nieme bevindt zich Campingplatz Am Niemetal. Een camping waar rust en ruimte de hoofdrol spelen en gastvrijheid centraal staat. Veel fiets- en wandelmogelijkheden direct vanaf de camping.

🚗 A7 Hannover-Kassel, afrit 73 ri Dransfeld, daarna naar Imbsen. Daar ri Bursfelde, Löwenhagen. Camping wordt aangegeven.

CC €14 1/4-4/7 23/8-31/10 **7=6, 14=12, 21=17**

N 51°31'11'' E 9°41'44''

Müden/Örtze (Gem. Faßberg), D-29328 / Niedersachsen 571

- 🔺 Sonnenberg
- 📧 Sonnenberg 3
- ☎ +49 (0)5053-987174
- ⛔ 1/4 - 31/10
- @ info@campingsonnenberg.com

5ha 100T(150-350m²) 16A

1 AGHIJKLMPQ
2 BJRWXY
3 ABHJLNU
4 (Q+X ⛔)
5 ABDGIJKLMNOPUZ
6 ACEGHIJ(N 1,5km)OTV

💬 Rustige camping gelegen midden in de Lüneburgerheide. Een ideale uitvalsbasis voor wandel- en fietstochten en genieten van de mooie natuur.

🚗 A7 Hannover-Hamburg afslag Soltau-Ost, dan over weg B71 naar Munster. Na Munster afslag Celle. In Müden campingborden volgen.

CC €14 1/4-7/7 1/9-31/10

N 52°53'16'' E 10°5'58''

Ostercappeln/Schwagstorf, D-49179 / Niedersachsen 572

- 🔺 Freizeitpark Kronensee
- 📧 Zum Kronensee 9
- ☎ +49 (0)5473-2282
- FAX +49 (0)5473-913389
- ⛔ 1/1 - 31/12
- @ info@kronensee.de

30ha 90T(70-100m²) 16A CEE

1 ACGHIJKLMOPQ
2 ACDLMRSTVWX
3 ABHJKNQRWZ
4 (Q 1/4-30/9) (R 1/4-31/10) (T 1/5-31/8) (X 1/3-31/12)
5 ABDFGIJMNPUWZ
6 CEGH(N 2,5km)OV

💬 Deze gemoedelijke camping in een natuur- en recreatiegebied ligt aan een mooi meer, waar je kunt zwemmen, varen en vissen. Aan de rand van het meer zijn leuke plekken voor tentkampeerders. Een mooie omgeving om te fietsen.

🚗 A30 Oldenzaal-Osnabrück. Bij kruispunt Lotte ri Bremen. Afslag 68 Bramsche, ri Bramsche B218 ri Minden. Na ong. 15 km ri Schwagstorf/Ostercappeln. Cp na ong. 10 km. Zie borden over Mittelland Kanal.

CC €14 1/1-13/5 26/5-3/6 8/6-5/7 1/9-31/12

N 52°22'18'' E 8°13'46''

253

Osterode (Harz), D-37520 / Niedersachsen — 573

- Campingplatz Eulenburg***
- Scheerenberger Straße 100
- ☎ +49 (0)5522-6611
- FAX +49 (0)5522-4654
- 1/1 - 31/12
- @ ferien@eulenburg-camping.de

4,1ha 80T(80-200m²) 16A CEE

1. AGIJKLMPQ
2. BCFGJKLRVX
3. BGHJKLRTU
4. (B+G 15/5-15/10) (Q+R+T+U+X+Y)
5. ABDEFGIJKLMNOPRUWZ
6. CDEGK(N 2km)OUV

💬 Camping ligt aan de rand van het bos en heeft afgebakende en niet afgebakende plaatsen. De camping is door beekjes omgeven en heeft een bosrijke omgeving met romantische wandelwegen. Ook geschikt voor grote groepen.

🚗 A7 Kassel-Hannover, afrit 67 Seesen. Richting Osterode (Sösestausee). Afrit Osterode-Süd. Borden Sösestausee volgen.

€16 1/1-30/6 1/9-31/12

N 51°43'38'' E 10°16'59''

Oyten, D-28876 / Niedersachsen — 574

- Knaus Campingpark Oyten
- Oyter See 1
- ☎ +49 (0)4207-2878
- FAX +49 (0)4207-909005
- 27/3 - 2/11
- @ oyten@knauscamp.de

3ha 45T(100m²) 16A CEE

1. ACDGHIJKLMOPQ
2. ADFGLMRVWXY
3. ABDFJQRWZ
4. (T 1/5-1/10)
5. ABDEFGIJKLMNOPUWZ
6. AEGK(N 2km)O

💬 Leuke gezinscamping aan een meer. Vanwege ligging aan de A1 prima geschikt als doorgangscamping naar Scandinavië.

🚗 A1 Bremen-Hamburg, afslag 52 richting Oyten. Bij Lidl linksaf, door Oyten, dan richting Oyter See en campingborden volgen.

€16 27/3-13/5 8/6-27/6 30/8-2/11

N 53°2'47'' E 9°0'24''

Rieste, D-49597 / Niedersachsen — 575

- Alfsee Ferien- und Erholungspark*****
- Am Campingpark 10
- ☎ +49 (0)5464-92120
- FAX +49 (0)5464-5837
- 1/1 - 31/12
- @ info@alfsee.com

16ha 350T(110m²) 16A CEE

1. ACDFHIJKLMOPQ
2. ADFLMRTUVWXY
3. ABCFHJKLMNOPQRUWZ
4. (A 1/6-30/9) (Q 1/4-31/10) (S 1/3-31/10) (T+U 1/4-31/10) (V+X+Y) Z
5. ABDEFGJKLMNPSUWXYZ
6. CDEGIJK(N 2km)OTUV

💬 De camping is onderdeel van een groot vakantiepark. Veel voorzieningen zoals afwasmachines, maar ook een uitstekend restaurant. Een mooie fietsomgeving.

🚗 A1 Osnabrück-Bremen, afslag Neuenkirchen/Vörden, richting Rieste. Dan borden volgen.

€18 1/1-27/3 12/4-29/4 3/5-13/5 27/5-3/6 8/6-26/6 30/8-31/12

N 52°29'7'' E 7°59'23''

Schüttorf, D-48465 / Niedersachsen — 576

- Quendorfer See
- Weiße Riete 3
- ☎ +49 (0)5923-902939
- FAX +49 (0)5923-902940
- 27/3 - 31/10
- @ info@camping-schuettorf.de

1,5ha 41T(100-120m²) 16A CEE

1. AC**G**HIJKLMOPRS
2. ADFGLRUVWX
3. AHJNRZ
4. (Q+R ⊙)
5. **AB**DEFGHJLNPUWXY
6. CDEG(N 2km)O

💬 Achter een oude bomenwal vindt u deze rustige camping. Ruime plaatsen, een weids uitzicht, zeer goed verzorgd sanitair. Op loopafstand een mooi meer waar je kunt zwemmen, surfen en vissen.

🚗 A1/A30 afslag 4 Schüttorf-Nord of A31 afslag 28 Schüttorf-Ost richting stadscentrum, volg campingborden.

CC €16 4/5-10/5 27/5-31/5 8/6-30/6 1/9-30/9

N 52°20'19" E 7°13'36"

Seeburg, D-37136 / Niedersachsen — 577

- Comfort-Camping Seeburger See
- Seestraße 20
- ☎ +49 (0)5507-1319
- 1/1 - 6/1, 1/3 - 31/12
- @ info@campingseeburgersee.com

3ha 70T(50-140m²) 16A CEE

1. ADGIJKLMPQ
2. ADLMPRUVX
3. BD**F**GHIJ**MN**P**QR**T**UW**Z
4. (**G** 15/5-15/9) (Q+R+T+U+Y ⊙) Z
5. **AB**DEFGIJKLOPQ**S**UWZ
6. ACDEGJK(N 4km)OUV

💬 Zeer goed verzorgd terrein aan het Seeburger meer met familie-atmosfeer.

🚗 A7, afrit 72 Göttingen-Nord en via de B27/B446 richting Duderstadt.

CC €14 1/1-6/1 1/3-5/7 23/8-31/12 7=6, 14=12, 21=17

N 51°33'49" E 10°9'13"

Seesen, D-38723 / Niedersachsen — 578

- Brillteich***
- Am Brillteich 3-5
- ☎ +49 (0)5381-2839
- FAX +49 (0)5381-492953
- 15/3 - 15/11
- @ info@campingplatz-seesen.de

2,2ha 55T(80-100m²) 16A CEE

1. A**G**IJKLMPQ
2. FRTVX
3. BHK**M**NR**W**
4. (Q+Y ⊙)
5. **AB**DFGIJKLMNO**P**UW
6. CDEG**K**(N 2km)OU

💬 Kleine camping van de campingvereniging 'Seesen' met ruime plaatsen. Gemoedelijke beheerder en restaurantje met kleine kaart. Door de ligging nabij de autobaan veel bezocht als doortrekcamping.

🚗 A7 Kassel-Hannover, afrit 67 Seesen. Dan nog 6 km borden volgen (richting Salzgitter). Direct na Seesen 1e camping links.

CC €16 15/3-25/6 15/9-15/11

N 51°54'23" E 10°11'8"

Stuhr/Groß Mackenstedt, D-28816 / Niedersachsen 582
- Familienpark Steller See
- Zum Steller See 15
- ☎ +49 (0)4206-6490
- FAX +49 (0)4206-6668
- 📅 1/4 - 30/9
- @ Steller.See@t-online.de

9ha 60T(80-100m²) 16A CEE

1. AGIJKLMO**P**Q
2. ADFLRWX
3. BJN**P**RZ
4. (Q+R+T+U+X)
5. **AB**DFGHIJKLMNO**P**UWZ
6. CFGH**K**(N 2km)OU

💬 Deze mooie familiecamping ligt rondom een helder zwemmeer van wel 60.000 m² in een natuurreservaat. Een paar minuten vanaf A1, afslag 58 Stuhr. Aan de rand van Bremen. In de zwemplas kunt u watersporten (zonder motor).

🚗 Vanaf de A1, bij knooppunt Stuhr (vanuit Hamburg of Osnabrück) eerste afrit 58, eerste afslag re nemen ri Groß Mackenstedt. Aan de ingang van het dorp bij het benzinestation re afslaan. De borden 'Steller See'/Badesee blijven volgen.

CC €16 1/4-13/5 1/6-30/6 1/9-30/9

📍 N 53°0'25" E 8°41'33"

Stuhr/Groß Mackenstedt, D-28816 / Niedersachsen 583
- Märchencamping (Camp. Wienberg)
- Zum Steller See 83
- ☎ +49 (0)4206-9191
- 📅 1/1 - 31/12
- @ info@maerchencamping.de

10ha 100T(120m²) 16A CEE

1. ACD**G**HIJKLMOPQ
2. FLRSTVWX
3. ABDGHJKNRU
4. (B+G 1/5-30/9) **N**(Q) (T+U+X 1/4-30/9)
5. **AB**DEFGHIJLMNO**P**UWZ
6. ACDGI**K**(N 2km)OTU

💬 Een mooie, familievriendelijke camping. Zeer geschikt voor fietstochten. Ideale uitvalsbasis voor Bremen en omgeving.

🚗 A1 Osnabrück-Bremen tot afslag 58 (knooppunt Stuhr) richting Groß Mackenstedt het bord 'Märchencamping' volgen.

CC €16 1/1-5/7 24/8-31/12 7=6

📍 N 53°0'37" E 8°41'23"

Tossens, D-26969 / Niedersachsen 584
- Knaus Campingpark Tossens****
- Zum Friesenstrand
- ☎ +49 (0)4736-219
- FAX +49 (0)4736-102168
- 📅 15/4 - 15/10
- @ tossens@knauscamp.de

6ha 130T(80-100m²) 16A CEE

1. AD**G**HIJKLM**P**Q
2. AEGLMPRSUVW
3. BGIJKLNRUWY
4. (**A** 1/6-31/8) (**F**+**H**) **I** (Q+R+T+U+Y) Z
5. **AB**DEFGIJKLMNOPUWXY
6. CDEGI**K**(N 0,2km)OPUV

💬 Landelijk gelegen strandcamping aan de Waddenzee. Gezonde zeelucht en een mild klimaat doen wonderen. Ook om te fietsen is dit adembenemde natuurlandschap geweldig. Tossens is ook geschikt voor uitgebreide wandeltochten langs de dijk.

🚗 A7 Groningen-Leer, richting A28 Oldenburg, afslag 14 richting Wilhelmshaven (A29). Daarna afslag 8 Varel. afslag Schweiburg richting Norderham/Butjadingen/Tossens.

CC €14 15/4-17/5 7/6-27/6 6/9-15/10

📍 N 53°34'44" E 8°14'37"

585 — Walkenried, D-37445 / Niedersachsen

- ▲ Knaus Campingpark Walkenried****
- ✉ Ellricherstraße 7
- ☎ +49 (0)5525-778
- FAX +49 (0)5525-2332
- 1/1 - 31/12
- @ walkenried@knauscamp.de

5,5ha 96T(70-100m²) 16A CEE

1. ACD**G**HIJKLMOPQ
2. DIRTUVY
3. BHJKLNQR**U**W
4. (A ⌂)
   (F 1/1-31/10,20/12-31/12) **N**
   (Q+R 1/1-31/10,20/12-31/12)
   (U+Y ⌂)
5. **AB**DEFGIJKLMNOPUWZ
6. CDEG**K**(N 1km)OV

💬 Een leuke camping met fantastisch en vriendelijk beheerdersechtpaar. Zeer schoon sanitair en uitstekende service.

🚗 A7, uitrit 67 Seesen. Via Herzberg en Bad Sachsa naar Walkenried.

CC €18 3/1-13/5 8/6-27/6 30/8-19/12

N 51°35'21" E 10°37'28"

586 — Werlte, D-49757 / Niedersachsen

- ▲ Hümmlingerland/Werlte
- ✉ Rastdorferstraße 80
- ☎ FAX +49 (0)5951-5353
- 1/4 - 31/10
- @ info@werlte.de

1,8ha 40T(100-110m²) 16A CEE

1. AD**G**HIJKLMPQ
2. RVWX
3. BNRU
4. (Q ⌂)
5. **AB**DFGJLNPUW
6. CEG**K**(N 2km)OSV

💬 Prima onderhouden camping met uitstekend sanitair ligt net buiten het stadje Werlte. De gemeente heeft een actief toeristenbeleid. Goede fietsomgeving.

🚗 B213 Meppen-Cloppenburg. Dan afslag Lastrup, daarna richting Werlte. Na Werlte richting Rastdorf. Camping staat aangegeven.

CC €14 13/4-10/5 1/6-28/6 24/8-31/10

N 52°52'12" E 7°41'17"

587 — Wiesmoor, D-26639 / Niedersachsen

- ▲ Cp. & Bungalowpark Ottermeer*****
- ✉ Am Ottermeer 52
- ☎ +49 (0)4944-949893
- FAX +49 (0)4944-949296
- 1/1 - 31/12
- @ camping@wiesmoor.de

80ha 180T(90-120m²) 16A CEE

1. AD**G**IJKLMOPQ
2. ADLMRSVWXY
3. B**F**HJKLNRU**W**Z
4. J(Q+R+T+U 1/4-31/10)
5. **AB**DEFGIJKLMNOPR**S**UWXY
6. CDEG**K**(N 2km)OTUV

💬 Comfortable camping gelegen aan een prachtig natuurlijk meer. Er zijn mooie fietsroutes langs de bekende fehnroute, hier wordt nog steeds veen gewonnen. De bloemenstad Wiesmoor ligt op 1,5 km van de camping.

🚗 A31 Groningen-Leer. Afrit 2 Leer-Ost richting Aurich via de B436/B72. Afslag voor Bagband naar de B436 richting Wiesmoor. In Wiesmoor staat camping 'Ottermeer' aangegeven.

CC €16 1/1-31/3 7/4-10/5 26/5-15/7 1/9-31/12

N 53°24'56" E 7°42'38"

Wingst/Land Hadeln, D-21789 / Niedersachsen 588

- ▲ Knaus Campingpark Wingst★★★★
- 🛌 Schwimmbadallee 13
- ☎ +49 (0)4778-7604
- FAX +49 (0)4778-7608
- 🗓 27/3 - 2/11
- @ wingst@knauscamp.de

9ha 259T(100m²) 16A CEE

1 **ACD**G**H**IJKLMO**PQ**
2 **AB**DGIJL**P**RVWXY
3 **AB**DHIJN**Q**R**UW**
4 (B 1/5-15/9) (F+K) **IJ** (Q+R+U+X+Y) Z
5 **AB**DFGIJKLMNOPUWXZ
6 ACDEG**JK**(N 3km)OV

💬 Grote, groene camping in een bosrijk gebied. Goed onderhouden terrein. Vriendelijke ontvangst. Een perfecte camping voor op doorreis. Heel veel activiteiten binnen 50m van de camping.

🚗 B73 Cuxhaven-Stade, afslag Wingst Schwimmbad.

CC €18 27/3-13/5 8/6-27/6 30/8-2/11   N 53°45'9'' E 9°5'0''

Winsen (Aller), D-29308 / Niedersachsen 589

- ▲ Campingpark Hüttensee
- 🛌 Hüttenseepark 1
- ☎ +49 (0)5056-941880
- FAX +49 (0)5056-941881
- 🗓 1/1 - 31/12
- @ info@campingpark-huettensee.de

18ha 100T 16A CEE

1 **ACD**G**H**IJKLMO**P**
2 **A**DRW
3 **B**FHJN**Q**R**W**Z
4 (Q+R+U+Y 1/4-30/10)
5 **AB**DEFGIJMNOPUWZ
6 CEG**K**(N 8km)OTUV

NIEUW

💬 Mooie familiecamping met veel recreatiemogelijkheden, gelegen aan een zwemmeer met strand en daarachter een aantal meren om te zeilen. Het kampeerveld ligt bij de ingang, vlakbij het strand.

🚗 A7 Hamburg-Hannover, afslag 49 (Westenholz) richting Winsen. Camping ligt bij Meißendorf 7 km voor Winsen. In Meißendorf borden 'Hüttenseepark' volgen.

CC €14 1/1-15/7 1/9-31/12 7=6, 14=11   N 52°43'11'' E 9°49'30''

Winsen (Aller), D-29308 / Niedersachsen 590

- ▲ Campingplatz Winsen (Aller)
- 🛌 Auf der Hude 1
- ☎ +49 (0)5143-93199
- FAX +49 (0)5143-93144
- 🗓 1/1 - 31/12
- @ info@campingplatz-winsen.de

12ha 150T 16A

1 **A**DG**H**IJKLMO**PQ**
2 **A**CGKLRWXY
3 **B**FHJNR**W**X
4 (Q+R+U) (X 1/10-31/12)
5 **AB**DFGIJKLMNOPUWZ
6 CDEG**K**(N 0,5km)OV

💬 Keurig aangelegde camping. Een deel van de plaatsen liggen op een groot veld aan de Aller, een ander deel in een parkachtig terrein. Het centrum van Winsen ligt op loopafstand.

🚗 A7 Hannover-Bremen, afslag Allertal (benzinestation) richting Celle. In Winsen wordt naar de camping verwezen (rechtsaf). De camping ligt bij het centrum van Winsen.

CC €16 1/1-15/7 1/9-31/12   N 52°40'36'' E 9°54'5''

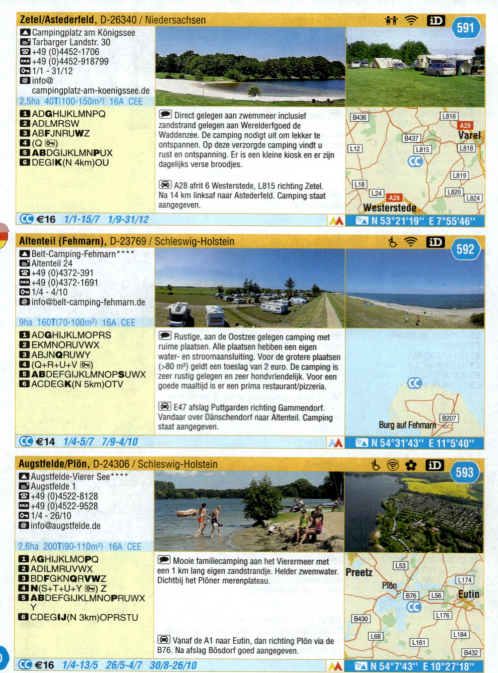

Basedow, D-21483 / Schleswig-Holstein   iD 594

- Lanzer See
- Am Lanzer See 1
- ☎ +49 (0)4153-599171
- FAX +49 (0)4153-599172
- 27/3 - 4/10
- @ info@camping-lanzer-see.de

5ha 200T(50-150m²) 16A CEE

1 AGIJKLMOPQ
2 CDKLMRTUVWXY
3 JKNRWZ
4 J(Q+R+T 1/4-4/10) (Y 🔒)
5 ABDFGIJKLMNOPUWXYZ
6 CDEGI(N 7km)O

💬 Idyllisch gelegen aan het Elbe-Lübeck-kanaal en het Lanzer Meer. Staanplaatsen gelegen op een schiereiland direct aan het water. Restaurant met terras aan zee. Fietsroute langs de Elbe en Alte Salzstr, twee natuurparken en Hanzesteden Hamburg, Lübeck en Lüneburg in de buurt.

🚗 Vanaf Hamburg A24 afrit Hornbek ri Lauenburg. Vanaf Basedow aangegeven. Vanaf Lüneburg komend op de B5 naar rechts afbuigen ri Boizenburg. Na 1 km links afbuigen naar Lanze. Na 5 km volgt de camping.

CC €14   27/3-12/5   18/5-22/5   26/5-2/7   24/8-4/10   ▲ N 53°24'36" E 10°35'50"

Bliesdorf, D-23730 / Schleswig-Holstein   ♿ 📶 iD 595

- Walkyrien*****
- Strandweg
- ☎ +49 (0)4562-6787
- FAX +49 (0)4562-223851
- 27/3 - 18/10
- @ info@camping-walkyrien.de

6ha 30T(80-100m²) 16A CEE

1 ACGHIJKLMOPQ
2 AEFILRTVW
3 BDFKNPRUWY
4 N(S+T+U+X+Y 🔒) Z
5 ABDEFGHIJKLMNOPRST UWXYZ
6 CDEGJ(N 5km)OTV

💬 Vijfsterrenvakantiepark direct aan de Oostzee. Camperpark, camping. Walkyrien Spa 'Sauna & Wellness über dem Meer', restaurant, supermarkt, speel- en sportplaats, animatie voor jong en oud, natuurlijk zandstrand.

🚗 E47/E22 Hamburg-Puttgarden verlaten bij afslag Neustadt-Nord, richting Grömitz. Na 5 km in Bliesdorf rechtsaf. Aangegeven.

CC €16   19/4-29/4   4/5-12/5   26/5-25/6   7/9-18/10   ▲ N 54°7'23" E 10°55'17"

Dahme, D-23747 / Schleswig-Holstein   🚻 ♿ 📶 ✱ iD 596

- Eurocamping Zedano*****
- Anhalter Platz 100
- ☎ +49 (0)4364-366
- FAX +49 (0)4364-8359
- 1/1 - 31/12
- @ info@zedano.de

16,5ha 220T(90-110m²) 16A CEE

1 ACDGIJKLMOPRS
2 ACEGLRVWXY
3 ABGHJKLRWY
4 (Q 🔒) (R+T 1/4-31/10) (U+V+Y 🔒)
5 ABDEFGIJKLMNOPQSTU WXY
6 ACDEGIK(N 1km)ORSTVW

💬 Op deze familiecamping geniet u van de frisse, prikkelende lucht van de Oostzee. De grote staanplaatsen liggen beschut achter de dijk waar vandaan het slechts 100 - 300m naar het strand is.

🚗 Camping ligt aan de noordzijde van Dahme aan de kust.

CC €14   1/1-21/5   27/5-26/6   5/9-31/12   7=6, 14=11   ▲ N 54°14'6" E 11°4'54"

Dahme, D-23747 / Schleswig-Holstein 〔597〕

▲ Stieglitz****
◼ Reinhold-Reshöft-Damm
☎ +49 (0)4364-1435
📠 +49 (0)4364-470401
⊙ 27/3 - 25/10, 18/12 - 10/1
@ info@camping-stieglitz.de

14ha 200T(90-160m²) 16A CEE

1 ACD**G**IJKLMO**P**RS
2 ACELRVWXY
3 BDJKLRUWY
4 (Q+S 27/3-25/10)
  (T 1/5-15/9)
  (U+Y 27/3-25/10)
5 **AB**DEFGIJKLMNO**P**UWXY Z
6 ABCDEG**IK**(N 2km)OTV

💬 Aan de Oostzee ten noorden van wellness-oord Dahme. Omgeven door weiden, duinen en lang zandstrand. Er zijn standaard-, comfort- en premiumplaatsen. Alle hebben een 16A-stroomaansluiting. Comfort- en premiumplaatsen hebben ook eigen wateraansluiting. CCA geeft recht op een standaardstaanplaats voor het CCA-tarief van 12 euro. Comfortplaatsen kosten 14 euro. Dicht bij de dijk liggende plaatsen 16 euro.

🚗 Camping ligt aan de noordzijde van Dahme (laatste camping).

CC €12 1/1-10/1 27/3-12/7 30/8-25/10 18/12-31/12   N 54°14'33" E 11°4'49"

Fehmarnsund (Fehmarn), D-23769 / Schleswig-Holstein 〔598〕

▲ Camping Miramar*****
◼ Fehmarnsund 70
☎ +49 (0)4371-3220
📠 +49 (0)4371-868044
⊙ 1/1 - 31/12
@ campingmiramar@t-online.de

13ha 212T(80-135m²) 16A CEE

1 ACD**G**HIJKLMOPRS
2 AEFGKMRVWXY
3 BFJK**M**N**PQ**RUWY
4 N(Q+S+T+U+Y 3/4-31/10)
5 **AB**DEFGIJKLMNOPQUWX Y
6 ACDEG**K**(N 5km)OTUV

💬 Mooie strandcamping aan het zuidstrand van Fehmarn. Veel mogelijkheden voor sport, spel en wellness voor de hele familie. Restaurant biedt goede dagmenu's aan. Ideaal als tussenstop van en naar Scandinavië.

🚗 E47 vanuit noordelijke richting afslag Landkirchen. Vanuit zuidelijke richting afslag Avendorf. Bewegwijzering vanaf Avendorf.

CC €16 1/1-13/5 26/5-26/6 7/9-31/12   N 54°24'16" E 11°8'25"

Flügge (Fehmarn), D-23769 / Schleswig-Holstein 〔599〕

▲ Flüggerteich****
◼ Flüggerteich 1
☎ +49 (0)4372-349
📠 +49 (0)4372-737
⊙ 1/4 - 4/10
@ info@flueggerteich.de

2ha 61T(< 120m²) 16A CEE

1 AD**G**HIJKLMPQ
2 ERVWXY
3 ABHJRUWY
4 (A 1/7-31/8)
5 **AB**DEFGIJKLMNO**P**RWXZ
6 CEGK(N 5km)OTU

💬 Een echte aanrader voor natuurliefhebber en rustzoeker. Vanaf de camping nodigt een natuurpad uit tot een wandeling langs allerlei meertjes, waar een grote verscheidenheid aan watervogels haar leefgebied heeft. Naar het Ostseestrand is het slechts 300m. Een restaurant en supermarkt vindt u op 300m. Camping is zeer hondvriendelijk.

🚗 E47, afrit Landkirchen. Via Petersdorf naar Flügge. Hier staat de camping aangegeven.

CC €14 1/4-13/5 25/5-10/7 7/9-4/10   N 54°27'11" E 11°0'44"

Gammendorf (Fehmarn), D-23769 / Schleswig-Holstein ♿ 📶 iD 600

🏕 Am Niobe****
☎ +49 (0)4371-3286
📠 +49 (0)4371-503783
📅 1/4 - 15/10
@ info@camping-am-niobe.de

7,5ha 134T(80-120m²) 16A CEE

1 ADG**HIJKLMOPRS**
2 AEFMNORVWX
3 ABDHJKN**P**RUWY
4 (Q+R 🔑) (T 1/7-31/8) (Y 🔑)
5 **AB**DFGIJKLMNO**P**RUWXYZ
6 CDEG**IK**(N 10km)OTV

💬 Camping gelegen direct aan de Oostzee, met uitzicht op schepen en de zee. U ontdekt een familiaire camping met vrije ruimte voor rust en ontspanning. 4-sterren sanitairruimten, grote plaatsen en speelweiden. Sportactiviteiten zoals wandelen en fietsen zijn toegestaan in het aangrenzende beschermde natuurgebied. Prima restaurant en winkel.

🚗 E47 volgen tot vlak voor de veerhaven, hier links naar Puttgarden. Einde van het dorp rechts tot Gammendorf. Hier rechts borden volgen.

CC €16   1/4-21/5   28/5-30/6   1/9-15/10   N 54°31'19'' E 11°9'9''

Glücksburg, D-24960 / Schleswig-Holstein ♿ 📶 iD 601

🏕 Ostseecamp Glücksburg-Holnis****
🏠 An der Promenade 1
☎ +49 (0)4631-622071
📠 +49 (0)4631-622072
📅 28/3 - 11/10
@ info@ostseecamp-holnis.de

6ha 125T(40-90m²) 16A CEE

1 ABCD**F**HIJKLMO**PQ**
2 AEGLRSWX
3 ABF**H**JKN**OPQ**RUWY
4 (A 1/7-31/8) (R+T+U+X 🔑)
5 **AB**DEFGIJKLMNOPUWXYZ
6 CDEGIJ(N 4km)UV

💬 Nette camping langs de Oostzeekust, bijna in de meest noordelijke punt van Duitsland. Veel mogelijkheden voor activiteiten in de omgeving. Fietsen, wandelen en paardrijden op het schiereiland Holnis met het mooiste zandstrand van de Oostzee.

🚗 Vanaf Glücksburg richting Holnis rijden. Op borden is de camping goed aangegeven.

CC €16   28/3-13/5   27/5-25/6   1/9-10/10   N 54°51'26'' E 9°35'29''

Großenbrode, D-23775 / Schleswig-Holstein ♿ 📶 iD 602

🏕 Strandparadies Großenbrode****
🏠 Südstrand 3
☎ +49 (0)4367-8697
📠 +49 (0)4367-999031
📅 1/4 - 31/10
@ camping@strandparadies-grossenbrode.de

8ha 90T(80-95m²) 16A

1 ADF**H**IJKLMOP**RS**
2 AEFGRUVW
3 BGHJRUWY
5 **AB**DEFGIJKLMNO**P**QUWXY
6 ABCDEG**IK**(N 0,3km)OTU

💬 Tot in de puntjes verzorgde camping, schoon sanitair. Boulevard van Großenbrode met verschillende restaurants en inkoopmogelijkheden op loopafstand. Tussen camping en boulevard mogelijkheden voor sport/spel voor jong en oud, o.a. fitnessapparatuur en speeltuin. Ideaal voor rustzoeker in voor- en naseizoen. Beheerders doen hun uiterste best om het de kampeerder naar de zin te maken.

🚗 A1 Hamburg-Lübeck tot Oldenburg. Dan de E47 tot Großenbrode. Camping staat goed aangegeven.

CC €14   1/4-12/5   27/5-30/6   26/8-28/10   N 54°21'37'' E 11°5'15''

Katharinenhof (Fehmarn), D-23769 / Schleswig-Holstein 👫 ♿ 📶 iD **603**

- ▲ Ostsee*****
- ☎ +49 (0)4371-9032
- FAX +49 (0)4371-863590
- ⚙ 27/3 - 15/10
- @ info@camping-katharinenhof.de

14ha 230T(80-110m²) 16A CEE

1. ADGHIJKLMOPRS
2. AEFGNORUVWXY
3. ABDJKNPRUWY
4. M(Q 1/4-15/10) (S+T+U+Y ⚙)
5. ABDEFGIJKLMNOPQUWXY
6. ACDEGK(N 6km)OTV

Familievriendelijke camping op het eiland Fehmarn. Goede plaats om te duiken. Mooie speeltuinen. Lang strand. Mogelijkheid tot ponyrijden en mooi uitgangspunt voor fietstochten. Met uw CampingCard krijgt u een comfortplaats met tenminste een 10A-aansluiting. Camping is hondvriendelijk en heeft een hondenstrand.

🚗 E47 afslag Burg. Vervolgens naar Katharinenhof. Hier staat de camping aangegeven.

CC €16 27/3-21/5 26/5-28/6 29/8-15/10 ▲ N 54°26'42'' E 11°16'43''

Klausdorf (Fehmarn), D-23769 / Schleswig-Holstein 👫 ♿ 📶 ✿ iD **604**

- ▲ Klausdorfer Strand****
- 🏠 Klausdorfer Strandweg 100
- ☎ +49 (0)4371-2549
- FAX +49 (0)4371-2481
- ⚙ 1/4 - 18/10
- @ info@camping-klausdorferstrand.de

17ha 200T(80-170m²) 16A CEE

1. ADGHIJKLMOPRS
2. AEFGKLORUVWX
3. ABGJKLNRWY
4. KLN(Q+S ⚙) (T 1/7-31/8) (U+Y ⚙)
5. ABDFGIJKLMNOPQRSUWXY
6. ACDEGK(N 6km)OSTU

Rustige langs het strand gelegen camping met goede mogelijkheden om te zwemmen, wandelen of te fietsen. Sauna met uitzicht over de zee. Gezellig restaurant met overdekt terras. Schitterend uitzicht.

🚗 E47, afrit Burg. Richting Burg. In Burg naar Niendorf, dan naar Klausdorf. Aangegeven.

CC €16 1/4-13/5 27/5-11/7 5/9-18/10 ▲ N 54°27'27'' E 11°16'20''

Klein Rönnau/Bad Segeberg, D-23795 / Schleswig-Holstein ♿ 📶 iD **605**

- ▲ KlüthseeCamp & Seeblick
- 🏠 Stipsdorferweg/Klüthseehof 2
- ☎ +49 (0)4551-82368
- FAX +49 (0)4551-840638
- ⚙ 1/1 - 31/1, 1/3 - 31/12
- @ info@kluethseecamp.de

25ha 200T(100-140m²) 16A CEE

1. ACDGHIJKLMOQ
2. ADFKLMNRWX
3. BFHJNQRUVWZ
4. (C 1/4-1/10) N (Q+R+T+U 1/4-31/10) (Y ⚙)
5. ABDEFGIJMNOPSUWXYZ
6. ACDEGIJ(N 2,5km)OTV

Mooie en kindvriendelijke camping met goede voorzieningen, aan een meer gelegen. Gemoedelijke sfeer. Leuke fiets- en wandelroutes. Goed restaurant en snackbar. Uitgebreide wellness-mogelijkheden.

🚗 Vanuit de plaats Bad Segeberg op de B432 richting Scharbeutz Ostsee. In Klein Rönnau wordt de camping goed aangegeven.

CC €16 1/1-31/1 1/3-30/6 1/9-31/12 10=9, 14=12 ▲ N 53°57'41'' E 10°20'15''

Kleinwaabs, D-24369 / Schleswig-Holstein — 606

▲ Ostsee-Campingplatz Heide
🏠 Strandweg 31
☎ +49 (0)4352-2530
📠 +49 (0)4352-1398
📅 29/3 - 31/10
@ info@waabs.de

22ha 280T(95-160m²) 16A CEE

1 ABCD**F**HIJKLMOPRS
2 ELNRUVWXY
3 ABHK**MNOPQ**RUVWY
4 (A 1/6-31/8) (**F** 📅) L**NP**(Q+S+T+U+V+Y 📅) Z
5 **AB**DEFGJKLMNOP**QRS**UWXYZ
6 CDEGH**IK**MOPRSTUV

💬 Grote sfeervolle familiecamping. De goed verzorgde camping ligt aan zee en heeft alles wat een kampeerder nodig heeft.

🚗 B203 Eckernförde-Kappeln, afslag Loose. Daarna bij kruising richting Waabs. Doorrijden naar Kleinwaabs. De camping wordt in het dorp goed aangegeven.

CC €16 28/5-4/7 29/8-10/10

N 54°31'52" E 10°0'3"

Meeschendorf (Fehmarn), D-23769 / Schleswig-Holstein — 607

▲ Südstrand★★★★
☎ +49 (0)4371-2189
📠 +49 (0)4371-4990
📅 1/4 - 30/9
@ info@camping-suedstrand.de

14ha 200T(80-120m²) 10A CEE

1 AD**G**HIJKLMOPQ
2 AEFGRUVWXY
3 AB**F**GJKNRWY
4 M**N**(Q+S+U+Y 📅) Z
5 **AB**DEFGIJKLMNO**P**UWXY
6 CDEG**K**(N 5km)OT

💬 Camping direct gelegen aan de Oostzee, waar u op een ongecompliceerde manier uw vakantie kunt doorbrengen. Alles onder het motto: 'leven en laten leven'. Op de camping zijn veel speelmogelijkheden in een natuurlijke omgeving.

🚗 E47, afrit Burg. In Burg richting Meeschendorf. Hier staat de camping aangegeven.

CC €16 1/4-9/5 26/5-27/6 30/8-30/9

N 54°24'50" E 11°15'0"

Rabenkirchen-Faulück, D-24407 / Schleswig-Holstein — 608

▲ Campingpark Schlei-Karschau
🏠 Karschau 56
☎ +49 (0)4642-920820
📠 +49 (0)4642-920821
📅 1/1 - 31/12
@ info@campingpark-schlei.de

4,8ha 90T(100m²) 10A CEE

1 ABCD**F**HIJLMOPQ
2 ADEILRSVWX
3 B**F**KNRU**W**YZ
4 P(Q+R+T+U+Y 25/3-31/10)
5 **AB**DEFGIJKLNOPRUWXZ
6 ACDEG**K**(N 7km)OTUV

💬 Schone camping, gunstig voor watersportliefhebbers. Vriendelijke receptie. Geliefd bij vissers (vangst gaat veelal diepgevroren mee naar huis).

🚗 A7 Hamburg-Flensburg, afslag Schleswig/Schuby richting Kappeln (B201). Afslag Faulück/Arnis, daarna richting Karschau.

CC €16 1/1-30/6 1/9-31/12

N 54°37'11" E 9°53'2"

609 — Rosenfelde/Grube, D-23749 / Schleswig-Holstein

- Rosenfelder Strand Ostsee Camping****
- Rosenfelder Strand 1
- ☎ +49 (0)4365-979722
- FAX +49 (0)4365-979594
- 27/3 – 18/10
- @ info@rosenfelder-strand.de

24ha 350T(100-140m²) 16A CEE

1 ADFHIJKLMOPRS
2 AEGKLMRUVWX
3 ABDJKLNQRUWY
4 MN(Q+S ⌾)
 (T 22/5-26/5,5/7-29/8)
 (U+Y ⌾) Z
5 ABCDEFGHIJKLMNOPST UWXYZ
6 ACDEGHIK(N 4km)OPTUV

💬 Comfortabele, goedverzorgde familiecamping met zeer luxe en schoon sanitair. Slechts 10 fietsminuten van boulevard van Dahme. Camping heeft een uitgebreide supermarkt, restaurant en fietsverhuur. Ideaal voor rustzoekers. Kinderen kunnen zich in het avonturenbos volop uitleven. Geen toeristenbelasting.

🚗 Weg B501 tussen Grube en Fargemiel. Richting Rosenfelde.

CC €16   27/3-13/5   27/5-5/7   31/8-18/10   N 54°15'54'' E 11°4'39''

610 — Schobüll, D-25875 / Schleswig-Holstein

- Seeblick
- Nordseestraße 39
- ☎ +49 (0)4841-3321
- FAX +49 (0)4841-5773
- 20/3 – 18/10
- @ info@camping-seeblick.de

3,4ha 140T(80-85m²) 10A CEE

1 ACDFHIJKLMOPQ
2 AEKMNRTVWX
3 ABFJRUY
4 (Q+T+U ⌾)
5 ABDEFGIJKLMNOPQWZ
6 CEGK(N 0,3km)OTUV

💬 Waddencamping met vrij uitzicht over de Noordzee. Lichtglooiend terrein. Aangrenzend (gemeente)zwembad. Ideaal gebied om te surfen of te wadlopen. Op geringe afstand van Nationaal park 'Wattenmeer'. Boottrip naar zeehonden.

🚗 Vanuit het zuiden: A7, door Elbtunnel, A23 richting Itzehoe-Husum tot afrit Heide. Richting Husum. Dan borden tot Schobüll volgen. Vervolgens cp-borden volgen.

CC €16   20/3-2/4   7/4-21/5   26/5-21/6   1/9-18/10   N 54°30'35'' E 9°0'11''

611 — Schönberg (Ostseebad), D-24217 / Schleswig-Holstein

- California Ferienpark GmbH****
- Große Heide 26
- ☎ +49 (0)4344-9591
- FAX +49 (0)4344-4817
- 1/4 – 30/9
- @ info@camping-california.de

8ha 165T(80-120m²) 10A CEE

1 AGHIJKLMOPQ
2 AELRVWX
3 BHJNOPQRTUWY
4 (Q+S+T+U+Y ⌾)
5 ABDEFGIJKLMNOPUWXY
6 ACEGK(N 1km)OSTV

💬 Aan de Oostzeekust, direct achter de zeedijk, mooi en rustig gelegen strand camping. Ruime, met heggen afgebakende kampeerplaatsen. Goede wandel-, en fietsmogelijkheden. Uitstekende strandvoorzieningen. Prima basis voor een fijne vakantie.

🚗 In Kiel 'Ostufer' aanhouden en vervolgens de B502 richting Schönberg. Bij 1e rotonde in Schönberg richting Kalifornien. Camping verder aangegeven.

CC €16   1/4-10/5   29/5-30/6   24/8-30/9   N 54°25'42'' E 10°21'50''

Strukkamphuk (Fehmarn), D-23769 / Schleswig-Holstein — 612

- Strukkamphuk-Fehmarn*****
- ☎ +49 (0)4371-2194
- FAX +49 (0)4371-87178
- 28/3 - 31/10
- @ camping@strukkamphuk.de

20ha 338T(90-160m²) 10A CEE

1. **ACDG**HIJKLMOPRS
2. **A**EFGMNRUVWX
3. **AB**F**J**KNRUWY
4. **N**(Q+S+U+Y 1/4-31/10)
5. **AB**DEFGIJKLMNOPRUWXYZ
6. ACDEG**IK**(N 7km)OTU

💬 Prachtige, achter een dijk verscholen strandcamping. Gelegen bij de brug, die het eiland Fehmarn verbindt met het vastelaand. Men kan hier goed surfen. Veel mogelijkheden voor sport en spel.

🚗 E47 vanuit noordelijke richting, afslag Landkirchen. Vanuit zuidelijke richting, afslag Avendorf. Bewegwijzering vanaf Avendorf.

€16 12/4-12/5 28/5-27/6 7/9-31/10

N 54°24'42" E 11°5'54"

Wallnau (Fehmarn), D-23769 / Schleswig-Holstein — 613

- Strandcamping Wallnau****
- Wallnau 1
- ☎ +49 (0)4372-456
- FAX +49 (0)4372-1829
- 27/3 - 1/11
- @ wallnau@strandcamping.de

22ha 370T(90-130m²) 16A CEE

1. **A**D**G**HIJKLMOPRS
2. **A**EFNRVWXY
3. **B**JKN**OP**RVWY
4. (A ⌂) **NP**(Q+S ⌂) (T 1/7-31/8) (U+Y ⌂) Z
5. **AB**DFGIJKLMNOPUWXYZ
6. ACEG**JK**(N 3km)OT

💬 Een zeer 'beweeglijke' camping waar steeds van alles te doen is. In de buurt is er een groot vogelpark. Goede wandel- en fietsmogelijkheden. Beschermd natuurgebied. Watersportmogelijkheden. Eigen manege. Veel nadruk op wellness en fitness.

🚗 Van de E47 rijden via Landkirchen, Petersdorf en Bojendorf. Zie borden.

€16 27/3-28/6 29/8-1/11

N 54°29'15" E 11°1'7"

Wulfen (Fehmarn), D-23769 / Schleswig-Holstein — 614

- Wulfener Hals*****
- Wulfener Hals Weg 100
- ☎ +49 (0)4371-86280
- FAX +49 (0)4371-3723
- 1/1 - 31/12
- @ info@wulfenerhals.de

34ha 408T(80-260m²) 16A CEE

1. **ACDG**IJKLMOPQ
2. **A**EFGKLRUVWXY
3. **AB**E**F**GHJKL**NOPQ**RUVWY
4. (A 27/3-31/10) (**C** 1/5-15/10) **K**N (Q+S 1/4-7/11,25/12-31/12) (T 12/4-31/10) (U+W+X+Y 1/4-7/11) Z
5. **AB**DEFGIJKLMNOPR**STU**WXY
6. ABCDEGH**IK**L(N 4km)O**PS**

💬 Cp met ongedwongen sfeer, alles erop en eraan. Natuurstranden aan Oostzee en Burger Binnensee, verwarmd zwembad (toeslag) met bubbelbad, eigen kleine golfbaan. Direct aan Golfpark Fehmarn (18 holes). Groot animatie- en evenementenprogramma voor iedereen met shows en live muziek. Boogschieten, paardrijden, surfen, kiten, zeilen, duiken, fietsverhuur.

🚗 E47 vanuit noordelijke richting afslag Landkirchen. Vanuit zuidelijke richting afslag Avendorf. Bewegwijzering vanaf Avendorf.

€16 1/1-13/5 26/5-4/7 1/9-24/12

N 54°24'22" E 11°10'38"

Ahrensberg, D-17255 / Mecklenburg-Vorpommern ⬛ 615

- ▲ Campingplatz Am Drewensee****
- ☎ +49 (0)3981-24790
- FAX +49 (0)3981-247999
- ☼ 23/3 - 31/10
- @ info@haveltourist.de

4,6ha 130T(80-125m²) 16A CEE

1. ACD**G**HIJKLM**P**Q
2. ABDLRVWY
3. BKN**W**Z
4. (Q+R 🅿) (T 1/5-14/9)
5. **AB**FGIJKLMNO**P**RUW
6. CEG**J**OT

💬 Kamperen aan het Drewenmeer is bijzonder. De camping ligt op grasland direkt aan het meer tussen de bossen. Voorzieningen voor campers, kinderspeeltuin, volleybalveld, inrichtingen voor gehandicapten, aanlegsteiger, fietsverhuur. Het is het ideale uitgangspunt voor watertrektochten met de kano, maar ook voor motoraangedreven sportboten.

🚗 B198 Mirow-Wesenberg-Neustrelitz tussen Wesenberg en Neustrelitz afslag Ahrensberg. In Ahrensberg direct linksaf en links aanhouden.

Neustrelitz

CC €16   23/3-13/5   17/5-22/5   26/5-11/7   29/8-31/10   📍 N 53°15'46" E 13°3'3"

Alt-Schwerin, D-17214 / Mecklenburg-Vorpommern ⬛ 616

- ▲ Camping am See
- 🏠 An den Schaftannen 1
- ☎ +49 (0)39932-42073
- FAX +49 (0)39932-42072
- ☼ 1/4 - 31/10
- @ info@camping-alt-schwerin.de

3,6ha 134T(80-120m²) 10A CEE

1. ACD**G**HIJKLMOPQ
2. ADFKLRVWX
3. B**F**HJNRU**W**Z
4. (A 1/7-31/8) (Q+R 🅿)
   (X 1/5-30/8) Z
5. **AB**DEFGJMNOPRUWXYZ
6. ACFG**J**(N 4km)OV

💬 Direct aan meer gelegen. Verzorgde camping met veel plaatsen aan het water. Alle plaatsen maximaal 40m van de oever verwijderd. Grote speeltuin. Diverse sportmogelijkheden. Strand met langzaam aflopende bodem. Direct aan fietsroute Plauer See. Slechts 70 km tot slot Schwerin.

🚗 De camping vindt u aan de B192 tussen Alt-Schwerin en Karow.

CC €18   1/4-10/7   31/8-31/10   📍 N 53°31'23" E 12°19'7"

Altenkirchen, D-18556 / Mecklenburg-Vorpommern ⬛ 617

- ▲ Drewoldke****
- 🏠 Zittkower Weg 27
- ☎ +49 (0)38391-12965
- FAX +49 (0)38391-12484
- ☼ 1/4 - 31/10
- @ info@camping-auf-ruegen.de

9ha 340T(80m²) 16A CEE

1. ACD**G**HIJKLMO**P**ST
2. ABEKNORSWXY
3. A**B**HJKRWY
4. (Q 🅿) (R+T+U 1/5-30/9)
   (X 1/5-31/8) (Y 1/5-30/9) Z
5. **AB**DEFGHIJKLMNO**PQR**S**T**UWZ
6. ACDEGI**K**(N 3km)OQST

💬 Camping is gelegen op 10 meter van de Oostzeekust. Uitstekend vertrekpunt voor fietstochten naar bezienswaardigheden zoals: de krijtrotsen-waaronder de Koningsstoel, de historische stad Altenkirchen met de oudste kerk van Rügen en de haven van Breege voor boottochten.

🚗 B96 Stralsund-Bergen richting Sassnitz en dan richting Altenkirchen. Camping staat aangegeven.

CC €16   1/4-12/5   27/5-20/6   28/8-31/10   14=12, 21=18   📍 N 54°38'4" E 13°22'25"

Altenkirchen, D-18556 / Mecklenburg-Vorpommern 👫 📶 iD 618

🔺 Knaus Camping-und Ferienhauspark Rügen
📧 Zittkower Weg 30
☎ +49 (0)38391-434648
📠 +49 (0)38391-439885
📅 1/1 - 31/12
@ ruegen@knauscamp.de

3,7ha 108T(80m²) 16A

1 ACDGHIJKLMOPQ
2 EKNRWX
3 BHJWY
4 KN(Q+T+Y 1/4-31/10)
5 ABDGIJKLMNOPRUWXYZ
6 CDEGIJ(N 2km)O

💬 Camping op Rügen direct aan zee met een mooi uitzicht op de rustige en vlakke Oostzee. Ideaal voor surfers. 3 familiebaden, een sauna en zelfs een whirlpool. Bij de camping loopt een fiets- en wandelpad direct langs het strand naar de wereldberoemde krijtrotsen en het onder momumentenzorg staande vissersdorp Vitt.

🚗 Vanuit richting Sagard B96 naar Altenkirchen, voorbij Juliusruh. Ca. 300m rechts inslaan, dan na ca. 1,2 km vindt u de camping na de boscamping.

CC €16 1/1-13/5 8/6-27/6 30/8-31/12   N 54°38'11" E 13°22'31"

Born, D-18375 / Mecklenburg-Vorpommern 👫 ♿ 📶 ✿ 619

🔺 Regenbogen Ferienanlage Born
📧 Nordstraße 86
☎ +49 (0)38234-244
📠 +49 (0)38234-59303
📅 28/3 - 2/11
@ born@regenbogen.ag

10ha 470T 16A CEE

1 CDGHIJKLMPQ
2 BDLMRWXY
3 BKRWZ
4 (Q+R 1/4-31/10)
5 ABDFGIJKLMNOPRSUWZ
6 CEGJ(N 3km)OTV

💬 Grote camping met privéstrand, vele schaduwrijke plaatsen en veel watersportmogelijkheden.

🚗 Van Rostock over de B105 richting Ribnitz, links schiereiland Darß/Prerow. Vóór Born borden volgen.

CC €14 1/5-10/5 1/6-23/6 1/9-30/9   N 54°23'2" E 12°30'16"

Dobbertin, D-19399 / Mecklenburg-Vorpommern 👫 ♿ 📶 iD 620

🔺 Campingplatz am Dobbertiner See
📧 Am Zeltplatz 1
☎ +49 (0)174-7378937
📅 1/4 - 31/10
@ dobbertincamping@aol.com

4ha 90T(100m²) 16A CEE

1 AGIJKLMOPQ
2 BDGILMRWXY
3 BHJKRUWZ
4 (Q 1/5-30/9)
5 ABDFGIJMNOPUWXZ
6 ACEGJ(N 0,5km)S

💬 Direct aan de Dobbertiner See gelegen idyllische, niet-afgebakende cp met vrije plaatskeuze. Met de meren van de Mecklenburger Seenplatte en het bos dichtbij kunt u heerlijk ontspannen of actief bezig zijn te voet, met de fiets of per boot. Vogelaars kunnen vogels spotten. De natuurparken 'Nossentiner Schwinzer Heide' en 'Sternberger Seenland' zijn dichtbij.

🚗 A19 afslag Malchow / A24 afslag Parchim / A20 afslag Bützow, dan richting Dobbertin. Campingborden volgen.

CC €14 1/4-30/6 1/9-31/10   N 53°37'9" E 12°3'54"

Dranske, D-18556 / Mecklenburg-Vorpommern 〒👥♿✿ iD 621

- 🏕 Regenbogen Ferienanlage Nonnevitz
- 🏠 Nonnevitz 13
- ☎ +49 (0)38391-89032
- 📠 +49 (0)38391-8765
- 📅 28/3 - 2/11
- @ nonnevitz@regenbogen-camp.de

20ha 550T 16A CEE

1. ACD**G**HIJKLNO**P**Q
2. ABEGKRSVWXY
3. AB**F**HJKR**W**Y
4. (A 1/5-31/8) N(Q 1/4-31/10) (S 1/5-31/10) (T+U 1/4-31/10) (V 1/5-30/9) (X 1/4-31/10)
5. **AB**DEFG**J**MNOP**Q**UWZ
6. CDEG(N 8km)OQTV

💬 Grote camping aan zee met privéstrand. Biedt veel schaduw en voorzien van alle comfort.

🚗 Via Bergen B96 richting Dranske, in Kuhle rechts richting Gramtitz, dan Nonnevitz volgen. Camping staat aangegeven.

CC €14   1/4-2/6   1/9-31/10   📍 N 54°40'1'' E 13°17'47''

Flessenow, D-19067 / Mecklenburg-Vorpommern ♿📶✿ iD 622

- 🏕 Seecamping Flessenow★★★★
- 🏠 Am Schweriner See 1A
- ☎ +49 (0)3866-81491
- 📠 +49 (0)3866-82974
- 📅 27/3 - 11/10
- @ info@seecamping.de

8ha 170T(80-110m²) 10A CEE

1. ACDGIJKLMOPQ
2. DFGLMRSVWXY
3. BGHJK**O**RU**W**Z
4. (**A** 1/7-31/8) (Q+R+S+T 1/4-1/10) Z
5. **AB**DFGIJKLMNOPRUWXYZ
6. ACEGJ(N 12km)OTV

💬 Zeer goed verzorgde camping onder Nederlands beheer. Camping ligt beschut aan het Schweriner meer. Veel watersport mogelijk of een uitstapje per fiets naar Schwerin.

🚗 Vanuit het N: A14 afslag Jesendorf ri Schwerin. Vanuit het Z: A14 afslag Schwerin-Nord ri Cambs-Güstrow. Bij verkeerslichten links ri Retgendorf-Flessenow.

CC €16   27/3-21/5   27/5-3/7   23/8-11/10   📍 N 53°45'7'' E 11°29'47''

Gramkow, D-23968 / Mecklenburg-Vorpommern 📶 iD 623

- 🏕 Campingplatz 'Liebeslaube'
- 🏠 Wohlenberger Wiek 1
- ☎ +49 (0)38428-60219
- 📠 +49 (0)38428-62756
- 📅 11/4 - 19/10
- @ info@campingplatz-liebeslaube.de

9ha 80T(70-150m²) 16A CEE

1. AD**F**IJKLMOPQ
2. AEGKRTVWXY
3. B**F**HJKLRWY
4. (Q+R 🅿) (T+U+X 1/5-30/9) Z
5. **A**DGIJMNOPUW
6. CEG**J**(N 6km)OQTU

💬 Gemoedelijke familiecamping met panoramisch uitzicht over zee. Direct gelegen aan mooi strand, zonder tussenliggende straat. Surfschool en restaurant met kiosk. Goede uitvalsbasis voor het maken van fietstochten.

🚗 A20, afslag 8 Wismar Mitte ri Wismar. Op de rotonde neem B106 ri Lübeck. In Gägelow afslag neem L1 ri Boltenhagen. 6 km doorrijden tot de Oostzee. Camping ligt aan strand van Wohlenberger Wiek.

CC €16   11/4-12/5   26/5-3/7   5/9-19/10   📍 N 53°55'50'' E 11°17'17''

Groß Quassow/Userin, D-17237 / Mecklenburg-Vorpommern 624

▲ Camping- und Ferienpark Havelberge*****
🏕 An den Havelbergen 1
☎ +49 (0)3981-24790
📠 +49 (0)3981-247999
📅 1/1 - 31/12
@ info@haveltourist.de

24ha 330T(90-287m²) 16A CEE

1. **ACDG**HIJKL**MPQ**
2. **A**DIJLMRSVWY
3. **ABJKN**O**RUWZ**
4. (**A** 1/7-31/8) **N**(Q 📅) (R+T+U+Y 1/4-31/10) Z
5. **AB**DEFGIJKLMNO**P**UWXYZ
6. CDE**IJ**(N 7km)OTUV

💬 Camping en meer in het fraai gelegen campingen recreatiepark op het Mecklenburgse Merenplateau - 'meer' betekent hier: 'véél meer'... Restaurant, shop, kanocenter en bootverhuur, speelplaatsen, tipi-tentenkamp, sportveld, trampoline, sauna, natuurbadstrand, Waldhochseilgarten.

🚗 Via de B198 van Mirow of Neustrelitz tot Wesenberg. Daar via Klein Quassow tot Groß Quassow. Vandaar richting het meer. Wordt met borden aangegeven vanaf Wesenberg.

CC €16 1/1-13/5 17/5-22/5 26/5-11/7 29/8-31/12   N 53°18'32" E 13°0'8"

Karlshagen, D-17449 / Mecklenburg-Vorpommern 625

▲ Dünencamp Karlshagen*****
🏕 Zeltplatzstraße 11
☎ +49 (0)38371-20291
📠 +49 (0)38371-20310
📅 1/1 - 31/12
@ camping@karlshagen.de

5ha 265T(80-90m²) 16A CEE

1. **A**DG**H**IJKLMNO**PQ**
2. **A**BEGJRSWXY
3. **ABH**JK**Q**RU**W**Y
4. (A 15/6-15/8) (Q+R+T+U 1/5-30/9) (X 1/4-30/9)
5. **AB**DEFGIJKLMNO**PQR**UW Z
6. ACDEG**J**OSTV

💬 Familiecamping direct aan de Oostzee met een groot eigen zandstrand. Geschikt voor het maken van fietstochten.

🚗 B111 Wolgast-Ahlbeck. In Bannemin linksaf naar Karlshagen. Camping staat aangegeven.

CC €18 1/1-30/6 1/9-31/12   N 54°7'4" E 13°50'42"

Klein Pankow, D-19376 / Mecklenburg-Vorpommern 626

▲ Camping am Blanksee
🏕 Am Blanksee 1
☎ +49 (0)38724-22590
📠 +49 (0)38724-22591
📅 1/4 - 31/10
@ info@campingamblanksee.de

12ha 80T(100-150m²) 16A CEE

1. **A**G**I**JKLMO**PQ**
2. **A**BDKLMRSUWXY
3. **B**JKNR**UW**Z
4. (Q+R+S+T+U+X 📅) Z
5. **AB**FGIJLMNO**P**UWZ
6. DEG**JK**(N 15km)O

NIEUW

💬 Idyllische camping met Nederlandse eigenaren, gelegen aan een prachtig meer met eigen strand tussen twee beschermde natuurgebieden. Mooie wandel- en fietsomgeving en een plek om nog echt van de rust te genieten. Ideaal voor vogelaars en wildspotters. Kleine 'Gaststätte' en winkel aanwezig.

🚗 A24 Hamburg-Berlijn. Afrit 16 Suckow. Suckow-Siggelkow-Groß Pankow ri Klein Pankow. Dan de campingborden volgen.

CC €16 1/4-30/6 1/9-31/10   N 53°23'13" E 12°1'14"

Lohme/Nipmerow, D-18551 / Mecklenburg-Vorpommern 627

- Krüger Naturcamp
- Jasmunder Straße 5
- ☎ +49 (0)38302-9244
- FAX +49 (0)38302-56308
- ⊙ 17/4 - 26/10
- @ info@ruegen-naturcamping.de

4ha 125T 16A

1 AGHIJKLMOPQ
2 BCGKOQRSTUWXY
3 ABFHJKNQRU
4 (Q+R+U+X+Y 17/4-20/10) Z
5 ABDGIJKLMNOPQUWZ
6 ACEG(N 8km)OST

📷 Camping met veel natuur op het eiland Rügen, 8 km ten noorden van Sassnitz. Ideaal uitgangspunt voor wandelingen in het Nationalpark Jasmund. Honden zijn welkom. Voor reizigers naar Noord-Europa een ideale tussenstop. Op 1,5 km van de Oostzee. Excursie naar krijtrots met boswachter mogelijk.

🚗 B96 Bergen-Altenkirchen, na Bobbin rechtsaf richting Sassnitz. Camping wordt aangegeven.

CC €16 17/4-3/7 28/8-26/10   N 54°34'10" E 13°36'36"

Lütow, D-17440 / Mecklenburg-Vorpommern 628

- Natur Camping Usedom
- Zeltplatzstraße 20
- ☎ +49 (0)38377-40581
- FAX +49 (0)38377-41553
- ⊙ 1/4 - 31/10
- @ info@natur-camping-usedom.de

18ha 450T(30-250m²) 16A CEE

1 ADGIJKLMOPQ
2 ABEJRVWXY
3 ABJKLNRUWY
4 (A 10/7-20/8) (Q ⊙)
   (S 1/5-30/9) (T 1/5-30/8)
   (U ⊙) (Y 1/5-30/9) Z
5 ABEFGIJLMNOPUWXY
6 ACEGJ(N 8km)OTV

📷 Rustige familiecamping met plaatsen direct aan een lagune. 18 ha groot terrein met tent, caravan en camper staanplaatsen, deels afgebakend. Camping beschikt over restaurant, winkel, surf- en zeilschool. Tevens kano- en fietsverhuur.

🚗 B111 van Wolgast naar Ahlbeck. Voor Zinnowitz rechtsaf. Camping staat aangegeven.

CC €16 1/4-14/5 18/5-21/5 26/5-30/6 1/9-31/10   N 54°0'41" E 13°51'29"

Markgrafenheide/Rostock, D-18146 / Mecklenburg-Vorpommern 629

- Camp. & Ferienpark Markgrafenheide
- Budentannenweg 2
- ☎ +49 (0)381-6611510
- FAX +49 (0)381-6611014
- ⊙ 1/1 - 31/12
- @ info@baltic-freizeit.de

28ha 1114T(100-140m²) 15A CEE

1 ADGHIJKLMOPQ
2 ABEGRSVWXY
3 BHKMOQRSUVWY
4 (B 1/3-31/10) (F ⊙) KLN
   (Q 1/5-15/10)
   (S 15/5-15/10) (T+U ⊙)
   (V 1/3-31/8) (W 1/3-31/10)
   (Y ⊙) Z
5 ABDFGJLNPUWXZ
6 ACDEGIJM(N 1km)OUV

📷 Grote camping aan het Oostzeestrand bij Warnemünde. Grote plaatsen onder dennenbomen op vaste zandbodem. Goede faciliteiten, verzorgd sanitair, bioscoop, goede gastronomie, sauna, wellness, 2 indoor squashbanen. Veel bezienswaardigheden in de nabije cultuur- en Hanzestad Rostock. CampingCard ACSI geldt alleen in de 'Randlage' sectoren A, B, C, M, plaatsen van 100 m².

🚗 B105 Rostock-Stralsund afslag Rövershagen-Hinrichshagen-Markgrafenheide.

CC €16 1/1-30/3 6/4-22/5 26/5-30/6 1/9-31/12   N 54°11'39" E 12°9'20"

Ostseebad Rerik, D-18230 / Mecklenburg-Vorpommern ♿ 📶 ✱ iD 630

- ▲ Campingpark 'Ostseebad Rerik'★★★★★
- ✉ Straße am Zeltplatz 8
- ☎ +49 (0)38296-75720
- FAX +49 (0)38296-75722
- ⌚ 1/1 - 31/12
- @ info@campingpark-rerik.de

5,2ha 240T(80-100m²) 16A CEE

1. **ACD**G**IJKLMOPQ**
2. **A**EG**LORTUVWXY**
3. **ABHJKN**P**RUW**Y
4. (Q+R+T+U 🔑) (Y 1/4-31/10) Z
5. **AB**CDEFGIJKLMN**PQRS**U WXYZ
6. **ACDEGIJ**(N 0,8km)**OQSTV**

💬 Gezellige camping met een nieuw zeer modern sanitairgebouw, gelegen in rustige omgeving, 300m van de Oostzee. Een prima omgeving om te wandelen, te fietsen, te zwemmen en te vissen. 2 autominuten van het centrum.

🚗 A20 afslag 12 Kröpelin (L11). A20 Autobahnkreuz/Wismar 105 tot Neubukow. Daarna richting Rerik. In Rerik campingborden volgen.

CC €16 1/1-10/7 4/9-31/12

📍 N 54°6'47" E 11°37'51"

Ostseebad Zinnowitz, D-17454 / Mecklenburg-Vorpommern ♿ 📶 iD 631

- ▲ Familien-Campingplatz Pommernland GmbH★★★★★
- ✉ Dr. Wachsmannstr. 40
- ☎ +49 (0)38377-40348
- ⌚ 1/1 - 5/1, 1/3 - 31/12
- @ camping-pommernland@m-vp.de

7,5ha 360T 6A CEE

1. **ACD**G**HIJKLMOPQ**
2. **A**BE**IRSTXY**
3. **ABHKQRUW**Y
4. (A 15/6-31/8) (F+G 🔑) (Q 1/3-31/12) (R+S 1/4-31/10)(T 1/6-31/8) (U+Y 1/4-30/11) Z
5. **AB**DEFGIJKLMNO**PQRS**U WXYZ
6. **ACDEGIJ**(N 1km)**ORSTV**

💬 Bosrijke camping met veel schaduwrijke plaatsen. Ruime niet afgebakende plaatsen. Ideaal voor wandel- en fietstochten.

🚗 B111 Wolgast-Ahlbeck, in Zinnowitz bij stoplicht links, 1e rotonde naar rechts. Bij apotheek naar links, dan tot einde van de straat.

CC €18 1/3-25/6 1/9-31/12

📍 N 54°4'56" E 13°53'57"

Plau am See/Plötzenhöhe, D-19395 / Mecklenburg-Vorpommern 👫 ♿ ✱ iD 632

- ▲ Campingpark Zuruf
- ✉ Seestraße 38D
- ☎ +49 (0)38735-45878
- FAX +49 (0)38735-45879
- ⌚ 1/1 - 31/12
- @ campingpark-zuruf@t-online.de

8ha 140T(70-100m²) 10A CEE

1. **ACD**G**HIJKLMOPQ**
2. **A**D**LMRUVWXY**
3. **B**JK**RUW**Z
4. (Q+R+T+U 15/4-15/10)
5. **AB**DEFGIJKLMNO**PQST**U WXZ
6. **ACDEGI**(N 2,5km)**OTV**

💬 Fraaie aan Plauer See gelegen camping. Ruime afgebakende plaatsen. Vlakbij leuke plaats Plau. Boottochten gecombineerd met fietstochten mogelijk. Apart gedeelte en strand voor hondenbezitters.

🚗 A24/E26 Hamburg-Berlin, afrit Meyenburg nemen. Daarna B103 naar Plau rechts naar Plötzenhöhe. Camping (aan het meer) staat aangegeven.

CC €16 1/3-24/4 4/5-12/5 1/6-30/6 7/9-31/10

📍 N 53°26'17" E 12°17'13"

Pruchten, D-18356 / Mecklenburg-Vorpommern — 633

- Naturcamp Pruchten★★★★
- Am Campingplatz 2
- +49 (0)38231-2045
- FAX +49 (0)38231-66346
- 1/4 - 31/10
- info@naturcamp.de

5ha 280T(80-100m²) 16A

1. ADGHIJKLMPQ
2. BEGLNRVWXY
3. ABJKLNOPRWY
4. (Q+S 1/5-31/10) (U+Y 1/5-30/9) Z
5. ABDFGJLNPQRUWXYZ
6. ACDEGIK(N 3,5km)OQRTU

💬 Rustige camping, geschikt om van hieruit het schiereiland Darss/Zingst te verkennen. Vanaf september is een interessant natuurgebeuren te volgen. Duizenden kraanvogels strijken neer in de regio. Grote niet afgebakende plaatsen. Geen pinbetaling met CampingCard ACSI mogelijk.

🚗 B105 Ribnitz-Darmgarten richting Stralsund. In Löbnitz richting Barth, dan Pruchten. Camping staat goed aangegeven.

CC €16 1/4-30/6 1/9-31/10   N 54°22'46'' E 12°39'43''

Schwaan, D-18258 / Mecklenburg-Vorpommern — 634

- Campingplatz Schwaan
- Sandgarten 17
- +49 (0)3844-813716
- FAX +49 (0)3844-814251
- 1/3 - 31/10
- info@campingplatz-schwaan.de

13ha 150T(80-120m²) 16A CEE

1. ACDGHIJKLMOPQ
2. ABCFGLMRSVWXY
3. ABJNRUWX
4. (Q+R+T+U 1/5-30/9)
5. ABDEGIJKLMNOPUWXY
6. ACDEGJ(N 1,5km)O

💬 Grote, mooie, kindvriendelijke camping. Gelegen in het bos en aan het water. Goede uitvalsbasis voor diverse uitstapjes.

🚗 A20 afrit 13 Schwaan. In centrum richting Laage/Güstrow. A19 afrit 11 Laage. Richting Schwaan.

CC €16 1/3-30/6 17/8-31/10   N 53°55'25'' E 12°6'24''

Sternberg, D-19406 / Mecklenburg-Vorpommern — 635

NIEUW

- Sternberger Seenland
- Maikamp 11
- +49 (0)3847-2534
- FAX +49 (0)3847-5376
- 1/4 - 31/10
- info@camping-sternberg.de

7,5ha 120T(80-100m²) 16A CEE

1. AGIJKLMOPQ
2. ADGJKLRSTVWXY
3. BHJKRUWZ
4. (A 1/5-1/7) (Q+R+T+Y)
5. ABDFGJLNPUW
6. CDEGIJK(N 0,5km)OQTV

💬 Aan een klein meer en bosrand gelegen camping. Mooie ruime afgebakende plaatsen in gras. Gelegenheid tot kajak- kanovaren. Natuurlijke plaatsen dichtbij een klein stadje met een historische stadskern en veel mooi gerestaureerde huizen.

🚗 B192 Wismar-Malchow. Bij Sternberg campingborden volgen.

CC €16 1/4-13/5 27/5-18/6 1/9-31/10   N 53°42'48'' E 11°48'46''

Trassenheide, D-17449 / Mecklenburg-Vorpommern ♿ ✿ iD 636

- ▲ Ostseeblick★★★★
- 🏕 Zeltplatzstraße 20
- ☎ +49 (0)38371-20949
- 📠 +49 (0)38371-28472
- 🗓 28/3 - 2/11
- @ campingplatz@trassenheide.de

4,1ha 250T(65-100m²) 16A CEE

1. ACD**G**IJKLMNOPQ
2. ABCEJRSVXY
3. ABGHJKR**W**Y
4. (Q 🔲) (R+T 15/5-15/9) (U 1/4-31/10) (X 15/5-15/9) Z
5. **AB**DFGIJKLMNO**P**UWXZ
6. CDEGI(N 1,5km)QT

💬 Familiecamping direct aan de Oostzee, met een groot eigen zandstrand. Geschikt voor het maken van fietstochten.

🚗 B111 Wolgast-Ahlbeck. In Bannemim linksaf Trassenheide. Camping staat goed aangegeven.

CC €18 28/3-30/6 1/9-2/11 Ⓜ 📶 N 54°5'25" E 13°53'8"

Waren (Müritz), D-17192 / Mecklenburg-Vorpommern ♿ 📶 iD 637

- ▲ CampingPlatz Ecktannen
- 🏕 Fontanestraße 66
- ☎ +49 (0)3991-668513
- 📠 +49 (0)3991-664675
- 🗓 1/1 - 31/12
- @ info@camping-ecktannen.de

17ha 400T 16A CEE

1. ACD**G**HIJKLMOPQ
2. DILMRSX
3. ABHIJKN**Q**RWZ
4. (Q 🔲) (R+T+X 1/4-30/10)
5. **AB**DEFGIJKLMNPUW
6. CDEGIJ(N 4km)OTU

💬 Grote cp zonder percelen aan de zuidelijke dorpsrand van het kuuroord Waren (Müritz). De cp ligt direct aan het grootste, Duitse binnenmeer, de Müritzsee, grenzend aan het nationale park met ± 400 km fiets- en wandelpaden. Ideaal voor families (strand met reddingszwemmers) en ook voor hondenbezitters (honden-vrijloopgebied en hondenstrand) en meer.

🚗 A19 uitrit Waren (Müritz), B192 volgen tot Heilbad Waren (Müritz). Dan de borden CampingPlatz Ecktannen volgen.

CC €16 1/1-12/5 27/5-30/6 7/9-31/12 Ⓜ 📶 N 53°29'58" E 12°39'48"

Zierow/Wismar, D-23968 / Mecklenburg-Vorpommern ♿ 📶 ✿ iD 638

- ▲ Ostseecp-Ferienpark Zierow KG★★★★
- 🏕 Strandstraße 19C
- ☎ +49 (0)38428-63820
- 🗓 1/1 - 31/12
- @ ostseecampingzierow@t-online.de

15ha 284T(90-110m²) 16A CEE

1. AC**F**HIJKLMPQ
2. AEFGLRSTVX
3. ABCD**FG**KN**OPQ**R**TW**Y
4. (**F** 🔲) **N**P(Q+S 1/4-30/9) (T 1/6-31/12) (U 🔲) (Y 1/4-15/10) Z
5. **AB**DEFGIJKLMNO**PQRS**UWXYZ
6. ACDEG**IK**ORSTUV

💬 Grote, ruime camping direct aan de Oostzee. Royale, zonnige staanplaatsen. Nabij de Hanzestad Wismar, met veel bezienswaardigheden. Nederlandse beheerder. Fysiotherapie. Met gebruik van een prachtig binnenzwembad.

🚗 A20 afslag 8 Wismar-Mitte dan linksaf, rotonde 3e afrit B106 Lübeck-Grevesmühlen. Afrit Zierow. Campingborden volgen.

CC €18 1/1-26/3 12/4-10/5 26/5-26/6 31/8-31/12 Ⓜ 📶 N 53°56'2" E 11°22'24"

639 — Zwenzow, D-17237 / Mecklenburg-Vorpommern

- Zwenzower Ufer****
- Am Großen Labussee (C56)
- ☎ +49 (0)3981-24790
- FAX +49 (0)3981-247999
- 23/3 - 31/10
- @ info@haveltourist.de

5ha 65T(80-132m²) 16A CEE

1. AC**DG**HIJLMO**P**Q
2. **D**GLMRSVWX
3. AHJK**WZ**
4. **N**(S+T+U 🔑)
5. **AB**DEFGIJKLMNO**P**UW
6. CEG**J**OT

CC €16 23/3-13/5 17/5-22/5 26/5-11/7 29/8-31/10

🡢 De camping ligt aan het Grote Labusmeer en grenst aan het Nationaal Park Müritz. Van hieruit kunt u meerdere andere bosmeertjes bereiken. Het terrein is vlak en begroeid met gras, struiken, loof- en naaldbomen. De excellente sanitaire ruimtes zijn ten dele ook aangepast voor invaliden. Kanopunt, kinderspeeltuin, waterglijbaan, nudistenstrand, fietsverhuur, restaurant in de buurt.

🚗 B96 van Berlijn via Neustrelitz richting Userin en Useriner Mühle naar Zwenzow.

N 53°19'8" E 12°56'42"

---

640 — Bergwitz/Kemberg, D-06901 / Sachsen-Anhalt

- Camp. und Wassersportpark Bergwitzsee****
- Strandweg 1
- ☎ +49 (0)34921-28228
- FAX +49 (0)34921-28778
- 1/1 - 31/12
- @ reception@bergwitzsee.de

11ha 100T(70-150m²) 16A CEE

1. AC**G**HIJLMO**P**Q
2. **A**DLMRY
3. BHJKNR**WZ**
4. **M**(Q+R 🔑)
   (T+U+Y 1/5-2/10) Z
5. **AB**DFGIJKLMN**P**UWXYZ
6. CEGJ(N 11km)ORT

CC €16 1/1-13/5 26/5-30/6 1/9-31/12

🡢 Aan een meer gelegen cp. Geschikt voor watersport. Boot meenemen toegestaan. Er is een boven- en benedengedeelte. Het benedengedeelte ligt pal aan het meer. Lutherstad Wittenberg ligt op 11 km, Oranienbaum op 16 km en het prachtige Wörlitzerpark op 16 km. Een camping om langere tijd te staan.

🚗 A9 Berlin-Leipzig, afrit 8. B187 via Wittenberg, B2 Leipzig. In Eutzsch B100 ri. Gr-Hainchen- 2e afslag achter Tankstation-Bergwitz. Op 5-sprong (kruising) in dorp campingbord!

N 51°47'28" E 12°34'15"

---

641 — Havelberg, D-39539 / Sachsen-Anhalt

- Campinginsel Havelberg*****
- Spülinsel 6
- ☎ +49 (0)39387-20655
- FAX +49 (0)39387-80270
- 1/4 - 31/10
- @ info@Campinginsel-Havelberg.de

2,7ha 80T(80-120m²) 16A CEE

1. A**D**GHIJKLMO**P**Q
2. AC**G**KLMRSUVWXY
3. A**B**CGJN**QR**UW**X**
4. **N**(Q 🔑) (R 10/6-30/9)
   (T+X 🔑)
5. **AB**EFGIJKLMNOPUWXYZ
6. ACDEGJ(N 1km)ORV

CC €18 8/4-12/5 26/5-30/6 8/9-31/10

🡢 Deze camping ligt op een door de Havel omsloten eiland met mooi uitzicht op de Dom. De historische binnenstad is met een brug verbonden met het eiland, afstand 200m. Ideaal voor fietsen en wandelen in de prachtige natuur.

🚗 A24 afslag 18 Meyenburg, B107 50 km volgen naar Havelberg. In Havelberg borden volgen.

N 52°49'36" E 12°4'14"

642 — Neudorf/Harzgerode, D-06493 / Sachsen-Anhalt

- ▲ Ferienpark Birnbaumteich***
- 🏕 Birnbaumteich 1
- ☎ +49 (0)39484-6243
- FAX +49 (0)39484-40100
- 🔓 1/1 - 31/12
- @ info@ferienpark-birnbaumteich.de

11,5ha 150T(50-100m²) 16A CEE

1 A**G**HIJKLMOPQ
2 ABDLRSTWX
3 ABNRUV**WZ**
4 **N**(Q+R 🔓)(T+U+X 1/4-30/9) Z
5 **AB**DEFGIJKL**NO**PUW
6 CEG**I**(N 5km)OV

💬 Zeer rustig gelegen camping in de Harz, aan meertje met strand om in te zwemmen. Restaurant met mooi terras. Mooie wandel- en fietsomgeving. Mooie stadjes in de omgeving, onder andere Stolberg en een rit met de stoomtrein naar de Brokken is een 'must'.

🚗 B81 Magdeburg-Nordhausen, afrit Hasselfelde B242 richting Halle. 1 km voorbij Harzgerode richting Stolberg. Na 4,3 km rechts en links bord camping bij bushalte.

CC €16 1/1-7/7 24/8-31/12   N 51°36'30" E 11°5'5"

643 — Plötzky/Schönebeck, D-39217 / Sachsen-Anhalt

- ▲ Ferienpark Plötzky
- 🏕 Kleiner Waldsee 1
- ☎ +49 (0)39200-50155
- FAX +49 (0)39200-76082
- 🔓 1/1 - 31/12
- @ info@ferienpark-ploetzky.de

12ha 170T(100m²) 16A CEE

1 AC**G**IJKLMOPQ
2 ABDLRVWX
3 ABCDJKN**OPQR**TUV**WZ**
4 (A 🔓) K**M**N(Q 1/4-31/10)(R+T+U+V+Y 🔓) Z
5 **AB**DEFGIJKLMNO**PRS**TUWXYZ
6 DEG**I**(N 1km)OTV

💬 Rustige camping gelegen aan de rand van het bos. Mooie wandel- en fietsmogelijkheden. Diverse excursies mogelijk, onder andere naar de stad Magdeburg. De Elbe ligt in de buurt. Er is een mooi wellnesscentrum en bowlingcentrum.

🚗 Via A2 naar A14 (Kreuz Magdeburg), afslag 7 ri Schönebeck/Gommern. Op weg B246a door Plötzky wordt de camping aangegeven. Of A2, afslag Möser ri Möser B1/Biederitz B184/B246A,Gommern/Plözky.

CC €18 1/1-2/4 7/4-13/5 26/5-30/6 1/9-31/12   N 52°3'46" E 11°48'1"

644 — Schlaitz (Muldestausee), D-06774 / Sachsen-Anhalt

- ▲ Heide-Camp Schlaitz GbR
- 🏕 Am Muldestausee
- ☎ +49 (0)34955-20571
- FAX +49 (0)34955-20656
- 🔓 1/1 - 31/12
- @ info@heide-camp-schlaitz.de

12ha 130T(110-170m²) 16A

1 A**F**HIJLMOPQ
2 ADGLRSTX
3 A**H**JRU**VWZ**
4 (**A** 1/5-30/9) (Q 1/3-3/10)(R+T+U+Y 🔓)
5 **AB**DFGIJKLMNOPUW
6 DEG(N 4km)OV

💬 Camping gelegen aan een meer. Steden als Leipzig, Halle en Oranienbaum liggen op korte afstand. Gelegen in natuurpark Dübener Heide.

🚗 Op de B100 tussen Bitterfeld en Gossa wordt de camping aangegeven.

CC €18 1/1-13/5 26/5-30/6 1/9-31/12   N 51°38'55" E 12°25'23"

Süplingen, D-39343 / Sachsen-Anhalt 🆔 645

- 🏕 Campingplatz Süplinger Steinbruch***
- 🏠 An der Alten Schmiede
- ☎ +49 (0)39053-94664
- 📠 +49 (0)39053-94675
- 🔑 1/4 - 15/10
- @ info@camping-sueplingen.de

3ha 50T(80-100m²) 16A CEE

1. A**G**HIJKLNOPQ
2. ABDLMRSVWXY
3. ABDHKRVWZ
4. (A 1/6-31/8) (Q+R+T+U+Y 🔑) Z
5. A**B**DFGIJKLMNO**P**UW
6. CDEG(N 1km)O

🈯 Een camping voor rustzoekers. Gelegen in een bos rond een meertje waarin men kan zwemmen. Met zandstrand. Mooi gebied voor fietsers. De stad Magdeburg, het aquaduct over de Elbe en de scheepslift (Schifshebewerk) bij Rothensee liggen op 20 km. Ook als doorreiscamping geschikt.

🚗 A2 afrit Uhrsleben/Eilsleben, B245 richting Haldensleben, bij rotonde in Haldensleben linksaf richting Süplingen, dan campingborden volgen.

CC €16 1/4-13/5 26/5-30/6 1/9-15/10 Ⓜ N 52°16'48'' E 11°19'21''

Altglobsow, D-16775 / Brandenburg 🆔 646

- 🏕 Ferienhof Altglobsow
- 🏠 Seestraße 11
- ☎ 📠 +49 (0)33082-50250
- 🔑 1/1 - 31/12
- @ info@ferienhof-altglobsow.de

4,5ha 40T(> 60m²) 16A CEE

1. A**G**IJKLM**P**Q
2. BDGILRWX
3. AJKRU**W**Z
4. (A 1/6-30/9) **N**(Q+X+Y 🔑)
5. **A**DGJMN**P**UWZ
6. CEGI(N 7km)OT

🈯 Zeer rustig gelegen camping aan de rand van een klein, stil dorp, grenzend aan het bos en een meer. Een goed uitgangspunt voor fiets- en wandeltochten.

🚗 Vanuit Berlijn de B96 tot Fürstenberg, richting Neuglobsow. Borden volgen Ferienhof Altglobsow.

CC €12 1/1-3/4 7/4-13/5 18/5-22/5 26/5-30/6 1/9-23/12 27/12-30/12 Ⓜ N 53°7'53'' E 13°7'1''

Beetzseeheide/Gortz, D-14778 / Brandenburg 🆔 647

- 🏕 Flachsberg
- 🏠 Flachsberg 1
- ☎ +49 (0)171-3644742
- 🔑 1/4 - 31/10
- @ info@camping-flachsberg.de

50T(80-120m²) 16A CEE

1. AD**G**HIJKLMOPQ
2. ABDGIKLRWXY
3. ABHJRWZ
4. (Q 1/4-30/10) (X 1/6-15/9) Z
5. **A**GHIJKLMNO**P**UW
6. EG(N 10km)OU

🈯 Mooi gelegen camping in het Havelland en tussen de heuvels. Schitterend gebied om te fietsen. Echt voor de rustzoekers. De stad Brandenburg ligt op ca. 10 km.

🚗 Vanaf Brandenburg richting Nauen, bij Päwesin richting Bagow/Gortz. Voor Gortz linksaf richting camping.

CC €14 1/4-30/6 1/9-31/10 Ⓜ N 52°30'18'' E 12°39'36''

Ferchesar, D-14715 / Brandenburg 🛉 ♿ 📶 iD 651

- Campingpark Buntspecht★★★★
- Weg zum Zeltplatz 1
- ☎ +49 (0)33874-90072
- FAX +49 (0)33874-90970
- 15/4 - 15/10
- @ campingpark-buntspecht@web.de

NIEUW

6ha 155T(90-120m²) 16A CEE

1. AD**G**HIJKLMO**P**Q
2. ABDJLMRVWXY
3. BF**G**HJKNR**W**Z
4. (**A** 1/7-31/8) (Q+R+U ⌾) (Y 1/5-15/10)
5. **AB**DEFGIJKLMNOP**QS**UWXY
6. CDEGH**K**(N 13km)OQUV

CC €18   15/4-13/5   26/5-30/6   1/9-15/10   N 52°39'15''   E 12°25'47''

Grünheide, D-15537 / Brandenburg ♿ iD 652

- Grünheider Camping am Peetzsee GmbH
- Am Schlangenluch
- ☎ +49 (0)3362-6120
- 28/3 - ⌾
- @ campingplatz-gruenheide@t-online.de

6,5ha 50T(20-200m²) 16A CEE

1. A**G**HIJKL**P**Q
2. ABDFGKLMNRTWX
3. **W**Z
4. **AB**DGIJMN**P**UWZ
5. E(N 1km)OS

CC €16   28/3-6/7   1/9-5/10   N 52°25'18''   E 13°50'11''

Ketzin, D-14669 / Brandenburg 📶 iD 653

- Campingplatz An der Havel
- Friedrich-Ludwig-Jahn Weg 33
- ☎ FAX +49 (0)33233-21150
- 1/4 - 31/10
- @ havelcamping@arcor.de

55T(70-100m²) 16A CEE

1. A**F**HIJKLMO**P**Q
2. CDFGLRWX
3. BFJRU**W**X
4. (Q+T ⌾)
5. **AB**DGIJKLMNO**P**UWXZ
6. CEGJ(N 1km)O

CC €16   1/4-13/5   26/5-30/6   22/8-31/10   N 52°28'14''   E 12°50'54''

654 — Lauchhammer, D-01979 / Brandenburg

- Themenpark Grünewalder Lauch***
- Lauchstrasse 101
- +49 (0)3574-3826
- 1/4 - 31/10
- gruenewalder-lauch@themencamping.de

8,5ha 330T(> 80m²) 16A

1 ACD**G**HIJKLMP
2 **A**DFLMORSTUVWXY
3 **A**Q**R**UZ
4 (Q+R+T+U+X)
5 **AB**DEFGIJKL**M**NO**P**UXY
6 J(N 3km)O

In een bosrijke omgeving gelegen familiecamping aan een meer met zandstrand. Prima sanitair.

A13 afslag Ruhland nr 17. Dan B169 richting Lauchhammer. In Lauchhammer richting Grünewalde en borden camping volgen.

CC €18 1/4-15/6 1/9-31/10

N 51°30'25" E 13°40'1"

655 — Warnitz, D-17291 / Brandenburg

- Camping am Oberuckersee
- Lindenallee 2
- +49 (0)39863-459
- FAX +49 (0)39863-78249
- 1/4 - 5/10
- info@camping-oberuckersee.de

5ha 160T(80m²) 6A

1 AD**G**IJKLMOPQ
2 BDFGIJLMNRSXY
3 BJKNR**W**Z
4 (Q) (R 3/7-1/9)
5 **AB**EGIJMNO**P**UWZ
6 CEG**K**(N 0,6km)OT

Idyllisch gelegen natuurcamping midden in natuurreservaat Schorfheide-Chorin waar u niet alleen van een mooi uitzicht kunt genieten maar ook kunt vissen, zwemmen, met de boot varen en nog veel meer. Zeer goed bereikbaar per fiets, trein, auto of boot.

De camping is bereikbaar via de A11/E28 afrit 7 Warnitz. Warnitz volgen en In Warnitz spoor over en direct links.

CC €16 1/4-12/5 18/5-21/5 26/5-10/7 1/9-5/10 12=10, 21=18

N 53°10'38" E 13°52'25"

656 — Bautzen, D-02625 / Sachsen

- Natur- und Abenteuercamping
- Nimschützer Straße 41
- +49 (0)3591-271267
- FAX +49 (0)3591-271268
- 1/4 - 31/10
- camping-bautzen@web.de

5ha 100T(90-150m²) 16A CEE

1 AD**G**IJKLMOPQ
2 ADFGIJKLRSTUVX
3 ABCJKRU**W**Z
4 (Q+R)
5 **AB**DFGHIJLMNOPRUWXYZ
6 ACEI(N 1,5km)OV

Verzorgde, rustig gelegen camping met uitzicht over stuwmeer Bautzen. Modern, verwarmd sanitair. Fietsen, wandelen en watersport behoren tot de mogelijkheden. Cultuurstad Dresden ligt op 20 minuten met de auto.

Vanaf richting Görlitz en Dresden snelweg A4, afslag Bautzen Oost. Dan richting Weißwasser, daarna richting B156.

CC €16 1/4-13/5 18/5-21/5 26/5-10/6 1/9-31/10

N 51°12'8" E 14°27'38"

281

657 Großschönau, D-02779 / Sachsen

- Trixi Park
- Jonsdorferstraße 40
- +49 (0)35841-6210
- FAX +49 (0)35841-631118
- 1/1 - 31/12
- @ info@trixi-park.de

15ha 70T(72-100m²) 16A CEE

1 AC**G**HIJKLMOPQ
2 ADGLMNRTVW
3 ABGKLN**QR**U**V**
4 (A ⊙) (B 1/5-30/5)
  (F+H ⊙) J**KLNP**
  (Q+R+T+W+Y ⊙) Z
5 **AB**DEFGHIJLMNO**P**RUWX YZ
6 CEGIJ(N 1km)OUV

💬 In Zittauer Gebirge gelegen, luxe camping met uitgebreid, mooi sanitair.

🚗 Vanaf Bautzen de B6 naar Löbau-Zittau. In Herrnhut rechtsaf naar Oberoderwitz. Dan richting Großschönau en campingborden volgen.

CC €18 1/1-13/5 25/5-20/6 29/8-31/12   N 50°52'52" E 14°40'15"

---

658 Seiffen, D-09548 / Sachsen

- Ferienpark Seiffen
- Deutschneudorferstr. 57
- +49 (0)37362-150
- FAX +49 (0)37362-1536
- 1/1 - 31/12
- @ info@ferienpark-seiffen.de

5ha 100T 10A CEE

1 ACD**G**IJKLMOPQ
2 IJKLRTVW
3 ACGNOQRUV
4 **N**P(R+X+Y ⊙)
5 **AB**FGIJKLMNOPUWXZ
6 CDEG**J**(N 3km)OV

💬 Terrassencamping in Kurort Seiffen op ca. 700m hoogte met fraaie panorama's van het bergland. Prima sanitair. Leuke uitstapjes naar Chemnitz en Tsjechië mogelijk.

🚗 A4 afrit 69 Chemnitz-Nord. Dan B174 tot Marienberg. Verder B171 naar Olbernhau, dan naar Seiffen. Vanaf daar bewegwijzerd.

CC €16 1/4-25/6 27/7-10/8 1/9-5/11   N 50°37'36" E 13°27'26"

---

659 Catterfeld, D-99894 / Thüringen

- Paulfeld*****
- +49 (0)36253-25171
- FAX +49 (0)36253-25165
- 1/1 - 31/12
- @ info@paulfeld-camping.de

7ha 80T(80-100m²) 16A CEE

1 AD**G**IJKLMOPQ
2 BDLRSVWXY
3 ABDHJRU**W**Z
4 **N**(Q+R ⊙)
  (U+X 1/1-31/10,1/12-31/12) Z
5 **AB**DFGIJKLMNO**P**UWZ
6 CDEG**IK**(N 3km)OTV

💬 Gezellige familiecamping op 450 meter hoogte in het Thüringerwald. Natuurlijke zwemvijver en prima sanitair. Ideaal uitgangspunt voor boswandelingen en stedenbezoek, o.a. naar Eisenach, Weimar en Erfurt.

🚗 A4 richting Dresden, afslag Waltershausen dan Friedrichroda volgen, daarna B88 richting Ohrdruf. In Catterfeld rechtsaf; dan nog 3 km.

CC €16 1/1-10/5 1/6-30/6 17/8-31/12 **14=12**   N 50°49'27" E 10°36'41"

Hohenfelden, D-99448 / Thüringen ♿ iD **660**

▲ Stausee Hohenfelden★★★★
☎ +49 (0)36450-42081
FAX +49 (0)36450-42082
⌚ 1/1 - 31/12
@ info@stausee-hohenfelden.de

22,5ha 194T(100-140m²) 16A CEE

1 ACD**G**HIJKLMO**PQ**
2 ABDFGJLRTVWXY
3 ABHJKNR**W**Z
4 (**A**+Q ⌛) (R 1/5-30/9) (X ⌛)
5 **AB**DEFGIJMNO**P**RUWXYZ
6 CDE(N 3km)OT

💬 Grote, aan stuwmeer gelegen camping. Watersportmogelijkheden. Op 700m vindt u een (overdekt) zwembad met wellnessmogelijkheden. Prima uitgangspunt voor stedentrips (Erfurt, Weimar, Gera enz.).

🚗 A4 afslag Erfurt-Ost, daarna richting Kranichfeld (ca. 6 km). Camping aan de rechterkant.

CC €16 1/1-12/5 26/5-15/7 1/9-31/12 ▲ N 50°52'20" E 11°10'42"

Jena, D-07749 / Thüringen 📶 iD **661**

▲ Campingplatz Jena unter dem Jenzig
🏠 Am Erlkönig 3
☎ +49 (0)3641-666688
⌚ 1/3 - 15/11
@ post@camping-jena.com

1ha 50T(100m²) 16A CEE

1 A**G**IJKLMO**PQ**
2 CFGRTWXY
3 AHJU
4 (**B**+**G** 15/5-15/9) J (Q 1/3-31/10) (T 1/5-30/9)
5 **AB**FGIJKLMNOPQUW
6 CDEG**IJ**(N 0,4km)OT

💬 Eenvoudige camping aan de voet van de berg Jenzig, naast een fraai zwembad. Onbijt mogelijk op de camping. Tevens een goed uitgangspunt voor stadsbezoek aan Jena en Weimar. Talrijke fiets- en wandelmogelijkheden. Op aanvraag ook 's winters geopend.

🚗 Aan de B7 van Jena richting Gera, over de Saalebrug na 200m linksaf bij verkeerslicht. Camping staat duidelijk aangegeven.

CC €16 1/3-10/5 1/6-30/6 1/9-15/11 ▲ N 50°56'9" E 11°36'30"

Pahna, D-04617 / Thüringen ♿ 📶 iD **662**

▲ See-Camping Altenburg-Pahna★★★★
☎ +49 (0)34343-51914
FAX +49 (0)34343-51912
⌚ 1/1 - 31/12
@ camping-pahna@t-online.de

10ha 100T(80-120m²) 16A CEE

1 ACD**G**IJKLMO**PQ**
2 ABDGLMRTWXY
3 ABHJKLNRU**W**Z
4 (Q+**S**+T+U+X 1/4-31/10)
5 **AB**DEFGIJKLMNO**PQ**R**ST** UWXYZ
6 CDEG**IK**(N 5km)OTUV

💬 Aan recreatiemeer gelegen camping met wandel- en fietsmogelijkheden. Centraal gelegen voor stedenbezoek naar Leipzig, Chemnitz en Gera.

🚗 A4 afslag 60 (Ronneburg), dan B7 naar Altenburg. B93 richting Leipzig, rechtsaf B7 richting Frohburg, bij Eschefeld borden volgen.

CC €16 1/1-12/5 26/5-30/6 1/9-31/12 ▲ N 51°2'37" E 12°29'49"

Weberstedt, D-99947 / Thüringen — 663

- Am Tor zum Hainich****
- Hainichstraße 22
- ☎ +49 (0)36022-98690
- FAX +49 (0)36022-98691
- 1/1 - 31/12
- @ info@camping-hainich.de

3,5ha 145T(80-100m²) 16A CEE

1. ADGIJKLMOPQ
2. BJKLRWX
3. ABHJKRU
4. (Q+R+T)
5. ABDGIJKLMNOPUWXYZ
6. CEGIK(N 2km)OTV

🚗 Op de grens van Nationalpark Hainich gelegen, rustige camping met veel wandelmogelijkheden en mooi uitzicht richting Süd-Harz. Sinds 2011 Unesco-gebied, grootste beschermde loofbomenbos.

🚗 A4 verlaten bij Eisenach, B84 volgen tot Bad Langensalza. Borden volgen tot Weberstedt.

CC €16 1/1-13/5 1/6-30/6 1/9-31/12 7=6, 14=12

N 51°6'10'' E 10°30'32''

Attendorn/Biggen, D-57439 / Nordrhein-Westfalen — 664

- Hof Biggen
- Finnentroper Straße 131
- ☎ +49 (0)2722-95530
- FAX +49 (0)2722-955322
- 1/1 - 31/12
- @ info@biggen.de

18ha 100T(80-100m²) 16A CEE

1. ADGIJKLMOPQ
2. BGJKRTWX
3. ANRTUW
4. (Q+S+T+U+Y) Z
5. ABDFGIJKLMNOPUVWZ
6. ACEGI(N 4km)OUV

🚗 Rustige familievriendelijke camping op slechts 5 autominuten van de Biggesee en het stadje Attendorn met een middeleeuws centrum en de bekende druipsteengrotten. Staanplaatsen met prachtig panorama. Gratis leenauto voor camperaars.

🚗 A45 Dortmund-Frankfurt, afrit 16 Meinerzhagen nemen. Na ca. 20 km komt u in Attendorn, dan richting Finnentrop. Na het dorp ligt de camping tegenover restaurant 'Haus am See'.

CC €16 1/1-30/6 17/8-31/12

N 51°8'12'' E 7°56'23''

Barntrup, D-32683 / Nordrhein-Westfalen — 665

- Ferienpark Teutoburgerwald Barntrup****
- Badeanstaltsweg 4
- ☎ +49 (0)5263-2221
- 27/3 - 1/11
- @ info@ferienparkteutoburgerwald.de

3ha 110T(90-250m²) 16A

1. ADGIJKLMPQ
2. BGIJLRUVWXY
3. ABEGHJLMNRU
4. (A 1/4-31/10)
   (C+H 20/5-15/9)
   (Q 1/4-31/10)
5. ABDEFGHIJKLMNOPRST UVWXZ
6. ABCDEGHIJ(N 0,5km)OSV W

🚗 Ferienpark in bosrijke omgeving en op 5 min. loopafstand van het centrum van Barntrup. Goede uitvalsbasis voor vele culturele uitstapjes. Er wordt Nederlands gesproken. Schitterend toiletparadijs. Prachtig zwembad naast de camping met gratis gebruik voor campinggasten.

🚗 Via B66 naar Lage, Lemgo, Barntrup. In Barntrup ri zwembad. Of A2 afslag 35 Bad Eilsen, N328 ri Rintelen/Barntrup. Vanuit Paderborn B1 ri Hameln, via Blomberg naar Barntrup. In Barntrup cp-borden volgen.

CC €18 27/3-12/5 17/5-22/5 26/5-4/7 21/8-1/11

N 51°59'12'' E 9°6'30''

Bielefeld, D-33649 / Nordrhein-Westfalen 666

- CampingPark Bielefeld
- Vogelweide 9
- ☎ +49 (0)521-4592233
- FAX +49 (0)521-459017
- 1/3 - 30/11
- @ bielefeld@meyer-zu-bentrup.de

10ha 110T(< 120m²) 16A CEE

1. A**D**GIJKLMO**P**Q
2. **B**FGRWXY
3. **B**DFGHJ**M**RUW
4. (Q+S 1/4-30/9) (V 15/4-31/10) Z
5. **AB**DGIJMNO**P**UWXY
6. CEG**IJ**(N 3km)OQUV

💬 Deze camping ligt aan de rand van de stad Bielefeld. Deels in een bos en deels in open veld voor zonaanbidders. De stad Bielefeld is zeker een bezoek waard. Het Teutoburgerwald is prachtig om te fietsen en te wandelen.

🚗 Kreuz Bielefeld borden A33 richting Paderborn, rechts aanhouden. Afslag richting B61, dan B68 ri Osnabrück Halle-West, re-af Osnabrückerstraße, li-af Fortunastraße. Volg de campingborden.

CC €18 1/3-7/7 24/8-31/10   N 52°0'24'' E 8°27'28''

Brilon, D-59929 / Nordrhein-Westfalen 667

- Camping & Ferienpark Brilon
- Hoppecker-Straße 75
- ☎ +49 (0)2961-977423
- FAX +49 (0)2961-977416
- 1/1 - 25/10, 19/12 - 31/12
- @ info@campingbrilon.de

19ha 100T(120-160m²) 10A CEE

1. A**D**GIJKLMO**P**Q
2. **B**JKRTUVW
3. **B**E**H**J**O**
4. (Q ⊙)
5. **AB**DEFGIJKLMNOPUWXYZ
6. ACDEG**K**(N 2,5km)S

💬 Nieuwe zomer- en wintercamping in het Sauerland met grandioos uitzicht. Ruime plaatsen direct aan het bos. Door de unieke ligging ideaal uitgangspunt voor (winter)sportactiviteiten. Nederlands-Duitse leiding.

🚗 B251 richting Willingen; rechtsaf richting Brilon. Borden volgen.

CC €16 5/1-12/5 18/5-21/5 27/5-15/7 1/9-25/10   N 51°22'45'' E 8°35'8''

Extertal, D-32699 / Nordrhein-Westfalen 668

- Campingpark Extertal★★★★
- Eimke 4
- ☎ +49 (0)5262-3307
- FAX +49 (0)5262-992404
- 1/1 - 31/12
- @ info@campingpark-extertal.de

10ha 80T(100-120m²) 16A CEE

1. A**G**HIJKLM**P**Q
2. CDGJKLMRVWX
3. A**B**GHJ**NOP**RUW**Z**
4. (Q+R ⊙) (T 1/4-31/10) Z
5. **AB**DEFGIJKLMNO**P**UWXYZ
6. CDEG**K**(N 2km)OTUV

NIEUW

💬 Een camping aan de rand van het bos met uitzicht over glooiende heuvels, aan een doorgaande weg die weinig overlast geeft.

🚗 De camping ligt aan de weg Rinteln-Barntrup. 1 km ten zuiden van Bösingfeld bij het dorpje Asmissen. De camping wordt met een bord duidelijk aangegeven.

CC €14 1/1-30/6 1/9-31/12 7=6, 14=12, 21=17   N 52°3'4'' E 9°6'8''

669 — Extertal/Bösingfeld, D-32699 / Nordrhein-Westfalen

- Bambi****
- Hölmkeweg 1
- +49 (0)5262-4343
- FAX +49 (0)5262-3336
- 1/1 - 31/12
- info@camping-bambi.de

1,7ha 30T(80-120m²) 10A CEE

1 **AG**HIJKLMOPQ
2 JRUVWX
3 AHRUW
4 (Q)
5 **AB**DGIJKLMNOPUWZ
6 CDEG(N 4km)O

💬 Camping ligt in het noorden van het mooie Lipperland in een rustige en idyllische omgeving. Vele bezienswaardigheden in de buurt nodigen uit tot het ondernemen van uitstapjes. Apart deel voor jongeren en er is een speelplaats voor kinderen. Honden zijn toegestaan.

🚗 Vanuit Bösingfeld richting Hameln rijden. 1,7 km na de rotonde in Bösingfeld linksaf Schönhagener ring op. Volg campingborden Bambi.

CC €14 1/1-30/6 1/9-31/12 7=6, 14=12, 21=18

N 52°4'59'' E 9°9'31''

---

670 — Höxter, D-37671 / Nordrhein-Westfalen

- Wesercamping Höxter***
- Sportzentrum 4
- +49 (0)5271-2589
- FAX +49 (0)5271-496235
- 1/1 - 31/12
- info@campingplatz-hoexter.de

30ha 80T(80-120m²) 10A CEE

1 **AG**HIJKLMOPQ
2 CGKLRVX
3 BHJKL**M**N**O**Q**U**WX
4 (**C**+**G** 15/5-15/9) J
   (Q+R+T+U+X 15/4-15/10) Z
5 **AB**DGIJKMNO**P**RUWZ
6 CDE**G**J(N 1km)OV

💬 Een mooie, kind- en jeugdvriendelijke camping aan de Weser, men kan de boot meebrengen. Mooi zwembad. Vriendelijk echtpaar. Mooi stadje. Goed uitgangspunt om te fietsen, wandelen, nordicwalken en mountainbiken. Goede mogelijkheden voor culturele uitstapjes.

🚗 A44 richting Kassel, afrit Bühren richting Paderborn. B64 richting Höxter. In Höxter richting Boffzen/Fürstenberg en borden richting camping en Brückfeld volgen.

CC €16 1/1-29/3 13/4-10/5 1/6-28/6 17/8-31/12

N 51°46'0'' E 9°23'0''

---

671 — Lemgo, D-32657 / Nordrhein-Westfalen

- Campingpark Lemgo
- Regenstorstraße 10
- +49 (0)5261-14858
- FAX +49 (0)521-459017
- 1/3 - 30/11
- lemgo@meyer-zu-bentrup.de

2,6ha 60T(90-100m²) 16A CEE

1 **AG**IJKLMO**P**Q
2 CGRTUWXY
3 ABHJKRUW
4 (**C**+**F**+**H**) J**KLN**
   (Q 1/4-30/9)
5 **AB**DEFGIJMNOPUWXY
6 ACDEGJ(N 0,5km)OV

💬 Deze camping ligt op loopafstand van het prachtige oude stadje Lemgo met mooi gerestaureerde geveltjes. Zwembad en sauna tegen gereduceerd tarief. De omgeving nodigt uit tot wandelen, fietsen en culturele uitstapjes. Prachtig nieuw toiletgebouw.

🚗 In Lemgo campingborden volgen.

CC €18 1/3-7/7 24/8-31/10

N 52°1'30'' E 8°54'31''

Lienen, D-49536 / Nordrhein-Westfalen — 672

- Eurocamp
- Holperdorp 44
- +49 (0)5483-290
- 1/1 - 31/12
- holperdorper-tal@osnanet.de

7,8ha 60T(80-100m²) 16A CEE

1. ACDGHIJKLMOPQ
2. JKRSTWX
3. BGHR
4. M(X)
5. ABDEGJNPUWZ
6. EJ(N 5km)O

🅟 Zeer rustig gelegen camping. De vlakke terrassen hebben enkele schaduwrijke plaatsen. In de omgeving vindt u aardige stadjes met vele musea, o.a. uurwerkmuseum. Vernieuwd sanitair.

🚗 A30 Hengelo-Osnabrück afslag 18, B51 Osnabrück/Nahne richting Bad Iburg, daarna richting Holperdorp. Camping staat aangegeven.

CC €14   1/1-13/5   26/5-15/7   1/9-31/12

N 52°10'0"   E 7°58'52"

Meschede (Hennesee), D-59872 / Nordrhein-Westfalen — 673

- Knaus Campingpark Hennesee★★★★★
- Mielinghausen 7
- +49 (0)291-952720
- FAX +49 (0)291-9527229
- 1/1 - 31/12
- info@knauscamp.de

12,5ha 183T(80-130m²) 10A CEE

1. ACGHIJKLMOPQ
2. DFGJLMORTVWXY
3. ABGHJKLNRUWZ
4. (A)
   (F 1/1-31/10, 1/12-31/12) N
   (Q+R) (S 5/5-30/9)
   (T+U+Y) Z
5. ABDEFGIJKLMNOPRSTU WXYZ
6. ACDEGIK(N 3km)OSUV

🅟 Terrassencamping gescheiden door boomrijen. Rustig gelegen aan het stuwmeer.

🚗 B55 van Meschede naar Olpe. Na 7 km bij einde stuwmeer, dan over de brug rechts en na 300m links naar camping.

CC €18   6/1-17/5   7/6-27/6   6/9-31/12

N 51°17'54"   E 8°15'51"

Monschau/Imgenbroich, D-52156 / Nordrhein-Westfalen — 674

- Zum Jone-Bur★★★★
- Grünentalstraße 36
- +49 (0)2472-3931
- FAX +49 (0)2472-4694
- 1/1 - 31/12
- camping@zum-jone-bur.de

60T(60-80m²) 6A CEE

1. ADFHIJKLOPRS
2. GRTUVWX
3. AHJLRU
4. (A) (G 15/6-15/9)
   (U+X) Z
5. ABDFGIJKLMNOPUWXYZ
6. ACDEGIJ(N 1km)OV

🅟 Goed verzorgde camping in de buurt van Monschau. Door bomen en heggen afgebakende plaatsen. Prima restaurant. Goed uitgangspunt voor wandelingen in het Naturpark Nord Eifel, National Park Eifel en de Hoge Venen. Op 500m groot inkoopcentrum.

🚗 Op de B258 Aachen-Monschau of B399 Düren-Monschau ziet u de camping aangegeven staan. In Imgenbroich links. Duidelijk aangegeven.

CC €18   1/1-31/3   12/4-12/5   18/5-22/5   26/5-30/6   24/8-31/12

N 50°34'1"   E 6°16'2"

Monschau/Perlenau, D-52156 / Nordrhein-Westfalen 📶 iD 675

▲ Perlenau★★★★
☎ +49 (0)2472-4136
📠 +49 (0)2472-4493
⌾ 23/3 - 31/10
@ familie.rasch@monschau-perlenau.de

70T(50-80m²) 16A CEE

1 A**G**IJKLOPQ
2 B**C**JRSTVWX
3 A**H**J**UW**
4 (G 15/6-15/9) (Q 1/7-31/8) (R 15/5-15/9) (T+X+Y 1/4-1/11)
5 **AB**DFGIJKMNOPRUWZ
6 ACEJ(N 1km)OV

Camping in een dal gelegen midden in de bossen. Leuke wandeling van 1,5 km naar de stad Monschau. Een bezoek aan de glasfabriek is de moeite waard. Uitstekende keuken met dagelijks verse producten!

🚗 Men bereikt de camping via de B258 Monschau-Trier. De camping is duidelijk langs deze weg aangegeven.

CC €18   12/4-12/5   26/5-5/7   24/8-31/10   Ⓜ N 50°32'38" E 6°14'15"

Sassenberg, D-48336 / Nordrhein-Westfalen ♿ 📶 iD 676

▲ Campingpark Heidewald★★★★★
🏠 Versmolder Straße 44
☎ +49 (0)2583-1394
📠 +49 (0)2583-300979
⌾ 1/1 - 31/12
@ campheidewald@web.de

8,5ha 90T(100-130m²) 16A CEE

1 A**D**GHIJKLMO**P**Q
2 FGRVWX
3 B**F**HJKNR
4 (Q+R+T+X 1/4-1/11)
5 **AB**DEFGJLN**P**UWXYZ
6 ACEGI**K**(N 1,5km)OSUV

Vijfsterrencamping voor rustzoekers dicht bij een meer. Ideaal voor fietsers direct aan de 100-kastelenroute. Mooie steden in de omgeving: Warendorf, Münster en Osnabrück. Gemoedelijke bistro, broodjesservice. Uitstekend modern sanitair.

🚗 A30 richting Osnabrück. Afslag Ibbenbüren, daarna richting Lengerich, richting Glandorf, vervolgens richting Sassenberg. Campingborden volgen.

CC €16   1/1-1/4   7/4-10/5   26/5-30/6   17/8-31/12   Ⓜ N 52°0'0" E 8°3'55"

Sassenberg, D-48336 / Nordrhein-Westfalen ♿ 📶 iD 677

▲ Münsterland Eichenhof★★★★★
🏠 Feldmark 3
☎ +49 (0)2583-1585
⌾ 1/1 - 31/12
@ info@campmuensterland.de

10ha 80T(100-120m²) 16A CEE

1 ACD**G**HIJKLMOPQ
2 **A**DGLRSUWX
3 BD**F**JKL**M**RUWZ
4 (Q+R+T+U+Y)
5 **AB**DEFGHIJKLMNP**S**UWXY
6 ACDEGHIJ(N 2km)OSU

Tussen Feldmarksee en een natuurgebied ligt deze rustige camping (voormalige boerderij). Het Münsterland is ideaal voor fietstochten (4000 km) en wandelen.

🚗 A30 richting Osnabrück/Bad Iburg. Vervolgens richting Warendorf en Sassenberg. In Sassenberg stad verlaten. Neem Versmolder Straße. 800m ná verlaten stad (bij plaatsnaambord) linksaf.

CC €16   1/1-2/4   6/4-13/5   25/5-7/7   24/8-4/10   18/10-31/12   Ⓜ N 52°0'16" E 8°3'51"

Simmerath/Hammer, D-52152 / Nordrhein-Westfalen 678

- Camp Hammer
- An der Streng
- ☎ +49 (0)2473-929041
- 1/1 - 31/12
- @ info@camp-hammer.de

50T 16A CEE

1. AEHIJKLOPQ
2. BCGLNRWX
3. AGHJRX
4. (Q 1/5-30/9) (R+U 1/4-31/10) (X ⌧) Z
5. ABDEFGIJKLMNOPUWZ
6. ABEGJK(N 5km)OV

💬 In een idyllisch dal, omgeven door bossen, weiden en een rivier ligt de gezinsvriendelijke camping Camp Hammer, gecertificeerd gastheer in het Nationaalpark Eifel. Direct gelegen aan de Eifelsteig en op kleine afstand van Monschau en de Rursee. WiFi op het terrein. Van april tot oktober vers brood en kranten in de kiosk verkrijgbaar. Gasverkoop. Bistro.

🚗 Heerlen-Achen. Dan via B258 richting Monschau-Konzen-Eicherscheid-Hammer.

€16 1/1-10/5 26/5-27/6 26/8-31/12

N 50°33'51" E 6°19'59"

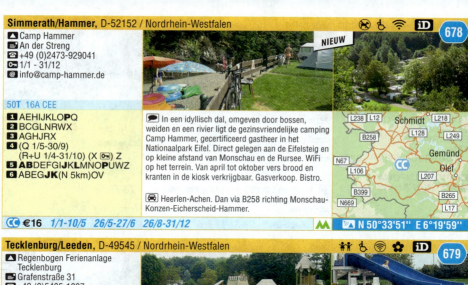

Tecklenburg/Leeden, D-49545 / Nordrhein-Westfalen 679

- Regenbogen Ferienanlage Tecklenburg
- Grafenstraße 31
- ☎ +49 (0)5405-1007
- FAX +49 (0)5405-808787
- 12/2 - 31/12
- @ tecklenburg@regenbogen.ag

30ha 600T(90-100m²) 10-16A CEE

1. ACGHIJKLMOPQ
2. FGLRVWXY
3. BGHJMNQRU
4. (B 15/5-31/10) (F+G 1/4-31/10) JKLN (Q 1/5-31/10) (R 1/1-31/10) (T+U 1/4-31/10) (X 1/1-31/10,15/12-31/12)
5. ABDEFGJLNPSUWYZ
6. CDEGIJ(N 4km)OTV

💬 Camping ligt in het Teutoburgerwald. Vakantiepark biedt vele voorzieningen met binnen- en buitenzwembad en vele sportmogelijkheden. Goed uitgangspunt voor fiets- en wandeltochten.

🚗 A1 Hengelo-Osnabrück afrit Ibbenbüren-Laggenbeck richting Tecklenburg-Lengerich. Verder aangegeven.

€18 12/2-27/3 12/4-12/5 27/5-25/6 1/9-30/9 1/11-31/12

N 52°13'47" E 7°53'25"

Wesel/Flüren, D-46487 / Nordrhein-Westfalen 680

- Erholungszentrum Grav Insel GmbH & Co.KG
- Gravinsel 1
- ☎ +49 (0)281-972830
- FAX +49 (0)281-9728340
- 1/1 - 31/12
- @ info@grav-insel.com

250ha 500T(90-200m²) 16A CEE

1. ADGIJKLMOPRS
2. ACDFGLRUVWX
3. ABDFGHIJNPRUWXZ
4. (A 26/6-10/8) (Q+S+T 1/1-15/1,15/3-31/12) (U ⌧) (V 1/4-31/10) (Y ⌧) Z
5. ABDEFGIJLMNOPQRUWXZ
6. CDEGHJLMOTUV

💬 Grote camping waar de toeristische plaatsen aan het water gelegen zijn, waar je kunt varen en zwemmen. Centraal gebouw waarin winkels, bars, cafés en het sanitairgedeelte te vinden zijn.

🚗 Op A3 afrit 5. B473 volgen, daarna B8 richting Rees. Afslag Flüren. In Flüren richting Rees over de dijk. Camping ligt links.

€16 1/4-15/7 1/9-31/10

N 51°40'5" E 6°33'22"

Wettringen, D-48493 / Nordrhein-Westfalen — 681

- ▲ Haddorfer Seen
- ✉ Haddorf 59
- ☎ +49 (0)5973-2742
- FAX +49 (0)5973-900889
- 🔓 1/1 - 31/12
- @ info@campingplatz-haddorf.de

128T(100m²) 16A CEE

1. ADGHIJKLMOPQ
2. ADLMRSWX
3. AJQRWZ
4. M (Q+R+T+U+W+X 1/4-20/10) Z
5. ABDFGJLNPQWXYZ
6. ACFIJK(N 7km)OS

💬 In een verrassende omgeving waar je uitstekend kunt fietsen, varen, vissen en zwemmen ligt de camping met veel jaarplaatsen. Voor toeristisch kamperen zijn er plaatsen onder de bomen, bij de entree of op een groot veld naast het natuurbad.

🚗 A31 afslag Schüttorf-Ost richting Wettringen. Ten noorden van deze plaats wordt de camping aangegeven.

CC €16 1/1-26/3 13/4-10/5 27/5-31/5 8/6-26/6 1/9-31/12 7=6, 14=11   N 52°16'25'' E 7°19'12''

Alheim/Licherode, D-36211 / Hessen — 682

- ▲ Alte Mühle
- ✉ Zur Alte Mühle 4
- ☎ +49 (0)5664-8141
- FAX +49 (0)5664-6577
- 🔓 1/1 - 31/10
- @ info@camping-altemuehle.de

4,5ha 100T(100m²) 16A CEE

1. ACGIJKLMOPQ
2. CDFLRTUWXY
3. ABHJKPRUW
4. (Q+U+X 🔓) Z
5. ABDEGIJKLMNOPUW
6. DEGIJ(N 6km)V

💬 Rustgevende camping aan het zijdal van het Knüllwald. Verwarmd sanitair. Nederlands gesproken.

🚗 A7 Kassel-Würzburg, afrit 83 Malsfeld. Borden Rotenburg volgen, dan bij Morschen borden Homberg volgen. Dan Wichte door en linksaf richting Licherode. Na 1 km de camping links.

CC €16 1/5-30/6 1/9-31/10   N 51°2'10'' E 9°34'51''

Eschwege, D-37269 / Hessen — 683

- ▲ Knaus Campingpark Eschwege*****
- ✉ Am Werratalsee 2
- ☎ +49 (0)5651-338883
- FAX +49 (0)5651-338884
- 🔓 1/1 - 2/11, 19/12 - 31/12
- @ eschwege@knauscamp.de

6,8ha 123T(100m²) 16A CEE

1. ACDGHIJKLMOPQ
2. ACDGKLMNPRTUVWX
3. ABCHJMNOPQRUWZ
4. (Q+R 1/4-30/10) (T 🔓) (U 1/1-1/11,1/12-31/12) (X 🔓)
5. ABDEFGIJKLMNOPQRUWXYZ
6. CDEG(N 1km)OTV

💬 Camping gelegen aan een meer. Uitstekende sanitaire voorzieningen. Goede fietsmogelijkheden, vlakbij leuk stadje Eschwege.

🚗 A4 Kassel-Hannover, afrit 74. B27 richting Bebra, afslag Eschwege. Of A4 Frankfurt-Dresden, afrit 32. Dan B27 richting Eschwege.

CC €18 6/1-11/4 11/5-3/6 14/6-30/6 1/9-2/11   N 51°11'29'' E 10°4'7''

Eschwege/Meinhard, D-37276 / Hessen — 684

- Campingplatz Meinhardsee
- Freizeitzentrum 2
- ☎ +49 (0)5651-6200
- FAX +49 (0)5651-9920301
- 1/1 - 31/12
- @ info@werra-meissner-camping.de

18ha 200T 6A CEE

1. **AG**HIJKLMO**PQ**
2. **D**KLMNRSTWXY
3. **B**JNQRU**W**Z
4. (B) **JLMN**(Q 1/4-31/8)
   (R 1/4-31/10)
   (T+U 1/6-31/8)
   (Y 1/2-31/12)
5. **ABD**FGIJKLMNOPUW
6. **C**DEGI(N 2km)OV

💬 De camping is gelegen in het prachtige Noord-Hessische heuvellandschap. Het meer en het grote strand nodigen uit tot zwemmen, waterfietsen en windsurfen. Verdere activiteiten zijn: de grote waterglijbaan, minigolf, vissen en heerlijke fiets- en wandelpaden in de nabije en verre omgeving.

🚗 A7 Kassel-Göttingen, afslag Friedland. B524 richting Eschwege. Dan richting Meinhard richting Grebendorf. Camping staat aangegeven.

CC €16   1/1-12/5   5/6-30/6   5/9-31/12   N 51°12'24" E 10°2'33"

Fuldatal/Knickhagen, D-34233 / Hessen — 685

- Fulda-Freizeitzentrum
- Fulda-Freizeitzentrum 1
- ☎ +49 (0)5607-340
- FAX +49 (0)5607-934501
- 1/1 - 31/12
- @ patzke.michael@t-online.de

3,2ha 40T(80-120m²) 16A CEE

1. **A**DGHIJKLM**PRS**
2. **F**RTUVWXY
3. **AB**HJR
4. (Q+R+U+Y) Z
5. **AB**CGIJLMNPW
6. **D**EGHIJ(N 7km)OTV

💬 Idyllisch gelegen camping aan een bosrand. Familiaire sfeer. Gezellig restaurant met mooie Biergarten. Bij ons vindt u de rust om te ontspannen.

🚗 Afrit A7 Kassel-Nord richting het vliegveld Kassel Calden. B3 Hann.Münden richting Knickhagen. Of A7 afrit Hedemünden richting Hann.Münden. B3 richting Kassel/Knickhagen. Campingborden volgen.

CC €16   1/1-7/7   25/8-31/12   N 51°23'21" E 9°33'49"

Geisenheim, D-65366 / Hessen — 686

- Geisenheim am Rhein
- Am Campingplatz 1
- ☎ +49 (0)6722-75600
- FAX +49 (0)6722-406655
- 15/3 - 15/10
- @ campingplatzgeisenheim@t-online.de

5ha 140T(80-100m²) 6A CEE

1. **A**GHIJKLMO**PQ**
2. **C**RTWX
3. **WX**
4. (Q) (R 1/4-30/9) (Y)
5. **AB**FGIJKLMNOPUW
6. **A**DEG(N 1km)O

💬 Grote, ruime camping direct aan de Rijn gelegen. Grasveld met zowel zonnige als schaduwrijke plaatsen. Restaurant aanwezig. Mogelijkheden voor wandelen, fietsen en vissen.

🚗 Tussen de B42 en de Rijn tussen Rüdesheim (3 km) en Winkel (5 km). B42 afslag Geisenheim-West, daarna campingborden volgen.

CC €18   16/3-1/4   25/5-3/6   8/6-30/6   1/9-30/9   N 49°58'45" E 7°57'27"

Hirschhorn/Neckar, D-69434 / Hessen ♿ 📶 iD 687

- 🔺 Odenwald Camping Park
- 🏠 Langenthalerstraße 80
- ☎ +49 (0)6272-809
- FAX +49 (0)6272-3658
- 🔑 27/3 - 5/10
- @ odenwald-camping-park@t-online.de

8ha 200T(80-120m²) 6A CEE

1 AFHIJKLMOPQ
2 CGLRTVWXY
3 BFGHJK**MOP**QRU**W**X
4 (C 2/6-10/9) **N**
(Q+S 1/4-6/10) (U+Y 🔑) Z
5 **AB**DFGHIJKLMNOPUW
6 CDFG**IJK**(N 1,5km)OSTV

💬 In een bosrijke rustige omgeving, net buiten de plaats Hirschhorn, met vriendelijke beheerder. Goed uitgangspunt voor wandelingen en fietstochten langs de Neckar en het maken van autotochten in het mooie Odenwald. Camping beschikt over zwembad met bar en nieuw sanitair. Goede treinverbinding met Heidelberg.

🚗 A5, afrit 37 Heidelberg. Op de B37 richting Eberbach/Mosbach. Afrit Hirschhorn. In Hirschhorn borden volgen, richting Langenthal aan het einde van Hirschhorn.

CC €16 27/3-21/5 7/6-30/6 17/8-5/10   M 📍 N 49°27'9" E 8°52'40"

Hünfeld, D-36088 / Hessen 👫 iD 688

- 🔺 Knaus Campingpark Hünfeld Praforst*****
- 🏠 Dr.-Detlev-Rudelsdorff-Allee 6
- ☎ +49 (0)6652-749090
- FAX +49 (0)6652-749091
- 🔑 1/1 - 2/11, 19/12 - 31/12
- @ huenfeld@knauscamp.de

4,7ha 136T(> 100m²) 16A

1 ACD**G**HIJKLMO**P**Q
2 BFGRVWX
3 BC**EF**HJNQRU
4 (A 1/7-30/8, 1/10-30/10)
(Q 🔑)
(R+T 1/1-31/10,1/12-31/12)
(X 🔑)
5 **AB**DEFGIJKLMNOPUWXZ
6 CDEG**I**(N 5km)OT

💬 Op korte afstand van de snelweg gelegen aan de rand van een uitgestrekt bosgebied. Schaduwrijke en zonnige staanplaatsen naast een nieuw aangelegde golfbaan. Heel goed bereikbaar voor doorgaande reizigers.

🚗 A7 Kassel-Frankfurt, afrit 90 Hünfeld/Schlitz. Dan staat camping aangegeven. Ook te bereiken via B27, afslag Hünfeld/Schlitz.

CC €18 6/1-11/4 11/5-3/6 14/6-4/7 23/8-2/11   M 📍 N 50°39'12" E 9°43'26"

Naumburg (Edersee), D-34311 / Hessen ♿ 📶 iD 689

- 🔺 Camping in Naumburg****
- 🏠 Am Schwimmbad 12
- ☎ +49 (0)5625-9239670
- 🔑 1/1 - 31/12
- @ camping@naumburg.eu

6,5ha 120T(80-160m²) 16A CEE

1 AC**G**HIJKLMPQ
2 CGJLRUVWXY
3 ABCD**F**GHJKNRUV
4 (C 1/5-30/9) (H 1/6-30/9) J
N(Q+R+U+X 🔑) Z
5 **AB**DEFGIJKLMNO**P**UWXY Z
6 CEGIKL(N 0,3km)OV

NIEUW

💬 Ruime terrassencamping. Naastgelegen zwembad 1 euro in- en uitlopen p.p. per dag. Sauna mogelijkheid. Huurmogelijkheden voor trike toertocht.

🚗 A44 Dortmund-Kassel, afslag Zierenberg, B251 richting Edersee tot Ippinghausen; linksaf richting Naumburg. Camping staat aangegeven.

CC €16 1/5-14/6 13/9-30/9   M 📍 N 51°15'2" E 9°9'37"

Oberweser/Oedelsheim, D-34399 / Hessen   ♿ 🛜 iD 690

- Campen am Fluss★★★★
- Am Hallenbad
- ☎ +49 (0)5574-945780
- FAX +49 (0)5574-945788
- 1/4 - 31/10
- @ info@campen-am-fluss.de

2,3ha 65T(95-110m²) 16A CEE

1 ADGHIJKLMOPQ
2 CGKRVWXY
3 BHJKLNRUWX
4 (F+H+Q+T+U+X 🔑)
5 ABDEFGIJKLMNOPUWZ
6 ACEGJ(N 0,3km)OTUV

💬 Rustige camping aan de rand van Oedelsheim, tussen de Weser en een overdekt zwembad. In de omgeving een flink aantal bezienswaardigheden. Voor fietsers en watersporters een genoegen. Het Weserfietspad gaat over de camping.

🚗 Vanaf de A2 afrit 35, B83 via Hameln/Höxter tot Bad Karlshafen. Dan B80 door Gieselwerder, de Weser oversteken en re-af. Via weg 80 in Gieselwerder afslaan bij Star, de Weserbrug over en dan re, zuidwaarts. Na 4 km Campen am Fluss.

CC €14 7/4-30/4 4/5-13/5 8/6-30/6 1/9-30/9 5/10-31/10   N 51°35'34" E 9°35'24"

Schlüchtern/Hutten, D-36381 / Hessen   iD 691

- Hutten-Heiligenborn
- Am Heiligenborn 6
- ☎ +49 (0)6661-2424
- FAX +49 (0)6661-917581
- 1/1 - 31/12
- @ helga.herzog-gericke@online.de

5ha 50T(80-100m²) 10A CEE

1 AGHIJKLMPQ
2 FJKLRTWX
3 AHU
4 (B+G 1/4-30/9) (Q+R 🔑)
5 ADGIJKLMNOPUWZ
6 DEG(N 1km)O

💬 Terrassencamping met modern sanitair. Idyllisch gelegen tussen Röhn, Spessart en Vogelsberg, naast verwarmd buitenzwembad. Talrijke dagtochtjes mogelijk in de heuvelachtige omgeving.

🚗 Vanaf de A66 kunt u afslag 48, 49 of 50 nemen richting Schlüchtern/Hutten. Na 7 km ligt de camping. In Hutten de borden 'Sportplatz-Freibad' volgen.

CC €14 1/4-15/7 1/9-30/9   N 50°22'6" E 9°36'30"

Witzenhausen, D-37213 / Hessen   iD 692

- Campingplatz Werratal
- Am Sande 11
- ☎ +49 (0)5542-1465
- 1/1 - 31/12
- @ info@campingplatz-werratal.de

3ha 70T(120m²) 16A

1 ADGHIJKLMPQ
2 CFGORUXY
3 ABHIJKMNOPQRSTUWX
4 (C 15/5-15/9)
   (F 16/9-31/12)
   (H 1/1-15/5,15/9-31/12) J
   (Q+R 🔑) Z
5 ABDGIJKLMNOPUW
6 CDG(N 0,6km)OTV

💬 Gelegen aan de Werra. Grote staanplaatsen. Veel sportmogelijkheden op en in de nabije omgeving van de camping. Puur natuur. Voorzieningen ook voor grote groepen beschikbaar. Een waar paradijs voor wandelaars, fietsers en kanoërs.

🚗 A44 Dortmund-Kassel, dan A7 Kassel-Hannover. Afrit 75 Hedemünden/Werratal/Witzenhausen. B80 richting Witzenhausen. Camping staat daar aangegeven.

CC €16 1/1-30/6 1/9-31/12   N 51°20'49" E 9°52'9"

293

Ahrbrück, D-53506 / Rheinland-Pfalz **693**

- 🏕 Denntal Campingplatz★★★★
- 🏠 Denntalstraße 49
- ☎ +49 (0)2643-6905
- 📠 +49 (0)2643-941055
- 🔑 1/1 - 30/11
- @ urlaub@camping-denntal.de

8,2ha 50**T**(100m²) 6A CEE

1. A**F**HIJKL**P**Q
2. CRSUVWX
3. A**H**JKR**V**
4. (A 15/5-31/10) **LN**
   (Q 5/4-1/11) (T 🔑)
   (X 1/2-31/12) Z
5. **AB**DFGIJLN**P**UW
6. ACDEGJ(N 1,5km)OT

💬 De camping ligt in een zeer rustig dal omgeven door bossen waar je uitstekend kunt wandelen. Verder veel goede fietsmogelijkheden in combinatie met de trein. In de herfst wijnfeesten in de buurt.

🚗 A61 Meckenheimer Kreuz afrit Altenahr. B257 richting Nürburgring/Adenau. Ahrbrück bijna door. Richting Kesseling, Kesselingerstraße na ± 2 km rechtsaf en volg campingborden.

CC €16   1/2-30/4   4/5-12/5   26/5-3/6   8/6-15/7   1/9-30/11   N 50°28'33" E 6°59'15"

Bacharach, D-55422 / Rheinland-Pfalz **694**

- 🏕 Sonnenstrand
- 🏠 Strandbadweg 9
- ☎ +49 (0)6743-1752
- 📠 +49 (0)6743-3192
- 🔑 1/4 - 31/10
- @ info@camping-sonnenstrand.de

1,2ha 55**T**(< 100m²) 6A CEE

1. ACD**G**IJKLMO**P**Q
2. ACFGLMRSTWX
3. BNRU**W**X
4. (Q+R+U+X 🔑) Z
5. **AB**FGIJMNO**P**UW
6. CDEGIK(N 0,5km)OV

NIEUW

💬 Rustige, comfortabele camping met een goed restaurant en zandstrand. Gelegen op 300m van de stad Bacharach. Hier is het drukke scheepvaartverkeer van dichtbij te zien. Plaatsen direct aan de Rijn 2 euro extra.

🚗 Via de A61. Afslag 44 Laudert via Oberwesel naar Bacharach (B9).

CC €16   1/5-10/5   26/5-6/7   1/9-10/9   21/9-30/9   N 50°3'13" E 7°46'22"

Bad Dürkheim, D-67098 / Rheinland-Pfalz **695**

- 🏕 Knaus Campingpark Bad Dürkheim★★★★
- 🏠 In den Almen 1
- ☎ +49 (0)6322-61356
- 📠 +49 (0)6322-8161
- 🔑 1/1 - 31/12
- @ badduerkheim@knauscamp.de

16ha 307**T**(80-160m²) 16A CEE

1. ACD**G**HIJKLM**P**Q
2. ADFGLRSVWX
3. BDFHJK**M**NO**P**RUWZ
4. (A 1/4-31/10) **N**(Q 🔑)
   (R 1/3-1/12)
   (T+U+V+Y 1/2-31/12) Z
5. **AB**DFGIJKLMNOPRSTUWZ
6. ABCDFG**K**(N 1km)OTV

💬 Zeer mooi gelegen camping temidden van het wijngebied met druivenranken op de camping. Ligt naast een klein vliegveldje, waar men weinig geluidsoverlast van heeft en is tevens een langere verblijfscamping.

🚗 A61 afrit 60 knooppunt Ludwigshafen. Dan weg 650 naar Bad Dürkheim. Bij het tweede verkeerslicht rechts en 2e straat weer rechtsaf.

CC €18   1/1-13/5   17/5-22/5   25/5-3/6   7/6-30/6   21/9-31/12   N 49°28'23" E 8°11'29"

696
Bollendorf, D-54669 / Rheinland-Pfalz

- Altschmiede★★★★
- ☎ +49 (0)6526-375
- 📠 +49 (0)6526-1330
- 🔑 1/1 - 31/12
- @ info@camping-altschmiede.de

250T 6A CEE

1 **AG**IJKLOPQ
2 CKLRSVWX
3 AHJNRU**W**X
4 (A 1/7-31/8) (C 1/6-31/8) IJ
   (Q 1/5-15/9)
   (R+T+U 1/6-31/8)
   (X 1/6-15/9) Z
5 **AB**DEFGIJKLMNO**P**UZ
6 AEG**I**(N 2km)V

💬 Iedereen is gast op deze camping; hier voelt men zich thuis. Op grasland langs een riviertje gelegen. Prima sanitair. Men heeft hier eigen koeien en een eigen jeneverstokerij! Heel uniek! Gratis verwarmd zwembad in de zomermaanden met 3 glijbanen.

🚗 Volg de B257 vanaf Bitburg, afslag Echternacherbrück. Voor de grensbrug rechtsaf richting Bollendorf. In dorp richting Körperich. Het is de 2e camping en staat aangegeven.

CC €16   1/4-3/7   22/8-31/10   N 49°50'28'' E 6°20'13''

697
Bullay (Mosel), D-56859 / Rheinland-Pfalz

- Bären-Camp★★★★
- Am Moselufer 1 + 3
- ☎ +49 (0)6542-900097
- 📠 +49 (0)6542-900098
- 🔑 28/3 - 31/10
- @ info@baeren-camp.de

1,9ha 150T(70-105m²) 16A CEE

1 ACD**G**HIJKLM**P**Q
2 CGRVWXY
3 BHJN**W**X
4 (**A** 1/7-1/9) (Q+S+U+X 🔑)
   (Y 17/4-1/11)
5 **AB**DFGI**J**KLMNO**P**UWZ
6 ACEGI**K**OT

💬 Omgeven door de Marienburg, Burcht Arras en de steile wijnbergen bevindt zich camping 'Bären-Camp'. Er zijn op de camping zeer zonnige plaatsen, maar ook schaduwrijke plekken. Op de camping is een zeer sfeervol restaurant.

🚗 A1 afrit 125 Wittlich, via B49 naar Alf. Daar brug over naar Bullay.

CC €16   28/3-5/7   22/8-31/10   N 50°3'14'' E 7°7'49''

698
Bürder, D-56589 / Rheinland-Pfalz

- Zum stillen Winkel★★★★★
- Brunnenweg 1c
- ☎ +49 (0)157-77722216
- 📠 +49 (0)2638-4929
- 🔑 1/4 - 31/10
- @ zumstillenwinkel@treffers.biz

5ha 70T(80-100m²) 16A CEE

1 **A**G**I**JKLMNO**P**Q
2 BCLRWXY
3 ABHJNRU**W**X
4 (Q 1/4-15/10)
5 **AB**DFGIJKLMNO**P**UWXY
   Z
6 EG**K**(N 4km)OT

💬 Een gezellige camping gelegen aan de rivier met alle kampeerplaatsen op de oever van de rivier. Dagelijks verse broodjes en een restaurant-bezorgservice. Gezellige familiecamping in een mooie heuvelachtige omgeving, waar natuur en rust een belangrijke rol spelen. Nederlandse beheerder.

🚗 A3 afrit 36 Neuwied, richting Neuwied, daarna Kurtscheid aanhouden. Doorrijden tot in Niederbietbach, daar links weer richting Neuwied tot afslag Bürder. Campingwegwijsnummer 2.

CC €16   1/4-12/5   18/5-20/5   27/5-2/6   8/6-9/7   1/9-31/10   N 50°30'56'' E 7°25'46''

Burgen, D-56332 / Rheinland-Pfalz 🛜 iD 699

- Camping Burgen★★★★
- Moselstraße
- ☎ +49 (0)2605-2396
- FAX +49 (0)2605-4919
- 2/4 - 18/10
- @ info@camping-burgen.de

4ha 120T(60-100m²) 16A

1 AD**G**HIJKLMOPQ
2 CGKORVWXY
3 BHJKN**Q**R**U**WX
4 (B 31/5-1/9) (Q+R ⌾)
5 **AB**DFGIJKLMNO**P**UWZ
6 ACDFGH**K**(N 0,35km)OTU V

💬 Op slechts 300m van het dorp Burgen ligt Camping Burgen, direct aan de Moezel, met een geweldig uitzicht op de burcht Bischofstein. Een ideaal startpunt voor wandelingen, fietstochten en uitstapjes langs de Moezel. Prima voorzieningen completeren het geheel.

🚗 Volg A61, afrit 39 Dieblich nemen. Dan de B49 volgen richting Cochem/Trier tot aan het begin van het dorp Burgen.

CC €16   2/4-11/5   9/6-5/7   28/8-18/10   Ⓜ   N 50°12'53''   E 7°23'24''

Burgen, D-56332 / Rheinland-Pfalz 👫 ♿ 🛜 iD 700

- Knaus Campingpark Burgen/Mosel
- Am Bootshafen(B49)
- ☎ +49 (0)2605-952176
- FAX +49 (0)2605-952177
- 3/4 - 18/10
- @ mosel@knauscamp.de

4ha 120T(80-120m²) 16A CEE

1 ACD**G**HIJKLMOPQ
2 CGKLRSWX
3 AHJ**Q**W**X**
4 (C 15/5-15/9) (Q+R+T+U+Y ⌾) Z
5 **AB**DFGIJKLMNO**P**UWZ
6 ACDFJ(N 6km)OTU

💬 Mooi gelegen camping direct aan de Moezel met uitzicht op een romantisch kasteel. Klein, met zonnepanelen verwarmd zwembad, restaurant en haven. Op de Moezel kunt u kanovaren en waterskiën of vissen. Natuurlijk is deze camping in het naseizoen een goed uitgangspunt voor het bezoek aan één van de vrolijke wijnfeesten in de omgeving.

🚗 A61 afrit 39 Dieblich. Volg B49 tot men Burgen door is.

CC €16   3/4-17/5   7/6-27/6   6/9-18/10   Ⓜ   N 50°12'19''   E 7°22'53''

Dausenau, D-56132 / Rheinland-Pfalz ♿ 🛜 iD 701

- Lahn Beach
- Hallgarten 16
- ☎ +49 (0)2603-13964
- FAX +49 (0)2603-919935
- 1/4 - 31/10
- @ info@canutours.de

3ha 80T(80m²) 6-16A CEE

1 AGIJKLMO**P**Q
2 CGLRTWX
3 BKNR**W**X
4 (Q+X ⌾) Z
5 **AB**GIJKLMNO**P**UW
6 CFG**K**(N 0,3km)OT

💬 In het landschapspark Nassau, tussen 'Lahnbergen' direct aan de rivier en aan fiets- en wandelroute R36 gelegen camping. Fiets- en kanoverhuur op de camping. Ruime grasplaatsen, zeer verzorgd sanitair, familiaire sfeer.

🚗 Camping ligt aan de B260 en de Lahn tussen Nassau (4 km) en Bad Ems (4 km). In Dausenau brug over de Lahn nemen en dan rechtsaf.

CC €16   1/4-10/5   8/6-30/6   17/8-31/10   Ⓜ   N 50°19'39''   E 7°45'19''

702 — Dockweiler, D-54552 / Rheinland-Pfalz

- Campingpark Dockweiler Mühle
- Zur Dockweiler Mühle
- ☎ +49 (0)6595-961130
- FAX +49 (0)6595-961131
- 1/1 - 31/12
- @ info@campingpark-dockweiler-muehle.de

10ha 100T(80-90m²) 16A

1. ACGHIJKLMNPQ
2. CFGJLRUVWX
3. BGHRW
4. (Q+T+U+X) Z
5. ABDFGJLMNPUW
6. CDEGJ(N 0,3km)OV

💬 In beschermd natuurgebied gelegen grote camping met eigen visvijver. Voor toeristen heeft men plaatsen op de terrassen bij de vaste kampeerders, maar ook op een apart veld omringd door een haag.

🚗 A61 en A1 via Blankenheim naar Hillesheim richting Daun.

CC €14   1/1-10/5   30/5-30/6   1/9-31/12

N 50°15'20" E 6°46'47"

---

703 — Echternacherbrück, D-54668 / Rheinland-Pfalz

- Campingpark Freibad Echternacherbrück
- Mindenerstraße 18
- ☎ +49 (0)6525-340
- FAX +49 (0)6525-93155
- 27/3 - 15/10
- @ info@echternacherbrueck.de

400T 12A CEE

1. ADGIJKLMOPRS
2. CGLRVXY
3. BGHJKNQRUWX
4. (A 1/7-31/8) (C+G 1/5-15/9) J(Q+S+T+U+V) (X 1/5-1/9) Z
5. ABDEFGIJKLMNOPUWZ
6. CFJ(N 0,3km)OV

💬 Veel bomen en op gras gelegen afgebakende plaatsen. Vanaf de camping loopt men over de brug zo Luxemburg binnen Echternach in! (Heel leuk).

🚗 Vanuit Maastricht-Verviers richting St. Vith/Bitburg. Dan naar Echternach richting Echternacherbrück. Camping staat aangegeven.

CC €16   27/3-13/5   26/5-2/7   28/8-15/10

N 49°48'44" E 6°25'53"

---

704 — Ediger/Eller, D-56814 / Rheinland-Pfalz

- Zum Feuerberg
- Moselstraße
- ☎ +49 (0)2675-701
- FAX +49 (0)2675-911211
- 1/4 - 31/10
- @ info@zum-feuerberg.de

1,8ha 165T(100-150m²) 16A CEE

1. ADGIJKLMOPQ
2. CGLMRVWXY
3. ABEFHJKRUWX
4. (A) (B 23/5-30/9) (Q+R) Z
5. ABDFGIJKLMNOPUWZ
6. CEGI(N 0,3km)OTUV

💬 Deze verblijfscamping aan de Moezel ligt bij het schilderachtige wijndorpje Ediger/Eller aan de voet van de 'Calmont', Europa's steilste wijnberg. Op de camping is een gemoedelijk restaurant.

🚗 A48 afrit 3 Laubach, richting Cochem. Daarna richting Senheim volgen en verder 4 km langs de Moezel.

CC €18   1/4-6/7   19/9-31/10

N 50°5'30" E 7°9'48"

Erden, D-54492 / Rheinland-Pfalz — 705

- Erden
- Am Moselufer 1
- ☎ +49 (0)6532-4060
- FAX +49 (0)6532-4050
- 28/3 - 31/10
- @ camping-erden@gmx.de

2ha 70T(80-120m²) 16A CEE

1. ADGHIJKLMOPQ
2. CFKLRSWXY
3. BDHJKRUWX
4. (Q+R+T+U+X) Z
5. ABFGIJKLMNOPWZ
6. CDFGJ(N 4,5km)OTUV

💬 De camping voor topwijnen! Direct aan de Moezel gelegen en aan de Moselradweg. Rust, ruimte en genieten maar.

🚗 A1 afslag Wittlich richting Bernkastel Kues. In Zeltingen over de brug richting Traben-Trarbach.

CC €16 1/4-30/6 1/9-25/9 5/10-31/10   N 49°58'48'' E 7°1'13''

Gentingen, D-54675 / Rheinland-Pfalz — 706

- Ourtalidyll★★★★
- Uferstraße 17
- ☎ +49 (0)6566-352
- FAX +49 (0)6566-1487
- 28/3 - 2/11
- @ info@eifelidyll.de

90T(< 100m²) 16A CEE

1. ADGIJKLOPQ
2. CKLRV
3. ABGHJKNRUWX
4. (Q+R) (X 3/4-31/10) Z
5. ABDEFGIJKLMNOPUWXYZ
6. ADEGK(N 3km)O

💬 Modern campingterrein met comfortplaatsen gelegen in een Duits-Luxemburgs natuurpark tussen Echternach en Vianden. Vlak voor gehandicapten geschikt terrein met modern sanitair. Eigen schnapsstokerij met rondleiding en proeverij. Er wordt Nederlands gesproken. Verdere bezichtigingsmogelijkheden, wandelen, fietsen, vissen.

🚗 B50 van Bitburg naar Vianden. Vlak voor de grens richting Roth/Gentingen. Let op navigatie: Niet afslaan bij Körperich/Obersgegen.

CC €16 28/3-30/6 17/8-2/11 21=18   N 49°54'1'' E 6°14'33''

Gerbach, D-67813 / Rheinland-Pfalz — 707

- Donnersberg
- Kahlenbergweiher 1
- ☎ +49 (0)6361-8287
- FAX +49 (0)6361-22523
- 1/4 - 31/10
- @ info@campingdonnersberg.com

10ha 180T 10A CEE

1. ADGIJKLMPQ
2. BCIJLRTVWXY
3. BFGHIJKLMNRUW
4. (A 1/7-1/9) (B 29/5-1/9) (Q) (R+T+U+Y 1/4-30/10)
5. ABCDEFGIJKLMNOPQUWX
6. AEGK(N 10km)OTV

💬 Mooi gelegen camping in de bossen, met veel wandelmogelijkheden. De kampeerplaatsen zijn verdeeld over verschillende veldjes rondom een meertje. Camping beschikt over een Biotop zwembad. Mogelijkheden voor outdooractiviteiten.

🚗 Vanaf A61 afslag 54 (A63 Kirchheim-Bolanden). Vanaf A63 afslag 11 bij weg L401 ri. Rockenhausen. Bij kruising met weg 404, re-af daarna bij weg 385 campingborden volgen ri. Gerbach.

CC €18 1/4-27/6 30/8-31/10   N 49°40'15'' E 7°53'11''

Gerolstein, D-54568 / Rheinland-Pfalz 🛷 📶 iD **708**

▲ Eifelblick /
Waldferienpark Gerolstein*****
🏠 Hillenseifen 200
☎ +49 (0)6591-678
🔓 13/2 - 31/12
@ waldferienpark-gerolstein@
t-online.de

2ha 86T(100m²) 10A CEE

1 AFIJKLMP
2 JKRTUVWX
3 ABGHJKM**Q**RU
4 (F 🔓) **N**(Q+U+Y 🔓) Z
5 **AB**DGIJLN**P**UWXYZ
6 CDEGI**K**(N 5km)TV

Vanaf deze nieuw aangelegde terrassencamping heeft u een mooi uitzicht op de heuvels. De camping maakt deel uit van een bestaand bungalowpark met veel voorzieningen waar campinggasten ook gebruik van kunnen maken

🚗 Komend vanaf Prüm (B410) 1,5 km voor Gerolstein afslag Hinterhausen wordt Waldferienpark Gerolstein aangegeven.

CC €16   13/2-30/6   28/8-31/12   M   N 50°12'59'' E 6°36'16''

Gillenfeld, D-54558 / Rheinland-Pfalz iD **709**

▲ Feriendorf Pulvermaar
🏠 Vulkanstraße
☎ +49 (0)6573-287
FAX +49 (0)6592-982662
🔓 1/1 - 31/12
@ info@feriendorf-pulvermaar.de

4ha 50T(60-120m²) 16A CEE

1 AGHIJKLMPQ
2 DFKLMORTWXY
3 ABHJNRWZ
4 (Q 1/3-1/12) (R 🔓)
   (T+U 1/3-30/11) Z
5 **AB**DFGIJKLMNOPUW
6 ADEG(N 2km)OTV

Rustige camping direct aan vulkaanmeer. U kunt in de omgeving naar hartelust excursies maken en onder begeleiding zelfs zoeken naar mineralen.

🚗 Afslag A1 Manderscheid, richting Gillenfeld. In Gillenfeld rechts afslaan, richting Cochem. Feriendorp ligt ongeveer 1 km buiten het dorp aan de linkerkant (aangegeven).

CC €14   1/1-20/5   28/5-3/7   30/8-31/12   M   N 50°7'52'' E 6°56'0''

Girod/Ww., D-56412 / Rheinland-Pfalz ♿ iD **710**

▲ Eisenbachtal
☎ +49 (0)6485-766
FAX +49 (0)6485-4938
🔓 1/1 - 31/12

3,5ha 30T(80m²) 6A CEE

1 **A**GHIJKLMOPQ
2 CFILRTUVWX
3 BHNRU
4 (A 1/7-15/9) (Q 15/5-31/8)
   (R+Y 🔓)
5 **AB**FGIJKLMNO**P**UWXYZ
6 CDEGI(N 1km)OTV

Rustig gelegen camping. Mooi vlak terrein. Goede mogelijkheden voor wandelen. Plaatsen met en zonder schaduw.

🚗 A3 Keulen-Frankfurt afslag 41 Wallmerod/Diez. Dan richting Montabaur. Camping na 5 km (zie bord).

CC €16   1/4-15/7   1/9-30/9   7=6, 14=12   M   N 50°26'16'' E 7°54'16''

Guldental, D-55452 / Rheinland-Pfalz ♿ 📶 ✿ iD 711

▲ Campingpark Lindelgrund
🏠 Im Lindelgrund 1
☎ +49 (0)6707-633
📠 +49 (0)6707-8468
📅 1/3 - 31/12
@ info@lindelgrund.de

8ha 62T 10A CEE

1 **AG**HIJKLMOPQ
2 FJRTUX
3 BGJKRU
4 (Q+R+Y 1/4-31/10)
5 **AB**DGIJKLMNOPRUWX
6 ACDEG**K**(N 1,5km)OQTV

💬 Terrassencamping met grasbodem, enige schaduwrijke plaatsen. Op het terrein smalspoor-museum en zandgroeve. Geschikt als doorgangscamping. Caravan hoeft niet afgekoppeld te worden.

🚗 A61 afslag 47 Waldlaubersheim, door Windesheim/Guldental. Na Guldental campingborden volgen.

CC €16 15/3-10/5 7/6-4/7 1/9-31/10   N 49°53'3" E 7°51'25"

Hausbay/Pfalzfeld, D-56291 / Rheinland-Pfalz 📶 iD 712

▲ Country Camping Schinderhannes GmbH****
🏠 Campingplatz 1
☎ +49 (0)6746-8005440
📠 +49 (0)6746-80054414
📅 1/1 - 31/12
@ info@countrycamping.de

30ha 350T(100-120m²) 6A CEE

1 AD**G**IJKLMOPQ
2 DFJLRTWXY
3 BHJ**M**N**R**T**UW**Z
4 (Q+R 1/3-1/11) (U ⬜) (Y 16/2-19/10)
5 **AB**FGIJKLMNOPRUW
6 CDEG**IJ**(N 1km)OTV

💬 Grote camping in de Hunsrück met schaduwrijke plaatsen rond een zwemmeer. Op het terrein bevinden zich een restaurant en winkeltje. U geniet hier van rust, gezonde lucht en een panoramisch uitzicht op de Hunsrück. Uitstekende fiets- en wandelmogelijkheden vanaf de camping. Geschikt voor zowel een langer verblijf als ook op doorreis.

🚗 A61 afrit 43 Pfalzfeld en dan de campingborden volgen (3 km). In de navigatie ingeven; Hausbayerstraße/Pfalzfeld.

CC €16 1/1-15/7 1/9-31/12   N 50°6'21" E 7°34'4"

Heidenburg, D-54426 / Rheinland-Pfalz 🚣 📶 iD 713

▲ Moselhöhe****
🏠 Bucherweg 1
☎ +49 (0)6509-99016
📠 +49 (0)6509-99017
📅 1/1 - 31/12
@ campingplatz-moselhoehe@hotmail.com

3ha 60T(95-105m²) 16A CEE

1 **A**GHIJKLMPQ
2 FGJKRTVWX
3 ABHNRTU
4 (**A** 1/6-30/9) (Q+R+T+U+X+Y 15/3-1/11) Z
5 **AB**CDFGIJKLMNOPUWX
6 EGIJO

💬 Hoog boven de Moezel ligt de rustieke terrassencamping Möselhöhe. Met een fantastisch panoramauitzicht geniet u er van de gezonde lucht en rust. U kunt er volop wandelen en fietsen in het excursiemogelijkheden langs Moezel en Saar bevindt u zich temidden van vele bezienswaardigheden.

🚗 A1 afrit 131 Mehring richting Thalfang. 6 km tot campingbord, bij kruising Talling linksaf richting Heidenburg.

CC €16 1/1-7/7 1/9-31/12   N 49°47'58" E 6°55'37"

Irrel, D-54666 / Rheinland-Pfalz 🧒♿📶 iD (714)

- ▲ Nimseck
- ☎ +49 (0)6525-314
- 📠 +49 (0)6525-1299
- 🕒 12/3 - 3/11
- @ info@camping-nimseck.de

7ha 150T(100-120m²) 16A CEE

1. **AG**IJKLOPRS
2. **C**FIJKLRTVWXY
3. **A**HJRUX
4. (C 15/6-14/8) (Q 15/6-15/8) (T+U 1/6-15/8) (Y 🚿) Z
5. **AB**DFGIJKLMNOPUWYZ
6. **A**CEG**K**(N 0,5km)OV

💬 Zeer verzorgde camping met eigen verwarmd zwembad en rustig gelegen op een heuvelachtig grasland aan de grens met Luxemburg. Veel schaduwrijke plaatsen.

🚗 B257 van Bitburg richting Echternach. Neem afslag Irrel, camping linksaf. Staat aangegeven.

CC €14 12/3-4/7 21/8-3/11 *7=6, 14=12*   N 49°51'13'' E 6°27'45''

Irrel, D-54666 / Rheinland-Pfalz ♿📶 iD (715)

- ▲ Südeifel
- 🏠 Hofstraße 19
- ☎ +49 (0)6525-510
- 📠 +49 (0)6525-7480
- 🕒 1/1 - 31/12
- @ info@camping-suedeifel.de

3ha 60T 6A CEE

1. **A**D**G**IJKLOPRS
2. **C**FGLRWX
3. **B**DHJRU**W**X
4. (A 1/7-31/8) (Q+T+X 1/5-30/9) Z
5. **AB**FGIJK**L**MOPUWXZ
6. **A**EG**JK**(N 0,5km)OV

💬 Lekker relaxen op slechts een paar kilometer van de Luxemburgse grens op grasland langs een rivier. Gezellige bar op camping, grote supermarkt vlakbij. WiFi op iedere staanplaats. Luxe sanitair.

🚗 B257 van Bitburg richting Echternach. Neem afslag Irrel, richting dorp (Ortsmitte). Camping staat aangegeven.

CC €14 11/3-4/7 21/8-2/11 *7=6, 14=12*   N 49°50'31'' E 6°27'26''

Kyllburg, D-54655 / Rheinland-Pfalz 📶 iD (716)

- ▲ Naturcamping Kyllburg
- 🏠 Karl Kaufmann Weg 5
- ☎ +49 (0)6563-8133
- 📠 +49 (0)6563-962847
- 🕒 1/1 - 31/12
- @ info@campingkyllburg.de

2ha 113T(60-100m²) 16A CEE

1. **A**CD**G**IJKL**M**PQ
2. **B**CFGKLRTWXY
3. **AF**HJKNR**W**X
4. (A 1/7-15/8) (C 15/5-30/9) (**H** 15/3-30/9) **J** (Q+R+U+X 🚿) Z
5. **AB**DFG**IJ**LNPUW
6. **A**EG**K**(N 0,5km)TV

💬 Centraal gelegen in de Kyllburger Waldeifel, direct aan de Kyll. Nabij Trier, Bitburg en Luxemburg. U kunt de Kylltalroute fietsen, vliegvissen langs de Kyll, kanovaren. Uitermate geschikt in voor- en naseizoen! Verwarmd sanitair, restaurant, bar en winkel. U vindt hier natuur, rust en gastvrijheid. Exclusief Kurtax.

🚗 A60 afrit Kyllburg. Komend van Malberg direct links over Kyllbrug, dan direct rechts Bademerstraße 1e weg rechts. Verder borden volgen.

CC €14 1/1-1/7 24/8-31/12   N 50°2'16'' E 6°35'28''

Lahnstein, D-56112 / Rheinland-Pfalz 🛜 iD 717

- ⛺ Wolfsmühle
- Hohenrhein 79
- ☎ +49 (0)2621-2589
- 📠 +49 (0)2621-2584
- 🕒 15/3 - 31/10
- @ info@camping-wolfsmuehle.de

3ha 150T(70-150m²) 6A CEE

1. AD**G**IJKLMO**PQ**
2. CLRTVWX
3. BRU**WX**
4. (Q ⛭) (R+T+X 1/4-31/10) Z
5. **AB**DGIJLMNPUW
6. ACDFGH**J**(N 2km)OTV

CC €16 15/3-5/7 22/8-30/9

N 50°18'54'' E 7°38'1''

Leiwen, D-54340 / Rheinland-Pfalz ♿ 🛜 iD 718

- ⛺ Landal Sonnenberg****
- ☎ +49 (0)6507-93690
- 📠 +49 (0)6507-936936
- 🕒 20/3 - 9/11
- @ sonnenberg@landal.com

2,5ha 140T(90m²) 10A CEE

1. AC**G**IJKLPQ
2. JRTVWXY
3. BCF**H**N**QR**T**UV**
4. (A+F+G ⛭) L**N**
   (Q 1/4-6/11) (S ⛭)
   (T+U 1/6-31/8) (Y ⛭) Z
5. **AB**FGJLNPUW
6. CFGI**K**(N 4km)OSV

CC €16 20/3-2/4 7/4-23/4 18/5-21/5 26/5-2/6 8/6-2/7 28/8-1/10

N 49°48'12'' E 6°53'30''

Lingerhahn, D-56291 / Rheinland-Pfalz 🛜 ✱ iD 719

- ⛺ Camping und Mobilheimpark
  Am Mühlenteich****
- ☎ +49 (0)6746-533
- 📠 +49 (0)6746-1566
- 🕒 1/1 - 31/12
- @ info@muehlenteich.de

15ha 150T 10A CEE

1. AD**G**HIJKLMOPQ
2. BCFILRTWXY
3. BCHJNRU
4. (A 1/7-15/8)
   (B+Q+R+T+U+Y ⛭) Z
5. **AB**DFGIJKLMNO**P**UWZ
6. CDEGI**K**(N 1km)OTV

CC €16 1/1-15/6 7/9-31/12

N 50°5'57'' E 7°34'25''

Manderscheid, D-54531 / Rheinland-Pfalz 🛜 ✱ iD 720

▲ Naturcamping Vulkaneifel***
🏕 Herbstwiese 1
☎ +49 (0)6572-92110
📠 +49 (0)6572-921149
📅 1/4 - 31/10
@ info@naturcamping-vulkaneifel.de

3,2ha 86T(60-180m²) 4-6A

1 AF**IJ**LMPQ
2 FGJRTVXY
3 AHJNRU
4 (A 1/6-30/9) (Q 🔑)
  (R 1/4-30/9) (T+U 1/6-30/9)
5 ABDGJLMNPUW
6 CDJ(N 1km)O

💬 Deze mooie natuurlijk gelegen camping is bij uitstek geschikt voor gezinnen. De uitdagende speelmogelijkheden in het bos bij de camping zullen zeker kinderen tot ± 12 jaar aanspreken. U kunt kamperen op terrassen maar ook op een open veld bij het bos. Het dorp ligt op loopafstand van de camping.

🚗 E44 afrit Manderscheid. In dorp richting Daun aanhouden, wordt met borden aangegeven. Net buiten bebouwde kom links.

CC €16 1/4-12/7 1/9-31/10   N 50°5'48" E 6°47'53"

Mendig, D-56743 / Rheinland-Pfalz 🛜 iD 721

▲ Siesta
🏕 Am Campingplatz 1
☎ +49 (0)2652-1432
📅 1/1 - 31/12
@ walter.boehler@t-online.de

3ha 100T 16A CEE

1 AG**IJ**KLMOP
2 FIRWXY
3 BKR
4 (Q+R+T+U+X 🔑) Z
5 ABGIJKMNOPU
6 DFGJ(N 2km)OT

💬 Kleine camping 200m van de A61, vooral geschikt als doorreiscamping. In de omgeving stenen zoeken uit vulkanen en steengroeves.

🚗 A61 afrit Mendig. Einde afrit rechts, even richting Maria Laach. Na ongeveer 100m rechts via parkeerplaats naar camping.

CC €14 1/1-30/6 1/9-31/12 7=6, 14=12   N 50°23'14" E 7°16'9"

Monzingen, D-55569 / Rheinland-Pfalz ♿ iD 722

▲ Nahemühle
☎ +49 (0)6751-7475
📠 +49 (0)6751-7938
📅 1/3 - 31/12
@ info@camping-nahemuehle.de

7,5ha 150T(80-100m²) 16A CEE

1 AD**G**HIJKLMOPQ
2 CLORTWX
3 BGHJKNR**W**X
4 (A 1/6-1/10)
  (Q+R+T+U 1/3-31/10)
  (Y 🔑) Z
5 ABDEFGIJMNOPUW
6 ACDEG(N 2km)OT

💬 Groot terrein met zowel afgebakende als vrije plaatsen. Volop wandel- en fietsmogelijkheden. Idar-Oberstein edelstenenstad op 20 km.

🚗 Aan de B41 tussen Bad Kreuznach en Idar-Oberstein. In Monzingen bij campingbord afslaan, via spoorwegovergang en dan onmiddellijk rechtsaf.

CC €16 1/3-30/6 1/9-30/9   N 49°47'45" E 7°34'42"

Neuerburg, D-54673 / Rheinland-Pfalz ♿ 📶 iD 723

- Camping in der Enz****
- In der Enz 25
- ☎ +49 (0)6564-2660
- FAX +49 (0)6564-2979
- 🔓 16/3 - 31/10
- @ info@camping-inderenz.com

77T(80-100m²) 16A CEE

1. ACDGIJKLOPQ
2. CRTVWX
3. BHJMORUW
4. (C+H 15/5-1/9) J(Q 🔒)(T+U+X 1/5-5/9) Z
5. ABDEFGIJKLMNOPUWXY
6. ACDEGIJK(N 1,5km)O

🚗 Camping in bosrijke omgeving met schitterend sanitair. Goede wandel- en fietsmogelijkheden vlak bij het historische stadje Neuerburg. Camping onder leiding van enthousiast Nederlands echtpaar.

🚗 B50 Bitburg-Vianden. Afslag Sinspelt, richting Neuerburg. Door dorp heen richting 'camping'. Staat aangegeven.

CC €16   16/3-4/7   24/8-31/10   N 50°1'40" E 6°16'37"

Oberweis, D-54636 / Rheinland-Pfalz ♿ 📶 ✱ iD 724

- Prümtal-Camping Oberweis*****
- In der Klaus 17
- ☎ +49 (0)6527-92920
- FAX +49 (0)6527-929232
- 🔓 1/1 - 31/12
- @ info@pruemtal.de

240T(65-100m²) 16A CEE

1. ADGIJKLOPQ
2. CGLRUVWXY
3. BHJNRUWX
4. (A 15/5-30/8) (C+H 1/5-1/9) J(Q+R 🔒) (T 1/6-21/8) (U+V+Y 🔒) Z
5. ABDEFGIJKLMNOPRUWXYZ
6. ACDEGIJK(N 9km)OSTUV

🚗 Camping in de Eifel, met veel voorzieningen. Prachtig zwembad. Afgebakende plaatsen op gras. Uitstekend restaurant. Zeer vriendelijke en enthousiaste eigenaar. Winnaar gouden medaille Duitsland 2006 en gastheer van 2011. Gratis WiFi op de camping. Superplaats. Met CCA mag u op iedere plaats van de camping staan! Ook op de comfortplaatsen met water, stroom en afvoer.

🚗 B50 van Bitburg richting Vianden. Midden in het dorp linksaf. Volg de borden camping en zwembad.

CC €18   1/1-5/7   23/8-31/12   N 49°57'32" E 6°25'28"

Oberwesel, D-55430 / Rheinland-Pfalz 📶 iD 725

- Schönburgblick
- Am Hafendamm 1
- ☎ +49 (0)6744-714501
- FAX +49 (0)6744-714503
- 🔓 14/3 - 2/11
- @ camping-oberwesel@t-online.de

0,8ha 40T(> 80m²) 6A

1. AGIJKLMOPQ
2. CFNRTVWX
3. AWX
4. (Q 🔒) (T 3/4-18/10)
5. ABGIJKLMNOPUW
6. ACDFGK

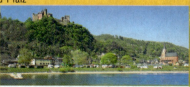

🚗 Kleine gezellige camping direct aan de Rijnoever nabij Oberwesel. Kom gezellig aan de Rijnoever staan en zie de voorbijgaande schepen de 'berg op' en de 'berg af' varen. Twee supermarkten bevinden zich op 250 meter afstand, naar het stadscentrum is het ca 1 km. De Rijnfietsroute gaat direct langs onze camping.

🚗 A61, afslag 44 Laudert. Direct gelegen aan de B9 in Oberwesel.

CC €16   14/3-13/5   26/5-12/7   1/9-6/9   20/9-2/11   N 50°6'8" E 7°44'12"

726 — Pommern, D-56829 / Rheinland-Pfalz

- Pommern
- Moselweinstraße 12
- ☎ +49 (0)2672-2461
- FAX +49 (0)2672-912173
- 28/3 - 31/10
- @ campingpommern@netscape.net

4,5ha 250T(60-100m²) 16A

1. ADGIJKLMOPQ
2. CGLRUVWXY
3. ABGHJRUWX
4. (B+G 1/5-15/9) (Q+R+T+U 🔒) (V 15/4-31/10) (Y 📷) Z
5. ABDEFGIJKLMNOPUWZ
6. ACFGK(N 4km)OTUV

💬 Gezellige familiecamping direct aan de Moezel. Met mooi zwembad, restaurant en biergarten.

🚗 A61 Koblenz, afslag B416 Cochem/Trier.

CC €16 28/3-30/6 22/8-31/10 10=9

N 50°10'8'' E 7°15'56''

---

727 — Pünderich, D-56862 / Rheinland-Pfalz

- Moselland
- Im Planters
- ☎ +49 (0)6542-2618
- FAX +49 (0)6542-960669
- 1/4 - 1/11
- @ campingplatz.moselland@googlemail.com

3,1ha 150T 16A CEE

1. AGIJKLMOPQ
2. CKLRVWXY
3. ABHJNRUWX
4. (Q+R+T+U 🔒) Z
5. ABDGIJMNOPUWXZ
6. CDEGIJ(N 1,5km)OV

💬 Ontspannen kamperen op grote zonnige of schaduwrijke plaatsen, aan de oever van de Moezel op camping Moselland. Het startpunt voor vele heerlijke fietstochten langs de Moezel, om bij terugkomst te genieten van het uitzicht op de wijnbergen.

🚗 A48 afslag 125 Wittlich. Via Kinderbeuern, Bengel, Reil en Pünderich.

CC €16 1/4-30/6 1/9-1/11

N 50°2'16'' E 7°7'19''

---

728 — Reinsfeld, D-54421 / Rheinland-Pfalz

- AZUR Campingpark Hunsrück
- Parkstraße 1
- ☎ +49 (0)6503-95123
- FAX +49 (0)6503-95124
- 1/4 - 31/10
- @ reinsfeld@azur-camping.de

20ha 550T(100-120m²) 10-16A

1. ACDGHIJKLMOPQ
2. FLRSWXY
3. BGHMNRUW
4. (C+H 30/5-31/8) M(Q 🔒) (T+U+X 1/5-31/8) (Y 1/5-16/8) Z
5. ABDFGJLNPUW
6. BCEGJ(N 1km)OV

💬 Temidden van het natuurpark Hunsrück-Saar ligt deze ruime familiecamping. Men kampeert op ronde veldjes, die omzoomd zijn door bomen.

🚗 A1/E422 afslag Reinsfeld. In Reinsfeld de borden volgen.

CC €16 1/4-2/7 23/8-30/10

N 49°41'8'' E 6°52'1''

305

Saarburg, D-54439 / Rheinland-Pfalz — 729

- Camping & Wohnmobilpark Leukbachtal★★★
- Leukbachtal 1
- ☎ +49 (0)6581-2228
- 📠 +49 (0)6581-5008
- 📅 28/3 - 11/10
- @ service@campingleukbachtal.de

3,5ha 70T(85-130m²) 6A CEE

1. AEIJKLMPQ
2. CGRSVWXY
3. AHJRU
4. (A 🔑)
5. **AB**GJLNPUW
6. ACDEGIJ(N 0,2km)OT

💬 De gemoedelijke camping ligt aan de stadsbeek van Saarburg, op loopafstand van het gezellige centrum. Het parkachtige terrein is een goede uitvalsbasis voor wandel- en fietstochten.

🚗 Vanaf Trier de B51 richting Saarburg. Aanduiding ziekenhuis volgen. Daarna aanduiding camping volgen. De camping ligt achter de Ford garage.

CC €14   28/3-4/7   21/8-11/10   N 49°35'58" E 6°32'29"

Saarburg, D-54439 / Rheinland-Pfalz — 730

- Landal Warsberg★★★★
- In den Urlaub
- ☎ +49 (0)6581-91460
- 📠 +49 (0)6581-914615
- 📅 20/3 - 2/11
- @ reception.warsberg@landal.de

11ha 509T(80-100m²) 16A CEE

1. ACD**G**IJLPQ
2. GIRTVWXY
3. BHIK**NQ**RU
4. (A 1/7-31/8) (F+H 🔑) J**KLN** (Q+S 🔑) (T 1/7-31/8) (U 1/7-31/12) (X+Y 🔑)
5. **AB**DFGJLNPRUW
6. ACDFGHK(N 3,5km)OT

💬 Vanaf de camping, die op een bergplateau ligt, heeft u een mooi uitzicht. Het centrum van Saarburg kunt u ook met een kabelbaan bereiken. De verschillende kampeerterreinen zijn omzoomd met hagen. De camping, tevens bungalowpark, beschikt over goede sanitaire voorzieningen en een prachtig zwembad.

🚗 E9 via Maastricht/Luik naar E42. Gaat over in B51, volgen tot Konz. Daar wordt Saarburg aangegeven. In Saarburg de borden Warsberg volgen.

CC €16   20/3-2/4   7/4-23/4   18/5-21/5   26/5-2/6   8/6-2/7   28/8-15/10   N 49°37'14" E 6°32'33"

Saarburg, D-54439 / Rheinland-Pfalz — 731

- Waldfrieden★★★★
- Im Fichtenhain 4
- ☎ +49 (0)6581-2255
- 📠 +49 (0)6581-5908
- 📅 1/3 - 3/11
- @ info@campingwaldfrieden.de

3ha 66**T**(85-120m²) 16A CEE

1. ACDEHIJKLMPQ
2. BGIJLRUVX
3. ABHJKRUV
4. (A 1/4-31/10) **N**(Q 🔑) (R+T 3/4-3/11) (U 8/4-3/11) (X 🔑)
5. **AB**DFGJLNP**T**UWZ
6. ACDEG**J**(N 1,5km)OTV

💬 Mooie, rustige camping aan de rand van het bos en de stad, biedt veel mogelijkheden voor ontspanning: wandelen en fietsen over goede fietspaden, fitnessruimte en sauna. De goede, vlakke kampeerplaatsen, sommige voorzien van eigen wateraan- en afvoer tegen betaling, zijn enigszins afgebakend door de natuurlijke begroeiing. In laagseizoen contant betalen.

🚗 Vanaf Trier de B51 ri Saarburg, wegwijzers ziekenhuis volgen, door de tunnel, daarna borden cp volgen.

CC €16   1/3-4/7   21/8-3/11   N 49°36'3" E 6°31'40"

Schönenberg-Kübelberg, D-66901 / Rheinland-Pfalz 👫 ♿ 📶 ID 732

▲ Ohmbachsee★★★★
🏕 Campingpark Ohmbachsee 1
☎ +49 (0)6373-4001
📠 +49 (0)6373-4002
🔓 1/1 - 31/12
@ jungfleisch@campingpark-ohmbachsee.de

7ha 68T(100m²) 10A CEE

1 ACDGHIJKLMOPQ
2 DFGJKLRTUWXY
3 B FHJKMNQRTUWZ
4 (B+G 1/6-31/8) (Q+R+S+T+U+Y 🔓) Z
5 ABDEFGIJKLMNOPQRSU WZ
6 CDEGIJ(N 0,7km)OU

NIEUW

💬 In het hart van de 'Hunsrück' treft u deze gastvrije en gastronomische camping aan, gelegen aan een (vis)meer. Fietsen, wandelen en excursies per auto bieden u voldoende mogelijkheden voor een prima verblijf.

🚗 A6 uitrit Waldmohr of Bruchmühlbach-Miesau. Dan de borden volgen tot Schönenberg-Kübelberg.

CC €16 1/1-20/5 28/5-5/7 22/8-31/12 **11=10** N 49°24'43" E 7°24'14"

Schweppenhausen, D-55444 / Rheinland-Pfalz 📶 ID 733

▲ Aumühle
🏕 Naheweinstraße 65
☎ +49 (0)6724-602392
📠 +49 (0)6724-601610
🔓 1/4 - 31/10
@ info@camping-aumuehle.de

3ha 45T(< 100m²) 10A CEE

1 ADGIJKLMOPQ
2 BCFLRTWXY
3 BFGJLR
4 (Q+T+U+X 🔓) Z
5 ABDGIJMNOPUW
6 AEGIJV

💬 Rustig gelegen camping aan een rivier in het Guldenbachtal. Nederlandse eigenaar. Mooie schaduwrijke plaatsen op vlakke bodem. Veel wandelmogelijkheden.

🚗 A61 afrit 47 Waldlaubersheim. Richting Schweppenhausen. Daarna borden volgen.

CC €16 1/4-30/6 1/9-31/10 N 49°56'2" E 7°47'30"

Seck, D-56479 / Rheinland-Pfalz ⛷ ♿ ✿ ID 734

▲ Camping Park Weiherhof★★★★★
☎ +49 (0)2664-8555
📠 +49 (0)2664-6388
🔓 1/1 - 31/10, 1/12 - 31/12
@ info@camping-park-weiherhof.de

10ha 120T(> 100m²) 16A CEE

1 AD**G**HIJKLMOPQ
2 ADIJKLMRTUVWXY
3 BCFHJKNRUZ
4 (A 1/7-31/8) M (Q+S 1/4-31/10) (T+U+Y 🔓) Z
5 **AB**DEFGHIJKLMNO**PQ**RU WXYZ
6 ACDEG**I**(N 5km)OUV

💬 Rustige camping met ruime plaatsen op glooiende weide, deels uitzicht op het meertje. Middagpauze: 13.00-15.00 uur. Ruime wandelmogelijkheden. Nieuw comfortabel sanitair. Het restaurant is het hele jaar open.

🚗 Vanuit het noorden A3 Köln-Frankfurt, afrit 40 Montabaur, dan B255 ri Rennerod tot Hellenhahn, op rotonde richting Seck en direct weer links. Vanuit het zuiden: afrit 42 Limburg N, dan B49/54 ri Siegen. De camping staat aangegeven.

CC €18 1/4-12/5 18/5-21/5 27/5-2/6 8/6-5/7 22/8-30/10 15/12-31/12 N 50°35'12" E 8°2'7"

Senheim am Mosel, D-56820 / Rheinland-Pfalz 735

- Holländischer Hof****
- Am Campingplatz 1
- +49 (0)2673-4660
- FAX +49 (0)2673-4100
- 15/4 - 31/10
- holl.hof@t-online.de

4ha 207T(60-200m²) 10A CEE

1 ADEIJKLMPQ
2 CGKLMRUVWXY
3 A**F**GHJK**M**NRU**W**X
4 (A+Q+S+T+U+V+X+Y) Z
5 **AB**DEFGIJKLMNO**P**UWZ
6 ABCDEG**IK**M(N 0,5km)OTV

Wandelen, fietsen, lekker eten en drinken, rust en bovenal gastvrijheid zijn de trefwoorden voor een verblijf op camping Holländischer Hof.

A1/A48 afrit 4 Kaisersesch, richting Cochem. Over de brug in Cochem gaan en dan Senheim aanhouden. Langs de Moezel blijven rijden.

€16 15/4-7/7 21/9-31/10   N 50°4'56" E 7°12'29"

Sippersfeld, D-67729 / Rheinland-Pfalz 736

- Naturcampingplatz Pfrimmtal****
- Pfrimmerhof 3
- +49 (0)6357-975380
- FAX +49 (0)6357-97566
- 1/1 - 31/12
- camping.pfrimmtal@t-online.de

7,6ha 40T 16A CEE

1 A**G**HIJKLMOPQ
2 BCDIJLRTWXY
3 BHNRU**WZ**
4 (A 1/7-15/8) (Q+R+Y)
5 **AB**DFGIJKMNO**P**UW
6 DEG(N 2km)OT

Natuurcamping in het bos. Geschikt voor wandelen en rust, gelegen aan beek.

A61, bij knooppunt Alzey de A63 richting Kaiserslautern tot afslag Göllheim, dan richting Dreissen. Via Standenbühl, dan linksaf richting Sippersfeld. Na 4 km linksaf richting Pfrimmerhof.

€16 7/4-30/4 4/5-13/5 18/5-22/5 26/5-3/6 8/6-28/6 7/9-18/10   N 49°33'8" E 7°57'39"

St. Goar am Rhein, D-56329 / Rheinland-Pfalz 737

- Friedenau***
- Gründelbach 103
- FAX +49 (0)6741-368
- 15/3 - 1/11

1ha 50T(< 80m²) 10A CEE

1 A**G**HIJKLMPQ
2 BCILRTWXY
3 BHJRU
4 (Q+R+U 1/4-1/11) (Y) Z
5 **AB**FGIJKLMNO**P**U
6 CEGJOTV

Kleine, gezellige camping in bosrijke omgeving. Veel wandelmogelijkheden. Mooie plaatsen met schaduw, rustig gelegen aan een riviertje op 800m van de Rijn.

St. Goar ligt ten zuiden van de B9. A61 afslag Koblenz-Noord. B9 richting Boppard/St. Goar.

€16 1/4-1/7 18/8-16/9 20/9-1/11   N 50°8'57" E 7°41'40"

Stadtkyll, D-54589 / Rheinland-Pfalz　738

- Landal Wirfttal★★★★
- Wirftstraße 81
- ☎ +49 (0)6597-92920
- FAX +49 (0)6597-929210
- 1/1 - 31/12
- @ wirfttal@landal.de

6ha 155T(75-80m²) 6A CEE

1. ACGIJKLMPQ
2. CLRTVWXY
3. ABCKMOPQRSUW
4. (A ⌂) KN
   (Q+R+T+U+V+X+Y ⌂) Z
5. ABDFGIJKLMNOPUW
6. CEG(N 1km)OS

💬 Door bossen omgeven camping met een grote verscheidenheid aan plaatsen, waarvan er enkele uitkijken op een meertje. Op het meertje kan geroeid worden. De camping, tevens bungalowpark, heeft veel te bieden en is ook heel geschikt voor een verblijf buiten het hoogseizoen!

🚗 A1 verlaten bij Blankenheim. De B51 volgen richting Trier. In Stadtkyll de borden Ferienzentrum Wirfttal volgen.

CC €14 1/1-2/4 7/4-12/5 26/5-1/6 8/6-9/7 26/8-15/10 2/11-31/12 　N 50°20'18" E 6°32'21"

Waldfischbach, D-67714 / Rheinland-Pfalz　739

- Clausensee★★★★
- Schwarzbachstraße
- ☎ +49 (0)6333-5744
- FAX +49 (0)6333-5747
- 1/1 - 31/12
- @ info@campingclausensee.de

13ha 100T(100-125m²) 6A CEE

1. ACDFHIJKLMPQ
2. ABCDFLRSVX
3. ABFGHJRUWZ
4. (A 1/7-31/10) (Q ⌂)
   (S+T+U+V+X+Y 1/4-31/10)
   Z
5. ABDEFGJLNPRSTUWXYZ
6. CDEGIJ(N 3km)OTV

💬 Deze mooie camping ligt bij een meer waar men allerhande waterpret kan beleven. Rond de camping stroomt een klein beekje met forelvissen hetgeen voor een leuke sfeer zorgt.

🚗 A6 afslag 15. Weg 270 richting Pirmasens. Op weg 270 afslag Waldfischbach en campingborden volgen. Camping ligt 7 km buiten Waldfischbach.

CC €18 2/1-13/5 8/6-15/7 4/9-30/11 　N 49°16'31" E 7°43'15"

Wassenach/Maria Laach, D-56653 / Rheinland-Pfalz　740

- Camping Laacher See★★★★
- Am Laacher See/ L113/ Vulkaneifel
- ☎ +49 (0)2636-2485
- FAX +49 (0)2636-929750
- 1/4 - 27/9
- @ info@camping-laacher-see.de

7ha 95T(80-120m²) 16A CEE

1. AFIJKLMOPQ
2. BDFGIJKLMPRUVWXY
3. ABHJQRUVWZ
4. (A+Q ⌂) (R 1/5-1/9)
   (T+U+X+Y ⌂)
5. ABDEFGIJKLMNOPUWXY
   Z
6. CDEGK(N 2km)OTV

💬 Idyllisch gelegen camping met Blockhausgastronomie aan de noordwestoever van de Laacher See. De Laacher See is het grootste vulkaanmeer van de Eifel. Geschikt voor fiets- en wandeltochten bijvoorbeeld naar het benedictijnenklooster Maria Laach. Aankomst vanaf 15:00 uur inchecken, vertrek voor 11:00 uur. Alleen contante betaling mogelijk, geen debet- en creditkaarten.

🚗 A61 afslag Mendig/Maria Laach. Daarna ca. 5 km noordwaarts.

CC €18 14/4-14/5 17/5-22/5 9/6-24/6 1/9-27/9 　N 50°25'19" E 7°15'54"

Waxweiler/Heilhausen, D-54649 / Rheinland-Pfalz 🛜 iD 741

- Heilhauser Mühle
- Heilhauser Mühle 1
- ☎ +49 (0)6554-805
- FAX +49 (0)6554-900847
- 🔒 1/1 - 31/12
- @ walter.tautges@t-online.de

70T 10A CEE

1. A**G**IJKLMOPQ
2. CFGRTUXY
3. BHJNRU**W**X
4. (A 1/7-15/8) (Q 1/7-31/8) (U+Y 🔒) Z
5. **AB**DFGIJ**KL**MNO**P**UWX
6. DEGK(N 2km)OU

🗨 Rustige camping op grasland tussen de heuvels gelegen. Deze kleine goed verzorgde camping is ideaal voor fietsers en wandelaars. Goed restaurant in oud molengebouw met terras dat het hele jaar open is.

🚗 E42 Luik-St.Vith-Prüm tot afrit 3 richting Habscheid/Pronsveld. In Pronsveld richting Lünebach-Waxweiler.

CC €14   1/1-30/6   17/8-31/12   7=6   N 50°6'29'' E 6°20'58''

Wolfstein, D-67752 / Rheinland-Pfalz ♿ 🛜 ⚙ iD 742

- Camping am Königsberg****
- Am Schwimmbad 1
- ☎ +49 (0)6304-4143
- FAX +49 (0)6304-7543
- 🔒 1/3 - 31/10
- @ info@campingwolfstein.de

3,8ha 80T(100-120m²) 16A CEE

1. AD**G**IJKLMO**P**ST
2. CLRTVWXY
3. ABGHJKLN**Q**RUV**W**
4. (C 15/5-15/9) N (Q+R+U+V+Y 🔒) Z
5. **AB**DEFGIJKLMNOPQRUW
6. AEG**I**K(N 1km)OQTV

🗨 Onder aan de voet van de Königsberg, aan de rand van het rustieke stadje Wolfstein en midden in het prachtige natuurgebied van het Lautertal. Gezellige sfeer, rust, ontspanning, fietsen, wandelen, historie en cultuur zijn enige trefwoorden die van toepassing zijn. Daarnaast kunt u uitstekend eten en drinken in de gemoedelijke Gaststätte.

🚗 Aan de B270 tussen Kaiserslautern en Idar Oberstein. Even ten zuiden van Wolfstein. Uit het zuiden rechts, uit het noorden links.

CC €18   1/3-30/6   1/9-31/10   N 49°34'49'' E 7°37'6''

Losheim/Britten, D-66679 / Saarland 🛜 iD 743

- Landhaus Girtenmühle***
- Girtenmühle 1
- ☎ +49 (0)6872-90240
- FAX +49 (0)6872-902411
- 🔒 1/1 - 2/11, 17/11 - 31/12
- @ info@girtenmuehle.de

5,4ha 50T(120m²) 16A CEE

1. ACD**G**IJKLO**P**Q
2. BCGIRTWXY
3. B**F**HJNR
4. (Q+U+X+Y 🔒) Z
5. **AB**DFGJLNPUW
6. EGJ(N 3km)V

🗨 Landhaus Girtenmühle ligt te midden van een bosrijke en landelijke omgeving. Rust, natuur en gezelligheid kenmerken dit kleine stukje paradijs. De camping beschikt over ruime plaatsen te midden van de natuur. Door de parkachtige opzet kunt u vanuit uw tent en caravan volop genieten van de flora en fauna. Nederlandse eigenaren.

🚗 A48 tot Trier. Van Trier uit de B268 volgen richting Losheim. De camping staat aangegeven.

CC €16   1/1-30/6   1/9-2/11   17/11-31/12   N 49°31'57'' E 6°41'16''

Rehlingen/Siersburg, D-66780 / Saarland 〔744〕

- Siersburg
- Zum Niedwehr 1
- ☎ +49 (0)6835-2100
- FAX +49 (0)6835-2247
- 1/4 - 31/10
- @ info@campingplatz-siersburg.de

3ha 132T(100-200m²) 16A CEE

1 ADGIJKLMOPQ
2 CFKLRTVWXY
3 BHJW
4 (A+Q+R+U 🔌)
5 ABDFGJLNPUZ
6 EGK(N 1km)OT

💬 In het Saarland ligt camping Siersburg direct aan het riviertje de Nied. Deze vlakke camping met begroeiing ligt in een rustige omgeving waar u kunt fietsen en wandelen. Het restaurant kijkt uit over de Nied en de camping.

🚗 A8 of B51 richting Saarlouis. Volg Rehlingen, afslaan naar Siersburg. In Siersburg borden volgen (camping Siersburg).

CC €16 1/4-7/7 24/8-31/10   N 49°22'2'' E 6°39'37''

Allensbach/Markelfingen, D-78315 / Baden-Württemberg 〔745〕

- Willam★★★★
- Schlafbach 10
- ☎ +49 (0)7533-6211
- FAX +49 (0)7533-1054
- 24/3 - 3/10
- @ info@campingplatz-willam.de

4,5ha 180T(70-100m²) 16A CEE

1 ADEHIJKLMOPST
2 DLMNORSUWX
3 ABHJKNRWZ
4 (Q+R+U+X+Y 🔌)
5 ABFGIJKLMNOPUW
6 CDEIJ(N 3km)ORT

💬 Camping tussen de steden Allensbach en Markelfingen in het heerlijke, rustige Bodenseelandschap. Mooi strand met een zacht glooiende oever en eersteklas waterkwaliteit. Ideaal voor de rustzoekende kampeerder. Naast de recreatie op de camping kunt u de veelzijdigheid van de regio via het Bodensee-fietspad op uw gemak verkennen.

🚗 Vanuit Radolfzell richting Konstanz. Op de B33 afslag Allensbach, campingborden 'Willam' volgen. Camping tussen Markelfingen en Allensbach.

CC €16 24/3-22/5 7/6-15/7 1/9-3/10   N 47°43'45'' E 9°1'31''

Alpirsbach, D-72275 / Baden-Württemberg 〔746〕

NIEUW

- Alpirsbach
- Grezenbühlerweg 18
- ☎ +49 (0)7444-6313
- FAX +49 (0)7444-917815
- 1/1 - 31/12
- @ info@camping-alpirsbach.de

1,2ha 110T(100-110m²) 16A CEE

1 ADGIJKLMOPST
2 BCGRTVWXY
3 ABFHJKRUWX
4 (A 1/5-30/10) (Q+R+U+X 🔌) Z
5 ABDFGIJKLMNPUWXYZ
6 CDEGJ(N 1km)O

💬 Kleine rustig gelegen camping langs een beek met enkele schaduwrijke plaatsen. 15 minuten lopen van Alpirsbach. Eigen forellenvisvijver.

🚗 B294 tussen Freudenstadt en Alpirsbach in de wijk Alpirsbach-Ehlenbogen. Afslag bij hotel 'Adler'. Campingborden volgen.

CC €18 1/4-30/6 1/9-15/11   N 48°21'21'' E 8°24'44''

311

Bad Bellingen/Bamlach, D-79415 / Baden-Württemberg 747

- Lug ins Land-Erlebnis*****
- Römerstraße 3
- ☎ +49 (0)7635-1820
- FAX +49 (0)7635-1010
- 1/1 - 31/12
- @ info@camping-luginsland.de

9ha 220T(80-120m²) 16A CEE

1 ADGHIJKLMOPQ
2 FGJKLRVWXY
3 BDEFGHJKMNOPRUVW
4 (A 12/7-6/9)
   (C+G 7/4-31/10) P
   (Q+S 15/3-31/10)
   (T+U 1/3-1/11)
   (V 1/3-30/11) (Y ⌂)
5 ABFGIJKLMNOPSUWXYZ
6 CDEGIK(N 2km)OTV

💬 Terrasachtige camping. Uitzicht over de Rijn en de Vogezen. Op de camping ligt een zwembadje en een multifunctioneel speelveld van kunstgras. Er worden tochten met opblaasbare boten georganiseerd naar de Rijn-arm. Schitterend golfcentrum op loopafstand. De camping heeft een gezondheidscentrum met massage en een goed restaurant. Openbaar vervoer in de regio is gratis.

🚗 A5 afslag 67 Efringen-Kirchen/Bad Bellingen, ri Bad Bellingen, dan aangegeven borden volgen.

CC €18 1/1-27/5 13/4-30/4 4/5-13/5 8/6-10/7 1/9-31/12   N 47°42'44'' E 7°32'49''

Bad Liebenzell, D-75378 / Baden-Württemberg 748

- Campingpark Bad Liebenzell
- Pforzheimerstr. 34
- ☎ +49 (0)7052-934060
- FAX +49 (0)7052-934061
- 28/3 - 3/11
- @ info@campingpark-bad-liebenzell.com

3ha 150T(80-100m²) 16A CEE

1 ACDFIJKLMPQ
2 CGLRVWX
3 BFGHJMNRUW
4 (C+G 15/5-15/9) J
   (T+U+X ⌂)
5 ABDGJLNPRSU
6 CEGIJK(N 0,5km)OQTV

💬 De camping ligt in het noorden van het Schwarzwald aan de rand van het stadje Bad Liebenzell op een parkachtig terrein. U kunt er volop kuren in de diverse 'Heil- en Thermalbaden'. Ontspanning, maar ook actief bezig zijn. U kunt vissen en kanovaren in nabijgelegen riviertje.

🚗 A8, afrit 43 Pforzheim-West. Hierna de B463 volgen richting Bad Liebenzell. Aan de rand van de stad naast het stedelijk zwembad is de camping gelegen.

CC €16 28/3-3/7 1/9-3/11   N 48°46'44'' E 8°43'53''

Bad Rippoldsau-Schapbach, D-77776 / Baden-Württemberg 749

- Alisehof*****
- Rippoldsauer Straße 8
- ☎ +49 (0)7839-203
- FAX +49 (0)7839-1263
- 1/1 - 30/12
- @ camping@alisehof.de

4ha 120T(90-120m²) 16A

1 ADGHIJKLMOPQ
2 CGJRTVWXY
3 AHJRUWX
4 (A 1/5-30/10)
   (Q+R+T+U 3/1-31/12)
   (X ⌂) Z
5 ABDEFGIJKLMNOPQSUWXY
6 ACDFGIJ(N 2km)OV

💬 Familiecamping in het mooie dorp Schapbach. Een plek om te onthaasten. Wellness-afdeling. Rustige camping, centraal gelegen in natuurpark Schwarzwald. Met veel wandel- en mountainbikemogelijkheden.

🚗 A5 afslag Offenburg, B33 Villingen-Schwenningen, wordt voorbij Haslach B294 richting Freudenstadt. Bij Wolfach, na de tunnel, Bad Rippoldsau-Schapbach volgen.

CC €18 12/1-5/7 31/8-13/12   N 48°23'0'' E 8°17'59''

Bettingen, D-97877 / Baden-Württemberg ♿ 📶 🆔 **750**

▲ Wertheim-Bettingen
✉ Geiselbrunnweg 31
☎ +49 (0)9342-7077
📠 +49 (0)9342-913077
🗓 1/4 - 31/10
@ info@campingpark-wertheim-bettingen.de

7,5ha 100T(80-100m²) 10A CEE

1 ACD**G**HIJKLMPQ
2 CFRTWXY
3 AJNR**W**X
4 (Q+U+Y) 🔑
5 **AB**DFGIJKLMNO**P**UWZ
6 CG**J**(N 1km)OV

💬 Camping met gemoedelijke sfeer, aan de oever van de Main, in het Frankische wijnland. Ideaal voor watersporters (eigen haven, aanlegsteiger en boothelling). Vlak terrein. Speciale voorzieningen voor kampeerders op doorreis (aangekoppeld overnachten en vertrekken op elk tijdstip). Geen verschil in kwaliteit of voorzieningen tussen hoogseizoen en voor- en naseizoen. Alleen de natuur en de rust zijn anders.
🚗 A3 Aschaffenburg-Würzburg, afrit 66 Wertheim. Campingborden volgen.

CC €16 1/4-21/5 8/6-30/6 1/9-31/10 ▲ N 49°46'51" E 9°34'0"

Binau, D-74862 / Baden-Württemberg 📶 🆔 **751**

▲ Fortuna Camping
✉ Neckarstraße 6
☎ +49 (0)6263-669
📠 +49 (0)6263-1403
🗓 16/3 - 25/10
@ info@fortuna-camping.de

3ha 140T(100-150m²) 16A CEE

1 AD**F**HIJKLMOPQ
2 CGLRUVWXY
3 ABHJNR**W**X
4 (B 1/6-30/8) (Q+R+T) 🔑
(U 16/3-20/10) (X) 🔑
5 **AB**DGJLMNPUWXZ
6 ADEGH**J**(N 3km)QTUV

💬 Direct aan de Neckar gelegen en goed onderhouden camping. Restaurant met uitgebreide keuken. Eigen aanlegsteiger en goede mogelijkheid om te fietsen. Ligt aan een doorgaande route. Middagpauze van 13.00 - 15.00 uur. Vriendelijke nieuwe eigenaar.

🚗 De A6 afrit 33 Sinsheim. De B292 volgen richting Mosbach tot Obrigheim. Dan de B37 richting Heidelberg. Campingborden volgen.

CC €16 16/3-3/4 13/4-30/4 4/5-13/5 18/5-22/5 26/5-13/6 1/9-25/10 ▲ N 49°21'53" E 9°3'29"

Creglingen/Münster, D-97993 / Baden-Württemberg ♿ 📶 🆔 **752**

▲ Cp. Romantische Strasse
✉ Münster 67
☎ +49 (0)7933-20289
📠 +49 (0)7933-990019
🗓 15/3 - 15/11
@ camping.hausotter@web.de

6ha 100T(80-120m²) 6A CEE

1 ABCD**G**HIJKLMOPQ
2 CDJLNRUWXY
3 BHIN**Q**RU**W**XZ
4 (F 30/3-15/11) **N**
(Q 30/3-1/11)
(R 30/3-15/11)
(U+Y 30/3-8/11)
5 **AB**DFGIJKLMNOPUWXYZ
6 CEG**K**(N 4km)S

💬 De ontvangst op de camping is buitengewoon vriendelijk. Er wordt tijd genomen voor een praatje en er gaat iemand mee kijken voor een geschikt plaatsje. Camping ligt in een luftkurort. Ruim beplant en voorzien van luxe voorzieningen. Camping met hart voor honden.

🚗 A7 afrit Rothenburg. Daar richting Bad Mergentheim. In Creglingen aangegeven, richting Münster. De camping ligt vlak na Münster rechts aan de weg.

CC €16 15/3-21/5 26/5-5/7 1/9-15/11 **14=13** ▲ N 49°26'21" E 10°2'32"

Dornstetten/Hallwangen, D-72280 / Baden-Württemberg 753

- ▲ Höhencamping Königskanzel
- ▤ Freizeitweg 1
- ☎ +49 (0)7443-6730
- FAX +49 (0)7443-4574
- ⌁ 1/1 - 31/12
- @ info@camping-koenigskanzel.de

NIEUW

4ha 50T(110-120m²) 16A CEE

1 **ACD**G**HIJKLMOPQ**
2 **JKLRUVWXY**
3 **ABHJKNRU**
4 (A 1/7-31/8) (C+H 1/6-15/9) M(Q+R ⌁) (T+U+X 1/1-31/10,26/12-31/12)
5 **AB**DEFGHIJKLMNOPQR**S** UWXY
6 **CDEGHK**(N 1km)O

💬 Camping gelegen op een heuvel, ruime plaatsen met mooi uitzicht. Camping heeft eigen zwembad. Zeer gemoedelijke en goed onderhouden camping met verwarmd kinderzwembad en kindersanitair. Het oude Dornstetten ligt op ca 15 minuten lopen afstand van de camping.

🚗 A5 afslag Rastatt de 462 richting Freudenstadt. Vanaf Freudenstadt richting Dornstetten en van hieruit de campingborden volgen.

€18   15/3-30/6   30/8-8/11

N 48°28'51'' E 8°30'1''

Eberbach, D-69412 / Baden-Württemberg 754

- ▲ Eberbach
- ▤ Alte Pleutersbacherstraße 8
- ☎ +49 (0)6271-1071
- FAX +49 (0)6271-942712
- ⌁ 1/4 - 31/10
- @ info@campingpark-eberbach.de

2ha 100T(60-80m²) 6A

1 **A**F**HIJKLMOPQ**
2 **CGLRVWX**
3 **ABFHJMNOPW**X
4 (C 15/6-30/9) (F+G+Q+R+U+Y ⌁) Z
5 **AB**DFGJLMNOPUW
6 FG(N 0,8km)OTV

💬 Mooie verzorgde camping in de stad, direct aan de Neckar met uitgebreid restaurant. Goede trein en busverbinding naar Heidelberg. Vlakke afgebakende plaatsen aan het water. Vriendelijke behulpzame eigenaar.

🚗 A5, afrit 37 Heidelberg. Dan de B37 volgen naar Eberbach. De brug oversteken.

€14   1/4-13/5   17/5-22/5   25/5-3/6   7/6-12/7   1/9-31/10

N 49°27'38'' E 8°58'57''

Ellwangen, D-73479 / Baden-Württemberg 755

- ▲ AZUR Cp. Ellwangen a.d. Jagst
- ▤ Rotenbacher Str. 37-45
- ☎ +49 (0)7961-7921
- FAX +49 (0)7961-562330
- ⌁ 1/4 - 31/10
- @ ellwangen@azur-camping.de

3,5ha 80T(80-120m²) 16A CEE

1 **ACD**G**HIJKLM**P**Q**
2 **CFGRUWXY**
3 **HJW**
4 (F+Q+T+U+Y ⌁) Z
5 **AB**DFGIJKLMNOPUWZ
6 **CEGK**(N 1km)OT

💬 Voor een stadscamping is deze zeer mooi gelegen aan de Jagst, naast het overdekte zwembad. Ideaal om een tussenstop te maken maar ook geschikt voor een langer verblijf om wat van de omgeving biedt te bekijken. Startplaats voor diverse fietsroutes voor jong en oud.

🚗 A7 afrit 113 Ellwangen. In Ellwangen door tunnel. Na tunnel, bij T-splitsing rechtsaf. Rechtsaf over de brug (spoorrijn en riviertje) 1e weg links. Borden camping volgen.

€16   1/4-26/6   23/8-30/10

N 48°57'35'' E 10°7'15''

314

Essingen/Lauterburg, D-73457 / Baden-Württemberg — 756

- Hirtenteich
- Hasenweide 2
- ☎ +49 (0)7365-296
- FAX +49 (0)7365-251
- 1/1 - 31/12
- @ CampHirtenteich@aol.com

3,5ha 60T(70-100m²) 16A CEE

1. ADGHIJKLMPST
2. GKLRTUVWXY
3. BHJNR
4. (B 15/5-15/9) N (Q+R+U+X+Y)
5. **AB**DFGIJKLMNOPQUWZ
6. ACEGI**K**(N 3km)OTU

Rustige, idyllische camping op de Schwäbische Alb aan de rand van het bos. Ideaal om te wandelen, fietsen en mountainbiken. Openluchtzwembad, sauna of lekker relaxen. Activiteiten: voetbalveld, barbecueplek, ruime buitenruimte, Legoland, Schwabenpark, Playmobilland, Märklinmuseum Göppingen, etc.

🚗 A7 afrit Aalen/Westhausen, richting Schwäbisch Gmünd. B29 Aalen-Schwäbisch Gmünd, ca. 6 km ten westen van Aalen richting Essingen/Skizentrum Hirtenteich nemen.

CC €16 1/1-12/7 30/8-31/12 14=12

N 48°47'12" E 9°58'54"

Freiburg, D-79104 / Baden-Württemberg — 757

- Freiburg Camping Hirzberg
- Kartäuserstraße 99
- ☎ +49 (0)761-35054
- FAX +49 (0)761-289212
- 1/1 - 31/12
- @ hirzberg@freiburg-camping.de

1,2ha 85T(60-100m²) 10A

1. ACD**G**HIJLMOST
2. FGJKRWXY
3. **AF**HJKU
4. (Q 1/4-31/10) (R+U+Y)
5. **AB**DGIJKLMNOPU
6. CFGH**I**K(N 1,2km)OST

Camping ligt aan een berghelling onder bomen. Bijna midden in de stad, toch rustig. Er is zelf een ontbijt klaar te maken bij de winkel. Veel wandelmogelijkheden vanaf de camping.

🚗 A5 afslag Freiburg-Mitte, richting Titisee. Borden volgen, voor de tunnel links aanhouden richting stadion (Ebnet), Sporthaus Kiefer linksaf.

CC €18 6/1-27/3 3/5-13/5 7/6-30/6 1/9-30/9 1/11-20/12

N 47°59'34" E 7°52'26"

Freiburg/Hochdorf, D-79108 / Baden-Württemberg — 758

- Tunisee Camping
- Seestraße 30
- ☎ +49 (0)7665-2249
- FAX +49 (0)7665-95134
- 1/4 - 31/10
- @ info@tunisee.de

30ha 150T(80-119m²) 16A CEE

1. ACD**G**HIJKLMOPQ
2. DFLORTVWXY
3. BJKNRU**W**Z
4. (Q+R+T+U+Y)
5. **AB**DGIJKLMNOPUWXY
6. ACDFG**K**(N 2km)OT

Grote camping aan een meer (zwemwater), niet ver van de autoweg. Goede sfeer. Er worden soms activiteiten georganiseerd. Restaurant waar men goed kan eten. Ruime plaatsen, grasbodem. Freiburg is een mooie oude universiteitstad met historische stadskern.

🚗 A5 Karlsruhe-Basel, afslag 61 Freiburg-Nord. Bij verkeerslicht rechts dan 4x links. Camping met borden aangegeven.

CC €18 1/4-5/7 1/9-31/10

N 48°3'51" E 7°48'52"

759 — Freudenstadt, D-72250 / Baden-Württemberg

- ▲ Langenwald
- Straßburger Straße 167
- ☎ +49 (0)7441-2862
- FAX +49 (0)7441-2891
- 1/4 - 1/11
- @ info@camping-langenwald.de

1,5ha 80T(90-100m²) 16A CEE

1. ADGIJKLMOPQ
2. BCGJLRUVWXY
3. BFGHJRUW
4. (A 15/7-1/9) (C 1/6-15/9) (Q+R+T+U+X 1/4-31/10)
5. ABDFGHIJKLMNOPQRUWXY
6. CDEGIJ(N 3km)OSV

💬 Op 3 km van Freudenstadt in het bos gelegen kindvriendelijke ecocamping met grote plaatsen en eigen zwembad, gelegen aan een beek.

🚗 A5 afrit 54 Appenweier, B28 richting Freudenstadt, richting Kniebis. 3 km voor Freudenstadt links.

CC €18 1/4-30/6 1/9-31/10   N 48°27'32'' E 8°22'22''

---

760 — Gaienhofen/Horn, D-78343 / Baden-Württemberg

- ▲ Campingplatz Horn Bodensee
- Strandweg 3-18
- ☎ +49 (0)7735-685
- FAX +49 (0)7735-8806
- 28/3 - 3/10
- @ campingplatz.horn@gaienhofen.de

6ha 175T(60-150m²) 16A CEE

1. ADGHIJKLMNOPQ
2. ADLRWXY
3. ABHJKLNQRWZ
4. (Q+R+U+V+Y) Z
5. ABDFGIJKLMNOPSTUWZ
6. ABCEGHJK(N 1,5km)OT

💬 Zeer mooie, druk bezochte camping aan de Bodensee met ruime plaatsen. Auto's mogen niet op camping geplaatst worden. Het restaurant ligt mooi gelegen aan het meer. Veel faciliteiten werken met behulp van zonne-energie.

🚗 Vanuit Radolfzell richting Stein am Rhein-Moos-Gaienhofen-Horn. Daarna borden volgen.

CC €18 28/3-23/5 7/6-11/7 6/9-3/10   N 47°41'18'' E 8°59'41''

---

761 — Grafenhausen/Rothaus, D-79865 / Baden-Württemberg

- ▲ Rothaus Camping
- Mettmatalstraße 2
- ☎ +49 (0)7748-800
- FAX +49 (0)7748-929736
- 1/1 - 31/12
- @ info@rothaus-camping.de

2,5ha 60T(80-100m²) 16A CEE

1. AGHIJKLMOPQ
2. BGJRVWXY
3. AFGHJR
4. (Q+U+Y)
5. ABDGIJKLMNOPUW
6. CEGH(N 2km)OT

💬 Terrasachtige camping met zowel zon- als schaduwplaatsen. Goed restaurant. Op de camping heerst een gemoedelijke sfeer. In de directe omgeving veel wandelmogelijkheden, ook naar het Heimatmuseum. Op ongeveer 3 km Schluchsee en Schlüchtsee (meren). Ook gratis openbaar vervoer.

🚗 Titisee naar Schluchsee, dan richting Rothaus/Grafenhausen, na ongeveer 4 km rechts.

CC €16 1/4-15/6 1/9-31/10   N 47°47'42'' E 8°14'6''

Herbolzheim, D-79336 / Baden-Württemberg

762

- ▲ Terrassencamping Herbolzheim★★★★
- ☗ Laue-Dietweg 1
- ☏ +49 (0)7643-1460
- FAX +49 (0)7643-913382
- ⌚ 27/3 - 3/10
- @ s.hugoschmidt@t-online.de

2,2ha 80T(80-120m²) 10A CEE

1 ACD**F**HIJKLMOPQ
2 JLRVWXY
3 ABHJK**M**NRU
4 (C 15/5-15/9)
  (G 15/4-2/10) **J**
  (Q 12/4-3/10) (R 27/3-2/10)
  (Y 15/4-2/10)
5 **AB**FGIJKLMNOPUW
6 ACDEG**J**(N 0,5km)OT

Moderne, zeer schone en rustige natuurcamping met uitstekend sanitair. Gelegen naast het zwembad op 1 km vanaf het dorpscentrum. Vertrekpunt voor diverse tochten naar bijvoorbeeld het Zwarte Woud, Kaiserstuhl en Europapark Rust. Op de camping heerst een gemoedelijke sfeer.

A5 afslag Herbolzheim afrit 58, net voor dorp rechts richting zwembad. Camping staat goed aangegeven.

CC €18 27/3-5/7 1/9-3/10   N 48°12'59" E 7°47'18"

Hinterzarten/Titisee, D-79822 / Baden-Württemberg

763

- ▲ Bankenhof★★★★
- ☗ Bruderhalde 31a
- ☏ +49 (0)7652-1351
- FAX +49 (0)7652-5907
- ⌚ 1/1 - 31/12
- @ info@camping-bankenhof.de

3ha 180T(80-100m²) 16A CEE

1 ACD**G**IJKLMOPQ
2 CDGLORSTVXY
3 **B**FHJKNRU**W**Z
4 (A 1/7-5/9)
  (Q+S+T+U+Y ⌧) Z
5 **AB**DEFGHIJKLMNPR**S**UW
6 ACDEGH**IK**(N 2,5km)OTV W

Gezellige camping. De meeste plaatsen zijn afgebakend. Zowel schaduw als zon. Goed restaurant. De camping ligt niet ver van de hoogste berg in het Zwarte Woud. Gratis gebruik van openbaar vervoer in de regio.

A5 Karlsruhe-Basel afslag Freiburg-Mitte, Titisee volgen. In Titisee-Centrum richting Bruderhalde.

CC €18 12/4-23/5 7/6-5/7 13/9-18/10   N 47°53'10" E 8°7'52"

Hohenstadt, D-73345 / Baden-Württemberg

764

- ▲ Camping Waldpark Hohenstadt
- ☗ Waldpark 1
- ☏ +49 (0)7335-6754
- FAX +49 (0)7335-184574
- ⌚ 1/3 - 31/10
- @ camping@waldpark-hohenstadt.de

7,5ha 50T(100-150m²) 16A CEE

1 ACDGIJKLMPQ
2 FGIJKLRTUVWXY
3 AHJLNR
4 (C 15/5-15/9)
  (Q+R 1/5-30/9) (U+V+Y ⌧) Z
5 **AB**DEGIJKLMNO**P**UWXYZ
6 ACEGK(N 7km)OU

Op 820m hoogte, rustig gelegen camping. Beschikt over 50 royale staanplaatsen, eigen water- en stroomaansluiting op 7,5 ha terrein. Staanplaatsen schaduwrijk of zeer zonnig. Omgeving ideaal om te wandelen, fietsen, klimmen, skiën, langlaufen. Zwembad, restaurant en speelplaats. Hele jaar geopend. Familiebedrijf, zeer vriendelijke leiding.

Vanaf A8/E52 Stuttgart-Ulm, afslag 60 Behelfsausfahrt nemen. Dan borden Hohenstadt volgen.

CC €16 1/3-30/6 1/9-31/10   N 48°32'51" E 9°40'2"

Horb am Neckar, D-72160 / Baden-Württemberg

🔺 Schüttehof
🏠 Schütteberg 7
☎ +49 (0)7451-3951
FAX +49 (0)7451-623215
🗓 1/1 - 31/12
@ info@camping-schuettehof.de

8ha 54T(60-100m²) 16A

1 ACD**G**HIJKLMOPQ
2 FLRWX
3 ABGHIJ**M**NPRU
4 (B+G 15/6-15/9) (Q+R 🗓)
(U 1/5-1/10) (Y 1/4-30/9)
5 **AB**DFGIJLMNO**P**QRUW
6 CDGI**K**M(N 3km)OV

💬 In een rustige omgeving gelegen camping boven de middeleeuwse stad Horb am Neckar, aan de rand van het Schwarzwald, met eigen zwembad. Restaurant met goede rustieke keuken tegen zeer gunstige prijzen.

🚗 A81 Stuttgart-Singen. Afslag 30 richting Horb. In Horb rechtsaf naar B14. Linksaf naar Altheimerstraße. Camping ligt links.

CC €16 1/1-7/7 1/9-31/12   📍 N 48°26'43'' E 8°40'25''

765

Isny im Allgäu, D-88316 / Baden-Württemberg

🔺 Waldbad Camping Isny GmbH*****
🏠 Lohbauerstraße 61-69
☎ +49 (0)7562-2389
FAX +49 (0)7562-2004
🗓 1/3 - 8/11, 18/12 - 11/1
@ info@waldbad-camping-isny.de

4,5ha 50T(100m²) 16A CEE

1 A**G**HIJKLMOPST
2 ABDKLRUVXY
3 AGK**M**NRUZ
4 (Q+T+U 🗓)
(X+Y 1/1-31/10,18/12-31/12)
Z
5 **AB**DGJLN**P**UWXYZ
6 ACDEG**K**(N 2km)ST

💬 Zeer rustige camping gelegen aan een natuurvijver in een bosrijke omgeving. Met sanitair en een restaurant met kleine kaart. Op loopafstand van de stad Isny met inkoopmogelijkheden en verschillende restaurants, zeker een bezoek waard.

🚗 A7 Ulm, dan A96 Memmingen-Lindau. Afrit 8 Leutkirch-Sud richting Isny. Hier campingborden volgen.

CC €18 1/1-11/1 1/3-12/7 1/9-31/10   📍 N 47°40'39'' E 10°1'49''

766

Karlsruhe, D-76227 / Baden-Württemberg

🔺 AZUR Cp-park Turmbergblick
🏠 Tiengener Str. 40
☎ +49 (0)721-497236
FAX +49 (0)721-497237
🗓 1/4 - 31/10
@ karlsruhe@azur-camping.de

3,5ha 100T(90-130m²) 10A CEE

1 AD**G**HIJKLMO**P**Q
2 FRVX
3 B
4 (Q 1/5-15/9) (R 🗓)
5 **AB**FGIJKLMNOPUWZ
6 BCDFG**J**(N 0,7km)T

💬 Een verzorgde camping die ideaal ligt om een stadsbezoek aan Karlsruhe te brengen.

🚗 A65 Ludwigshafen-Karlsruhe afrit 44 richting Frankfurt/Basel, B10 ri Pforzheim, in Karlsruhe onder tunnel door richting Durlach. De camping staat aangegeven.

CC €18 1/4-21/5 8/6-26/6 23/8-30/10   📍 N 49°0'28'' E 8°28'59''

767

Kirchberg (Iller), D-88486 / Baden-Württemberg 👫 ♿ 📶 iD 768

- ▲ Christophorus★★★★
- 🏠 Werte 6
- ☎ +49 (0)7354-663
- FAX +49 (0)7354-91314
- 🔑 1/1 - 31/12
- @ info@camping-christophorus.de

8ha 100T(80-100m²) 16A CEE

1. **A**D**F**HIJKL**M**OPQ
2. DFKLRVX
3. **A**BGJL**MN**Q**RTW**Z
4. (**F** 🔑) **N**(Q 1/4-15/10) (R 1/1-15/10) (U 1/4-15/10) (Y 🔑)
5. **AB**DFGJLNPU**W**
6. CDEG**K**(N 3km)OT

💬 Fraai gelegen camping met drie heerlijke meren. Ideaal voor families. Nieuwe speelplaats met badminton/volleybalveld, barbecue, direct gelegen aan de Iller-Radweg, uitstekend restaurant, rustige ligging.

🚗 A7 Ulm-Memmingen bij afrit 125 verlaten. In Altenstadt richting Kirchberg. Voor Kirchberg borden volgen.

CC €18 1/1-30/6 1/9-31/12 N 48°8'21" E 10°6'11"

Neckargemünd, D-69151 / Baden-Württemberg ♿ 📶 iD 769

- ▲ Friedensbrücke
- 🏠 Falltorstraße 4
- ☎ FAX +49 (0)6223-2178
- 🔑 29/3 - 25/10
- @ j.vandervelden@web.de

3ha 150T(60-80m²) 16A CEE

1. **A**F**H**IJKL**M**OPQ
2. CGLRWX
3. **A**F**H**JUW
4. (Q+R+T+U+W+X 🔑)
5. **AB**DFGIJKLMNO**P**UW
6. CG**IK**(N 0,3km)OTV

💬 Mooie, verzorgde camping aan de Neckar. Bezoek ook Heidelberg per trein, boot, bus of auto. Fiets- en wandelroutes langs de Romantische Straße. Vriendelijke, Nederlandse eigenaar. Plaatsen aan het water kosten 3,50 euro extra. Middagpauze van 13.00-15.00 uur.

🚗 A5, afrit 37 Heidelberg. Vervolgens de B37 richting Eberbach volgen. Bij binnenrijden van Neckargemünd, bij Poststraße links afslaan of voor de brug rechts. Borden volgen.

CC €16 29/3-5/7 1/9-25/10 N 49°23'47" E 8°47'40"

Neckarzimmern, D-74865 / Baden-Württemberg 📶 iD 770

- ▲ Cimbria
- 🏠 Wiesenweg 1
- ☎ +49 (0)6261-2562
- FAX +49 (0)6261-35716
- 🔑 1/4 - 31/10
- @ info@camping-cimbria.de

3ha 150T(80-110m²) 16A CEE

1. **A**CD**F**IJKL**M**PQ
2. CGLRTUVWXY
3. BGH**J**M**N**RU**W**
4. (C 15/5-30/9) (Q+T+U+X 🔑) (Y 1/4-30/10) Z
5. **AB**GJLMNO**PQ**UW
6. CEG**IK**(N 1km)OT

💬 Pal aan de Neckar gelegen, goed onderhouden camping. Op loopafstand van het dorp. Enthousiaste behulpzame eigenaar. Comfortplaatsen kosten 3 euro extra.

🚗 A6, afrit 33 Sinsheim. B292 richting Mosbach. In Obrigheim rechtsaf richting Neckarsülm. De camping ligt vooraan in het stadje Neckarzimmern.

CC €18 1/4-8/7 25/8-31/10 N 49°19'10" E 9°7'32"

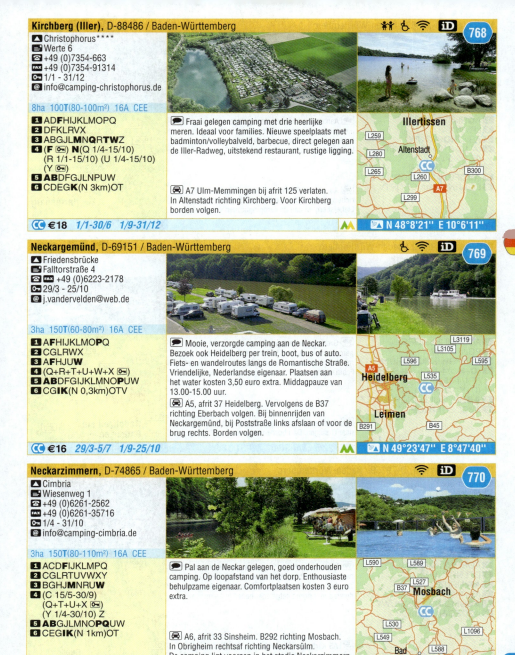

Neubulach, D-75387 / Baden-Württemberg 771

▲ Erbenwald
✉ Miss Gasse
☎ +49 (0)7053-7382
FAX +49 (0)7053-3274
⌖ 1/1 - 31/12
@ info@camping-erbenwald.de

7,9ha 75T(80-130m²) 16A CEE

1 AGHIJKLMOPQ
2 LRVWX
3 ABHJN**OP**RT**UW**
4 (A 1/7-31/8) (C 1/6-31/8)
   (H 1/5-30/9)
   (Q+R+T+U+Y ⌖)
5 **AB**DFGHIJKLMNO**P**UXYZ
6 EG**IJ**(N 2,5km)OPQRTV

💬 Aan de rand van het dorp gelegen camping met nieuw sanitairgebouw. De camping is ideaal voor het maken van uitstapjes in het mooie Schwarzwald. Voldoende plaatsen met schaduw. WiFi.

🚗 A8, afrit 43 Pforzheim-West. Volg de B463 richting Calw. In Calw rechts richting Neubulach/Liebelsberg en dan de campingborden volgen.

CC €18   1/1-30/6   1/9-31/12   N 48°40'39" E 8°41'23"

Orsingen, D-78359 / Baden-Württemberg 772

▲ Camping und Ferienpark Orsingen
✉ Am Alten Sportplatz 8
☎ +49 (0)7774-9237870
FAX +49 (0)7774-92378777
⌖ 1/1 - 31/12
@ info@camping-orsingen.de

11,5ha 175T(77-136m²) 16A CEE

1 ACDGHIJKLMOPST
2 FGJKLRVW
3 ABEFGHJKN**OPQ**RUW
4 (**C+H** 1/4-15/9) (Q+S ⌖)
   (T 1/4-15/9)
   (U+Y 1/3-31/12) Z
5 **AB**DEFGIJKLMNOPRUWXZ
6 ABCDEG**IJK**OPTV

💬 Grote, nieuw aangelegde camping met grote percelen op grasveld. 10 km van de Bodensee met fiets- en wandelpaden. Bij slot Langenstein en Fastnachtmuseum.

🚗 Stockach ri Nensingen, Nensingen doorrijden naar Orsingen. Dan borden volgen.

CC €18   1/1-27/3   13/4-13/5   18/5-22/5   8/6-30/6   7/9-31/12   N 47°50'31" E 8°56'12"

Riegel/Kaiserstuhl, D-79359 / Baden-Württemberg 773

▲ Müller-See
✉ Müller-See 1
☎ +49 (0)7642-3694
FAX +49 (0)7642-923014
⌖ 1/4 - 31/10
@ info@muellersee.de

5ha 53T(60-100m²) 16A CEE

1 ADEHIJKLMOPST
2 DFLNRTUVWX
3 AFHJRUZ
4 (Q+T ⌖)
5 **AB**DFG**IJ**KLMNO**P**UWY
6 ACDEG**J**(N 1km)OV

💬 Vlakke, afgebakende groene plaatsen naast een meer met openbare natuurzwemgelegenheid en jonge aanplanting. In de buurt van de snelweg. Afstand tot de stad met prima eetgelegenheden is 1 km.

🚗 A5 Karlsruhe-Basel afrit 59. Rechtsaf. Borden volgen, goed aangegeven.

CC €16   1/4-16/5   31/5-5/7   1/9-31/10   N 48°9'48" E 7°44'28"

Salem/Neufrach, D-88682 / Baden-Württemberg 774

- Gern-Campinghof Salem★★★★
- Weildorferstraße 46
- +49 (0)7553-829695
- FAX +49 (0)7553-829694
- 1/4 - 31/10
- info@campinghof-salem.de

2ha 94T(80-100m²) 10-16A CEE

1. ADGHIJKLMPQ
2. BCFGLRVWX
3. ABDFHIJKMNOPRUW
4. N(Q+R+T+U+X) Z
5. ABDEFGIJKLMNOPUWXYZ
6. ABEGIJ(N 1km)OQSTV

💬 Geweldige ligging in dal van Salem op 9 km van de Bodensee. Wandel- en fietspaden vanaf camping. 10 minuten te voet naar de Schloßsee, één van de mooiste zwemmeren van de Bodenseeregio (800m). Kasteel Salem en Affenberg vlakbij. Klein restaurant, broodjesservice en in de vakantietijden animatie (ponyrijden, wandelen).

🚗 A81 Stuttgart-Singen naar Lindau. Dan de B31 Überlingen-Salem. Vanuit Ulm; de B30 Ulm-Ravensburg. Vervolgens de B33 ri Markdorf. Dan ri Salem/Neufrach.

CC €16 1/4-23/5 6/6-11/7 6/9-31/10   N 47°46'12'' E 9°18'27''

Schömberg, D-75328 / Baden-Württemberg 775

- Höhencamping-Langenbrand★★★★★
- Schömbergerstraße 32
- +49 (0)7084-6131
- FAX +49 (0)7084-931435
- 1/1 - 31/12
- info@hoehencamping.de

1,6ha 39T(100-120m²) 16A CEE

1. AFHIJKLPQ
2. GRVWX
3. AHJRU
4. (S+T)
5. ABFGJLMNPU
6. CDEGKOT

💬 Camping ligt in het centrum van de plaats met vele schaduwplaatsen en een schitterend sanitair.

🚗 A8 afrit 43 Pforzheim-West. B10 li-af ri stad tot 'Bauhaus' rechts. Rechts ri Brötzingen. 4e verkeerslicht bij Bad Büchenbronn/Schömberg naar rechts. Ri Schömberg tot aan Langenbrand.

CC €16 1/1-30/6 1/9-31/12   N 48°47'55'' E 8°38'8''

Schurrenhof, D-73072 / Baden-Württemberg 776

- Schurrenhof
- Schurrenhof 4
- +49 (0)7165-928585
- FAX +49 (0)7165-1625
- 1/1 - 31/12
- info@schurrenhof.de

2,8ha 70T(80-100m²) 10A CEE

1. ADGHIJKLPQ
2. KRUVWX
3. ABFHKOPQRU
4. (B 1/6-30/9) (Q+R+T+U+Y) Z
5. ABDGIJKLMNOPUWXY
6. ACDEG(N 3km)O

💬 Rustige camping op 550m hoogte gelegen. Mooi panorama. Mogelijkheden voor wandelen, fietsen, mountainbiken, zwemmen, paardrijden, musea, o.a. 'Märklin' in Göppingen, Schwäbisch Gmünd. Legoland Günzburg.

🚗 A8 Stuttgart-München, afrit 56, ri Göppingen. Dan B10 ri Donzdorf, 1e rotonde borden Heidenheim. Na 1 km links Reichenbach/Schurrenhof. Vanaf B29 ri Schwäbisch Gmünd. In Schwäbisch Gmünd ri Donzdorf. In Rechburg re-af naar Schurrenhof.

CC €16 1/1-13/7 30/8-31/12   N 48°43'40'' E 9°46'12''

Simonswald, D-79263 / Baden-Württemberg 777

- ▲ Schwarzwaldhorn****
- ☎ +49 (0)7683-1048
- FAX +49 (0)7683-909169
- ⚑ 1/4 - 20/10
- @ info@schwarzwald-camping.de

1,5ha 36T(60-120m²) 16A CEE

1. **A**G**IJKLMNO**PQ
2. GIJKRTWXY
3. **AB**HIJK**QRUW**
4. (A+Q+S ⚑)
   (T+U 1/6-20/10) Z
5. **AB**DFGIJKLMNOPUWXYZ
6. **A**DEG**IK**OV

💬 Kleine gezellige camping in klein dorp met veel wandelmogelijkheden. Prachtige vergezichten over het dal van Simonswald. Zwembad op loopafstand.

🚗 A5 Karlsruhe-Basel, afslag Freiburg-Nord. B294 richting Waldkirch. Door de tunnel 2e afslag richting Simonswald. Over de rotonde rechtdoor vanaf Ortseingang Simonswald. Camping na 4 km rechts.

CC €18 1/4-4/7 23/8-20/10   N 48°6'3'' E 8°3'5''

Sonnenbühl/Erpfingen, D-72820 / Baden-Württemberg 778

- ▲ AZUR Rosencp.
  Schwäbische Alb
- 🏠 Hardtweg 80
- ☎ +49 (0)7128-466
- FAX +49 (0)7128-30137
- ⚑ 1/1 - 31/12
- @ erpfingen@azur-camping.de

9ha 150T(100m²) 16A CEE

1. **ACD**G**HIJKLMO**PQ
2. IJKLRTVWXY
3. **AB**GHJ**N**Q**R**
4. (A 1/4-30/10) (C 15/5-15/9)
   (Q 1/5-1/10)
   (R+U 1/4-31/10) (Y ⚑)
5. **AB**DFGIJKLMNPUW
6. **A**CDEG**K**(N 3km)O

💬 Zeer grote rustige camping met veel vaste staanplaatsen midden in een natuurgebied. Camping heeft eigen zwembad.

🚗 Vanaf Stuttgart Reutlingen de B312/311 nemen. Wegwijzer Bärenhöhle-Sonnenbühl-Erpfingen, staat goed aangegeven.

CC €16 1/1-2/7 23/8-30/12   N 48°21'47'' E 9°11'0''

St. Peter, D-79271 / Baden-Württemberg 779

- ▲ Steingrubenhof
- 🏠 Haldenweg 3
- ☎ +49 (0)7660-210
- FAX +49 (0)7660-1604
- ⚑ 1/1 - 10/11, 15/12 - 31/12
- @ info@camping-steingrubenhof.de

2ha 70T(> 70m²) 16A CEE

1. **A**D**G**HIJKLMOPQ
2. GIJKRTWX
3. **AB**HJ**RW**
4. (A 1/7-31/8) (Q+Y ⚑)
5. **AB**DGIJKLMN**P**UW
6. **A**CDEG**K**(N 0,8km)O

💬 Steingrubenhof ligt vlakbij het Luftkurort St. Peter met beroemd klooster. De terrassencamping bevindt zich op 760m hoogte en biedt een panoramisch uitzicht op de berg Kandel. Ideaal uitgangspunt voor wandelingen en mountainbiketochten.

🚗 A5 tot Freiburg-Nord, dan de B294 naar Denzlingen. Op de Glöttertalstraße naar St. Peter afslaan. Camping ligt net voor St. Peter links.

CC €16 1/2-7/7 25/8-10/11   N 48°1'25'' E 8°2'5''

Steinach, D-77790 / Baden-Württemberg

- Kinzigtal
- Welchensteinacherstr. 34
- +49 (0)7832-8122
- FAX +49 (0)7832-6619
- 1/1 - 31/12
- @ webmaster@campingplatz-kinzigtal.de

3,5ha 50T(60-80m²) 16A

1 **AG**HIJKLMOPQ
2 **C**RTVWXY
3 **ABHJM**RUW
4 (A 1/7-31/8)
   (**C**+**G** 1/5-30/9) J
   (Q 15/4-30/9)
   (R+U+V+Y)
5 **AB**DFGIJKLMNOPUW
6 CDEG**K**(N 0,5km)OVW

Gezellige camping met vriendelijk ontvangst in prachtige omgeving. Goed restaurant. Gemeentezwembad naast de camping (gratis).

A5 Karlsruhe-Basel, afslag Offenburg. B33 richting Villingen-Schwenningen ca. 20 km tot Steinach. Bij T-splitsing links. Daarna borden volgen.

CC €12 20/4-30/6 1/9-19/9   N 48°17'45'' E 8°2'52''

Stockach (Bodensee), D-78333 / Baden-Württemberg

- Campingpark Papiermühle
- Johann-Glatt-Straße 3
- +49 (0)7771-9190490
- FAX +49 (0)7771-9190492
- 1/1 - 31/12
- @ campingpark-stockach@web.de

40T(72-120m²) 6A CEE

1 **AB**DG**I**JKLMOPQ
2 **B**CFGJLRVWXY
3 **B**F**G**HJ
4 (Q+R)
5 **AB**DGIJKLMNOPUWZ
6 CEG**IK**(N 1,5km)OU

Mooie camping gelegen aan de rand van Stockach. Van hier uit prima om de Bodensee te verkennen.

A81 volgen tot kruispunt Hegau richting Stockach. Afrit Stockach-West.

CC €16 1/1-23/5 6/6-30/6 14/9-31/12   N 47°50'31'' E 8°59'42''

Sulzburg, D-79295 / Baden-Württemberg

- Sulzbachtal*****
- Sonnmatt 4
- +49 (0)7634-592568
- FAX +49 (0)7634-592569
- 1/1 - 31/12
- @ a-z@camping-sulzbachtal.de

2,4ha 85T(100-120m²) 16A CEE

1 **A**CD**G**HIJKLMOPQ
2 **B**FGJKUWXY
3 **A**HJK**MO**RU
4 (A 1/7-31/8) (B 1/5-30/9)
   (Q+R+T+U+X)
5 **AB**DFGIJKLMNOPRWXYZ
6 **A**CDEG**K**(N 1km)OT

Camping gelegen tegen een heuvel en op loopafstand van het dorp met een prachtig natuurzwembad. Leuke kantine/bar. Wandel- en fietsmogelijkheden tussen de druivenvelden. Kuurmogelijkheden in de omgeving.

A5 afslag Heitersheim. B3 afslag Sulzburg, voor het dorp rechts.

CC €16 1/1-1/4 12/4-29/4 3/5-21/5 26/5-2/6 7/6-11/7 6/9-31/12   N 47°50'52'' E 7°41'53''

Titisee, D-79822 / Baden-Württemberg ♿ 📶 iD 783

▲ Sandbank****
🏠 Seerundweg 9
☎ +49 (0)7651-8243
FAX +49 (0)7651-8286
🔑 1/4 - 20/10
@ info@camping-sandbank.de

2ha 220T(80-115m²) 16A CEE

1 ACD**G**HIJKLMOPQ
2 ABDJKLRSTVWX
3 B**F**HJKR**W**X
4 (Q+S+U+Y 1/4-19/10)
5 **AB**DFGIJKLMNO**P**UW
6 CEGH**J**(N 2,5km)OT

💬 Familiecamping aan het water, 's avonds ziet u de zon ondergaan boven het meer. Café-restaurant met goede keuken. De plaatsen zijn terrasgewijs ingedeeld. Openbaar vervoer gratis.

🚗 A5 afslag Freiburg-Mitte, borden volgen tot in dorp Titisee, dan richting Bruderhalde, 4e camping vanaf Titisee.

CC €16 1/4-30/6 1/9-20/10   Ⓜ N 47°53'15'' E 8°8'18''

Todtnau/Muggenbrunn, D-79674 / Baden-Württemberg ⛷♿📶 iD 784

▲ Hochschwarzwald****
🏠 Oberhäuserstraße 6
☎ +49 (0)7671-1288
FAX +49 (0)7671-9999943
🔑 1/1 - 31/12
@ info@camping-hochschwarzwald.de

2,2ha 55T(80-100m²) 10A CEE

1 ADGIJKLPQ
2 GJKRSTVWX
3 ABHNR
4 (Q+R+U+Y 🔑)
5 **AB**DFGIJKLMNO**P**RUW
6 ACEG**K**(N 5km)O

💬 Gelegen direct aan de rand van een natuurgebied tussen de hoogste bergen van het Zwarte Woud. U kunt er fantastisch wandelen, ontspannen en op korte afstand zwemmen en tennissen. In de winter; skiliften, prachtige loipes en wandelwegen. Op de camping vindt u een prettige, persoonlijke sfeer. De eigenaren spreken Nederlands. Openbaar vervoer gratis met de konus-kaart.

🚗 A5 Karlsruhe-Basel afslag Freiburg-Mitte, dan via Kirchzarten en Oberried richting Todtnau.

CC €16 2/3-5/7 7/9-13/12   Ⓜ N 47°51'55'' E 7°54'58''

Wahlwies/Stockach, D-78333 / Baden-Württemberg 📶 ✿ iD 785

▲ Campinggarten Wahlwies
🏠 Stahringer Straße 50
☎ +49 (0)7771-3511
🔑 1/1 - 31/12
@ info@camping-wahlwies.de

1,2ha 40T(70-100m²) 16A CEE

1 ACDGIJKLMO**P**Q
2 FGRTXY
3 AHIJRU
4 (Q+R+T 1/4-31/10) Z
5 **AB**DGIJKLMNOPUW
6 ABCEGJK(N 1,5km)OT

💬 Gezellige, kleine camping met idyllische ligging tussen boomgaarden in een typisch Bodenseelandschap. Hier geniet men van een rustig, ontspannen verblijf in familiaire sfeer. Wahlwies is een ideaal uitgangspunt voor uitstapjes, fiets- en wandeltochten naar de Bodensee, het vulkaanlandschap van de Hegau, naar het berggebied van de Donau en het aangrenzende Zwitserland.

🚗 Vanaf Stuttgart de A81/98, afrit 12 Stockach-West. Campingbord 'Wahlwies' volgen.

CC €16 1/1-22/5 7/6-10/7 1/9-31/12   Ⓜ N 47°48'31'' E 8°58'11''

Weikersheim/Laudenbach, D-97990 / Baden-Württemberg

786

- Schwabenmühle★★★★
- Weikersheimer Straße 21
- ☎ +49 (0)7934-992223
- FAX +49 (0)7934-992408
- 27/3 - 11/10
- @ info@camping-schwabenmuehle.de

2,3ha 70T(80-100m²) 16A CEE

1. ABDGHIJKLMPQ
2. CGKRTUVX
3. AHIJKLNRU
4. (Q ⌂) Z
5. ABCDEFGIJMNOPQRUWXYZ
6. ABCEGK(N 0,2km)OV

💬 Gelegen aan riviertje, centraal gelegen in Lieblichen Taubertal aan de Romantische Straße. 70 comfortplaatsen, fraai sanitair, vriendelijke eigenaren. Fietsparadijs, mooie wandelpaden en veel bezienswaardigheden. Winkels in de buurt. Goede treinverbindingen, fiets mag gratis mee in trein.

🅰 A81 Stuttgart-Würzburg. Afslag 3 Tauberbischofsheim. B290 tot Bad Mergentheim, B19 ri Würzburg. In Jagerheim ri Weikersheim, dan ri Laudenbach (3 km). Vlak voor Laudenbach cp ter.

CC €16   27/3-5/7   22/8-11/10   N 49°27'28'' E 9°55'34''

Wildberg, D-72218 / Baden-Württemberg

787

- Camping Carpe Diem
- Martinsholzle 6-8
- ☎ +49 (0)7054-931851
- FAX +49 (0)7054-931852
- 1/4 - 1/10
- @ campingcarpediem@live.de

3ha 130T(80-110m²) 16A CEE

1. ADGIJKLMOPQ
2. CRVWX
3. ABHJLRU
4. (B+G 31/5-31/8) (Q+U+X+Y ⌂) Z
5. ABDFGJMNPUWXZ
6. ADFGIK(N 2km)OTV

💬 In bosrijke omgeving gelegen camping langs de rivier de Nagold. Vele wandel- en fietsmogelijkheden. Campingstüble met Hollandse en Duitse specialiteiten.

🅰 A8, afrit 43 Pforzheim-West richting Calw. In Calw de B463 volgen richting Nagold. In Wildberg weg volgen. Dan campingbordjes aanhouden.

CC €16   1/4-30/6   1/9-1/10   7=6   N 48°36'41'' E 8°44'6''

Willstätt/Sand, D-77731 / Baden-Württemberg

788

- Europa Camping Sand
- Waldstraße 32
- ☎ FAX +49 (0)7852-2311
- 1/4 - 31/10
- @ europa.camping@t-online.de

1,2ha 65T(90m²) 16A CEE

1. ACDGIJKLMOPQ
2. FLRTVWX
3. AR
4. (Q 1/4-15/10) (V+Y ⌂)
5. ABDGIJMOPUW
6. CDE(N 1km)OS

💬 Ideale doorreiscamping van en naar het zuiden. 5 minuten tot uitrit 54 van de snelweg A5. Voor een vakantie op de Rijnvlakte kan men hier terecht. Uitstapjes naar Straßburg en het Zwarte Woud. Broodjesservice op de plaats. Restaurant met uitstekende Duits-mediterraanse keuken.

🅰 A5 afrit 54 Appenweier/Straßburg. Dan richting Straßburg. Campingborden volgen. Door Sand (niet navigatie volgen). Camping ligt 150m buiten het dorp.

CC €16   1/4-5/7   24/8-31/10   N 48°32'36'' E 7°56'7''

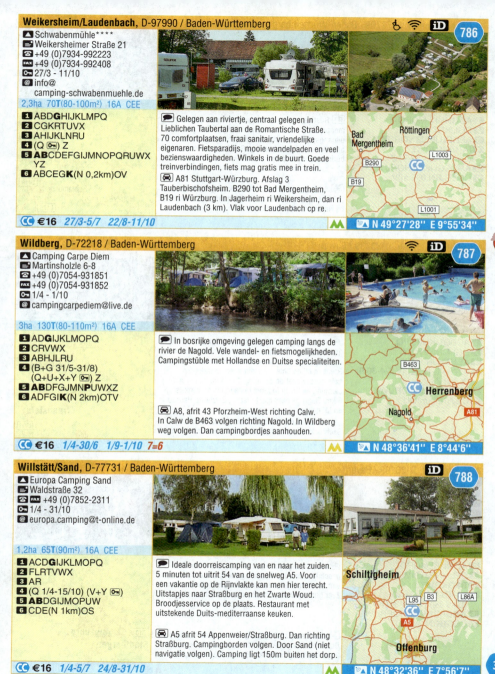

789 — Wolfach/Halbmeil, D-77709 / Baden-Württemberg

- Trendcamping Wolfach*****
- Schiltacherstr. 80
- ☎ +49 (0)7834-859309
- FAX +49 (0)7834-859310
- 1/4 - 18/10
- @ info@trendcamping.de

3ha 80T(80-120m²) 16A CEE

1 ACGHIJKLMOPQ
2 CGIJKRTVWX
3 ABDFHJKL**MN**QRU**WX**
4 (A 1/5-1/10) G
  (Q+T+U+X+Y) Z
5 **AB**DFGIJKLMNOPUWXYZ
6 CDEG**J**(N 0,5km)V

💬 Rustige, op het zuiden gelegen terrassencamping met prachtig uitzicht over het Kinzigtal. Een goed uitgangspunt voor wandelingen, excursies en het ontdekken van de omgeving. Goed restaurant in de buurt van de camping.

🚗 A5 afslag Offenburg (B33), richting Wolfach (294). Richting Schiltach. Na 3 km links van de weg bij Halbmeil.

€18 1/4-30/6 1/9-18/10

N 48°17'27" E 8°16'42"

790 — Arlaching/Chieming, D-83339 / Bayern NIEUW

- Kupferschmiede
- Trostbergerstraße 4
- ☎ +49 (0)8667-446
- FAX +49 (0)8667-16198
- 1/4 - 3/10
- @ info@campingkupferschmiede.de

2,5ha 80T(80-100m²) 16A CEE

1 ACDGIJKLMOPQ
2 DGLMNRVWXY
3 AB**EF**HJRU**WZ**
4 (Q+R+T+U) (V 1/4-30/9)
  (Y) Z
5 **AB**FGIJKLMNO**P**UWZ
6 CE**J**(N 1km)OU

💬 Camping met plaatsen op gras, ligt op 2 minuten lopen van de Chiemsee, met een eigen strand aan het meer. Zeer geschikt voor watersportliefhebbers. Rond en bij de Chiemsee zijn goede wandel- en fietsroutes vanaf de camping. Restaurants naast de camping en Chieming met restaurants en winkels op 6 km. Dagtrips naar o.a. Kufstein, Salzburg, Passau en München.

🚗 A8 Salzburg-München afslag Grabenstätt. Ri Seebruck. Camping ligt 1 km vóór Seebruck rechts.

€16 1/4-17/5 1/6-30/6 14/9-3/10

N 47°55'47" E 12°29'33"

791 — Augsburg-Ost, D-86169 / Bayern

- Bella Augusta
- Mühlhauser Straße 54b
- ☎ +49 (0)821-707575
- FAX +49 (0)821-705883
- 1/1 - 31/12
- @ info@caravaningpark.de

6,6ha 60T(< 120m²) 16A CEE

1 A**D**GIJKLMOPQ
2 DFLMNRTUVWXY
3 **B**FGKRWZ
4 (Q+R+T 1/4-31/10)
  (U+V) (Y 1/4-31/10)
5 **AB**DFGIJKLMNOPRUW
6 CEG**IK**(N 3km)OT

💬 Camping gelegen aan mooi, groot meer. Zeer geschikt voor bezoek aan Augsburg. Enkele minuten van de camping ligt een bos met groot klimparcours. Zeer gunstig als tussenstop naar het zuiden (A8).

🚗 A8, afslag 73 Augsburg-Ost, richting Neuburg a/d Donau, richting vliegveld, 1e verkeerslicht rechts, na 200m camping rechts aan de Mühlhauser Straße.

€18 1/1-30/6 1/9-31/12

N 48°24'44" E 10°55'24"

Bad Abbach, D-93077 / Bayern 792

- Freizeitinsel
- Inselstr. 1a
- +49 (0)9405-9570401
- FAX +49 (0)9405-9570402
- 1/3 - 31/10
- @ info@campingplatz-freizeitinsel.de

2ha 60T(60-120m²) 16A CEE

1. ACD**G**HIJKLMPQ
2. CFJKLRVW
3. **A**EHJW
4. (Q+R)
5. **AB**DFGIJKLMNOPUWXYZ
6. CDEGJ(N 3km)

💬 Idyllisch en rustig gelegen, nieuwe camping aan de Donau met veel sportmogelijkheden, zoals fietsen, kanovaren en bezoek aan Regensburg (15 km), Kelheim. Op ± 500m is een schitterend natuurzwembad. Voor 2 euro toeslag staat u op een comfortplaats.

🚗 Vanuit noorden: A93 afslag Pentling (B16) ri Kelheim. Daarna afslag Poikam ri Inselbad. Vanuit zuiden: A93 afslag Bad Abbach (B16) ri Kelheim. Daarna afslag Poikam ri Inselbad.

€16 1/3-23/5 8/6-30/6 13/9-31/10
N 48°56'12'' E 12°1'15''

Bad Füssing/Egglfing, D-94072 / Bayern 793

- Fuchs Kur-Camping★★★★
- Falkenstraße 14
- +49 (0)8537-356
- FAX +49 (0)8537-912083
- 1/1 - 31/12
- @ info@kurcamping-fuchs.de

1,5ha 90T(65-100m²) 16A CEE

1. AC**G**HIJKLMOPQ
2. GRTUVWX
3. **AB**E**F**HJUV
4. (A 1/5-30/9) (C 15/4-15/10) **NP**(Q+R+U+Y) Z
5. **AB**DGHJLMNOPUWXYZ
6. CDEGIK(N 0,5km)OSV

💬 Rustige camping met diverse voorzieningen en restaurant met verwarmd terras. Bad Füssing met zijn vele thermaalbaden, restaurants en winkels ligt op 2 km. Mooie fiets- en wandelpaden in het vlakke gebied. De drie-rivierenstad Passau met zijn vele attracties ligt op 34 km. Gratis internet.

🚗 A3 Neurenberg-Passau, afslag 118 Poching/Bad Füssing richting Egglfing. Borden volgen.

€16 1/1-13/5 28/5-8/7 25/8-6/9 21/9-31/12
N 48°19'58'' E 13°18'54''

Bad Füssing/Egglfing, D-94072 / Bayern 794

- Kur- und Feriencamping Max 1★★★★★
- Falkenstraße 12
- +49 (0)8537-96170
- FAX +49 (0)8537-961710
- 1/1 - 31/12
- @ info@campingmax.de

3,7ha 170T(60-120m²) 16A CEE

1. A**G**HIJKLMOPQ
2. GLRSTUVWX
3. **AB**FHJKU
4. (**A**+B+G 1/4-31/10) **LNO** (Q+R+U+Y)
5. **AB**DFGHIJLMNOPQR**ST**UWXYZ
6. CDEG**IK**(N 0,5km)OSV

💬 Prettig aandoende camping met luxe sanitair. Veel kuurgasten. Goed restaurant. Veel fietsmogelijkheden in een rustige vlakke omgeving.

🚗 A3 Nürnberg/Passau, afslag 118 B12 richting Simbach. Afslag Futting richting Bad Füssing.

€18 1/1-31/3 13/4-11/5 27/5-30/6 14/9-27/12
N 48°19'58'' E 13°18'52''

Bayerbach, D-94137 / Bayern 795

- Vital Camping Bayerbach*****
- Huckenham 11
- +49 (0)8532-9278070
- +49 (0)8532-92780720
- 1/1 - 31/12
- info@vitalcamping-bayerbach.de

12ha 330T(100-130m²) 16A CEE

1. ACD**G**HIJKLMOPQ
2. **G**JKLNRTUVW
3. AB**F**HIJRU**W**
4. (A 1/3-30/10) (B 1/4-30/9)
   (F) **KLNO**
   (Q+R+T+U+V 1/1-30/12)
   (X+Y)
5. **AB**DEFGIJKLMNOP**QRST**
   UWXYZ
6. ABCDEG**J**(N 0,5km)ORUV

🗨 Nieuwe, zeer goed geoutilleerde terrassencamping met weidse uitzichten. Drie buitenzwembaden en een overdekt thermaalbad. Knusse ontmoetingruimte met goed restaurant.

🚗 A3 Regensburg-Linz. Afslag 118 richting Pocking/Pfarrkirchen (588). Vervolgens afslag Bayerbach. Campingborden volgen.

€16 1/1-7/1 24/8-31/12   N 48°24'55" E 13°7'48"

Bischofswiesen, D-83483 / Bayern 796

- Winkl-Landthal****
- Klaushäuslweg 7
- +49 (0)8652-8164
- +49 (0)8652-979231
- 1/4 - 16/10, 2/11 - 20/3
- camping-winkl@t-online.de

2,5ha 80T(100m²) 10A

1. A**G**IJKLMOPQ
2. C**G**JKRTVWXY
3. A**F**HJRU**W**X
4. (Q 2/4-16/10,15/11-31/12)
   (R+T 2/4-16/10)
5. **AB**DFGIJK**L**MNOPUWXYZ
6. ABCDEG**IK**(N 0,5km)OSU

🗨 Rustige camping, uitstekende wandelmogelijkheden vanaf de camping. Goede startplaats voor dagtochten naar onder andere Salzburg, Berchtesgaden of Großglockner. Bushalte op 100m van de camping.

🚗 A8 München-Salzburg, afslag Bad Reichenhall. B20 richting Berchtesgaden. 11 km vóór Berchtesgaden (Winkl).

€16 10/1-20/3 1/4-10/7 1/9-16/10   N 47°40'36" E 12°56'10"

Breitenthal, D-86488 / Bayern 797

- See Camping Günztal
- Oberrieder Weiherstraße 5
- +49 (0)8282-881870
- +49 (0)8282-881871
- 28/3 - 8/11
- info@see-camping-guenztal.de

2,5ha 90T(80-100m²) 10A CEE

1. A**D**FHIJKLMO**P**Q
2. C**D**KLMTUVW
3. A**G**JLR**WZ**
4. (Q+R+T+U 1/4-30/10) Z
5. **AB**DEFGIJKLMNOPUWXYZ
6. C**D**EG**IK**(N 1km)OQV

🗨 Rustig gelegen camping aan de oever van een 40 hectare groot meer. Veel comfort en modern sanitair. Men kan surfen en zeilen, maar geen motorboten toegestaan.

🚗 A8 Stuttgart-München, afrit 67 Günzburg richting Krumbach. Hier rechts aanhouden tot Breitenthal en Oberrieder Weiherstraße volgen. Zie campingborden.

€16 28/3-22/5 8/6-30/6 1/9-8/11   N 48°13'39" E 10°17'32"

Chieming, D-83339 / Bayern — 798

- 🔺 Möwenplatz
- 🏠 Grabenstätterstraße 18
- ☎ +49 (0)8664-361
- 🔑 1/4 - 30/9
- @ h.lintz@t-online.de

0,8ha 80T(80-100m²) 16A

1. **A**E**IJKLMOPST**
2. **D**F**LNORSTVWXY**
3. **AB**F**HJRUWZ**
4. (Q 12/4-30/9) (R 🔑)
5. **ABD**G**IJKLMNOP**U**WZ**
6. **ACGK**(N 0,8km)**O**

💬 Kleine uitgestrekte camping aan de oever van de Chiemsee. Het is 10 min. lopen naar Chieming. In de buurt bevinden zich drie restaurants. De camping ligt direct aan een fietspad. Het fietspad ligt rondom de Chiemsee. 800m van de aanlegsteiger. Gratis WiFi op de staanplaats.

🚗 A8 Salzburg-München, afslag Grabenstätt/Chieming.

CC €16   1/4-15/7   1/9-30/9

N 47°52'50''   E 12°32'0''

Chieming, D-83339 / Bayern — 799

- 🔺 Sport-Ecke
- 🏠 Grabenstätter Strasse
- ☎ +49 (0)8664-500
- FAX +49 (0)8664-927872
- 🔑 1/4 - 30/9
- @ sport-ecke@t-online.de

1,5ha 90T(80-90m²) 16A CEE

1. **AB**E**IJKLMOPST**
2. **BD**F**KNRTVWXY**
3. **AB**F**HJRWZ**
4. (Q+R 1/5-15/9)
5. **ABD**G**IJKLMNOPUWZ**
6. **ACGK**(N 1km)**O**

💬 Camping Sport-Ecke is een verzorgde camping direct aan de Chiemsee. Mooie tentplaatsen. Camperservicepunt. Tafeltennis, biljart, basketbal, kinderspeelplaats, kiosk. Drie restaurants binnen 1 km. Aanlegsteiger en bootverhuur op 1,2 km. Minigolf, surfschool, fietsverhuur en beachvolleybal op 600m.

🚗 A8 München-Salzburg. Afslag 109 richting Chieming ongeveer 5 km van de afslag, 1e camping links.

CC €16   1/4-15/7   1/9-30/9

N 47°52'35''   E 12°31'44''

Chieming/Stöttham, D-83339 / Bayern — 800

- 🔺 Seehäusl***
- 🏠 Beim Seehäusl 1
- ☎ +49 (0)8664-303
- FAX +49 (0)8664-1887
- 🔑 1/1 - 15/1, 15/3 - 31/12
- @ info@camping-seehaeusl.de

1,5ha 45T(50-110m²) 16A CEE

1. **A**G**IJKLMOPQ**
2. **D**F**KLMNRUVWXY**
3. **AB**F**GHJKWZ**
4. (Q+R+U 1/4-1/10)
   (V+Y 15/3-31/10,1/12-31/12)
   Z
5. **AB**DEF**GIJKLMNOPUWZ**
6. ABCEG**K**(N 2km)**O**U

💬 Gezellige familiecamping aan de Chiemsee met zicht op de bergen. Comfortabel sanitair. Goede mogelijkheden voor strand-, boot- en zeilactiviteiten. Uitstekend restaurant. Ligt aan fietsroutes.

🚗 A8 München-Salzburg, afrit 109 Grabenstätt/Chieming/Stöttham borden Seehäusl volgen.

CC €16   1/1-15/1   15/3-22/5   8/6-26/6   1/9-31/12

N 47°54'8''   E 12°31'10''

Eging am See, D-94535 / Bayern — 801

- Bavaria Kur- und Sport Camping★★★★
- Grafenauer Str. 31
- +49 (0)8544-8089
- FAX +49 (0)8544-7964
- 1/1 - 31/12
- @ info@bavaria-camping.de

6ha 120T(120m²) 16A CEE

1 ACD**G**HIJKLMPQ
2 C**F**JLRSUVXY
3 AB**F**HJK**M**NQRUV
4 (Q 1/4-30/10) (R ⌂)
(U+Y 1/4-31/10) Z
5 **AB**DFGJLMNOPUWZ
6 CDEG**IK**(N 0,7km)ORTUV

💬 Mooie terrascamping met voldoende schaduw. Alle comfort, modern en verzorgd sanitair. Kuuroord, zwembad en meer op wandelafstand.

🚗 A3, afslag 113. Volg Eging am See. Voor Eging am See staat de camping aangegeven.

CC €16 1/1-15/7 1/9-31/12 **14=13**

N 48°43'16'' E 13°15'55''

Fichtelberg, D-95686 / Bayern — 802

- Fichtelsee★★★★★
- Fichtelseestraße 30
- +49 (0)9272-801
- FAX +49 (0)9272-909045
- 1/1 - 8/11, 19/12 - 31/12
- @ info@camping-fichtelsee.de

2,6ha 105T(90-140m²) 16A CEE

1 AD**G**HIJKLMOPQ
2 DGLRTVWXY
3 AB**F**HJ**Q**RUZ
4 (A+Q+R ⌂)
5 **AB**DFGIJKLMNOPUVWXYZ
6 ACDEG**J**(N 2km)OSV

💬 Prachtig gelegen camping in het Fichtelgebergte. Hoogwaardig sanitair. Prima uitgangspunt voor wandelingen, nordic walking en mountainbiketochten.

🚗 B303 richting Fichtelberg/Marktredwitz. Hier witte borden 'Fichtelsee' en campingborden volgen.

CC €16 10/1-20/5 27/5-15/7 1/9-8/11

N 50°0'59'' E 11°51'20''

Frickenhausen/Ochsenfurt, D-97252 / Bayern — 803

- Knaus Campingpark
- Ochsenfurterstraße 49
- +49 (0)9331-3171
- FAX +49 (0)9331-5784
- 1/1 - 31/12
- @ info@knauscamp.de

3,4ha 80T(80-100m²) 16A

1 ACD**G**HIJKLM**P**Q
2 CLRTVWX
3 AKRU**W**
4 (A 1/6-15/9) (B 1/5-1/10)
(Q 1/4-16/10) (R 1/4-6/11)
(Y 1/1-31/10,1/12-31/12)
5 **AB**DFGIJKLMNOPUWZ
6 AFGH**IK**(N 4km)OV

💬 Direct aan de Main, te midden van het idyllische landschap Mainfranken, ligt deze camping met struikachtige beplanting en eigen zwembad. De door hun wijn bekende plaatsjes in de omgeving zijn een bezoek waard. Zicht- en comfortplaatsen met bijbetaling.

🚗 A3 Würzburg-Nürnberg, afrit 71 Randersacker. B13 tot Frickenhausen. In Ochsenfurt de Main niet oversteken, maar voor de brug links aanhouden. Na bord ligt cp rechts.

CC €18 1/1-17/5 7/6-27/6 6/9-31/12

N 49°40'9'' E 10°4'28''

Geslau, D-91608 / Bayern 📶 ✱ iD 804

🏠 Mohrenhof
📧 Lauterbach 3
☎ +49 (0)9867-94944
📠 +49 (0)9867-979244
🔓 1/1 - 31/12
@ info@mohrenhof-franken.de

4ha 58T(80-100m²) 16A CEE

1 ACD**G**IJKLMOPQ
2 ADFKLMRUW
3 BC**F**HJLN**OP**RU**WZ**
4 (Q+R 🔓) (U+X 3/4-7/11)
   (Y 3/4-7/11,26/12-31/12) Z
5 **AB**DGIJKLMNO**P**UWXYZ
6 ACDEGI**K**(N 2km)OUV

💬 Familiecamping met comfortplaatsen en verwarmde indoorspeelplaats aan Romantische Strasse bij Rothenburg. Wandelen; fietsen; cultuur. Schillingsfurst met kasteel en watermolen en roofvogelshow. Camping heeft prima restaurant en mooie zwemvijver met ligweide.

🚗 A7 afrit 108 Rothenburg ob der Tauber. Richting Geslau. Na Geslau links richting Lauterbach. Daar rechts richting camping.

CC €16 1/1-27/3 12/4-14/5 17/5-22/5 7/6-14/7 7/9-31/10 8/11-24/12 📍 N 49°20'42'' E 10°19'26''

Gottsdorf/Untergriesbach, D-94107 / Bayern 🚻 🎿 ♿ 📶 iD 805

🏠 Feriendorf Bayerwald am Donautal
📧 Mitterweg 11
☎ +49 (0)8593-880
🔓 1/1 - 31/12
@ info@ferienparkbayerwald.com

12ha 125T(70-110m²) 16A CEE

1 A**G**IJKLMPQ
2 BIJKLRTXY
3 BG**H**M**NQ**RU
4 (**B** 15/6-30/9) (**F** 🔓)
   (**G** 15/6-30/9) (Q 🔓)
   (R 4/7-15/8) (T+V 🔓)
   (X 4/7-15/8)
5 **AB**DEF**G**IJKLMNO**P**UXZ
6 AEG**IK**(N 7km)OTV

💬 Prachtig gesitueerde camping tegen de berghelling van het Donaudal nabij Passau, in het drielandenpunt van Oostenrijk, Tsjechië en Duitsland. De ruime staanplaatsen hebben een schitterend uitzicht op de omliggende bergen. Het sanitair is top. Nabij gelegen Rannameer biedt genoeg ontspanningsmogelijkheden.

🚗 Vanuit Passau over B388 langs Donau via Obernzell naar Untergriesbach. Dan richting Gottsdorf-Feriendorf Bayerwald am Donautal.

CC €16 1/1-30/6 22/8-31/12 *7=6, 14=11* 📍 N 48°32'9'' E 13°43'43''

Grainau, D-82491 / Bayern 🎿 📶 iD 806

🏠 Camping Erlebnis Zugspitze GmbH***
📧 Griesenerstraße 2
☎ +49 (0)8821-9439111
📠 +49 (0)8821-9439112
🔓 1/1 - 31/12
@ info@pure-camping.de

3ha 120T(60-100m²) 16A CEE

1 ACD**G**HIJKLMO**P**Q
2 CGKRSWX
3 **F**HJX
4 (A+Q 🔓)
5 **AB**DGIJKLMNOPUWX
6 CDFG**K**O

💬 De camping ligt langs een riviertje, omringd met hoge loof- en dennenbomen en uitzicht op de hoge bergen (Zugspitze).

🚗 Vanaf de ring München de borden naar Garmisch-Partenkirchen volgen tot einde A95 Eschenlohe. De B2 die overgaat op B23 ri Garmisch. Op B23 Fernpass/Ehrwald. Cp ligt aan de rivier. Of. Würzburg A3, dan A7 Ulm, Kempten en Füssen, voorbij Reutte. Daarna ri Garmisch B23.

CC €16 7/1-27/3 13/4-13/5 18/5-18/6 22/6-30/6 14/9-20/12 📍 N 47°28'49'' E 11°3'13''

Gunzenhausen, D-91710 / Bayern ♿ 📶 iD **807**

- Campingplatz Fischer-Michl
- Wald Seezentrum 4
- ☎ +49 (0)9831-2784
- FAX +49 (0)9831-80397
- 🔑 1/3 - 31/10
- @ Fischer-Michl@t-online.de

4,5ha 120T(120m²) 16A CEE

1. A**DG**HJLMO**P**Q
2. ADGLMRTVW
3. BGKOPR**W**Z
4. M(Q+R 🔑)
   (T+U+X 1/4-31/10)
5. **AB**DEFGJMNO**P**UWZ
6. ACDEGK(N 3km)OST

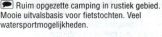

💬 Ruim opgezette camping in rustiek gebied. Mooie uitvalsbasis voor fietstochten. Veel watersportmogelijkheden.

🚗 A6 van Heilbronn richting Nürnberg, afrit 52 richting Gunzenhausen. Dan richting Nördlingen/ Altmühlsee Südufer-Wald.

CC €16 1/4-22/5 8/6-15/7 1/9-31/10 🅿 N 49°7'32" E 10°43'0"

Hirschau, D-92242 / Bayern ♿ 📶 iD **808**

- Freizeitpark Monte Kaolino
- Wolfgang Drossbachstraße 114
- ☎ +49 (0)9622-81502
- FAX +49 (0)9622-81555
- 🔑 1/1 - 31/12
- @ info@montekaolino.eu

3,3ha 210T(60-100m²) 16A CEE

1. ACD**G**HIJKLMOPQ
2. AGLRTVWXY
3. ABHJL**Q**RU
4. (C+H 1/5-30/9) IJM
   (Q 1/5-30/9)
   (R+T 15/5-15/9)
   (U+X+Y 1/5-30/9)
5. **AB**DFGIJKLMNO**P**UWXZ
6. ACDEGHK(N 2km)OTV

💬 Gezellige camping met duidelijk afgebakende plaatsen. Mooi zwembad, ideaal voor gezinnen. Naast de camping ligt een uitdagende witte zandberg waar vanaf geskied kan worden. Nieuw is de Hochseilgarten en de Sommer-Rodelbahn (Roller-Coaster). Tafeltennis in een soort verkeerstoren.

🚗 In centrum van Hirschau aan weg B14 aangegeven. Hierna campingborden volgen. Camping ligt circa 2 km ten zuid-westen van Hirschau.

CC €18 1/1-24/5 8/6-30/6 1/9-16/9 1/10-31/12 🅿 N 49°31'52" E 11°57'58"

Illertissen, D-89257 / Bayern 👫 ♿ 📶 iD **809**

- Illertissen***
- Dietenheimerstraße 91
- ☎ +49 (0)7303-7888
- FAX +49 (0)7303-2848
- 🔑 1/4 - 31/10
- @ campingplatz-illertissen@t-online.de

3ha 50T(70-80m²) 16A

1. AC**G**HIJKLMOPQ
2. CFGLRWX
3. A
4. (B 31/5-15/9)
   (Q+R 1/4-30/10)
5. **AB**CDFG**JL**MNOPUW
6. EGJ(N 1,5km)O

💬 Ideale verblijfs- en doortrekcamping in een rustige omgeving. Prima sanitair en elektrische aansluitingen. Warme douches, gratis gebruik van het zwembad en levensmiddelen beperkt verkrijgbaar. Legoland is in een klein uurtje bereikbaar.

🚗 A7 Ulm-Memmingen. Afrit 124 Illertissen, richting Dietenheim. Van daaruit wordt de camping goed aangegeven.

CC €18 1/4-30/6 1/9-31/10 🅿 N 48°12'44" E 10°5'17"

Immenstadt (Allgäu), D-87509 / Bayern {#810}

- Alpsee Camping★★★★
- Seestraße 25
- ☎ +49 (0)8323-7726
- FAX +49 (0)8323-2956
- 1/1 - 2/11, 13/12 - 31/12
- @ mail@alpsee-camping.de

3ha 215T(80-110m²) 16A

1. ADFHIJKLMOPQ
2. DGKLNRVWX
3. BHJKLMRWZ
4. N(Q+R+T+X) Z
5. ABDEFGJKLMNPUW
6. CEGK(N 3km)OTUV

💬 Vernieuwde camping direct gelegen aan de mooie Alpsee. Met modern en voor gehandicapten geschikt sanitair. De standaard- en comfortplaatsen bieden de kampeerders een perfecte verbinding tussen luxe en natuur. De Alpsee camping is een droomhaven voor diverse aktiviteiten in de omgeving, op het water en op de camping.

🚗 Alpenstraße 308 in Bühl verlaten, links aanduiding camping volgen.

€16 3/1-13/5 8/6-12/7 1/9-2/11

N 47°34'22" E 10°11'37"

Ingolstadt, D-85053 / Bayern {#811}

- AZUR Waldcamping Ingolstadt
- Am Auwaldsee
- ☎ +49 (0)841-9611616
- FAX +49 (0)841-9611617
- 1/1 - 31/12
- @ ingolstadt@azur-camping.de

10ha 275T(80-100m²) 16A CEE

1. ABCDGIJKLMOPST
2. BDFGLMRWXY
3. BGQRWZ
4. QR
5. ABDFGJMNPUW
6. CDFGM(N 1,5km)O

💬 Camping met veel schaduw en afgebakende plaatsen op 4 km van het centrum. Gelegen aan een meertje.

🚗 A9 München-Nürnberg afrit 62 Ingolstadt-Süd. Verder borden 'camping Auwaldsee' volgen.

€18 1/1-21/5 8/6-26/6 30/8-30/12

N 48°45'14" E 11°27'51"

Kinding/Pfraundorf, D-85125 / Bayern {#812}

- Kratzmühle★★★★
- Mühlweg 2
- ☎ +49 (0)8461-64170
- FAX +49 (0)8461-641717
- 1/1 - 31/12
- @ info@kratzmuehle.de

15ha 375T(80-130m²) 16A CEE

1. ACGHIJKLMOPQ
2. CDFGJLMORTUVWX
3. BFJKNPQRUWZ
4. (A 1/4-31/10) N (Q+R 1/4-31/10) (T+U 1/4-30/9) (Y)
5. ABDEFGIJKLMNOPSUWX Y
6. ACDEGIKM(N 5km)OQTV

💬 Gezellige groene camping met goede mogelijkheden voor fietsen en wandelen. Naast de camping is een mooi meer waar men kan zwemmen. Ook zeer geschikt als overnachtingscamping.

🚗 A9 Nürnberg-München afrit 58 Altmühltal, richting Kinding. De camping staat aangegeven.

€16 1/1-21/5 8/6-25/6 1/9-31/12

N 49°0'12" E 11°27'7"

Kipfenberg (Altmühltal), D-85110 / Bayern

▲ AZUR Camping Altmühltal
✉ Campingstraße 1
☎ +49 (0)8465-905167
FAX +49 (0)8465-3745
⊙ 1/4 - 31/10
@ kipfenberg@azur-camping.de

5,5ha 210T(80-90m²) 16A CEE

1 ACGHIJKLMOPQ
2 CFGLRVWXY
3 BQRUWX
4 (T ⊙)
5 ABFGIJMNOPUW
6 CEGI(N 0,5km)OV

💬 Mooi terrein op wandelafstand van een dorpje. De plaatsen zijn afgebakend door middel van hagen.

🚗 A9 Nürnberg-München, afrit 58 Altmühltal of 59 Denkendorf. Na ca. 6 km vindt u de camping. Goed aangegeven.

813

CC €18 1/4-21/5 8/6-26/6 30/8-30/10
N 48°56'54'' E 11°23'20''

Kirchzell, D-63931 / Bayern

▲ AZUR Campingpark Odenwald
✉ Am Campingplatz 1
☎ +49 (0)9373-566
FAX +49 (0)9373-7375
⊙ 1/4 - 31/10
@ kirchzell@azur-camping.de

7ha 120T(80-100m²) 16A CEE

1 ACDGHIJKLMPQ
2 BCGRTWXY
3 ABCFRU
4 (F+Q+S ⊙)
5 ABDFGIJKLMNOPUWZ
6 CDEG(N 1km)OUV

💬 Zeer rustige en goed onderhouden camping in de fraaie bosrijke omgeving van 'Naturpark Odenwald'. Prachtig gebied om te wandelen.

🚗 Bij Amorbach (B47 of B469) richting Eberbach/Kirchzell. 1 km voorbij Kirchzell camping rechts. Vanuit Eberbach camping 1 km voorbij en dan keren.

814

CC €16 1/4-2/7 23/8-30/10
N 49°36'25'' E 9°9'31''

Lackenhäuser, D-94089 / Bayern

▲ Knaus Campingpark Lackenhäuser****
✉ Lackenhäuser 127
☎ +49 (0)8583-311
FAX +49 (0)8583-91079
⊙ 1/1 - 31/12
@ lackenhaeuser@knauscamp.de

19ha 322T(80-100m²) 16A CEE

1 ACGHIJKLMPQ
2 BCJKLMRTUVWXY
3 BHJKLNQRTUW
4 (A 1/7-15/8) (C 15/5-15/9)
   (F+H 1/1-31/10,1/12-31/12)
   N(Q+S ⊙)
   (U+Y 1/1-31/10,1/12-31/12)
5 ABDEFGIJKLMNOPUWXYZ
6 CEGHIK(N 5km)OSV

💬 Prachtige terrassencamping in bosrijke omgeving. Zéér kindvriendelijk, de verschillende zwembaden, kinderboerderij, animatieclubhuis, adventure-dorp, meertje en speelterreinen zijn een meerwaarde. Modern en verzorgd sanitair. Een relax en/of sportieve vakantieplaats voor jong en oud.

🚗 Op B12 tussen Freyung en Passau de afslag Waldkirchen nemen. Door naar Waldkirchen-Oost. Hier staat de camping aangegeven. Borden nog ca. 28 km volgen.

815

CC €18 6/1-17/5 7/6-27/6 6/9-19/12
N 48°44'56'' E 13°49'0''

Lechbruck am See (Allgäu), D-86983 / Bayern 816

- Via Claudia Camping****
- Via Claudia 6
- +49 (0)8862-8426
- FAX +49 (0)8862-7570
- 1/1 - 31/12
- info@camping-lechbruck.de

18ha 500T(100-200m²) 16A CEE

1 ACDGHIJKLMOPQ
2 DGJKLMRUVWXY
3 ABCFGHJLNRUWZ
4 (A 10/6-31/8) (Q+R)
(T+U 15/4-31/10)
(Y 30/3-31/10,23/12-31/12)
5 ABDEFGIJKLMNOPSTUWXYZ
6 ACDEGHIJK(N 3km)OTUV

Grote camping aan Lechsee, compleet gerenoveerd en gemoderniseerd. Diverse buitensportmogelijkheden. Zwemmen in de Baderwäldlesee met warm 'Moorwasser'. Ideale wandel- en fietstochten. Campers kunnen ook terecht op het nabijgelegen camperpark.

A7, afrit 138 Nesselwang, dan over Seeg naar Roßhaupten rijden. Daar de B16 richting Markt-Oberdorf. De 1e afslag ri Lechbruck nemen. In Lechbruck richting camping aanhouden.

CC €16 1/1-22/5 7/6-27/6 9/9-31/12

N 47°42'42" E 10°49'7"

Mittenwald, D-82481 / Bayern 817

- Naturcampingpark Isarhorn
- Am Horn 4
- +49 (0)8823-5216
- FAX +49 (0)8823-8091
- 1/1 - 1/11, 15/12 - 31/12
- info@camping-isarhorn.de

7,5ha 200T(60-120m²) 16A CEE

1 ADGIJKLMOPQ
2 BCGIKNRTUWXY
3 BHJ
4 (Q+R+U+X)
5 ABDGIJKLMNOPUWZ
6 CFGHK(N 3km)OVW

Een natuurcamping temidden van bossen met daarachter de bergen. Geschikt voor fietsers en motorrijders. De staanplaatsen zijn gedeeltelijk in nissen en gedeeltelijk op plateauachtige gedeelten. Gelegenheid voor wandel- en fietstochten. Mogelijkheden tot gebruik klimtoren en abseilen over de Isar.

Vanaf de ring München de borden naar Garmisch-Partenkirchen volgen tot het einde van A95 Eschenlohe. Dan verder op de B2/B23 naar Garmisch. Verder op de B2 naar Mittenwald.

CC €18 10/1-12/5 8/6-30/6 1/9-1/11

N 47°28'21" E 11°16'39"

Mitterteich, D-95666 / Bayern 818

- Panorama und Wellness Cp. Großbüchlberg*****
- Großbüchlberg 32
- +49 (0)9633-400673
- FAX +49 (0)9633-400677
- 1/1 - 31/12
- camping@freizeithugl.de

1,6ha 60T(80-110m²) 16A CEE

1 ACDGHIJKLMOPQ
2 FIJKTUVWX
3 HJQU
4 (Q+R+U+X+Y)
5 ABDFGIJKLMNOPRUWXYZ
6 CDEGIK(N 3km)O

Terrassencamping op 600m hoogte. Prachtig uitzicht. Vlakbij de A93 en 15 km van CZ. Plaatsen voorzien van elektra, water en WiFi. Schoon sanitair, rolstoelvriendelijk en bio-energie warmte. Ontdek de omgeving per voet, fiets of ski.

Afrit 17 of afrit 16 nemen, dan ri Mitterteich. Bij het kruispunt met verkeerslichten in het stadscentrum bewegwijzering 'freizeithugl' volgen. Na 200m li-af ri Großbüchlberg. In Großbüchlberg ná plaatsnaambord re en cp-borden volgen.

CC €16 1/1-15/7 1/9-31/12

N 49°58'23" E 12°13'30"

Neualbenreuth, D-95698 / Bayern 819

- Campingplatz Platzermühle
- Platzermühle 2
- ☎ +49 (0)9638-912200
- FAX +49 (0)9638-912208
- 1/1 - 31/12
- @ info@camping-sibyllenbad.de

1ha 44T(100-120m²) 16A CEE

1. **AG**IJKLMOPQ
2. JKLRTUVWX
3. **B**F**H**JRU
4. (Q ⌂) (Y 1/4-31/10)
5. **AB**DGIJKLMNOPUWXY
6. CEG(N 1km)O

💬 Terrassencamping, mooi sanitair. Warm onthaal, 2 km van wellnesscentrum Sibyllenbad. Mogelijkheden voor wintersport op 14 km afstand.

🚗 A93 afslag Mitterteich-Süd, daarna Neualbenreuth volgen.

CC €16 1/1-30/6 17/8-31/12

📍 N 49°58'15" E 12°26'41"

Oberammergau, D-82487 / Bayern 820

- Camp.park Oberammergau
- Ettalerstraße 56b
- ☎ +49 (0)8822-94105
- FAX +49 (0)8822-94197
- 1/1 - 31/12
- @ service@camping-oberammergau.de

2ha 85T(100-150m²) 16A CEE

1. **AG**IJKLMOPQ
2. CGKLRTUVWX
3. C**HJ**MN**QR**S**UW**
4. (A+Q)
5. **AB**DEFGIJKLMNOPR**ST**U WXY
6. CDEG**IJ**(N 0,5km)ORSTU

💬 Een heringerichte camping, met jong aangeplante bomen. De staanplaatsen zijn met kiezels bedekt. Mooi uitzicht op de bergen, een goed gelegen camping voor uitstapjes (wandelen, fietsen). Dicht bij dorp.

🚗 A7 tot afrit 128 Memmingen, volg de A96 richting München. Neem afrit 25, Landsberg. Volg de B17 naar Schongau. Dan de B23 richting Garmisch-Partenkirchen.

CC €16 1/3-27/3 1/5-24/5 8/6-30/6 15/9-30/9

📍 N 47°35'25" E 11°4'7"

Oberwössen, D-83246 / Bayern 821

- Litzelau****
- Litzelau 4
- ☎ +49 (0)8640-8704
- FAX +49 (0)8640-5265
- 1/1 - 31/12
- @ camping-litzelau@t-online.de

4ha 62T(80-120m²) 16A CEE

1. **AG**HIJLMO**P**Q
2. BCGJKRSVWXY
3. **BD**F**HJ**N**PRT**UX
4. **KN**(Q ⌂) (R 1/1-15/12) (U+Y ⌂)
5. **AB**DFGIJKLMNO**P**UWXY
6. CEGJ(N 1km)OSTV

💬 De camping ligt in een dal naast een bergriviertje en is volledig omgeven door bossen. Vanaf de camping veel wandel- en fietsroutes. Veel sportvoorzieningen in de directe omgeving (zoals zweefvliegen en paragliding, natuurrodelbaan, skilift, skischool, inlineskating, tennis en golf).

🚗 A8 München-Salzburg, afrit 106 Bernau en via B305 richting Reit im Winkl, naar Oberwössen (20 km).

CC €18 7/1-30/6 13/9-20/12

📍 N 47°43'3" E 12°28'45"

Pleinfeld, D-91785 / Bayern

♿ 🛜 ID **822**

🔺 Waldcamping Brombach
📧 Sportpark 13
☎ +49 (0)9144-608090
FAX +49 (0)9144-6080911
📅 1/1 - 31/12
@ info@waldcamping-brombach.de

14ha 450T(100m²) 16A CEE

1 ACD**G**HIJKLMO**P**ST
2 ABDG**M**RTUV**W**XY
3 AB**F**HJK**MN**P**Q**R**U**WZ
4 (A 1/7-31/8) **N**(Q 🔒)
  (S 1/4-30/9)
  (T+U+V 1/5-15/9) (Y 🔒) Z
5 **AB**DEFGIJKLMNPR**S**UWX
  YZ
6 CDEGK(N 1,5km)OQTV

💬 Familiecamping met watersportmogelijkheden op 800m aan de grote Brombachsee in bosrijke omgeving waar men heerlijk kan fietsen.

🚗 A6 Heilbronn richting Nürnberg, afrit 52 richting Gunzenhausen/Pleinfeld. Zie campingbordje 'Waldcamping Brombach' aan het grote Brombachmeer.

CC €16   1/1-26/3   12/4-29/4   3/5-12/5   17/5-21/5   7/6-2/7   6/9-31/12   ▲ N 49°6'46" E 10°58'14"

Roth/Wallesau, D-91154 / Bayern

♿ 🛜 ✱ ID **823**

🔺 Camping Waldsee
📧 Badstraße 37
☎ +49 (0)9171-5570
FAX +49 (0)9171-843245
📅 1/1 - 31/12
@ info@camping-waldsee.de

4ha 70T(80-120m²) 16A CEE

1 AC**G**HIJKLMOPQ
2 BDLMRTVWXY
3 AJRUWZ
4 (A+Q+R+U+X 🔒)
5 **AB**DEFGIJKL**M**NO**P**UWX
  YZ
6 ACDEG**JK**(N 1km)OST

💬 Idyllische comfortcamping met eigen meertje in het bos. Ideaal uitgangspunt om te wandelen en te fietsen. Gelegen in het Frankische merengebied.

🚗 A9 Nürnberg-München, afsl Allersberg richting Hilpoltstein. In Hilpoltstein re-af ri Roth/Eckersmühlen, doorrijden naar Wallesau. Bij binnenkomst van het dorp links.

CC €16   1/1-22/5   8/6-30/6   1/9-31/12   7=6, 14=12   ▲ N 49°11'21" E 11°7'28"

Rottenbuch/Ammer, D-82401 / Bayern

⛷ 🛜 ✱ ID **824**

🔺 Terrassen-Camping am Richterbichl****
📧 Solder 1
☎ +49 (0)8867-1500
FAX +49 (0)8867-8300
📅 1/1 - 31/12
@ info@camping-rottenbuch.de

1,2ha 70T(70-90m²) 16A

1 ACD**G**IJKLMOPQ
2 DGJLRVX
3 B**H**J**M**NRUZ
4 (A 1/7-31/8) (Q+R+T 🔒) Z
5 **AB**DFGIJKLMNOPUWZ
6 ACDEG**IJ**(N 0,5km)OTV

💬 Een licht hellende terrassencamping met een landelijk karakter, omgeven door bomen en weilanden. Centraal gelegen voor uitstapjes (Linderhof, Oberammergau, Neuschwanstein). Mooie en verkeersveilige fietsroutes.

🚗 In Ulm de A7 richting Kempten. Afrit 134, hierna de B12 tot Marktoberdorf. Volg de B472 richting Schongau. Dan B23 richting Garmisch-Partenkirchen, camping ligt direct aan de Romantische Straße.

CC €16   10/1-30/6   1/9-15/12   ▲ N 47°43'39" E 10°58'1"

Schillingsfürst, D-91583 / Bayern — 825

- Frankenhöhe
- Fischhaus 2
- +49 (0)9868-5111
- +49 (0)9868-959699
- 1/1 - 31/12
- info@campingplatz-frankenhoehe.de

2ha 160T(100m²) 16A CEE

1. ACD**G**HIJKLMOPQ
2. DFILRUWXY
3. BFGHJKRU**W**Z
4. **N**(Q+R+T 30/3-30/10) (X 30/3-31/10) Z
5. **AB**DFGHIJKLMNOPUWZ
6. ACDEG**K**(N 1,5km)OV

Camping gelegen op 500 meter hoogte in natuurgebied 'Frankenhöhe', 20 km van de middeleeuwse stad Rothenburg, Dinkelsbühl en de rococo stad Ansbach. Modern sanitair en sauna. Vele mogelijkheden tot wandelen in de bossen of het maken van fietstochten. Eenvoudig zwemmeertje en restaurant.

A7 afrit 109 Wörnitz, richting Schillingsfurst. In Schillingsfurst richting Dombuhl, camping staat aangegeven. 100m na Fischhaus rechts.

€16 1/1-14/7 1/9-31/12 7=6, 14=12

N 49°16'25" E 10°15'57"

Seefeld am Pilsensee, D-82229 / Bayern — 826

- Pilsensee
- Am Pilsensee 2
- +49 (0)8152-7232
- +49 (0)8152-78473
- 1/1 - 31/12
- info@camping-pilsensee.de

10ha 70T(100m²) 12A CEE

1. AD**G**HIJKLMOP**Q**
2. DGLMRUVWXY
3. B**F**NR**W**Z
4. (Q+S+T+U+Y 1/4-31/10)
5. **AB**FGIJKLMNO**P**UWX
6. DEGI**K**(N 1km)OT

Bosrijke camping direct aan de mooie Pilsensee met veel watersportmogelijkheden (paddle boarden, bootverhuur, vissen, surfen). Nieuw geplaatste steigers en grote kinderspeelplaats. Restaurant met biertuin aan zee. Voor de poorten van München met de tramaansluiting.

Van de Rijksweg 2068 Oberpfaffenhofen-Herrsching ten zuiden van Seefeld afslaan.

€18 1/1-28/3 13/4-23/5 8/6-23/6 7/9-31/12

N 48°1'49" E 11°11'57"

Selb, D-95100 / Bayern — 827

- Halali-Park
- Heidelheim 37
- +49 (0)9287-2366
- +49 (0)9287-800841
- 1/4 - 31/10
- info@halali-park.de

5,2ha 80T 16A CEE

1. ACD**G**HIJKLMOPQ
2. DFIJLRTWXY
3. BHJUZ
4. (Q+T+U+X)
5. **AB**GIJKLMNO**P**UW
6. ACEG**J**(N 8km)OV

Rustige camping in (oude) boomgaard. Kleine zwem- en speelvijver. Prima uitgangspunt voor mooie wandelingen, uitstapjes naar Tsjechië (15 km) en de porceleinstad Selb.

A93 afrit 9 Selb-West/Marktleuthen. Bij km 5,5 links afslaan richting Heidelheim. Campingborden volgen. A9 afrit 37 Gefrees richting Selb. Vanaf Marktleuthen borden volgen.

€16 1/4-14/7 1/9-31/10

N 50°8'39" E 12°3'4"

Taching am See, D-83373 / Bayern ♿ 📶 iD **831**

▲ Seecamping Taching am See
Am Strandbad 1
☎ +49 (0)8681-9548
📠
🗓 1/4 - 15/10
@ info@seecamping-taching.de

1,6ha 100T(80-100m²) 16A CEE

1 ACD**F**HIJKLMOPQ
2 ADGILMNRUVWXY
3 **B**FHJNR**W**Z
4 (Q+R+U+V+X+Y) 🔌
5 **AB**DFGJLMNOPUW**Z**
6 ACDEG**IK**(N 0,6km)

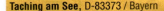

💬 Familievriendelijke camping. Mooie ligging direct aan de Tachinger See, een van de warmste meren van Beieren, geschikt voor watersport. Goed restaurant met terras aan het meer en prachtig uitzicht over de bergen. Vele fiets- en wandelmogelijkheden. Uitstapjes naar Salzburg, Passau en München. Gratis WiFi op alle plaatsen.

🚗 A8 München-Salzburg, afrit Traunstein/Siegsdorf. Vanaf weg Waging-Tittmoning bij Taching richting meer, daarna nog ca. 0,3 km.

CC €16 1/4-30/6 1/9-15/10 M 📍 N 47°57'42'' E 12°43'54''

Tittmoning, D-84529 / Bayern ♿ 📶 iD **832**

▲ Seebauer
Furth 9
☎ +49 (0)8683-1216
📠 +49 (0)8683-7175
🗓 1/4 - 30/9
@ info@camping-seebauer.de

2,3ha 60T(90-100m²) 16A

1 AD**G**HJKLMOPQ
2 DGLMNRTUVWXY
3 ABHJNRU**W**Z
4 (Q 1/5-30/9) (R 🔌)
5 **AB**DEFGJKLMNO**P**UWZ
6 ACEGK(N 3km)O

💬 Zeer idyllisch gelegen camping. Goede zwem- en vismogelijkheid vanaf de camping. Uitstekend sanitair. Fiets- en wandelroutes vanaf de camping.

🚗 A3 van Regensburg tot aan afrit Straubing. Dan B20 tot Burghausen. Vanaf daar op de B20 nog 15 km. 3 km voor Tittmoning wordt de camping met borden goed aangegeven.

CC €18 1/4-15/7 1/9-30/9 M 📍 N 48°4'21'' E 12°44'21''

Triefenstein/Lengfurt, D-97855 / Bayern ♿ 📶 iD **833**

▲ Main-Spessart-Park*****
Spessartstraße 30
☎ +49 (0)9395-1079
📠 +49 (0)9395-8295
🗓 1/1 - 31/12
@ info@camping-main-spessart.de

9,5ha 180T(90-110m²) 6-10A CEE

1 ACD**F**HIJKLMPQ
2 FJRTUVWXY
3 AD**F**GJNRU
4 (Q+R 1/4-31/10) (U+Y) 🔌
5 **AB**DEFGJKLMNOPUWXYZ
6 ABCDEG**K**(N 2km)OV

💬 Zeer verzorgde camping met modern sanitair. 300m van een zwembad, 500m van de rivier de Main. Parkachtige beplanting tussen de terrassen. In het mooie Maindal en het natuurpark Spessart kunt u wandelen en fietsen. Gezellige dorpjes in de omgeving. Comfortplaatsen met bijbetaling.

🚗 A3 afrit 65 Marktheidenfeld. In Triefenstein/Lengfurt brug over en dan cp-borden volgen. Totaal 6 km. Of A3 afrit 66 Wertheim. Langs de Main ri Lengfurt. Cp-borden volgen. Totaal 8 km.

CC €18 12/4-10/5 7/6-5/7 30/8-31/10 M 📍 N 49°49'6'' E 9°35'18''

834 — Viechtach, D-94234 / Bayern

- Knaus Campingpark Viechtach****
- Waldfrieden 22
- ☎ +49 (0)9942-1095
- 🖷 +49 (0)9942-902222
- 1/1 - 31/12
- @ viechtach@knauscamp.de

5,7ha 183T(80-100m²) 16A CEE

1 **ACDG**HIJKLMPQ
2 **B**IJLRTUVWXY
3 **AB**HIJLNRU
4 (F ⌂) **N**(Q+R+U+Y ⌂)
5 **AB**DEFGIJKLMNPUW
6 **C**DEG**IK**(N 2km)OSTUV

💬 De nieuwe uitbaters lanceren een nieuw concept 'hondvriendelijke camping' met aparte afgebakende staanplaatsen, agility oefenveld en uitlaatweide in het bos. De vele wandelwegen en attracties in de omgeving beloven een aangename en actieve vakantie.

🚗 A3 Regensburg-Passau, afrit 110 ri Deggendorf. Neem de B11/ E53 tot Patersdorf. Daar links op de B85 tot Viechtach. Volg de borden Knaus camping.

CC €16   6/1-17/5   7/6-27/6   6/9-19/12   N 49°4'57" E 12°51'12"

835 — Wackersdorf, D-92442 / Bayern

- Camping Murner See****
- Sonnenriederstraße 1
- ☎ +49 (0)9431-385797
- 🖷 +49 (0)9431-385799
- 1/4 - 31/10
- @ info@see-camping.de

14ha 150T(120-150m²) 16A CEE

1 **ADG**HIJKLMOPQ
2 **A**DFLRVWX
3 **B**FNQRZ
4 (Q+R+Y ⌂) Z
5 **AB**DEFGIJKLMNOPRUWXZ
6 **C**EGJ(N 5km)O

💬 Camping met luxueuze faciliteiten. Zeer mooie ligging aan de Murner See met goede fiets- en wandelmogelijkheden.

🚗 A93 Regensburg-Weiden-Hof, afrit 33 Schwandorf, dan B85 richting Wackersdorf. Bewegwijzerd.

CC €16   1/4-22/5   15/6-30/6   1/9-31/10   N 49°20'44" E 12°12'31"

836 — Waldmünchen, D-93449 / Bayern

- Ferienpark Perlsee
- Alte Ziegelhütte 6
- ☎ +49 (0)9972-1469
- 🖷 +49 (0)9972-3782
- 1/1 - 31/12
- @ info@ferienpark-perlsee.de

5ha 250T(80-120m²) 16A CEE

1 **AG**HIJKLMPQ
2 **A**DIJLORTVX
3 **AB**HJKLNQRU**W**Z
4 (**A** 1/7-31/8)
  (Q+R 1/5-15/9) (T 1/5-1/10)
  (U+Y ⌂)
5 **AB**DFGIJKLMNOPUW
6 **C**DEG**J**(N 2,5km)OQ

💬 Camping met goede faciliteiten pal aan de Tsjechische grens. Goede wandel- en fietsmogelijkheden. Aangenaam zwemmen in het heldere water van de Perlsee.

🚗 Vanuit Cham, aan de B22 en B85, naar Waldmünchen rijden. Het dorp inrijden tot aan 2e rotonde rechtdoor, dan 1e links inrijden (scherpe bocht). Campingborden volgen.

CC €16   12/1-30/6   1/9-20/12   N 49°23'43" E 12°41'54"

Wemding, D-86650 / Bayern

- Campingpark Waldsee Wemding
- Wolferstädter Str. 100
- ☎ +49 (0)9092-90101
- FAX +49 (0)9092-90100
- 16/3 - 6/11
- @ info@campingpark-waldsee-wemding.de

12ha 210T(80-100m²) 16A CEE

1. **AD**G**HIJKLMNOPQ
2. **BDIJLMRTUVWXY
3. **ABHJ**M**NO**RUZ
4. **JN**(Q+R) (T 1/6-30/9) (U+Y) Z
5. **AB**DFGIJKLMNOPUW
6. **CDEGK**(N 1km)OQTV

💬 Grote terrassencamping met ruime plaatsen gelegen aan een groot zwemmeer met grote waterglijbaan, elke week controle zwemwater, uitgangspunt voor leuke uitstapjes.

🚗 B2 (Romantische Straße), tussen Weißenburg en Donauwörth afslag richting Wemding nemen. Campingborden volgen. Even voor de stad rechtsaf.

CC €16   16/3-22/5   8/6-21/6   24/8-2/11

📍 N 48°53'4'' E 10°44'8''

837

Wertach, D-87497 / Bayern

- Grüntensee Camping International****
- Grüntenseestr. 41
- ☎ +49 (0)8365-375
- FAX +49 (0)8365-1221
- 1/1 - 31/12
- @ info@camping-gruentensee.de

5ha 150T(80-100m²) 16A

1. **AF**HIJKLMOPQ
2. **DJKLNRSTUVWXY
3. **BKNRUV**W**Z
4. (Q+R+T) (V 1/1-6/11,12/12-31/12) (Y)
5. **AB**DEFGJLNOPRUW
6. **CDEGIJ**(N 2,5km)OPTUV

💬 Mooi gelegen camping aan de oever van de Grüntensee. Prima voorzieningen. De camping heeft een grote speel- en ligweide. In de winter veel skimogelijkheden met liften direct aan de camping. Wandelingen en langlaufen vanaf de camping, ook is er de mogelijkheid om te snowboarden en sleetochten te maken.

🚗 A7 afrit 137 Oy-Mittelberg, 6 km rechtdoor. Bij het 1e verkeerslicht links afslaan, vervolgens campingborden volgen.

CC €16   1/1-31/3   7/4-20/5   7/6-30/6   12/9-30/9   5/10-6/11   1/12-20/12

📍 N 47°36'37'' E 10°26'47''

838

Wertach, D-87497 / Bayern

- Waldesruh****
- Bahnhofstr. 19
- ☎ +49 (0)8365-1004
- FAX +49 (0)8365-706369
- 1/1 - 31/12
- @ info@camping-wertach.de

1,7ha 30T(60-80m²) 16A CEE

1. **AF**HIJKLNPQ
2. **FGKRTVWX
3. **ABRU
5. **AB**CDGJLMNOPUW
6. **CDEGIK**(N 0,5km)OQV

💬 Kleine, rustige aan de rand van het dorp gelegen camping. Deze familiair gevoerde camping met zijn verzorgde plaatsen is ideaal voor gezinnen, fietsers en wandelaars. Mooie omgeving met talrijke mogelijkheden voor uitstapjes.

🚗 A7 Stuttgart-Ulm-Kempten, afrit 137 Oy. Dan B310 richting Wertach. 2 km voor Wertach naar de Alte Staatsstraße naar Wertach (bewegwijzerd).

CC €14   23/3-12/7   31/8-15/11

📍 N 47°36'31'' E 10°25'4''

839

Zwiesel, D-94227 / Bayern
⛺ Ferienpark Arber★★★★
✉ Waldesruhweg 34
☎ +49 (0)9922-802595
FAX +49 (0)9922-802594
⌚ 1/1 - 1/3, 1/4 - 30/9
@ info@ferienpark-arber.de

840

16ha 271**T**(100-160m²) 16A
1 ACD**G**IJKLMPQ
2 ABCDGKLMRUVWXY
3 AB**F**HIJKLMNRUZ
4 (**A** 7/7-20/8) (C 1/5-30/9) (F+H ⌂) I**KLNOP** (Q+R+T+Y ⌂) Z
5 **AB**DEFGIJKLMNOPUWZ
6 ACDEGHIJ(N 2km)OTV

💬 Ruim opgezette cp aan bosrand, dicht bij centrum Zwiesel. Gratis subtropisch beleveniszwembad, speelstrand, kindertreintje en ruime speeltuin. In omgeving: nationaal park, onderaardse gangen, etc. In winter sneeuwzeker en modern skigebied Arber (gratis skibus). Voor ArberaktivCard geldt verplichte toeslag van 1 euro p.p.p.n.

🚗 Vanaf de A3 Regensburg-Passau afrit Deggendorf. Volg borden Arber, Zwieselwinkel (B11/E53) ca. 35 km. In Zwiesel staat camping aangegeven.

CC €16 7/1-8/2 23/2-28/2 7/4-3/7 31/8-30/9

N 49°1'29'' E 13°13'16''

De CampingCard ACSI-app

2.940 CampingCard ACSI-campings in één app

- Altijd en overal campinginformatie, **ook zonder internetverbinding**
- Vind een camping die bij u past met de handige zoekfilters
- Alle campings jaarlijks geïnspecteerd
- Lees de campingbeoordelingen van andere kampeerders

www.CAMPINGCARD.com/app

Zwitserland

Algemeen
Zwitserland is geen lid van de EU.

Tijd
In Zwitserland is het net zo laat als in Amsterdam, Parijs en Rome.

Taal
Duits, Frans en Italiaans. Met Engels kunt u zich ook redden.

Grensformaliteiten
Veel formaliteiten en afspraken rond zaken zoals de benodigde reisdocumenten, autodocumenten, eisen aan uw vervoer- en verblijfmiddel, ziektekosten en het meenemen van dieren zijn niet alleen afhankelijk van het land van bestemming, maar ook van uw vertrekpunt en nationaliteit. Ook de lengte van uw verblijf speelt hierbij een rol. Het is onmogelijk om in het bestek van deze gids voor alle gebruikers de juiste en up-to-date informatie met betrekking tot deze zaken te garanderen.

Wij adviseren u om voor vertrek bij de bevoegde instanties na te gaan:
- welke reisdocumenten u nodig heeft voor uzelf en uw reisgenoten
- welke documenten u nodig heeft voor uw auto
- aan welke eisen uw caravan moet voldoen
- welke goederen u in en uit mag voeren
- hoe in geval van ongeval of ziekte de medische behandeling in uw vakantieland is geregeld en kan worden betaald
- of u huisdieren mee kunt nemen. Neem lang van te voren contact op met uw dierenarts. Die kan u informatie geven over relevante vaccinaties, bewijzen daarvan en verplichtingen bij terugkomst. Ook is het verstandig om na te gaan of in uw vakantieland bepaalde voorwaarden gelden voor huisdieren in het openbare leven. Zo moeten in sommige landen honden altijd worden gemuilkorfd of achter tralies worden vervoerd.

Veel algemene informatie vindt u op ▶ *www.europa.eu* ◀ maar zorg dat u de informatie achterhaalt die op uw specifieke situatie van toepassing is.

Voor recente douaneverplichtingen kunt u contact opnemen met de vertegenwoordiging van uw vakantieland in het land waar u woont.

Valuta en geldzaken
De munteenheid is de Zwitserse frank (CHF). Wisselkoers (september 2014): € 1 = CHF 1,20. Betaling met euro's is op veel plaatsen mogelijk, wisselgeld wordt in Zwitserse franks gegeven.

Creditcard
U kunt op bijna alle plaatsen betalen met uw creditcard.

Openingstijden en feestdagen
Banken
Banken zijn in de steden maandag tot en met vrijdag tot 16.30 uur geopend. In landelijke streken sluiten de banken vaak tussen 12.00 uur en 13.30 uur de deuren.

Winkels
Op weekdagen open van 8.00 uur tot 18.30 uur. Op maandagochtend zijn veel winkels gesloten. Op zaterdag sluiten de winkels om 17.00 uur.

Apotheken, artsen
Apotheken zijn geopend tot 18.30 uur, behalve op zondag. Via tel. 1811 kunt u erachter komen welke apotheken en artsen dienst hebben.

Feestdagen
Deze verschillen per kanton. De volgende feestdagen gelden voor het hele land: Nieuwjaarsdag, Goede Vrijdag, Pasen, 1 mei (Dag van de Arbeid), Hemelvaartsdag, Pinksteren, 1 augustus (Nationale Feestdag), Kerst.

Communicatie
(Mobiele) telefoon
Het mobiele netwerk is goed in heel Zwitserland, behalve in onbewoonde gebieden van de Alpen. Er is een 3G-netwerk voor mobiel internet.

WiFi, internet
In het hele land, maar vooral in steden, vindt u internetcafés. WiFi is veelal beschikbaar.

Post
Over het algemeen open tot 18.30 uur. Ook op zaterdagochtend geopend.

Wegen en verkeer
Wegennet
De wegenwacht van Zwitserland is de TCS. Op grote wegen en langs de bergpassen vindt u SOS-praatpalen. Hulp bij pech kan in geval van nood opgeroepen worden:
tel. 0800-140140, ▶ *www.tcs.ch* ◀

Verkeersvoorschriften
Verkeer van rechts heeft voorrang. Verkeer op een rotonde heeft voorrang. In de bergen heeft stijgend verkeer voorrang op dalend verkeer. Op smalle wegen heeft een zwaarder voertuig voorrang op een lichter voertuig. Zwitserland kent 'Bergpoststrassen' waarop postauto's altijd voorrang hebben.

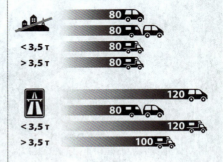

Maximale snelheid

Het maximaal toegestane alcohol-promillage is 0,5 ‰. In tunnels moet met dimlicht gereden worden, ook als de tunnels goed verlicht zijn.

U dient handsfree te bellen. Winterbanden zijn niet verplicht, maar worden wel sterk aangeraden. In Zwitserland zijn sneeuwkettingen verplicht op bepaalde bergtrajecten wanneer de wegtoestand dit noodzakelijk maakt.

Navigatie
Signalering van vaste flitslocaties met behulp van navigatie of mobiele telefoon is niet toegestaan.

Caravan, camper
Het rijden in de Zwitserse bergen vereist enige ervaring wanneer u met de caravan reist. Op snelwegen met drie rijstroken mag u met uw caravan niet op de linkerbaan rijden. Overnachten in auto, camper of caravan is in enkele kantons (deels tegen betaling) toegestaan op parkeerplaatsen langs de autosnelweg.

Voor een auto met caravan zijn twee 'Autobahnvignetten' nodig! Eén voor de auto en één voor de caravan. Voor nadere uitleg zie 'Tol'.

Toegestane afmetingen
Hoogte 4m, breedte 2,55m en lengte (auto en caravan) maximaal 18,75m.

Motorbrandstof
Benzine en diesel zijn overal goed verkrijgbaar. LPG is redelijk verkrijgbaar.

Tankstations
Tankstations zijn vaak tot 20.00 uur open. Verder hebben de meeste tankstations een nachtautomaat.

Tol
Elke Zwitserse en buitenlandse automobilist,

die op de Zwitserse snelwegen rijdt, dient een 'Autobahnvignet' aan te schaffen. Het vignet is hetzelfde voor alle auto's, aanhangwagens en campers tot een gezamenlijk gewicht van 3,5 ton en is een jaar geldig.
Als het vignet ontbreekt, kunt u een boete van CHF 200 (circa € 165) krijgen. Let op! De grenspost Basel-Weil kunt u niet passeren zonder vignet. Voertuigen boven de 3,5 ton moeten aan de Schwerverkehrsabgabe voldoen. Meer informatie: ▶ *www.ezv.admin.ch* ◀

Het is verstandig om het vignet online te bestellen, bijvoorbeeld op
▶ *www.tolltickets.com* ◀
Dat scheelt u wachttijd bij de grens.

Bergpassen
Verboden voor caravans: Klausenpas tussen Altdorf en Linthal. Af te raden voor caravans: Albulapas tussen Tiefencastel en La Punt, Furkapas tussen Gletsch en Realp, Grimselpas tussen Meiringen en Gletsch, Umbrailpas tussen Santa Maria en Bormio.

Autotunnels
De Zwitserse autotunnels zijn het hele jaar geopend. Voor de meeste hoeft u geen tol te betalen, omdat ze vallen onder het 'Autobahnvignet'. Er zijn echter 2 tunnels waar u wel moet betalen: de Grand St. Bernard en Munt la Schera. Munt la Schera heeft slechts één baan, dus u kunt alleen op vaststaande tijden door de tunnel. U kunt ook met uw auto op de trein door een aantal tunnels.

Alarmnummers
- 112: nationaal alarmnummer voor politie, brandweer en ambulance
- 117: politie
- 118: brandweer
- 144: ambulance (in grote steden)
- 1414: reddingshelikopter

Kamperen
Op campings in bergachtige gebieden domineren tentkampeerders het terrein. In het westen van Zwitserland hebben campings vaak veel vaste staanplaatsen. Vrij kamperen is alleen toegestaan indien u daarvoor toestemming heeft van de grondeigenaar of de plaatselijke politie.

Praktisch
- Bijkomende kosten voor zaken zoals toeristenbelasting en milieuheffing kunnen soms hoog uitvallen.
- Toeristische informatiebureaus zijn maandag tot en met vrijdag open tussen 9.00 uur en 18.00 uur.
- Zorg dat u altijd een verloopstekker (wereldstekker) bij u heeft.
- Het drinkwater is veilig.

Acquarossa, CH-6716 / Tessin 🛜 iD 841

▲ Acquarossa**
☎ 📠 +41 (0)91-8711603
📅 1/1 - 31/12
@ madlen.burri@bluewin.ch

9ha 50T(> 70m²) 10A

1 **A**FH**IJKLM**P**Q**
2 **C**G**KRSTWX**
3 **A**HJRU**W**
4 (B 15/6-1/9) (Q 15/6-7/10)
  (R 1/5-15/10) Z
5 **AB**DG**IJKLMNO**P**UWZ**
6 E**IJ**(N 1,5km)OT

💬 Ligging aan de Brenno-rivier, op een weiland, grotendeels omringd door bomen. Mooi uitzicht op deels gecultiveerde berghellingen. Goed uitgangspunt voor passentochten per auto naar o.a. St. Gotthard en Oberalp.

🚗 1 km ten noorden van Acquarossa aan de weg over de Lukmanier-pas. Vanuit het noorden is de afslag moeilijk. Dan in Acquarossa keren en probleemloos inrijden.

CC €18 1/3-14/6 31/8-30/9   N 46°27'35" E 8°56'31"

Aeschi/Spiez, CH-3703 / Bern 🛜 iD 842

▲ Panorama-Rossern***
🏠 Rossern Scheidgasse 26
☎ +41 (0)33-6544377
📅 14/5 - 11/10
@ postmaster@camping-aeschi.ch

1ha 45T(80m²) 10A CEE

1 **AB**F**IJLM**P**ST**
2 **G**JRWX**Y**
3 **A**HR
4 (Q 18/7-31/8)
5 **AB**FG**IJKLMNO**P**UW**
6 **A**E**IJ**(N 1km)

💬 Terrassencamping met schaduwrijke plaatsen net buiten het dorp gelegen. Eenvoudig, goed verzorgd terrein.

🚗 Snelweg Bern-Spiez, afslag Spiez richting Aeschi.

CC €16 14/5-30/6 1/9-11/10   N 46°39'13" E 7°41'59"

Brig, CH-3900 / Wallis 🛜 iD 843

▲ Geschina****
🏠 Geschinaweg 41
☎ 📠 +41 (0)27-9230688
📅 17/4 - 24/10
@ geschina@bluewin.ch

2ha 100T 10A

1 **A**G**IJKLM**P**Q**
2 **C**FG**KRWX**
3 **A**RU
4 (**C**+**H** 1/5-30/9) **J**
  (Q+R 18/4-20/10)
5 **AB**FG**IJKLMNO**P**UW**
6 E**IK**(N 0,5km)OTV

💬 Mooie, verzorgde camping aan de oever van een beekje. Schaduwrijke plaatsen. Buitenbad in de buurt van de camping. Op loopafstand van het historische stadje Brig.

🚗 Naar Brig rijden, daar borden Brig-Glis volgen en vervolgens 'Altstadt' (P) volgen. Daarna campingborden volgen.

CC €16 17/4-5/7 22/8-24/10   N 46°18'34" E 7°59'36"

Chur (GR), CH-7000 / Graubünden 844

- CampAu Chur***
- Felsenaustraße 61
- +41 (0)81-2842283
- FAX +41 (0)81-2845683
- 1/1 - 31/12
- info@camping-chur.ch

2,7ha 80T(30-110m²) 10A CEE

1. **ACDG**HIJKLM**OP**Q
2. **C**FGLRSTUVWXY
3. **B**FJM**NOP**Q**R**SW
4. (**C** 1/5-1/9) (**F** 🔑)
   (**H** 1/5-1/9) **J**
   (Q+R+T+U+X+Y 🔑) Z
5. **AB**DFGIJKLMNOPRUWZ
6. ACDFG**IK**(N 0,5km)O

💬 De camping bestaat uit grasveld omringd door bomen en is gelegen tussen de Rijn en een groot sportcentrum met o.a. een zwembad, tennisbaan, enz. Het stadscentrum is op 2,5 km afstand. Er is een rechtstreekse busverbinding.

🚗 A13, afslag Chur-Süd (ook Arosa/Lenzerheide) en dan de hoofdroute en de bordjes volgen.

€18 16/3-19/6 7/9-29/11

N 46°51'43'' E 9°30'27''

Churwalden, CH-7075 / Graubünden 845

- Pradafenz****
- Girabodawäg 34
- ☎ FAX +41 (0)81-3821921
- 25/5 - 31/10, 15/12 - 15/4
- camping@pradafenz.ch

2,3ha 50T(40-90m²) 10A CEE

1. **ACDG**IJKLMOPQ
2. GJ**K**RTUVWX
3. **A**FHJK**M**R**W**
4. (Q 1/1-15/4,1/7-31/8)
   (T+U+X+Y 1/1-15/4,1/6-31/10)
   Z
5. **AB**DFGIJKLMNOPUWXYZ
6. CEG**IK**(N 0,2km)OS

💬 Terrassencamping op een helling met zuid-expositie, geen schaduw. Nieuw, zeer modern, verwarmd toiletgebouw. Gasaansluiting voor caravans mogelijk. Direct naast de camping 2 stoeltjesliften en de langste rodelbaan ter wereld. Er is aansluiting met het ski-paradijs Lenzerheide-Valbella.

🚗 Weg 3, midden in het dorp Churwalden. Bordjes volgen.

€18 25/5-30/6 1/9-31/10

N 46°46'37'' E 9°32'29''

Cinuos-chel/Chapella, CH-7526 / Graubünden 846

- Chapella**
- ☎ FAX +41 (0)81-8541206
- 1/5 - 31/10
- camping.chapella@bluewin.ch

2ha 100T(40-100m²) 16A CEE

1. **A**GIJKLM**P**Q
2. **C**IJKLRSTWX
3. **A**FHJR**W**
4. (Q 5/6-15/9) (R 15/6-15/9)
5. **AB**DGIJKLMNOPUWZ
6. **A**E**IK**(N 3km)O

💬 Romantische graslandcamping zonder afgebakende plaatsen en omringd door bos. Beneden aan de rivier de Inn geen elektriciteit! Ideale plaatsen voor kanovaarders. Modern, verwarmd sanitair. Vlak bij een ingang van het Nationale Park.

🚗 Gelegen aan weg 27, enkele kilometers ten zuiden van Cinuos-chel. Let op bocht en brug!

€16 1/5-28/6 1/9-31/10

N 46°37'57'' E 10°0'49''

Cugnasco, CH-6516 / Tessin — 847

- Riarena★★★★
- Via Campeggio 1
- ☎ +41 (0)91-8591688
- FAX +41 (0)91-8592885
- 🔓 13/3 - 18/10
- @ camping.riarena@bluewin.ch

3,2ha 150T(70-100m²) 10A

1. ACD**G**IJKLMO**PQ**
2. BCFGLRSVXY
3. ABHJNRU**W**X
4. (B+G 15/5-17/10)
   (Q+R+T+U+V+X+Y
   25/3-17/10)
5. **AB**EFGIJKLMNOPRUW
6. **A**CEGKM(N 2km)ORTV

CC €18 13/3-30/6 17/8-18/10   N 46°10'11" E 8°54'51"

💬 Goed verzorgde, rustig gelegen familiecamping met zwembad. Schaduwrijk tussen de loofbomen. Goede uitrusting voor gehandicapten. Creditcards worden vanaf CHF 100 geaccepteerd.

🚗 A2, afslag Bellinzona-Süd/Locarno, richting Locarno. Voorbij vliegveld richting Gordola-Gudo, richting Gudo. In Cugnasco staat de camping aangegeven.

Davos Glaris, CH-7277 / Graubünden — 848

- RinerLodge
- Landwasserstraße 64
- ☎ +41 (0)81-4170033
- FAX +41 (0)81-4170034
- 🔓 1/5 - 31/10
- @ rinerlodge@davosklosters.ch

1ha 84T(40-80m²) 13A CEE

1. ACD**F**IJKLMPQ
2. CGTUVW
3. BFHJU**W**
4. (Q+R+T+X ⛔) Z
5. **AB**DFGIJMNOPUWZ
6. CFG**IJ**(N 8km)OV

CC €18 1/5-18/6 14/9-31/10   N 46°44'39" E 9°46'46"

NIEUW

💬 Camping heeft een verhard vlak terrein op korte afstand gelegen van Davos en aan de voet van de Rinerhornlift. Campinggasten mogen in het zomerseizoen gratis gebruik maken van drie bergbanen en openbaar vervoer.

🚗 Camping ligt 10 autominuten ten westen van Davos. Aanrijroute vanaf Klosters geeft geen problemen.

Egnach, CH-9322 / Ostschweiz — 849

- Seehorn★★★★
- Wiedehorn
- ☎ +41 (0)71-4771006
- FAX +41 (0)71-4773006
- 🔓 1/3 - 31/10
- @ info@seehorn.ch

2,5ha 80T(100-120m²) 13A CEE

1. ACD**F**HIJKLMOPQ
2. DFGKLMORVWX
3. ABCKRUZ
4. (G 1/5-1/9)
   (Q+R+T+U+X 1/3-21/10)
   (Y ⛔)
5. **AB**DEFGIJKLMNOPQR**ST**
   UWXYZ
6. ABCDEG**K**(N 2km)OUV

CC €18 1/3-3/7 31/8-31/10   N 47°32'7" E 9°23'49"

💬 Camping aan doorgaande route, door ligweide gescheiden van het Bodenmeer. Een spoorlijn splitst de camping. Goede fiets- en wandelmogelijkheden, kookgelegenheid aanwezig. Het sanitair is goed en er is een goed restaurant.

🚗 De camping ligt aan weg 13 tussen Romanshorn en Arbon. Zowel vanuit noordelijke als zuidelijke richting is de camping aangegeven met bord. Ligt ten zuiden van Egnach.

Engelberg, CH-6390 / Zentralschweiz — 850

- Eienwäldli*****
- Wasserfallstraße 108
- ☎ +41 (0)41-6371949
- FAX +41 (0)41-6374423
- 1/1 - 31/12
- @ info@eienwaeldli.ch

3,7ha 150T 10A CEE

1. ACD**F**IJKLMPQ
2. CGKLRTUVWXY
3. **BCEF**HIJKNRU**V**X
4. (A 1/7-30/10) (**F+H** ⌐) **IJ KLNP** (Q+S+T+U+V+X+Y ⌐) Z
5. **AB**DEFGJLN**P**UWXYZ
6. CEGH**IK**(N 1,5km)OSTV

💬 Sfeervol tussen de bergen gelegen camping. Zeer geschikt voor berg- en wintersport. Goede busverbinding. Het hoofdgebouw heeft een uitgebreide wellness-omgeving.

🚗 A2, afslag Stans-Süd. Bij het klooster in Engelberg rechtsaf richting Eienwäldli. Na 1,5 km achter hotel Eienwäldi vindt u de camping.

CC €18 1/3-27/3 20/4-13/5 7/6-30/6 1/9-2/10 18/10-18/12

N 46°48'34" E 8°25'26"

Enney, CH-1667 / Fribourg — 851

- Haute Gruyère***
- chemin du Camping 18
- ☎ +41 (0)26-9212260
- 1/1 - 31/12
- @ camping.enney@bluewin.ch

1,5ha 60T 10A CEE

1. ACD**G**IJKLMPQ
2. CRWX
3. AGHJRU
4. (B 15/6-1/9) (Q+R+T+U+Y 1/4-31/10) Z
5. **AB**FGIJKLMNO**P**UWXYZ
6. CEIK(N 2km)OV

💬 Rustige camping midden in een groen berglandschap. Goed gelegen voor wandelaars, maar ook om uitstapjes te maken naar de dorpen en steden in de omgeving en de Lac Leman. Af en toe komt er een trein voorbij.

🚗 A12 Bern-Vevey, afrit Bulle. Door de stad rijden en borden volgen naar Gruyères en Château-d'Oex. Voorbij Gruyères ligt de camping links van de weg.

CC €18 1/1-5/7 22/8-31/12

N 46°33'27" E 7°5'7"

Filisur, CH-7477 / Graubünden — 852

- Islas****
- ☎ +41 (0)81-4041647
- 1/4 - 31/10
- @ info@campingislas.ch

4,4ha 120T(30-80m²) 10A

1. ACDGIJKLMNPQ
2. BCKLRSTWXY
3. AB**F**HJR**W**
4. (**A** 1/7-30/8) (B 1/6-1/9) (Q+R+U+V+Y ⌐) Z
5. **AB**DFGIJKLMNOPUWZ
6. ADEGJ**K**(N 2km)OTV

💬 Beschutte, zeer rustige ligging in een dal op een vlak grasveld. Moderne voorzieningen. Op enkele kilometers afstand in Alvaneu-Bad is een 18 holes-Alpengolfterrein en een geneeskrachtig zwavelbad met vele faciliteiten.

🚗 Vanaf Tiefencastel eerst richting Davos/Albula, daarna Albula. Bordjes volgen. De Albula-pasweg is vanuit de andere richting moeilijk te berijden met een caravan.

CC €16 1/4-30/6 1/9-31/10

N 46°40'17" E 9°40'27"

Frutigen, CH-3714 / Bern — 853

- Grassi★★★★
- Grassiweg 60
- ☎ +41 (0)33-6711149
- FAX +41 (0)33-6711380
- 1/1 - 31/12
- @ campinggrassi@bluewin.ch

2,6ha 68T(20-120m²) 10A

1. ACDGIJKLPQ
2. CGJKRTWXY
3. AGHKLRU**W**
4. (A 1/7-31/8) (Q+R 1/7-30/8)
5. **AB**DGIJKLMNO**P**UW
6. ACDEGIK(N 1km)OV

💬 Van de weg af, aan de Engstligenbach, ligt deze rustige en mooi gelegen camping. Prima verzorgd. Talrijke wandelmogelijkheden. Een cp met een 'hart', waar kampeerders zich thuis voelen. Naast Duits en Engels wordt er Nederlands en Deens gesproken aan de receptie. Contante betaling voor kampeerders met CampingCard ACSI.

🚗 De weg Spiez-Kandersteg volgen, afslag Frutigen-Dorf nemen. Over de brug, dan het dorp inrijden. Aan hotel Simplon links afslaan. De camping staat duidelijk aangegeven.

CC €18 1/1-5/5 22/8-31/12

📍 N 46°34'55'' E 7°38'29''

Gstaad, CH-3780 / Bern — 854

- Bellerive★★★
- Bellerivestraße 38
- ☎ +41 (0)33-7446330
- FAX +41 (0)33-7446345
- 1/1 - 31/12
- @ bellerive.camping@bluewin.ch

0,8ha 35T(80-100m²) 12A CEE

1. A**G**IJKLMPQ
2. CGRTUVWX
3. AHJRUV**W**
4. (Q 🔒)
5. **AB**DGIJKLMNO**P**UW
6. CEJ(N 1,5km)OV

💬 Kleine camping aan de rand van het dorp. Verbinding met het dorp via een wandelweg. Af en toe rijdt een trein voorbij.

🚗 Vanuit Saanen richting Gstaad. Borden volgen. Camping ligt rechts van de weg, 1,3 km voorbij rotonde in Saanen.

CC €18 5/1-30/1 2/3-26/6 24/8-7/9 16/9-18/12

📍 N 46°28'52'' E 7°16'22''

Gudo, CH-6515 / Tessin — 855

- Isola★★★★
- Via al Gaggioletto 3
- ☎ +41 (0)91-8593244
- FAX +41 (0)91-8593344
- 15/1 - 15/12
- @ isola2014@ticino.com

3ha 150T(30-100m²) 10A CEE

1. ACD**G**IJKLMO**P**Q
2. BCFGLRVXY
3. ABHJKNRU
4. (B 15/5-30/9) (G 1/5-30/9) (Q+R 15/3-30/10) (T+V+X+Y 🔒) Z
5. **AB**DFGIJKLMNOPUWZ
6. E**IJK**(N 3km)V

💬 Prachtig gelegen camping met zwembad, in de omgeving van de rivier Ticino. In de prijs zijn Touristensteuer en Müllabgabe niet inbegrepen. 3 CHF p.p. per dag (ook kinderen). In laagseizoen is internet en WiFi gratis.

🚗 A2, afslag Bellinzona-Süd/Locarno richting Locarno. Voorbij vliegveld richting Gordola-Gudo, daarna richting Gudo. Tussen Cugnasco en Gudo staat de camping aangegeven. Smalle toegangsweg.

CC €18 15/1-30/6 17/8-15/12

📍 N 46°10'15'' E 8°55'53''

Innertkirchen, CH-3862 / Bern 🛜 iD 856

- ▲ Aareschlucht***
- 🏠 Hauptstraße 34
- ☎ +41 (0)33-9712714
- 🗓 1/5 - 31/10
- @ campaareschlucht@bluewin.ch

0,5ha 45T(50-100m²) 10A

1. ACGIJKLMOPQ
2. GRWX
3. BRUW
4. (Q 15/6-15/9)
5. ABDGIJKLMNOPUW
6. CDFK(N 1km)O

💬 Gezellige, gemoedelijke camping. Prachtig uitzicht op de bergketens. Prima sanitair. Gelegen naast 'Aareschlucht' in richting Susten- en Grimselpas.

🚗 Komend vanuit Meiringen ligt de camping tussen Meiringen en Innertkirchen links van de weg, net voorbij de ingang Ost naar de Aareschlucht bij Innertkirchen.

CC €16 1/5-5/7 22/8-31/10   N 46°42'34'' E 8°12'53''

Interlaken/Unterseen, CH-3800 / Bern ♿ 🛜 iD 857

- ▲ Alpenblick****
- 🏠 Seestraße 130
- ☎ +41 (0)33-8227757
- 📠 +41 (0)33-8216045
- 🗓 1/1 - 31/12
- @ info@camping-alpenblick.ch

2ha 100T(60-100m²) 16A

1. ABCDGIJKLPQ
2. CDFGKRUVWXY
3. ABFHJNRUWXZ
4. (Q 🅾) (R 1/4-31/10)
   (T+U+X 🅾) Z
5. ABDFGIJKLMNOPQRUWZ
6. ACDFGIJM(N 3km)OTV

💬 Goed verzorgde familiecamping vlak bij Thunersee, geen afgebakende plaatsen, gemoedelijke sfeer. Vlak terrein, bestaande uit lange lanen met aan beide zijden grasstroken. Er zijn redelijk veel hoge bomen.

🚗 A8 Thun-Interlaken-Brienz. Uitrit 24 Interlaken-West. Campingsymbool 2 volgen.

CC €18 1/1-12/7 30/8-31/12   N 46°40'47'' E 7°49'4''

Krattigen, CH-3704 / Bern ⛷ 🛜 iD 858

- ▲ Stuhlegg****
- 🏠 Stueleggstraße 7
- ☎ +41 (0)33-6542723
- 📠 +41 (0)33-6546703
- 🗓 1/1 - 31/12
- @ campstuhlegg@bluewin.ch

2,4ha 65T(80m²) 13A

1. ACDFIJKLMNPST
2. FGJKRWX
3. BGHJNRU
4. (A 12/6-31/8)
   (C+H 1/5-30/9) N
   (Q+R+T+U+X 1/1-31/10,
   1/12-31/12)
5. ABDFGIJKLMNOPUW
6. ACDEHIK(N 0,3km)OTUV

💬 Hoog boven de Thunersee gelegen camping, mooie grasvelden, leuk winkeltje en snackrestaurant, gezellige sfeer.

🚗 Autoweg Basel-Bern-Interlaken. Uitrit Leissigen, richting Krattigen.

CC €18 1/5-30/6 1/9-30/9   N 46°39'32'' E 7°43'1''

La Fouly, CH-1944 / Wallis — 859

- Des Glaciers★★★★
- route de Tsamodet 36
- ☎ +41 (0)27-7831826
- FAX +41 (0)27-7833605
- 14/5 - 30/9
- @ info@camping-glaciers.ch

6ha 200T(50-120m²) 10A CEE

1 ACD**G**IJKL**PQ**
2 CGJKLRTVWXY
3 ABHJ**M**NRU
4 (**A**+Q+R 15/5-30/9)
5 **AB**DEFGIJKLMNPRUWZ
6 ACEIKM(N 0,5km)OV

💬 Idyllisch gelegen camping met uitstekend sanitair aan de voet van een gletsjer, mekka voor wandelaars. Plaatsen deels op terrassen, deels op een groot grasveld.

🚗 Martigny richting St. Bernhard. In Orsières richting La Fouly/Val Ferret nemen. Eind van het dorp rechts. Verkeersbord 'Verboden toegang' geldt niet voor campinggasten.

CC €18 14/5-3/7 22/8-30/9   N 45°56'5'' E 7°5'46''

Le Bouveret, CH-1897 / Wallis — 860

- Rive Bleue★★★★
- Case Postale 68
- ☎ +41 (0)24-4812161
- FAX +41 (0)24-4812108
- 1/4 - 18/10
- @ info@camping-rive-bleue.ch

3ha 224T(61-100m²) 10A CEE

1 ACD**G**HIJKLMNPST
2 ADFGLMRVX
3 ABGHJ**M**R**U**WZ
4 (C+G 15/5-31/8) IJ
   (S+T+X 1/4-12/10) Z
5 **AB**FGIJKLMNOPUWZ
6 CEGKORTV

💬 Een grote camping in 2 gedeelten aan het meer van Genève. Veel watersportmogelijkheden. De camping biedt voldoende schaduw en is voorzien van veel comfort. Mooie omgeving om te fietsen.

🚗 A9, afslag Villeneuve/Evian. Dan richting Noville. In Noville richting Evian aanhouden. Volg de borden Aquapark (dit ligt naast de camping).

CC €18 1/4-30/6 17/8-18/10   N 46°23'12'' E 6°51'37''

Le Landeron, CH-2525 / Neuchâtel — 861

- Des Pêches★★★★
- rue du Port
- ☎ +41 (0)32-7512900
- FAX +41 (0)32-7516354
- 1/4 - 15/10
- @ info@camping-lelanderon.ch

4ha 170T(64-100m²) 16A CEE

1 ABCDFIJKLMO**PQ**
2 ACDFGLMRVX
3 BGHJKMNR**W**Z
4 (S+X ⌂) Z
5 **AB**DFGIJKLMNO**P**UWX
6 CDEGK(N 0,5km)OTV

💬 Camping gelegen in een oase van groen met prachtig uitzicht op de Chasseral. De toerplaatsen zijn gescheiden van de jaarplaatsen. Vlakbij de ingang is er een euro-relais. Zeer goed restaurant.

🚗 Vanuit La Neuville richting Le Landeron. De camping wordt d.m.v. borden aangegeven in het dorp. Let op: op de toerit naar de cp liggen zeer hoge drempels; stapvoets rijden.

CC €18 1/4-30/6 1/9-15/10   N 47°3'11'' E 7°4'12''

Le Prese, CH-7746 / Graubünden 862

▲ Cavresc****
✉ Via del Canton 757a
☎ 📠 +41 (0)81-8440259
⛔ 1/1 - 31/12
@ camping.cavresc@bluewin.ch

1ha 84T(30-75m²) 13A CEE

1 ACD**G**IJKLMN**P**Q
2 CGKRSVWX
3 BHJKMR**UW**
4 (Q+R ⛔)
  (T+V+X 1/4-31/10) Z
5 **AB**DFGIJKLMNO**P**UWXYZ
6 CEG**IK**(N 0,3km)OV

💬 Op grasveld gelegen in het dal Valposchiavo met zijn zuidelijke klimaat. De camping is nieuw en heeft een splinternieuw, zeer modern sanitairgebouw. Italië is vlakbij, evenals het meer van Poschiavo (watersport). Het dal heeft zeer veel toeristische attracties.

🚗 In het dorp Le Prese aan een zijstraat (oostzijde) van hoofdweg 29. Bordjes volgen.

CC €18 1/1-30/6 17/8-31/12

N 46°17'41'' E 10°4'49''

Les Haudères, CH-1984 / Wallis 863

▲ Molignon****
✉ route de Molignon 163
☎ +41 (0)27-2831240
📠 +41 (0)27-2831331
⛔ 1/1 - 31/12
@ info@molignon.ch

2,5ha 110T(75-100m²) 10A CEE

1 ACD**G**IJKLMOPQ
2 CGIJKRTVWXY
3 ABGHJRU
4 (C+D+H 20/5-15/9)
  (Q+R 15/6-15/9)
  (U 1/6-30/9) (Y 1/5-31/10) Z
5 **AB**DFGJLMNPUWZ
6 AEG**IK**(N 1km)OT

💬 Prachtig gelegen camping met rondom bergen en toch veel zon. Erg mooi overdekt zwembad voor groot en klein.

🚗 Bij Sion richting Val d'Hérens. 3 km voorbij Evolène ligt de camping aan de rechterkant. Goed aangegeven.

CC €18 1/5-3/7 20/8-31/10

N 46°5'29'' E 7°30'29''

Lignières, CH-2523 / Neuchâtel 864

▲ Fraso Ranch****
✉ ch. du Grand-Marais
☎ +41 (0)32-7514616
📠 +41 (0)32-7514614
⛔ 1/1 - 31/10, 23/12 - 31/12
@ camping.fraso-ranch@bluewin.ch

4ha 47T(50-100m²) 10A CEE

1 AC**F**IJLPQ
2 FGLRVX
3 AGMNR
4 (C+H 1/6-31/8) **K**N
  (Q 1/1-30/10)
  (R 1/1-30/10,24/12-31/12)
  (S 1/5-30/9) (T 5/5-30/9)
  (X 1/1-31/10)
  (Y 1/1-30/10,24/12-31/12)
5 **AB**DFGIJ**K**LMNO**P**UW
6 EGH**IK**(N 1km)OV

💬 Een sportcamping, op de zonnige zuidhelling van de Chasseral met een uitgebreid programma aan sportmogelijkheden. Een echte aanrader voor sportievelingen. Sauna en jacuzzi aanwezig.

🚗 In Le Landeron richting Lignières, voorbij het dorp Lignières 1 km aan de rechterkant van de weg.

CC €16 1/1-30/6 1/9-31/10

N 47°5'10'' E 7°4'16''

Lungern, CH-6078 / Zentralschweiz 865

- Obsee★★★
- Campingstraße 1
- ☎ +41 (0)41-6781463
- FAX +41 (0)41-6782163
- ⌚ 1/1 - 31/12
- @ camping@obsee.ch

2,2ha 120T(40-80m²) 10A CEE

1. ACFIJKLMNPQ
2. DFGJLNRVWX
3. AHJNQRUZ
4. (A 1/7-31/8) (Q 15/5-31/10) (R+U+Y ⌚)
5. ABDFGIJLMNOPUW
6. CDEGI(N 0,5km)OTV

💬 Zonnige rustige ligging direct aan het meer. Eigen restaurant met specialiteiten van de houtskoolgril. Vakantieparadijs voor zomer en winter.

🚗 Vanuit Brienz richting Luzern. In dorp Lungern bij 1e verkeerslicht linksaf. Borden volgen.

CC €18 1/1-30/6 31/8-31/12   N 46°47'6'' E 8°9'6''

Meierskappel, CH-6344 / Zentralschweiz 866

- Campingplatz Gerbe
- Landiswilerstraße
- ☎ +41 (0)41-7904534
- FAX +41 (0)41-7904504
- ⌚ 1/3 - 1/11
- @ info@swiss-bauernhof.ch

1,6ha 60T(80m²) 10A CEE

1. ACDFHIJLPQ
2. FGIKRWX
3. AHJPRU
4. (G 5/4-31/10) (Q+R 1/3-30/9) (T+Y 1/3-31/10)
5. ABGIJKLMNOPUW
6. CEJ(N 0,5km)OT

💬 Camping op de boerderij met grote, vrije plaatsen.

🚗 A4 Rotkreuz-Schwyz, afslag Küssnacht nemen. Dan borden richting Meierskappel volgen en net vóór kruising links bij boerderij.

CC €16 1/3-30/6 17/8-1/11   N 47°7'16'' E 8°26'54''

Meiringen, CH-3860 / Bern 867

- AlpenCamping★★★★
- Brünigstraße 47
- ☎ +41 (0)33-9713676
- FAX +41 (0)33-9715278
- ⌚ 1/1 - 31/12
- @ info@alpencamping.ch

1,4ha 50T(80-110m²) 10A CEE

1. ACGIJKLMPQ
2. FGKLRTVW
3. BHJU
4. N (Q+R+T 1/1-31/10, 1/12-31/12)
5. ABDFGIJKLMNOPUWXZ
6. ACDEGIJ(N 0,4km)OV

💬 Een nieuwe camping met prachtig sanitair en enthousiaste beheerders. In het hartje van de Zwitserse Alpen en startpunt voor het maken van aantrekkelijke excursies. Alle staanplaatsen hebben stroom en stromend water. Campingwinkel aanwezig.

🚗 Vanuit Interlaken naar Luzern, via A8 naar Meiringen. Bij Meiringen campingborden volgen.

CC €18 1/4-11/6 22/6-12/7 31/8-1/11   N 46°44'4'' E 8°10'18''

Meiringen, CH-3860 / Bern

▲ Balmweid★★★★
🏠 Balmweidstraße 22
☎ +41 (0)33-9715115
📠 +41 (0)33-9715117
📅 1/1 - 31/12
@ info@camping-meiringen.ch

2,2ha 120T(40-100m²) 10A CEE

1 CDFIJKLPQ
2 BGJKRTVWXY
3 BGHJRU
4 (A 15/7-15/8) (B 1/7-31/8) (Q+R+T+U+V+X+Y) Z
5 ABDFGJLMNPRUW
6 CEGIJ(N 1,3km)OSV

💬 Camping is geschikt voor winter- en zomerrecreatie in een mooi ski- en wandelgebied. In de directe omgeving vindt u een ruim aanbod van sport en ontspanning.

🚗 Vanaf Brienz weg 6/11 richting Meiringen, bij rotonde rechtdoor. Borden volgen en camping ligt ongeveer 500m verder.

868

CC €18 1/1-30/6 1/9-31/12

N 46°43'31" E 8°10'19"

Molinazzo di Monteggio, CH-6995 / Tessin

▲ Tresiana★★★★
🏠 Via Cantonale 21
☎ +41 (0)91-6083342
📠 +41 (0)91-6083142
📅 28/3 - 18/10
@ info@camping-tresiana.ch

1,5ha 90T(56-80m²) 10A

1 ACDGIJKLMPQ
2 CFGIRTVWXY
3 AFHJKNRUWX
4 (B 1/5-30/9) (G 1/5-15/9) (Q 1/4-18/10) (R+T+U+X 9/4-18/10)
5 ABFGIJKLMNOPQRUWZ
6 ACEGK(N 2,5km)OV

💬 Rustige, verzorgde camping met ruime plaatsen aan de rivier de Tresa. De plaatsen zijn verzorgd en schoon. Zwembad op het terrein.

🚗 A2, afslag Lugano-Nord/Ponte Tresa, richting Ponte Tresa. In Ponte Tresa richting Luino. Tot de grens en dan rechtsaf. De camping staat aangegeven in Molinazzo di Monteggio.

869

CC €16 1/5-30/6 1/9-18/10

N 45°59'28" E 8°49'0"

Müstair, CH-7537 / Graubünden

▲ Muglin
🏠 Via Muglin 223
☎ +41 (0)81-8585990
📠 +41 (0)81-8585991
📅 1/5 - 31/10
@ info@campingmuglin.ch

4,5ha 65T(100m²) 13A CEE

1 ACDGIJKLMPQ
2 BCGKLRWX
3 ABMU
4 MN(Q+R+T+X 1/5-27/10) Z
5 ABDFGIJKLMNOPWXYZ
6 ACDEGIJ(N 1km)OPV

💬 Camping op voormalige boerderij met groot open grasveld. Grote gratis sauna. Nieuwe toiletten. Weinig tot geen beschutting. Restaurant en verblijfsruimte.

🚗 In het dorp op weg 28, afslag camping volgen.

870

CC €16 1/5-30/6 1/9-31/10

N 46°37'26" E 10°26'56"

Ottenbach, CH-8913 / Zürich 🛜 iD 871

- Reussbrücke****
- Muristraße 34
- ☎ +41 (0)44-7612022
- FAX +41 (0)44-7612042
- 28/3 - 10/10
- @ info@camping-reussbruecke.ch

1,5ha 60T(80-120m²) 6A CEE

1 ACDFHIJKLNQ
2 CFGRUX
3 BHJRUX
4 (B 1/6-15/9) (G 7/4-10/10) (Q+R+T+X 1/4-10/10)
5 ABGIJKLMNOPU
6 DEGIJ(N 1km)OTV

💬 De camping ligt aan de rivier Reuss in een zeer mooi natuurgebied waar men kan wandelen en fietsen. Vlak terrein met (gedeeltelijk) bomen.

🚗 800m ten westen van Ottenbach bij de brug over de Reuss, naast hotel Reuss-brücke.

CC €18 28/3-28/6 1/9-10/10   N 47°16'47'' E 8°23'43''

Randa/Zermatt, CH-3928 / Wallis ⛷ ♿ 🛜 iD 872

- Attermenzen****
- ☎ +41 (0)27-9672555
- FAX +41 (0)27-9671370
- 1/1 - 31/12
- @ rest.camping@rhone.ch

2,4ha 150T(80-100m²) 10A

1 ACDGIJKLMOPST
2 GIJKRTWXY
3 AEHJW
4 (Q 🔑) (R 15/6-15/9) (U+V+X+Y 15/2-31/12) Z
5 ABGIJKLMNOPUW
6 EK(N 1,5km)O

💬 Alpencamping geschikt voor wandelingen, bergbeklimmen en wintersport. Shuttlebus-service naar Zermatt met de beroemde Matterhorn.

🚗 Vanaf Visp, richting Zermatt. Randa niet inrijden. De camping ligt iets verder, links van de weg. Goed met borden aangegeven.

CC €16 27/2-5/7 22/8-31/12   N 46°5'9'' E 7°46'51''

Raron/Turtig, CH-3942 / Wallis 🛜 iD 873

- Santa Monica****
- Kantonstraße 56
- ☎ +41 (0)27-9342424
- FAX +41 (0)27-9342450
- 2/4 - 18/10
- @ info@santa-monica.ch

4ha 124T(80-120m²) 16A CEE

1 ACDGIJKLMOPQ
2 CFGKLRTWX
3 ABFHIJMNRU
4 (A 1/7-30/8) (C 23/5-14/9) (H 1/6-15/9) (Q+R+T+U 🔑) (X 15/5-30/9) Z
5 ABDFGIJKLMNOPRSTUWXYZ
6 ACEGIK(N 0,3km)OTV

💬 Gastvrije camping met uitstekend sanitair en vriendelijke beheerders. Gelegen naast 2 kabelbanen, tevens centraal voor diverse wandelingen in het zonnige Wallis. Prima uitvalsbasis voor dagtrips naar Zermatt, Saas Fee, de Aletschgletsjer en de Simplonpas. Met Campingcard ACSI alleen contante betaling mogelijk.

🚗 Gelegen aan de weg van Gampel naar Visp. Naast de Renault-garage vindt u de entree van de camping.

CC €16 2/4-5/7 22/8-18/10   N 46°18'11'' E 7°48'8''

Reckingen, CH-3998 / Wallis — 874

- Augenstern***
- ☎ +41 (0)27-9731395
- FAX +41 (0)27-9732677
- 🗓 11/5 - 16/10, 14/12 - 15/3
- @ info@campingaugenstern.ch

1,5ha 200T(80-90m²) 10A

1 AB**D**G**IJK**LM**PQ**
2 CG**K**RVWX
3 A**F**HJ**QRW**
4 (**C**+**H** 1/7-30/8)
 (Q 1/1-15/3,11/5-16/10)
 (R 1/1-1/4,16/5-17/10)
 (T+X+Y 1/1-15/3,11/5-16/10)
 Z
5 **AB**DG**IJK**LMNO**P**UW
6 ACEG**IJ**(N 0,8km)OV

CC €18 11/5-26/6 17/8-16/10

📷 Fraaie camping aan de Rhône. Vlak terrein. Vele ontspannings- en wandelmogelijkheden in de nabijheid.

🚗 Vanaf Brig richting Grimselpass. In het dorp Reckingen vóór de kerk rechts afslaan en dan nog ongeveer 1 km de borden volgen.

N 46°27'53" E 8°14'41"

Saas-Grund, CH-3910 / Wallis — 875

- Am Kapellenweg***
- ☎ +41 (0)27-9574997
- FAX +41 (0)27-9573316
- 🗓 1/5 - 11/10
- @ camping@kapellenweg.ch

0,7ha 100T(30-80m²) 10A CEE

1 ACD**G**IJ**K**LM**PQ**
2 CG**K**RWX
3 **H**JU
4 (**A** 1/7-1/9) (Q+R 🔒)
5 **AB**DG**IJK**LMNOPUW
6 EG**IJ**(N 0,5km)V

CC €18 1/5-30/6 17/8-11/10

📷 Dicht bij het dorp gelegen Alpencamping in mooie natuur. Geschikt voor wandelingen, ook voor minder ervaren wandelaars.

🚗 In Visp richting Saas-Grund en Saas-Fee volgen. In centrum van Saas-Grund richting Saas-Almagell. Na 700m is de camping rechts van de weg.

N 46°7'0" E 7°56'24"

Saas-Grund, CH-3910 / Wallis — 876

- Mischabel***
- ☎ FAX +41 (0)27-9571608
- 🗓 29/5 - 4/10
- @ mischabel@hotmail.com

1,8ha 150T(80-120m²) 10A CEE

1 A**G**IJKLMOPQ
2 CG**K**RVWX
3 **H**JRU
4 (Q+R 🔒) Z
5 **AB**DG**IJK**LMNOPUW
6 EG**IJ**(N 1km)OV

CC €18 29/5-30/6 17/8-4/10

📷 Veel mooie plaatsen langs de beek in deze fraaie omgeving. Zeer gastvrij. Geschikt voor wandeling naar Saas-Fee. Gerund door Vlaams koppel, vrouw directrice, man berggids.

🚗 Vanaf Visp richting Saas-Grund en Saas-Fee volgen. In het centrum van Saas-Grund hoofdweg richting Saas-Almagell. Na 1 km rechts de camping.

N 46°6'49" E 7°56'29"

Sachseln, CH-6072 / Zentralschweiz   ♿ 🛜 iD 877

- ▲ Ewil
- 🚗 Brünigstraße 258
- ☎ +41 (0)41-6663270
- ⊙ 1/4 - 30/9
- @ info@camping-ewil.ch

1,5ha 30T(70-100m²) 16A

1. AFHIJKLPST
2. DFGJKLNRTUVWX
3. AFHJUWZ
4. (A 1/5-31/8)
   (Q+R 15/5-15/9)
5. **AB**DG**JLN**P**U**WZ
6. CFK(N 3km)O

💬 Mooie camping aan het meer. Uitstapjes naar het middelpunt van Zwitserland en klooster van Bruder Klaus.

🚗 N8 Luzern-Interlaken volgen, afslag 35 Sarnen-Süd. Op de rotonde linksaf en daarna rechtdoor. De camping staat aangegeven.

CC €18   18/4-4/7   22/8-26/9   M   📍 N 46°51'21'' E 8°12'54''

Salgesch, CH-3970 / Wallis   🛜 iD 878

- ▲ Swiss Plage****
- 🚗 Campingweg 5
- ☎ +41 (0)27-4556608
- FAX +41 (0)27-4813215
- ⊙ 28/3 - 18/10
- @ info@swissplage.ch

8ha 80T(60-70m²) 10A CEE

1. ACD**G**IJKLMPQ
2. ABCDFLMRVWXY
3. BG**J**M**N**R**SU**WZ
4. (G 1/7-31/8)
   (Q+S+T+U+V+Y 29/3-18/10)
   Z
5. **AB**FGIJKLMNO**P**UW
6. CEG**IK**(N 1,5km)OTV

💬 Kindvriendelijke camping, veel mogelijkheden om uitstapjes te maken. Leuk meertje op de camping.

🚗 Vanaf Visp richting Sierre/Lausanne. Voor Sierre over brug richting Varen/Salgesch. Camping staat daar aangegeven. Vanaf Sion, Sierre door richting Simplon/Brig tot afslag Salgesch.

CC €18   7/4-13/5   26/5-30/6   28/8-18/10   M   📍 N 46°18'5'' E 7°33'53''

Splügen, CH-7435 / Graubünden   👫 🎿 🛜 iD 879

- ▲ Auf dem Sand****
- ☎ +41 (0)81-6641476
- FAX +41 (0)81-6641460
- ⊙ 1/1 - 31/12
- @ camping@spluegen.ch

0,8ha 30T(> 80m²) 10A CEE

1. ACD**G**IJKLMQ
2. CFGKRSTX
3. BHIJM**R**UW
4. (**A**+Q+R+T+X ⊙) Z
5. **AB**DEGIJKLMNO**P**UWZ
6. CEG**IK**(N 0,5km)OU

💬 Rustige familiecamping in het dal van de Hinter-Rhein. Veel comfort zowel voor de zomer- als het winterseizoen. Ideaal uitgangspunt voor uitstapjes o.a. naar de Rijnbronnen. Gratis WiFi.

🚗 A13, afrit Splügen. In Splügen borden volgen. Ca. 500m ten westen van het dorp.

CC €18   1/4-19/6   14/9-31/12   M   📍 N 46°32'58'' E 9°18'51''

Sta Maria, CH-7536 / Graubünden

- Pè da Munt***
- ☎ +41 (0)81-8587133
- ⌖ 22/5 - 4/10
- @ campingstamaria@bluewin.ch

2ha 60T(30-85m²) 10A

1. **A**G**IJ**KLM**PQ**
2. C**GIJ**K**RST**V**WX**
3. **A**H**JU**
4. (Q ⌖)
5. **AB**G**IJ**KLMNOPUWZ
6. CE(N 0,5km)V

Zeer rustig gelegen en goede voorzieningen. Grasveld deels met terrassen. Weinig schaduw, wel een beschutte ligging. Het is 5 km naar de Italiëgrens, 15 km naar de Umbrailpas. Elke plaats heeft een eigen houten bank en een plaats voor een houtvuurtje. Een ingang van het Nationale Park is gelegen in het dorp.

Camping ligt iets buiten het dorp, aan de weg naar de Umbrailpas.

CC €16 22/5-30/6 17/8-4/10 — N 46°35'49" E 10°25'33"

Stechelberg, CH-3824 / Bern

- Breithorn***
- Sandbach
- ☎ +41 (0)33-8551225
- FAX +41 (0)33-8553561
- ⌖ 1/1 - 31/12
- @ breithorn@stechelberg.ch

1ha 35T(80m²) 10A

1. **A**F**IJ**LQ
2. C**G**RWX
3. **A**HJ**W**
4. (S ⌖)
5. **AB**G**IJ**KLMN**P**UW
6. E(N 4km)O

Gezellige, verzorgde camping tussen Lauterbrunnen en Stechelberg. Vele mogelijkheden om te wandelen. Visgelegenheid.

De weg Interlaken-Lauterbrunnen nemen. In Lauterbrunnen richting Stechelberg. Na 3 km ligt de camping rechts van de weg.

CC €16 1/5-30/6 1/9-31/10 — N 46°34'5" E 7°54'34"

Stechelberg, CH-3824 / Bern

- Rütti***
- ☎ +41 (0)33-8552885
- FAX +41 (0)33-8552611
- ⌖ 1/5 - 30/9
- @ campingruetti@stechelberg.ch

1ha 100T(40-80m²) 6A

1. **A**F**IJ**LQ
2. C**G**R**T**WXY
3. **A**H**JU**
4. (Q+R+T ⌖)
5. **AB**G**IJ**LMN**P**UW
6. CE(N 6km)OT

Eenvoudige camping aan het eind van het dal vlakbij de kabelbaan naar Mürren en startpunt van vele wandelingen.

De camping ligt aan het einde van de weg Lauterbrunnen-Stechelberg.

CC €16 1/5-30/6 1/9-30/9 — N 46°32'47" E 7°54'7"

Susten, CH-3952 / Wallis — 883

▲ Bella-Tola*****
Waldstraße 133
☎ +41 (0)27-4731491
FAX +41 (0)27-4733641
⊙ 25/4 - 11/10
@ info@bella-tola.ch

4ha 190T(60-100m²) 10-16A

1 BCD**G**IJLOPQ
2 FIJKLRTVWX
3 BF**H**JKL**MN**O**R**
4 (C+H 30/5-20/9)
 (Q+R+T+U+Y ⊙) Z
5 **AB**FGIJKLMNOP**R**UW
6 CEGJ(N 2km)ORTV

NIEUW

💬 Prachtige camping met een zwemparadijs. Gelegen in een loofbomenbos.

🚗 E62/A9 Visp-Sierre nemen. Bij Susten de weg verlaten en campingborden volgen, ca. 2 km het bos door. Goed aangegeven.

CC €18 25/4-30/6 24/8-11/10

N 46°17'56'' E 7°38'11''

Susten, CH-3952 / Wallis — 884

▲ Torrent***
Kreuzmatten 12
☎ +41 (0)27-4732295
⊙ 1/4 - 18/10
@ campingtorrent@bluewin.ch

5ha 200T(100m²) 16A CEE

1 **A**GIJKLMOPST
2 FIKRTWXY
3 **A**FGHJRU
4 (G+Q 1/7-31/8) (T ⊙) Z
5 **A**FGJLMNPUW
6 ADEIK(N 0,5km)OTV

💬 Grote, gezellige familiecamping. Veel uitstapjes in de spectaculaire omgeving van de Walliser bergen.

🚗 De E22 volgen van Visp naar Sierre, dan afslag Agarn. De camping wordt goed aangegeven.

CC €18 1/4-30/6 17/8-18/10

N 46°17'58'' E 7°39'31''

Thusis, CH-7430 / Graubünden — 885

▲ Viamala A.G.***
Pantunweg 3
☎ +41 (0)81-6512472
FAX +41 (0)81-6512476
⊙ 1/1 - 31/12
@ info@camping-thusis.ch

4,5ha 130T(50-100m²) 16A CEE

1 ABCD**G**HIJKLMN**P**Q
2 BCFGRSVWXY
3 ABHJ**MN**R**W**
4 (Q ⊙)
 (X 1/1-31/10,1/12-31/12)
5 **AB**DEFGJLNPUWXZ
6 ACDEGIJ(N 0,5km)OV

💬 Nette, rustige camping gelegen in een naaldbos. Plaatsen hebben zowel zon als schaduw. Vlak naast de camping is een zwembad. WiFi is gratis.

🚗 Vanaf de A13 afrit Thusis-Süd nemen en de campingbordjes volgen.

CC €16 1/1-10/7 27/8-31/12

N 46°41'56'' E 9°26'42''

Vétroz, CH-1963 / Wallis   886

- Botza★★★★★
- 1 route du Camping
- ☎ +41 (0)27-3461940
- FAX +41 (0)27-3462535
- 1/1 - 31/12
- @ info@botza.ch

3ha 125T(60-153m²) 4A CEE

1 ACD**F**IJKLM**P**RS
2 FKLRTVXY
3 B**F**GHJ**MNOR**W
4 (C+H 15/5-1/9) J (Q+R+T+U) (V 1/7-30/8) (X+Y) Z
5 **AB**DEFGJLMNOPUWZ
6 ACFGIK(N 3km)OTV

💬 Een gezellige familiecamping met afgebakende plaatsen. De bomen zorgen voor voldoende schaduw. Prima startpunt voor vele wandelmogelijkheden. Warme vallei is ideaal voor voor- en naseizoen.

🚗 A9 Martigny-Sion, afslag 25 Vétroz/Ardon, linksaf Botza volgen.

CC €18 1/3-13/5 26/5-3/7 22/8-31/10   N 46°12'21" E 7°16'44"

Visp, CH-3930 / Wallis   887

- Camping/Schwimmbad Mühleye★★★
- Mühleye
- ☎ +41 (0)27-9462084
- 3/4 - 2/11
- @ info@camping-visp.ch

3,6ha 182T(50-150m²) 13A CEE

1 ACD**G**IJKLM**P**Q
2 CFGKLRVWX
3 **A**FHJNRU
4 (**A** 1/7-31/8) (**C+H** 1/5-15/9) J(Q) (T+U+X+Y 1/5-15/9)
5 **AB**FGIJKLMNOPUWXY
6 ACFGHIJ(N 2km)OQTV

💬 Gezellige centraal gelegen camping in Oberwallis waar gratis wandelingen georganiseerd worden. Schitterend uitzicht op de bergen. Ideaal uitgangspunt voor uitstapjes naar Zermatt, Saastal, Aletschgletsjer, Simplon en Unterwallis.

🚗 Gelegen aan de weg Gampel naar Visp. Rijden tot 1e verkeerslicht in Visp, dan voor de brug direct na tankstation linksaf. Staat goed aangegeven.

CC €16 3/4-5/7 22/8-2/11   N 46°17'53" E 7°52'23"

Winden, CH-9315 / Ostschweiz   888

- Camping Manser★★★
- Täschliberg
- ☎ +41 (0)71-4772291
- 1/4 - 31/10
- @ info@manserferien.ch

1ha 30T 16A CEE

1 A**G**IJKLMNOPQ
2 FKLRWX
3 ABDJOPRU
4 (Q+R 15/6-31/8)
5 AFGIJMNOPQ**ST**UWZ
6 CDEK(N 2,5km)O

NIEUW

💬 Klein kampeerterrein midden in het groen tussen de fruitbomen. Mooi panorama. 4 km afstand van het Bodenmeer. Belevingsboerderij met veel dieren. Speeltuin met trampoline en kartbaan. Gezellige verblijfsruimte met keuken. Mooie fietspaden, familiaire atmosfeer. Voor gasten die van natuur en dieren houden.

🚗 A1 afslag 1 Arbon-west, links naar Neukirch, op rotonde 3e afslag links naar Wittenbach (cp-bord). Na 2,2 km links naar Täschliberg (campingbord).

CC €18 1/4-3/4 7/4-13/5 26/5-3/7 31/8-31/10   N 47°30'39" E 9°21'43"

Zweisimmen, CH-3770 / Bern

889

- Vermeille★★★★
- Ey Gässli 2
- +41 (0)33-7221940
- FAX +41 (0)33-7223625
- 1/1 - 31/12
- info@camping-vermeille.ch

1,3ha 30T(80-120m²) 10A CEE

1. ACD**G**IJKLM**P**Q
2. CKLRTWX
3. AHJLRU**W**
4. (C 1/6-31/8) (Q+R)
5. **AB**DFGIJKLMNOPRUW
6. ACDEGIJK(N 0,2km)ORUV

💬 Mooi gelegen camping met vele mogelijkheden voor zomer- en winterverblijf: kajak, mountainbike, bergwandelen en wintersport.

🚗 Weg 11 volgen van Spiez naar Zweisimmen. Camping wordt goed aangegeven op weg 11 en ligt voor Zweisimmen. Bij afslag naar camping nog 200m doorrijden.

CC €18 5/1-8/2 30/3-13/5 8/6-15/7 1/9-18/12

N 46°33'45" E 7°22'41"

Hét meest voordelige Camping Carnet voor Europa

- Vervangend identiteitsbewijs
- Acceptatie op ruim 8.600 campings
- Inclusief WA/BA-verzekering
- Scherpe aanbiedingen
- Als ACSI Club ID-lid betaalt u de laagste prijs in de ACSI Webshop

€ 4,95

www.ACSIclubID.eu

Oostenrijk

Algemeen
Oostenrijk is lid van de EU.

Tijd
In Oostenrijk is het net zo laat als in Amsterdam, Parijs en Rome.

Taal
Duits.

Grensformaliteiten
Veel formaliteiten en afspraken rond zaken zoals de benodigde reisdocumenten, autodocumenten, eisen aan uw vervoer- en verblijfmiddel, ziektekosten en het meenemen van dieren zijn niet alleen afhankelijk van het land van bestemming, maar ook van uw vertrekpunt en nationaliteit. Ook de lengte van uw verblijf speelt hierbij een rol. Het is onmogelijk om in het bestek van deze gids voor alle gebruikers de juiste en up-to-date informatie met betrekking tot deze zaken te garanderen.

Wij adviseren u om voor vertrek bij de bevoegde instanties na te gaan:
- welke reisdocumenten u nodig heeft voor uzelf en uw reisgenoten
- welke documenten u nodig heeft voor uw auto
- aan welke eisen uw caravan moet voldoen
- welke goederen u in en uit mag voeren
- hoe in geval van ongeval of ziekte de medische behandeling in uw vakantieland is geregeld en kan worden betaald
- of u huisdieren mee kunt nemen. Neem lang van te voren contact op met uw dierenarts. Die kan u informatie geven over relevante vaccinaties, bewijzen daarvan en verplichtingen bij terugkomst. Ook is het verstandig om na te gaan of in uw vakantieland bepaalde voorwaarden gelden voor huisdieren in het openbare leven. Zo moeten in sommige landen honden altijd worden gemuilkorfd of achter tralies worden vervoerd.

Veel algemene informatie vindt u op ▶ *www.europa.eu* ◀ maar zorg dat u de informatie achterhaalt die op uw specifieke situatie van toepassing is.

Voor recente douaneverplichtingen kunt u contact opnemen met de vertegenwoordiging van uw vakantieland in het land waar u woont.

Valuta en geldzaken
De munteenheid in Oostenrijk is de euro.

Creditcard
In steden en toeristische bestemmingen kunt u in de meeste restaurants, winkels en benzinestations met creditcard betalen.

Openingstijden en feestdagen
Banken
De banken zijn doorgaans geopend van 8.00 tot 12.30 uur en van 13.30 uur tot 15.00 uur. Op donderdag zijn de banken open tot 18.00 uur.

Winkels
De meeste winkels zijn geopend van maandag tot en met vrijdag tot 19.00 uur en op zaterdag vaak tot 17.00 uur.

Apotheken, artsen
Informatie over de dienstdoende arts kunt u vinden bij de plaatselijke politie. Apotheken zijn op werkdagen geopend tussen 9.00 uur en 17.00 uur.
Gesloten apotheken hebben een bordje met de naam van de dichtstbijzijnde apotheken die dienst hebben.

Feestdagen
Nieuwjaarsdag, 6 januari (Driekoningen), Pasen, 1 mei (Dag van de Arbeid), Hemelvaartsdag, Pinksteren, 4 juni (Sacramentsdag), 15 augustus (Maria Hemelvaart), 26 oktober (Nationale Feestdag), Allerheiligen, 8 december (Maria Onbevlekte Ontvangenis), Kerst.

Communicatie
(Mobiele) telefoon
Het mobiele netwerk is goed in heel Oostenrijk, behalve in zeer afgelegen gebieden. Er is een 3G-netwerk voor mobiel internet.

WiFi, internet
In het hele land, met name in de steden, vindt u internetcafés. WiFi is veelal mogelijk.

Post
Postkantoren zijn open van maandag tot en met vrijdag van 8.00 uur tot 12.00 uur en van 14.00 uur tot 18.00 uur.

Wegen en verkeer
Wegennet
In de Alpen komen stijgingen van 6 % tot 15 % en meer voor. Bijna alle bergwegen zijn beveiligd aan de kant waar zich de afgrond bevindt. Oostenrijk heeft twee wegenwachtservices. De ÖAMTC is bereikbaar op tel. 120 en de ARBÖ op tel. 123. Let op! Knippert het licht op praatpalen langs de snelwegen, dan is er sprake van een spookrijder, verkeersongeval etc.

Verkeersvoorschriften

Verkeer van rechts heeft voorrang. Rijdt u op een voorrangsweg en u stopt, dan verliest u uw voorrangsrecht. Op smalle bergwegen moet verkeer dat het gemakkelijkste kan uitwijken voorrang verlenen. Bij spoorwegovergangen geldt een inhaalverbod.

Maximale snelheid

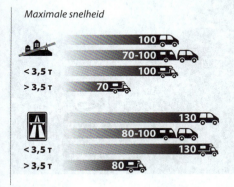

Het maximaal toegestane alcohol-promillage is 0,5 ‰. U dient handsfree te bellen. Het is niet verplicht om overdag dimlicht te voeren. Kinderen tot 12 jaar dienen op de fiets een helm te dragen. U bent verplicht om, in geval van filevorming op de snelweg, ruimte te maken in het middenpad om hulpdiensten en politie door te laten. Zij gebruiken dus niet meer de vluchtstrook.
Nadere informatie ▶ www.rettungsgasse.com ◀
Vanaf 1 november tot 15 april geldt de plicht om bij winterse omstandigheden met winterbanden te rijden.

Navigatie
Signalering van vaste flitslocaties met behulp van navigatie of mobiele telefoon is toegestaan.

Caravan, camper
Het Autobahnvignet is verplicht voor campers. Voor caravans is geen extra vignet nodig. Alle voertuigen boven de 3,5 ton betalen tol door middel van kilometertelling via een zogenaamde GO-box. Deze box is verkrijgbaar bij de grens. Nadere informatie over vignetten in Oostenrijk vindt u bij 'Autobahnvignet'. Overnachten in caravans en campers buiten kampeerplaatsen is, behalve in Wenen, Tirol en in nationale parken, toegestaan voor één nacht wanneer u op doorreis bent.

Toegestane afmetingen
Hoogte 4m, breedte 2,55m en lengte van auto met caravan 18,75m.

Motorbrandstof
In Oostenrijk zijn alle benzinesoorten goed verkrijgbaar, alleen LPG is nauwelijks verkrijgbaar.

Tankstations
Tankstations aan snelwegen zijn 24 uur per dag geopend, andere benzinestations tussen 8.00 uur en 20.00 uur.

Tol
De belangrijkste tolwegen zijn: Arlbergstraßentunnel, Großglockner-Hochalpenstraße, Felbertauernstraße, Brenner-, Tauern- en Pyhrnautobaan.

Autobahnvignet
Voor het gebruik van snelwegen heeft u een 'Autobahnvignet' nodig. Toeristen kunnen een speciaal vignet kopen voor 10 dagen, 2 maanden of één jaar. Het tolvignet is te koop bij benzinestations en postkantoren vlak bij de grens. Het is verstandig om het 'Autobahnvignet' online te bestellen, bijvoorbeeld op ▶ www.tolltickets.com ◀

Korridorvignette
Na de volledige openstelling van de Pfändertunnel is de 'Korridorvignette' afgeschaft. Op het 23 kilometer lange traject op

de A14 Rheintal/Walgau tussen de Duitse grens en het knooppunt Hohenems in Vorarlberg heeft u nu een Autobahnvignet of GO-box nodig.

Alarmnummers
- 112: nationaal alarmnummer voor politie, brandweer en ambulance
- 133: politie
- 122: brandweer
- 144: ambulance
- 140: bergreddingsdienst

Kamperen
Oostenrijkse campings behoren tot de beste van Europa. Vooral Kärnten springt eruit door de uitstekende ligging, het stabiele klimaat en de mooie meren. In Tirol hebben veel campings zich gespecialiseerd in wellness en sportieve campinggasten. In de winter worden de campings in Vorarlberg, Tirol en Salzburg druk bezocht.

Praktisch
- Bijkomende kosten voor zaken zoals toeristenbelasting en milieuheffing kunnen soms hoog uitvallen.
- Zorg dat u altijd een verloopstekker (wereldstekker) bij u heeft.
- Het kraanwater is veilig.

Abersee/St. Gilgen, A-5342 / Salzburg — 890

- 🛆 Birkenstrand Wolfgangsee★★★★
- ✉ Schwand 4
- ☎ 📠 +43 (0)6227-3029
- 📅 1/4 - 31/10
- @ camp@birkenstrand.at

1,8ha 110T(80-100m²) 12A CEE

1 AFIJKLMOPST
2 DGKLRTVWXY
3 ABHJKRUWZ
4 N(Q 📅)
5 ABDFGIJKLMNOPUWXYZ
6 ACEGK(N 5km)OV

💬 Een rustige en zeer geliefde camping direct aan het meer gelegen met een geweldig bergpanorama. Windstille plaatsen, modern sanitair, overal internet, broodjesservice, sauna en fietsverhuur. Uitstapjes voor een ieder, fiets- en wandelpaden en talrijke sportmogelijkheden.

🚗 B158 van St. Gilgen naar Strobl. 4 km na St. Gilgen in Schwand afslag links. Borden volgen.

CC €16 1/4-30/6 1/9-31/10 7=6   N 47°44'21'' E 13°24'4''

Abersee/St. Gilgen, A-5342 / Salzburg — 891

- 🛆 Romantik Camp. Wolfgangsee Lindenstrand★★★★
- ✉ Schwand 19
- ☎ +43 (0)6227-3205-0
- 📠 +43 (0)6227-320524
- 📅 1/4 - 31/10
- @ camping@lindenstrand.at

3ha 150T(80-110m²) 12A CEE

1 ACDGIJKLMOPQ
2 DGKLNRTVWXY
3 ABHJKNUWZ
4 (A 1/7-31/8) (Q+R 📅) (S+V 1/5-30/9)
5 ABDFGIJKLMNOPRUWXYZ
6 AEGK(N 4,5km)OPV

💬 Rustige familiecamping direct aan de Wolfgangsee met 140m strand en grote steiger. Moderne, obstakelvrije toiletten, gratis WiFi, ruime comfortplaatsen (wateraanvoer en -afvoer en elektriciteit). In de nostalgische mini-markt zijn dagelijks verse broodjes, kranten, ijs, snacks en nog veel meer te koop. Een prachtige omgeving met volop mogelijkheden voor sport en cultuur.

🚗 B158 van St. Gilgen naar Strobl. Afslag aangegeven in Schwand, links na 4 km vanaf St. Gilgen.

CC €16 1/4-30/6 1/9-31/10   N 47°44'23'' E 13°24'8''

Abersee/St. Gilgen, A-5342 / Salzburg — 892

- 🛆 Seecamping Primus
- ✉ Schwand 39
- ☎ +43 (0)6227-3228
- 📠 +43 (0)6227-32284
- 📅 25/4 - 30/9
- @ Seecamping.primus@aon.at

2ha 75T 10A

1 AGIJKLMOPQ
2 DGKLORTVWXY
3 ABHJWZ
4 (A 1/7-1/9) (Q 📅)
5 ABGIJKLMNOPUWXYZ
6 AEIJK

💬 Rustige camping direct aan de kristalheldere Wolfgangsee (de op één na laatste camping met het langste strand). Een rustpunt in de mooie omgeving met volop mogelijkheden m.b.t. de watersport (eigen steiger), fietsen en wandelen. Op 3 km van St. Gilgen en 40 km van Salzburg.

🚗 B158 van St. Gilgen naar Strobl. De afslag is bewegwijzerd. Schwand 4 km na St. Gilgen. Let op: voorlaatste camping!

CC €16 25/4-30/6 1/9-30/9 7=6   N 47°44'27'' E 13°24'21''

Abersee/St. Gilgen, A-5342 / Salzburg — 893

- Seecamping Wolfgangblick
- Seestraße 115
- ☎ +43 (0)6227-3475
- FAX +43 (0)6227-3664
- 18/4 - 30/9
- @ camping@wolfgangblick.at

2,2ha 80T(70-95m²) 12A

1. ACGIJKLMOPQ
2. DGKLNORTVWXY
3. ABFHJK**MQ**RUWZ
4. (A 1/6-31/8)
   (Q+S+T+U+V+X+Y 1/5-14/9)
   Z
5. **AB**FGJLMNOPUW
6. CDEGJK(N 0,35km)OV

💬 Familiecamping direct aan Wolfgangsee. Ideaal voor diverse activiteiten. Met de pont bent u zo in St. Wolfgang. Camping grenst aan natuurgebied 'Blinkingmoos' en groot berggebied de Postalm voor wandelingen, fietstochten, etc. Licht aflopend strand, voor kinderen ideaal. Mini-shop met dagelijks vers brood, gebak, kranten. Gezellig eetcafé met lekker eten.

🚗 B158 van St. Gilgen naar Strobl. Bij km-paal 34 afslag Abersee. Dan campingborden volgen.

CC €16 18/4-30/6 1/9-30/9 7=6, 14=12

N 47°44'14'' E 13°25'58''

Abersee/Strobl, A-5342 / Salzburg — 894

- Schönblick
- Gschwendt 33
- ☎ +43 (0)6137-7042
- FAX +43 (0)6137-704214
- 1/5 - 15/10
- @ laimer.schoenblick@aon.at

1,6ha 36T 10A

1. ACD**G**IJKLMOPQ
2. DJKLNORTVWXY
3. ABFHJR**WZ**
4. (Q+R 🅿)
5. **AB**FGIJKLMNOPUW
6. EGIK(N 5km)Q

💬 Ontdek vanaf de mooie terrassencamping het prachtige Salzkammergut. De rustig gelegen camping met een sprookjesachtig uitzicht op de Wolfgangsee zorgt voor pure ontspanning. Het stadje St. Wolfgang is gemakkelijk te bereiken met de veerboot die op 200m van de camping vertrekt.

🚗 B158 van St. Gilgen naar Strobl, 8 km na St. Gilgen de afslag naar het Gschwendt/Schiffstation bij kilometerpaal 35,8 nemen. Aangegeven.

CC €16 1/5-30/6 1/9-15/10 7=6

N 47°43'30'' E 13°26'14''

Achenkirch, A-6215 / Tirol — 895

- Alpen-Caravanpark Achensee*****
- ☎ +43 (0)5246-6239
- FAX +43 (0)5246-623930
- 1/1 - 31/12
- @ info@camping-achensee.com

2,5ha 150T(80-100m²) 10A CEE

1. ACD**G**IJKLMOPQ
2. DGIKLORSTVX
3. BC**F**HIJKL**OP**RUWZ
4. (A 1/6-30/9) M
   (Q+R+T+U+V+Y 🅿) Z
5. **AB**CDFGIJKLMNOP**QS**UW
   XYZ
6. ACDEG**IK**OV

💬 De camping is idyllisch gelegen aan de noordoever van de Achensee en heeft een vlak maar ook licht hellend terrein en biedt ruime afgebakende plaatsen. Voldoende mogelijkheden voor watersport, wandel- en fietstochten. Goed restaurant, kampeerwinkel, groot kinderspeelpark. Nieuw sanitair sinds augustus 2012.

🚗 A8 München-Rosenheim, Holzkirchen A93 Kufstein. Afrit Wiesing zum Achensee, Maurach, Achenkirch.

CC €18 6/1-30/6 1/9-19/12

N 47°29'57'' E 11°42'23''

Aigen (Ennstal), A-8943 / Steiermark 896

- ▲ Putterersee
- 🏠 Hohenberg 2A
- ☎ 📠 +43 (0)3682-22789
- 🗓 15/4 - 31/10
- @ camping.putterersee@aon.at

2ha 70T(90-100m²) 13A CEE

1. **AF**IJKLM**PQ**
2. **A**DJLRWX
3. **A**HJKLPRU**WZ**
4. (Q+R+T+V 1/5-30/9) Z
5. **AB**DGIJKLMNOPUW
6. **E**K(N 1km)

Liezen A9
B138
B320
B145
Irdning

💬 Schitterende camping direct aan het warmste veenmeer van de Steiermark, idyllisch en rustig in een beschermd natuurgebied. Prachtige wandelwegen rondom het meer en fietsroute door het Ennstal. Gezellig camping-café voor kleine maaltijden (snacks en pizza) en een campingwinkel met producten voor het ontbijt. Sinds 2011 nieuw, modern sanitairgebouw, milieuvriendelijk en verwarmd.

🚗 A10 Salzburg, afslag Radstadt ri Graz. Bij Wörschach richting Aigen/Ketten, borden volgen.

CC €16 15/4-30/6 1/9-31/10 10=9, 20=18   N 47°31'16" E 14°7'56"

Annenheim, A-9520 / Kärnten 897

- ▲ Camping Bad Ossiacher See
- 🏠 Seeuferstraße 109
- ☎ +43 (0)4248-2757
- 📠 +43 (0)4248-275757
- 🗓 1/1 - 22/2, 28/3 - 26/10
- @ office@camping-ossiachersee.com

5,5ha 290T(70-100m²) 16A

1. **A**CDEIJKLMO**PQ**
2. **A**DFGKLRTWXY
3. **A**HJK**MNOPQ**RWZ
4. (A 1/5-10) **N** (Q+S+T+U+V+W+X+Y 11/4-5/10)
5. **AB**DEFGIJKLMNOPQUWZ
6. **A**CEGHIJK(N 2km)OQT

💬 Camping met veel (sport)mogelijkheden aan de Ossiacher See. Gratis voor gasten: surfen, zeilen, kajakvaren op zondag, begeleide kajaktochten, ontspanning op de steiger met yoga, Qui Gong en stretching 1 à 2 keer per week. Korting bij Kärnter vliegschool en Gerlitzen kabelbaan. Nieuw: sauna direct aan het meer.

🚗 A10 Salzburg-Villach, afslag Villach/Ossiacher See. Vervolgens B94 ri Feldkirchen. In Annenheim re naar Ossiacher See-Südufer. Cp na 200m li.

B98 B94
B100 A10 Velden am Wörther See
Villach A2 A11

CC €16 12/1-22/2 13/4-22/5 8/6-27/6 10/9-26/10   N 46°39'22" E 13°53'30"

Bad Gastein, A-5640 / Salzburg 898

- ▲ Kur-Camping Erlengrund
- 🏠 Erlengrundstr. 6
- ☎ +43 (0)6434-30205
- 📠 +43 (0)6434-30208
- 🗓 1/1 - 31/12
- @ office@kurcamping-gastein.at

2,4ha 100T(100-120m²) 16A

1. **A**CD**G**IJKLMPST
2. **G**KLRTVWX
3. **BF**GHJRU
4. (A 1/6-15/10) (C 1/6-30/9) **N**(Q+R 🗓)
5. **AB**CDFGIJKLMNOP**S**UWX YZ
6. **A**CEG**IJK**(N 1km)STV

💬 Fraai gelegen (tussen de Grossglockner en Nationalpark Hohe Tauern). Uitzicht op het hooggebergte en kuuroord Bad Gastein. 's Zomers prachtige wandelingen, verwarmd zwembad, 18-holes golfbaan op loopafstand, manege en 's winters alle vormen van wintersport. Nieuw: sauna's.

🚗 A10 Salzburg-Villach, afslag 47 Bischofshofen. Volg B311 tot afslag naar B167. Vervolgens Bad Gastein aanhouden. Na 2e rotonde na ca. 2 km li-af (Erlengrundstraße). Na ca. 1 km re bij campingbord.

Bad Hofgastein
B167

CC €18 3/1-30/1 11/4-26/6 1/9-18/12   N 47°8'3" E 13°7'48"

Bad Waltersdorf, A-8271 / Steiermark ♿ 📶 iD 899

- 🏕 Thermenland Camping Rath & Pichler
- 📍 Campingweg 316
- ☎ +43 (0)664-3117000
- 🕒 1/1 - 31/12
- @ thermenland@camping-bad-waltersdorf.at

1,6ha 73T(80-98m²) 16A CEE

1. ACD**G**HIJKLMPQ
2. CFLRTUVWX
3. AFHJK**M**UW
4. (C+H 15/5-15/9) (Q+R 🔒) (T+U 1/4-31/10)
5. **AB**DFGIJKLMNOPQRUWXYZ
6. CEGJ(N 1km)OQV

💬 Nette ruime camping. Top sanitair. Geschikt voor bezoek aan thermaalbad. Zwembad in dorp is vrij toegankelijk voor campinggasten. Uitstapjes met old-timerbus en tractor. Vraag buiten het CampingCard-seizoen naar de actieprijs vanaf 5 nachten 16,90 euro per nacht. De receptie is gesloten van 12.00 tot 15.00 uur.

🚗 A2 afrit 126 Sebersdorf/Bad Waltersdorf, richting Heil Therme en de plaats Bad Waltersdorf.

CC €16 6/1-27/3 3/5-14/5 25/5-4/6 7/6-30/6 13/9-25/12 📍 N 47°9'45" E 16°1'23"

Biberwier, A-6633 / Tirol ⛷ 📶 iD 900

- 🏕 Feriencenter Camping Biberhof
- 📍 Schmitte 8
- ☎ +43 (0)5673-2950
- 📠 +43 (0)5673-20105
- 🕒 1/1 - 31/12
- @ reception@biberhof.at

2,5ha 80T(80-100m²) 10A CEE

1. A**F**IJKLMOPQ
2. BCGKLRTVWXY
3. AFHJN**OP**RU
4. (A 🔒) (C+H 1/7-30/9) (Q+R 🔒) Z
5. **AB**DGIJKLMNO**PRS**UWXYZ
6. ACEGK(N 2km)OU

💬 Echte gezinscamping. Mooi gelegen in de omgeving van het Tiroler Zugspitzegebied. Ruime plaatsen. Voor de liefhebbers een supertrampoline en diverse andere sportmogelijkheden. Gezien de ligging, ook in de winter een goede camping om te vertoeven.

🚗 Reutte richting Lermoos. In centrum Lermoos richting Biberwier. Bij T-splitsing in Biberwier richting Ehrwald. Na 300m rechts camping.

CC €16 25/4-28/6 1/9-13/12 📍 N 47°22'56" E 10°54'7"

Bruck, A-5671 / Salzburg ⛷ ♿ 📶 901

- 🏕 Sportcamp Woferlgut****
- 📍 Krössenbach 40
- ☎ +43 (0)6545-73030
- 📠 +43 (0)6545-73033
- 🕒 1/1 - 31/12
- @ info@sportcamp.at

6,5ha 270T(100-180m²) 16A CEE

1. D**G**IJKLMOPQ
2. DFGKLMRVWXY
3. BCD**F**GHJKLMNOP**Q**RUVZ
4. (A 🔒) (C+H 27/4-15/10) LM NP(Q+S 🔒) (T 1/6-15/9) (U+V+Y 🔒) Z
5. **AB**DEFGIJKLMNOP**ST**UWXYZ
6. ACEG**IK**(N 0,5km)O**P**RSV

💬 Een zeer complete familiecamping in de onmiddellijke nabijheid van Zell am See en omgeven door hooggebergte. Prachtig sanitair met mogelijkheid tot huur van familiebadkamers. Veel activiteiten en voorzieningen. Vriendelijke gastheer en uitstekend restaurant.

🚗 Vanuit Zell am See richting Bruck. Bij rotonde rechtdoor, dan afslag Großglockner en borden Bruck en camping volgen. Geen vignet.

CC €18 6/1-31/1 14/3-28/3 11/4-30/6 5/9-19/12 📍 N 47°17'1" E 12°49'0"

Döbriach, A-9873 / Kärnten 902

- Brunner am See
- Glanzerstraße 108
- ☎ +43 (0)4246-7189
- FAX +43 (0)4246-718914
- 1/1 - 31/12
- @ office@camping-brunner.at

3,5ha 215T(60-107m²) 6A CEE

1 ACD**G**IJKLMOPRS
2 ACDGKLMRSTUVWX
3 BC**F**HIJKL**MN**Q**R**U**W**Z
4 (A 1/5-30/10) N(Q ⌕)
  (S+U+V+X+Y 15/5-30/9) Z
5 **AB**CDEFGIJKLMNOPQR**S**
  UWXYZ
6 ACFGH**IK**(N 0,2km)OTUV

💬 Eersteklas comfortcp aan Millstätter See. Direct aan meer. Verzorgd, zonnig terrein. Uitstekende sanitaire voorzieningen. Winkels, restaurants, watersport, tennis, golf, fietsen, mountainbiken. Van Pasen tot herfst begeleide bergwandelingen.

🚗 A10 Salzburg-Villach, afsl. 139 Millstätter See (afrit is links!). Bij stoplicht li, B98 ri. Radenthein. Na ong. 12 km re ri. Döbriach-See. Na ong. 1,5 km bij ADEG-Markt re.Vanuit Z: afsl. 178 Villach-Ossiacher See ri Millstätter See.

€16 1/1-30/6 1/9-31/12   N 46°46'4" E 13°38'53"

Döbriach, A-9873 / Kärnten 903

- Happy Camping Golser GmbH
- Mauerweg 1
- ☎ +43 (0)4246-7714
- FAX +43 (0)4246-29314
- 1/5 - 30/9
- @ info@happycamping.at

1,5ha 120T(70-90m²) 6A

1 A**G**IJKLMOPRS
2 ADGKLRTVWX
3 A**F**H**J**M**N**O**Q**RWZ
4 (A 1/7-15/8) **JN**
  (Q+R 1/6-30/9)
5 **AB**CDFGIJKLMNOPRUWZ
6 CEG**K**(N 1km)OTV

💬 Rustig gelegen familiecamping, direct aan het water. Ruime plaatsen, uitstekend sanitair. Geniet van de bergen en het water. Beleef het hier.

🚗 A10 Salzburg-Villach, afslag 139 Millstätter See (afrit is links!). Bij stoplicht linksaf, B98 richting Radenthein. Bij de informatiehut van Döbriach keren en 400m terugrijden. Zie borden. Vanuit het zuiden afslag 178 Villach-Ossiacher See richting Millstätter See.

€16 1/5-30/6 1/9-30/9   N 46°46'33" E 13°38'28"

Döbriach, A-9873 / Kärnten 904

- Seecamping Mössler
- Seefeldstraße 1
- ☎ +43 (0)4246-7310
- FAX +43 (0)4246-731013
- 15/3 - 15/11
- @ camping@moessler.at

1ha 72T(70-100m²) 6A

1 ACD**G**IJKLMOPRS
2 ACDKLMRTVWX
3 AB**F**HJK**O**PRWZ
4 (A 1/6-30/9)
  (C+H 10/5-30/9)
  (Q+S 15/5-30/9)
  (U+V+Y 1/5-31/10)
5 **AB**CDEFGIJKLMNOPUWX
  YZ
6 ABEG**IK**(N 1,5km)OTV

💬 Kleine, gemoedelijke camping aan de Millstätter See met aandacht voor de gast. U kunt zwemmen in een verwarmd zwembad of in het meer. Uitgebreid pakket aan animatie voor jong en oud, zoals wandeltochten. Camping heft geen milieubijdrage.

🚗 A10 Salzburg-Villach. Afsl 139 Millstätter See (afrit is li). Bij stoplicht li-af B98 ri Radenthein. Na ong. 12 km re-af richting Döbriach-See. Na 1,5 km camping re. Vanuit het zuiden afsl 178 Villach-Ossiachersee ri Millstätter See.

€16 15/3-30/6 1/9-15/11   N 46°46'6" E 13°38'56"

Eberndorf, A-9141 / Kärnten — 905

- Rutar Lido
- Lido 1
- +43 (0)4236-2262
- +43 (0)4236-2220
- 1/1 - 31/12
- fkkurlaub@rutarlido.at

15ha 319T(70-140m²) 16A CEE

1. ACD**G**HIJKLMOPQ
2. DKLMRVWXY
3. A**F**GHIJLRUV**W**Z
4. (A 1/5-30/9) (C 1/6-30/9) (F ⌂) (H 1/5-30/9) K**N** (Q ⌂) (S 1/5-30/9) (T+U+Y ⌂)
5. **AB**CDGHIJKLMNOPR**S**UWXYZ
6. ACEG**IK**(N 1km)OPTUVW

€18 1/3-30/6 1/9-31/10

N 46°35'2'' E 14°37'34''

Faak am See, A-9583 / Kärnten — 906

- Arneitz
- Seeuferlandesstraße 53
- +43 (0)4254-2137
- +43 (0)4254-3044
- 23/4 - 30/9
- camping@arneitz.at

6,5ha 400T(90-120m²) 16A CEE

1. AD**F**HIJKLMPQ
2. DFGKLNORSUVWXY
3. ABC**F**HJ**M**NRU**WZ**
4. (A 5/7-22/8) J(Q ⌂) (S+U+V+W+Y 1/5-20/9) Z
5. **AB**CDEFGIJKLMNOPQRUWXYZ
6. CEGH**IJ**(N 1km)RSTUV

€16 23/4-30/6 14/9-30/9

Door heggen en bomen gescheiden plaatsen met stroomaansluiting, gedeeltelijk met vuilwaterafvoer en tv. (Plaatsen aan het meer tegen meerprijs.) Modern sanitair, grote supermarkt en zelfbedieningsrestaurant. Geschikt als start voor wandel- en fietstochten en nordic walking. Geniet van de gastvrijheid van de families Arneitz, Pressinger en Ramusch!

A10 Salzburg-Villach, afrit Faaker See. De camping ligt links van de weg van Faak naar Egg.

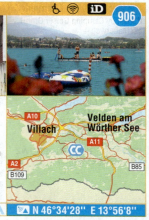

N 46°34'28'' E 13°56'8''

Naturistencamping. Ruim opgezet terrein, in brede vallei met diverse buitenbaden, meertje, binnenbad en FKK almgebied. Veel plaatsen met privacy. Apart hondengedeelte en apart zwemgedeelte voor honden op dit grote terrein. Ook een hondenwei is aanwezig.

Vanaf Klagenfurt afslag 298 Grafenstein links, B70 richting Graz. Na 4 km rechtsaf naar Tainach, Eberndorf, Rutar Lido. Vanaf Graz A2, afslag 278 Völkermarkt-Ost.

Feistritz im Rosental, A-9181 / Kärnten — 907

- Juritz
- Campingstraße
- +43 (0)4228-2115
- +43 (0)4228-21154
- 15/4 - 30/9
- office@camping-juritz.com

3ha 90T 16A

1. AD**G**IJKLMNOPQ
2. FGKLRTWX
3. A**H**JR
4. **AB**DFGIJKLN**P**RUW
5. **AB**DFGIJKLN**P**RUW
6. ACE**J**(N 0,5km)PU

€16 15/4-30/6 1/9-30/9

Autovrije camping. Zonnige weide, vrije plaatsindeling. Enkele bomen zorgen voor schaduw. Zwembad met schuifdakconstructie, al vroeg in het jaar te gebruiken. Prachtig uitzicht op de Karawanken! Uitstapjes naar Slovenië of de stad Klagenfurt (15 minuten rijden). Mooie omgeving om te fietsen of wandelen. Mooi sanitair!

Villach, Karawankentunnel (SLO) afslag St. Jakob im Rosental. Richting Feistritz (borden volgen en niet de GPS).

N 46°31'31'' E 14°9'38''

Fieberbrunn, A-6391 / Tirol 🎿 📶 iD **908**

🏠 Tirol Camp★★★★
📧 Lindau 20
☎ +43 (0)5354-56666
📠 +43 (0)5354-52516
🗓 11/5 - 1/11, 9/12 - 12/4
@ office@tirol-camp.at

4,7ha 250T(80-150m²) 10A

1 ACD**G**HIJKLMO**P**Q
2 GJLRTUVWX
3 ABF**H**JKN**O**P**R**UV
4 (A 1/7-31/8) (C 1/6-1/10)
(F+G 11/5-1/11,9/12-12/4) IJ
KLNP (Q+S+T+U+Y
11/5-1/11,9/12-12/4) Z
5 **AB**DFGIJKLMNOPR**ST**UW
XYZ
6 CEG**IK**(N 1km)OSV

💬 De viersterren-terrassen-comfort-camping ligt in het centrum van de vakantieregio Pillerseetal, direct bij de gondelbanen van het best verstopte wandel- en skigebied in de Alpen. Met een rustige en zonnige ligging.

🚗 B164 St. Johann in Tirol-Saalfelden. In Fieberbrunn aangegeven.

CC €18 11/5-30/6 1/9-1/11   N 47°28'6'' E 12°33'14''

Fischung/Weißkirchen, A-8741 / Steiermark 📶 iD **909**

🏠 50plus Campingpark Fisching★★★★
📧 Fisching 9
☎ +43 (0)3577-82284
📠 +43 (0)3577-822846
🗓 1/4 - 30/10
@ campingpark@fisching.at

1,5ha 50T(100-130m²) 6A CEE

1 A**G**HIJKLMOPQ
2 DFGKLRUVWX
3 **F**HJKU
4 (A+Q+T+U+Y ☑) Z
5 **AB**DGIJKLMNOPUWXYZ
6 ACDEG**IK**(N 0,6km)OQSTUV

💬 In weids dal met in de verte de bergen. Comfortcamping, speciaal voor 50-plussers. Parkachtig aangelegd met staanplaatsen voorzien van alle voorzieningen, merendeels met kabel-tv. Fraai aangelegde biologische zwemvijver met terras. Vele wandel- en fietspaden, kleine en grotere steden en natuur. Op 7 km van thermenbad.

🚗 S36, afslag Zeltweg-West, B78 ri Weißkirchen, bij rotonde richting Fisching. Borden volgen.

CC €18 1/4-30/6 1/9-30/10   N 47°9'47'' E 14°44'18''

Gösselsdorf, A-9141 / Kärnten 📶 iD **910**

🏠 Sonnencamp Gösselsdorfer See
📧 Seestraße 23
☎ +43 (0)4236-2168
📠 +43 (0)4236-21684
🗓 1/5 - 30/9
@ office@goesselsdorfersee.com

7ha 230T(80-144m²) 10A CEE

1 A**G**HIJKLMOPQ
2 CDGLRVWX
3 A**F**HJMN**P**R**U**WXZ
4 (A+Q ☑) (R 1/7-30/8)
(T+U+V+Y ☑)
5 **AB**CDFGHIJKLMNOPUWXYZ
6 ACEG**IJK**(N 2km)OPTV

💬 Op vlak terrein gelegen, royale, rustige, comfortabele cp. Zwemplas en 15 minuten loopafstand van het meer dat deel uitmaakt van circa 100 ha grote natuurreservaat. De omgeving biedt veel: druipsteengrotten, kabelbaan naar 2114m hoge Petzenberg, streekmuseum Völkermarkt, de abdij Eberndorp met openluchtvoorstellingen. Met de Kärntencard vele reducties.

🚗 Na Völkermarkt de B82 volgen, 2 km voorbij Eberndorf ri Eisenkappel. In Gösselsdorf cp-borden volgen.

CC €16 1/5-30/6 1/9-30/9   N 46°34'29'' E 14°37'27''

Grän, A-6673 / Tirol 911

- Comfort-Camp Grän GmbH****
- Engetalstr. 13
- ☎ +43 (0)5675-6570
- FAX +43 (0)5675-65704
- 8/5 - 2/11, 15/12 - 20/4
- @ info@comfortcamp.at

3,3ha 150T(80-100m²) 16A CEE

1. AD**G**HIJKLMOPQ
2. CGIJKRTUVWX
3. ABCHIJKL**OP**RUW
4. (A 15/7-15/10)
   (F 15/5-2/11,15/12-20/4) **LN**
   (Q 10/5-2/11,15/12-25/4)
   (R 8/5-2/11,15/12-20/4)
   (T+U+V+Y) Z
5. **AB**DEFGIJKLMNOPR**S**UW XYZ
6. ABCDEG**IK**(N 0,8km)OSV

CC €18 8/5-30/6 1/9-9/9

Camping met luxe sanitair en binnenzwembad in het Tannheimertal met vele fiets- en wandelmogelijkheden. Idyllisch uitzicht op de bergen. Bij de nabijgelegen Haldensee (2 km) vele (water)sportmogelijkheden. De groene plaatsen bieden een schitterend uitzicht op de bergen van het Tannheimertal. Vanaf verblijf langer dan 1 week is het binnenbad gratis.

A7 vanaf Kempten, uitrit Oy, via Wertach, Oberjoch, Grän.

N 47°30'36'' E 10°33'22''

Grein, A-4360 / Oberösterreich 912

- Grein
- Campingplatz 1
- ☎ FAX +43 (0)7268-21230
- 1/4 - 15/10
- @ office@camping-grein.at

2ha 87T(100m²) 6A

1. AD**G**IJKLPQ
2. CGKRVWXY
3. ABJK**W**
4. (Q+R+T+U+X) Z
5. **AB**DFGJMNOPUW
6. AG**IK**(N 0,3km)OUV

Gezellig aandoende camping met afgebakende en deels schaduwrijke, vlakke plaatsen op gras. De camping ligt direct aan de Donau, met z'n mooie fietsroutes aan beide oevers en is slechts 200m verwijderd van het idyllisch aandoende centrum van Grein, met zijn vele terrasjes.

A1 Linz-Wenen, afslag 123 Amstetten. Hierna borden Grein volgen. Camping wordt aangegeven en ligt in Grein aan de B3.

CC €16 1/4-30/6 1/9-15/10

N 48°13'30'' E 14°51'11''

Haiming, A-6425 / Tirol 913

- Center Oberland GmbH***
- Bundesstraße 9a
- ☎ +43 (0)5266-88294
- FAX +43 (0)5266-882949
- 1/5 - 31/10
- @ camping-oberland@gmx.at

4ha 230T(70m²) 10A CEE

1. A**F**IJKLMOPQ
2. FKLRUVWX
3. BHJR
4. (**A** 1/7-31/8)
   (Q+R 1/6-31/8)
   (T+U 1/6-15/9) (Y) Z
5. **AB**CDGIJKLMNO**P**UW
6. ACDFG**K**(N 1,5km)OTV

Mooie, vlakke camping met prachtige oude bomen langs doorgaande weg bij de ingang van het Ötztal. De camping ligt niet ver van de bekende wandelparadijzen: Ötztal, Stubaital en Piztal. Ook de Kristallwelten in Wattens zijn de moeite waard. De camping biedt ruime plaatsen en diverse sportmogelijkheden direct op de camping o.a. canyoning en paragliding.

Inntal-autoweg, uitrit 123 Ötztal, naar Haiming (aan de B171).

CC €16 1/5-30/6 1/9-31/10

N 47°14'28'' E 10°52'39''

Hall (Tirol), A-6060 / Tirol

🏕 Schwimmbad Camping Hall in Tirol★★★
✉ Scheidensteinstr. 26
☎ +43 (0)676-889985114
🔓 1/5 - 30/9
@ info@camping-hall.at

0,9ha 85T(60-100m²) 6A CEE

1 ADGIJKLMPQ
2 FGKLRVX
3 AFHJ**MQR**T
4 (A 1/6-30/8)
(C+H 15/5-15/9) J(Q+R 🔓)
(T+U+X 15/5-15/9)
5 **AB**DFGIJKLMNOPRUW
6 CDEGH**I**K(N 0,6km)

💬 Kleine, gezellige camping met prima sanitair, direct naast het prachtig gratis zwembad (4000 m²). De bomen op de camping zorgen voor een aantal schaduwrijke plaatsen. Voldoende ontspannings- en sportmogelijkheden in de directe omgeving. Ook gratis WiFi op de camping.

🚗 Inntal-autoweg, afrit 68 Hall en borden volgen (richting zwembad, B171).

914

Innsbruck

CC €16 1/5-30/6 1/9-30/9   N 47°17'6" E 11°29'45"

Heiligenblut, A-9844 / Kärnten

🏕 Nat.Park-Camp. Großglockner
✉ Hadergasse 11
☎ +43 (0)4824-2048
FAX +43 (0)4824-24622
🔓 1/1 - 31/12
@ nationalpark-camping@
  heiligenblut.at

2,5ha 70T(80-120m²) 16A

1 ACDGIJKLMOPQ
2 CJKRTWX
3 AHJNRW
4 (A 15/6-15/9) (Q 🔓)
(R+T+U+X 1/5-15/10,
20/12-31/3)
(Y 1/6-20/9,20/12-31/3) Z
5 **AB**DIJKLMNOPUWZ
6 EG**I**J(N 1km)OV

💬 Mooi gelegen, gezellige camping, men wordt als vriend ontvangen. Prachtige wandelroutes nabij Großglockner. Typisch Oostenrijkse sfeer in restaurant. Schitterend panoramisch uitzicht en ultieme rust maken het verblijf een waar genoegen. Motorrijders van harte welkom.

🚗 3 routes: a. Zell am See-Großglockner-Heiligenblut; b. Mittersill-Felbertauerntunnel-Lienz-Heiligenblut; c. Tauern autoweg-Spittal/Drau-Großglocknerstraße-Heiligenblut. Vanaf het dorp cp borden volgen.

915

Heiligenblut

CC €18 1/5-30/6 1/9-30/11   N 47°2'13" E 12°50'20"

Hermagor-Pressegger See, A-9620 / Kärnten

🏕 Schluga Camping Hermagor★★★★★
✉ Vellach 15
☎ +43 (0)4282-2051
FAX +43 (0)4282-288120
🔓 1/1 - 31/12
@ camping@schluga.com

5,6ha 297T(80-120m²) 16A

1 ACDGIJKLMOPQ
2 AGKLRTUVXY
3 BC**D**HJK**M**NPR**T**U**VW**
4 (A 1/6-30/9) (C 1/5-30/9) **F**
(**H** 1/5-30/9) **LN**(Q 🔓)
(S 15/5-15/9) (U+W+Y 🔓) Z
5 **AB**DEFGIJKLMNOPQR**ST**
UWXYZ
6 ACDEG**IJ**K(N 2km)OPQRS
TUV

💬 Camping Schluga behoort tot de topcampings in Oostenrijk. Ideaal uitgangspunt voor alle soorten vakantie, actief of ontspannen. Op deze camping betaalt u in de winter (van 1/11 tot 30/4) extra voor het stroomgebruik boven 4 kWh.

🚗 A23 Villach-Staatsgrens Italië, afslag 364 Hermagor/Gailtal. Vervolgens B111 tot 2 km voor Hermagor. Bij campingbord rechts, na 50m ligt links de camping. De route via de 'Windische Höhe' is voor caravans afgesloten.

916

Hermagor-Pressegger See

CC €18 6/1-30/6 1/9-20/12   N 46°37'53" E 13°23'46"

Hermagor-Pressegger See, A-9620 / Kärnten — 917

- Sport-Camping-Flaschberger
- Obervellach 27
- ☎ +43 (0)4282-2020
- FAX +43 (0)4282-202088
- 1/1 - 31/12
- @ office@flaschberger.at

2ha 80T(90-120m²) 16A

1 **A**G**IJKLMP**Q
2 GKLRTVWXY
3 AHJ**KMN**Q**RT**UV
4 (A 1/6-30/9) (C 25/5-30/9)
  N(Q ⌂) (S 15/5-15/9)
  (T+U+X ⌂)
5 **AB**DGIJKLMNOPR**S**UWXY Z
6 ACDEG**IK**(N 2km)OSTUV

CC €14 1/1-30/6 1/9-31/12 7=6, 14=11, 21=17 N 46°37'56'' E 13°23'48''

Moderne, zeer goed verzorgde familiaire camping met verwarmde sanitaire voorzieningen. Ideaal uitgangspunt voor (berg)wandelingen, fietstochten of andere toeristische attracties in Karinthië.

A23 Villach-Staatsgrens Italië, afslag 364 Hermagor/Gailtal. Vervolgens B111 tot ± 2 km voor Hermagor en bij campingbord rechts. De camping ligt na 100m rechts. De route via de 'Windische Höhe' is voor caravans afgesloten.

Hopfgarten, A-6361 / Tirol — 918

- Camping Reiterhof★★★★
- Kelchsauer Straße 49
- ☎ FAX +43 (0)5335-3512
- 1/1 - 31/12
- @ info@campingreiterhof.at

2,6ha 70T(60-100m²) 13A CEE

1 **A**GIJKLMOPQ
2 DGKMRTUX
3 B**F**HJ**KMN**QRUZ
4 (A 1/7-30/8)
  (**C**+**G** 1/5-15/9)
  (Q+U+Y ⌂)
5 **AB**CDEFGHIJKLMNO**P**UW XYZ
6 CEG**K**(N 2km)OV

CC €16 14/3-30/6 1/9-31/10 N 47°25'50'' E 12°8'58''

Licht hellend terrein met gedeeltelijk afgebakende plaatsen. Direct naast de camping is een kinderparadijs met een meertje, speeltuin en voor de wat groteren, tennisbanen. Veel wandel- en sportmogelijkheden in de nabije omgeving. Dichtbij de camping is een verwarmd buitenzwembad en een verwarmd peuterbad aanwezig.

A12, afrit 17 Wörgl-Ost, richting Hopfgarten (Brixental).

Imst, A-6460 / Tirol — 919

- Campingpark Imst-West
- Langgasse 62
- ☎ +43 (0)5412-66293
- FAX +43 (0)5412-6629319
- 1/1 - 31/12
- @ fink.franz@aon.at

1,1ha 70T(60-90m²) 16A CEE

1 **A**G**IJ**KLMOPQ
2 FGKRTVWXY
3 AHJRU
4 (A 1/6-30/9) (Q+S+T ⌂) Z
5 **AB**DFGIJKLMNOPUWZ
6 ACEG**K**OTV

CC €16 11/1-30/6 1/9-1/11 N 47°13'43'' E 10°44'36''

Sfeervolle en rustige familiecamping nabij het centrum van Imst, gelegen tussen de groene weilanden met uitzicht op een prachtig bergpanorama. Vlakke, grote en afgebakende plaatsen. Er is een gratis shuttle-dienst naar het zwemparadijs (1,5 km).

Via B314 naar Reutte, Fernpass B189, Imst. In Imst moet u Imst-West aanhouden. Borden volgen (richting B171 Pitztal).

Innerbraz (Klostertal), A-6751 / Vorarlberg 🎿 ♿ 📶 iD 920

- ▲ Walch's Camping & Landhaus****
- ✉ Arlbergstraße 93
- ☎ +43 (0)5552-281020
- FAX +43 (0)5552-281115
- ⌚ 30/4 - 18/10, 12/12 - 12/4
- @ info@landhauswalch.at

2,5ha 50T(80-120m²) 16A CEE

1 ACD**G**IJKLMNOPQ
2 FGKLRVWX
3 BC**E**FHIJNRU**W**
4 (A 1/6-30/9) LN(Q+R 🔒)
5 **AB**DEFGIJKLMNOPUWXYZ
6 ACDEG**K**(N 1km)ORV

💬 Vlakke terreinen met gescheiden ruimte voor toeristen en vaste gasten. Speelveld met speeltoestellen, volleybalveld en voetbalveldje. In het sanitairgebouw zijn uitgebreide wellness-faciliteiten. Gratis wandel- en bergtochten met gids. Gratis toegang tot het Alpenfreibad Braz.

🚗 A14/E60 Bregenz-Bludenz-Braz. Ri Arlberg via S16. Afslag Braz. Op T-splitsing re. Na 2 km ligt camping li. Vanaf Landeck/Arlberg afslag Braz en borden volgen. Met navigatie invoeren: Innerbraz.

CC €18 30/4-26/6 1/9-18/10   N 47°8'31'' E 9°55'36''

Irschen, A-9773 / Kärnten ♿ 📶 iD 921

- ▲ Rad-Wandercamping-Ponderosa
- ✉ Glanz 13
- ☎ +43 (0)660-6867055
- ⌚ 27/4 - 4/10
- @ info@rad-wandercamping.at

0,9ha 40T(80-100m²) 6A

1 AGIJKLMOPQ
2 GJKLRTWXY
3 **B**F**H**IJRU
4 (A 1/5-30/9) (Q+R 🔒) (T+U+V+Y 4/5-19/9) Z
5 **AB**DFGIJKLMNOPRUWXY
6 EGIK(N 2km)T

💬 Kleine, charmante cp in natuur- en kruidendorp Irschen. Staanplaatsen met eigen kruidentuintje, water, stroom en waterafvoer. Gratis verwarmde individuele wascabines. Restaurant met gunstige prijzen en specialiteitenavonden van de houtskoolgrill. Dagelijks verse broodjes. Ideaal uitgangspunt voor fiets- en wandeltochten. Gratis WiFi.

🚗 Vanaf Lienz of Spittal de B100/E66 volgen, afslag Glanz (gemeente Irschen). Afslag camping duidelijk met borden aangegeven.

CC €14 27/4-30/6 1/9-4/10   N 46°44'39'' E 13°2'39''

Itter/Hopfgarten, A-6305 / Tirol 🎿 ♿ 📶 iD 922

- ▲ Terrassencamping Schlossberg Itter*****
- ✉ Brixentalerstraße 11
- ☎ +43 (0)5335-2181
- FAX +43 (0)5335-218121
- ⌚ 1/1 - 15/11, 1/12 - 31/12
- @ info@camping-itter.at

4ha 150T(80-110m²) 10A

1 A**G**IJKLMOPQ
2 CFGIJLRVX
3 **B**F**H**JNRU
4 (A 1/7-28/8) (C+H 1/5-15/9) **KLN**(Q+R+T+U+Y 🔒)
5 **AB**DEFGIJKLMNOP**S**UWXYZ
6 ACDEG**IK**(N 2km)OQSV

💬 Grote, fraai aangelegde terrassencamping, door bos omgeven vooraan in het Brixental. De bijzonder fraaie en grote speeltuin getuigt van kindvriendelijkheid. Het verwarmd buitenbad zorgt voor eventuele afkoeling. Zeer veel sportmogelijkheden in de directe omgeving. Gunstig gelegen voor uitstapjes. Restaurant op de camping.

🚗 Inntal-autoweg, afrit 17 Wörgl-Ost, richting Brixental. Na 5 km bij rotonde rechts op B170 richting Brixental. 2 km voor Hopfgarten links.

CC €18 1/5-30/6 1/9-31/10   N 47°27'59'' E 12°8'22''

Kals am Großglockner, A-9981 / Tirol 923

▲ Nationalparkcamping Kals****
🏠 Burg 22
☎ FAX +43 (0)4852-67389
📅 23/5 - 18/10, 18/12 - 12/4
@ info@nationalpark-camping-kals.at

2,5ha 108T(100-120m²) 13A CEE

1 **AG**IJKL**MOP**Q
2 BCGJKRVW
3 AHJRU**WX**
4 (Q+R 1/1-7/4,17/5-20/10)
5 **AB**DEGIJKLMNOPUWZ
6 EGIK(N 1km)O

💬 De camping, met prima sanitair, ligt in een geweldig natuurgebied. Ideaal voor mountainbikers, wandelaars en natuurliefhebbers. Er is absolute rust. Vanaf de camping zijn er wandelingen op elk niveau. Ook een nieuwe wandeling naar het dorp langs de rivier, voor jong en oud. Loipes en ski-afdaling vanaf de camping.

🚗 Kufstein-Kitzbühel-Mittersill-Felbertauern-Matrei-Huben, dan hier links richting Kals. Vanaf Kals camping aangegeven.

CC €18 7/1-7/2 1/3-12/4 23/5-30/6 1/9-18/10 18/12-22/12   N 47°1'18" E 12°38'20"

Kaumberg, A-2572 / Niederösterreich 924

▲ Paradise Garden
🏠 Höfnergraben 2
☎ +43 (0)676-4741966
FAX +43 (0)2765-3883
📅 1/4 - 30/9
@ grandl@camping-noe.at

1,5ha 65T(80-120m²) 16A CEE

1 **AG**IJKLMO**P**Q
2 CRWX
3 HJU
4 (R) Z
5 **AB**DEGIJKL MNPRUW
6 EGJ(N 3km)ORS

💬 Mooie comfortcamping aan de rand van Wienerwald met uitzonderlijk luxe sanitair. Zeer gunstig gelegen voor dagtochten (Wenen, Donau, Baden, Voralpen). Er zijn goed gemarkeerde wandel- en fietsroutes in de directe omgeving aanwezig.

🚗 A1, afrit 59 St. Pölten-Süd en volg de B20 tot Traisen. Bij de rotonde linksaf over de B18 via Hainfeld naar Kaumberg. 3 km na Kaumberg rechtsaf en dan nog 1 km naar de camping.

CC €16 1/4-30/6 1/9-30/9   N 48°1'28" E 15°56'55"

Keutschach am See, A-9074 / Kärnten 925

▲ Strandcamping Süd
🏠 Dobeinitz 30
☎ +43 (0)4273-2773
FAX +43 (0)4273-27734
📅 1/5 - 30/9
@ info@strandcampingsued.at

2ha 160T(80-100m²) 13A

1 **AG**HIJKLOPQ
2 BDFKLNRTVWXY
3 B**F**HJRUZ
4 (Q+R+T+U+Y)
5 **AB**FGIJKLMNOPUW
6 ACEGK(N 2km)TU

💬 Familiecamping direct aan het meer en aan de bosrand. In mei, juni en september is het hier ook erg mooi, ook om te zwemmen. In de omgeving kan men tennissen, fietsen, paardrijden, golfen, wandelen, minigolf en vissen. Uitstapjes naar de uitzichttoren en apenpark.

🚗 A2 afrit Klagenfurt West-Süduferstraße richting Reifnitz. Bij Gemeindeamt Reifnitz links richting Keutschach. Rotonde over en rechtdoor nog 1 km naar de camping.

CC €16 1/5-9/5 17/5-30/6 1/9-30/9   N 46°35'7" E 14°10'23"

380

Klosterneuburg, A-3402 / Niederösterreich ♿ 📶 iD 926

- Donaupark Camping Klosterneuburg
- In der Au
- ☎ +43 (0)2243-25877
- FAX +43 (0)2243-25878
- 📅 23/3 - 8/11
- @ campklosterneuburg@oeamtc.at

2,3ha 143T(60-90m²) 6A CEE

1. ACDGIJKLM**P**Q
2. FGRTUVWX
3. AB**F**JKR
4. (Q+R 1/4-31/10) (U+X 1/5-30/9)
5. **AB**DGIJKLMNOPUW
6. ACDFG**I**K(N 0,5km)OSV

💬 De camping is op loopafstand van Klosterneuburg, waar een beroemd Stift is. Het station voor bus en trein naar Wenen is vlakbij. De camping ligt aan de Donauradweg. Op de fiets is het 14 km naar het centrum van Wenen.

🚗 Vanuit het westen: A1, afslag Sankt Christophen B19, via Tulln en B14 naar Klosterneuburg. In Klosterneuburg staat camping aangegeven.

CC €18 23/3-30/6 1/9-8/11 M N 48°18'38'' E 16°19'42''

Kramsach (Krummsee), A-6233 / Tirol ⛷ 📶 iD 927

- Seencamping Stadlerhof*****
- Seebühel 14
- ☎ +43 (0)5337-63371
- 📅 1/1 - 31/12
- @ camping.stadlerhof@chello.at

3ha 100T(80-120m²) 13A

1. AG**H**IJKLMOPQ
2. DFGJKLMNRTUVY
3. BCHJKRU**W**Z
4. (A+C ⌂) (H 1/6-30/9) **KLN** (Q+R+T+U+Y ⌂)
5. **AB**DEFGIJKLMNOPR**S**UW XYZ
6. ACDEG**IJ**K(N 1,5km)OSU V

💬 Mooi aangelegde camping met deels een vlak terrein en gedeeltelijk terrassen, gelegen aan de Krummsee met een eigen strand. Veel schaduwrijke en afgebakende plaatsen. In het laagseizoen moet voor het zwembad worden betaald.

🚗 Inntal-autoweg, afrit 32 Kramsach. Dan borden 'Zu den Seen' volgen.

CC €16 18/4-27/6 1/9-19/12 M N 47°27'24'' E 11°52'51''

Kramsach (Reintalersee), A-6233 / Tirol ⛷ ♿ 📶 iD 928

- Camping Seeblick Toni*****
- Moosen 46
- ☎ +43 (0)5337-63544
- FAX +43 (0)5337-63544305
- 📅 1/1 - 31/12
- @ info@camping-seeblick.at

4,5ha 230T(90-120m²) 10A

1. ACD**G**HIJKLMOPQ
2. DFGIJKLMRTUVY
3. BCDHJLN**OP**RUVW**Z**
4. (A ⌂) **KLN**(Q+S ⌂) (T 1/6-30/9) (U+Y ⌂)
5. **AB**DEFGHIJKLMNOPR**S**U WXYZ
6. ACDEG**IK**L(N 3km)OPSVW

💬 Mooi vlak, tot licht hellend terrein, rustig gelegen in bosrijke omgeving aan het Reintaler See. Ruime, afgebakende plaatsen. Ideaal voor natuurgenieters en sportliefhebbers. Uitstekend restaurant en supermarkt. Bijzonderheid: kinderwasland voor de kleintjes.

🚗 A12, afrit 32 Kramsach, ca 5 km de groene borden 'zu den Seen' volgen, dan de derde camping. U rijdt de camping die zowel links als rechts van de weg ligt voorbij tot u voorbij het groene bord van Seeblick Toni bent.

CC €16 5/1-30/6 1/9-19/12 M N 47°27'39'' E 11°54'24''

Kramsach (Reintalersee), A-6233 / Tirol

929

- Camping Seehof*****
- Moosen 42
- ☎ +43 (0)5337-63541
- FAX +43 (0)5337-63541-20
- 1/1 - 31/12
- @ info@camping-seehof.com

4ha 130T(90-120m²) 16A CEE

1. ACD**G**HIJKLMO**PQ**
2. DFGJKLNRTUVX
3. BDHJKL**OP**RUV**W**Z
4. (A 1/7-31/8)
   (Q+R+T+U+Y ⌂)
5. **AB**DEFGHIJKLMNOP**S**UW XYZ
6. ABCDEG**IK**L(N 3km)OQSUV

Ruime, afgebakende zeer zonnige plaatsen, deels in terrassen aangelegd. Eigen ligweide aan de Reintaler See. Directe toegang tot het meer. Dierweide (Streichelzoo). Grote speeltuin. Exclusief sanitair, huurbadkamers. Restaurant met zeer goede keuken.

A12, afrit 32 Kramsach, ca 5 km groene borden 'Zu den Seen' of 'Campingplätze' volgen. 2e camping op deze weg. Receptie li naast toegangsweg (houten huisje). Als u via Neudegger Höhenweg rijdt, dan ligt de cp rechts.

CC €16   7/1-30/6   1/9-18/12

N 47°27'43''   E 11°54'26''

Krems (Donau), A-3500 / Niederösterreich

930

- Donaupark Camping Krems
- Yachthafenstraße 19
- ☎ FAX +43 (0)2732-84455
- 1/4 - 31/10
- @ donaucampingkrems@aon.at

0,8ha 60T 6A

1. ACDGIJKLMOPST
2. CFKRWX
3. HJKLRU**W**X
4. (Q+R+T ⌂)
5. **AB**GIJKLMNOPUW
6. EGH**I**K(N 0,5km)V

Camping direct aan de Donau. Prachtig uitzicht op het klooster 'Göttweig'. Slechts 2 min. lopen van de oude stad Krems (wijnkelders). Rondvaartboten op loopafstand. Fietspaden aan beide oevers van de Donau. Rond 21 juni 'Sonnewende Fest' met o.a. vuurwerk.

Vanuit het oosten knooppunt St. Pölten S33. Daarna B37 richting Krems. In Krems op rotonde 3e afsl, dan gelijk links langs Schifffahrtszentrum Krems/Stein naar de camping.

CC €16   1/4-30/6   1/9-31/10

N 48°24'14''   E 15°35'33''

Leutasch, A-6105 / Tirol

931

- Tirol.Camp Leutasch*****
- Reindlau 230b
- ☎ +43 (0)5214-65700
- FAX +43 (0)5214-657030
- 30/4 - 31/10, 8/12 - 6/4
- @ info@tirol.camp

2,8ha 145T(80-120m²) 12A CEE

1. A**G**IJKLMO**PQ**
2. CGKLRTUVXY
3. A**F**HIJKLMNRU**W**X
4. (A 10/5-20/10)
   (F+H 1/1-30/10,8/12-31/12)
   LN(Q ⌂) (R 8/12-31/12)
   (U+Y 1/1-30/10,8/12-31/12) Z
5. **AB**DEFGIJKLMNOP**ST**UW XYZ
6. ABCEGHK(N 3,5km)OQRST

Luxe familiecamping voor zomer en winter met een prachtig zwembad, sauna en stoomgrot. Goed bereikbaar via Duitsland. Enige schaduw. In het Olympiagebied Seefeld-Leutasch zijn veel mogelijkheden tot vrijetijdsbesteding. Een goed restaurant is op de camping aanwezig.

Garmisch-Partenkirchen-Mittenwald-Scharnitz-Giessenbach-Leutasch. Directe verbinding Mittenwald-Leutasch niet aan te bevelen; gedeeltelijk zeer smalle weg en maximumgewicht van 7,5t.

CC €18   1/3-31/3   1/5-30/6   1/9-31/10   8/12-20/12

N 47°23'55''   E 11°10'47''

932 — Lienz/Amlach, A-9908 / Tirol

▲ Dolomiten Camping Amlacherhof★★★★
🏠 Seestrasse 20
☎ +43 (0)4852-62317
FAX +43 (0)4852-6231712
📅 15/3 - 31/10
@ info@amlacherhof.at

2,5ha 85T(80-120m²) 16A CEE

1 AGIJKLMO**PQ**
2 FGKLRVWX
3 AF**H**JKL**MOPQ**RU
4 (B 1/5-1/10) (Q 1/5-31/10) (R 1/5-15/9) (T+U+V+X 1/5-30/9) Z
5 **AB**DEFGIJKLMNO**PST**UW XYZ
6 CEG**IK**(N 0,3km)ORTV

💬 Zeer mooie camping met ruime plaatsen. Rustig gelegen met prachtig uitzicht over de bergen. Op de manege die grenst aan de camping is altijd wat te zien. Goed uitgangspunt voor wandelaars en fietsers.

🚗 Felbertauerntunnel-Lienz, bij Lienz na rotonde richting Spittal. Bij tweede verkeerslicht rechtsaf richting Feriendorf/Amlach. Dan nog 2 km borden volgen. Geen vignet nodig.

CC €16 15/3-22/5 5/6-30/6 1/9-31/10 11=10, 22=20 N 46°48'48'' E 12°45'47''

---

933 — Lienz/Tristach, A-9900 / Tirol

▲ Camping Seewiese★★★★
🏠 Tristachersee 2
☎ FAX +43 (0)4852-69767
📅 13/5 - 14/9
@ seewiese@hotmail.com

2,3ha 95T(100-200m²) 6A

1 AGIJKLMO**PQ**
2 BDGIKLMNRTWX
3 AB**F**HJNRU**WZ**
4 (G 1/6-1/9) (Q ⌂) (R+X+Y 9/6-8/9) Z
5 **AB**DGIJKLMPUWZ
6 CDEG**IK**(N 3km)TV

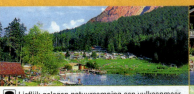

💬 Lieflijk gelegen natuurcamping aan vulkaanmeer van 5,5 ha. Gratis zwemmen in geneeskrachtig bronwater. Absolute rust! Uitgangspunt voor schitterende wandelingen op elk niveau. Camping ligt op een hoogte van 830m. Laatste 1,5 km stijging van 10%. Een wandeling naar de cultuur- en zonnestad Lienz is 5 km. Alleen in mei extra korting 7=4.

🚗 Van Kufstein-Kitzbühel-Felbertauerntunnel ri Lienz. In Lienz borden Tristach-Tristachersee en Seewiese volgen. Geen vignet nodig.

CC €16 13/5-30/6 1/9-14/9 12=10, 20=17 N 46°48'23'' E 12°48'8''

---

934 — Maishofen, A-5751 / Salzburg

▲ Neunbrunnen am Waldsee
🏠 Neunbrunnen 56
☎ +43 (0)6542-68548
FAX +43 (0)6542-685488
📅 1/1 - 31/12
@ camping@neunbrunnen.at

3ha 100T(70-100m²) 16A CEE

1 ACDG**IJ**KLMO**PQ**
2 BDKLRUWX
3 B**F**QR**WZ**
4 (Q+U+V+Y ⌂) Z
5 **AB**DGIJKLMNOPUWZ
6 CEG**K**(N 2km)OU

💬 Prachtig aan een meer gelegen familiecamping. Het uitzicht is fantastisch en de camping is een goed uitgangspunt voor fietsers en wandelaars. Voor vissers is het een waar paradijs. Mooi skigebied. Uitstekend restaurant. Het ware vakantieoord.

🚗 Vanaf Zell am See B311 richting Saalfelden. 0,5 km na Maishofen vóór de tunnel rechts. Borden volgen.

CC €14 1/5-30/6 1/9-30/9 N 47°22'40'' E 12°47'43''

Maltatal, A-9854 / Kärnten   935

- Terrassencamping Maltatal****
- Malta 6-7
- ☎ +43 (0)4733-2340
- FAX +43 (0)4733-23416
- 🔓 30/4 - 12/10
- @ info@maltacamp.at

3,9ha 238T(60-100m²) 6A CEE

1. ACDGIJKLMOPRS
2. CFGIJKLRTVXY
3. BDHIJKMPRUW
4. (A 1/6-1/10)
   (C+H 20/5-15/9) JLN
   (Q+S+T+U+V+Y 🔓) Z
5. ABCDEFGHIJKLMNOPQR SUWXYZ
6. ACEGIKM(N 6km)OUV

💬 Prachtige camping in het Maltadal in Karinthië. Uitermate geliefd bij wandelaars en gezinnen met kinderen. Verwarmd zwembad. Veel dieren op de camping; o.a. gratis ponyrijden. Kom en beleef het. CampingCard-houders kunnen alleen contant betalen.

🚗 A10 Salzburg-Villach, afslag 130 Gmünd. In Gmünd borden richting Maltatal volgen. 2 km voorbij Fischerstratten ligt de camping rechts van de weg.

CC €16   30/4-30/6   1/9-12/10   N 46°56'58'' E 13°30'34''

Marbach an der Donau, A-3671 / Niederösterreich   936

- Marbacher Freizeitzentrum
- Campingweg 2
- ☎ +43 (0)7413-20733
- FAX +43 (0)7413-20735
- 🔓 4/4 - 25/10
- @ info@marbach-freizeit.at

0,4ha 50T(70-100m²) 20A CEE

1. ADGIJKLMOPST
2. CGLRTVWX
3. BFJKUWX
4. (Q+R 🔓)
5. ABDGJLNOPUWYZ
6. DFGIK(N 0,5km)O

💬 Leuke, kleine camping aan de linker Donau-oever met deels afgebakende plaatsen op gras. Naast een populaire jachthaven en direct aan de bekende Donau-fietsroute. In de omgeving zijn vele wandelroutes uitgezet en ook is er de mogelijkheid tot vissen.

🚗 A1 Linz-Wenen, afslag 100 Ybbs/Wieselburg. Weg volgen richting Ybbs/Persenbeug. Over de Donau richting Krems. Na ± 7 km aan rechterzijde camping.

CC €16   4/4-30/6   1/9-25/10   N 48°12'49'' E 15°8'26''

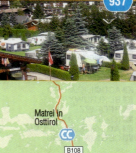

Matrei in Osttirol, A-9971 / Tirol   937

- Edengarten
- Edenweg 15A
- ☎ FAX +43 (0)4875-5111
- 🔓 1/4 - 31/10
- @ info@campingedengarten.at

1,5ha 80T(80-100m²) 16A CEE

1. AGJKLMPQ
2. GKLRWXY
3. AHJRUW
4. (T+X+Y 🔓) Z
5. ABDFGIJKLMNOPQUWZ
6. FGIK(N 0,5km)OTV

💬 Mooie rustige camping met goed en schoon sanitair op 200m van een leuk stadje. Camping ligt in het dal met mooi uitzicht op Großvenediger en Großglockner. Vele mogelijkheden voor wandelen, fietsen en bergbeklimmen. Kabelbaan op 500m, supermarkten op 300m. Camping heeft prima restaurant.

🚗 Vanuit Felbertauerntunnel tweede afslag naar Matrei/Goldriedbahn/Virgen. De camping is vlakbij deze afslag!

CC €16   1/4-30/6   1/9-31/10   N 46°59'43'' E 12°32'20''

Mayrhofen, A-6290 / Tirol 938

- Mayrhofen★★★★
- Laubichl 125
- ☎ +43 (0)5285-6258051
- FAX +43 (0)5285-6258060
- 1/1 - 31/10, 10/12 - 31/12
- @ camping@alpenparadies.com

2,5ha 220T(60-100m²) 16A CEE

1. ACD**G**IJKLMOPQ
2. GKLRVX
3. BHJRU**W**
4. (C+F+H 1/1-30/10,18/12-31/12) **KLN**(Q+S 🔒) (T+U+Y 1/1-30/10,10/12-31/12)
5. **AB**CDFGIJKLMNOP**ST**UW XYZ
6. CEGH**IK**(N 1km)OV

Camping met een mooi, vlak terrein aan de rand van het bos. Het buiten- en binnenzwembad biedt zwemgelegenheid onder alle weersomstandigheden. Het restaurant verwent de inwendige mens. Infraroodcabine op de camping. In de directe omgeving zijn vele sportmogelijkheden. Sinds juli 2011 in de speeltuin: een piratenboomhuis.

🚗 Inntal-autoweg, afrit 39 Zillertal en op B169 naar Mayrhofen.

€16 8/1-8/2 20/4-30/6 7/9-27/9 9/10-31/10   N 47°10'34'' E 11°52'11''

Millstatt/Dellach, A-9872 / Kärnten 939

- Neubauer
- Dellach 3
- ☎ +43 (0)4766-2532
- FAX +43 (0)4766-2532-4
- 1/5 - 15/10
- @ info@camping-neubauer.at

1,5ha 120T(80-90m²) 6A CEE

1. A**G**IJKLMPRS
2. DGIJKLMORTVWXY
3. ABD**F**HIJKR**WZ**
4. (Q 🔒) (U+V+X 15/5-15/9)
5. **AB**DEFGIJKLMNOPQRUW
6. EG**K**(N 4km)OQUV

De terrassencamping met ruime plaatsen ligt direct aan de Millstätter See. Prima uitgangspunt voor wandelaars, fietsers en waterliefhebbers. Op korte afstand ligt een 18 holes golfbaan, maar u kunt natuurlijk ook heerlijk ontspannen op één van de zonnige plekken.

🚗 A10 Salzburg-Villach, afslag 139 Millstätter See (afrit is links!). Bij stoplicht linksaf B98 richting Radenthein. Ongeveer 4 km na Millstatt in Dellach rechtsaf. Zie borden.

€14 1/5-30/6 1/9-15/10   N 46°47'18'' E 13°36'49''

Mondsee, A-5310 / Oberösterreich 940

- AustriaCamp
- St. Lorenz 229
- ☎ +43 (0)6232-2927
- FAX +43 (0)6232-29274
- 1/4 - 30/9
- @ office@austriacamp.at

2ha 100T(50-70m²) 10A CEE

1. CD**G**HIJKLMNOPST
2. DFKLMRVX
3. AB**F**HJ**MO**RUWZ
4. (A 1/7-31/8) **N** (Q+R+T+U+V 🔒) (X 1/5-30/9) (Y 🔒) Z
5. **AB**DEFGIJKLMNOPUW
6. CEGJ(N 8km)OPRTUV

Direct aan de Mondsee ligt deze rustige, goed verzorgde camping met wijds uitzicht over het meer en de bergen rondom. Grote sanitairruimtes staan tot uw beschikking. Bovendien een restaurant met ruime keuzes. Prima als basis voor uitstapjes naar Salzburg, Bad Ischl en het Salzkammergut.

🚗 B154 van Mondsee richting St. Gilgen. Na 5 km borden 'Austria Camping' volgen.

€18 1/4-30/5 8/6-30/6 1/9-30/9   N 47°49'49'' E 13°21'53''

Mondsee/Tiefgraben, A-5310 / Oberösterreich — 941

- Camp MondSeeLand ★★★★
- Punz Au 21
- ☎ +43 (0)6232-2600
- FAX +43 (0)6232-27218
- 1/4 - 4/10
- @ austria@campmondsee.at

3ha 60T(100-120m²) 16A CEE

1 ACGIJKLMOPQ
2 FKLRVWX
3 BFHJN**OPQ**RUW
4 (**A** 1/7-31/8) (C 1/5-30/9) (Q+R+U+V 4/4-4/10) (Y 12/4-10/10) Z
5 **AB**DFGIJKLMNOPR**S**UWXYZ
6 CEG**IK**(N 4km)OTUV

Luxe, rustige camping met nieuw sanitair, gelegen tussen de meren Mondsee en Irrsee. Vanaf de camping zijn mooie fiets- en wandelroutes. Vestingstad Salzburg ligt op 27 km afstand en is gemakkelijk te bereiken. Ideaal om even op adem te komen als u richting Wenen of verder onderweg bent naar het oosten (Hongarije/Tsjechië).

A1 Salzburg-Wenen. Afslag 264 Mondsee, 1e rotonde richting Straßwalchen, op 2e rotonde 3e afslag campingborden volgen.

CC €16 4/4-30/6 1/9-4/10

N 47°51'59" E 13°18'24"

Nassereith, A-6465 / Tirol — 942

- Rossbach ★★★★
- Rossbach 325
- ☎ FAX +43 (0)5265-5154
- 1/1 - 31/12
- @ camping.rossbach@aon.at

1ha 80T(70-80m²) 6A CEE

1 A**G**IJKLOPQ
2 CGKLRVWXY
3 AFHJ**OP**RUW
4 (A 1/5-30/9) (C+H 15/5-15/9) (Q+R) (T+U+X 1/7-31/8)
5 **AB**DFGIJKLMNOPUWZ
6 ACEGJ(N 1,5km)OTUV

Vriendelijke familiecamping in het Gurgeltal met veel fruitbomen en zwembad aan kabbelend beekje, gelegen aan de voet van de Fernpass, omgeven door bossen en weilanden. In de directe omgeving vindt u voldoende sportmogelijkheden. Ook bergtochten met een gids mogelijk.

Volg de B179 van Reutte naar Nassereith (over Fernpass), afslag Nassereith. In het centrum richting Domitz/Rossbach. Borden volgen.

CC €14 1/3-30/6 1/9-30/11

N 47°18'37" E 10°51'20"

Natters, A-6161 / Tirol — 943

- Ferienparadies Natterer See ★★★★★
- Natterer See 1
- ☎ +43 (0)512-546732
- FAX +43 (0)512-54673216
- 1/1 - 31/12
- @ info@natterersee.com

11ha 230T(60-155m²) 16A

1 ACD**G**IJKLMOPQ
2 BDFGJKLRUVWXY
3 BCFGHJKLN**P**RUWZ
4 (A 1/6-15/10) J(Q+S+T) (U 15/3-1/10) (V 15/5-1/10) (Y 15/3-1/10) Z
5 **AB**DEFGIJKLMNOPR**S**UWXYZ
6 ACDEG**IK**(N 2,5km)OPQRSTUV

Deze prachtig gelegen camping ligt aan twee meertjes. Bij het ene meertje zijn de plaatsen terrasvormig en bij het andere vlak. Er is een zeer uitgebreid animatieprogramma voor iedereen, kinderen en volwassenen, ook op sportgebied. Exclusief en mooi sanitair. Slechts 7 km van Innsbruck verwijderd.

A13 Brennerautoweg, uitrit 3 Innsbruck-Süd/Natters. Borden volgen richting Natterersee.

CC €18 10/1-30/6 1/9-30/11

N 47°14'18" E 11°20'21"

Nenzing, A-6710 / Vorarlberg 944

- Alpencamping Nenzing★★★★★
- Garfrenga 1
- ☎ +43 (0)5525-624910
- FAX +43 (0)5525-624916
- 1/1 - 31/12
- @ office@alpencamping.at

3ha 155T(80-120m²) 16A CEE

1. ACDGIJKLMOPQ
2. BCFGJKLRTUVWXY
3. ABCFHJKMNOPRUW
4. (A 1/5-30/10,20/12-7/4)
   (C 27/4-6/11,18/12-8/1)
   (F ⊡) (H 1/5-15/10) KLNP
   (Q+R+T+U ⊡) (V 8/7-24/8)
   (Y ⊡) Z
5. ABDEFGJLNPRSTUWXYZ
6. CEGIK(N 1,5km)OQSUV

💬 Prima luxe familiecamping in een schitterende bergachtige omgeving met dagelijks georganiseerde activiteiten. De camping is deels vlak en grotendeels voorzien van terrassen. Unieke combinatie van overdekt en onoverdekt (nieuw) zwembad. Uitstekend restaurant.

🚗 A14 Bregenz-Innsbruck, afslag 41 Feldkirch/Frastanz, na het 2e verkeerslicht rechtdoor, 1e rotonde ri Nenzing. Tot aan oranje knipperlicht boven de weg, hier borden volgen (afslag 50 is mogelijk, maar moeilijk).

CC €18 6/1-12/2 24/4-14/5 17/5-23/5 7/6-30/6 13/9-30/9

N 47°10'57'' E 9°40'56''

Neustift, A-6167 / Tirol 945

- Stubai★★★★
- Stubaitalstraße 94
- ☎ +43 (0)5226-2537
- FAX +43 (0)5226-29342
- 1/1 - 31/12
- @ info@campingstubai.at

2ha 110T(60-100m²) 6A CEE

1. ACDGIJKLMOPQ
2. CFGIJKRTUWX
3. ABCGHJKRUW
4. (A 10/7-9/10) KLN
   (Q+S+T+U+Y ⊡)
5. ABDFGIJKLMNOPSTUWY
6. ACEGKOQTV

💬 Deze camping met een vlak terrein en ruime plaatsen ligt aan de voet van de bergen in het dorpje Neustift direct naast een supermarkt. Vanaf de camping een fraai uitzicht op de bergen rondom. U kunt bij de camping ook onder begeleiding jagen in het eigen jachtgebied.

🚗 A13 Brennerautoweg, afrit Europabrücke en op B183 naar Stubaital en naar Neustift.

CC €16 30/4-30/6 1/9-30/9

N 47°6'36'' E 11°18'31''

Nüziders, A-6714 / Vorarlberg 946

- Panorama Camping Sonnenberg
- Hinteroferst 12
- ☎ +43 (0)5552-64035
- FAX +43 (0)5552-33900
- 1/5 - 27/9
- @ sonnencamp@aon.at

1,9ha 116T(90-110m²) 13A CEE

1. AFHIJKLMOPQ
2. FGJKRTUVWX
3. BFGHIJRU
4. (A+Q+R 8/5-27/9)
5. ABDFGIJKLMNOPUWXYZ
6. ACDEGIK(N 0,5km)OSV

💬 Een plek om u goed te voelen in de bergen. Prachtig panorama, comfort, ontspanning, grote staanplaatsen, netheid, goede bereikbaarheid en persoonlijke zorg zijn onze sterke punten. Optimaal uitgangspunt voor (begeleide) wandelingen, fietstochten en uitstapjes. Gratis entree in belevingszwembad VAL BLU.

🚗 A14, afslag 57 Nüziders. Borden Nüziders volgen. Daarna campingborden volgen.

CC €18 1/5-7/6 1/9-27/9 28=27

N 47°10'12'' E 9°48'28''

Oberdrauburg, A-9781 / Kärnten   947

▲ Natur- & Familiencamping Oberdrauburg
✉ Gailbergstraße
☎ +43 (0)4710-224922
📠 +43 (0)4710-224816
⌛ 1/5 - 30/9
@ tourismus@oberdrauburg.at

1,2ha 70T(80-110m²) 12A

1 AD**G**IJKLMOPQ
2 GIJKLRTVWXY
3 A**F**HJK**M**NRU
4 (**A** ⌛) (C+H 5/6-1/9) J (Q 1/6-31/8) (T+W+X 5/6-1/9) Z
5 **AB**CEFGIJKLMNOPRUZ
6 CEGHIK(N 0,5km)OV

💬 Verzorgde, rustige, aan bosrand gelegen familiecamping. Goede uitvalsbasis voor wandelaars, kanovaarders, motorrijders (Plöckenpass), natuurliefhebbers, fietsers. Gratis WiFi. Ideale overnachtingsplaats op reis naar Italië. Aangrenzend zwemparadijs met 58m lange waterglijbaan laat ieder kinderhart sneller kloppen. Geniet van mooi panorama-uitzicht op bergen.

🚗 De weg van Spittal naar Lienz, in Oberdrauburg afslag Plöckenpass nemen. De cp is na 500m links.

CC €14   1/5-30/6   1/9-30/9   N 46°44'33" E 12°58'11"

Oggau (Burgenland), A-7063 / Burgenland   948

▲ Oggau
☎ +43 (0)2685-7271
📠 +43 (0)2685-7271-4
⌛ 1/4 - 31/10
@ office@campingoggau.at

8ha 155T(50-80m²) 10A

1 ACDGHIJKLMOPQ
2 RTVWX
3 B**F**HJK**M**NW
4 (**B**+**G** 15/5-1/9) J (Q+R+U+X+Y ⌛)
5 **AB**DFGIJKLMNO**P**UWZ
6 CEG(N 1,5km)O

💬 Rustige camping in het wijngebied van Oostenrijk. Nabij zwembad Oggau. Mooi sanitairgebouw, restaurant en zelfbedieningswinkel. In de jachthaven botenverhuur. De fietspaden van de Neusiedlersee-route gaan over de camping. Wenen ligt op 70 km afstand. De gratis Neusiedlerseecard geeft korting op bezienswaardigheden en vervoer.

🚗 Vanaf A4 of A3 de B50 nemen en deze verlaten richting Oggau en Rust. In Oggau campingborden volgen.

CC €16   1/4-22/5   26/5-30/6   1/9-31/10   N 47°50'39" E 16°41'15"

Ossiach, A-9570 / Kärnten   949

▲ Ideal Camping Lampele****
✉ Alt-Ossiach 57
☎ +43 (0)4243-529
📠 +43 (0)4243-52913
⌛ 1/5 - 30/9
@ camping@lampele.at

4ha 172T(80-100m²) 10A

1 A**G**IJKLOPQ
2 ADGIJKLRTVWXY
3 AHJKLNR**T**U**VW**Z
4 (**A** 1/7-31/8) (**F** ⌛) **N** (Q 1/5-15/9) (S 1/5-20/9) (T+U+V+Y 15/5-18/9)
5 **AB**DFGIJKLMNOPUWXYZ
6 ACDEG**IJ**(N 1km)OTUV

💬 Mooie camping met afgebakende plaatsen direct aan de Ossiacher See. Behalve zwemmen kunt u bergtochten, wandelingen en fietstochten maken. Naast de camping is een binnenhaven en in de buurt kunt u diverse sporten beoefenen. Winkel op de camping aanwezig. Meerprijs voor comfortplaatsen en plaatsen direct aan het meer.

🚗 A10 Salzburg-Villach, afrit Ossiacher See richting Süduferr. Doorrijden tot Ossiach en dan links de camping.

CC €16   1/5-30/6   1/9-30/9   N 46°40'58" E 13°59'54"

Ossiach, A-9570 / Kärnten 👬 📶 iD 950

- 🏠 Kalkgruber
- 📧 Alt-Ossiach 4
- ☎ 📠 +43 (0)4243-527
- 📅 24/4 - 30/9
- @ office@camping-kalkgruber.at

0,9ha 30T(80-100m²) 10A CEE

1. **AG**IJKLOPQ
2. GJKRTVWX
3. ADHJNRU
4. (Q 🔑)
5. **AB**DFGIJMNO**P**UW
6. ACEGJ(N 1km)U

💬 Kleine maar zeer schone camping vlak bij de zuidoostelijke oever van de Ossiacher See. U vindt rust, ruimte en natuur. Mevrouw Schabus zal u met open armen ontvangen. Gezellige recreatieruimte aanwezig. Verkoop verse forellen. Goede regionale keuken op 1 km afstand. Geschikt als doortrekcamping, 12 km van afrit Ossiacher See.

🚗 A10 Salzburg-Villach, afrit Ossiacher See richting Feldkirchen. In Steindorf rechts richting Ossiach. Dan eerste camping rechts.

CC €14 24/4-30/6 1/9-30/9   N 46°41'15" E 14°1'10"

Ossiach, A-9570 / Kärnten ♿ 📶 iD 951

- 🏠 Kölbl
- 📧 Süduferstraße 106
- ☎ +43 (0)4243-8223
- 📠 +43 (0)4243-8690
- 📅 1/1 - 31/12
- @ info@camping-koelbl.at

180T(80-100m²) 10A

1. **AF**HIJKLMOPQ
2. ADFGKLMRTVWX
3. BHJK**MN**O**PQ**RUWZ
4. (A 1/7-31/8) (Q+R 🔑) (T+U+V 1/5-30/9) (Y 1/6-30/9)
5. **AB**DEFGIJKLMNOPR**S**UW XYZ
6. ACDEGH**IJ**K(N 1km)OPTV

💬 Goed onderhouden camping direct aan de Ossiacher See. Als u van een sportieve vakantie houdt, bent u hier aan het goede adres. U kunt rondom het meer wandelen en fietsen en vindt allerlei sporten in de buurt. U zult zich hier ook in het voor- en naseizoen thuis voelen.

🚗 A10 Salzburg-Villach, afrit Ossiacher See richting Südufer. Na Heiligen Gestade eerste camping links.

CC €16 1/4-30/6 1/9-31/10   N 46°39'44" E 13°58'20"

Ossiach, A-9570 / Kärnten ♿ 📶 iD 952

- 🏠 Terrassen Camping Ossiacher See
- 📧 Ostriach 67
- ☎ +43 (0)4243-436
- 📠 +43 (0)4243-8171
- 📅 1/5 - 30/9
- @ martinz@camping.at

10ha 520T(80-120m²) 6A CEE

1. ACD**G**HIJKLMOPQ
2. ADFGJKLMNRVWXY
3. BCHJKL**M**N**Q**RUWZ
4. (A 1/7-30/8) J(Q+S 🔑) (U+V+W+Y 15/5-15/9) Z
5. **AB**DEFGIJKLMNOP**QRS**T UWYZ
6. ACEGHIJM(N 1km)ORTUV

💬 Door heggen en struiken gescheiden plaatsen bieden privacy, deels terrassen, prachtig uitzicht op het meer.

🚗 A10 Salzburg-Villach, afslag Ossiacher See richting Südufer. Bij verkeerslicht links richting Ossiach, na ± 5 km ligt de camping aan de linkerkant.

CC €16 1/5-30/6 1/9-30/9   N 46°39'49" E 13°58'29"

Ossiach, A-9570 / Kärnten — 953

- Wellness Seecamping Parth
- Ostriach 10
- ☎ +43 (0)4243-27440
- FAX +43 (0)4243-274415
- 1/4 - 2/11, 26/12 - 10/1
- @ camping@parth.at

2,2ha 150T(75-120m²) 6A CEE

1 **A**GHIJKLMOPQ
2 DFGIJKLNRTVWXY
3 BHJKL**MNOQ**RU**VW**Z
4 (A 1/7-31/8) **KLNP**
   (Q 1/4-30/10) (S 1/5-30/9)
   (T 1/6-31/8) (U 1/4-30/10)
   (Y 1/4-30/9,26/12-10/1)
5 **AB**DEFGIJKLMNOP**RST**U
   WXYZ
6 ACEGH**IK**(N 1km)OPQRTUV

CC €16 1/4-30/6 1/9-2/11

Mooie camping aan de Ossiacher See, eigen wellnesscentrum, met sauna, prachtig sanitair. Geschikt als basis voor fiets-, wandel- en toertochten, goed restaurant op de camping.

A10 Salzburg-Villach, afrit Ossiacher See richting Südufer. Na Heiligen Gestade derde camping links.

N 46°39'55'' E 13°58'35''

Pesenthein, A-9872 / Kärnten — 954

NIEUW

- Terrassencamping Pesenthein
- Pesenthein 19
- ☎ FAX +43 (0)4766-2665
- 1/5 - 30/9
- @ camping@pesenthein.at

5ha 218T(70-95m²) 6A

1 ACDGIJKLMOPRS
2 ADGIJKLRTVWXY
3 BHJKRU**W**Z
4 J(Q+Y ⌂) Z
5 **AB**CFGIJKLMNOPUW
6 FGIJ(N 2km)TV

CC €16 1/5-30/6 1/9-30/9

Terrassencamping met eigen strand en schitterend uitzicht op de Millstätter See. Op zowel de camping als het strandbad is een apart gedeelte gereserveerd voor FKK-gasten.

A10 Salzburg-Villach, afslag 139 Millstätter See (afrit is links!). Bij stoplicht linksaf B98 richting Radenthein. Ongeveer 2 km na Millstatt ligt de camping aan de oostzijde van Pesenthein links.

N 46°47'47'' E 13°35'57''

Pettenbach, A-4643 / Oberösterreich — 955

- Almtal Camp
- Enengl 1
- ☎ +43 (0)7586-8627-0
- FAX +43 (0)7586-862733
- 1/1 - 31/12
- @ office@almtalcamp.at

7ha 73T(130-150m²) 10A

1 ACD**F**IJKLMPQ
2 FGLRVX
3 BFHJMN**OPRT**
4 (C+H 1/5-15/10)
   (Q 1/5-31/12) (R 15/5-1/9)
   (U+Y ⌂) Z
5 **AB**DEGIJKLMNOPUWZ
6 DEG**JK**(N 4km)OSUV

CC €16 1/1-30/6 1/9-31/12 7=5, 14=10

Camping is onderdeel van landgoed, temidden van akkers en weilanden en verdeeld in afgescheiden vakken met telkens enkele ruime staanplaatsen (120-150 m²). Winkel zes maanden en restaurant gehele jaar geopend.

A8 Passau, AB-Kreuz Wels-West. A9 ri. Graz. Afsl Ried im Traunkreis. 4 km ri. Almtal-Cp. Vanaf Salzburg of Wenen A1 Voralpenkreuz Sattledt, A9 ri. Graz. Afsl Ried im Traunkreis. 4 km ri Almtal-Cp in Pettenbach volgen.

N 47°59'28'' E 14°1'15''

390

Pettneu am Arlberg, A-6574 / Tirol — 956

- Arlberglife Camping + Appartements
- Dorfstraße 58c/an der Panoramastr.
- +43 (0)5448-8352
- 1/1 - 31/12
- info@arlberg-panoramacamping.at

1ha 40T(70-100m²) 13A

1 AGIJKLMOPQ
2 FGKRUVWXY
3 **F**HJ**UW**
4 (A 1/6-30/9) (Q+R+T+V+X ⌐) Z
5 **AB**DGIJKLMNO**PQ**RUWXYZ
6 ACEGK(N 0,5km)OSUV

💬 Een kleine, gezellige camping op loopafstand van leuk dorpje Pettneu. Prachtig uitzicht op de bergen. Caravanstalling. In de winter zeer goed uitgerust. Uitgangspunt voor mooie wandelingen en tochten naar o.a. Lech en Zürs. Gratis WiFi.

🚗 Via Bregenz-Innsbruck: vanaf Bregenz afslag St. Anton; vanaf Innsbruck afslag Flirsch. Borden volgen Arlberg Panoramacamping in Pettneu.

€14 12/1-13/2 2/3-27/3 13/4-30/6 1/9-18/12 7=6, 14=11

N 47°8'53" E 10°20'48"

Prutz, A-6522 / Tirol — 957

- Aktiv Camping Prutz★★★★
- Pontlatzstraße 22
- +43 (0)5472-2648
- fax +43 (0)5472-26484
- 1/1 - 31/12
- info@aktiv-camping.at

1,5ha 120T(60-130m²) 6A CEE

1 ACD**G**IJKLMO**P**Q
2 CFGKRTUVWX
3 BHJKLN**O**RUW
4 (A 1/5-1/10) (Q+R ⌐) (T+U+X 15/5-15/10, 15/12-30/4)
5 **AB**DEFGHIJKLMNOPUWXZ
6 ABCDEG**IK**(N 0,5km)OV

💬 Een comfortabel ingerichte camping, direct aan de rivier en in het dorpscentrum. Centraal gelegen in de ski-gebieden Serfaus-Fiss-Ladis. De perfecte plek voor wandelingen en excursies. Ideale stop op weg naar het zuiden. Tolvrij te bereiken vanuit Duitsland via de Fernpass.

🚗 Via tolvrije weg: vanuit Imst naar Landeck, dan op weg B180 richting Serfaus (Reschenpass) naar Prutz. Of A12 richting Reschenpaß, door de tunnel bij Landeck, dan op B180 (tolplicht).

€14 10/4-30/6 1/9-20/12 10=9, 20=18

N 47°4'49" E 10°39'34"

Reisach, A-9633 / Kärnten — 958

- Alpenferienpark Reisach
- Schönboden 1
- +43 (0)4284-301
- fax +43 (0)4284-302
- 1/1 - 1/10, 15/12 - 31/12
- info@alpenferienpark.com

3ha 60T(40-100m²) 10A

1 AD**G**IJKLPQ
2 BJKLRTUVXY
3 A**F**HJNRU
4 (A 1/5-30/9) (B+G 1/6-1/10) M(Q ⌐) (R 1/1-1/10) (X ⌐) Z
5 **AB**DFGIJKLMNOPUWZ
6 AEG**IJK**(N 2km)TV

💬 Zeer rustig gelegen terrassencamping op zuidelijke helling van Reißkofel. Moderne sanitaire voorzieningen. Plaatsen gescheiden door bomen en struiken. Natuurzwembad met kwelwater. Geliefd bij wandelaars en gezinnen. Enthousiaste Nederlandse beheerdersfamilie.

🚗 Te bereiken via Kötschach of Hermagor via B111 naar Reisach. In Reisach afslag naar het Alpenferienpark nemen en dan nog 1,5 km de borden volgen.

€18 1/5-30/6 1/9-30/9

N 46°39'17" E 13°8'57"

959
Reutte, A-6600 / Tirol

- Camping Reutte
- Ehrenbergstraße 53
- +43 (0)5672-62809
- FAX +43 (0)5672-628094
- 1/1 - 31/12
- @ camping-reutte@aon.at

2,2ha 80T(80-120m²) 16A CEE

1. AGIJKLPQ
2. GKRUVWX
3. HJ
4. (A 1/5-31/10)
   (Q+R+T+U+Y) Z
5. ABDFGHIJKLMNOPUW
6. ACDEGK(N 0,5km)OS

💬 Camping aan de bosrand gelegen op vlak terrein met uitzicht op de bergen en oude ruïnes, vlak bij het centrum van Reutte en direct aan de voet van de burcht Ehrenberg. Gunstig gelegen voor diverse uitstapjes, o.a. naar de 'Königsschlösser'. Veel fiets- en wandelmogelijkheden.

🚗 Via B179 naar Reutte rijden. Afslag Reutte-Süd nemen. Na 400m links (richting Hospital).

CC €18 1/4-30/6 1/9-31/10   N 47°28'41'' E 10°43'22''

960
Ried, A-6531 / Tirol

- Dreiländereck★★★★
- Gartenland 37
- +43 (0)5472-6025
- FAX +43 (0)5472-60254
- 1/1 - 31/12
- @ camping-dreilaendereck@tirol.com

1ha 60T(70-100m²) 15A CEE

1. AGIJKLMOPQ
2. FGRTUVWX
3. ACGHJKLMNPQRU
4. (A) LNP
   (Q+R+S+T+U+V+X+Y) Z
5. ABDEFGIJKLMNOPRUW
6. ACEGIKOQTV

💬 De centraal gelegen camping garandeert zowel ontspanning als activiteit en ligt midden in het dorp Ried. Het sanitair is mooi en er is een wellnessruimte met sauna en stoombad. Ideaal vertrekpunt voor wandelen, fietsen en skiën. Zwemmeer en kabelbaan op 300m afstand.

🚗 Tolvrije weg: via Imst op weg 171 naar Landeck, (richting Reschenpaß) en naar Ried. Of A12 richting Meran (Reschenpaß), dan op B180 richting Serfaus (tolplicht).

CC €16 10/1-31/1 7/3-28/3 11/4-30/6 1/9-18/12 14=13, 21=19   N 47°3'21'' E 10°39'24''

961
St. Georgen/Murau, A-8861 / Steiermark

- Olachgut★★★★★
- Kaindorf 90
- +43 (0)3532-2162
- FAX +43 (0)3532-21624
- 1/1 - 31/12
- @ office@olachgut.at

10ha 140T(100-140m²) 16A CEE

1. AGIJKLMOPQ
2. CDGJKLRTVWXY
3. ABFHIJNOPRUWXZ
4. (A 7/7-30/8) N
   (Q+R+U+X) Z
5. ABCDEFGIJKLMNOPRST UWXYZ
6. ACEGIJ(N 2km)OUV

💬 Prachtige vijfsterrencamping met eigen recreatieplas om te vissen en te zwemmen. Onze beheerde boerderij met veel dieren en erkende rijschool is geliefd bij kinderen. Direct, veilig fietspad naar het geliefde Mur-fietspad. Barrièrevrije voorzieningen op de plaats. Heerlijk familieskigebied in de buurt.

🚗 A10/E55, afslag 104 St. Michael. Weg 96 tot Tamsweg, dan weg 97 tot St. Georgen. Na 2 km ligt de camping rechts.

CC €16 1/1-30/6 1/9-31/12   N 47°6'27'' E 14°8'22''

St. Johann im Pongau, A-5600 / Salzburg — 962

- Kastenhof
- Kastenhofweg 6
- ☎ FAX +43 (0)6412-5490
- 1/1 - 31/12
- @ info@kastenhof.at

2ha 40T(80m²) 15A CEE

1. ADGIJKLMPQ
2. CGKLRTVWXY
3. ABFGHJPRUVW
4. LN(Q+R)
5. ABDFGIJKLMNOPUW
6. CDEGIJ(N 0,5km)OSTV

💬 Gastvrije, gunstig en zonnig gelegen camping met prachtig uitzicht op de bergen en op loopafstand van het centrum van St. Johann met modern sanitair en een uitgebreid wellness-programma. Hét uitgangspunt voor vele prachtige wandelingen en auto- en fietstochten. De camping ligt aan de 'Tauernradweg'.

🚗 A10, afslag 46 Bischofshofen. Dan ri Zell am See B311 tot afslag St. Johann im Pongau/Grossarl/Hüttschlag. Onder viaduct door; brug over; 1e weg li. Na 150m ingang camping.

CC €16 1/5-30/6 1/9-18/10   N 47°20'29'' E 13°11'53''

St. Martin bei Lofer, A-5092 / Salzburg — 963

- Park Grubhof
- St. Martin 39
- ☎ +43 (0)6588-8237
- FAX +43 (0)6588-82377
- 24/4 - 1/11, 4/12 - 11/4
- @ home@grubhof.com

10ha 190T(< 180m²) 10A CEE

1. ADGIJKLMOPQ
2. CGKLRUVWXY
3. BFHIJKNRUVWX
4. (A 1/7-1/10) LNP (Q+S+T+U+V+X+Y 1/1-11/4,24/4-1/11) Z
5. ABDFGIJKLMNOPSUWXYZ
6. ACDEGIK(N 1km)OT

💬 Idyllisch gelegen in een oud park pal aan de rivier. Met een prachtig uitzicht op de bergen. Ideaal voor fietsers en wandelaars. Moderne toiletgebouwen en mega-comfort staanplaatsen (tot 200 m²). Aparte velden voor gezinnen, mensen zonder kinderen en hondenbezitters. Met liefde, zorg en enthousiasme geleid door de familie Stainer. Sauna, wellness en wintercamping.

🚗 Van B312 in Lofer afslaan richting Zell am See (B311). Na 1 km li. Cp wordt met borden aangegeven.

CC €18 6/1-11/4 24/4-30/6 1/9-1/11   N 47°34'27'' E 12°42'21''

St. Peter am Kammersberg, A-8842 / Steiermark — 964

- Bella Austria★★★★
- Peterdorf 100
- ☎ +43 (0)3536-73902
- FAX +43 (0)3536-73912
- 28/3 - 27/9
- @ info@camping-bellaustria.com

5,5ha 70T(110m²) 10A CEE

1. AGIJKLMOPRS
2. CKLRTUVWX
3. ABGHJKNRUW
4. (A) (C+H 15/6-10/9) N (Q+U+Y) Z
5. ABCDEFGIJKLMNOPUWXY
6. EGJ(N 2km)RTV

💬 Camping aan de rand van de bossen in het Katschtal in de Steiermarken op 1 km van het dorpje St. Peter am Kammersberg. Camping heeft comfortplaatsen en een mooi zwembad. Ook is er een goed restaurant.

🚗 Via B99 richting Tamsweg, de Turracher Bundesstrasse (B95) ri Ramingstein, Predlits, Falkendorf naar Murau. Door Murau naar Frojack Katsch, Peterdorf en Bella Austria.

CC €16 28/3-30/6 1/9-27/9   N 47°10'49'' E 14°12'55''

St. Primus, A-9123 / Kärnten

965

- Camping Breznik - Turnersee
- ☎ +43 (0)4239-2350
- FAX +43 (0)4239-235032
- 12/4 - 4/10
- @ info@breznik.at

7,5ha 204T(80-110m²) 10A

1. ACD**G**HIJKLMOPQ
2. DFLRVWXY
3. BF**H**JKN**O**RU**W**Z
4. (A 20/6-30/8)
   (Q+S 28/4-21/9)
   (T 24/5-14/9) (U 1/5-13/9)
   (V 17/5-6/9) (Y 1/7-10/9)
5. A**B**CDEFGHIJKLMNOPRU
   WXYZ
6. ACFG**IK**(N 1km)OPRSTVW

CC €16 12/4-30/6 1/9-4/10

💬 Direct aan westoever van warme Turnersee. Ligweide, goede zwemmogelijkheden. Open en schaduwplaatsen. Prima voorzieningen. Goede wandel- en fietsmogelijkheden. Leuke stadjes, berglandschap, watervallen. Campingrestaurant. Eetmogelijkheden in de omgeving. Mondaine Klopeinersee op korte afstand.

🚗 Vanaf Klagenfurt A2, afslag 298 Grafenstein, B70 richting Völkermarkt, dan richting Tainach/St. Kazian. Campingborden Turnersee volgen. Vanaf Graz A2, afslag 278 Völkermarkt-Ost.

N 46°35'9" E 14°33'59"

St. Veit im Pongau, A-5621 / Salzburg

966

- Sonnenterrassencamping St.Veit im Pongau****
- Bichlwirt 12
- ☎ +43 (0)6415-57333
- 1/1 - 31/12
- @ office@sonnenterrassen-camping-stveit.at

2ha 64T(80-100m²) 16A CEE

1. A**G**IJKLMPQ
2. **G**JKRTUVWX
3. ABD**F**HJRU
4. (A 15/6-15/9)
   (Q+R+T+U)
5. A**B**DEFGIJLMNOPUWXYZ
6. ACFG**K**(N 1,5km)OSUV

CC €16 20/4-30/6 1/9-31/10

💬 Prachtige, zonnig gelegen terrassencamping met zeer moderne sanitaire voorzieningen. Centraal gelegen voor uitstapjes naar o.a. Salzburg, de Grossglockner, de Liechtensteinklamm, de Eisriesenwelt of zwemmen in de vele Thermen of lekker fietsen op het Tauernfietspad. In de winter: alle vormen van wintersport.

🚗 A10, afslag 46 Bischofshofen. Dan B311 ri Zell am See via St. Johann im Pongau, tot afslag St. Veit. De camping ligt na 500m rechts van de weg.

N 47°19'30" E 13°10'2"

Stams, A-6422 / Tirol

967

- Eichenwald
- Schiesstandweg 10
- ☎ FAX +43 (0)5263-6159
- 1/1 - 30/9, 1/12 - 31/12
- @ info@tirol-camping.at

5ha 100T(70-100m²) 16A CEE

1. A**G**IJKLMOPQ
2. BCFGJKLRTUVWXY
3. B**F**GHJKLNRU**W**
4. (A 10/7-20/8) (C 1/5-30/9)
   (H 1/5-31/8) **N**(Q+R)
   (T+U+V+Y 1/5-30/9) Z
5. A**B**CDFGHIJKLMNOPRUW
   XYZ
6. CDEG**IK**(N 0,5km)OTUV

CC €16 1/1-30/6 1/9-30/9

💬 Terrasvormige, centraal gelegen camping in het dal van de Inn biedt schaduwrijke en ruime plaatsen. Rond Stams, waar koningen en keizers hun vakantie doorbrachten, zijn vele mogelijkheden voor een actieve vakantie (zwemmen, paardrijden (sneeuw) wandelen, golf, skiën, langlauf, bergbeklimmen (3000 routes). Eichenwald in het Oberinntal is de plek voor rust, ontspanning en avontuur.

🚗 Reutte, Fernpass, Nassereith, Mieming, richting Mötz/Stams. Camping met borden aangegeven.

N 47°16'32" E 10°59'10"

Steindorf, A-9552 / Kärnten ♿ 📶 iD 968

- Seecamping Laggner★★★★
- Strandweg 3
- ☎ +43 (0)650-7300706
- 1/5 - 30/9
- @ heidi.hinkel@gmail.com

1ha 38T(60-90m²) 10A

1 **A**FIJKLOPQ
2 DFGIKLMRVWXY
3 FHJ**M**RWZ
4 (Q+T+U+Y ⌂)
5 **A**DFGIJKLMNOP**R**UW
6 AEGK(N 0,2km)

💬 Fraaie camping met ligweide. Veel zon en schaduw, direct gelegen aan de Ossiacher See. Inclusief WiFi. Sanitair incl. voorzieningen voor gehandicapten, bakkerij aanwezig. Mogelijkheden voor watersport, tennis, fietsen, wandelen. Terras, restaurant en natuurgebied in de buurt.

🚗 A10 Salzburg-Villach, afrit Ossiacher See B94 ri Nordufer en Feldkirchen. Na 15 km rechts ri Ossiach over spoor en vervolgens rechts terug ri Steindorf. Ca. 900m links na Gasthof ri Strandweg 3.

CC €16 11/5-30/6 1/9-20/9   M   N 46°41'40'' E 14°0'34''

Steindorf/Stiegl, A-9552 / Kärnten 📶 iD 969

- Seecamping Hoffmann
- Uferweg 65
- ☎ +43 (0)4243-8704
- FAX +43 (0)4243-8704100
- 1/5 - 30/9
- @ info@seehotel-hoffman.at

1ha 50T(70-90m²) 16A

1 **A**GIJKLMOPQ
2 DFGJKLMNRTVWXY
3 **B**EF HIJKL**M**RWZ
4 (A ⌂) **N**(Q+R ⌂)
  (T 1/7-7/9) (U+Y ⌂)
5 **AB**EFGJLNPUW
6 AEGK(N 1km)V

NIEUW

💬 Kleine terrassencamping omgeven door oude bomen, direct aan het Ossiacher meer. Geschikt als uitvalsbasis voor uitstapjes, WiFi gratis. Restaurant op 100m.

🚗 A10 Salzburg-Villach afslag Villach/Ossiachersee, B94 richting Feldkirchen. In Steindorf borden volgen.

CC €16 1/5-30/6 1/9-30/9   M   N 46°41'42'' E 13°59'48''

Strassen, A-9918 / Tirol ⛷ 📶 iD 970

- Camping Lienzer Dolomiten★★★
- Tassenbach 23
- ☎ +43 (0)4842-5228
- FAX +43 (0)4842-522815
- 1/1 - 31/12
- @ camping-dolomiten@gmx.at

2ha 75T(80-120m²) 6-16A CEE

1 **A**GIJKLMPQ
2 GKRTUVWX
3 **A**HJN**W**
4 (B 1/6-30/9) (Q ⌂)
5 **AB**DFGIJKLMNOPUWZ
6 CEGIJ(N 2km)

💬 Camping in de Dolomieten, op het kruispunt van 4 dalen, met een prachtig uitzicht, ideaal voor wandel- en fietstochten. Mooi biotopisch zwembad. Nieuwe douches. WiFi gratis.

🚗 München-Kufstein-Mittersill-Felbertauernstraße-Lienz richting Sillian, 3 km voor Sillian Strassen/Tassenbach. Geen vignet.

CC €16 1/3-30/6 1/9-31/10 7=6, 14=12, 21=18   M   N 46°44'47'' E 12°27'49''

Traisen, A-3160 / Niederösterreich ⟨971⟩

▲ Terrassen-Camping Traisen
🛏 Kulmhof 1
☎ +43 (0)2762-62900
📠 +43 (0)2762-629004
⏲ 15/2 - 15/11
@ info@camping-traisen.at

2,1ha 30T(60-80m²) 6A CEE

1 A**G**IJKLMO**P**Q
2 GJLRVWXY
3 BHJKNRU
4 (A 1/7-31/8) (C 15/5-30/9)
(Q 1/6-30/9) (R 🔑)
(T 15/5-15/9) Z
5 **AB**DGJLN**P**RUW
6 CEG**IJ**(N 0,4km)OT

CC €16 15/2-30/6 1/9-15/11   N 48°2'33" E 15°36'11"

Sankt Veit an der Gölsen
Lilienfeld
B214

Tulln an der Donau, A-3430 / Niederösterreich ⟨972⟩

▲ Donaupark Camping Tulln
🛏 Donaulände 76
☎ +43 (0)2272-65200
📠 +43 (0)2272-65201
⏲ 1/4 - 15/10
@ camptulln@oeamtc.at

10ha 90T(80-100m²) 6A CEE

1 ACDGIJKLMO**P**Q
2 CDGLRWXY
3 BJ**K**M**N**Q**R**WZ
4 J(R+T+U+X+Y 15/4-15/10)
5 **AB**DFGIJKLMNOPUW
6 CDEG**IJ**(N 1km)OSTV

CC €18 1/4-30/6 1/9-15/10   N 48°19'59" E 16°4'8"

B19 B4 Stockerau
Tulln an der Donau S5
Wien

Villach/Landskron, A-9523 / Kärnten ⟨973⟩

▲ Seecamping Berghof★★★★★
🛏 Ossiacher See Süduferstraße 241
☎ +43 (0)4242-41133
📠 +43 (0)4242-4113330
⏲ 4/4 - 18/10
@ office@seecamping-berghof.at

10ha 430T(80-150m²) 10A CEE

1 ACD**G**IJKLMOPQ
2 ADFGJKLRVWXY
3 BCHJK**L**M**N**Q**R**UW**Z**
4 (A 15/6-10/9) J(Q+S 🔑)
(T 1/7-31/8) (U 🔑)
(V 8/6-10/9) (Y 🔑)
5 **AB**DEFGIJKLMNOPQ**RS**U
WXYZ
6 ACDEG**IK**(N 2km)OPQRTV
W

CC €16 4/4-14/6 7/9-18/10   N 46°39'12" E 13°56'0"

Feldkirchen in Kärnten
B98 B94
A10 Villach A11
A2 B83

Waidring, A-6384 / Tirol   🆔 **974**

- ▲ Camping Steinplatte GmbH
- 🏠 Unterwasser 43
- ☎ +43 (0)5353-5345
- FAX +43 (0)5353-5406
- 🔑 1/1 - 31/12
- @ info@camping-steinplatte.at

4ha 220T 10A

1. **A**CD**G**HIJKLMOPQ
2. DGKLNRTVWX
3. B**F**HJK**MO**QRTUZ
4. (A 1/7-31/8) **N**
   (Q+R 1/1-1/11,1/12-31/12)
   (T+U+V+X+Y
   1/1-31/10,1/12-31/12) Z
5. **AB**DFGIJKLMNOPUWZ
6. ACEG**K**OSV

💬 Rustige camping aan klein meer met prachtig uitzicht op Loferer Steinberg. Ideaal beginpunt voor wandel- en fietstochten. Talrijke mogelijkheden op sportief gebied en voor de vrije tijd. Gezellig en lekker eten in het restaurant.

🚗 Vanuit het noorden D, NL tolvrij: München - afrit Oberaudorf, B172 via Walchsee en Kössen tot Erpfendorf. Dan richting Lofer tot Waidring. Vanuit het westen: Inntalautobahn - Afrit Wörgl Ost tot St. Johann, dan richting Waidring.

CC €18   12/1-30/6   1/9-24/12   N 47°35'0" E 12°34'59"

Walchsee, A-6344 / Tirol   🆔 **975**

- ▲ Ferienpark
  Terrassencamping Süd-See★★★★
- 🏠 Seestraße 76
- ☎ +43 (0)5374-5339
- FAX +43 (0)5374-5529
- 🔑 1/1 - 31/12
- @ info@terrassencamping.at

11ha 150T(70-115m²) 16A

1. **A**GIJKLMO**PQ**
2. DFJKLMRSTVWXY
3. B**F**HJ**OP**STWZ
4. (A 1/7-31/8) (Q 🔑)
   (R+T+U+X+Y
   1/1-31/10,1/12-31/12)
5. **AB**DEFGIJLMNOPUWXYZ
6. ACDEGIJK(N 2km)OU

💬 Ideale camping 's zomers en 's winters in wandel-, fiets- en loipenparadijs 'Kaiserwinkl'. Alle standplaatsen met fantastisch uitzicht op meer. Nieuwe, moderne sanitairgebouwen met gratis warm water en éénpersoons cabines. Restaurant, minimarkt en ligweide aan het meer ('s zomers 24°C). Rustige ligging, gehele jaar geopend, ook seizoenplaatsen. Tolvrij naar Walchsee.

🚗 B172 van Niederndorf naar Kössen. Voor dorp Walchsee rechts camping met borden aangegeven.

CC €18   10/1-30/6   1/9-15/12   N 47°38'26" E 12°19'26"

Weer, A-6114 / Tirol   🆔 **976**

- ▲ Alpencamping Mark★★★★
- 🏠 Bundesstraße 12
- ☎ +43 (0)5224-68146
- FAX +43 (0)5224-6814666
- 🔑 1/4 - 31/10
- @ alpcamp.mark@aon.at

2ha 95T(80-130m²) 10A

1. **A**GIJKLMO**PQ**
2. FGIKLRUVY
3. AHJ**MNO**PRU
4. (**A** 1/7-31/8)
   (C+H 1/5-15/9) (Q+R 🔑)
   (T+U 20/5-15/9)
   (Y 20/5-1/9)
5. **AB**CDFGHIJKLMNOPRUW
   Z
6. ACEGH**IK**(N 0,2km)PUV

💬 Openluchtzwembad en klimwand op de camping aanwezig. Eigen paardenfokkerij (Haflinger). Een 'Alpin- en Freizeitschule' direct op de camping.

🚗 Vanuit Innsbruck richting Kufstein, afrit 61 Wattens. Vanuit Kufstein richting Innsbruck, afrit 49 Schwaz of 53 Vomp, dan naar Weer. Zeer eenvoudig te bereiken.

CC €16   1/4-30/6   1/9-31/10   N 47°18'23" E 11°38'57"

Wertschach bei Nötsch, A-9612 / Kärnten

- Alpenfreude
- Wertschach 27
- ☎ +43 (0)4256-2708
- FAX +43 (0)4256-27084
- 1/5 - 30/9
- @ camping.alpenfreude@aon.at

5ha 150T(50-120m²) 16A CEE

1. A**G**IJKLMOPQ
2. FGJKLRTVWX
3. A**HMN**QRU
4. (A 1/7-25/8) (C+H 1/6-15/9)
   J(S ⌂)
   (T+U+V+W+X+Y 15/5-15/9)
5. **AB**FGIJKLMNOP**S**UWZ
6. ACDEGIJ(N 3,5km)OTV

977

💬 Prachtige, aan de zuidkant van de Gailtaler Alpen gelegen camping. Mooi, geheel vernieuwd, verwarmd zwembad. Ideaal om bergwandelingen te maken of om uitstapjes naar Italië of Slovenië te ondernemen. Maar 12 km van de Autobahn gelegen.

🚗 A10 Salzburg-Villach-Italië, afslag Hermagor B111. Na afslag Nötsch borden volgen.

CC €16 1/5-30/6 1/9-30/9

N 46°36'26'' E 13°35'26''

Westendorf, A-6363 / Tirol

- Panorama Camping
- Mühltal 70
- ☎ +43 (0)5334-6166
- FAX +43 (0)5334-6843
- 1/1 - 30/10, 17/12 - 31/12
- @ info@panoramacamping.at

2,2ha 90T(85-90m²) 12A

1. A**D**G**H**IJKLMOPQ
2. GJKRTVWXY
3. B**H**IJKLNRUV
4. (**A** 1/6-30/9)
   (C+H 20/5-15/9) JN
   (Q+R+U ⌂) (Y 1/6-31/12)
5. **AB**DFGIJKLMNOPUWXYZ
6. ACEG**I**K(N 1km)OTV

978

💬 Mooi aangelegde gezinscamping met vlak en goed verzorgd terrein. Voor sportliefhebbers voldoende mogelijkheden aanwezig. Westendorf ligt op 10 minuten loopafstand. Buitenbad te voet is 5 min. van de camping verwijderd. Westendorf is het topadres voor paragliding.

🚗 Inntal-autoweg, afrit 17 Wörgl, naar Westendorf (Brixental).

CC €16 7/4-30/6 1/9-28/10

N 47°25'58'' E 12°12'7''

Zell im Zillertal, A-6280 / Tirol

- Campingdorf Hofer
- Gerlosstraße 33
- ☎ +43 (0)5282-2248
- FAX +43 (0)5282-22488
- 1/1 - 31/12
- @ info@campingdorf.at

1,6ha 100T(80-100m²) 6A CEE

1. ACD**G**IJKLMOPQ
2. GKLRVX
3. A**F**HJ**MR**T**UW**
4. (A 1/6-15/9) (D 1/4-15/10)
   (Q+S ⌂)
   (T+U+Y 1/1-14/10,1/11-31/12)
5. **AB**DFGIJKLMNOPUWZ
6. BCEGHOV

979

💬 Gezellige familiecamping met ca.100 ruime staanplaatsen. Centraal gelegen en op loopafstand van het centrum van Zell im Zillertal. Een overdekt en verwarmd buitenbad biedt verkoeling. In Zell een vrijetijdspark van 45.000 m² met talloze sport- en vrijetijdsmogelijkheden. Toeristenbelasting en milieuheffing zijn niet inbegrepen in het CampingCard ACSI-tarief.

🚗 Inntal-autoweg, afrit 39 Zillertal en op B169 naar Zell am Ziller (4e camping in het Zillertal).

CC €14 7/4-30/6 1/9-10/10

N 47°13'44'' E 11°53'10''

Tsjechië

Algemeen
Tsjechië is lid van de EU.

Tijd
In Tsjechië is het net zo laat als in Amsterdam, Parijs en Rome.

Taal
Tsjechisch, maar Duits en Engels worden vaak ook goed begrepen.

Grensformaliteiten
Veel formaliteiten en afspraken rond zaken zoals de benodigde reisdocumenten, autodocumenten, eisen aan uw vervoer- en verblijfmiddel, ziektekosten en het meenemen van dieren zijn niet alleen afhankelijk van het land van bestemming, maar ook van uw vertrekpunt en nationaliteit. Ook de lengte van uw verblijf speelt hierbij een rol. Het is onmogelijk om in het bestek van deze gids voor alle gebruikers de juiste en up-to-date informatie met betrekking tot deze zaken te garanderen.

Wij adviseren u om voor vertrek bij de bevoegde instanties na te gaan:
- welke reisdocumenten u nodig heeft voor uzelf en uw reisgenoten
- welke documenten u nodig heeft voor uw auto
- aan welke eisen uw caravan moet voldoen
- welke goederen u in en uit mag voeren
- hoe in geval van ongeval of ziekte de medische behandeling in uw vakantieland is geregeld en kan worden betaald
- of u huisdieren mee kunt nemen.

Neem lang van te voren contact op met uw dierenarts. Die kan u informatie geven over relevante vaccinaties, bewijzen daarvan en verplichtingen bij terugkomst. Ook is het verstandig om na te gaan of in uw vakantieland bepaalde voorwaarden gelden voor huisdieren in het openbare leven. Zo moeten in sommige landen honden altijd worden gemuilkorfd of achter tralies worden vervoerd.

Veel algemene informatie vindt u op ► www.europa.eu ◄ maar zorg dat u de informatie achterhaalt die op uw specifieke situatie van toepassing is.

Voor recente douaneverplichtingen kunt u contact opnemen met de vertegenwoordiging van uw vakantieland in het land waar u woont.

Valuta en geldzaken
De munteenheid is de Tsjechische kroon (CZK). Wisselkoers (september 2014):
€ 1 = CZK 27,50. Bij de grens kunt u geld wisselen bij het grenswisselkantoor, u kunt ook wisselen bij banken en reisbureaus. Op veel plaatsen (hypermarkten, benzinestations en restaurants) kunt u met de euro betalen.

Geldautomaat
In Tsjechië zijn er voldoende geldautomaten.

Creditcard
Veel restaurants, winkels en tankstations accepteren creditcards.

Openingstijden en feestdagen

Banken
Banken zijn open op werkdagen van 9.00 uur tot 12.00 uur en van 13.00 uur tot 17.00 uur.

Winkels
Open op werkdagen tot 18.00 uur, op zaterdag tot 13.00 uur.

Apotheken
In de steden vindt u voldoende apotheken. Praag heeft 24-uurs apotheken.

Feestdagen
Nieuwjaarsdag en stichting van Tsjechië, Pasen, 1 mei (Dag van de Arbeid), 8 mei (Bevrijdingsdag), 5 juli (Dag van Cyrillus en Methodius), 6 juli (Jan Hus-dag), 28 september (Nationale Feestdag), 28 oktober (Onafhankelijkheidsdag), 17 november (Vrijheids- en Democratiedag), 24 december (Kerstavond) en Kerst.

Communicatie

(Mobiele) telefoon
Het mobiele netwerk is goed in heel Tsjechië. Er is een 3G-netwerk voor mobiel internet.

WiFi, internet
WiFi is op steeds meer plaatsen beschikbaar.

Post
Open op werkdagen tot 17.00 uur en op zaterdagochtend.

Wegen en verkeer

Wegennet
De hoofdwegen zijn van goede kwaliteit. Rijden na zonsondergang is niet zonder risico's vanwege onverlichte voertuigen op de weg. Vanwege de vele files in de binnenstad van Praag is het raadzaam om de Park and Ride parkeerplaatsen aan de stadsrand te gebruiken en met de tram naar het centrum te gaan. De wegenwachtdienst (ÚAMK CR) kunt u dag en nacht bereiken: tel. 1230.

Verkeersvoorschriften

Maximale snelheid

Er geldt een absoluut alcoholverbod in het verkeer. Rechts heeft voorrang, behalve op de hoofdwegen. Verkeer op een rotonde heeft voorrang op verkeer dat de rotonde op wil rijden. Ongevallen met lichamelijk letsel of materiële schade moeten onmiddellijk aan de politie gemeld worden. Dimlicht is de gehele dag en het gehele jaar verplicht. U dient handsfree te telefoneren. Kinderen onder de 15 jaar dienen een fietshelm te dragen, oudere personen wordt de helm aangeraden. In geval van filevorming dient u naar de rechter- of linkerzijde van de weg te gaan, zodat er ruimte in het midden ontstaat voor hulpvoertuigen. Het gebruik van winterbanden wordt aangeraden tussen 1 november en 31 maart.

Navigatie
Signalering van vaste flitslocaties met behulp van navigatie of mobiele telefoon is niet toegestaan.

Caravan, camper
Het is verboden om met caravan of camper langs de openbare weg te overnachten. Voor campers boven de 3,5 ton wordt tol berekend per gereden kilometer middels een elektronisch kastje. Nadere informatie zie ▶ www.premid.cz ◀

Toegestane afmetingen
Hoogte 4m, breedte 2,55m en lengte van auto en caravan 18,75m.

Tol
Op autowegen en snelwegen dient u een vignet te hebben. Bijna alle wegen naar Praag vallen onder deze regeling. Er zijn vignetten te koop voor diverse perioden. U kunt het tolvignet aanschaffen bij de grensovergang, het postkantoor en grote benzinestations. Nadere informatie ▶ www.premid.cz ◀

Motorbrandstof
Alle soorten benzine zijn te verkrijgen in Tsjechië. Ook LPG is op veel plaatsen verkrijgbaar.

Tankstations
Benzinestations langs de snelwegen en in de grote steden zijn permanent geopend; elders meestal tot 19.00 uur. Bij de internationaal bekende pompstations in grotere steden kunt u met creditcard betalen.

Alarmnummer
112: het nationale alarmnummer voor politie, brandweer en ambulance.

Kamperen
In Tsjechië heeft kamperen een nostalgisch karakter, omdat de Tsjechen zelf nog veel met de tent kamperen. Maar de campings ontwikkelen zich: er komen steeds meer afgebakende staanplaatsen, stroom is bijna

overal voorhanden, het aantal service-stations voor campers neemt toe en meer en meer campings hebben WiFi voor hun gasten.

Praktisch
- Zorg dat u altijd een verloopstekker (wereldstekker) bij u heeft.
- Gebruik liever (mineraal)water uit flessen dan leidingwater.

Cerná v Pošumaví, CZ-38223 / Jihocesky kraj ♿ 📶 iD 980

▲ Camping Olšina***
☎ +420 608029982
⌕ 20/4 - 10/10
@ info@campingolsina.cz

5,5ha 300T 10A CEE

1 AB**G**IJKLMOPQ
2 ABDJKLORXY
3 AKR**W**Z
4 (R+T+X 🔒)
5 **AB**GIJKLMN**P**UW
6 EG**I**K(N 1,5km)TV

💬 Gezellige, sfeervolle camping, voor een deel in het bos, terrasvormig, aflopend naar een rustig deel van het Lipnomeer. Op loopafstand van Cerná v Pošumaví. Op 20 km ligt de historische stad Ceský Krumlov. Er is gratis WiFi op de camping.

🚗 Vanuit Cerná v Pošumaví richting Ceský Krumlov. Na ca. 1 km naar links. Camping staat met borden aangegeven.

CC €16   20/4-30/6   23/8-10/10   7=6, 14=12   Ⓜ   📷 N 48°44'46'' E 14°7'0''

Cheb/Podhrad, CZ-35002 / Karlovarsky kraj ♿ 📶 iD 981

▲ Camping am See "Václav"*****
🏠 Všeborská 51
☎📠 +420 354435653
⌕ 27/4 - 13/9
@ info@kempvaclav.cz

5ha 150T(100-200m²) 10A

1 AB**G**IJKLMPQ
2 ADFGIJKLMORTUVWXY
3 AB**F**HJN**OPQ**RUW**Z**
4 (A 5/7-23/8) J
   (Q+R+T+U+X 🔒) Z
5 **AB**DEFGIJKLMNOPUWXYZ
6 ACDEGIK(N 4km)TV

💬 Prachtige, rustig gelegen camping aan stuwmeer. Vlak over de grens met Duitsland. Uitstapjes naar historische steden in de buurt. Gelegen in een driehoek van kuuroorden. Tevens heeft de camping een recreatieruimte met grootbeeld-tv. U kunt op deze camping in euro's afrekenen.

🚗 Van Cheb 5 km zuidoost richting Podhrad en Lipová. In Podhrad links afslaan. Vanaf hier camping aangegeven. Nog 1,5 km tot aan het Jesenice-meer. Of vanuit Praag afslag 164 en daarna Podhrad volgen.

CC €16   27/4-5/7   24/8-13/9   Ⓜ   📷 N 50°3'0'' E 12°24'43''

Chvalsiny, CZ-38208 / Jihocesky kraj 👨‍👩 📶 iD 982

▲ Camping Chvalsiny
🏠 Chvalsiny 321
☎ +420 380739123
⌕ 17/4 - 15/9
@ info@campingchvalsiny.nl

7,5ha 150T(120-150m²) 6A CEE

1 AB**G**IJKLMOPQ
2 ACDJKLMRSVWX
3 ADGHJNRUWXZ
4 (**A** 17/4-1/7,22/8-15/9)
   (B 15/6-31/8)
   (Q+R+T+U+V+X 1/6-30/8)
5 **AB**EFGIJKLMNO**PQ**UW
6 ACEGK(N 0,4km)TV

💬 Verzorgde terrascamping met schitterend uitzicht, tussen bossen en Chvalsiny met specifieke Tsjechische uitstraling. Vismeertje, zwembad, gratis WiFi. Uitgezette wandelroutes. Cesky Krumlov op 10 km, kasteel en historische straatjes. Nederlandse eigenaren.

🚗 Van Ceské Budejovice naar Ceský Krumlov. Na Ceský Krumlov na ca. 3 km richting Chvalsiny. Campingborden met 'NL' volgen. Weg 39 Ceské Budejovice ri Lipno. Ca. 3 km na Ceský Krumlov campingborden NL volgen.

CC €16   17/4-30/6   22/8-15/9   Ⓜ   📷 N 48°51'36'' E 14°12'53''

Dvur Králové n. L., CZ-54401 / Kralovehradecky kraj — 983

- Safari Kemp
- Stefanikova 1029
- ☎ +420 499311215
- FAX +420 499320564
- 1/1 - 31/12
- @ safarikemp@zoodvurkralove.cz

2ha 50T(100-150m²) 6A CEE

1 ABCGIJKLMOPQ
2 GKLRTWXY
3 ABEKMOPQRT
4 (C 1/6-30/9) K
   (Q+R+T+V 1/6-30/9)
   (W+X)
5 ABDFHMNOPUWXYZ
6 EGIKM(N 1,5km)OT

💬 Op de camping vindt u een zwembad en jacuzzi, een winkel, fietsverhuur, een wasruimte, kinderspeelplaatsen. U heeft toegang tot een uitkijkplatform om de dieren van de naastgelegen dierentuin te zien. U heeft daarnaast gratis toegang tot de dierentuin tijdens uw verblijf.

🚗 Weg 33 Hradec Králové-Jaromer. Weg 37 richting Trutnov tot aan afslag Dvur Králové. Daar weg 300 naar centrum en Safaripark. Ingang is bij parking Zoo.

CC €18 1/5-4/6 1/9-30/9   N 50°25'59" E 15°47'48"

Frymburk, CZ-38279 / Jihocesky kraj — 984

- Camping Frymburk****
- 184
- ☎ +420 380735284
- 24/4 - 20/9
- @ info@campingfrymburk.cz

3,5ha 170T(60-120m²) 6A

1 AGIJKLMOPQ
2 DGIJKLMNRVWX
3 BHJKNRUWZ
4 (Q+R+T+U+X 10/5-15/9)
5 ABGIJKLMNPRSUWXYZ
6 CEGIK(N 1km)RTV

💬 De camping (met Nederlandse leiding), ligt direct aan het Lipnomeer in het grootste natuurgebied van Tsjechië. Op loopafstand van het historische dorpje Frymburk, waar u goed en voordelig kunt eten. Er is internet en WiFi op de camping. Vraag de camping naar extra voordeel in het voor- en naseizoen.

🚗 De camping ligt aan weg 163, 1 km ten zuiden van Frymburk aan het Lipnomeer.

CC €16 24/4-30/6 23/8-20/9   N 48°39'20" E 14°10'13"

Hluboká nad Vltavou, CZ-37341 / Jihocesky kraj — 985

- Camping Kostelec
- Kostelec 8
- ☎ +420 731272098
- 1/5 - 15/9
- @ info@campingkostelec.nl

1,5ha 50T 10A CEE

1 ABGIJKLMOPQ
2 JKRTVWX
3 ADGJNRUW
4 (A 1/6-1/9)
   (B+Q+R+T+U 1/6-31/8)
5 ABCFGIJKLMNOPUWZ
6 EGIK(N 0,8km)V

💬 Op camping Kostelec, met Nederlandse eigenaar, geniet men van de rust die het weidse landschap van akkers en bossen u biedt. Goed begeleide wandelroutes en voor de sportieve fietser prima fietsroutes nabij de camping.

🚗 Aan weg 105 staat de camping zowel in Týn nad Vltavou als in Hluboká nad Vltavou met campingborden goed aangegeven.

CC €14 1/5-6/7 23/8-15/9 14=13, 21=19   N 49°8'15" E 14°28'21"

Nové Strasecí, CZ-27101 / Stredocesky kraj 986

- ▲ Bucek****
- 🏠 Trtice 170
- ☎ +420 313564212
- 🕒 1/5 - 6/9
- @ info@campingbucek.cz

4,5ha 100T(> 100m²) 6A

1. **A**G**IJ**LPQ
2. **AB**DFGLRTVWX
3. **B**HJNRUZ
4. (**F**+Q+U+X 🔒) Z
5. **AB**GIJMNP**S**UWXY
6. EG**IJ**(N 2km)RV

Camping Bucek is 5 ha groot, waarvan 1 ha bos. De 100 plaatsen zijn van 100 tot 130 m². De camping ligt aan een meer, waarin u kunt waterfietsen, surfen en/of zwemmen. Er is ook een watertrampoline. Op het terrein is een overdekt, verwarmd zwembad. Er wordt Nederlands, Duits, Engels en Tsjechisch gesproken.

🚗 Camping ligt aan de E48/6, 35 km ten westen van Praag. Ri Karlovy Vary, 4,5 km voorbij Nové Strasecí. Vanaf Revnicov ri Praag. Na 2 km li-af.

CC €14 1/5-4/7 24/8-6/9   N 50°10'12" E 13°50'20"

Opatov (Okr. Trebíc), CZ-67528 / Kraj Vysocina 987

- ▲ Vídlák
- 🏠 Opatov 322
- ☎ +420 736678687
- 🕒 15/4 - 15/10
- @ campingvidlak@tiscali.cz

2ha 50T(150-250m²) 10A CEE

1. A**B**GIJKLMO**P**Q
2. **B**CDKRWX
3. **A**HJRUZ
4. (Q 1/6-20/8)
5. **A**DGIJKLMNOPUWZ
6. **A**DEGIJ(N 2km)V

Mooi gelegen, rustige familiecamping met 50 plaatsen aan het meer Vidlák, onder Nederlands beheer, gelegen in de driehoek Telc-Jihlava-Trebic. Ruime staanplaatsen, modern sanitair, gastenhuiskamer met internet, toeristische informatie en kleine bibliotheek. Zwemmen in het geleidelijk aflopend meer, ideaal voor kinderen, wandelen, kampvuur maken.

🚗 Weg E59/38 van Jihlava richting Znojmo. Na ongeveer 20 km in Dlouhá Brtnice richting Opatov. Campingborden volgen.

CC €16 15/4-11/7 28/8-15/10 14=11   N 49°12'32" E 15°39'22"

Planá u Mariánských Lázní, CZ-34815 / Plzensky kraj 988

- ▲ Camp Karolina****
- 🏠 Brod nad Tichou
- ☎ +420 777296990
- 🕒 1/5 - 30/9
- @ office@camp-k.cz

3ha 92T(70-100m²) 10A

1. **A**GIJKLMPQ
2. **B**CKLRTX
3. **A**BHJNRU
4. (**B**+Q 1/7-31/8) (T 🔒) Z
5. **A**DGIJKLMNOPUZ
6. **E**GK(N 6km)

Een geweldige camping met gemotiveerde eigenaar die zelf barbecues organiseert. Aan het eind van een korte weg vindt u een klein paradijs. Op deze camping kunt u met euro's betalen.

🚗 Vanuit Planá weg 21 richting Bor. Duidelijke bewegwijzering d.m.v. campingborden.

CC €14 1/5-7/7 24/8-30/9   N 49°49'13" E 12°45'12"

989 — Praag 8/Dolní Chabry, CZ-18400 / Praha

- Triocamp★★★
- Ústecká (Obsluz 043)
- ☎ +420 283850793
- 1/1 - 31/12
- @ triocamp.praha@telecom.cz

1ha 65T 6A

1. **ACG**IJKLM**PQ**
2. **F**GIRTX
3. BMN
4. (B 15/5-1/9) (R+T+X)
5. **A**GIJKLMNOPU
6. EG**J**(N 1km)ORV

💬 Dicht bij Praag gelegen camping. Ruime, schaduwrijke plaatsen. Zwembad van 7,50 x 3,50 x 1,20m.

🚗 Vanuit centrum D8/E55 richting Teplice, afrit Zdiby, via 608 naar Dolní Chabry. Na 3 km rechts.

€18 1/1-19/6 18/8-31/12

N 50°9'9'' E 14°27'1''

990 — Praag 9/Dolní Pocernice, CZ-19012 / Praha

- Sokol Praha★★★★
- Národních hrdinů 290
- ☎ +420 777553543
- FAX +420 281931112
- 1/4 - 31/10
- @ info@campingsokol.cz

2,5ha 39T(> 80m²) 16A CEE

1. **ACG**IJL**PQ**
2. **F**GRWX
3. KN**Q**RU
4. (B+Q+R+T+X+Y)
5. **AB**GIJKLMNOPUW
6. CEG**IJ**(N 10km)OQRTV

💬 In landelijk gebied gelegen camping. Naar Praag met openbaar vervoer of busje van de camping. Goed restaurant.

🚗 Camping in oostelijk deel van Praag. E65/67 richting Hradec Králové/Kolin afrit Dolní Pocernice. Camping wordt met borden aangegeven.

€16 1/4-4/7 22/8-31/10 7=6, 14=12

N 50°5'18'' E 14°35'0''

991 — Strázov, CZ-34021 / Plzensky kraj

- u Dvou Orechu
- Splz 13 Strázov
- ☎ +420 602394496
- 25/4 - 30/9
- @ info@camping-tsjechie.nl

2ha 30T(64m²) 10A CEE

1. **A**GIJKLM**PQ**
2. GIJKLRX
3. AHJU
4. (T 15/6-16/8) Z
5. **A**IJLMNOPUW
6. EIK(N 3km)

💬 In de heuvels van de Sumava gelegen, kleine camping. Met onze gratis routes ontdekt u al wandelend, fietsend of met de auto, de natuur, vele verscholen dorpjes en stoere kastelen in het Bohemerwoud. Camping met ruime plaatsen, net sanitair, gratis WiFi, gezellige bar, persoonlijke benadering en Nederlandse leiding.

🚗 Van Klatovy weg 191 richting Nýrsko, daarna weg 171 richting Strázov. In Strázov rechts. R. Depoltice/Divisovice links aanhouden. Na 2 km Spliz/Hajek.

€16 25/4-5/7 24/8-30/9

N 49°16'53'' E 13°14'24''

Vrané nad Vltavou/Praag, CZ-25246 / Stredocesky kraj 992

⛺ Camp Matyás
🏠 U Elektrarny 100
☎ +420 777016073
📅 1/4 - 15/10
@ campmatyas@centrum.cz

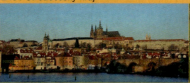

1ha 50T 10A

1. AB**G**IJKLMO**P**Q
2. CFGKLRWXY
3. BHJK**M**N**Q**R**U**WX
4. (**G** 1/6-30/9) **KLNOP**
   (Q+R 20/4-15/10)
   (T+Y 1/7-31/8)
5. **A**GIJKLMNOPUWZ
6. ACDEGK(N 0,5km)TVW

💬 Beveiligde, rustige familiecamping met hart voor kinderen en senioren, in mooi bergdal. Bij Moldau rivieroever. Stadstreintje brengt u in 30 minuten rechtstreeks naar centrum Praag. Station op loopafstand van de camping. Ook vlakke veilige fietsroute naar Praag centrum. Gratis WiFi en warm water.

🚗 Vanuit Dresden E55 en Ostatni Transit en Strakonice R4 volgen. Afslag Slapy/Zbraslav nemen en weg 101 volgen. Over Zbraslav brug borden volgen naar camping Matyás.

CC €12 1/4-10/7 27/8-15/10   N 49°55'58'' E 14°22'20''

Vranov nad Dyji, CZ-67103 / Jihomoravsky kraj 993

⛺ Camping Vranovská Pláž***
🏠 Vranovská Prehrada - Pláž 1
☎ +420 724101725
📅 1/5 - 30/9
@ recepce@vranovska-plaz.cz

13ha 440**T** 10A

1. ABC**F**IJKLM**P**
2. ABDKLMNRTWX
3. ABC**KM**N**Q**R**SV**W**Z**
4. **JKN**(Q+R 15/5-15/9)
   (V 1/7-31/8) (X 📅)
   (Y 1/7-31/8) Z
5. **ABF**GIJMN**P**UW
6. **E**KT

💬 Camping ligt op een licht hellend terrein, aflopend naar het meer van Vranov met een prachtig uitzicht op water en bossen. Modern sanitair. In het Podyji Nationaal Park zijn fiets- en wandelroutes tot in Oostenrijk. Uitstapjes naar Znojmo met zijn rijke historie, de kastelen van Vranov, Bitov en de ruïnes van Cornštejn.

🚗 Aan weg 408 van Znojmo naar Jemnice wordt de camping tussen Zalesi en Stitary met borden aangegeven. Geen navigatie via GPS volgen.

CC €10 1/5-12/6 1/9-30/9   N 48°54'54'' E 15°48'44''

Vrchlabí, CZ-54311 / Kralovehradecky kraj 994

⛺ Euro-Air-Camping
🏠 N14
☎ +420 491612605
📅 1/5 - 30/9
@ info@euro-air-camp.cz

4ha 90**T**(100-150m²) 10A

1. ABGIJKLMO**P**Q
2. BDGKLRTWXY
3. AMNR**TU**W
4. (B 1/6-30/8) (G 1/6-30/9)
   (Q+R 1/6-15/9) (Y 📅) Z
5. ABDFGIJMNO**P**UWZ
6. ADEGIK(N 2km)OTV

💬 Camping ligt bij het Reuzengebergte. Dit natuurpark is adembenemend mooi in elk seizoen. Verwarmd en ruim voldoende privé sanitair, gezellige kantine en restaurant met eerlijke prijzen. Aangrenzend een visrijk meertje.

🚗 Weg 14 Vrchlabí-Trutnov. Enkele km's voorbij centrum Vrchlabí aan rechterzijde van de weg, tegenover vliegveld Airoclub. Duidelijk aangegeven met borden.

CC €10 1/5-6/7 25/8-30/9   N 50°37'27'' E 15°38'26''

Zlatníky/Praag, CZ-25241 / Stredocesky kraj

△ Camping Oase Praag****
🏠 Libenská
📞 +420 241932044
📅 25/4 - 14/9
@ info@campingoase.cz

3ha 120T(100-180m²) 6-10A

1 **ABCG**IJKLMOPQ
2 FGRTVWXY
3 ABC**F**JN**OP**QRU
4 (A 🅟) (B 1/7-31/8) (F 🅟) (G 1/7-31/8) **KN**(Q+R 🅟) (T 1/7-31/8) (U+Y 🅟) Z
5 **AB**DEFGIJKLMNOPQRUW XYZ
6 ACEG**IK**(N 2km)OTV

CC €14 25/4-26/6 22/8-14/9

N 49°57'6" E 14°28'30"

📝 Rustige camping in agrarisch gebied. Vlak grasland met veel aanplant. Mooi binnen- en buitenzwembad. Modern sanitair, sauna, massage en whirlpool. Nederlands, Duits, Deens gesproken. Bushalte Praag bij ingang. Excursies naar Praag met meertalige gidsen. WiFi gratis tijdens voor- en naseizoen.

🚗 Ten zuiden van Praag R1 (Prazky Okruh) volgen, afslag 82 Jesenice. In Jesenice naar links ri Zlatníky. Daar bij rotonde links en camping is 500m na dorp. Aangegeven met borden.

995

Camping bezocht?
Laat een beoordeling achter en
maak kans op mooie prijzen!

www.CAMPINGCARD.com

Hongarije

Algemeen
Hongarije is lid van de EU.

Tijd
In Hongarije is het net zo laat als in Amsterdam, Parijs en Rome.

Taal
Hongaars, maar door veel Hongaren wordt ook Engels en Duits gesproken.

Grensformaliteiten
Veel formaliteiten en afspraken rond zaken zoals de benodigde reisdocumenten, autodocumenten, eisen aan uw vervoer- en verblijfmiddel, ziektekosten en het meenemen van dieren zijn niet alleen afhankelijk van het land van bestemming, maar ook van uw vertrekpunt en nationaliteit. Ook de lengte van uw verblijf speelt hierbij een rol. Het is onmogelijk om in het bestek van deze gids voor alle gebruikers de juiste en up-to-date informatie met betrekking tot deze zaken te garanderen.

Wij adviseren u om voor vertrek bij de bevoegde instanties na te gaan:
- welke reisdocumenten u nodig heeft voor uzelf en uw reisgenoten
- welke documenten u nodig heeft voor uw auto
- aan welke eisen uw caravan moet voldoen
- welke goederen u in en uit mag voeren
- hoe in geval van ongeval of ziekte de medische behandeling in uw vakantieland is geregeld en kan worden betaald
- of u huisdieren mee kunt nemen.

Neem lang van te voren contact op met uw dierenarts. Die kan u informatie geven over relevante vaccinaties, bewijzen daarvan en verplichtingen bij terugkomst. Ook is het verstandig om na te gaan of in uw vakantieland bepaalde voorwaarden gelden voor huisdieren in het openbare leven. Zo moeten in sommige landen honden altijd worden gemuilkorfd of achter tralies worden vervoerd.

Veel algemene informatie vindt u op
▶ *www.europa.eu* ◀ maar zorg dat u de informatie achterhaalt die op uw specifieke situatie van toepassing is.

Voor recente douaneverplichtingen kunt u contact opnemen met de vertegenwoordiging van uw vakantieland in het land waar u woont.

Valuta en geldzaken
De munteenheid is de forint (HUF). Wisselkoers september 2014: € 1 = HUF 315.
Met de euro kunt u op vele plekken betalen. In de meeste winkels kunt u niet met uw pinpas betalen. U kunt geld wisselen bij grenskantoren en banken.

Creditcard
U kunt met uw creditcard betalen bij de meeste restaurants, tankstations, autoverhuurbedrijven en grote supermarkten.

Openingstijden en feestdagen
Banken
Banken zijn maandag tot en met donderdag geopend tot 16.00 uur.

Winkels
De winkels zijn doordeweeks open tot 18.00 uur en op zaterdag tot 13.00 uur.

Apotheken
In Hongarije zijn apotheken geopend tussen 8.00 uur en 18.00 uur.

Feestdagen
Nieuwjaarsdag, 15 maart (Herdenking van de Revolutie van 1848), Pasen, 1 mei (Dag van de Arbeid), Pinksteren, 20 augustus (Dag van de Grondwet), 23 oktober (Dag van de Republiek), Allerheiligen, Kerst.

Communicatie
(Mobiele) telefoon
Het mobiele netwerk is goed in heel Hongarije. Er is een 3G-netwerk voor mobiel internet. Telefoonkaarten voor telefooncellen kunt u krijgen bij kiosken en postkantoren.

WiFi, internet
In heel het land vindt u internetcafés. Op campings is WiFi uitgebreid beschikbaar en veelal gratis.

Post
In het algemeen geopend op werkdagen tot 18.00 uur en op zaterdag tot 14.00 uur.

Wegen en verkeer
Wegennet
Indien u dringend hulp nodig heeft, bel dan naar de Hongaarse wegenwacht (MAK): tel. 188.

Verkeersvoorschriften
Rechts heeft voorrang, behalve op hoofdwegen. Bussen en trams hebben altijd voorrang.

Maximale snelheid

	90
	70
< 3,5 т	90
> 3,5 т	70
	130
	80
< 3,5 т	130
> 3,5 т	80

Er geldt een absoluut alcoholverbod in het verkeer. Let op: een groen knipperlicht bij de Hongaarse verkeerslichten betekent dat u zich gereed moet maken om te stoppen. Buiten de bebouwde kom is overdag dimlicht verplicht. U dient handsfree te bellen. Bij een verkeersongeluk dient u de politie op de hoogte te stellen. Let op: het centrum van Budapest is alleen toegankelijk voor zakelijk verkeer. Winterbanden zijn niet verplicht. Bij winterse omstandigheden moet u verplicht sneeuwkettingen in de auto hebben.

Navigatie
Signalering van vaste flitslocaties met behulp van navigatie of mobiele telefoon is toegestaan.

Caravan, camper
Reist u met caravan of camper, dan dient u tol te betalen middels een e-vignet. Voor tarieven en werking zie 'Tol'.

Toegestane afmetingen
Hoogte 4m, breedte 2,55m, lengte 12m.

Tol
In Hongarije wordt tol geheven door middel van een zogenaamd e-vignet. Bij het aanschaffen van een e-vignet wordt het kenteken van het voertuig geregistreerd, de controle wordt aan de hand van het kenteken uitgevoerd. Het is dus absoluut noodzakelijk om een e-vignet aan te schaffen vóór u een tolweg oprijdt! Alle snelwegen in Hongarije zijn tolwegen. Nadere informatie over e-vignet en tarieven zie ▶ *www.motorway.hu* ◀

U dient het e-vignet na verloop van de geldigheid nog 12 maanden te bewaren in verband met eventueel onterechte boetes. Het e-vignet is verkrijgbaar bij de grens en bij de meeste pompstations in Hongarije.

Motorbrandstof
Benzine en diesel worden vrij verkocht. Loodvrij wordt aangegeven als 'Bleifrei' of 'Ólommentes'. LPG is goed verkrijgbaar.

Tankstations
Tankstations zijn doorgaans geopend tussen 6.00 uur en 20.00 uur. U kunt vaak met creditcard betalen.

Alarmnummer
112: het nationale alarmnummer voor politie, brandweer en ambulance.

Kamperen
De grootste concentratie aan campings bevindt zich rondom het Balatonmeer. De sanitaire voorzieningen zijn van een redelijk niveau. Pluspunt is dat Hongaarse campings tot de goedkoopste van Europa horen.

Praktisch
- Gas is verkrijgbaar, maar u dient wel zelf in het bezit te zijn van een verloopnippel.
- Zorg dat u altijd een verloopstekker (wereldstekker) bij u heeft.
- Het leidingwater is veilig, maar als u het niet vertrouwt, gebruikt u dan (mineraal)water uit flessen.

Badacsonytomaj, H-8258 / Veszprém 996

- Tomaj Camping★★★
- Balaton u. 28
- +36 (06)-87-471321
- 1/5 - 30/9
- tomajcamping@t-online.hu

3,5ha 150T(80-100m²) 16A

1 **A**GIJKLO**P**RS
2 DGMRWXY
3 AJR**W**Z
4 (T)
5 **A**GIJKLMNOPUWZ
6 EGJ(N 0,7km)T

💬 Een echte Hongaarse camping. Je kunt gemakkelijk in het water komen om te zwemmen. Daarnaast een ideale camping voor vissers.

🚗 Vanaf weg 71 tussen km-paal 77 en 76 afslaan.

€12 1/5-30/6 1/9-30/9

N 46°48'16'' E 17°31'9''

Balatonszemes, H-8636 / Somogy 997

- Camping & Bungalows Vadvirág★★
- Lellei utca 1-2
- +36 (06)-84-360115
- 24/4 - 6/9
- vadvirag@balatontourist.hu

16ha 420T(60-100m²) 10A

1 ACD**G**IJKLOPRS
2 DFLMRVWXY
3 ABJK**MN**Q**R**UWZ
4 (B) (Q+R 1/5-6/9) Z
5 **A**FGIJKLNP**ST**UWZ
6 ACEGJ(N 5km)OQRTV

💬 Vadvirág (wilde bloem) is een van de grootste direct aan het Balatonmeer gelegen campings. De camping heeft een eigen, 600m lang, strand met daarop talrijke mogelijkheden voor sport en spel. Op de camping zijn fietsen, scooters en diverse sport- en speelartikelen te huur.

🚗 Z-kant van het Balatonmeer. Bij weg 7 tussen km-paal 132 en 133 of tussen 134 en 135 over spoor. Camping ligt aan het meer. Camping staat met borden aangegeven.

€10 24/4-27/6 22/8-6/9

N 46°48'3'' E 17°44'25''

Budapest, H-1106 / Pest 998

- Arena Camping & Guesthouse Budapest
- Pilisi utca 7
- +36 30-2969129
- 1/1 - 31/12
- info@budapestcamping.hu

0,7ha 40T 16A

1 A**G**IJKLMPQ
2 CFGRTWXY
3 AR
4 (Y)
5 ADGIJKLMNOPUWX
6 CEGIJKTV

💬 In het centrum van Budapest gelegen. Idyllisch, goed onderhouden groene en gastvrije camping. Kamperen in de stad op een rustige grasplek tussen bomen (veel schaduw). Gratis WiFi. Vernieuwd sanitair. Klantgerichte medewerkers. Uitgebreid informatiepakket voor Budapest. Op loopafstand van winkels, bank en universiteitskantine.

🚗 M1/M7 naar centrum, de Elisabethbrug (witte brug) over Donau, dan 8 km rechtdoor. Na cp-bord 500m rechtsaf, dan na 100m rechts.

€16 1/3-25/3 10/5-10/7 28/8-31/10

N 47°30'15'' E 19°9'30''

411

Budapest, H-1096 / Pest 📶 🆔 **999**

🏕 Haller Camping**
✉ Haller utca 27
☎ +36 (06)-20-3674274
🔓 10/5 - 30/9
@ info@hallercamping.hu

1,5ha 120T 16A

1 AGIJKLMPQ
2 FGRSX
4 (U+V+Y 🚿) Z
5 AGIJKLMNOPUW
6 CEGJK(N 0,5km)T

💬 In stadscentrum, prima ligging om Boedapest te bezoeken. Vriendelijk personeel. Gratis gebruik van stroom, wasmachine, warme douche, WiFi en infopakket. Schone douches. Klein restaurantje. Veilig, met bewaker. Metro 700m. Tram, supermarkten en winkelcentrum zijn heel dichtbij.

🚗 Vanaf het zuiden via M5 ri centrum. Op de eerste stadsring ri Lagymanyosi hid (brug). Voor de brug, bij groot inkoopcentrum (Lurdy-Ház) rechts. Cp staat aangegeven. Ingang ligt aan Óbester Utca.

CC €16   10/5-14/7   1/9-30/9   M 📍 N 47°28'33" E 19°4'59"

Budapest, H-1121 / Pest 📶 🆔 **1000**

🏕 Zugligeti 'Niche' Camping
✉ Zugligeti ut 101
☎ FAX +36 (06)-1-2008346
🔓 1/1 - 31/12
@ camping.niche@t-online.hu

2ha 90T(20-45m²) 4A CEE

1 ACD**G**IJKLMO**P**Q
2 BGHIJRTVY
3 U
4 (R 1/7-31/8) (T+X+Y 🚿) Z
5 **A**DGIJKLMNOPUW
6 CEGIJ(N 0,5km)OQRV

💬 Idyllisch gelegen driesterrencamping, goed sanitair. Iedere 20 minuten is er een bus naar het centrum. Prima uitvalsbasis om de stad te bezoeken. CampingCard ACSI-houders betalen slechts 3 euro extra p/p voor een uitstekend ontbijt.

🚗 Vanuit Oostenrijk via de M1 of vanaf Balaton of M7; afslag 14 Budakeszi. Vanaf de M0, deze volgen tot het einde dan weg nr 1 ri Budakeszi. Vanaf Budakeszi de cp-borden volgen. Vanuit de stad; ri Moszkva Tér dan de cp-borden volgen.

CC €16   1/3-10/4   5/5-30/6   1/9-31/10   M 📍 N 47°30'58" E 18°58'27"

Bükfürdö, H-9740 / Vas ♿ 📶 🆔 **1001**

🏕 Romantik Camping***
✉ Thermal krt. 12
☎ +36 (06)-94-358362
FAX +36 (06)-94-558051
🔓 1/1 - 31/12
@ info@romantikcamping.com

6ha 400T 12A

1 AC**G**IJKLMO**P**Q
2 GLRXY
3 AB**FKM**
4 (B 1/5-1/10) (U+Y 🚿)
5 ADGJLMNOPUW
6 EGJ(N 3km)OQRV

💬 De camping is het hele jaar open en biedt grote vrije, zelf uit te zoeken plaatsen met veel of weinig schaduw. De camping heeft een eigen zwembad, restaurant, invalidentoilet en gratis WiFi. Het thermaalbad van Bük ligt 400m van de camping. Reserveren is niet nodig.

🚗 Weg 87 of 84 richting Bük. In Bük borden richting Bükfürdö, dan bord 'Romantik Panzio és camping' volgen.

CC €14   1/5-4/7   23/8-30/9   7=6   M 📍 N 47°23'2" E 16°47'26"

Cserszegtomaj, H-8372 / Zala

🏕 Panoráma***
📧 Panoráma köz 1
☎ 📠 +36 (06)-83-330215
📅 1/4 - 31/10
@ matuska78@freemail.hu

1,4ha 50T(80-120m²) 10A

1. ABGIJKLMPRS
2. JKLRVWXY
3. AR
4. (B+Q 📩)
5. ADGIJLMNOPUWZ
6. CEG(N 3,5km)OT

1002

💬 Dicht bij de stad, maar ver van de stress. Op de rustige, uit zes terrassen en een vlak terrein bestaande camping heeft u een prachtig uitzicht over de kuurplaats Hévíz. De transferservice kan u naar het thermaalbad of het Balatonmeer brengen. Er is een zwembad en er is voldoende ruimte voor sport en spel. Bij de receptie is lokale rode wijn te koop.

🚗 Camping staat aangegeven op de weg van Keszthely naar Hévíz.

CC €10 16/4-15/7 1/9-31/10   N 46°48'29" E 17°12'44"

Gyenesdiás, H-8315 / Zala   ♿ 📶 iD **1003**

🏕 Wellness Park Camping
📧 Napfény 6
☎ +36 (06)-30-5487203
📠 +36 (06)-83-316483
📅 1/3 - 30/10
@ info@wellness-park.hu

2ha 80T(80-100m²) 16A

1. ACGIJKLMPQ
2. GRVWX
3. BFGJKMR
4. (B 15/5-15/9) KN (Q 1/5-30/9) (U+Y 1/5-31/8) Z
5. AGIJMNOPUW
6. CEGJ(N 1km)R

💬 Een kleine, rustige camping gelegen tussen het Balatonmeer en een heuvelachtig gebied. 1 km verwijderd van het strand. De camping beschikt over modern sanitair en een prima restaurant.

🚗 Op de weg 71 tussen paal 100 en 99 afslaan richting het meer.

CC €12 1/3-7/7 25/8-30/10   N 46°45'51" E 17°18'9"

Keszthely, H-8230 / Zala   ♿ 📶 iD **1004**

🏕 Balatontourist Camping & Bungalows Zala***
📧 Entz Géza sétány
☎ 📠 +36 (06)-83-312782
📅 17/4 - 4/10
@ zala@balatontourist.hu

7,2ha 300T(60-100m²) 10A

1. ABCGHIJKLMPQ
2. DLMRVWXY
3. AJKMRUVWZ
4. (B 15/5-15/9) G (Q+R+T+U+Y 1/5-4/10)
5. ABGIJKLMNOPUWZ
6. ACEGIK(N 3km)TV

💬 Schaduwrijke camping met ruime plaatsen, gelegen net buiten de toeristenstad Keszthely (met een prachtig kasteel), aan het Balatonmeer. Als campinggast vindt u in de stad talrijke muziek- en cultuurevenementen. Langs de camping loopt het Balaton fietspad.

🚗 Weg 71 tussen km paal 113 en 114 afslaan richting Keszthely. In Keszthely aangegeven met borden. (Keszthely Balatontourist). Na spoorwegovergang rechts aanhouden.

CC €10 17/4-27/6 22/8-4/10   N 46°44'47" E 17°14'38"

Komló-Sikonda, H-7300 / Baranya 〔1005〕

▲ Thermal Camping Mediano
🏠 Fürdő Utca 8
☎ 📠 +36 (06)-72-481981
📅 1/4 - 31/10
@ info@medianocamping.hu

3ha 50T(50-100m²) 6A

1. ACD**G**IJKLMOPRS
2. BGJRTUWXY
3. AGHJK**M**NO**Q**RU**VW**
4. (**C** 15/5-30/9) (F+**N** ⌂) **L** **NOP**(Q+R+T+U 15/4-30/9) Z
5. **A**CEFGHIJKLMNOPUWZ
6. ACDEGHJ(N 0,3km)QTUV

🗨 Nabij Pécs, Europa's culturele hoofdstad in 2010, ligt deze camping in het badplaatsje Sikonda. Tegenover het bad met vele zwem- en thermaalbaden en wellnescentrum. Camping ligt in een prachtig bos met mooie open plekken. Het heuvelachtige, bosrijke natuurgebied met z'n visvijvers biedt mooie wandel- en fietsmogelijkheden.

🚗 Op weg 66 Pécs-Kaposvár, afslag Sikonda nemen. Camping tegenover een thermaalbad, staat duidelijk aangegeven.

CC €14   1/4-30/6   1/9-31/10   7=6   N 46°10'31'' E 18°13'22''

Mátrafüred/Sástó, H-3232 / Heves 〔1006〕

▲ Mátra Camping Sástó★★★★
🏠 Farkas utca 4
☎ +36 (06)-37-374025
📅 1/4 - 31/10
@ info@matrakemping.hu

2,7ha 87T(40-140m²) 16A

1. ABCD**G**IJKLMOPQ
2. BDGRUVWXY
3. ABCHJU
4. (F+**H** 14/4-10/10) **KLNP** (Q+R+T 15/4-10/10) (U+W 1/5-30/9) Z
5. AFGIJMNOPUWXYZ
6. FGK(N 10km)ST

🗨 In het bosrijke Matragebergte ligt op 560m hoogte deze zeer moderne cp. Luxe wellnescenter, met o.a. binnenzwembad met bar, jacuzzi, sauna's en zoutkamer. Uitstekend sanitair. Bij de cp diverse winkeltjes en restaurants. Korting op toegangsprijs voor het nabij gelegen Oxygen Adrenalin Avonturenpark. Dicht bij hoogste punt van Hongarije: Kékestető.

🚗 Komende van Gyöngyös weg 24 volgen, 2 km voorbij Mátrafüred grote parkeerplaats links oversteken naar de camping.

CC €12   1/4-30/6   24/8-31/10   7=6, 14=12   N 47°50'39'' E 19°57'26''

Pápa, H-8500 / Veszprém 〔1007〕

▲ Thermal Camping Pápa
🏠 Várkert út. 7
☎ 📠 +36 (06)-89-320735
📅 1/1 - 31/12
@ info@thermalkemping.hu

4ha 204T(< 100m²) 16A CEE

1. ABCD**G**HIJKLMNOPQ
2. **G**LRSUVW
3. ABGHJKN**PR**S**UVW**
4. (**A**+**C**+**F** 1/5-30/9) (**H** 1/5-30/9) J**NOP**(Q 1/3-31/10) (R+T+U+V+W+Y ⌂) Z
5. **AB**DEFGHJLMNOPUWXYZ
6. CDEGIJK(N 0,5km)OQRST UV

🗨 Nieuwe, luxe thermaalcamping naast het 'Heil- und Thermalbad' van Pápa. Zeer modern en compleet sanitair, WiFi, speeltoestellen, speelveld en een grillplaats. De plaatsen van 100 m² groot zijn afgebakend en voorzien van een tap- en afwateringspunt, stroom 16A. Fietsen te huur. Voor kinderen is er een animatieprogramma.

🚗 Grensovergang Nickelsdorf/Hegyeshalom, M1 volgen. Op rondweg bij Györ weg 83 naar Pápa. In Pápa borden 'Várkertfürdo/Centrum/Camping' volgen.

CC €16   29/5-30/6   1/9-31/10   N 47°20'17'' E 17°28'26''

Szentendre, H-2000 / Pest

▲ Pap-Sziget Camping***
✉ Papsziget 1
☎ +36 (06)-26-310697
📠 +36 (06)-26-310909
🕐 10/4 - 18/10
@ info@pap-sziget.hu

3,5ha 80T(30-100m²) 16A

1 A**G**IJKLMPQ
2 CGRSVXY
3 BKN**RW**
4 (B 1/7-31/8) (G 15/6-31/8) (Q+T+V+Y 15/4-30/9)
5 A**G**IJKLMNOPUW
6 CEGJK(N 0,8km)OT

💬 Mooie camping, geschikt voor een bezoek aan Budapest en Donauknie of als doorreiscamping. Ook geschikt voor een langer verblijf. Openbaar vervoer vanaf camping goed mogelijk naar het centrum (65+ gratis). De camping is gelegen bij Szentendre aan een zijtak van de Donau. U krijgt veel informatie over Budapest.

🚗 Vanaf Budapest weg 11, bij km-paal 22 aan de Donau. Rij over de houten brug.

CC €14   10/4-10/7   27/8-18/10
N 47°40'54"   E 19°4'58"

Szentes, H-6600 / Csongrád

▲ Szentesi Üdülöközpont Nonprofit KFT**
✉ Csallany Gabor part 4
☎ +36 (06)-63-400123
🕐 1/5 - 31/10
@ udulohazak@ udulokozpont-szentes.hu

3ha 45T(50-80m²) 10A

1 ABCD**G**IJKLMPQ
2 CGLMRWXY
3 AJK**VW**
4 (C+F 🅿️) (G 1/5-30/9) IJ**KN** O(T 🅿️)
5 AIJMNOPUWX
6 EGK(N 0,8km)T

💬 Vriendelijke camping met gescheiden staanplaatsen gelegen aan het visrijke riviertje de Kurca. Het gezellige centrum van Szentes, met goed winkelbestand, bevindt zich op loopafstand. Naast de thermale baden beschikt de camping over een officieel Europees erkend wedstrijd binnenbad.

🚗 Komende van weg 45 wordt (de nieuwe toegang) van de camping door middel van borden goed aangegeven.

CC €12   1/5-30/6   1/9-15/9
N 46°39'6"   E 20°14'51"

Ontdek welke Match2Camp-kleur het best bij u past en vind nog gemakkelijker uw ideale camping! Kijk op pagina 22 van deze gids voor een uitgebreide uitleg over Match2Camp.

Slovenië

Algemeen
Slovenië is lid van de EU.

Tijd
In Slovenië is het net zo laat als in Amsterdam, Parijs en Rome.

Taal
Sloveens, maar op veel plaatsen wordt ook Engels gesproken.

Grensformaliteiten
Veel formaliteiten en afspraken rond zaken zoals de benodigde reisdocumenten, autodocumenten, eisen aan uw vervoer- en verblijfmiddel, ziektekosten en het meenemen van dieren zijn niet alleen afhankelijk van het land van bestemming, maar ook van uw vertrekpunt en nationaliteit. Ook de lengte van uw verblijf speelt hierbij een rol. Het is onmogelijk om in het bestek van deze gids voor alle gebruikers de juiste en up-to-date informatie met betrekking tot deze zaken te garanderen.

Wij adviseren u om voor vertrek bij de bevoegde instanties na te gaan:
- welke reisdocumenten u nodig heeft voor uzelf en uw reisgenoten
- welke documenten u nodig heeft voor uw auto
- aan welke eisen uw caravan moet voldoen
- welke goederen u in en uit mag voeren
- hoe in geval van ongeval of ziekte de medische behandeling in uw vakantieland is geregeld en kan worden betaald
- of u huisdieren mee kunt nemen.
Neem lang van te voren contact op met uw dierenarts. Die kan u informatie geven over relevante vaccinaties, bewijzen daarvan en verplichtingen bij terugkomst. Ook is het verstandig om na te gaan of in uw vakantieland bepaalde voorwaarden gelden voor huisdieren in het openbare leven. Zo moeten in sommige landen honden altijd worden gemuilkorfd of achter tralies worden vervoerd.

Veel algemene informatie vindt u op
▶ *www.europa.eu* ◀ maar zorg dat u de informatie achterhaalt die op uw specifieke situatie van toepassing is.

Voor recente douaneverplichtingen kunt u contact opnemen met de vertegenwoordiging van uw vakantieland in het land waar u woont.

Valuta en geldzaken
De munteenheid in Slovenië is de euro.

Creditcard
Creditcards worden geaccepteerd bij vrijwel alle hotels, restaurants, winkels en benzinestations.

Openingstijden en feestdagen
Banken
Banken zijn geopend op werkdagen tot 17.00 uur met een middagpauze van 12.00 uur tot 14.00 uur.

Winkels
Meestal open tot 19.00 uur. Op zaterdag tot 13.00 uur.

Apotheken
In Slovenië zijn apotheken geopend tussen 7.00 uur en 19.00 uur, zaterdag tussen 7.00 uur en 13.00 uur.

Feestdagen
Nieuwjaarsdag en 2 januari, 8 februari (Dag van de Cultuur), Pasen, 27 april (Dag van het Verzet), 1 en 2 mei (Dagen van de Arbeid), Eerste Pinksterdag, 25 juni (Dag van Slovenië), 15 augustus (Maria Hemelvaart), 31 oktober (Dag van de Reformatie), Allerheiligen, Kerst.

Communicatie
(Mobiele) telefoon
Het mobiele netwerk is goed in grote delen van Slovenië, behalve in afgelegen gebieden. Er is een 3G-netwerk voor mobiel internet. Telefoonkaarten voor telefooncellen kunt u krijgen bij kiosken, tabakswinkels en postkantoren.

WiFi, internet
Op steeds meer plaatsen kunt u gebruikmaken van WiFi.

Post
Geopend op werkdagen tot 18.00 uur en op zaterdag tot 12.00 uur.

Wegen en verkeer
Wegennet
De primaire en secundaire wegen zijn van redelijk goede kwaliteit. Het is niet aan te raden om in het donker op andere wegen dan snelwegen te rijden. De wegenwacht van Slovenië (AMZS) kunt u bereiken op 1987.

Verkeersvoorschriften
Verkeer van rechts heeft voorrang. Op rotondes heeft u voorrang op voertuigen die de rotonde op willen rijden. Legervoertuigen en militaire colonnes hebben altijd voorrang.

Maximale snelheid

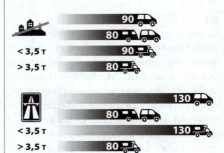

Het maximaal toegestane alcohol-promillage is 0,5 ‰. Het is verplicht om overdag met dimlicht te rijden. U dient handsfree te bellen. Tijdens het inhalen van een ander voertuig dient u uw knipperlicht aan te houden tot u het voertuig voorbij bent. Tijdens het achteruitrijden dient u altijd uw alarmlicht aan te hebben. Bij winterse weersomstandigheden moet u op winterbanden rijden of sneeuwkettingen omleggen.

Navigatie
Signalering van vaste flitslocaties met behulp van navigatie of mobiele telefoon is toegestaan.

Caravan, camper
Wanneer u met caravan reist, dient u 2 gevarendriehoeken bij u te hebben. Eén voor uw auto en één voor uw caravan. Daarnaast is het verstandig om van dure apparatuur in uw caravan of camper het registratie- of aankoopbewijs mee te nemen. Voertuigen onder de 3,5 ton hebben een tolvignet nodig. Voor uitleg zie 'Tol'. Voertuigen boven de 3,5 ton betalen tol via tolpoorten. Nadere uitleg ▶ www.dars.si ◀

Toegestane afmetingen
Hoogte 4,20m, breedte 2,55m en lengte van auto en caravan 18,75m.

Tol
Op autowegen en snelwegen is een tolvignet verplicht voor voertuigen onder de 3,5 ton. Bestelt u het vignet bij voorkeur voordat u naar Slovenië op reis gaat. Dat scheelt een hoop wachttijd bij de Sloveense grens! U kunt het vignet bestellen op ▶ www.tolltickets.com ◀ Het vignet is ook verkrijgbaar bij Sloveense tankstations, supermarkten en kiosken of grotere benzinestations in buurlanden in de grensstreek.

De Karawankentunnel tussen Oostenrijk en Slovenië is niet bij het tolvignet inbegrepen. U betaalt hier dus extra tol.

Motorbrandstof
Loodvrije benzine en diesel zijn overal verkrijgbaar. LPG is redelijk verkrijgbaar.

Tankstations
Aan snelwegen zijn tankstations 24 uur per dag open, elders tussen 7.00 uur en 20.00 uur. Vaak kunt u met uw creditcard betalen.

Alarmnummers
- 112: brandweer en ambulance
- 113: politie

Kamperen
Een deel van de Sloveense campings heeft zich gespecialiseerd in wellness en spa. Deze campings zijn van bovengemiddeld niveau. Wat eenvoudiger zijn de mooi gelegen campings in de Julische Alpen grenzend aan Oostenrijk en Italië, die zich vooral richten op sportieve campinggasten, zoals wandelaars, mountainbikers en bergbeklimmers.
Veel campings hebben speeltuinen en animatie voor de kleintjes. Sloveense campings worden geclassificeerd van 1 tot en met 5 sterren. Hoe meer sterren, hoe meer voorzieningen. Vrij kamperen is niet toegestaan. Voor kamperen buiten de officiële kampeerterreinen moet u van tevoren toestemming vragen bij de plaatselijke overheid of politie.

Praktisch
- Zorg dat u altijd een verloopstekker (wereldstekker) bij u heeft.
- Het kraanwater is veilig te drinken, maar kan een beetje hard zijn.

Ankaran, SLO-6280　1010

- Adria★★★★
- ☎ +386 (0)5-6637350
- FAX +386 (0)5-6637360
- 1/4 - 13/10
- @ camp@adria-ankaran.si

7ha 300T(60-90m²) 10A

1. ABCD**G**IJKLMOPST
2. EGLMNRVXY
3. AGK**MN**OP**QR**T**UVW**Y
4. (B 1/6-30/9) (**F** ⊙)
   (G 1/6-30/9) K**LMN**P
   (Q 1/5-14/10) (R 1/5-30/9)
   (V 1/5-15/10)
   (W+X 20/6-15/9)
   (Y 1/5-30/9) Z
5. A**B**EFGIJKLMNOP**S**UVW
6. CFGHIJ**K**QRTUV

CC €18　1/4-30/6　1/9-13/10

💬 Camping Adria ligt direct aan zee in een mediterrane omgeving. Camping is in de winter geopend voor campers die gebruik kunnen maken van een wellnesscenter. Ideaal voor natuurliefhebbers, tevens uitgangspunt voor het bezoeken van attracties in Slovenië. Er is een supermarkt, diverse bars en restaurantjes en gratis WiFi punt.

🚗 Vanaf de snelweg uit Italië of vanuit Ljubljana afslag Ankaran nemen. Vervolgens richting Ankaran. Na 5 km links de camping.

N 45°34'40'' E 13°44'9''

Banovci/Verzej, SLO-9241　1011

- Terme Banovci★★★
- Banovci 1a
- ☎ +386 (0)2-5131440
- FAX +386 (0)2-5871703
- 27/3 - 1/11
- @ terme@terme-banovci.si

0,3ha 240T 16A

1. ABCD**G**IJKLMOPR
2. FLRWXY
3. AJK**M**
4. (A+C+F ⊙) (H 25/4-30/9) J
   K**N**O(Q ⊙) (T 29/3-17/11)
   (V ⊙) (W 15/6-15/9) (Y ⊙)
   Z
5. A**B**GIJKLMNOPUWZ
6. EGIJ(N 0,3km)TV

CC €16　11/5-12/7　1/9-13/9

NIEUW

💬 Camping rond verschillende thermale baden met plaatsen op vlak terrein. FKK-deel rond klein thermaal warmwaterbad met schaduwrijke plaatsen. Zwembad niet inbegrepen in CampingCard ACSI-tarief: 5 euro p.p.p.d. Vanaf de camping uitstapjes o.a. naar het bekende wijngebied rond Jeruzalem.

🚗 Vanuit Graz (Oostenrijk) A9/A1 ri Maribor. Voor Maribor A5 ri Lendava tot afslag Bucecovci/Vucja. Re- af ri Ljutomer tot Krizevci. Li ri Verzej. Na enkele km's re ri Banovci. Borden volgen.

N 46°34'22'' E 16°10'20''

Bled, SLO-4260　1012

- Bled★★★★★
- Kidriceva 10c
- ☎ +386 (0)4-5752000
- FAX +386 (0)4-5752002
- 1/4 - 15/10
- @ info@camping-bled.com

6ha 280T(90-200m²) 16A

1. ABCD**G**IJKLMOPQ
2. DFGJLMNRSVWXY
3. B**F**HIJLNRU**W**Z
4. (A 1/7-31/8) **N**
   (Q+S+T+U+Y ⊙) Z
5. A**B**DEFGIJKLMNOP**ST**UW
6. CEGIK(N 3km)ORTUVX

CC €18　1/4-30/6　26/8-15/10

NIEUW

💬 Op 3 km van het centrum van Bled ligt deze goed verzorgde camping, slechts door een niet drukke weg gescheiden van het meer van Bled. Camping beschikt over uitstekend sanitair, ook voor kinderen. In de omgeving zijn prima wandelmogelijkheden.

🚗 Vanuit Bled langs het meer richting Bohinjska Bistrica rijden. Na 1,5 km rechts aanhouden. Na ruim 1 km bereikt u de camping. Route is duidelijk bewegwijzerd.

N 46°21'41'' E 14°4'51''

Bohinjska Bistrica, SLO-4264

⛺ Camp Danica Bohinj***
🏠 Triglavska 60
☎ +386 (0)4-5721702
📠 +386 (0)4-5723330
📅 1/1 - 31/12
@ info@camp-danica.si

1013

4,5ha 460T(80-100m²) 12A

1 ABCD**G**IJKLMOPQ
2 CGRWXY
3 AGHJL**M**NR**W**X
4 (**A** 🔒) (Q 1/7-31/8) (T+Y 🔒) Z
5 **AB**CFGHIJKLMNOPUW
6 EGIKTWX

CC €16 1/1-7/7 26/8-31/12   N 46°16'27'' E 13°56'52''

Bovec, SLO-5230

⛺ Polovnik***
🏠 Ledina 8
☎ +386 (0)5-3896007
📠 +386 (0)5-3896006
📅 1/4 - 15/10
@ kamp.polovnik@siol.net

1014

1,2ha 100T(80m²) 16A

1 ABCDGIJKLMOPQ
2 GRSWXY
3 HJ**W**
4 (T+U+Y 🔒)
5 **AB**FGIJKLMNO**P**UW
6 EGIK(N 0,2km)

CC €16 1/4-30/6 1/9-15/10   N 46°20'10'' E 13°33'30''

Kobarid, SLO-5222

⛺ Camping Chalets Koren****
🏠 Ladra 1B
☎ +386 (0)5-3891311
📠 +386 (0)5-3891310
📅 1/1 - 31/12
@ info@kamp-koren.si

1015

2ha 100T(50-140m²) 16A

1 ABCD**G**IJKLMOPQ
2 CGJKRTWXY
3 ABGHIJKL**RW**
4 (**A**+Q+R+T+V 🔒) Z
5 **AB**CDFGHIJKLMNOPUVWZ
6 AEI**J**(N 0,5km)**P**TV

CC €18 1/3-30/6 25/8-1/11   N 46°15'3'' E 13°35'12''

Lendava, SLO-9220 🛉 📶 iD 1016

▲ Camping Terme Lendava***
🏠 Tomsiceva 2a
☎ +386 (0)2-5774400
📠 +386 (0)2-5774412
📅 1/1 - 31/12
@ info@terme-lendava.si

90T(60-90m²) 16A CEE
1 ABCDGIJKLMOPST
2 FGLRUVWX
3 AHJKLV
4 (C 1/5-30/9) (F ⊘)
   (H 1/6-5/9) JKLNOP
   (T 20/6-31/8) (Y ⊘) Z
5 GIJKLMNOPUWZ
6 EGHIJM(N 0,5km)RTV

💬 De camping ligt vlak bij de thermale baden. Mooie geometrisch geordende plaatsen met kiezelondergrond voor caravans. Behoorlijk sanitair. Historische bezienswaardigheden, wijngebieden, sportmogelijkheden o.a. fietsroutes in omgeving. Toegang thermaalbad inbegrepen in tarief.

🚗 Vanuit Graz (Oostenrijk) A9/A1 ri Maribor. Voor Maribor A5 ri Lendava tot afslag 15 Lendava. Nu links op rotonde ri Lendava, op 2e rotonde ri Terme Lendava. Vóór hotel rechts afslaan, na 100m cp links.

CC €18   7/1-26/3   14/5-28/6   30/7-13/8   1/9-20/9   2/11-27/12
N 46°33'7"   E 16°27'30"

Ljubljana, SLO-1000 ♿ 📶 iD 1017

▲ Ljubljana Resort (hotel & camping)****
🏠 Dunajska cesta 270, Jezica
☎ +386 (0)1-5890130
📠 +386 (0)1-5890129
📅 1/1 - 31/12
@ resort@gpl.si

3ha 177T(60-90m²) 16A
1 ABCDGIJKLMRT
2 FGLRVX
3 BFKMNRUVW
4 (C+H 15/6-1/9) KNP
   (Q 1/6-15/9) (T 1/6-1/9)
   (U+V ⊘)
   (Y 1/3-31/10, 1/12-31/12) Z
5 ABDEFGIJKLMNOPUW
6 CGHIJKM(N 0,7km)RTV

💬 Ideaal voor een bezoek aan Ljubljana. Directe busverbinding naar het oude stadscentrum. Vanaf 15/6 tegen gereduceerd tarief zwemmen in het prachtige zwembad op het resort zelf. CCA-tarief is exclusief toeristen- en milieubelasting en administratiekosten.

🚗 Vanaf Karawankentunnel: A2 afslag 13, Lj-Brod en de borden volgen. Vanaf Maribor: A1 bij Ljubljana H3 afslag Lj-Bezigrad nemen en borden volgen. Op sommige borden wordt de cp nog aangeduid met de oude naam 'Jezica'.

CC €16   15/3-10/7   1/9-31/10   7=6
N 46°5'52"   E 14°31'8"

Maribor, SLO-2000 ⛷ 📶 iD 1018

▲ Camping Center Kekec
🏠 Pohorska ulica 35c
☎ +386 (0)40-665732
📅 1/1 - 31/12
@ info@cck.si

3ha 105T(85m²) 16A
1 AGIJKLMOPQ
2 FGKLRUVWX
3 F
4 (V+Y ⊘)
5 ADGIJMNOPUWXZ
6 DEGIK(N 0,3km)

💬 Vrij nieuwe, kleine camping niet ver van ski-oord en sportcentrum op grasveld met jonge beplanting. Verharde staanplaatsen voor kampeerauto's met WiFi. Prachtig panorama op ski-piste en in omringende heuvels. Uitstekend gelegen voor bezoek aan Maribor.

🚗 In Maribor ri Sentilj-Ljubljana. Bij afslag Ptuj/Zagreb tegenovergestelde ri nemen naar de Cesta Proletarskih Brigad, 7e weg li (Ul.Pohorskega) op T-splitsing re-af. Bij spitsing li-af naar Pohorska Ulica. Cp li.

CC €16   1/1-30/6   3/9-31/12
N 46°32'10"   E 15°36'12"

Moravske Toplice, SLO-9226 👫 📶 iD 1019

- Terme 3000 Moravske Toplice Spa★★★★
- Kranjceva 12
- ☎ +386 (0)2-5121200
- FAX +386 (0)2-5121148
- 🔑 1/1 - 31/12
- @ recepcija.camp2@terme3000.si

7ha 230T(80-100m²) 16A CEE

1. ABCD**G**IJKLMOPST
2. FLRUVWXY
3. BEJKL**MN**V
4. (A 🔑) (C 1/5-30/10) (F+H 🔑) IJ**LN**O**P** (Q 1/4-31/10) (T+U+V+X+Y 🔑) Z
5. **AB**DFGIJKLMNOPUWZ
6. EGHI**K**M(N 0,5km)RTV

💬 Grote camping. Uitstekende sanitaire voorzieningen. Zwemparadijs. Zwembad is niet inclusief in de CampingCard ACSI-prijs: 6 euro per persoon per dag. Wandelen, fietsen en allerlei sporten zijn mogelijk in de omgeving. Interessante uitstapjes met de auto naar o.a. het wijngebied tussen Ormoz en Ljutomer.

🚗 Vanuit Graz (Oostenrijk) A9/A1 ri Maribor. Voor Maribor A5 ri Lendava tot afsl Gancani, Moravske Toplice. Cp aangegeven met borden.

CC €18 1/1-26/3 4/5-5/7 24/8-13/9 2/11-31/12   N 46°41'5" E 16°12'57"

Ptuj, SLO-2251 👫 📶 iD 1020

- Camping Terme Ptuj★★★★
- Pot v Toplice 9
- ☎ +386 (0)2-7494100
- FAX +386 (0)2-7494520
- 🔑 1/1 - 31/12
- @ kamp@terme-ptuj.si

1,5ha 120T 16A

1. ABCD**G**IJKLOPST
2. FLR**W**XY
3. BEJK**MNQ**V
4. (**C** 1/5-30/9) (F+H 🔑) IJKN O**P**(Q 1/5-15/9) (U+V 1/7-31/8) (Y 🔑) Z
5. **AB**DGIJMNOPUVWXZ
6. EGHIKM(N 1,5km)RT

💬 Door hagen verdeelde, vlakke camping. Vlak bij modern thermaal station met 12 zwembaden en vele voorzieningen. Zwembad niet inbegrepen in het CampingCard ACSI-tarief: 6 euro per persoon per dag. Dicht bij één van de mooiste, kleine, oude Midden-Europese steden waar cultuur en natuur verstrengeld zijn.

🚗 Op weg 9/E59 Zagreb-Krapina-Maribor afslag Hajdina-Terme Ptuj. Naar Ptuj/Ormoz. Bij rotonde li ri Ptuj over de brug aan de ZW-kant van de Drava re. Camping staat aangegeven.

CC €16 7/1-2/2 3/5-18/6 30/8-21/12   N 46°25'21" E 15°51'16"

Recica ob Savinji, SLO-3332 📶 iD 1021

- Menina★★★★
- Varpolje 105
- ☎ +386 (0)40-525266
- 🔑 1/1 - 31/12
- @ info@campingmenina.com

8ha 210T(100-200m²) 10A CEE

1. ABCD**G**IJKLMOPQ
2. BCDLNORTXY
3. BGJNQRU**W**XZ
4. (A 1/6-20/8) **N**(Q 1/7-31/8) (V+X 1/5-31/10) Z
5. **AB**GIJKLMNOPQRUW
6. AEGIJ(N 1km)V

💬 Camping ligt in het hart van de Opper Savinja Vallei, midden in Slovenië, aan de rivier de Savinja en aan een zwemmeertje. Prima wandelmogelijkheden in de bergen. De eigenaar doet er alles om het de gasten naar de zin te maken. Op de camping is een restaurant met lokale gerechten.

🚗 Vanaf A1 Ljubljana-Maribor, afsl. Sentrupert/Mozirje nemen (ca. 15 km van Celje) en in noordelijke ri naar camping rijden (ca. 20 km). In het dorpje Nizka afslaan naar de camping.

CC €16 1/4-1/7 25/8-15/11 14=12   N 46°18'42" E 14°54'33"

Sempas, SLO-5261 ### 1022

- Camp Lijak*
- Ozeljan 6A
- ☎ +386 (0)5-3088557
- FAX +386 (0)5-3079619
- 1/1 - 31/12
- @ info@camplijak.com

1ha 60T(80-100m²) 6A CEE

1. ABGIJLMOPQ
2. FGKRWX
3. B
4. (Q 🔒)
5. ABGIJKLMNOPUWY
6. EGK(N 0,5km)W

Gelegen aan de rand van Novia Goriza en het Italiaanse Goriza in een wijnbouwgebied met zicht op de bergen. Mild klimaat. Geschikt als doorgangscamping. Basis voor trips (Venetië, Postojnagrotten en Lipica) of ontspanning. Paradijs voor paragliders. Modern sanitair.

🚗 Vanaf snelweg H4 (Ajdovscina-Italiaanse grens), afslag Vogrsko en hierna in N ri rijden. Aan eind van de weg li. Camping ligt even verder re. Vanaf Bovec en Nova Forica na rotonde ri Ajdovscina (4 km).

CC €16 1/1-30/6 29/8-31/12 7=6

N 45°56'31" E 13°43'5"

Soca, SLO-5232 ### 1023

NIEUW

- Camp Soca**
- Soca 8
- ☎ FAX +386 (0)5-3889318
- 1/4 - 31/10
- @ kamp.soca@siol.net

3ha 250T(120-160m²) 16A

1. ABCDGIJKLMPQ
2. CGJKRTWX
3. AHUW
4. N(Q+T 🔒) Z
5. ABDGIJMNOPUVW
6. CEK(N 8km)V

Rustige, royaal opgezette camping in Triglav Nationaal Park met vrije plaatsen, open middendeel en randbegroeiing. Kiezelstrandje aan de hoge oever van de (koude) Socarivier. Bergpanorama. Bergwandelen en wildwatervaren. Vuurkorven en hout beschikbaar.

🚗 Noordzijde Bovec, afslag Trenta/Kranska Gora, 1e camping in het dal. Vanaf de Vrsic-pas bij Kranska Gora (niet voor caravans). 5e camping in het dal. Aanrijroute grotere caravans via Italië. Udine en Cividale aanbevolen.

CC €16 1/4-30/6 1/9-31/10

N 46°20'7" E 13°38'39"

Als eerste op de hoogte zijn van het laatste nieuws? Volg ons:

- 🐦 www.twitter.com/CampingCardACSI
- f www.facebook.com/CampingCardACSI
- YouTube www.youtube.com/ACSIcampinginfo

www.CAMPINGCARD.com

Kroatië

Algemeen
Kroatië is lid van de EU.

Tijd
In Kroatië is het net zo laat als in Amsterdam, Parijs en Rome.

Taal
Kroatisch, maar op veel plaatsen wordt ook Duits en Engels gesproken.

Grensformaliteiten
Veel formaliteiten en afspraken rond zaken zoals de benodigde reisdocumenten, autodocumenten, eisen aan uw vervoer- en verblijfmiddel, ziektekosten en het meenemen van dieren zijn niet alleen afhankelijk van het land van bestemming, maar ook van uw vertrekpunt en nationaliteit. Ook de lengte van uw verblijf speelt hierbij een rol. Het is onmogelijk om in het bestek van deze gids voor alle gebruikers de juiste en up-to-date informatie met betrekking tot deze zaken te garanderen.

Wij adviseren u om voor vertrek bij de bevoegde instanties na te gaan:
- welke reisdocumenten u nodig heeft voor uzelf en uw reisgenoten
- welke documenten u nodig heeft voor uw auto
- aan welke eisen uw caravan moet voldoen
- welke goederen u in en uit mag voeren
- hoe in geval van ongeval of ziekte de medische behandeling in uw vakantieland is geregeld en kan worden betaald
- of u huisdieren mee kunt nemen.

Neem lang van te voren contact op met uw dierenarts. Die kan u informatie geven over relevante vaccinaties, bewijzen daarvan en verplichtingen bij terugkomst. Ook is het verstandig om na te gaan of in uw vakantieland bepaalde voorwaarden gelden voor huisdieren in het openbare leven. Zo moeten in sommige landen honden altijd worden gemuilkorfd of achter tralies worden vervoerd.

Veel algemene informatie vindt u op ▶ *www.europa.eu* ◀ maar zorg dat u de informatie achterhaalt die op uw specifieke situatie van toepassing is.

Voor recente douaneverplichtingen kunt u contact opnemen met de vertegenwoordiging van uw vakantieland in het land waar u woont.

Valuta en geldzaken
De munteenheid in Kroatië is de kuna (HRK). Wisselkoers september 2014: € 1 = HRK 7,61. Ook de euro wordt in vrijwel geheel Kroatië geaccepteerd als betaalmiddel.

Geldautomaat
Er zijn voldoende geldautomaten in Kroatië.

Creditcard
Alle creditcards en travellercheques worden geaccepteerd. U kunt geld wisselen in banken en wisselkantoren.

Openingstijden en feestdagen
Banken
Banken zijn geopend van maandag tot en met vrijdag tot 19.00 uur en op zaterdag tot 13.00 uur.

Winkels
De meeste winkels zijn op werkdagen geopend tot 20.00 uur en op zaterdag en zondag tot 14.00 uur.

Apotheken
Over het algemeen zijn apotheken geopend van 8.00 uur tot 13.00 uur en van 15.00 uur tot 19.00 uur, op zaterdag tot 14.00 uur.

Feestdagen
Nieuwjaarsdag, 6 januari (Driekoningen), Pasen, 1 mei (Dag van de Arbeid), 19 juni (Sacramentsdag), 22 juni (Dag van de Antifascistische Strijd), 25 juni (Nationale Feestdag), 5 augustus (Nationale Dankdag), 15 augustus (Maria Hemelvaart), 8 oktober (Onafhankelijkheidsdag), Allerheiligen, Kerst.

Communicatie
(Mobiele) telefoon
Het mobiele netwerk is goed in heel Kroatië. Er is een 3G-netwerk voor mobiel internet. Telefoonkaarten voor telefooncellen kunt u krijgen bij postkantoren, kiosken, telefoonwinkels en hotels.

WiFi, internet
In een aantal steden zijn er internetcafés. WiFi is steeds meer beschikbaar.

Post
Meestal open op werkdagen tot 19.00 uur. In de belangrijkste toeristische gebieden zijn sommige postkantoren ook zaterdag en zondag open.

Wegen en verkeer
Wegennet
Onverharde wegen komen alleen voor op het platteland. Het is niet aan te raden om in het donker op deze wegen te rijden. Als u in het bezit bent van een automobilisten-hulpverzekering, kunt u gebruik maken van de diensten van de wegenwacht van Kroatië (HAK): tel. 987.

Verkeersvoorschriften
Het verkeer op rotondes heeft voorrang. Op bergwegen heeft stijgend verkeer voorrang op dalend verkeer.

Maximale snelheid

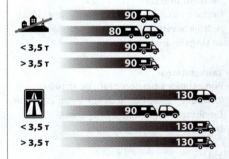

Het maximaal toegestane alcohol-promillage is 0,5 ‰. Dimlicht is verplicht van de laatste zondag in oktober tot de laatste zondag in maart. U dient handsfree te bellen. Schoolbussen die bij de halte stilstaan voor het in en uit laten stappen van passagiers mogen niet worden ingehaald. Tijdens een inhaalmanoeuvre moet de hele tijd richting aan worden gegeven. Ongevallen dient u te melden bij de plaatselijke politie. In de winterperiode (begin november tot eind april) moet u sneeuwkettingen in de auto hebben als u geen winterbanden gebruikt.

Navigatie
Het is onbekend of signalering van vaste flitslocaties met behulp van navigatie of mobiele telefoon is toegestaan.

Caravan, camper
Voertuigen met aanhangwagen of caravan dienen voorzien te zijn van maar liefst twee gevarendriehoeken. Het is verstandig om van dure apparatuur in uw caravan of camper het aankoopbewijs mee te nemen.

Toegestane afmetingen
Hoogte 4m, breedte 2,50m en lengte van auto en caravan 18,75m.

Motorbrandstof
Benzine en diesel zijn goed verkrijgbaar. LPG is redelijk te verkrijgen, vooral in grotere steden en langs de snelwegen.

Tankstations
Pompstations zijn doorgaans open tussen 7.00 uur en 20.00 uur, in de zomer tot 22.00 uur. Creditcards worden slechts bij enkele benzinestations geaccepteerd.

Tol
Vrijwel alle autosnelwegen in Kroatië zijn tolwegen. U kunt betalen in euro's of kuna's of met creditcard. Nadere informatie ▶ www.hac.hr ◀ Op de brug naar Krk, voor de Ucka-tunnel tussen Rovinj en Rijeka en voor het Mirna-viaduct tussen Rovinj en Umag dient u afzonderlijk tol te betalen.

Alarmnummer
112: het nationale alarmnummer voor politie, brandweer en ambulance.

Kamperen
In juli en augustus is er nauwelijks een vrije staanplaats te vinden op campings in Istrië en de noordelijke Dalmatische kust. U doet er verstandig aan om tijdig te reserveren als u in het hoogseizoen wilt kamperen. Het recreatieaanbod is groot in vergelijking met het Europese gemiddelde. Animatie is op grote campings standaard aanwezig. Kroatië is ook erg in trek bij naturisten. Door de aanleg van de snelweg tussen Zagreb en Dubrovnik worden campings in het midden en zuiden van de Dalmatische kust steeds populairder. De vaak idyllisch gelegen campings op de eilanden zijn vooral geschikt voor tentkampeerders. Overnachten langs de weg en vrij kamperen is niet toegestaan.

Praktisch
- Zorg dat u altijd een verloopstekker (wereldstekker) bij u heeft.
- Gebruik in Kroatië liever (mineraal)water uit flessen dan leidingwater.

Banjole, HR-52203 / Istra   **1024**

▲ Diana***
🏠 Kastanjez 100
☎ +385 (0)99-7380313
⌚ 1/5 - 30/9
@ booking@camp-diana.com

30T(60-100m²) 16A
1 ABEIJKLMN**P**ST
2 JRWXY
3 GMNR
4 (B+G 1/5-20/9) Z
5 GIJKLMNOPUW
6 AEK(N 1km)

💬 Comfortcamping met luxe aangelegd zwembad. Gratis 'hard-court' tennisbaan/basketbalveld, bocciabaan, bar. Geen afgebakende plaatsen. Supermarkt en grillrestaurants dichtbij. Op 1 km van zee en op 7 km van Pula (Romeinse monumenten, mediterrane markt en winkelstraatjes).

🚗 Vanaf ringweg Pula richting Premantura, afslag Banjole. Camping Indije aanhouden. 1 km vóór camping Indije ligt camping Diana.

CC €16   1/5-1/7   1/9-20/9   N 44°49'29'' E 13°51'32''

Banjole/Pula, HR-52100 / Istra   **1025**

▲ Camp Peškera***
🏠 Indije 73
☎ FAX +385 (0)52-573209
⌚ 1/4 - 31/10
@ info@camp-peskera.com

1,5ha 80T(75-100m²) 10A
1 AB**G**IJKLMOPST
2 EKQTWXY
3 **W**Y
4 (X ⌚) Z
5 CGHIJKMNOPUV
6 ACEGIJ(N 0,5km)T

💬 Kleine, rustige camping met goede voorzieningen direct aan de rotsachtige Adriatische kust met schaduw- en zonplaatsen. Panoramisch uitzicht over zee en eilanden. Banjole heeft ruim restaurantaanbod. 7 km van historische stad Pula.

🚗 Na Pula autoweg vervolgen richting Premantura, dan afslag Banjole en Indije aanhouden. 50m voor camping Indije. Linksaf en na 100m Peškera.

CC €14   1/4-30/6   22/8-31/10   N 44°49'38'' E 13°51'6''

Banjole/Pula, HR-52203 / Istra   **1026**

▲ Camping Village Indije*
🏠 Indie 96
☎ +385 (0)52-573066
FAX +385 (0)52-573274
⌚ 23/4 - 20/9
@ acindije@arenaturist.hr

19ha 399T(60-120m²) 10A
1 ABCD**G**IJKLMPST
2 EIKORTWXY
3 AR**W**Y
4 (Q+S+T+U+V+Y ⌚) Z
5 **A**FGIJKMNOPUV
6 AEGIJ(N 2km)OQTW

💬 Perfecte keuze voor mensen die een rustgevende vakantie zoeken. Gelegen op een schiereilandje in onaangetaste natuur met een groot vlak terrein. Het strand is gedeeltelijk rotsachtig en heeft gedeeltelijk kiezelsteentjes. De camping ligt 7 km van het historische centrum van Pula. CampingCard ACSI is niet geldig op de eerste paar rijen aan de kust, wel in zone 300 en 400.

🚗 Vanaf de ringweg Pula: Premantura aanhouden tot afslag Banjole. Campingborden volgen.

CC €16   1/5-12/6   1/9-20/9   N 44°49'26'' E 13°51'3''

427

Baska (Krk), HR-51523 / Kotar ♿ 📶 iD **1027**

🏕 Camp Zablace***
✉ Put Zablaca 40
☎ +385 (0)51-856909
📠 +385 (0)51-856604
🕒 17/4 – 11/10
@ zablace@hotelibaska.hr

9ha 534T(80-100m²) 16A CEE

1 ACDGIJKLMOPQ
2 AEGKNRTVWX
3 AHMNQRVWY
4 (A 1/6-1/9,1/6-1/9)
  (C+F+G 🚿) JKNP
  (Q+R+T+U+V+Y 🔑) Z
5 ABEFGIJKLMNOPUWXYZ
6 CFGIKM(N 0,5km)QRTV

💬 De camping is gelegen in de prachtige streek van Baska en ligt op een vlak terrein. Op het eerste gedeelte, dat zich aan het strand bevindt, liggen afgebakende plaatsen met stroom- en wateraansluiting. Op deel 2, aan de andere kant van de openbare weg, zijn de plaatsen niet afgebakend. Groot strand. Gasten kunnen gebruik maken van faciliteiten van aangrenzend hotel.

🚗 Voor Baska rechts aanhouden. Borden 'Camp Zablace' volgen.

CC €14 17/4-7/6 6/9-11/10   N 44°58'1'' E 14°44'43''

Baska (Krk), HR-51523 / Kotar 🏃 ♿ 📶 iD **1028**

🏕 Naturist-Camp Bunculuka****
✉ Emila Geistlicha 39
☎ +385 (0)51-856806
📠 +385 (0)51-856595
🕒 23/4 – 4/10
@ bunculuka@hotelibaska.hr

4,7ha 400T(60-100m²) 16A CEE

1 ACDGIJKLMOPT
2 EIJKNOQRTVWXY
3 BGHMNQRWY
4 (A 15/6-20/9)
  (Q+S+U+V+W+Y 🔑)
5 ABDEFGIJKLMNOPTUWXYZ
6 CEGIKM(N 0,5km)QRTV

💬 Smaakvolle, rustig gelegen naturistencamping, mooi ingebed in de bergachtige natuur. Breed kiezelstrand met panoramisch uitzicht. Schitterend restaurant met lopend buffet en aangrenzend terras met designmeubilair. Modern en zeer verzorgd sanitair. Korting op wellnessvoorzieningen van hotel.

🚗 Vlak voor Baska links aanhouden, richting Valbiska en FKK. Daarna borden volgen 'FKK Bunculuka'.

CC €16 23/4-7/6 6/9-4/10   N 44°58'9'' E 14°46'1''

Biograd na Moru, HR-23210 / Zadar-Knin ♿ 📶 iD **1029**

🏕 Camping Park Soline****
✉ Put Kumenta 16
☎ +385 (0)23-383351
📠 +385 (0)23-384823
🕒 14/4 – 30/9
@ info@campsoline.com

20ha 1123T(90-100m²) 16A CEE

1 ABCDGIJKLMOPST
2 BENOPTVWXY
3 BGHJRWY
4 (Q 1/6-30/9)
  (R+T+V+Y 1/5-30/9) Z
5 AFGIJKLMNOPUWXYZ
6 DGKM(N 2km)RTV

💬 Grote camping onder de pijnbomen op vlak of licht hellend terrein met gedeeltelijk vernieuwd sanitair. Veel Centraal-Europese kampeerders. Deze grote camping aan zee onder de pijnen is ook een goede basis voor tochtjes naar de omliggende haventjes en natuurgebieden. Motorboot via Marina!

🚗 Op de snelweg A1 Karlovac-Split voorbij Zadar de afslag Benkovac/Biograd na Moru. Naar Biograd rijden en bij eerste verkeerslichten links. Aangegeven.

CC €18 15/4-30/6 1/9-30/9   N 43°55'42'' E 15°27'20''

428

Drage, HR-23211 / Zadar-Knin 1030

- Oaza Mira★★★★
- Ul. Dr. Franje Tudmana 2
- ☎ +385 (0)23-635419
- FAX +385 (0)23-635393
- 1/4 - 31/10
- @ info@oaza-mira.hr

4ha 192T(120-150m²) 16A

1. ABCD**G**IJKLMOPQ
2. EJKLNTUVWXY
3. AGMN**V****W**Y
4. (B 1/6-30/9) N
   (Q+R 1/6-30/9)
   (Y 1/5-31/10) Z
5. **AB**GIJKLMNOP**QR**UWXZ
6. EG**K**M(N 10km)RTV

CC €18 1/4-30/6 1/9-31/10

💬 Nieuwe camping aan baai met afgebakende plaatsen op fijne kiezelbodem. Gedeeltelijk onder de bomen, de meeste plaatsen op terrassen met zicht op zee. Op wandelafstand van het plaatsje Drage met enkele typische eethuisjes en een pizzeria. Nog ver van alle drukte.

🚗 Op de A1 Karlovac-Split voorbij Zadar de afslag Biograd na Moru. Dan kustweg 8 volgen ri Sibenik. Voorbij Pakostane, in Drage aan de zeezijde van de weg aangeduid. Nu pijlen Autokamping Oaza Mira volgen.

N 43°53'30" E 15°32'3"

Duga Resa, HR-47250 / Karlovac 1031

- Camp Slapic★★★★
- Mreznicki Brig 79b
- ☎ +385 (0)98-860601
- FAX +385 (0)47-854700
- 1/4 - 31/10
- @ autocamp@inet.hr

2,3ha 100T(100-130m²) 16A

1. ABCD**G**IJKLMOPQ
2. CLRVWXY
3. AJK**M**R**W**X
4. (Q ⌖) (Y 1/5-15/9) Z
5. **AB**EGIJKLMNOPUWXZ
6. EGJ(N 3,5km)TV

CC €16 1/4-30/6 1/9-31/10

💬 Ruime staanplaatsen aan een van de mooiste Kroatische rivieren midden in de natuur. Modern sanitair, gezellige bar en restaurantje, speelterrein voor kinderen en verschillende sportvelden. Verdient het label van natuurcamping. Treinverbinding naar Zagreb en uitstapjes met auto naar Plitvice.

🚗 Vanaf Karlovac D23 richting Duga Resa/Senj. Vanaf Duga Resa staat camping aangegeven.

N 45°25'11" E 15°29'1"

Fazana, HR-52212 / Istra 1032

- Bi-Village★★★
- Dragonja 115
- ☎ +385 (0)52-300300
- FAX +385 (0)52-380711
- 3/4 - 31/10
- @ info@bivillage.com

25ha 1000T(100-120m²) 10A CEE

1. ABC**G**HIJKLMOPST
2. EGKLNORVWXY
3. A**F**J**M**NRWY
4. (C+H+Q+S+T+U+V+Y ⌖) Z
5. **AB**DEFGIJKLMNOP**RS**TU
   WX
6. AEG**I**KM(N 1km)RTUWX

CC €16 3/4-27/6 29/8-30/10

💬 Moderne, grote camping gelegen aan zee met een prachtig uitzicht op de Brionische eilanden. Vlakbij het fraaie plaatsje Fazana en het historische stadje Pula. Camping is van alle gemakken voorzien: verwarmd zwembad, restaurants en recreatie. Op Belvederestaanplaatsen geldt een toeslag op het CampingCard ACSI-tarief.

🚗 A9 afslag Vodnjan/Fazana, richting Fazana en campingborden volgen.

N 44°55'3" E 13°48'40"

Funtana/Vrsar, HR-52450 / Istra — 1033

- ▲ Valkanela★★
- ☎ +385 (0)52-406640
- FAX +385 (0)52-406650
- 🗝 17/4 - 3/10
- @ valkanela@maistra.hr

55ha 1200T(90-120m²) 10A CEE

1 ABCD**G**IJKLMO**P**Q
2 EKLNOPQRTVWXY
3 ABJK**MN**Q**R**U**W**Y
4 (Q 21/4-22/9) (S 🗝)
   (T 1/5-3/10)
   (V+W 1/5-15/9)
   (X 1/5-27/9) (Y 1/5-3/10) Z
5 **AB**EFGIJKLMNOPUVWXZ
6 ACDEG**IJ**M(N 1km)RTV

Een echte gezinscamping, gelegen in een vallei tussen Funtana en Vrsar. De camping beschikt over moderne sanitaire voorzieningen. Een mooi lang strand nodigt uit om te zonnen en te zwemmen. Voor de actieve vakantiegangers zijn er voldoende sportevenementen. CampingCard ACSI-tarief is gebaseerd op standaardplaats.

Vanaf de weg Porec-Vrsar, ten zuiden van Funtana afslaan naar de camping.

CC €14 17/4-26/6 30/8-3/10
N 45°9'54" E 13°36'28"

Glavotok (Krk), HR-51500 / Kotar — 1034

- ▲ Camping Glavotok
- 🏠 Glavotok 4
- ☎ +385 (0)51-867880
- FAX +385 (0)51-867882
- 🗝 24/4 - 8/10
- @ info@kamp-glavotok.hr

6ha 333T(80-140m²) 10A

1 ABCD**G**IJKLOPQ
2 BEIJKNQRTVXY
3 BNR**W**Y
4 (Q+R+U+Y 🗝) Z
5 **A**EFGIJKLMNO**P**UVW
6 ACEGIJ(N 2,5km)TV

In mei wordt u enkel gewekt door het gezang van de vele vogels. De omgeving leent zich er voor om te wandelen, te fietsen of te zwemmen. In september keert de rust weer terug en het zwemmen, duiken of snorkelen is een weldaad, want de zee heeft nog een heerlijke temperatuur. CampingCard ACSI-houders staan op plaatsen 1-10, 63-81, 101-110.

Volg hoofdweg Tolbrug/Krk. Bij afslag Valbiska rechtsaf. Volg daarna de borden Glavotok. Laatste 2 km smalle, soms bochtige, weg met passeerhavens.

CC €16 24/4-23/5 6/6-21/6 4/9-30/9
N 45°5'38" E 14°26'25"

Kampor, HR-51280 / Kotar — 1035

NIEUW

- ▲ Lando Resort★★★★
- 🏠 bb
- ☎ +385 (0)99-6457000
- 🗝 1/4 - 1/11
- @ rab@starturist.hr

0,6ha 25T(< 100m²) 16A CEE

1 ABCD**G**IJKLMNOPQ
2 AEGLMRSVWX
3 AHJY
4 (C 🗝) H(Q 🗝)
   (T+U 15/5-1/10) (Y 🗝)
5 **AB**IJKLMNOPUWXY
6 ACEGIK(N 1km)RX

Lando Resort is een recent geopende kleine cp, gelegen aan de Kampor Mel baai, direct aan een zandstrand op ca. 7 km van de stad Rab. De cp heeft een moderne en luxe uitstraling in een parkachtige omgeving. Er zijn 2 verwarmde zwembaden met ligstoelen en parasols, een restaurant, cocktail bar en kinderspeelplaats aanwezig.

Komend van Krk of vasteland richting Rab volgen, daarna richting Kampor. Bij Kampor borden volgen naar Resort Lando.

CC €16 1/4-6/6 1/9-1/11
N 44°47'2" E 14°42'24"

Klimno/Dobrinj, HR-51514 / Kotar

- Slamni★★★★
- Klimno 8a
- +385 (0)51-853169
- FAX +385 (0)51-859027
- 15/4 - 15/10
- info@kampslamni.com.hr

1036

7,5ha 45T(35-80m²) 16A CEE

1 ABCD**G**IJKLMOPQ
2 EGKNVWX
3 BGHJKRUV**W**Y
4 M(Q ⌧) (R 1/6-15/9) (U+Y ⌧) Z
5 AEFGIJKLMNOPQUWXYZ
6 CEGIK(N 0,3km)OQRTV

Camping met mooi strand, direct aan de Soline baai. Hoewel de camping erg klein is, breed aanbod aan moderne voorzieningen, zoals fitnessruimte, strandbar, restaurant en aquapark. Erg geschikt voor gezinnen met kinderen. De all-inprijs is inclusief wasmachine, WiFi, oven e.d.

Neem de Krk-brug van het vasteland naar het eiland Krk. Ga op de eerstvolgende rotonde rechtdoor. Sla na 1300m linksaf. De route naar de camping is verder met borden aangegeven.

CC €16 15/4-22/5 1/6-11/6 1/9-15/10   N 45°9'13" E 14°37'2"

Kolan (Pag), HR-23251 / Zadar-Knin

- Camping Village Šimuni★★★
- Simuni 106
- +385 (0)23-697441
- FAX +385 (0)23-697442
- 1/1 - 31/12
- info@camping-simuni.hr

1037

30ha 900T(60-140m²) 16A CEE

1 ABCD**G**IJKLMO**P**ST
2 AEGIJNTUVWXY
3 ABGHJK**M**NRU**W**Y
4 M(Q 1/4-30/9) (S+T+V 1/5-30/9) (W+X+Y 1/5-20/9) Z
5 **AB**GIJMNPUWXYZ
6 FGKM(N 12km)OPTVW

Grote, gedeeltelijk gerenoveerde camping, deels terrassen. Gedeelte hellend terrein. Aan mooie baai in 'oase' op het schiereiland Pag. Restaurant en winkeltje. Ideaal voor strandvakantie. CampingCard ACSI geldt niet voor zones 4000 (plaatsen type C) of aan de strandzijde.

Op de M2/E27 (kustweg) veerboot Prizna-Žigljen aanbevolen. Nu ri Pag. Of via nieuwe snelweg A1 Karlovac-Split, voor Zadar afslag in Posedarje naar Pag (43 km). Dan nog 11 km ri Novalja. Aangegeven.

CC €14 1/1-1/7 29/8-31/12   N 44°27'55" E 14°58'1"

Krk (Krk), HR-51500 / Kotar

- Camping Bor★★★
- Crikvenicka 10
- +385 (0)51-221581
- FAX +385 (0)51-222429
- 1/1 - 31/12
- info@camp-bor.hr

1038

1,3ha 160T(70-130m²) 10A

1 A**G**IJKLMNOPQ
2 IJKTVWX
3 AHJ
4 (B+G 1/6-1/9) (Q ⌧) (R+Y 1/4-30/9)
5 **A**DFGIJKLMNOPUW
6 ACEG**K**(N 1km)TV

Familiecamping op wandelafstand van Krk. Terrasjes met uitzicht op de haven. Op de camping staan veel olijf-, kersen- en vijgenbomen. In juni zal de eigenaar u in het restaurant verrassen met heerlijke kersen. In september zullen dit vijgen zijn. Op vertoon van uw CampingCard ACSI wordt u verrast met een glas wijn in het restaurant.

Voor Krk volgt men borden richting 'Centar' (centrum). Bij de rotonde volgt men de borden autocamp 'Bor', 1e weg rechts.

CC €18 1/1-5/7 1/9-31/12 **14=13**   N 45°1'21" E 14°33'44"

Krk (Krk), HR-51500 / Kotar `1039`

- ▲ Camping Krk★★★★
- ≡ Politin bb
- ☎ +385 (0)52-465010
- FAX +385 (0)52-460199
- 🔑 3/4 - 4/10
- @ camping@valamar.com

5,6ha 300T 10A CEE

1. ABCD**G**IJKLMOPQ
2. EIJKNOPQRTVWX
3. BCHJ**MN**QR**W**Y
4. (**A** 1/5-15/9) (C+H 🔑) **N** (Q+R+U+V+**Y** 🔑) Z
5. **AB**EFGIJKLMNOPRUWXY
6. CEG**I**KM(N 2km)RSTUV

💬 Na een ingrijpende restyling en uitbreiding is de camping in 2013 heropend. Nu textielcamping met zeer breed aanbod qua voorzieningen op het gebied van wellness, sport en ontspanning. Bakkerij, winkeltjes, restaurant, cocktailbar, verwarmde zwembaden, etc.

🚗 Vanuit Krk rijdt men richting Punat. Voor benzinestation (links van de weg) rechts afslaan.

CC €18 3/4-2/6 1/9-4/10   N 45°1'28'' E 14°35'30''

Kuciste, HR-20267 / Dalmatija `1040`

- ▲ Palme
- ≡ Kuciste 45
- ☎ FAX +385 (0)20-719164
- 🔑 1/1 - 31/12
- @ info@kamp-palme.com

1,2ha 122T (50-80m²) 10A

1. AB**G**IJKLMOP
2. EFJKNTWXY
3. A**W**Y
4. (X 15/4-31/10)
5. **A**GIJKLMNOPUWY
6. FGH**I**JOQTV

💬 Mooie privécamping met zon- en schaduwplaatsen dicht bij zee (50m). Ideaal voor surfers.

🚗 Aan doorgaande weg door Orbic. Na 3 km staat aan de rechterzijde de camping duidelijk aangegeven.

CC €16 1/1-30/6 1/9-30/12   N 42°58'35'' E 17°13'46''

Labin, HR-52220 / Istra `1041`

- ▲ Camping Marina★★★
- ≡ Sv. Marina bb
- ☎ +385 (0)52-879058
- FAX +385 (0)52-879044
- 🔑 3/4 - 1/11
- @ marina@valamar.com

5ha 267T (60-110m²) 6A CEE

1. ABCD**G**IJKLMOPQ
2. EIKNPQRTVWX
3. BRU**W**Y
4. (Q 12/4-1/11) (R 🔑)
   (T 3/4-30/9)
   (U+V 12/4-1/11)
   (X 1/5-1/11) Z
5. **AB**EFGIJKLMNOPUWXYZ
6. CEGIJK(N 0,2km)QRT

💬 Camping aan klein kiezelstrand, ideaal voor mensen die een mooie duikplek willen. Het sanitair is vernieuwd, evenals de electriciteit.

🚗 De heuvel oprijden naar het oude centrum van Labin. Daar borden volgen naar Sv. Marina. De weg is vaak smal. Pas op voor auto's die de binnenbocht nemen.

CC €18 3/4-2/6 1/9-31/10   N 45°2'0'' E 14°9'29''

Lopar (Rab), HR-51280 / Kotar ♿ 📶 iD 1042

- San Marino★★★★
- Lopar 488
- ☎ +385 (0)51-775133
- FAX +385 (0)51-775290
- 1/4 - 30/9
- @ ac-sanmarino@imperial.hr

9ha 1059T(80-100m²) 16A

1. ABCD**G**IJKLM**O**P**Q**
2. AEGKRSVWXY
3. BG**M**N**QRVW**Y
4. **JKN**(Q 15/5-30/9) (S+T 1/5-30/9) (U 1/7-31/8) (V 15/5-30/9) (X+Y 1/5-15/10) Z
5. **AB**EFGIJKLMNOP**QRS**UW XY
6. CFG**IK**(N 0,5km)OQRTVX

CC €16 1/5-22/5 6/6-20/6 5/9-30/9   N 44°49'24" E 14°44'14"

Zeer grote camping met een echt zandstrand, een aanrader voor gezinnen met kinderen. Een prima bestemming voor het laagseizoen: van half juli tot eind augustus is het erg druk en erg droog. Veel faciliteiten aanwezig zoals een fitnessruimte, wellness, etc.

🚗 Goed met borden aangegeven, vanaf driesprong bij het toeristenbureau voor Lopar.

Loviste, HR-20269 / Dalmatija ❌ ♿ 📶 iD 1043 NIEUW

- Kamp Lupis
- Loviste 68
- ☎ +385 (0)20-718063
- FAX +385 (0)20-718102
- 15/4 - 15/10
- @ lupis.djani@amis.net

0,8ha 55T(50-80m²) 16A

1. AEIJKLMOT
2. EFGJOQTVWXY
3. **AW**Y
5. **AB**GIJKLMNOPUW
6. EGIJ

CC €16 15/4-30/6 1/9-15/10   N 43°1'41" E 17°1'48"

Op 50m van zee gelegen mooie terrassencamping met zonnige en schaduwrijke plaatsen. Nieuw sanitair (2012).

🚗 Van Orebic richting Loviste. Bij Loviste staat campingbord Lupis duidelijk aangegeven.

Lozovac, HR-22221 / Sibenik 📶 iD 1044 NIEUW

- Camp Krka
- Skocici 2
- ☎ +385 (0)22-778495
- 1/1 - 31/12
- @ goran.skocic@si.t-com.hr

1ha 40T 16A

1. ABGIJKLMO**P**
2. FRTWXY
3. A
4. (Q 🔑) (X 1/4-30/10) Z
5. **A**GIJKLMNOPUWZ
6. FGK(N 4km)

CC €12 1/1-8/7 26/8-31/12 7=6, 14=12   N 43°48'2" E 15°56'32"

Mooie kleine camping met veel plaatsen in de schaduw. Schoon sanitair. Een restaurantje met redelijke prijzen. Goed gelegen voor een bezoek aan de Krka watervallen, Sibenik en kleinere stadjes, waaronder Skradin, in de omgeving.

🚗 Vanaf de kustweg ten Z van Sibenik richting Skradin/National Park Krka. Vanaf snelweg A1 afslag 21 Skradin/National Park Krka. Op enkele km's van de NP is de camping aangeduid.

Lozavac, HR-22221 / Sibenik ♿ 📶 iD 1045

⛺ Camp Marina (NP. KRKA)**
🏠 Skocici 6
☎ +385 (0)913-683323
📅 1/1 - 31/12
@ predrag.skocic@gmail.com

1ha 37T(40-70m²) 16A

1 ABCDGIJKLMO**PQ**
2 FGRTUVWXY
3 A
4 (Q+X 1/3-15/11) Z
5 **AB**GIJKLMNOPUWX
6 EGIJ(N 3km)V

💬 Camp Marina is gelegen bij het Nationale Park Krka (2,5 km) in Lozovac op 5 km van Skradin. Perfecte locatie voor kampeerders op doorreis, maar ook voor wie de toeristische bestemmingen van de regio Šibenik wil bezoeken. Restaurant met Dalmatische gerechten. Excursies naar het Nationale Park Krka.

🚗 Vanaf de kustweg ten Z van Sibenik ri Skradin-National Park Krka. Vanaf snelweg A1 afsl 21 Skradin-National Park Krka. Op enkele km's van het NP is de camping aangeduid.

CC €12   1/1-8/7   26/8-31/12   M   N 43°47'59" E 15°56'39"

Makarska, HR-21300 / Dalmatija 📶 iD 1046

⛺ Kamp Jure
🏠 Ivana Gorana Kovacic bb
☎ +385 (0)21-616063
FAX +385 (0)21-613430
📅 15/3 - 31/10
@ info@kamp-jure.com

0,7ha 60T(45-100m²) 10A

1 ACDGIJKLMOPT
2 ABEFGQSVY
3 **C**GHK**M**RWY
4 (Q+T+U+W+X+Y)
5 **AB**GIJKLMNOPUW
6 DEG**IJ**(N 0,3km)RTV

NIEUW

💬 Camping Jure heeft schaduw- en zonplaatsen. Goed sanitair. 200m van zee, en 250m naar winkel en restaurant op camping.

🚗 Richting Makarska. Na bord Makarska staat campingbord Jure rechts aangegeven.

CC €16   15/3-15/6   1/9-30/10   M   N 43°18'28" E 17°0'16"

Mali Losinj (Losinj), HR-51550 / Kotar ♿ 📶 iD 1047

⛺ Camping Cikat***
🏠 Cikat 6 A
☎ +385 (0)51-231708
FAX +385 (0)51-232125
📅 1/1 - 31/12
@ info@camp-cikat.com

6ha 1033T(60-120m²) 10A

1 ABCD**G**IJKLMOPST
2 BE**I**JKNPQRTVWXY
3 AC JKMNR**W**Y
4 (A 15/5-15/9) (Q+S)
   (T 15/6-15/9)
   (U 12/4-20/10) (X 1/5-30/9)
   (Y 12/4-20/10)
5 **AB**EFGIJKLMNOP**S**UWX
6 CEGIKM(N 2km)O**P**QRTV

💬 Camping aan kiezelstrand aan de noord-westkant van Mali Losinj met zijn grote, gezellige jachthaven. De camping beschikt over twee restaurants en een supermarkt. De camping is het gehele jaar geopend.

🚗 Komend vanaf de veerboot moet men de eilanden Cres en Mali Losinj kruisen. Vanaf de 4-sprong, net voorbij Mali Losinj richting Cikat volgen.

CC €16   1/1-26/5   8/6-25/6   12/9-31/12   M   N 44°32'9" E 14°27'3"

Mali Losinj (Losinj), HR-51550 / Kotar 1048
- Poljana★★★
- Poljana bb
- ☎ +385 (0)51-231726
- FAX +385 (0)51-231728
- 26/3 - 2/11
- @ info@poljana.hr

18ha 506T(40-120m²) 10A CEE

1. ABCD**G**IJKLMOPST
2. BEIJKNQRTVXY
3. AB**KMN**R**W**Y
4. (**A** 15/5-30/9)
   (Q+S+U+V+Y) Z
5. **AB**FGIJKLMNOP**ST**UVWX YZ
6. ACDEG**K**M(N 2km)O**PQ**RT V

CC €16 26/3-25/6 1/9-2/11

N 44°33'21'' E 14°26'32''

Martinšcica (Cres), HR-51556 / Kotar 1049
- Camping Slatina★★★★
- ☎ +385 (0)51-574127
- FAX +385 (0)51-574167
- 28/3 - 10/10
- @ info@camp-slatina.com

15ha 1670T(70-120m²) 16A

1. ABCD**G**IJKLMOPST
2. EIJKNQTWXY
3. AK**Q**R**W**Y
4. (Q+S) (U 20/4-10/10)
   (V 1/7-31/8) (Y 1/5-30/9) Z
5. **AB**EFGIJKLMNOP**S**UWXZ
6. ACEGIK(N 1km)OQRTUV

CC €16 28/3-26/5 8/6-25/6 12/9-10/10

N 44°49'16'' E 14°20'35''

Medulin, HR-52203 / Istra 1050
- Camping Village Kažela★★
- Kapovica 350
- ☎ +385 (0)52-577277
- FAX +385 (0)52-576448
- 2/4 - 11/10
- @ ackazela@arenaturist.hr

110ha 1100T(100-120m²) 10A CEE

1. ABCD**G**IJKLMOPST
2. EGKLORTVWXY
3. AG**MN**O**RW**Y
4. (B 7/6-15/9)
   (Q+S+T+U+V+Y) Z
5. **A**CEGHIJKLMNOPUVWXZ
6. AEG**I**KM(N 2km)RTWX

CC €16 1/5-2/6 1/9-30/9

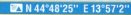

N 44°48'25'' E 13°57'2''

435

Medulin, HR-52203 / Istra ♿ 📶 iD 1051

- Camping Village Medulin*
- Osipovica 30
- ☎ +385 (0)52-572801
- FAX +385 (0)52-576042
- 🔑 2/4 - 11/10
- @ acmedulin@arenaturist.hr

30ha 946T(60-120m²) 10A CEE

1 ABC**G**IJKLMOPST
2 AEGIKLORTWXY
3 ABL**W**Y
4 **J**(Q+S+T+U+V+Y 🔑)
5 **AB**GIJMNOPUW
6 ACGIJMRTW

💬 Familiecamping op bebost vlak schiereiland met rondom de zee. Klein zandstrand met kindveilige zeebaai en steenachtig strand. Direct grenzend aan de levendige badplaats Medulin. Diverse sanitairblokken van verschillende kwaliteit. CampingCard ACSI is geldig in zone L en R.

🚗 Autoweg afslag Pula/Medulin. Borden Medulin volgen, afslag Camps langs boulevard tot afslag Camping Village Medulin.

Pula / Medulin CC

CC €16 1/5-2/6 1/9-30/9   N 44°48'51" E 13°55'54"

Medveja, HR-51416 / Kotar 👫 ♿ 📶 iD 1052

- Autocamp Medveja***
- Medveja bb
- ☎ +385 (0)51-291191
- FAX +385 (0)51-292471
- 🔑 26/4 - 13/10
- @ ac-medveja@liburnia.hr

9ha 287T(90-110m²) 10A CEE

1 ABCD**G**IJKLMOPST
2 EGNRTVXY
3 HNR**W**Y
4 (Q+S+U+Y 1/5-13/10) Z
5 **AB**EFGIJKLMNOPUW
6 CFGKM(N 2km)OQRTV

💬 Cp aan de oostkust van Istrië. Mild klimaat in het voorseizoen, ideaal om de historische stadjes te bezoeken. In september is de temperatuur van het zeewater een weldaad geworden en kunt u heerlijk zwemmen in het heldere water. In september en oktober veel activiteiten in de omliggende dorpen.

🚗 Vanaf Opatija de kustweg volgen richting Pula, door Lovran. De camping ligt 1 km na het einde van plaatsnaambord Lovran aan de rechterkant van de weg.

CC €18 26/4-15/6 1/9-13/10   N 45°16'13" E 14°15'56"

Moscenicka Draga, HR-51417 / Kotar 👫 ♿ 📶 iD 1053

- Autocamp Draga**
- Aleja Slatina bb
- ☎ +385 (0)51-737523
- FAX +385 (0)51-737339
- 🔑 14/4 - 1/10
- @ info@autocampdraga.com

2,2ha 100T(80-100m²) 16A

1 ABCD**G**IJKLMOPQ
2 EGIJNRVWX
3 H**W**Y
4 (Q 🔑)
5 **A**GIJKLMNOPUW
6 CFGKMRT

NIEUW

💬 Terrassencamping naast doorgaande weg en nabij voetbalveld. Ca.150m naar kiezelstrand. Sanitaire blokken worden goed onderhouden. Mogelijkheid tot nemen van duiklessen aan het strand. Klein haventje met langs de kust leuke restaurantjes en terrasjes. WiFi op de gehele camping. Faciliteiten van hotel Marina te gebruiken tegen gereduceerd tarief.

🚗 Volg de kustweg van Opatija richting Pula. De camping ligt links, afslag Moscenicka Draga.

Veprinac

Kozljak CC D64 D66

CC €16 14/4-2/6 1/9-1/10   N 45°14'24" E 14°15'1"

Nin, HR-23232 / Zadar-Knin 1054

- Ninska Laguna
- Put Blata 10
- +385 (0)23-264265
- 1/4 - 15/10
- contact@ninskalaguna.hr

1ha 100T(60-90m²) 16A

1. ABGIJKLMOPRS
2. AELRTWXY
3. WY
5. GIJKMNOPUWZ
6. EGK(N 0,5km)V

💬 Zeer eenvoudige camping met sterk verouderd, maar schoon sanitair. Deels onder bomen voor tenten en caravans. Deels halfschaduw en meer geordend voor caravans. Op 150m van mooie lagune met zandstrand. Ideaal voor kinderen. Het stadje Nin ligt op wandelafstand.

🚗 Route via snelweg A1 Karlovac-Split, voor Zadar afslag Nin op oude kustweg A8/E65 ri Zadar. Na 10 km rechts ri Nin/Privlaka. In Nin ri Vir/Privlaka. Even buiten het dorp, na 400m re. Aangegeven.

CC €12 1/4-10/7 1/9-15/10   N 44°14'47" E 15°10'26"

Njivice (Krk), HR-51512 / Kotar 1055

- Njivice★★
- Primorska Cesta bb
- +385 (0)51-846168
- 11/4 - 1/11
- reservation@kampnjivice.hr

10ha 164T(120-140m²) 16A CEE

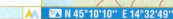

1. ACDGIJKLMOPST
2. EIKNOQRTVXY
3. BCGHMOPQRVWY
4. (A 1/5-1/11) M
   (Q+S+U+V 🔒)
   (X 13/4-1/11) Z
5. ADEFGIJKLMNOPUVWXY
6. ACDFGIKM(N 2,5km)RT

💬 De camping heeft schaduwrijke velden met toerplaatsen. In het naseizoen is het er heerlijk rustig en kunt u naar hartenlust zwemmen in het heerlijke, opgewarmde water. Nabij gelegen is een sfeervol stadje met gezellige restaurantjes en terrasjes. Voor premium plaatsen geldt meerprijs.

🚗 De camping ligt 10 km voorbij de tolbrug richting Krk. Vanaf de hoofdweg is de route slecht aangegeven. Volg bord 'Hotel'.

CC €16 11/4-20/6 5/9-1/11 7=6, 14=12   N 45°10'10" E 14°32'49"

Novalja (Pag), HR-53291 / Zadar-Knin 1056

- Strasko★★★★
- Zeleni put 7
- +385 (0)53-663381
- +385 (0)53-663430
- 17/4 - 11/10
- info@kampstrasko.com

5,8ha 1560T(100-160m²) 10-16A CEE

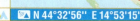

1. ABCDGIJKLMOPST
2. ENOPQRTVWXY
3. BDGHJKMNOPRUVWY
4. M(Q+S 🔒)
   (T+V+X 1/5-30/9) (Y 🔒) Z
5. ABEFGIJKLMNOPSUVWXYZ
6. CDEGJM(N 2km)OPRSTUVX

💬 Textiel- en FKK-gedeelte. Beide gelegen onder de pijnbomen. Gedeelte van standplaatsen afgebakend, aan de zee met gedeeltelijk kiezelstrand. FKK-deel kwalitatief beter, rustiger en internationaler. CampingCard ACSI is niet geldig op Premium en Delux plaatsen.

🚗 Op de M2/E27 veerpont Prizna-Zigljen aanbevolen. Voor Novalja linksaf, aangegeven, of op de A1 in Posedarje afslag Pag (43 km) dan nog 32 km. En voor Novalja linksaf.

CC €16 17/4-20/6 1/9-11/10 7=6, 14=12, 21=19   N 44°32'56" E 14°53'15"

437

Novigrad, HR-52466 / Istra — 1057

Camping Park Mareda****
Mareda bb
☎ +385 (0)52-858680
Fax +385 (0)52-735035
⌚ 17/4 - 11/10
@ camping@laguna-novigrad.hr

17ha 532T(80-140m²) 10-16A CEE

1 ABCD**G**IJKLM**P**Q
2 E**G**IJNOPQRTVWXY
3 A**GK**M**NQ**RUWY
4 (B+G+Q+S 1/5-30/9)
    (T 1/6-30/9)
    (V+X+Y 1/5-30/9) Z
5 **AB**EFGIJKLMNOPUWXY
6 CEG**I**KM(N 3km)RTV

💬 Gezellige camping. Het sanitair wordt goed onderhouden. Novigrad is met de auto binnen enkele minuten te bereiken. De CampingCard dient bij aankomst te worden afgegeven. CCA-gasten krijgen een staanplaats op één van de ongenummerde plaatsen in zone B comfort/B standaard of A standaard. Reserveringen met CampingCard ACSI niet mogelijk.

🚗 Vanuit Novigrad ca. 3 km noordwaarts in de ri van Umag rijden. Duidelijk met borden aangegeven.

CC €16   17/4-10/7   1/9-11/10   N 45°20'36'' E 13°32'53''

Novigrad, HR-52466 / Istra — 1058

Camping Sirena****
Terre 6
☎ +385 (0)52-858670
Fax +385 (0)52-757314
⌚ 20/3 - 10/11
@ camping@laguna-novigrad.hr

7ha 333T(80-160m²) 10-16A CEE

1 ABCD**G**IJKLMO**P**ST
2 E**G**IJOPRTVWXY
3 ABK**M**N**Q**RWY
4 (Q+S 1/4-30/9) (T 1/6-31/8)
    (V 1/6-15/9) (X 1/5-30/9) Z
5 **AB**EFGIJKLMNOPQUWXY
6 CEGHKM(N 0,8km)QRT

💬 De camping bestaat uit een gedeelte met dicht dennenbos en een deel waar weinig schaduw is. Goed sanitair. Het gezellige Novigrad ligt op loopafstand van de camping. De CampingCard ACSI dient bij aankomst te worden afgegeven. Voor CCA-gasten zijn plaatsen beschikbaar in zone B. Reserveringen met CampingCard ACSI niet mogelijk.

🚗 De camping ligt direct aan het strand, 2 km van Novigrad en 16 km ten noorden van Porec.

CC €16   20/3-10/7   1/9-10/11   N 45°18'54'' E 13°34'33''

Okrug Gornji, Dalmatija — 1059

Kamp Labadusa
Uvala Duboka BB
☎ +385 (0)91-3777705
⌚ 1/5 - 1/10
@ camp@labadusa.com

NIEUW

0,6ha  6A

1 A**G**IJKL**P**ST
2 EFJKNQTWXY
3 AWY
4 (Q+X+Y ⌚)
5 **A**GIJMNOPU
6 ABEGIJ(N 1km)TVX

💬 Direct aan zee gelegen terrassencamping met zonnige en schaduwrijke plaatsen. Goed restaurant. Goed sanitair. Inkoopmogelijkheid op 1 km.

🚗 Kustweg D8 volgen richting Trogir centrum. Over de brug links weg volgen, 2e brug rechts, na 3 km borden volgen.

CC €14   1/5-30/6   1/9-1/10   N 43°28'55'' E 16°14'41''

Okrug Gornji, HR-21223 / Dalmatija ♿ 🛜 iD 1060

▲ Rozac Auto Camp***
🛏 Setaliste Brace Radic 56
☎ +385 (0)21-806105
FAX +385 (0)21-806450
⛺ 1/4 - 1/11
@ booking@camp-rozac.hr

2,5ha 150**T**(60-100m²) 16A CEE

1 AC**G**IJKLMN**P**ST
2 BEFGKNORSXY
3 BHJKWY
4 (U+V+X+Y ⛺) Z
5 A**B**EFGIJKLMNOPSUWXYZ
6 EG**IK**TV

💬 Privécamping Rozac. Mooie camping met veel schaduw, goed sanitair. Mooi kiezel- en zandstrand op 2 km van Trogir.

🚗 Kustweg E65 volgen tot Trogir, richting centrum over de brug links weg volgen, over tweede brug rechts. Na 2 km camping rechts.

CC €16   1/4-15/6   1/9-31/10   ▲ N 43°30'19'' E 16°15'30''

Omis, HR-21310 / Dalmatija ♿ 🛜 iD 1061

▲ Galeb***
🛏 Vukovarska 7
☎ +385 (0)21-864430
FAX +385 (0)21-864458
⛺ 1/1 - 31/12
@ camping@galeb.hr

7ha 443**T**(70m²) 16A CEE

1 ACD**G**IJKLMO**P**T
2 AEFGLRSTVWXY
3 AB**M**NUWY
4 (Q+R 1/1-1/12) (T ⛺)
  (U+V 1/5-15/10)
  (X+Y 1/4-31/10)
5 A**E**FGIKMNOP**RS**UWXY
6 FG**IK**(N 0,5km)QRTV

💬 Een prachtige, grote camping aan zee met zandstrand. De camping biedt voldoende schaduw en is voorzien van alle comfort. Met CampingCard ACSI kampeert u op zone B en C of zone A tegen bijbetaling.

🚗 Aan de E65, na het plaatsnaambord Omis aan de rechterkant, vóór tankstation.

CC €16   1/1-1/7   24/8-31/12   ▲ N 43°26'26'' E 16°40'47''

Orasac, HR-20234 / Dalmatija 🛜 iD 1062

▲ Auto-Camp Pod Maslinom
🛏 Put Na More bb
☎ +385 (0)20-891169
FAX +385 (0)20-892058
⛺ 1/4 - 1/11
@ bozo@orasac.com

1ha 80**T**(70m²) 10A

1 A**G**IJKLM**P**ST
2 BEFGNSXY
3 Y
5 A**G**IJKLMNOPUW
6 EG**IJ**RT

NIEUW

💬 Privé-camping met veel schaduw, 300m van zee met kiezelstrand. Goed sanitair. De camping ligt ± 16 km van Dubrovnik.

🚗 De camping ligt aan de E27. Na bord Orasac na 200m rechts. De camping wordt duidelijk aangegeven.

CC €12   1/4-6/7   1/9-1/11   ▲ N 42°41'57'' E 18°0'21''

Orebic, HR-20250 / Dalmatija ♿ 📶 iD **1063**

▲ Nevio Camping★★★★
🏠 Dubravica
☎ 📠 +385 (0)20-714465
📅 1/4 - 15/11
@ info@nevio-camping.com

1,5ha 204T(80-100m²) 16A

1 ACD**G**IJKLMO**P**T
2 EFGJKNTVWXY
3 BM**W**Y
4 (B 1/5-15/10) (S 🔑)
  (Y 1/4-30/10) Z
5 **AB**EFGIJKLMNOP**QR**UWX
6 CDEG**IK**OV

Korcula CC Orebic

CC €16 1/4-30/6 1/9-15/11 ▲ N 42°58'51" E 17°11'55"

Pakostane, HR-23211 / Zadar-Knin 📶 iD **1064**

▲ Autocamp Nordsee
🏠 Alojzija Stepinca 68
☎ +385 (0)23-381438
📅 1/3 - 15/11
@ info@autocamp-nordsee.com

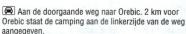

1,7ha 90T(80-100m²) 16A CEE

1 AB**G**IJKLMOPST
2 EKNOQTVWXY
3 **W**Y
4 (T+X 14/3-31/10) Z
5 **A**DGIJKLMNOPUWZ
6 EG**K**(N 0,4km)TV

Sveti Filip I Jakov D503 A1
Biograd Na Moru D8
CC

CC €16 1/3-28/6 1/9-15/11 ▲ N 43°54'20" E 15°30'58"

Pakostane, HR-23211 / Zadar-Knin 📶 iD **1065**

▲ Kozarica★★★★
🏠 Brune Busica 43
☎ +385 (0)23-381070
📠 +385 (0)23-381068
📅 7/4 - 31/10
@ kozarica@adria-more.hr

6ha 425T(80-110m²) 16A CEE

1 ABCD**G**IJKLMOP
2 EGLNOPTVWXY
3 BGHJR**W**Y
4 (G 1/5-30/9) **KN**
  (Q+S 15/5-15/9)
  (Y 15/6-15/9) Z
5 **AB**EFGIJKLMNOP**RS**UWX
6 DEG**K**M(N 1km)RTV

Sveti Filip I Jakov D503 E65
Biograd Na Moru D27
CC D8

CC €16 7/4-15/6 7/9-31/10 ▲ N 43°54'41" E 15°29'59"

Podaca, HR-21335 / Dalmatija   ♿ 🛜 iD | 1066

- ▲ Uvala Borova***
- 🅴 Lucica 23
- ☎ 📠 +385 (0)21-629111
- ⏱ 1/4 - 30/9
- @ camp.uvala.borova@gmail.com

2ha 100T(40-80m²) 16A CEE

1 **ACDG**IJKLMO
2 **B**EFGJKNOTWXY
3 A**R**WY
4 (Q+R+U 15/6-15/9) (V+X 1/6-15/9)
5 **A**GIJMNOPUWX
6 DEG**I**K(N 1km)TV

💬 Familiale terrassencamping aan zee met uitzicht op de ondergaande zon. Schaduwrijke plekken. Rustig, kindvriendelijk en schoon. Gratis WiFi op de camping. Uitstapjes in de omgeving mogelijk (Dubrovnik, Korcula, Hvar, Medugorje). Restaurant en supermarkt aanwezig. Vele watersportmogelijkheden.

🚗 Kustweg volgen. Na bord Podaca-camping naar rechts. De camping wordt duidelijk aangegeven.

CC €16   1/4-30/6   1/9-30/9   M   📍 N 43°7'52" E 17°17'16"

Pomer, HR-52100 / Istra   ♿ 🛜 iD | 1067

- ▲ Camping Pomer
- 🅴 Pomer BB
- ☎ +385 (0)52-573746
- 📠 +385 (0)52-573748
- ⏱ 23/4 - 27/9
- @ acpomer@arenaturist.hr

22,5ha 166T(40-120m²) 10A CEE

1 ABCD**G**IJLM**OP**ST
2 **B**EIJKOQTVWXY
3 **W**Y
4 (Q+T+U+V+Y 1/6-25/9) Z
5 GIJMNOPUWX
6 **A**EGK(N 1km)TVWX

💬 Rustige, terrasvormige en deels vlakke camping naast een jachthaven met bootkraan in het dorpje Pomer. Camping heeft pijnbomen en een open deel. 8 km vanaf Pula. CampingCard ACSI is niet geldig voor de seaside-zone.

🚗 A9 afslag Medulin/Premantura. Dan afslag Pomer, vervolgens richting jachthaven. Campingborden volgen.

CC €14   1/5-5/6   1/9-27/9   M   📍 N 44°49'13" E 13°54'8"

Premantura, HR-52205 / Istra   🛜 iD | 1068

- ▲ Camping Runke*
- ☎ 📠 +385 (0)52-575022
- ⏱ 23/4 - 20/9
- @ acrunke@arenaturist.hr

4,5ha 247T(60-120m²) 10A

1 ABCD**G**IJKLM**OP**
2 **E**GIJKORTWXY
3 **W**Y
4 (Q 1/5-18/9) (R 1/7-18/9) (Y 1/5-18/9) Z
5 CEHIKMNOPUVW
6 **E**GK(N 1km)T

💬 Camping Runke, met een prachtig uitzicht op de baai van Medulin, ligt slechts een paar passen naar het kleine pictoresque plaatsje Premantura en 10 km van het historische centrum van Pula. Volop schaduw, aflopend naar het strand een aantal terrasvormige en redelijk vlakke plaatsen. Er is een kleine baai voor het aanmeren van kleine boten. CampingCard ACSI is niet geldig voor de seaside-zone.

🚗 Bewegwijzerd vanaf ringweg in Pula.

CC €14   1/5-12/6   1/9-20/9   M   📍 N 44°48'28" E 13°55'0"

Premantura, HR-52100 / Istra 1069

- Camping Tasalera*
- Premantura bb
- ☎ +385 (0)52-575555
- FAX +385 (0)52-575533
- ⊙ 23/4 - 27/9
- @ actasalera@arenaturist.hr

4ha 216T(90-100m²) 10A

1. ABCD**G**IJKLM**P**Q
2. EIJKLORTWXY
3. AWY
4. (Q+S 1/6-15/9) (U 15/6-31/8) (Y ⊙) Z
5. **A**CGIJMNOPVW
6. EJK(N 1km)T

💬 Deels vlak en open, deels hellend en bebost terrein. Direct aan zee. Matig sanitair. CampingCard ACSI geldt niet voor plaatsen in de seaside-zone.

🚗 Vanaf ringweg Pula borden Premantura volgen. Campingborden volgen.

CC €14 1/5-5/6 1/9-27/9

N 44°48'52" E 13°54'42"

Premantura, HR-52203 / Istra 1070

- Camping Village Stupice*
- Selo 250
- ☎ +385 (0)52-575111
- FAX +385 (0)52-575411
- ⊙ 2/4 - 11/10
- @ acstupice@arenaturist.hr

26ha 920T(60-120m²) 10A

1. ABCD**G**IJKLMOP**S**T
2. BEGIKLNORTWXY
3. AGK**MNQW**Y
4. **P**(Q+S 15/4-11/10) (T 1/5-15/9) (U+V+Y 15/4-11/10)
5. **AB**CGHIJMOPUVW
6. ACEGK(N 0,5km)ORT

💬 In het plaatsje Premantura aan het begin van het schiereiland Kamenjak, een duurzaam nationaal park met volop flora en fauna. Camping in een dicht pijnbomenbos, ook niet beschaduwde plaatsen. Aan een heldere blauw-groene zee aan het puntje van Istrië met meer dan genoeg rots- en kiezelstranden. Ideaal voor watersport. Het historische centrum van Pula is op 10 km afstand. CampingCard ACSI is niet geldig voor de seaside-zone.

🚗 Bewegwijzerd vanaf ringweg in Pula.

CC €16 1/5-2/6 1/9-30/9

N 44°47'52" E 13°54'50"

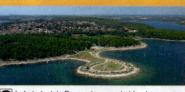

Primosten, HR-22000 / Sibenik 1071

- Adriatic Cat.1
- Huljerat 1a
- ☎ +385 (0)22-571223
- FAX +385 (0)22-571360
- ⊙ 10/4 - 1/11
- @ camp-adriatiq@adriatiq.com

12ha 500T(80-140m²) 10A CEE

1. ACD**G**IJKLMOPQ
2. EFGIJNOQTVXY
3. ABCGJ**M**NR**W**Y
4. (Q+S 1/5-15/10) (T+U+V+X 1/5-30/9) (Y 1/6-30/9) Z
5. **AB**EFGIJKLMNOPUWXY
6. CEG**I**K(N 2km)QTUV

💬 Grote terrassencamping direct aan zee met schaduwrijke plaatsen, hoge bomen en een rots- en kiezelstrand.

🚗 Aan de E65, 20 km vanaf Sibenik, voor Primosten rechts van de weg.

CC €16 1/5-30/6 15/9-1/11

N 43°36'23" E 15°55'15"

1072 — Pula, HR-52100 / Istra

- Camping Village Stoja★★★
- Stoja 37
- ☎ +385 (0)52-387144
- FAX +385 (0)52-387748
- 2/4 - 11/10
- @ acstoja@arenaturist.hr

16,7ha 719T(60-144m²) 10A

1 ABCDGIJKLMPST
2 EGKLORTVWXY
3 ALMNQRWY
4 (Q+S+T+U+V+Y ⊙) Z
5 ACDGHIJKLMNOPUW
6 ACEGK(N 3km)OQRTVWX

💬 Familiecamping direct aan zee, deels bebost, deels open terrein met diverse kwalitatief verschillende sanitairblokken. Grotendeels vlak terrein. Op 3 km afstand van Pula, het grootste culturele en economische centrum van Istrië. Romeins amfitheater, tempels, vroegchristelijke kerken, kasteel, dagelijkse mediterrane markt. CampingCard ACSI is niet geldig op de eerste paar rijen aan de kust, wel in zone 500 en 600.

🚗 Bewegwijzerd vanaf ringweg Pula.

CC €16 1/5-2/6 1/9-30/9

N 44°51'34'' E 13°48'52''

A9 D66 Pula Medulin

1073 — Punat (Krk), HR-51521 / Kotar

- Camp Pila★★★
- Setaliste i. Brusica 2
- ☎ FAX +385 (0)51-854020
- 24/4 - 18/10
- @ pila@hoteli-punat.hr

7ha 600T(80-100m²) 10A CEE

1 ACDGIJKLMOPST
2 EGIKOPRTVX
3 BNWY
4 (Q+S 1/5-30/9)
   (T+U+Y 1/5-15/9) Z
5 ABEFGIJKLMNOPUWXZ
6 CFGIKM(N 0,5km)QRTV

💬 Camping gesitueerd aan de Adriatische zee, gelegen in de prachtige baai van Punat met zijn mooie haven. Een gedeelte van de camping ligt in de schaduw van pijnbomen. Na augustus is het heerlijk zwemmen in het door de stralende zon verwarmde water. Op wandelafstand kunt u genieten van de lokale festiviteiten in het stadje Punat.

🚗 Komende vanuit Krk, Punat voorbij rijden richting Stara Baska. Camping ligt als eerste rechts van de weg.

CC €16 24/4-18/6 1/9-18/10

N 45°0'58'' E 14°37'44''

Krk Draga Bascanska

1074 — Punat (Krk), HR-51521 / Kotar

- Naturist Camp Konobe★★★
- ☎ FAX +385 (0)51-854036
- 24/4 - 30/9
- @ konobe@hoteli-punat.hr

20ha 400T(60-100m²) 10A CEE

1 ACDGIJKLMOPST
2 EJKNOQRTVWX
3 ABMNQRWY
4 (Q ⊙) (S 15/5-15/9)
   (T 1/7-31/8) (U+Y 1/5-30/9)
   Z
5 ABFGIJKLMNOPUVW
6 CDEGKM(N 1km)QRT

💬 Naast een vlak terrein (links) is dit een terrassencamping met sterke hoogteverschillen (minstens 20% helling). Bij het vlakke deel ligt een kiezelstrand. Gedeeltelijk vernieuwd sanitair. Prachtig uitzicht op zee. Zeer rustige camping.

🚗 Komende van Krk, Punat voorbij rijden richting Stara Baska. Na ongeveer 3 km rechtsaf.

CC €16 24/4-18/6 1/9-30/9

N 44°59'29'' E 14°37'50''

Pinezici Krk Punat

Rab, HR-51280 / Kotar 　　♿ 📶 iD 1075

▲ Padova III***
🏠 Banjol 496
☎ +385 (0)51-724355
📠 +385 (0)51-724539
🗓 1/4 - 31/10
@ padova3@imperial.hr

NIEUW

5ha 500T(80-100m²) 16A CEE
1 ABCDGIJKLMOPQ
2 AEIKNRTVWX
3 ARVWY
4 (Q+S+T+U+V+Y 1/4-15/10) Z
5 ABFGIJKLMNOPUVWX
6 CFGIKM(N 2km)OQRTU

💬 Middelgrote verblijfscamping op loopafstand van de stad Rab (20 min). Deels ietwat hellend terrein. Strand: fijne kiezels overgaand in zand. De staanplaatsen zijn gescheiden door heggen en bomen die schaduw geven. Veel voorzieningen aanwezig, zoals fitness, restaurant, bakker en supermarkt.

🚗 Richting Rab volgen. Na de afslag Lopar eerste weg links (scherpe bocht). Na ongeveer 500m wordt de camping rechts aangegeven.

Rab – Stinica – D8

CC €16 1/5-22/5 6/6-20/6 5/9-30/9   N 44°45'10'' E 14°46'27''

Rakovica, HR-47245 / Karlovac 　　📶 iD 1076

▲ Autocamp Korita
🏠 Grabovac 319
☎ +385 (0)47784498
📠 +385 (0)47811371
🗓 1/4 - 31/10
@ autocampkorita@gmail.com

NIEUW

1ha 31T(50m²) 16A
1 ABGIJLP
2 KLRVW
3 J
4 (Q+Y)
5 ACGIJKLMNOPUWZ
6 EGK(N 3km)V

💬 Nieuwe, rustige, kleine camping op vlak grasland en met mooi panorama. Symmetrisch gelegen rond receptie en modern sanitairblok. Uitstekend restaurant vlakbij. Ideaal voor bezoek aan Natuurpark Plitvicka Jezera en ook het mooie stadje Slunji.

🚗 Gelegen op de nationale weg 1 Karlovac-Gracac in Rakovica, 30 km ten Z van Slunj en 14 km ten N van ingang Natuurpark Plitvicka Jezera, langs oostzijde v.d. weg. Camping staat aangegeven.

Rakovica – D42 – D1 – D217 – Plitvicka Jezera – D504

CC €14 1/4-30/6 1/9-31/10   N 44°57'52'' E 15°38'37''

Rovinj, HR-52210 / Istra 　　♿ 📶 iD 1077

▲ Amarin***
🏠 Monsena bb
☎ +385 (0)52-802200
📠 +385 (0)52-813354
🗓 25/4 - 26/9
@ ac-amarin@maistra.hr

12,5ha 650T(80-120m²) 16A CEE
1 ABCDGIJKLMOPST
2 EGILNOPQRTVX
3 AGKMNQRUWY
4 (B+G) (Q 1/6-15/9)
   (S) (T 18/5-20/9)
   (U 1/7-31/8) (V 18/5-20/9)
   (W) (Y 18/5-20/9) Z
5 ABGIJKLMNOPUVW
6 CEGIJM(N 4km)QRTUVX

💬 Met een mooi uitzicht op het stadje Rovinj ligt camping Amarin hier ten noorden van. Het is een echte gezinscamping met zwembad. Er zijn voldoende sportactiviteiten en kinderspeelplaatsen.

🚗 Camping ligt 3,5 km ten noorden van Rovinj, staat aangegeven.

Vrsar – A9 – Rovinj

CC €14 25/4-26/6 22/8-26/9   N 45°6'32'' E 13°37'11''

1078
Rovinj, HR-52210 / Istra

- Polari★★★
- Polari 1
- ☎ +385 (0)52-801501
- FAX +385 (0)52-811395
- 🔑 17/4 - 26/9
- @ polari@maistra.hr

60ha 1496T(80-120m²) 10A CEE

1. **ABCDG**IJKLMOPQ
2. EGIJLNOPQRTVWXY
3. ABGJK**MNQ**RWY
4. (B+G 20/5-20/9) (Q+S 🔑) (T+U 1/5-26/9) (V+X 🔑) (Y 1/5-26/9) Z
5. **AB**EFGIJKLMNOP**S**UWXY
6. CEG**IK**M(N 2,5km)QRTVX

💬 Vlakbij het schitterende stadje Rovinj ligt de uitgestrekte camping Polari. Het terrein beschikt over een prachtig zwembad (geopend vanaf 20 mei) en goede sanitaire voorzieningen. CampingCard-gasten hebben recht op een standaardplaats. Een klein gedeelte van de camping is gereserveerd voor naturisten.

🚗 3 km ten zuiden van Rovinj de borden richting camping volgen.

CC €16 17/4-22/5 5/6-19/6 30/8-26/9

N 45°3'46'' E 13°40'30''

1079
Seget Vranjica/Trogir, HR-21218 / Dalmatija

- Belvedere★★★
- ☎ +385 (0)21-798228
- FAX +385 (0)21-894251
- 🔑 27/3 - 20/10
- @ info@vranjica-belvedere.hr

15ha 450T(80-100m²) 16A

1. ACDGIJKLMOPT
2. EFGIJKNORSTVWXY
3. BG**MNQ**RWY
4. (B 15/4-15/10) (Q+S+T+U+V+X+Y 15/5-1/10)
5. **AB**EFGIJKMOP**R**UW
6. AEG**IK**(N 4km)QRV

💬 Grote terrassencamping met uitzicht op zee en eilanden. Veel schaduwrijke plekken.

🚗 5 km ten noorden van Trogir aan de E65.

CC €16 27/3-30/6 30/8-20/10 21=19

N 43°30'42'' E 16°11'38''

1080
Selce, HR-51266 / Kotar

- Camping Selce★★
- Jasenova 19
- ☎ +385 (0)51-764038
- FAX +385 (0)51-764066
- 🔑 1/4 - 15/10
- @ autokampselce@jadran-crikvenica.hr

8ha 325T(80-120m²) 10A CEE

1. ACD**G**IJKLMOPST
2. EGIJKNOPRTX
3. GRU**W**Y
4. (Q 1/6-15/10) (R 1/6-1/10) (Y 🔑) Z
5. **A**GIJKLMNOPUW
6. FG**IJ**M(N 0,3km)OQRTX

NIEUW

💬 Grote camping nabij druk toeristisch plaatsje Selce met een leuke boulevard. Geaccidenteerd terrein. Sanitair gerenoveerd. Alle watersportmogelijkheden in de omgeving.

🚗 De route wordt vanaf de kustweg bij Selce goed met borden aangegeven. Vanuit Rijeka 2e of 3e afslag naar Selce.

CC €16 1/5-6/6 1/9-30/9 7=6, 14=11

N 45°9'14'' E 14°43'30''

Sibenik, HR-22000 / Sibenik ♿ 📶 iD **1081**

▲ Camping Resort Solaris★★★★
☎ +385 (0)22-361017
📠 +385 (0)22-361800
🗓 1/4 - 15/10
@ camping@solaris.hr

50ha 792T(80-100m²) 6A

1 ACD**G**IJKLMO**P**ST
2 EFGNORTWXY
3 G**M**N**W**Y
4 (B+F+G 15/4-15/10)
  (Q+S+T+U+V+X+Y ⌂)
5 **AB**EFGIJKLMNOP**Q**UWXY
6 ABDFG**I**JM(N 5km)OQRV

💬 Grote camping aan zee met kiezel- en betonstrand. Veel schaduw. Camping is voorzien van alle comfort. Er is waterrecreatie en zwembad voor groot en klein.

🚗 Aan de E65 Šibenik-Split, 5 km ten zuiden van Šibenik.

CC €16 1/4-26/6 1/9-15/10 📍 N 43°41'57" E 15°52'46"

Starigrad/Paklenica, HR-23244 / Zadar-Knin 📶 iD **1082**

▲ Paklenica
🏠 Dr. Franje Tudmana 14
☎ +385 (0)23-209050
📠 +385 (0)23-209073
🗓 6/4 - 31/10
@ alan@bluesunhotels.com

2,5ha 300T 16A

1 ABCD**G**IJKLMO**P**ST
2 EFG**L**NOPRTVWXY
3 AGHJK**M**N**Q**RV**Y**
4 (B+G 1/5-30/9) **KLNP**
  (Q+S ⌂) (V 1/6-30/9)
  (X 15/5-1/10) (Y ⌂) Z
5 **A**EFGIJKLMNOPUVWXZ
6 EG**K**MRTV

💬 Camping op vlak terrein voor het grootste deel onder de bomen, aan de zee gelegen en nabij het dorp. Er is een kampwinkeltje en het sanitair is vernieuwd. Goed gelegen voor bezoek aan het Natuurpark van Starigrad-Paklenica en tochtjes per auto naar Zadar.

🚗 In Starigrad-Paklenica 45 km ten Z van Karlobag M2/E27. Cp bij hotel Alan. Of via snelweg A1 Karlovac-Split, voor afslag in Maslenica ri Rijeka. Dan M2/E27 (kustweg) volgen tot Starigrad. Aangegeven.

CC €16 6/4-30/6 1/9-31/10 📍 N 44°17'14" E 15°26'51"

Starigrad/Paklenica, HR-23244 / Zadar-Knin 📶 iD **1083**

▲ Plantaza
🏠 Put Plantaze 2
☎ +385 (0)91-5114694
🗓 1/1 - 31/12
@ plantaza@hi.t-com.hr

1,5ha 100T 16A

1 ABCD**G**IJKLMO**P**Q
2 EG**I**NOPTWXY
3 HJ**WY**
4 (Q 15/5-30/9) (V 1/4-31/10)
  (Y 1/4-30/10) Z
5 **AB**DEGIJKLMNOP**S**UWZ
6 EG**K**M(N 0,5km)V

💬 De cp ligt direct aan de kust in de schaduw van de mediterrane vegetatie. Het kiezelstrand, het heldere water en de directe nabijheid van het natuurpark 'Paklenica' bieden genot en rust voor gasten ver weg van het leven van alledag.

🚗 Vanaf Rijeka kustweg M2/E27 volgen tot 1 km ten N van Starigrad-Paklenica. Aangegeven. Of via de A1 Karlovac-Split, voor Zadar afslag in Maslenica naar Rijeka. Dan M2/E27 (kustweg) volgen tot voorbij Starigrad. Aangegeven.

CC €14 1/1-30/6 1/9-31/12 📍 N 44°18'2" E 15°25'55"

Stobrec, HR-21311 / Dalmatija 1084

▲ Split****
Sv. Lovre 6
☎ +385 (0)21-325426
FAX +385 (0)21-325452
1/1 - 31/12
@ camping.split@gmail.com

5ha 330T(90-110m²) 16A CEE

1 ACDGIJKLMNOPST
2 AEFGKNQSVWY
3 BGRWY
4 (Q+R+S+U+V+X)
5 ABEFGIJKLMNOPUWXY
6 EGIKM(N 3km)ORTV

💬 Familiecamping met zowel schaduwrijke als zonnige plaatsen. Vlakbij zandstrand. Goed sanitair. 5 km van Split gelegen.

🚗 5 km na Split bij bord Stobrec rechtsaf. Na 100m camping aan de linkerkant.

CC €16 1/1-30/6 1/9-31/12   N 43°30'15" E 16°31'34"

Tisno, HR-22240 / Sibenik 1085

▲ Camp Dalmacija***
Tisnjanski rat bb
☎ +385 (0)22-438542
15/4 - 15/10
@ info@dalmacija-tisno.com

24ha 100T(50-100m²) 16A CEE

1 ABCDGIJKLMOP
2 EJKLNOPTUVXY
3 AWY
4 (Q 15/7-31/8)
  (V+X 15/6-10/9)
5 AEFGIJKLMNOPUWZ
6 EK(N 1km)TV

💬 Camping met schaduwrijke plaatsen en zicht op een mooie baai. Bar en restaurant met prachtig uitzicht op zee en strand. Tisno op wandel- of fietsafstand. Het pittoreske schiereiland Murter met zijn vele strandjes en kleine dorpjes ligt vlakbij.

🚗 A1 Zagreb-Karlovac-Split voorbij Zadar de afsl 20 Pirovac ri Murter. De kustweg nr. 8 oversteken naar het schiereiland Murter. Na 6,5 km voor Tisno-dorp re-af. Voor de ingang van de cp Jazina li-af over kiezelweg.

CC €16 15/4-30/6 1/9-15/10 14=13   N 43°48'35" E 15°37'42"

Vrsar, HR-52450 / Istra 1086

▲ Porto Sole***
☎ +385 (0)52-426500
FAX +385 (0)52-426580
1/1 - 31/12
@ portosole@maistra.hr

25ha 732T(100m²) 10A CEE

1 ABCDGIJKLMPQ
2 EIJKLNOPQRTVWXY
3 ABGJKMNQRVWY
4 (B+G 15/5-25/9)
  (Q+S 1/5-15/9) (T)
  (V 15/5-29/9) (Y 1/5-29/9) Z
5 ABEFGIJKLMNOPUVWZ
6 CEGIJM(N 1km)RTV

💬 Niet al te grote gezinscamping op loopafstand van het dorp. Een leuk zwembad is aanwezig. Een deel van de camping is terrasvormig aangelegd. Het andere deel is vlak en biedt redelijke schaduw.

🚗 De camping is gelegen op 1 km ten zuiden van Vrsar in de richting van Koversada.

CC €16 1/1-19/6 30/8-31/12   N 45°8'30" E 13°36'8"

Zaostrog, HR-21334 / Dalmatija ♿ 📶 iD 1087

- Camping Viter
- A.K. Miosica 1
- ☎ +385 (0)98-704018
- FAX +385 (0)21-629190
- 1/4 - 31/10
- @ info@camp-viter.com

1,3ha 100T 10A CEE

1 **A**G**IJK**LOPST
2 EFGNOTWXY
3 **W**Y
5 **AB**EGIJMNOPUW
6 EG**IK**T

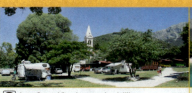

💬 Auto Camp Viter is een vriendelijke familiecamping in Zaostrog, direct aan het strand van de Adriatische zee. Het ligt tussen Split en Dubrovnik, op 3 km afstand van de veerboot die het vasteland verbindt met de eilanden Hvar, Korcula en Brac. Het is een uur durende rit naar Mostar.

🚗 Na bord Zaostrog 600m rechts bord Viter volgen.

CC €16   1/4-6/7   1/9-31/10   N 43°8'21" E 17°16'50"

Zaton/Nin (Zadar), HR-23232 / Zadar-Knin ♿ 📶 ✱ iD 1088

- Zaton Holiday Resort****
- Draznikova 76t
- ☎ +385 (0)23-205580
- FAX +385 (0)23-280310
- 1/5 - 30/9
- @ camping@zaton.hr

50ha 1500T(80-120m²) 16A CEE

1 ABCD**G**IJKLMO**P**
2 AENTV**W**XY
3 BG**J**K**MNOPQ**R**VW**Y
4 (C+H ⌂) IJ(Q+S+T+V ⌂) (X 15/5-20/9) (Y ⌂) Z
5 **AB**EFGIJKLMNO**P**R**UVWX YZ
6 CDFGHKM(N 1km)OQRTV

💬 Grote, goed ingerichte luxe camping aan zand- en kiezelstrand met alle accommodaties. Maakt deel uit van vakantiecentrum. Goed uitgangspunt voor uitstapjes naar Nin en het oude centrum van Zadar en de vele oude vissersdorpjes (richting zuiden).

🚗 Aanbevolen route via de snelweg A1 Zagreb-Zadar. Vóór Zadar afslag Nin/Zadar Zapat. In Nin richting Zadar. Even buiten het dorp Nin na 2 km rechts. Aangegeven.

CC €18   1/5-27/6   1/9-30/9   N 44°14'4" E 15°9'58"

Op de website vindt u met de zoekmachine heel gemakkelijk een camping. Zoek bijvoorbeeld op kaart, plaatsnaam of voorzieningen.

www.CAMPINGCARD.com

Griekenland

Algemeen
Griekenland is lid van de EU.

Tijd
In Griekenland is het een uur later dan in Amsterdam, Parijs en Rome.

Taal
Grieks, maar men verstaat vaak ook Engels en Duits.

Grensformaliteiten
Veel formaliteiten en afspraken rond zaken zoals de benodigde reisdocumenten, autodocumenten, eisen aan uw vervoer- en verblijfmiddel, ziektekosten en het meenemen van dieren zijn niet alleen afhankelijk van het land van bestemming, maar ook van uw vertrekpunt en nationaliteit. Ook de lengte van uw verblijf speelt hierbij een rol. Het is onmogelijk om in het bestek van deze gids voor alle gebruikers de juiste en up-to-date informatie met betrekking tot deze zaken te garanderen.

Wij adviseren u om voor vertrek bij de bevoegde instanties na te gaan:
- welke reisdocumenten u nodig heeft voor uzelf en uw reisgenoten
- welke documenten u nodig heeft voor uw auto
- aan welke eisen uw caravan moet voldoen
- welke goederen u in en uit mag voeren
- hoe in geval van ongeval of ziekte de medische behandeling in uw vakantieland is geregeld en kan worden betaald
- of u huisdieren mee kunt nemen.

Neem lang van te voren contact op met uw dierenarts. Die kan u informatie geven over relevante vaccinaties, bewijzen daarvan en verplichtingen bij terugkomst. Ook is het verstandig om na te gaan of in uw vakantieland bepaalde voorwaarden gelden voor huisdieren in het openbare leven. Zo moeten in sommige landen honden altijd worden gemuilkorfd of achter tralies worden vervoerd.

Veel algemene informatie vindt u op
▶ www.europa.eu ◀ maar zorg dat u de informatie achterhaalt die op uw specifieke situatie van toepassing is.

Voor recente douaneverplichtingen kunt u contact opnemen met de vertegenwoordiging van uw vakantieland in het land waar u woont.

Valuta en geldzaken
De munteenheid in Griekenland is de euro. Let op als u gaat pinnen: sommige automaten geven u eerst het geld terug en daarna uw pinpas. Betalen met uw pinpas is niet mogelijk.

Creditcard
Creditcards worden geaccepteerd bij grotere hotels, restaurants, winkelketens en autoverhuurbedrijven. Het is raadzaam voldoende geld mee te nemen.

Openingstijden en feestdagen
Banken
Banken zijn geopend tot 14.00 uur. In grote steden en toeristische gebieden is een aantal banken 's avonds en op zaterdag geopend.

Winkels
Griekse winkels hebben verschillende openingstijden gedurende winter en zomer. 's Winters zijn de openingstijden op maandag en woensdag tot 16.30 uur, dinsdag, donderdag en vrijdag tot 14.00 uur en 's avonds van 17.00 uur tot 20.00 uur. Zaterdag tot 15.00 uur. 's Zomers zijn de winkels open op maandag, woensdag en zaterdag tot 14.00 uur, dinsdag, donderdag en vrijdag tot 14.00 uur en 's avonds van 17.30 uur tot 20.30 uur.

Apotheken
Prijzen voor medicijnen zijn aanmerkelijk lager dan in Nederland. Houdt u er rekening mee dat specialistische hulp op de Griekse eilanden beperkt is. De apotheken zijn geopend tot 14.00 uur. In grote steden kunnen apotheken bovendien geopend zijn tussen 17.30 uur en 22.00 uur.

Feestdagen
Nieuwjaarsdag, 6 januari (Driekoningen), 23 februari (Groene Maandag), 25 maart (Onafhankelijkheidsdag), Goede Vrijdag, Pasen (orthodox), 1 mei (Dag van de Arbeid), Pinksteren (orthodox), 15 augustus (Maria Hemelvaart), 28 oktober (Nationale Feestdag), Kerst.

Communicatie
(Mobiele) telefoon
Het mobiele netwerk is goed in geheel Griekenland. Er is een 3G-netwerk voor mobiel internet. Telefoonkaarten voor telefooncellen kunt u krijgen bij kiosken. U kunt bij kiosken ook bellen met een meter.

WiFi, internet
Internetcafés vindt u vooral in grotere steden en toeristische gebieden.

Post
Griekse postkantoren heten 'tachydromeia'. Ze zijn geopend van maandag tot en met vrijdag tot 19.00 uur, op het platteland tot 14.00 uur.

Wegen en verkeer

Wegennet
Griekse verkeersdeelnemers nemen het niet altijd even nauw met de verkeersregels! Op de Griekse eilanden, met uitzondering van Kreta, is het wegennet beperkt.
Het is niet aan te raden om in het donker te rijden buiten de steden. Als u een automobilistenhulpverzekering heeft, kunt u de hulp inroepen van de Griekse automobielclub (ELPA): tel. 10400.

Verkeersvoorschriften
Binnen de bebouwde kom heeft verkeer van rechts voorrang, buiten de bebouwde kom verkeer op de hoofdweg. Wanneer u op een rotonde rijdt, heeft verkeer dat van rechts komt voorrang. Stijgend verkeer heeft op bergwegen voorrang op dalend verkeer.

Maximale snelheid

< 3,5 t	90 / 80 / 90
> 3,5 t	niet bekend

< 3,5 t	130 / 80 / 130
> 3,5 t	niet bekend

Het maximaal toegestane alcohol-promillage is 0,5 ‰. Het is niet verplicht om uw dimlicht overdag aan te hebben. U dient handsfree te bellen. Het gebruik van veiligheidsgordels is alleen voor in uw auto verplicht. Rijdt een kind onder de 12 jaar mee, dan mag u niet in uw voertuig roken. U hoeft geen winterbanden onder uw auto te hebben.

Navigatie
Signalering van vaste flitslocaties met behulp van navigatie of mobiele telefoon is toegestaan.

Caravan, camper
Houdt u er op de Griekse eilanden rekening mee dat het aantal voorzieningen voor caravans en campers beperkt is. Reist u met auto en caravan dan betaalt u dubbel tarief op de tolwegen. Met camper is het toltarief nog hoger dan met auto en caravan.

Toegestane afmetingen
Hoogte 4m, breedte 2,55m en lengte auto met caravan 18,75m.

Motorbrandstof
Loodvrije benzine en diesel zijn goed verkrijgbaar. LPG is op het vasteland goed verkrijgbaar.

Tankstations
Tankstations in en rond grote steden sluiten om middernacht, elders zijn tankstations geopend tussen 7.00 uur en 22.00 uur.
Vanaf de zomer van 2012 is er voor het eerst een aantal tankstations geopend aan de nieuwe, 670 km lange snelweg Egnatia Odos, die van Igoumenitsa via Thessaloniki naar Alexandroupoli leidt.

Tol
Op verschillende Griekse wegen moet u tol betalen. U kunt alleen contant betalen; niet met creditcard.

Alarmnummer
112: het nationale alarmnummer voor politie, brandweer en ambulance.

Kamperen
Vrij kamperen is niet toegestaan. De meeste campings zijn van zeer degelijke kwaliteit.

De sanitaire voorzieningen zijn meestal goed onderhouden. Campings met afgebakende staanplaatsen vindt u op het vasteland en het schiereiland Peloponnesos.
De campings op de Griekse eilanden richten zich vooral op tentkampeerders. Houdt u er rekening mee dat in het voor- en naseizoen de meeste campings aan zee een stuk rustiger zijn dan in de zomer. Het kan zijn dat u dan niet van alle faciliteiten gebruik kunt maken.

Veerboten
Houd er rekening mee dat het aantal plaatsen voor campers op veerboten beperkt is.
Gaat u in het hoogseizoen via Italië naar Griekenland, dan is het verstandig vroegtijdig te boeken. Kaartjes voor veerdiensten tussen de Griekse eilanden kunt u het beste een dag voor vertrek kopen.

Praktisch
- Diepzeeduiken is mogelijk in speciaal vrijgegeven gebieden. Het is alleen toegestaan onder begeleiding van een duikinstructeur.
- Zorg dat u altijd een verloopstekker (wereldstekker) bij u heeft.
- Gebruik liever (mineraal)water uit flessen dan leidingwater.

Ancient Epidavros, GR-21059 / Peloponnese — 1089

- Nicolas I
- ☎ +30 27530-41297
- FAX +30 27530-41492
- 1/4 - 31/10
- @ info@nicolasgikas.gr

1ha 100T(20-50m²) 16A

1. AGIJKLMPQ
2. ELMNSTXY
3. WY
4. (Q) (R+T 15/5-30/9) (Y 15/4-15/10)
5. **A**GIJKLMNOPUZ
6. EGK(N 1km)V

💬 Veel ruimte voor de gasten en uitstekende algemene voorzieningen, dit alles in een uitbundig groene locatie direct aan zee. Ideale ligging voor bezoek aan de meest interessante bezienswaardigheden uit de oudheid.

🚗 Vanuit Athene, na brug van Korinthe links richting Epidavros. Neem afslag Ancient Epidavros, Kranidi, Portocheli, Galatas, Ermioni. Volg deze weg en na ± 150m links onder de weg door en op splitsing weer links. Vervolgens campingborden volgen.

CC €16 1/4-30/6 1/9-31/10

N 37°37'49'' E 23°9'26''

Ancient Epidavros/Argolida, GR-21059 / Peloponnese — 1090

- Nicolas II
- Nikolaou Pitidi
- ☎ +30 27530-41445
- FAX +30 27530-41492
- 1/4 - 31/10
- @ info@nicolasgikas.gr

1,2ha 90T(35-50m²) 16A

1. AGIJKLMPQ
2. EJNRSTXY
3. UWY
4. (B 1/6-15/9) (Q) (R 11/5-30/9) (Y 1/5-30/9)
5. **AB**GIJKLMNOPUZ
6. DEK(N 3km)O

💬 Rustig gelegen camping met eigen strand (stenen) en mogelijkheid tot watersport en vissen. Met schaduwrijke plaatsen, zwembad en een restaurant. Ideaal gelegen voor het bezoeken van Mycene, Nafplion en het theater Epidavros.

🚗 Vanuit Athene na brug van Korinthe links richting Epidavros. Neem afslag Ancient Epidavros, Kranidi, Portocheli, Galatas, Ermioni. Volg deze weg en na ± 150m links onder de weg door en op splitsing weer links. Vervolgens campingborden volgen.

CC €16 1/4-30/6 1/9-31/10

N 37°37'5'' E 23°9'30''

Dassia (Corfu), GR-49100 / Ionian Islands — 1091

- Karda Beach
- PB 225
- ☎ FAX +30 26610-93595
- 10/4 - 10/10
- @ campco@otenet.gr

2,6ha 130T(60-120m²) 16A

1. ACDGIJKLMO**P**Q
2. EGLNORTVWXY
3. ANRWY
4. (B+Q+S+T+U+Y 1/5-30/9) Z
5. **A**GIJKLMNOPUVWZ
6. EG**I**J(N 0,2km)ORTVWX

💬 Luxueuze camping aan zee op 12 km van Corfu-stad en in een natuurlijke omgeving. Er zijn afgebakende en schaduwrijke plaatsen op een vlak terrein met verzorgde beplanting. Het sanitair is uitgebreid en verzorgd. Mooi zwembad met nabijgelegen bar en restaurant.

🚗 Volg vanuit de haven van Corfu de hoofdweg naar re (ri Paleokastritsa). Na 8,5 km re afslaan bij de pijlen Dassia/Kassiopi. 3,5 km verder ligt de cp re van de weg. Inrit duidelijk met borden aangegeven.

CC €16 10/4-15/6 1/9-10/10

N 39°41'10'' E 19°50'19''

Delphi, GR-33054 / Central — 1092

- Apollon Cat.A
- ☎ +30 22650-82750
- FAX +30 22650-82888
- 1/1 - 31/12
- @ apollon4@otenet.gr

2,5ha 120T(30-70m²) 16A

1. ACFIJKLM**P**Q
2. GJKLSVXY
3. AHKNR
4. (**A** 1/5-31/8) (B 1/4-15/10) (Q+R+U+Y 1/5-1/10) Z
5. **A**EGIJKLMNOPUWXZ
6. CDEGI**K**(N 1,5km)OTV

💬 Zeer goede camping met alle moderne voorzieningen. Prachtig gelegen met uitzicht op de olijfboomgaarden en de Golf van Korintos. Op loopafstand van Ancient Delphi. Er is een zwembad en restaurant met traditionele Griekse keuken op de camping.

🚗 Camping ligt als eerste camping aan de weg Delphi-Itea.

CC €18 1/5-30/6 1/9-30/9   N 38°29'2'' E 22°28'32''

Delphi, GR-33054 / Central — 1093

- Delphi Camping Cat.A
- Delphi-Itea Road
- ☎ +30 22650-82745
- FAX +30 22650-82363
- 1 - 31/12
- @ info@delphicamping.com

2,2ha 100T(60-80m²) 10A

1. ACDFIJKLMPST
2. GJKLSTVXY
3. AR
4. (B 20/4-15/10) (Q ☐) (R 1/4-30/10) (Y 1/5-30/9)
5. **A**EGIJKLMNOPUZ
6. CEGIJK(N 2km)OTV

💬 Camping Delphi ligt op de hellingen van de Parnassos, ten zuiden van het antieke Delphi, gelegen 4 km van de camping. Archeologische vindplaatsen zijn te vinden op de weg naar Athene, 500 meter voorbij het stadje Delphi. De camping heeft een terras en restaurant met uitzicht over de Golf van Korinthe.

🚗 Ligt aan de weg Itea-Delphi, 4 km voor Delphi.

CC €16 1/4-30/6 1/9-30/10   N 38°28'42'' E 22°28'31''

Delphi/Fokis, GR-33054 / Central — 1094

- Chrissa Camping Cat.A
- ☎ +30 22650-82050
- FAX +30 22650-83148
- 1/4 - 10/10
- @ info@chrissacamping.gr

1,6ha 70T(80-100m²) 10A

1. AC**G**IJKLM**P**T
2. GIJKLSTXY
3. A
4. (**A** ☐) (B 1/5-10/10) (G+Q+R+T+U+Y ☐)
5. **A**GJLMNOPUWZ
6. CEG**I**K(N 1km)OQTV

💬 Deze terrassencamping ligt aan de voet van het Parnassosgebergte en biedt een mooi uitzicht over het omringende landschap. Prima sanitair. Alle plaatsen hebben elektriciteit en zijn beschaduwd. Traditionele Griekse keuken in het restaurant. Eigen biologische tuin.

🚗 De camping ligt 7 km ten westen van Delphi, aan de weg Delphi-Itea.

CC €16 1/4-10/6 1/9-10/10   N 38°28'22'' E 22°27'43''

Drepanon/Vivari, GR-21100 / Peloponnese 1095

- Lefka Beach
- +30 27520-92334
- 1/4 - 10/11
- @ info@camping-lefka.gr

1,3ha 68T(25-45m²) 16A

1. ACGIJKLMP
2. EIJNSTXY
3. UWY
4. (Q 1/5-20/10) (R 1/5-30/9) (T+Y 1/5-20/10)
5. **A**GIJKLMNOPUZ
6. EGJ(N 1km)V

Mooie gemoedelijke schaduwrijke terrassencamping direct aan Lefka baai. Vanaf elke plaats prachtig uitzicht op de baai. Kampeerplaatsen en taverne zijn bereikbaar via een goede, verharde, wat omlaag lopende weg. De eerste rij plaatsen direct aan zee zijn niet beschikbaar voor CCA-houders. Bezoek de oudheden Epidavros, Oud Korinthe, Myecne, Argos en Nafplion.

Gelegen aan de weg Nafplion-Drepanon-Iria. Na dorp Vivari na ca. 1 km rechts. De camping wordt met borden aangegeven.

CC €16 1/4-30/6 1/9-10/11   N 37°32'2" E 22°55'54"

Finikounda, GR-24006 / Peloponnese 1096

- Anemomilos
- +30 27230-71360
- +30 27230-71121
- 1/4 - 30/10
- @ kromb70@yahoo.gr

1,3ha 115T(25-40m²) 10A

1. AGIJKLM**P**Q
2. AEGNRSTVXY
3. Y
4. (Q+R) (T 1/4-30/9) (Y) Z
5. **A**GIJKLMNOPU
6. EGIK(N 0,3km)TV

De camping biedt schaduwrijke plaatsen direct aan zee. Een gezellig restaurantje maakt het geheel volledig.

De camping is gelegen aan de westzijde van het dorp Finikounda. Camping staat goed aangegeven.

CC €16 1/4-17/6 15/9-30/10   N 36°48'22" E 21°48'1"

Glifa, GR-27050 / Peloponnese 1097

- Ionion Beach
- +30 26230-96395
- +30 26230-96425
- 1/1 - 31/12
- @ ioniongr@otenet.gr

3,8ha 210T(50-120m²) 16A

1. ACDGHIJKLMOPQ
2. AENRSTVXY
3. ABRWY
4. (B 1/5-31/10) (G 1/4-31/10) (Q+R 1/4-30/10) (T+V 15/5-15/10) (Y 1/4-31/10) Z
5. **AB**GIJKLMNOPU
6. EG**IK**(N 1km)OTV

Luxe, bloemrijke, aan zandstrand gelegen camping met mooie staanplaatsen. Op deze camping zijn A, B en C plaatsen direct aan zee uitgezonderd voor CCA-houders. Bezoek de bergen in de regio Ilia. Vanuit Killini kunt u varen naar het prachtige eiland Zakynthos.

Vanaf Nat. Road Patras-Pirgos, na km-paal 67 rechtsaf via Gastouni en Vartalomia richting Loutra Killini. Bij grote splitsing linksaf naar Glifa Beach. Borden volgen.

CC €18 1/1-23/5 1/6-30/6 10/9-31/12   N 37°50'11" E 21°8'1"

Glifa/Ilias, GR-27050 / Peloponnese 1098

- Aginara Beach★★★
- ☎ +30 26230-96211
- 📠 +30 26230-96271
- 📅 1/1 - 31/12
- @ info@camping-aginara.gr

3,8ha 120T(70-100m²) 6A

1. ACDGIJKLMPQ
2. AENRSTVY
3. AWY
4. (Q+R 20/3-31/10)
   (T 1/5-31/10)
   (Y 20/3-31/10) Z
5. AGIJKLMNOPQRU
6. EGIK(N 1,5km)OTV

€16   1/5-30/6   1/9-31/10   7=6

Aan één van de mooiste zandstranden van de Ionische Zee gelegen camping met ruime, idyllische, meest schaduwrijke plaatsen. Goed en gezellig restaurant. Modern en goed onderhouden sanitair. Allerhande bomen, struiken en rijk bloeiende planten bieden een heerlijk verblijf.

🚗 Nat. Road Patras-Pirgos, na km-paal 67 rechtsaf via Gatsouni en Vartalomia. Ri Loutra Killinis (borden). Bij grote splitsing richting Glifa Beach, borden volgen.

N 37°50'18"   E 21°7'47"

Gythion/Lakonias, GR-23200 / Peloponnese 1099

- Camping Gythion Bay★★★
- Highway Gythion-Areopoli
- ☎ +30 27330-22522
- 📠 +30 27330-23523
- 📅 1/1 - 31/12
- @ info@gythiocamping.gr

4ha 300T(30-100m²) 16A

1. AGIJKLMPQ
2. AEGNRTXY
3. ARWY
4. (B+G 1/4-31/10)
   (Q+S+T+U+Y 1/6-30/9) Z
5. ACEFGHIJKLMNOPUVW
6. CEGJORTV

Onder de vele olijf- en sinaasappelbomen vindt u altijd wel een vrije, schaduwrijke plaats. Geheel vernieuwd, modern sanitair. Direct gelegen aan zee met een mooi zandstrand.

🚗 De camping ligt 3,5 km buiten Gythion, links aan de weg Gythion-Areopolis, direct aan de zee.

€16   1/1-30/6   1/9-31/12

N 36°43'45"   E 22°32'43"

Gythion/Lakonias, GR-23200 / Peloponnese 1100

- Camping Meltemi
- Highway Gythion-Areopoli
- ☎ +30 27330-23260
- 📠 +30 27330-23833
- 📅 1/4 - 31/10
- @ info@campingmeltemi.gr

NIEUW

3ha 180T(40-80m²) 16A CEE

1. ACDGIJKLMPQ
2. AEGRXY
3. AMNRWY
4. (B 10/6-15/9) (Q)
   (R+T+U+W 15/5-15/9)
5. ABEGIJKLMNOPUWZ
6. CEGJK(N 0,5km)ORTV

De gastvrije Camping Meltemi ligt middenin een prachtige olijfboomgaard. Ruime plaatsen onder de olijfbomen of in de schaduw van de pijnbomen aan het prachtige en schone zandstrand. De zee en het strand zijn een beschermd gebied voor de Caretta zeeschildpadden. Voldoende en goed onderhouden voorzieningen. Vlakbij de torens en de Byzantijnse kerken van de Mani.

🚗 De camping ligt ongeveer 3 km ten zuiden van Gytheio, aan de linkerzijde van de weg naar Areopolis.

456   €16   1/4-14/6   11/9-30/9

N 36°43'51"   E 22°33'12"

Igoumenitsa, GR-46100 / Epirus — 1101 NIEUW

- Camping Drepanos
- Beach Drepanos
- ☎/FAX +30 26650-26980
- 1/1 - 31/12
- @ camping@drepano.gr

5ha 80T(30-100m²) 6-17A

1. ACDGIJKLMOPST
2. AEGKTWXY
3. JKWY
4. (Q ⌂) (R+U+V+Y 1/4-30/9) Z
5. GIKMOPUWZ
6. GK(N 4km)TWX

💬 Recent vernieuwde camping aan een lang kindvriendelijk zandstrand op een landtong nabij Igoumenitsa, bij een uitgestrekt natuurgebied en vogelreservaat. Moderne bar en restaurant. Veel plaatsen zijn schaduwrijk onder de bomen. Ideale plaats om tot rust te komen voor of na de ferry.

🚗 Neem vanuit Igoumenitsa de kustweg in noordelijke richting. Bij het verlaten van de stad borden Drepanos Beach volgen.

CC €16   1/1-25/6   1/9-31/12   N 39°30'37" E 20°13'16"

Iria/Argolis, GR-21060 / Peloponnese — 1102

- Iria Beach Camping
- Paralia Iria
- ☎/FAX +30 27520-94253
- 1/1 - 31/12
- @ iriabeach@naf.forthnet.gr

1,4ha 72T(40-100m²) 16A

1. AGIJKLMO**P**Q
2. AEGTXY
3. AWY
4. (B+G 1/5-30/9) (Q 15/4-30/10) (R 1/6-30/9) (T 20/6-10/9) (V 20/6-15/9)
5. **AB**DEFGIJKLMNOPSUW
6. CEG**K**(N 4km)OV

💬 Een rustig gelegen camping voor cultuur- en strandvakantie. Vanuit de camping kunt u o.a. Epidaurus, Mycene en Nafplio bezoeken. Het mooie zandstrand biedt diverse watersportmogelijkheden. Op de camping is een zwembad aanwezig. Vassilli en Diana Mitsopoulos heten u van harte welkom.

🚗 Vanuit Drepanon de weg richting Iria. Na ca. 12 km ligt de camping links van de weg.

CC €16   1/1-5/7   24/8-31/12   N 37°29'50" E 22°59'26"

Kastraki/Kalambaka, GR-42200 / Thessalia Sporades — 1103

- Vrachos Kastraki
- ☎ +30 24320-22293
- FAX +30 24320-23134
- 1/1 - 31/12
- @ campingkastraki@yahoo.com

3,5ha 300T 16A

1. AGIJLMOPQ
2. GLRTXY
3. ANU
4. (B 15/4-15/9) (Q+R ⌂) (T+X+Y 1/4-30/10)
5. **A**EGIJKLMNOPUW
6. EGIJOTV

💬 Op deze prachtige en goed geoutilleerde camping aan de voet van de Meteora zult u genieten van ongekende Griekse gastvrijheid; u wordt verrast met een welkomst- en afscheidscadeautje. Laatste tien jaar zeer hoge tevredenheidsscore onder de campinggasten. Een aanrader!

🚗 Na binnenkomst in Kalambaka neemt u de weg naar Kastraki. De camping ligt 1 km verderop aan weg naar Meteorakloosters. Voor de camping is een bushalte.

CC €16   1/5-1/7   25/8-31/10   N 39°42'48" E 21°36'57"

Kato Alissos, GR-25002 / Peloponnese — 1104

- Kato Alissos
- ☎ +30 26930-71249
- 📠 +30 26930-71150
- 📅 1/4 - 25/10
- @ demiris-cmp@otenet.gr

1,2ha 60T(60-80m²) 10A

1 ACDGIJKLM**P**Q
2 EFGKNRTXY
3 AWY
4 (Q+R 1/4-20/10)
   (T 30/6-31/8) (U 1/5-15/9)
   (Y 1/5-30/9)
5 **A**GIJKLMNOPUWZ
6 EG**I**K(N 2km)OTV

CC €16 1/4-30/6 1/9-25/10

💬 Natuurlijke en groene omgeving. Er zijn olijfbomen, sinaasappelbomen en andere soorten bomen en planten op de camping. Heerlijk zwemmen in zee en lekker zonnen op het lange strand. Proef de traditionele gerechten in de schaduw van een 1000 jaar oude olijfboom met uitzicht op de Patraikosbaai en de stad Patras. In apr, mei en juni: 7=6.

🚗 New Nat. Road Patras-Pirgos. Bij kilometerpaal 21 rechtsaf; einde weg linksaf de Old Nat. Road op; na 700m rechtsaf; einde weg rechts.

N 38°9'0" E 21°34'38"

Kato Gatzea (Pilion), GR-37010 / Thessalia Sporades — 1105

NIEUW

- Hellas International
- Kato Gatzea
- ☎ +30 24230-22267
- 📠 +30 24230-22492
- 📅 1/1 - 31/12
- @ info@campinghellas.gr

2ha 120T 16A

1 ACDGIJKLMOPQ
2 AEGSTXY
3 HWY
4 (Q 🅿)
   (R+T+U+V+Y 1/4-31/10) Z
5 **A**GIJKLMNOPUZ
6 CEGK(N 0,8km)ORTVWX

CC €16 1/1-30/6 1/9-31/12

💬 Camping Hellas International ligt aan een mooi zandstrand in een prachtige baai. Het terrein is licht hellend en de meeste plaatsen liggen schaduwrijk onder olijfbomen. Het moderne sanitair is erg verzorgd en geschikt voor gehandicapten. De camping heeft een bar en een restaurant aan het zandstrand.

🚗 In Volos volg Pilio/Argalasti. Na 18 km in Kato Gatzea. Goed aangegeven.

N 39°18'40" E 23°6'33"

Kato Gatzea (Pilion), GR-37300 / Thessalia Sporades — 1106

- Sikia
- Kato Gatzea
- ☎ +30 24230-22279
- 📠 +30 24230-22720
- 📅 15/3 - 10/11
- @ info@camping-sikia.gr

3ha 120T 16A

1 ACGIJKLMOPQ
2 AEGJKORSTVWXY
3 ANWY
4 (Q+S+T+U+V+Y 1/4-31/10) Z
5 **A**FGIJKLMNOPRUVWZ
6 ACEG**I**K(N 0,3km)ORTVWX

CC €16 15/3-6/7 1/9-10/11

💬 Een schaduwrijke camping aan een zandstrand in een prachtige baai. Veel plaatsen met panoramisch uitzicht. Gastvrij onthaal. Modern en verzorgd sanitair, ook voor gehandicapten. Bar en restaurant liggen aan het zandstrand. Alles goed toegankelijk en met schitterende plaatsen voor gasten die wat moeilijker ter been zijn. Wekelijks Griekse live-muziek, ook in het laagseizoen. Gratis WiFi.

🚗 In Volos volg Pilion/Argalasti. Na 18 km camping in Kato Gatzea goed aangegeven.

N 39°18'37" E 23°6'36"

1107 — Korinthos, GR-20011 / Peloponnese

- Blue Dolphin
- ☎ +30 27410-25766
- FAX +30 27410-85967
- 1/4 - 31/10
- @ skouspos@otenet.gr

100T(20-50m²) 6A
1 ACGIJKLMPS
2 EFGNOSTVXY
3 Y
4 (Q+R 1/5-15/9) (Y 1/5-30/9)
5 AGIJKLMNOPUWZ
6 EGK(N 6km)TV

💬 Geschikte camping voor het bezoeken van oudheden in de omgeving. Camping is direct aan zee gelegen met aangename zeewatertemperatuur

🚗 Patras-Korinthos-Athene, afslag Ancient Korinthe, vervolgens borden Blue Dolphin volgen. Athene: afslag Loutraki, over het kanaal van Korinthe. Patras borden Blue Dolphin volgen.

CC €16 1/4-30/6 1/9-31/10   N 37°56'5'' E 22°51'56''

1108 — Koroni/Messinias, GR-24004 / Peloponnese

- Camping Koroni
- ☎ +30 27250-22119
- FAX +30 27250-22884
- 1/1 - 31/12
- @ info@koronicamping.com

1,3ha 86T(25-80m²) 16A
1 ACDGIJKLMPQ
2 AEJLRTXY
3 RWY
4 (B+Q+R+T+U+X 1/4-15/10) Z
5 AGIJKLMNOPU
6 CDEGK(N 0,2km)V

💬 Mooi gelegen camping op loopafstand van het historische dorpje Koroni en direct aan zee. Goed sanitair, echte Griekse keuken en een schitterend mooi zwembad.

🚗 Weg van Kalamata naar Pylos en bij Rizomylos links afslaan, via Petalidi doorrijden naar Koroni. De camping ligt links van de weg, 200m voor Koroni.

CC €16 1/1-20/6 15/9-31/12 7=6   N 36°47'58'' E 21°57'0''

1109 — Lefkada, GR-31100 / Ionian Islands

- Kariotes Beach
- Spasmeni Vrisi
- ☎ FAX +30 26450-71103
- 1/4 - 30/9
- @ campkar@otenet.gr

0,8ha 75T 16A
1 AGIJLMOP
2 AEGRTY
3 Y
4 (B+G 15/6-15/9)
   (Q+R 1/6-30/9)
   (T+U 15/5-30/9) (X)
5 AGIKMNOPU
6 FGK(N 0,5km)ORTV

💬 De cp ligt op 2 km afstand van Lefkada stad en is een prima uitvalsbasis voor excursies. Kleine schaduwrijke camping met superschoon zwembad en taverna (beide open vanaf 15 mei). Op de camping dragen zwembad, bar, restaurant en goed sanitair, samen met de Griekse gastvrijheid, bij aan een prettig en aangenaam verblijf. Van harte welkom!

🚗 De camping ligt aan de hoofdweg van Lefkada naar Vasiliki. De camping ligt 2 km ten zuiden van Lefkada stad, rechts van de weg.

CC €16 1/4-10/7 27/8-30/9   N 38°48'16'' E 20°42'52''

Nikiti, GR-63088 / Macedonia — 1110

- Mitari
- ☎ +30 23750-71775
- FAX +30 23730-71775
- 1/5 - 30/9
- @ mitaricamp@hotmail.com

30ha 70T(65-90m²) 10A
1. AFIJKLPQ
2. AEGJKSTXY
3. MNWY
4. (Q 20/6-20/8) (S 1/5-31/8) (T 1/7-20/8)
5. AGIKMOPV
6. EGJ(N 6km)TV

NIEUW

💬 Een moderne camping met schaduwrijke plaatsen. De camping beschikt over twee zandstranden en een gezellige bar met prachtig uitzicht.

🚗 Westkust Sithonia, 12 km voorbij Nikiti. Aangegeven met borden.

CC €16 1/5-30/6 26/8-30/9   N 40°8'36'' E 23°44'8''

Panteleimon, GR-60065 / Macedonia — 1111

- Poseidon Beach
- ☎ +30 23520-41654
- FAX +30 23520-41994
- 1/4 - 31/10
- @ info@poseidonbeach.net

2,8ha 45T(60-120m²) 6-16A
1. ACGIJKLMPQ
2. AEFRSVXY
3. WY
4. Z
5. ABGIJKLMNOPUWZ
6. CDEGIK(N 2,5km)TV

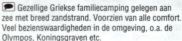

💬 Gezellige Griekse familiecamping gelegen aan zee met breed zandstrand. Voorzien van alle comfort. Veel bezienswaardigheden in de omgeving, o.a. de Olympos, Koningsgraven etc.

🚗 Nat. Road Athene-Thessaloniki. Ca. 55 km achter Larissa afrit Panteleimon. Eerst overzichtscampingborden volgen, daarna borden Poseidon Beach volgen.

CC €16 1/4-10/7 27/8-31/10 7=6   N 40°0'47'' E 22°35'25''

Parga/Lichnos, GR-48060 / Epirus — 1112

- Enjoy Lichnos
- ☎ +30 26840-31371
- FAX +30 26840-32076
- 1/5 - 15/10
- @ holidays@enjoy-lichnos.net

4,8ha 150T 16A
1. AGIJLPQ
2. AEJRSTXY
3. AUWY
4. (Q+S+T+U 15/5-30/9) (X 15/5-15/9) Z
5. AEGIJLMNOPU
6. EGIJ(N 3km)ORTV

💬 Moderne, goed onderhouden terrassencamping met vernieuwd sanitair (2014), gelegen aan één van de mooiste baaien van Griekenland. Diverse watersportmogelijkheden. Fraai uitzicht op de Ionische Zee. Taxibootjes vanaf camping naar Parga en terug.

🚗 U neemt de weg van Igoumenitsa naar het zuiden (Parga). Afslaan naar Parga (ri Morfi) en 3 km voor Parga, li van de weg, ligt de camping aan de baai. Of u neemt de nieuwe weg (Egnatia Odos) van Igoumenitsa naar Ioannina, afslag Parga.

CC €18 1/5-30/6 1/9-30/9   N 39°17'1'' E 20°25'59''

460

Preveza, GR-48100 / Epirus ✱✱ ♿ 📶 iD 1113

⛺ Camping Village Kalamitsi Beach
☎ +30 26820-22192
📠 +30 26820-28660
📅 1/5 - 15/9
@ info@campingkalamitsi.eu

1,4ha 116T 4A

1 ACGIJLMO**P**Q
2 AERTXY
3 AUY
4 (B 10/6-15/9)
   (Q+R 1/6-15/9)
   (T+X 10/6-15/9)
5 **A**GIJKMNOPU
6 EGIJ(N 4km)OQRTV

💬 Zeer rustig gelegen camping met veel schaduw op ca. 4 km afstand van het gezellige stadje Preveza en op loopafstand van de zee (100m). Beschikt over schitterend zwembad en uitstekende keuken. Zwembad/keuken open 10/6-15/9. Zeer goede uitvalsbasis voor excursies in omgeving!

🚗 Na Kanaliki (vanuit Parga) E55 volgen en rijden richting Preveza (tunnel). 4 km voor Preveza ligt de camping rechts (via klein weggetje).

CC €16   1/5-20/6   1/9-15/9   Ⓜ   N 38°58'26" E 20°42'58"

Sarti (Sithonia), GR-63072 / Macedonia ✱✱ ♿ 📶 ❀ iD 1114

⛺ Armenistis
☎ +30 23750-91497
📠 +30 23750-91487
📅 1/5 - 30/9
@ info@armenistis.com.gr

6ha 300T(50-100m²) 4A CEE

1 ACDFIJKLMNPRS
2 AEGLRSVY
3 BMNVWY
4 (Q+S+T+U+Y ⊙) Z
5 **A**GIJKLMNOPUV
6 DEGJM(N 13km)OQRTV

💬 Ideale camping voor jeugdige watersporters. Goede organisatie. Goede sanitaire voorzieningen. Deskundige leiding. Aparte velden voor verschillende (leeftijds) categorieën. Dokterspost aanwezig, 24-uurs bezetting. Glamping!

🚗 Aan de oostkust van Sithonia. Na 17 km ten zuiden van Vourvourou en 13 km ten noorden van Sarti. Ingang met bord aangegeven.

CC €16   1/5-30/6   1/9-30/9   Ⓜ   N 40°9'7" E 23°54'49"

Sikia, GR-63072 / Macedonia 📶 iD 1115

⛺ Melissi
☎ +30 23750-41631
📠 +30 23750-20087
📅 1/5 - 30/9
@ info@camping-melissi.gr

1,5ha 100T(54-100m²) 6A

1 ACDFIJKLMNP**Q**
2 AEKRTVWXY
3 AWY
4 (Q+S 1/5-15/9) (X 1/6-15/9)
5 **A**GIJKLMNOPU
6 EGIK(N 7km)T

💬 In het zuiden van het prachtige schiereiland Sithonia vindt u een eindeloos zandstrand en glasheldere baai. Een bijna mythisch kampeerparadijs onder de goedkeurende blik van de berg Athos. Zoek een plaats onder de vele bomen en luister naar het concert van krekels. Wees vrij!

🚗 Gelegen aan de oostkant van Sithonia, 7 km ten zuiden van Sarti, langs de kustweg aangegeven op bord 'Sikia Beach'. Daarna aan de geasfalteerde weg langs het strand weer goed aangegeven.

CC €12   1/5-30/6   1/9-30/9   Ⓜ   N 40°2'45" E 23°59'5"

Tiros/Arcadia, GR-22029 / Peloponnese ⟨1116⟩

- Zaritsi Camping
- ☎ +30 27570-41429
- FAX +30 27570-41074
- 1/4 - 15/10
- @ campingzaritsi@gmail.com

3ha 120T(48-80m²) 12A
1. ACDGIJKLMPQ
2. EGNTXY
3. NWY
4. (Q ⌀) (R 1/6-30/9)
   (U 15/5-15/10)
   (X 15/5-15/6,6/9-15/10)
   (Y 16/6-5/9)
5. **A**GIJKLMNOPUZ
6. CEGJ(N 4km)V

CC €16   1/4-30/6   1/9-15/10

📷 De camping ligt aan een zonovergoten baai van Zaritsi en heeft veel schaduwrijke plaatsen. Goede sanitaire voorzieningen.

🚗 Vanuit Nafplio rijdt u in zuidelijke richting naar Astros. De camping ligt in het midden tussen Nafplio en Gythio, 30 km ten zuiden van Astros en 5 km ten noorden van Tyros. Bij campingbord scherpe bocht richting de zee (800m dalende verharde weg).

📍 N 37°16'32'' E 22°50'26''

Vassiliki (Lefkas), GR-31082 / Ionian Islands ⟨1117⟩

- Vassiliki-Beach
- ☎ +30 26450-31308
- FAX +30 26450-31458
- 15/4 - 30/9
- @ campingvassilikibeach@hotmail.com

1,2ha 150T 10A
1. ACGIJLM**P**Q
2. ENRTWXY
3. UWY
5. GIJKLMNOPUW
6. FGOT

CC €16   15/4-11/5   10/9-30/9

📷 Op 90m van Vassiliki-baai en op loopafstand van authentiek dorpje Vassiliki, op het zuidelijkste puntje van Lefkada. Kleine zeer geliefde camping voor surfers en niet-surfers.

🚗 Vanuit Lefkada de weg naar het zuiden nemen. Als u Vassiliki binnenkomt, rondweg (nieuw) rechts aanhouden, bij 1e afslag rechts. Na ± 200m ligt camping links van de weg. Staat goed aangegeven met borden.

📍 N 38°37'51'' E 20°36'23''

Vourvourou, GR-63088 / Macedonia ⟨1118⟩ NIEUW

- Lacara Camping
- Akti Koutloumoussi
- ☎ +30 23750-91444
- FAX +30 23750-91456
- 1/5 - 30/9
- @ info@lacaracamping.gr

7,6ha 196T(40-120m²) 6A
1. ACDFIJKLM**P**Q
2. ABCEFGKLNRSVWXY
3. AMNWY
4. (Q+S+T+U+Y ⌀) Z
5. **AB**GIJKLMNOPUVW
6. EGIJ(N 8,5km)RTV

CC €16   1/5-30/6   1/9-30/9

📷 In een beschaduwde vallei met een prachtig zandstrand ligt deze grote familiecamping. Restaurant en beach bar!

🚗 Aan de oostkust van Sithonia vanaf het noorden na het dorp Vourvourou 8,5 km. Camping is met borden aangegeven.

📍 N 40°10'12'' E 23°51'15''

Groot-Brittannië

Algemeen
Groot-Brittannië is lid van de EU.

Tijd
Het is in Groot-Brittannië een uur vroeger dan in Amsterdam, Parijs en Rome.

Taal
Engels.

Overtochten
Om in Groot-Brittannië terecht te komen, maakt u de oversteek over de Noordzee of het Kanaal. Er zijn verschillende plaatsen in Nederland, België en Frankrijk waarvandaan verschillende ferrymaatschappijen de overtocht verzorgen. Natuurlijk hoeft u niet over het water, u kunt er ook onderdoor met de auto in de trein, via de Kanaaltunnel. Let op: als uw auto een LPG-tank heeft, mag u niet met uw auto op de trein door de Kanaaltunnel. Voor ingebouwde gascontainers in campers of caravans gelden speciale eisen. Draagbare gascontainers zijn gewoon toegestaan maar moeten aangemeld worden. Zie ▶ www.eurotunnel.com ◀

Grensformaliteiten
Veel formaliteiten en afspraken rond zaken zoals de benodigde reisdocumenten, autodocumenten, eisen aan uw vervoer- en verblijfmiddel, ziektekosten en het meenemen van dieren zijn niet alleen afhankelijk van het land van bestemming, maar ook van uw vertrekpunt en nationaliteit. Ook de lengte van uw verblijf speelt hierbij een rol. Het is onmogelijk om in het bestek van deze gids voor alle gebruikers de juiste en up-to-date informatie met betrekking tot deze zaken te garanderen.

Wij adviseren u om voor vertrek bij de bevoegde instanties na te gaan:
- welke reisdocumenten u nodig heeft voor uzelf en uw reisgenoten
- welke documenten u nodig heeft voor uw auto
- aan welke eisen uw caravan moet voldoen
- welke goederen u in en uit mag voeren
- hoe in geval van ongeval of ziekte de medische behandeling in uw vakantieland is geregeld en kan worden betaald

- of u huisdieren mee kunt nemen. Neem lang van te voren contact op met uw dierenarts. Die kan u informatie geven over relevante vaccinaties, bewijzen daarvan en verplichtingen bij terugkomst. Ook is het verstandig om na te gaan of in uw vakantieland bepaalde voorwaarden gelden voor huisdieren in het openbare leven. Zo moeten in sommige landen honden altijd worden gemuilkorfd of achter tralies worden vervoerd.

Veel algemene informatie vindt u op ▶ www.europa.eu ◀ maar zorg dat u de informatie achterhaalt die op uw specifieke situatie van toepassing is.

Voor recente douaneverplichtingen kunt u contact opnemen met de vertegenwoordiging van uw vakantieland in het land waar u woont.

Valuta en geldzaken
De munteenheid is het pond sterling. Wisselkoers september 2014: € 1 = GBP 0,80. U kunt geld wisselen bij postkantoren, banken en wisselkantoren. Schotland, de Kanaaleilanden en het Isle of Man hebben eigen bankbiljetten en munten, die u buiten deze gebieden niet kunt gebruiken.

Creditcard
U kunt vrijwel overal met creditcard betalen.

Openingstijden en feestdagen
Banken
Op werkdagen zijn banken open tot 16.00 uur.

Winkels
Winkels zijn open van maandag tot en met zaterdag tot 17.30 uur. 's Zondags zijn de winkels in Schotland veel vaker open dan in de rest van Groot-Brittannië.

Pubs
De Britse pubs zijn maandag tot en met zondag geopend van 11.00 uur tot 23.00 uur. In de steden zijn pubs vaak al om 9.00 uur open vanwege het ontbijt.

Apotheken, artsen
Huisartsen zijn maandag tot en met vrijdag

werkzaam tussen 8.30 uur en 18.00 uur. Maak wel een afspraak! Apotheken of 'pharmacies' zijn maandag tot en met vrijdag geopend tot 18.00 uur, op zaterdag tot 13.00 uur.

Feestdagen
Voor Engeland en Wales:
Nieuwjaarsdag, Goede Vrijdag, Pasen, 4 mei (Bank Holiday), 25 mei (Bank Holiday), 31 augustus (Bank Holiday), Eerste Kerstdag, 26 december (Boxing Day).

Voor Schotland:
1 en 2 januari, Goede Vrijdag, Pasen, 4 mei (Bank Holiday), 25 mei (Bank Holiday), 3 augustus (Bank Holiday), 30 november (Saint Andrew's Day), Eerste Kerstdag, 26 december (Boxing Day).

Communicatie
(Mobiele) telefoon
Het mobiele netwerk is goed in Groot-Brittannië, behalve aan de westkust van Schotland.
Er is een 3G-netwerk voor mobiel internet.

WiFi, internet
Internetcafés zijn er genoeg, vooral in de steden. Op veel plaatsen is WiFi beschikbaar, alleen de kosten zijn pittig.

Post
Doorgaans zijn de openingstijden van maandag tot en met vrijdag tot 17.30 uur. Op zaterdag open tot 12.30 uur.

Wegen en verkeer
Wegennet
Er bestaat een wegenwachtsysteem op de snelwegen dat u kunt oproepen via de telefoonposten van de Automobile Association (AA). Op de kleine wegen kunt u het AA Breakdownnumber bellen: tel. 0800-887766.

Verkeersvoorschriften
In Groot-Brittannië geldt: links rijden en rechts inhalen! Bij de kruising van twee hoofdwegen gelden geen algemene regels en is oplettend de boodschap. De hoofdwegen hebben voorrang, hetgeen wordt aangegeven door de aanduidingen 'stop' of 'give way'. Bij een rotonde heeft verkeer op de rotonde (komend van rechts!) voorrang op naderend verkeer.

Maximale snelheid

Het maximaal toegestane alcoholpromillage is 0,8 ‰. Het is in Groot-Brittannië niet verplicht om overdag met dimlicht aan te rijden, behalve als het zicht minder is dan 100m. U dient handsfree te bellen. U kunt uw lichten op links verkeer instellen door een speciale sticker op uw koplampen te plakken. Zo'n sticker kunt u bijvoorbeeld krijgen bij de webshop van
▶ www.visitbritainshop.com ◀
Er gelden geen bepalingen voor het gebruik van winterbanden.

Navigatie
Signalering van vaste flitslocaties met behulp van navigatie of mobiele telefoon is toegestaan.

Caravan, camper
Op snelwegen met drie banen mag u niet met

uw caravan op de meest rechtse baan rijden.
Op het Isle of Man zijn caravans niet toegestaan.

Toegestane afmetingen
Hoogte 4m, breedte 2,55m, lengte combinatie 18,75m. Grotere afmetingen, met name in de breedte, kunnen problemen opleveren bij de entree van campings of op smalle wegen.

Motorbrandstof
Loodvrije benzine en diesel zijn goed verkrijgbaar, LPG is redelijk goed verkrijgbaar.

Tankstations
Tankstations aan snelwegen zijn 24 uur per dag geopend, elders zijn pompstations open tot 22.00 uur. Vaak kunt u met creditcard betalen.

Tol
'Low emission zone' (LEZ):
Om de luchtkwaliteit te bevorderen, is de 'low emission zone' (LEZ) in Londen ontstaan. De LEZ geldt niet voor auto's, wel voor campers. Bent u van plan om met uw camper naar Londen te gaan, dan dient u uw voertuig te registreren bij Transport for Londen (TfL) op ▶ *www.tfl.gov.uk* ◀ Niet registreren betekent een boete van 250 tot 500 pond.

'Congestion charge':
In Londen heeft u ook te maken met de 'Congestion Charge'. De tarieven zijn:
- £ 12 als u de dag na de reisdag betaalt
- £ 10 als u op de reisdag zelf betaalt
- £ 9 als u automatisch betaalt via CC Auto Pay.
Betalen kan online, per sms, telefonisch of bij winkels of postkantoren. U hoeft niet te betalen in het weekend, tijdens Britse vakantiedagen en tussen 18.00 uur en 7.00 uur. Nadere informatie over de 'Congestion Charge' ▶ *www.tfl.gov.uk* ◀

Alarmnummer
112: het nationale alarmnummer voor politie, brandweer en ambulance.

Kamperen
Vrij kamperen is toegestaan in Schotland, in de rest van Groot-Brittannië heeft u toestemming nodig van de landeigenaar. Het is verboden te kamperen in bermen en op parkeerplaatsen. Op campings moet voor een tent en/of luifel vaak extra betaald worden.

'Campsite', 'Touring park' en 'Caravan park'
Het grote verschil tussen een 'campsite' en een 'touring park' is dat eerstgenoemde een stuk groter is en meer vaste plaatsen heeft voor stacaravans. Touring parks zijn echt voor mensen met eigen tent of caravan. Op 'Caravan Parks' worden geen tenten toegelaten. Het is zeker zinnig om vroegtijdig te reserveren indien men tijdens de Bank Holidays of in de weekends op een camping wil verblijven.

Praktisch
- Afstanden worden uitgedrukt in mijlen: 1 mijl = 1,609 km, 1 km = 0,621 mijl.
- Meegenomen gasflessen kunnen door de afwijkende aansluitnippel vaak niet gevuld worden.
- De blauwe Campingaz fles 907 is meestal wel te koop en soms ook 901 en 904.
- Zorg dat u altijd een verloopstekker (wereldstekker) bij u heeft.
- Het kraanwater is veilig te drinken.

Bletchingdon/Oxford, GB-OX5 3BQ / England (South East) — 1119

- Greenhill Farm C&C Leisure Park★★★
- Station Road
- ☎ +44 (0)1869-351600
- FAX +44 (0)1869-350918
- 1/1 - 31/12
- @ info@greenhill-leisure-park.co.uk

2ha 150T(100m²) 16A CEE

1. ACD**E**IJKLMOPQ
2. CFKL**R**TUVWX
3. A**F**HNRUW
4. (R+U ⌂)
5. **AB**CD**GHI**JKLMNOP**R**UWZ
6. ACDFK(N 5km)OTU

Niet al te grote plattelandscamping in het hart van Oxfordshire. De camping ligt aan de rand van de Chiltern Hills en de Cotswolds, ideaal uitgangspunt voor toeristische attracties o.a. Oxford en Blenheim Palace. Boerderijdieren, eigen viswater en in de winkel producten van de boerderij. Nieuw in 2014: een tearoom/pub met kleine kaart, ma en di gesloten.

🚗 M40 afrit 9. Dan A34 richting Oxford. Vervolgens de B4027 richting Bletchingdon. Net voorbij Bletchingdon links.

CC €16 | 1/1-2/4 | 6/4-30/4 | 4/5-21/5 | 25/5-30/6 | 1/9-31/12

N 51°51'24" W 1°16'59"

Borgue/Kirkcudbright, GB-DG6 4TS / Scotland — 1120

- Brighouse Bay Hol. Park AA★★★★★
- ☎ +44 (0)1557-870267
- FAX +44 (0)1557-870319
- 1/1 - 31/12
- @ info@gillespie-leisure.co.uk

10ha 150T(80-100m²) 16A CEE

1. ACD**G**IJKLM**P**Q
2. AEIJNOQRTUVWXY
3. B**E**HN**OPQT**U**VW**Y
4. (F+H ⌂) **KL**(Q+S+U ⌂) (Y 29/3-31/10) Z
5. **AB**DFGIJKLMNOP**S**UWXYZ
6. CDF**I**J**M**(N 8km)OSUV

Een van alle gemakken voorzien vakantiepark, gelegen op een rustig en ongerept schiereiland met zandstrand. Het bijna 5 km² grote gebied kan vrij worden betreden. De camping is de ideale uitvalsbasis vor allerlei activiteiten als fietsen, wandelen, (zee)vissen, kanoën en golf op de 9- en 18- hole golfbaan.

🚗 Vanaf A75, bij afslag Gatehouse of Fleet, A755 volgen richting Kirkcudbright. Dan A727 richting Borgue. Camping wordt met borden aangegeven.

CC €18 | 5/5-21/5 | 1/6-13/7 | 7/9-30/9

N 54°47'15" W 4°7'45"

Brean Sands, GB-TA8 2RB / England (South West) — 1121

- Holiday Resort Unity★★★
- Coast Road
- ☎ +44 (0)1278-751235
- FAX +44 (0)1278-752006
- 13/2 - 15/11
- @ admin@hru.co.uk

100ha 448T(100-144m²) 16A CEE

1. ACD**G**IJKLMO**PRS**
2. AEFGRUVW
3. AB**CEF**HJKN**PQT**UVWY
4. (**C** 1/6-1/9) **F+H** ⌂) J (Q+S ⌂) (T 1/4-1/10) (U+Y ⌂) Z
5. **AB**DFGIJKLMNPRTUWXY
6. ACFGH**J**M(N 4km)OTUV

Holiday Resort Unity bij Brean Sands is een populaire familievakantiebestemming in het Zuidwesten. Kies voor een standaard- of een plaats met alle service. Vlak bij het strand en Brean Leisure Park gelegen, met attracties en amusement voor de kinderen, inclusief zwembaden en speelruimtes. Honden zijn welkom.

🚗 Neem afrit 22 van M5 en volg de bruine borden 'Brean Leisure Park'. Ingang camping 200m zuid van ingang Leisure Park.

CC €16 | 13/2-31/3 | 4/5-22/5 | 8/6-30/6 | 1/9-25/9 | 5/10-15/11

N 51°16'50" W 3°0'46"

467

Bridgwater/Bawdrip, GB-TA7 8PP / England (South West) 1122

🛖 The Fairways Intern. Touring C.C. Park★★★
🏠 Bath Road
☎ +44 (0)1278-685569
📅 1/1 - 31/12
@ holiday@fairwaysinternational.co.uk

3ha 71T(90-110m²) 10A CEE

1. ACDGIJKLMOPQ
2. FRTUVWX
3. H
4. (Q+R ⊡)
5. ABDFGHIJKLMNPUWZ
6. ACEGK(N 4,5km)U

Aan een doorgaande route gelegen rustige camping in het hart van Somerset. Goed uitgangspunt voor een bezoek aan de beroemde Cheddar Gorge en de mysterieuze Glastonbury Tor en Abbey.

🚗 Komende vanaf M5, afslag 23, de A39 volgen richting Glastonbury. Na 4,5 km de B3141, camping aangegeven.

CC €16 1/1-2/4 7/4-30/4 5/5-21/5 26/5-15/7 3/9-31/12 7=6, 14=12, 21=18 N 51°9'25" W 2°56'4"

Bude, GB-EX23 9HJ / England (South West) 1123

🛖 Wooda Farm Holiday Park★★★★★
🏠 Poughill
☎ +44 (0)1288-352069
FAX +44 (0)1288-355258
📅 28/3 - 1/11
@ enquiries@wooda.co.uk

6ha 210T(80-120m²) 16A CEE

1. ACDGIJKLMPQ
2. IKRUVWX
3. BCEFHMRUVW
4. (Q 15/7-31/8) (S 29/3-2/11) (T 15/7-31/8) (U 1/4-31/10) (W 24/5-20/9) Z
5. ABDFGIJKLMNOPRSUWYZ
6. CDEHIK(N 1km)OSUV

Een zonrijke, mooie grote gezinscamping met veel recreatiemogelijkheden, zowel op als buiten de camping. De ligging is zeer geschikt voor uitstapjes naar Bude.

🚗 A39, ten noorden van Bude (richting Bideford). Na ongeveer 4 km links richting Poughill en Stibb. De camping wordt duidelijk aangegeven.

CC €16 29/3-22/5 31/5-1/7 31/8-31/10 N 50°50'36" W 4°31'6"

Charlbury/Oxford, GB-OX7 3JH / England (South East) 1124

🛖 Cotswold View C&C Site
🏠 Enstone Road
☎ +44 (0)1608-810314
FAX +44 (0)1608-811891
📅 1/4 - 31/10
@ info@cotswoldview.co.uk

21,6ha 100T(150m²) 16A CEE

1. CDGIJKLMOPRS
2. GKRTUWX
3. BFKMNRTU
4. (Q+R ⊡)
5. ABCDFGHIJKLMNPRUWZ
6. BCDEGK(N 1km)OU

NIEUW

In een geweldig mooie, natuurlijke omgeving ligt het park, een ideale uitvalsbasis om Cotswolds te ontdekken: Oxford, Blenheim Palace, Warwick Castle en Londen per trein. U geniet van boswandelpaden, boerderijdieren en speeltuinen. Kleine winkel met brood, melk, etc. Gratis WiFi. De vele faciliteiten zorgen voor aangenaam verblijf.

🚗 Vanaf Oxford A44 richting Evesham en doorrijden tot Enstone. Daarna de B4022 nemen richting Charlbury en Witney. Camping 4 km verderop links.

CC €14 7/4-30/4 4/5-21/5 8/6-30/6 8/9-31/10 N 51°53'10" W 1°28'15"

468

Charmouth, GB-DT6 6BT / England (South West) 👥 ♿ 📶 iD **1125**

- ▲ Wood Farm Caravan Park*****
- 🏠 Axminster Road
- ☎ +44 (0)1297-560697
- FAX +44 (0)1297-561243
- 🔑 19/3 - 1/11
- @ holidays@woodfarm.co.uk

8ha 165T(90-100m²) 10A CEE

1. ACD**G**IJKLO**P**Q
2. **G**IJKRTUVWXY
3. A**F**H**M**RUW
4. (**F**+Q+R+T+U 🔑)
5. **AB**CDF**G**HIJKLMNPRUWX Y
6. ACF**GIK**LM(N 6km)OSUV

💬 Schitterende uitzichten en uitstekende faciliteiten staan tot uw beschikking op Wood Farm. Geniet van het mooie binnenzwembad, de tennisbaan en de visvijvers. De Heritage Coast en het landelijke uitzicht zullen u verrassen. Tijd nemen om te ontspannen is zeer eenvoudig op Wood Farm.

🚗 Gelegen aan de A35 Bridport-Axminster, na de afslag Charmouth bij rotonde rechts. Borden volgen.

CC €16 *19/3-1/4 13/4-21/5 31/5-15/7 1/9-1/11*   N 50°44'31" W 2°54'57"

Cheltenham, GB-GL51 0SX / England (South West) ♿ 📶 iD **1126**

- ▲ Briarfields Motel & Touring Park
- 🏠 Gloucester Road
- ☎ +44 (0)1242-235324
- 🔑 1/1 - 31/12
- @ briarfields@hotmail.co.uk

2ha 72T(25-120m²) 10A CEE

1. ACD**G**IJKLMOQ
2. FGRTUVWX
3. **F**
5. **AB**CFG**H**IJKLMNOPQRUW Z
6. AFGJK(N 0,5km)

💬 Prachtig, goed onderhouden caravan- en camperpark in een mooie omgeving. Plaatsen van verhard terrein met elektrische aansluiting. Inclusief gratis WiFi. Er is een goede, frequente busverbinding naar het centrum van Cheltenham en historisch Gloucester. Uitstekend geschikt voor ontspannen of als overnachtingsplek (op 2 minuten gelegen van de M5 en J11).

🚗 M5, afrit 11 Cheltenham, na 800m linksaf naar B4063. Cp ligt na 200m links.

CC €16 *2/1-8/3 14/3-2/4 7/4-30/4 5/5-21/5 26/5-15/7 1/9-30/12*   N 51°53'42" W 2°8'3"

Chichester, GB-PO20 1QH / England (South East) 👥 ♿ 📶 ✿ iD **1127**

- ▲ Chichester Lakeside Holiday Park
- 🏠 Vinnetrow Road
- ☎ +44 (0)1243-787715
- FAX +44 (0)1243-533643
- 🔑 6/3 - 1/11
- @ lakeside@parkholidays.com

1,2ha 375T(100m²) 16A CEE

1. ACD**G**IJKLM**P**Q
2. FRWXY
3. A**F**HJNQU**W**
4. (C+H 1/6-15/9) (Q+R+U+V+Y 🔑) Z
5. **AB**DGIJKLMNPUWZ
6. BG**K**M(N 2km)OTV

💬 De camping is omringd door meren waarin tegen betaling volop gevist kan worden. En ligt net buiten de historische stad Chichester, maar ook in het schitterende natuurgebied van Sussex. Een mooie locatie, vanwaar de zuidkust met strand of het traditionele plaatsje Bognor Regis slechts een paar kilometer is verwijderd. Golf, dierentuinen, kastelen, alles is dichtbij.

🚗 A27. Bij Chichester staat de camping aan beide zijden met borden aangegeven.

CC €16 *6/3-26/3 13/4-30/4 5/5-21/5 2/6-15/7 8/9-22/10 7=6, 14=11*   N 50°49'29" W 0°45'20"

Corpach/Fort William, GB-PH33 7NL / Scotland ♿ 📶 ❄ iD **1128**

▲ Linnhe Lochside Holidays
☎ +44 (0)1397-772376
📠 +44 (0)1397-772007
⏴ 1/1 - 31/10
@ relax@
linnhe-lochside-holidays.co.uk

NIEUW

5ha 103T(45-90m²) 10A CEE

1 ACD**G**IJKLMNO**P**Q
2 DE**G**IJKN**Q**TUVWXY
3 FHWY
4 (Q+S 1/6-15/9)
5 **AB**DFGIJMNPUW
6 CEG**K**(N 3km)O

💬 Perfecte basis voor het ontdekken van de Schotse hooglanden. Gelegen op slechts 5 mijl (8 km) van Fort William met prachtig uitzicht op Loch Eil, Loch Linnhe en Ben Nevis. Veel verharde plaatsen, moderne voorzieningen, vriendelijke sfeer en mooie tuinen maken dit de perfecte plek om uw ontspannen of actieve vakantie door te brengen.

🚗 Volg de A82 in noordelijke richting. Neem in Fort William de A830 richting Corpach. Na ongeveer 8 km ligt links de camping. Goed aangegeven.

CC €16   1/1-30/6   1/9-31/10   M   📍 N 56°50'51'' W 5°9'39''

Crows-an-Wra/Land's End, GB-TR19 6HX / England (South West) 📶 iD **1129**

▲ Cardinney Car. & Camp. Park
🗺 Main A30
☎ +44 (0)1736-810880
⏴ 1/1 - 31/12
@ cardinney@btinternet.com

2ha 90T(80-160m²) 10A CEE

1 ACD**G**IJKL**P**Q
2 KRUVWXY
3 F
4 (Q 1/7-31/8) (R ⏴)
   (U+Y 1/7-31/8) Z
5 **AB**DEGIJKLMNPUWXYZ
6 DEG**K**(N 3km)OUV

💬 In het natuurschoon van Cornwall, 5 mijl verwijderd van Land's End, bevindt zich de goed verzorgde sfeervolle coulissecamping met 90 staanplaatsen. Na een uitstapje, bijvoorbeeld naar het uit het ijzertijdperk stammende Carn Euny, kan men even uitblazen in de nostalgische campingpub. Er is ook een klein restaurant en er kunnen maaltijden worden afgehaald.

🚗 Vanuit Penzance A30 richting Land's End. Na ongeveer 7 km rechts ingang camping via eigen weg. Zie campingbord.

CC €16   1/1-30/6   1/9-31/12   M   📍 N 50°5'36'' W 5°38'12''

Cullompton, GB-EX15 2DT / England (South West) ♿♿ 📶 ❄ iD **1130**

▲ Forest Glade Holiday Park★★★★
🗺 Near Kentisbeare
☎ +44 (0)1404-841381
📠 +44 (0)1404-841593
⏴ 20/3 - 2/11
@ enquiries@forest-glade.co.uk

6ha 82T(120-140m²) 16A CEE

1 ACD**G**IJKLMO**P**Q
2 BFLRTUVWXY
3 AC**F**H**M**NRU
4 (F+H ⏴) **N**(Q+S+U ⏴)
5 **AB**CDEFGIJKLMNO**P**RUW
   XYZ
6 CDEG**K**M(N 10km)OU

💬 Rustige camping gerund door een familie. Gelegen in het bos met vlakke, beschutte staanplaatsen en een gratis binnenzwembad. Boswandelingen vanaf de camping, winkeltje met slijterij en afhaalmaaltijden. Sanitair gedateerd.

🚗 Caravans/campers gebruik geen navigatie! Cp alleen bereikbaar vanaf Honiton-Noord, ri Dunkeswell en 4,5 km volg bruine cp-borden. Auto's vanaf M5 afrit 28, neem A373 ri Honiton, li-af direct na Keepers Cottage Inn. Cp na 4 km op de heuvel.

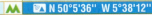

CC €16   20/3-2/4   7/4-30/4   5/5-21/5   26/5-15/7   1/9-2/11   7=6, 14=12   M   📍 N 50°51'31'' W 3°16'41''

470

Cury Cross Lanes/Helston, GB-TR12 7AZ / England (South West) 1131

▲ Franchis
🛣 A3083
☎ 📠 +44 (0)1326-240301
🔑 1/4 - 31/10
@ enquiries@franchis.co.uk

7ha 57T(120m²) 10A CEE
1 ACD**G**IJKL**PQ**
2 CIRUVWXY
3 F
4 (Q+R 15/7-5/9)
5 **AB**GIJKLMNPUWXYZ
6 F**K**(N 3km)OU

💬 Makkelijk bereikbare camping met ruime staanplaatsen en goed onderhouden sanitair in een wildrijk glooiend wandelgebied. De vriendelijke eigenaars wijzen u ook graag de weg naar de grillige rotskust met in de coves knusse zandstrandjes. Mullion, met enkele winkels en pubs, ligt op korte afstand.

🚗 In Helston A3083 richting Lizard. De weg blijven volgen (ongeveer 7 km). Camping is aangeduid en ligt links van de hoofdweg.

CC €16 1/4-30/6 1/9-14/9   N 50°2'19'' W 5°13'11''

Dalwood/Axminster, GB-EX13 7DY / England (South West) 1132

▲ Andrewshayes Holiday Park★★★★
☎ +44 (0)1404-831225
📠 +44 (0)1404-831893
🔑 20/3 - 1/11
@ info@andrewshayes.co.uk

4,4ha 35T(90-100m²) 10A CEE
1 ACD**G**IJKLM**O**P**Q**
2 IJKLRTUVWXY
3 **A**F**H**NU
4 (C+E+H 1/4-1/11)
(Q+R 18/7-31/8)
(U 15/7-31/8) Z
5 **AB**CDFGIJKLMNPRUWXYZ
6 ADFG(N 5km)OUV

💬 Terrassencamping met ruime plaatsen midden in de heuvelachtige omgeving van Oost-Devon. Verwarmd binnenzwembad met schuifdak, speelaccommodaties voor jong en oud. Dichtbij de Jurassic Coast, badplaatsen Charmouth en Lyme Regis en de Engelse Rivièra.

🚗 A35 van Axminster naar Honiton na 5 km op het kruispunt ri Dalwood/Stockland, volg cp-bord re. A35 van Honiton naar Dorchester na 9 km op het kruispunt ri Dalwood/Stockland, volg cp-bord.

CC €16 20/3-2/4 7/4-21/5 1/6-10/7 31/8-1/11 7=6, 14=11   N 50°46'59'' W 3°4'10''

Dawlish (Devon), GB-EX6 8RP / England (South West) 1133

▲ Cofton Country Holiday Park★★★★
🛣 Church Road
☎ +44 (0)1626-890111
📠 +44 (0)1626-890160
🔑 15/3 - 31/10
@ info@coftonholidays.co.uk

12ha 450T(90-120m²) 16A CEE
1 ACD**G**IJKL**PQ**
2 DJKLRUVWXY
3 AB**F**HJUW
4 (C+H 24/5-12/9)
(Q+S 12/4-30/10)
(T+U 15/4-30/10)
(Y 15/3-30/10)
5 **AB**DEFGIJKLMNOPRUWX YZ
6 CDEG**J**M(N 5km)OSTUV

💬 Grotere camping met uitstekende voorzieningen verdeeld in verschillende afgescheiden velden met vlakke en glooiende delen in een heuvelachtig landschap.

🚗 Vanaf Exeter (op M5 afslag 30) de A379 richting Dawlish. 2 km voorbij Starcross tankstation rechts van de weg. Nog 1 km. Camping links. Aangegeven.

CC €14 1/5-21/5 31/5-15/7 1/9-31/10   N 50°36'46'' W 3°27'38''

Dawlish (Devon), GB-EX7 0LX / England (South West) — 1134

▲ Lady's Mile*****
Exeter Road
☎ +44 (0)1626-863411
FAX +44 (0)1626-888239
⊙ 12/4 - 3/11
@ info@ladysmile.co.uk

14ha 450T(80-130m²) 10A CEE

1 ACD**GIJKL**M**PQ**
2 A**FGIJKL**M**RTUVWXY**
3 BC**EFHJ**NU
4 (C 18/5-5/10/9) (F 12/4-31/10)
  (H 12/4-1/11) J
  (Q 12/4-1/10) (S 12/4-1/11)
  (T 18/5-10/9)
  (U+W+Y 12/4-1/11) Z
5 A**B**DF**GIJKL**MNOP**S**UWZ
6 CDEG**IJ**M(N 1,6km)OTUV

CC €14   12/5-26/5   4/6-12/7   29/8-3/11

N 50°35'44'' W 3°27'34''

Devil's Bridge/Aberystwyth, GB-SY23 3JW / Wales — 1135

▲ Woodlands Caravan Park
☎ FAX +44 (0)1970-890233
⊙ 6/3 - 31/10
@ enquiries@
  woodlandsdevilsbridge.co.uk

2ha 65T(80-100m²) 16A CEE

1 ACD**GIJKL**M**OPQ**
2 B**KRTUWX**
3 A**FHJ**O**PRW**
4 (R+T+X 15/4-31/10)
5 A**B**DEF**GIJKL**MNOPQRUW
  Z
6 AEG**IJ**(N 1km)O

CC €16   6/3-2/4   13/4-30/4   5/5-21/5   1/6-10/7   3/9-31/10

N 52°22'42'' W 3°50'46''

East Stoke/Wareham, GB-BH20 6AW / England (South West) — 1136

▲ ManorFarm Caravan and
  Camping Park
Church Lane
☎ +44 (0)1929-462870
⊙ 1/1 - 31/12
@ info@manorfarmcp.co.uk

1ha 30T(80-100m²) 16A CEE

1 A**GIJKL**P**Q**
2 **RTVWX**
3 A**FJ**
4 **GIJKL**MN**P**UWZ
6 FJ(N 3km)O

CC €18   1/1-21/5   2/6-10/7   9/9-31/12

N 50°40'41'' W 2°10'58''

Four Lanes/Redruth, GB-TR16 6LP / England (South West) 📶 ✱ iD 1137

- Lanyon Holiday Park★★★★
- Loscombe Lane
- ☎ +44 (0)1209-313274
- 🗓 1/4 - 30/10
- @ info@lanyonholidaypark.co.uk

5,2ha 75T(100m²) 16A CEE

1. **ACDG**IJKLMOPQ
2. RTVWX
3. **A**FU
4. (F ⌂) (U+X 15/7-31/8) Z
5. **AB**DFGIJKLMNOPUWZ
6. CEGK(N 3km)UV

💬 Prachtig park en uitzichten over St. Ives Bay. Afgebakende plaatsen. Dichtbij Falmouth, Penzance. Wandel naar de Great Flat Lode, een historische mijnroute. Dichtstbijzijnde strand Portreath (8 km). Binnenzwembad, 3 sanitaire gebouwen, spelletjeskamer, kinderspeelplaats, bar/restaurant, hondenuitlaatplaats.

🚗 A30 afslag Redruth. Door naar centrum. Neem B3297 Helston. Bereik Four Lanes Village, 2e rechts naar Loscombe Lane. Park ligt links. Advies: volg deze route i.p.v. GPS.

CC €16 1/4-15/7 1/9-30/10   △ N 50°12'10" W 5°14'44"

Hamble (Hampsh.), GB-SO31 4HR / England (South East) 📶 iD 1138

- Riverside Tour.& Hol. Park
- Satchell Lane
- ☎ +44 (0)2380-453220
- FAX +44 (0)2380-453611
- 🗓 1/3 - 31/10
- @ enquiries@riversideholidays.co.uk

2,8ha 52T(70-100m²) 16A CEE

1. **ACDG**IJKLM**PQ**
2. CFGRVWX
3. HJK**W**
4. (R 1/3-1/10)
5. **AB**DGIJKLMNOPUWZ
6. **F**J(N 2km)

💬 Eenvoudige camping bij Marina in Hamble. Goed uitgangspunt voor bezoek aan Portsmouth en Isle of Wight. Keurig sanitair.

🚗 M27 Southampton bij afslag 8 verlaten, B3397 ri Hamble (na enkele rotondes); na ca. 3 km (na de afslag) li-af, vlak na 2e scherpe bocht camping links.

CC €16 1/3-2/4 7/4-30/4 5/5-21/5 26/5-15/7 7/9-31/10 7=6   △ N 50°52'11" W 1°18'52"

Henley-on-Thames, GB-RG9 2HY / England (South East) 📶 iD 1139

- Swiss Farm Touring & Camping★★★★★
- Marlow Road
- ☎ +44 (0)1491-573419
- 🗓 1/3 - 1/11
- @ enquiries@swissfarmcamping.co.uk

16ha 134T(110-125m²) 16A CEE

1. **ACDG**IJKLMNOPQ
2. DFGILRUVWX
3. **A**FH**W**
4. (**C**+H 1/6-12/9)
   (R+T+U+X ⌂) Z
5. **AB**FGIJMNPRUWXYZ
6. BCDE**K**(N 0,5km)OST

💬 Gelegen op een glooiend terrein in een typisch Engels heuvellandschap. De camping, ongeveer 60 km verwijderd van Londen, ligt vrijwel langs de Theems, in de buurt van Windsor Castle en Legoland. Henley on Thames is een lieflijk en historisch plaatsje. Op de camping is ook een klein meertje, waar tegen betaling gevist kan worden.

🚗 M25 afslag 15. M4 richting Reading, afslag 8. A404 richting Henley, afslag A4130. Vanuit Henley A4155 richting Marlow. Na 200m op de linkerkant.

CC €18 1/3-9/4 20/4-30/4 4/5-21/5 1/6-11/6 15/6-25/6 31/8-1/11   △ N 51°32'45" W 0°54'18"

Henlow Bedfordshire, GB-SG16 6DD / England (South East) — 1140

- Henlow Bridge Lakes & Riverside
- Arlesey Road
- +44 (0)1462-812645
- 1/1 - 31/12
- info@henlowbridgelakes.co.uk

16ha 105T(121m²) 10A CEE

1 ACDFIJKLMO**P**Q
2 FGRTUVW
3 A**F**GW
4 (Q+R)
5 **AB**CDFGHIJKLMNPUWZ
6 CDFJ(N 4km)OUV

NIEUW

🗨 Vriendelijke en verzorgde camping met diverse velden. Verwarmd sanitairgebouw met WiFi. Er zijn meerdere meren met o.a. karpers, waar tegen betaling gevist kan worden. Per trein is Londen Kings Cross station in slechts 30 min. bereikbaar, station is op loopafstand. Goed uitgangspunt voor uitstapjes naar Bedford, Cambridge of Woburn Safari Park. Geschikt voor grotere campers.

🚗 A1 afrit 10 richting Bedford. Bij de rotonde in Henlow ligt de camping links langs de 507.

€18 1/1-2/4 6/4-30/4 4/5-21/5 25/5-15/7 1/9-31/12 7=6, 14=11 N 52°1'36" W 0°16'9"

Hoddesdon, GB-EN11 0AS / England (South East) — 1141

- Lee Valley Car. Park★★★★
- Essex Road Dobbsweir
- +44 (0)1992-717711
- FAX +44 (0)1992-719727
- 1/1 - 31/1, 1/3 - 31/12
- dobbsweircampsite@leevalleypark.org.uk

9ha 80T(90-110m²) 16A CEE

1 ACD**G**IJKLMOPQ
2 CFKLRTUVWX
3 A**F**HIJKW
4 (Q+R)
5 **AB**DGIJKLMNOPUW
6 CEG**HJ**(N 1km)OTU

NIEUW

🗨 Grote, goed verzorgde camping op een uurtje treinrijden van Londen. Ruime staanplaatsen. Prima, modern sanitair.

🚗 Camping ligt aan de B194. Vanaf A10 richting Hoddesdon. Camping staat goed aangegeven.

€18 1/5-15/7 15/9-31/12 N 51°45'15" E 0°0'5"

Horton (Gower), GB-SA3 1LL / Wales — 1142

- Bank Farm Leisure C. & C. Park
- +44 (0)1792-390228
- FAX +44 (0)1792-391282
- 1/3 - 31/12
- bankfarmleisure@aol.com

28ha 230T(80-120m²) 10A CEE

1 ACD**G**IJKLMO**P**Q
2 AEGIKLRW
3 **B**MNUW
4 (C+E+H+Q 1/3-13/11) (S 1/3-31/10) (T+U+X 1/3-13/11) Z
5 **AB**FGIJMNOPUWZ
6 DE**IJ**(N 2km)OV

🗨 Grote camping zonder bosschages met prachtig uitzicht op zee. Als de zee nog te koud is, biedt het verwarmde zwembad voldoende waterplezier. De prachtige natuur van Gower nodigt uit tot wandeltochten.

🚗 Op de A4118 Killay-Port Eynon, net voor Port Eynon links naar Horton, dan campingborden volgen. Dit is aan te bevelen boven uw navigatiesysteem. Deze selecteert te smalle wegen.

€16 1/3-31/3 7/4-30/4 5/5-21/5 1/6-30/6 1/9-31/12 N 51°33'22" W 4°12'51"

Llandovery, GB-SA20 0RD / Wales

1143

- ▲ Erwlon Caravan & Camping Park★★★★★
- 🏠 Brecon Road
- ☎ FAX +44 (0)1550-721021
- 📅 1/1 - 31/12
- @ peter@erwlon.co.uk

4ha 80T(64-90m²) 10A CEE

1 **A**G**IJKLMOPQ**
2 **C**G**KRTUVWX**
3 **AFHJW**
5 **AB**DFGIJKLMNOPQRUWXYZ
6 **CEJ**(N 1km)OTU

💬 Grote camping met prachtig sanitair. Op loopafstand van Llandovery. Goede, centrale ligging voor trips door het schitterende Brecon Beacons National Park.

🚗 Camping ligt aan de A40, 1 km ten oosten van Llandovery.

CC €16 | 1/1-31/3 | 13/4-30/4 | 11/5-22/5 | 1/6-30/6 | 7/9-20/12

N 51°59'36" W 3°46'49"

Lostwithiel, GB-PL30 5BU / England (South West)

1144

- ▲ Eden Valley Holiday Park★★★★★
- 🏠 Lanlivery
- ☎ +44 (0)1208-872277
- 📅 1/4 - 31/10
- @ enquiries@edenvalleyholidaypark.co.uk

5ha 59T(100-130m²) 16A CEE

1 **A**CD**FIJKLMPQ**
2 **C**R**SUWXY**
3 **B**F**HJOQRU**
5 **AB**DGIJMNPUWZ
6 **C**DEG**HJ**(N 2km)OUV

💬 Rustig en beschut gelegen camping vlakbij historische marktplaatsen Lostwithiel, Bodmin en Fowey. Edenproject en China Clay Centre dichtbij. Voor fietsers: Cameltrail Bodmin-Padstow.

🚗 A38 Plymouth-Bodmin, in Dobwalls de A390 ri St. Austell. Camping ligt tussen Lostwithiel en St. Blazey, 2 km ZW van Lostwithiel en 3 km NO van St. Blazey. Let op het bruine campingbord.

CC €14 | 1/4-27/6 | 1/9-31/10

N 50°24'6" W 4°41'50"

Musselburgh/Edinburgh, GB-EH21 8JS / Scotland

1145

- ▲ Drummohr Holiday Park★★★★
- 🏠 Levenhall
- ☎ +44 (0)131-6656867
- FAX +44 (0)131-6536859
- 📅 1/1 - 31/12
- @ admin@drummohr.com

NIEUW

4ha 120T(60-100m²) 16A CEE

1 **A**CD**GIJKLMPQ**
2 **G**R**TUVWX**
3 **B**F
4 (Q+R 1/3-31/10)
5 **AB**CDFGHIJK**L**MNOPUWXYZ
6 **C**DEG**K**(N 2km)U

💬 Camping met goed verzorgde beplanting, hoge hagen geven beschutting aan de verschillende kampeergedeelten. De camping ligt rustig, net buiten Edinburgh met het openbaar vervoer voor de deur. Ideale basis voor een uitgebreid stadsbezoek.

🚗 Ligt 4 km ten oosten van Musselburgh en 2 km zuidwesten van Prestonpans tussen de B1361 en de B1348. De camping staat langs beide wegen met borden aangegeven.

CC €18 | 1/1-3/5 | 1/6-30/6 | 1/9-20/12

N 55°56'58" W 3°0'28"

1146 — New Romney, GB-TN28 8UE / England (South East)

▲ Marlie Holiday Park ★★★
Dymchurch Road
☎ +44 (0)1797-363060
FAX +44 (0)1797-367054
⚷ 6/3 - 1/11
@ marlie@parkholidays.com

40ha 170T(90m²) 10A CEE

1 **ACDGIJLPQ**
2 **AFGNRW**
3 **AF**U
4 (**F**+**H**+Q+S+T+U+V+X ⚷) Z
5 **AB**DGIJKLMNPRUWZ
6 EGJM(N 0,5km)OTUV

💬 De camping is gunstig gelegen aan de zuidkust van Kent met het strand op ongeveer 1 km afstand en tussen de plaatsen New Romney en Dymchurch. Een camping waar men gratis gebruik kan maken van het binnenzwembad. In de omgeving kan men dierentuinen, kastelen en speciale treinen bezichtigen.

🚗 A259 tussen Folkestone en Hastings.

CC €16 6/3-26/3 13/4-30/4 5/5-21/5 2/6-15/7 8/9-22/10 7=6, 14=11   N 50°59'37'' E 0°57'12''

1147 — Oban/Gallanach, GB-PA34 4QH / Scotland

▲ Oban Car. & Camp. Park ★★★★
Gallanach Road
☎ +44 (0)1631-562425
⚷ 1/4 - 5/10
@ info@obancaravanpark.com

130ha 150T(90-120m²) 10-16A CEE

1 **ACDGIJKLM**P**Q**
2 **E**GIJKNQRTUWX
3 **AF**UWY
4 (Q 28/3-30/9) (R 1/4-30/9)
5 **AB**GIJKLMNOPUW
6 DEGJM(N 3,5km)OUV

💬 Grote terrassencamping aan zee met veel watersportmogelijkheden. Het gezellige Oban biedt goede inkoopmogelijkheden en veerdiensten naar de eilanden. Het sanitair is in 2014 volledig vernieuwd.

🚗 De camping ligt 3,5 km ten zuiden van Oban. Vanuit centrum Oban campingbord Gallanach volgen.

CC €18 20/4-30/4 5/5-21/5 1/6-16/5 1/9-30/9   N 56°23'24'' W 5°31'1''

1148 — Otterton, GB-EX9 7BX / England (South West)

▲ Ladram Bay Holiday Park
☎ +44 (0)1395-568398
FAX +44 (0)1395-568338
⚷ 13/3 - 1/11
@ info@ladrambay.co.uk

6ha 90T(49-120m²) 16A

1 **C**GIJKLMOQ
2 **E**IJKLNQRTUVW
3 **BCF**HN**Q**TUWY
4 (**F**+**H** ⚷) **LMN**
   (Q+S+T+U+Y ⚷) Z
5 **AB**CGHIJKLMNPQRUWXY Z
6 AEGH**K**M(N 8km)OTUV

💬 Grote terrassencamping aan het strand met prachtig uitzicht op zee. Verharde plaatsen met wateraanvoer en -afvoer. Nieuw sanitair sinds 2013. Veel voorzieningen en activiteiten: o.a. watersport, overdekt zwembad, bowling, disco, adventure speelplaats en supermarkt.

🚗 Vanaf M5 afslag 30, dan A3052 ri Sidmouth. Bij Newton Poppleford rechts de B3178 ri Budleigh Salterton volgen. 1,5 km na Colaton Raleigh links ri Otterton. In Otterton staat camping aangegeven.

CC €16 13/3-26/3 20/4-21/5 1/6-10/7 7/9-22/10 7=6, 14=12   N 50°39'37'' W 3°16'50''

Porthtowan/Truro, GB-TR4 8TY / England (South West) — 1149

- Porthtowan Tourist Park
- Mile Hill
- +44 (0)1209-890256
- 1/4 - 30/9
- admin@porthtowantouristpark.co.uk

2ha 80T(100m²) 10A CEE

1 ACDGIJKLMO**PQ**
2 **A**QRTUVWXY
3 **AF**JNRU
4 (Q 15/7-1/9) (R)
5 **AB**GIJKLMNPRUWZ
6 DEG**K**(N 1,5km)OU

Een rustige familiecamping met ruime, vlakke plaatsen, schone en moderne voorzieningen. Omringd door velden en gelegen aan de rand van het dorp. Dicht bij één van de beste surfstranden, het South West Coastal Path en de Coast to Cycle Trail, slechts 13 km van Truro.

A30 Bodmin-Penzance, afslag Porthtowan nemen. A30 oversteken en verder volgen tot aan T-splitsing door North Country. Dan rechts na 750m camping links.

€14   1/4-12/7   1/9-30/9   N 50°16'28" W 5°14'16"

Portreath, GB-TR16 4JQ / England (South West) — 1150

- Tehidy Holiday Park
- Harris Mill - Illogan
- +44 (0)1209-216489
- fax +44 (0)1209-213555
- 28/3 - 2/11
- holiday@tehidy.co.uk

1,8ha 28T(42-100m²) 16A CEE

1 ACDEIJKLM**PQ**
2 CGIJRTUVWXY
3 **AF**HJNRU
4 (Q+R)
5 **AB**CDFGIJKLMNOPQRUWZ
6 DEGK(N 2km)V

Een kleine, familievriendelijke, viersterrencamping dicht bij spectaculaire gouden stranden. Winnaar van de David Bellamy Gold Award 2009. Verkozen tot beste kleine camping in de UK. Gelegen in een prachtige, beboste, parkachtige vallei. Schitterende vergezichten vanaf de camping. Grote privé-staanplaatsen. Schone, moderne faciliteiten.

A30 afslag Redruth/Portreath, op de rotonde 3e afslag. Door North Country de 1e weg links, rechtdoor over de voorrangsweg, zie bord links.

€16   6/4-27/6   1/9-30/9   N 50°14'42" W 5°15'11"

Rhuallt, GB-LL17 0AW / Wales — 1151

- Rhuallt Country Park
- Holywell Rd B5429
- +44 (0)1745-530099
- 1/3 - 31/12
- kelly@rhualltcountrypark.co.uk

NIEUW

0,7ha 50T(> 120m²) 10A CEE

1 ACDGIJKLMO**PQ**
2 FGKRUVW
3 AD**F**HIJ
4 (Q+R+Y) Z
5 **AB**DFGIJKLMNPQRUWXYZ
6 EGIJ(N 4km)OTUV

Gelegen op 3 minuten van de A55 Expressweg. Ideaal om het Noord-West Wales te ontdekken, 15 min naar Chester of Conwy, 40 min naar Snowdonia. Volledig uitgeruste standplaatsen op verhard terrein. Gratis WiFi. Schitterende streek om te wandelen. 5 sterren restaurant op de camping. Kinderspeelplaats aanwezig.

A55 afrit 28. Volg de borden.

€18   1/3-31/3   7/4-30/4   5/5-21/5   26/5-30/6   1/9-31/10   N 53°15'48" W 3°23'46"

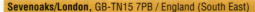

Sevenoaks/London, GB-TN15 7PB / England (South East)

⛺ Thriftwood Holiday Park
📍 Plaxdale Green road
☎ +44 (0)1732-822261
📠 +44 (0)1732-824236
🔓 1/1 - 31/12
@ info@thriftwoodholidaypark.com

6,8ha 150T(80-180m²) 10A CEE

1. A C D **G** I J K L M O **P** Q
2. B F I L R T U W X Y
3. **B** F U
4. (C 1/5-31/8) (R+T 🅿) Z
5. **A B** D F G I J K L M N P R U W X Z
6. A B C D E G (N 5km) O S T U

💬 Thriftwood is een familiecamping waar het verwarmde zwembad bij de prijs is inbegrepen. Veel bezienswaardigheden in de omgeving o.a. pittoreske steden als Sevenoaks en Maidstone. Ook Leeds Castle is een bezoek waard. Slechts 40 minuten met de trein naar Londen. 4 km naar de trein.

🚗 3M20 afslag 3. M26 afslag 2A Wrotham. A20 3 km naar noordwesten. Rechtsaf richting Stansted. Borden volgen.

CC €18 1/1-9/4 20/4-30/4 4/5-21/5 1/6-11/6 15/6-25/6 31/8-31/12 N 51°19'27'' E 0°17'34''

Sidmouth, GB-EX10 0JH / England (South West)

⛺ Salcombe Regis C. & C. Park★★★★★
📍 Salcombe Regis
☎ +44 (0)1395-514303
📠 +44 (0)1395-514314
🔓 15/3 - 1/11
@ contact@salcombe-regis.co.uk

16ha 100T(80-120m²) 10-16A CEE

1. A C D **G** I J K L M **P** Q
2. I N R T U V W X
3. **A** F H
4. (Q+R 🅿)
5. **A B** D G I J K L M N O P R U W X Y
6. A C D E **K** (N 2,5km) O U

💬 Bij laagwater op loopafstand van de badplaats Sidmouth. De shuttle-bus rijdt enige malen per dag naar Sidmouth. Deze rustige, schone camping met veel open groene ruimtes en een 9-holes golfterrein ligt hoog boven zee. Vanaf de camping lopen paden naar het strand en Jurassic Coast. Leuke stadjes in de omgeving.

🚗 2,5 km oostelijk van Sidmouth aan de A3052. Camping staat aangegeven.

CC €18 21/3-29/3 12/4-30/4 10/5-17/5 30/5-30/6 6/9-31/10 N 50°41'45'' W 3°12'19''

St. Agnes, GB-TR5 0NU / England (South West)

⛺ Beacon Cottage Farm★★★★★
📍 Beacon Drive
☎ +44 (0)1872-552347
🔓 27/3 - 30/9
@ beaconcottagefarm@lineone.net

1,6ha 70T(100-200m²) 10A CEE

1. A C D **G** I J K L M N O **P** Q
2. A J K Q R T V W X
3. **B** F H N
4. (R 🅿)
5. **A B** D F G I J K L M N O P Q R T U W Z
6. E G J (N 2,5km) O U

💬 Actieve familieboerderij in een natuurgebied. Het Southwest Coast wandelpad ligt naast de camping en biedt de mooiste vergezichten van Cornwall. De camping is verdeeld in 6 velden, sommige kijken uit over zee en anderen hebben beschutting van bomen.

🚗 A30 Bodmin-Redruth, bij rotonde Three Burrows B3277 ri St. Agnes. In St. Agnes ri Beacon. Volg de weg met cp-borden naar smalle inrit. Komend vanaf Porthtowan weg door dorp vervolgen, omhoog en dan cp-borden volgen.

CC €16 27/3-3/7 4/9-30/9 N 50°18'23'' W 5°13'35''

478

St. Buryan/Penzance, GB-TR19 6BZ / England (South West) — 1155

▲ Tower Park
☎ +44 (0)1736-810286
⌕ 7/3 - 31/10
@ enquiries@
towerparkcamping.co.uk

5ha 172T(100m²) 16A CEE

1 ACD**E**IJKLMPQ
2 GKRVWX
3 **A**FRU
4 (R ⌕) (U 1/7-31/8)
5 **AB**FGIJKLMNPRUWZ
6 E**K**(N 0,5km)OUV

💬 Vriendelijke, goed verzorgde camping met meerdere velden, sommige beschut, andere met fraai uitzicht op het typisch Cornish landschap. Ruime staanplaatsen, leeshoek en biljart. Goede uitvalsbasis voor o.a. Land's End en St. Michaels Mount. Bushalte, postkantoor en supermarkt op loopafstand.

🚗 A30 Penzance-Land's End. 5 km na Penzance linksaf ri St. Buryan. In St. Buryan achter kerk rechts ri St. Just. Cp na 100m rechts. Andere route voor caravans moeilijk.

CC €16   1/5-14/5   1/9-30/9

N 50°4'44'' W 5°37'27''

St. Buryan/Penzance, GB-TR19 6DL / England (South West) — 1156

▲ Treverven Touring C. & C. Park***
📧 Coastal Road B3315
☎ +44 (0)1736-810200
⌕ 1/4 - 31/10
@ info@treverventouringpark.co.uk

2,5ha 115T(> 100m²) 16A CEE

1 ACDGIJKLMPQ
2 EIKLQRVW
3 **A**FHN
4 (Q 1/7-31/8) (R ⌕)
(T+U 15/7-31/8)
5 **AB**FGIJKLMNOPUWXZ
6 EJ(N 4km)ORU

💬 Boven de oceaan gelegen panoramacamping met goede voorzieningen. Op 10 minuten van de kust, voor wandelingen langs en over rotsen en strandjes, naar het Minack openluchttheater, of zelfs naar Land's End. Ook de moeite waard te bezichtigen is het Telegraph museum in Porthcurno, zuidwest Cornwall.

🚗 Op de A30 Land's End aanhouden. Na Penzance afslag naar B3283 nemen. Na St. Buryan nog 2 km, dan afslaan naar Mousehole (B3315). Na ruim 1 km is de camping aan de rechterzijde.

CC €16   1/4-30/6   1/9-31/10

N 50°3'29'' W 5°37'6''

St. Ives, GB-TR26 3LX / England (South West) — 1157

▲ Polmanter Tourist Park*****
📧 Halsetown
☎ +44 (0)1736-795640
📠 +44 (0)1736-793607
⌕ 29/3 - 31/10
@ reception@polmanter.com

7ha 280T(100-140m²) 16A CEE

1 ACD**G**IJKLO**P**Q
2 GJLRUVW
3 AB**F**HMNRU
4 (C+H 20/5-15/9)
(Q+R+U+V+Y 15/5-15/9) Z
5 **AB**DFGIJKLMNOPRUWXYZ
6 CEG**IK**M(N 2,5km)OSTU

💬 Prijswinnende cp aan de rand van St. Ives, een ideale locatie voor het bezoeken van West-Cornwall. De uitstekende faciliteiten omvatten verwarmd sanitair, verwarmd openluchtzwembad, tennisbanen, bar, restaurant, afhaalmaaltijden en winkel. Op loopafstand van de stranden. Warme ontvangst.

🚗 Neem de A3074 ri St. Ives. Ga links bij de 2e minirotonde naar St. Ives via Halsetown, na 5 km rechts op de B3311 en rechts aan de Halsetown Inn. Dan links.

CC €18   1/4-21/5   31/5-21/6   30/8-31/10

N 50°11'46'' W 5°29'29''

St. Ives, GB-TR26 3BJ / England (South West) — 1158

▲ Trevalgan Touring Park****
🏠 Trevalgan
☎ +44 (0)1736-791892
📅 1/5 - 30/9
@ reception@trevalgantouringpark.co.uk

2ha 135T(64-140m²) 16A CEE

1 ACG**IJ**KL**OP**Q
2 EGQRVW
3 BFHNRU
4 (Q+R ⌂)
5 **AB**DFGIJKLMNOPQRUWX
6 EG**J**(N 3km)OU

💬 In 2012/2013 geheel gerenoveerde rustige cp. Nieuwe eigenaren. Uitstekend nieuw sanitair. Vanaf de camping prachtig uitzicht over het landschap van Cornwall en de zee. De camping ligt dichtbij het 'coastal footpath'. Frequente busverbinding met St. Ives vanaf de camping. Smalle toegangsweg.

🚗 A30 verlaten bij Hayle. Volg gele wegwijzers 'Hay route', de B3306 ri St. Ives. Links bij 2e rotonde. Na 4,4 km (u passeert Halsetown), links ri Zennor. Na 800m camping aangegeven.

CC €16 1/5-21/5 1/6-15/7 1/9-30/9
N 50°12'20" W 5°31'14"

St. Leonards/Ringwood, GB-BH24 2SB / England (South West) — 1159

▲ Shamba Holidays****
🏠 230 Eastmoors Lane
☎ +44 (0)1202-873302
📠 +44 (0)1202-873392
📅 1/3 - 31/10
@ enquiries@shambaholidays.co.uk

7,6ha 147T(100m²) 16A CEE

1 ACD**G**IJKLMOQ
2 GRSTVWX
3 BNU
4 (F+H 1/3-28/10)
   (Q 23/7-31/8) (S 1/3-28/10)
   (U 23/7-31/8) (Y 15/7-31/8)
   Z
5 **AB**EFGIJKLMNPQRUWZ
6 CFG**J**(N 4km)TUV

💬 Besloten camping, omgeven door hoge struiken en bomen. Mooi vlak terrein. Uitstekend sanitair, mooi zwembad, zeer vriendelijk en behulpzaam personeel. Dichtbij New Forest, een schitterend natuurgebied.

🚗 Op A31 na Ringwood ± 5 km westwaarts, na passeren 'Little Chef' (noordkant) op volgende rotonde terug ri Ringwood, dan meteen linksaf Eastmoors Lane in, aan de N-kant borden met Shamba. Toegangsweg heeft minder goed wegdek.

CC €16 1/3-2/4 7/4-30/4 5/5-21/5 26/5-15/7 7/9-31/10 7=6
N 50°49'28" W 1°51'13"

Tavistock, GB-PL19 8NY / England (South West) — 1160

▲ Woodovis Park*****
🏠 Gulworthy
☎ +44 (0)1822-832968
📅 21/3 - 1/11
@ info@woodovis.com

4,8ha 50T(80-120m²) 10A CEE

1 ACDGIJKLM**P**Q
2 **J**RTUVX
3 A**F**GNRU
4 (F ⌂) KN(Q+R ⌂)
5 **AB**DFGIJKLMNOPSUWXYZ
6 CDEGH**IK**(N 6km)OSU

💬 Camping was voorheen een druivenwijngaard. Zeer landelijk en rustig gelegen. Vriendelijke eigenaars en erg behulpzaam. Grote plaatsen, schaduwrijk. De camping beschikt over een zwembad en een winkeltje. In de buurt van Dartmoor National Park en Plymouth.

🚗 Vanuit Tavistock de A390 volgen in de richting van Liskeard, na ca. 5 km de campingborden volgen. Sla bij Gulworthy rechtsaf na ca. 1,5 km. De ingang van de camping links.

CC €18 21/3-21/5 1/6-15/7 6/9-31/10
N 50°33'7" W 4°12'18"

480

Torrington, GB-EX38 8PU / England (South West) — 1161

- 🔺 Smytham Manor
- 🏠 Little Torrington
- ☎ +44 (0)1805-622110
- 📠 +44 (0)1805-625451
- 🗓 19/3 - 1/11
- @ info@smytham.co.uk

44T(65-80m²) 16A CEE

1. ACDGIJKLMPQ
2. GJKLRUVWXY
3. AEFHJRU
4. (C 31/5-30/9) (Q+R 🔒) Z
5. ABCDFGIJKLMNOPQRUWXYZ
6. EGIK(N 3km)UV

💬 Prachtig gelegen in een parkachtig landschap. Er zijn vijf meertjes, de camping heeft een eigen vallei waar veel wild te vinden is. Vanaf de camping wandelt of fietst u direct naar de beroemde Tarka Trail, een oude spoorweg die getransformeerd is tot een van de mooiste routes van het land.

🚗 De camping ligt 3 km van de A386 van Great Torrington richting Okehampton. De ingang van de camping ligt aan de rechtkant.

€16 19/3-2/4 7/4-2/5 7/5-21/5 1/6-30/6 4/9-1/11   N 50°55'37'' W 4°8'58''

Totnes, GB-TQ9 7DQ / England (South West) — 1162

- 🔺 Woodlands Grove Car. & Camping*****
- 🏠 Blackawton
- ☎ +44 (0)1803-712598
- 📠 +44 (0)1803-712680
- 🗓 27/3 - 1/11
- @ holiday@woodlandsgrove.com

24ha 325T(> 100m²) 10A CEE

1. ACDGIJKLMPQ
2. BGJKLMTUXY
3. ABCDFHJNRU
4. (G 27/3-31/8) (Q+R+T 🔒) (U 20/7-31/8) (X 🔒)
5. ABDEFGIJKLMNOPQRSTUWXYZ
6. ACDFGHIJKMOUV

💬 Gelegen in schitterende, landelijke omgeving, slechts enkele (auto)minuten verwijderd van het schilderachtige Dartmouth en het South Devon kustpad. Verscholen in het dal ligt Woodlands Leisure Park met valkerijcentrum en 'Zoo-Farm'. Perfecte vakantiebestemming voor de hele familie.

🚗 Verlaat A38 vanuit N bij afrit Buckfastleigh/Totnes, vanuit Z bij knooppunt Brent/Avonwick. Volg bruine borden Woodlands Leisure Park (niet uw navigatie). Aan de A3122 ri Dartmouth.

€14 27/3-2/4 7/4-30/4 4/5-21/5 1/6-15/7 1/9-1/11   N 50°21'24'' W 3°40'19''

Wallingford, GB-OX10 8HB / England (South East) — 1163

- 🔺 Bridge Villa Camping and Caravan Park
- 🏠 The Street
- ☎ +44 (0)1491-836860
- 📠 +44 (0)1491-836793
- 🗓 1/2 - 31/12
- @ bridge.villa@btconnect.com

1,2ha 100T(80-100m²) 10A CEE

1. ACGIJKLMPQ
2. RVWX
4. (R 🔒)
5. ABDFGIJMNOPUW
6. K(N 1km)U

💬 Pittoreske camping nabij de rivier de Theems en op loopafstand van het historische stadje Wallingford. Goede uitvalsbasis voor bezoek aan Oxford en Londen. Op een paar kilometer afstand is een route langs filmlocaties van 'Midsummer Murders'. Openbaar zwembad net buiten de camping aan de Theems. Gratis WiFi op de camping. Goed sanitair.

🚗 Van Crowmarsh Gifford naar Wallingford ligt de camping net voor de stoplichten bij de rivier de Thames/Wallingford links. NB: slagboom.

€18 5/5-21/5 26/5-28/5 31/5-4/6 7/6-11/6 14/6-16/6 1/9-30/9   N 51°35'59'' W 1°7'0''

West Wittering, GB-PO20 8ED / England (South East) 👫 ♿ 📶 iD `1164`

- Scott's Farm
- Cakeham road
- +44 (0)1243-671760
- 1/3 - 31/10
- scottsfarm@live.com

10ha 750T(49-120m²) 10A CEE

1. ACDGIJKLMO**P**Q
2. **F**GLNRTVW
3. **B**FHN
4. (R 🔒)
5. **AB**GIJKLMNPQUWZ
6. **E**K(N 0,5km)OTU

📨 Gezinscamping met een mooie speeltuin, waar zon en zeewind vrij spel hebben. Zand/kiezelstrand op loopafstand. Fietsmogelijkheden. Prima sanitaire faciliteiten. Binnen 10 min bent u in East Wittering: een stadje met veel keuze aan (afhaal)restaurants, authentieke pubs en winkels.

🚗 A27, ten zuiden van Chichester afslag A286. Na ca. 6 km linksaf, B2198 richting East-Wittering. Na Lively Lady Pub rechtsaf. Camping ligt na dorp rechts.

CC €18   1/3-9/4   20/4-30/4   4/5-21/5   1/6-25/6   31/8-31/10   Ⓜ 🌐 N 50°46'14''   W 0°52'40''

Wool, GB-BH20 6HG / England (South West) ♿ 📶 iD `1165`

- Whitemead Car. Park★★★★
- East Burton Road
- 📞📠 +44 (0)1929-462241
- 15/3 - 31/10
- whitemeadcp@aol.com

2ha 95T(70-120m²) 10A CEE

1. ACD**G**IJKL**P**Q
2. CGRVWXY
3. A**F**HJUX
4. (S 🔒)
5. **AB**DGIJKLMNOPUWX
6. **E**GKM(N 0,5km)OT

📨 Nadine en Colin Church heten u welkom op hun landelijk gelegen, sfeervol ingedeelde cp bij Wool. Eigentijds sanitair, 80% WiFi. Eldorado voor wandelaars o.a. naar Monkey World en Bovington Tankmuseum. Frome is interessant voor vissers en zwemmers. Van-uit station naar Norden voor nostalgische Swanage Railway. Jurassic Coast is niet ver.

🚗 A352 Wareham-Dorchester. Direct voor spoorwegovergang in Wool rechtsaf de cp-borden volgen. Na 200m ligt de camping rechts.

CC €16   15/3-1/4   7/4-30/4   5/5-21/5   31/5-15/7   1/9-30/10   Ⓜ 🌐 N 50°40'52''   W 2°13'34''

Hét meest voordelige Camping Carnet voor Europa

www.ACSIclubID.eu

Ierland

Algemeen
Ierland is lid van de EU.

Tijd
Het is in Ierland een uur vroeger dan in Amsterdam, Parijs en Rome.

Taal
Iers en Engels.

Grensformaliteiten
Veel formaliteiten en afspraken rond zaken zoals de benodigde reisdocumenten, autodocumenten, eisen aan uw vervoer- en verblijfmiddel, ziektekosten en het meenemen van dieren zijn niet alleen afhankelijk van het land van bestemming, maar ook van uw vertrekpunt en nationaliteit. Ook de lengte van uw verblijf speelt hierbij een rol. Het is onmogelijk om in het bestek van deze gids voor alle gebruikers de juiste en up-to-date informatie met betrekking tot deze zaken te garanderen.

Wij adviseren u om voor vertrek bij de bevoegde instanties na te gaan:
- welke reisdocumenten u nodig heeft voor uzelf en uw reisgenoten
- welke documenten u nodig heeft voor uw auto
- aan welke eisen uw caravan moet voldoen
- welke goederen u in en uit mag voeren
- hoe in geval van ongeval of ziekte de medische behandeling in uw vakantieland is geregeld en kan worden betaald
- of u huisdieren mee kunt nemen. Neem lang van te voren contact op met uw dierenarts. Die kan u informatie geven over relevante vaccinaties, bewijzen daarvan en verplichtingen bij terugkomst. Ook is het verstandig om na te gaan of in uw vakantieland bepaalde voorwaarden gelden voor huisdieren in het openbare leven. Zo moeten in sommige landen honden altijd worden gemuilkorfd of achter tralies worden vervoerd.

Veel algemene informatie vindt u op ▶ *www.europa.eu* ◀ maar zorg dat u de informatie achterhaalt die op uw specifieke situatie van toepassing is.

Voor recente douaneverplichtingen kunt u contact opnemen met de vertegenwoordiging van uw vakantieland in het land waar u woont.

Valuta en geldzaken
De munteenheid in Ierland is de euro.

Creditcards
Creditcards worden op veel plekken in Ierland geaccepteerd.

Openingstijden en feestdagen
Banken
Banken zijn open van maandag tot en met vrijdag tot 16.30 uur. Op donderdag zijn banken open tot 17.00 uur

Winkels
In het algemeen geopend tot 18.00 uur. In veel steden zijn de winkels op donderdag of vrijdag tot 20.00 uur geopend. Ierland kent koopzondagen.

Apotheken
Apotheken zijn maandag tot en met vrijdag geopend tot 18.00 uur. In Dublin zijn er enkele die 7 dagen per week tot 23.00 uur open zijn.

Feestdagen
Nieuwjaarsdag, 17 maart (St. Patrick's Day), Goede Vrijdag, Pasen, eerste maandag in mei (Bank Holiday), Eerste Pinksterdag, eerste maandag in juni (Bank Holiday), eerste maandag in augustus (Bank Holiday), laatste maandag in oktober (Bank Holiday/Halloween), Kerst.

Communicatie
(Mobiele) telefoon
De mobiele netwerken hebben een goed bereik in Ierland. Er is een 3G-netwerk voor mobiel internet. In telefooncellen kunt u gebruik maken van telefoonkaarten die verkrijgbaar zijn bij postkantoren, kiosken etc.

WiFi, internet
In Ierland zijn overal internetcafés te vinden, vooral in de steden. WiFi is vaak beschikbaar.

Post
Open van maandag tot en met vrijdag tot 17.30 uur. Op zaterdag zijn de postkantoren geopend tot 13.00 uur en in de grotere steden ook van 14.15 uur tot 17.00 uur.

Wegen en verkeer
Wegennet
Hoofdwegen (aangegeven door de letter 'N') en secundaire wegen ('R') beschikken in het algemeen over een goed wegdek, maar zijn smaller dan onze wegen. Tertiaire wegen zijn zo smal dat uitwijkplaatsen ('lay by') aangelegd zijn om tegenliggers te kunnen passeren. De wegenwacht van Ierland (AA) rijdt dag en nacht op de grote wegen: tel. 1800-667788.

Verkeersvoorschriften
Net als in Groot-Brittannië moet men in Ierland links rijden en rechts inhalen. Bij gelijkwaardige kruispunten van hoofdwegen heeft rechts voorrang. Verkeer van hoofdwegen heeft voorrang op dat van secundaire wegen. Op een rotonde heeft u voorrang op een voertuig dat de rotonde op wil rijden.

Maximale snelheid

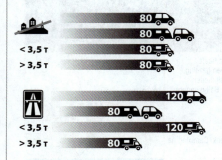

Het maximale alcoholpromillage is 0,5 ‰. U hoeft overdag geen dimlicht te voeren. U dient handsfree te bellen. Men kan autolichten op links verkeer instellen door op het rechterdeel (bij vooraanzicht) van het glas een taartpunt af te plakken met niet-lichtdoorlatend plakband. Alle verkeersborden zijn in het Engels en het Iers. Er zijn geen bepalingen voor het gebruik van winterbanden.

Navigatie
Signalering van vaste flitslocaties met behulp van navigatie of mobiele telefoon is toegestaan.

Toegestane afmetingen caravan, camper
Hoogte 4,65m, breedte 2,55m, lengte combinatie 18,75m.

Motorbrandstof
Loodvrije benzine, diesel en LPG zijn goed verkrijgbaar.

Tankstations
Tankstations zijn meestal geopend tussen 7.30 uur en 22.00 uur. Zorg dat u genoeg brandstof in uw tank heeft op de snelweg, omdat de pompstations ver uit elkaar kunnen liggen.

Tol
Op diverse bruggen en wegen moet u tol betalen. Op de snelweg M50 rond Dublin kan dat niet contant. Camera's registreren uw kenteken. U dient uiterlijk voor 20.00 uur de volgende dag te betalen.
Nadere informatie ▶ *www.eflow.ie* ◀

Reizen door Kanaaltunnel
Als uw auto een LPG-tank heeft, mag u niet met uw auto op de trein door de Kanaaltunnel. Voor ingebouwde gascontainers in campers of caravan gelden speciale eisen. Draagbare gascontainers zijn gewoon toegestaan, maar moeten aangemeld worden.
Zie ▶ *www.eurotunnel.com* ◀

Alarmnummers
- 112: het nationale alarmnummer voor politie, brandweer en ambulance.

Kamperen
De meeste campings liggen in de natuur en kuststreken. Het grootste deel van de campings is klein en eenvoudig. De smalle, bochtige kustwegen die naar de campings leiden, kunnen nogal wat van uw tijd vergen! Ierse kampeerterreinen beschikken vaak over goed onderhouden grasvlaktes en voor caravans en campers zijn er dikwijls verharde staanplaatsen.

Praktisch
- Zorg dat u altijd een verloopstekker (wereldstekker) bij u heeft.
- Het kraanwater is veilig om te drinken.

Ballyshannon, Ulster — 1166

▲ Lakeside Caravan & Camping***
Belleek Road
☎ +353 (0)71-9852822
FAX +353 (0)71-9852823
⌕ 12/3 - 31/10
@ lakesidecentre@eircom.net

2,5ha 58T(30-80m²) 16A CEE

1 AGIJKLM**PQ**
2 DGKLRUWX
3 B**F**JKNUW
4 (R+T+U) Z
5 **AB**GIJKLMNOPUWXYZ
6 CDEGHIJKM(N 0,5km)TUV

💬 Camping ligt aan een stuwmeer en heeft zeer goede voorzieningen waaronder een gezellig restaurant en diverse watersportmogelijkheden, motorboten soms zijn niet toegestaan. Ballyshannon biedt veel uitgaansmogelijkheden.

🚗 In Ballyshannon, rotonde N3 Belleek. Camping na ca. 1 km aangegeven.

CC €18   13/3-2/4   7/4-1/5   5/5-29/5   2/6-30/6   1/9-31/10
N 54°29'49''   W 8°10'21''

Caherdaniel, Munster — 1167

▲ Wave Crest C. & C. Park****
☎ FAX +353 (0)66-9475188
⌕ 1/1 - 31/12
@ wavecrest@eircom.net

NIEUW

2,2ha 110T(40-80m²) 13A CEE

1 ACGIJKLM**PQ**
2 EGIJKNOQRTUVWX
3 **A OP**UWY
4 (Q 1/6-31/8) (S 15/3-31/8)
   (U+V+X 1/6-31/8)
5 **AB**GIJKLMNO**P**UWZ
6 EGH**I**K(N 1,5km)OTV

💬 Grote camping, prachtig gelegen aan de Atlantische Oceaan. Uitgebreide receptie met veel informatie over de omgeving. Vissersgerei te koop. Café/restaurant met kleine maaltijden en uitgebreide winkel met levensmiddelen en andere eerste behoeften.

🚗 Duidelijk aangegeven op de ring van Kerry. Komend uit de richting Kenmare vóór Caherdaniel, 2e camping links. Vanuit Cahirciveen na Caherdaniel de 2e camping rechts.

CC €18   5/3-28/5   2/6-23/6   1/9-31/10
N 51°45'32''   W 10°5'28''

Cahir, Munster — 1168

▲ The Apple Farm Kl.A***
Moorstown
☎ +353 (0)5274-41459
⌕ 1/5 - 30/9
@ con@theapplefarm.com

NIEUW

1,5ha 32T(100-110m²) 16A CEE

1 ACDEIJKLMOPQ
2 FRTUWXY
3 A**F**MU
5 **AB**GIJKLMNOPUWZ
6 CEGJ(N 6km)O

💬 Kleine camping in een fruitboomgaard (beste in Ierland), voornamelijk appels, maar ook bessen en aardbeien. In de winkel is o.a. appelsap, jam en cider te koop. Ideaal voor dagtochten. Gratis gebruik van tennisbanen en drinkwater uit bron.

🚗 De camping ligt langs de N24 Cahir-Clonmel, op 6 km van Cahir.

CC €14   1/5-29/5   2/6-30/6   1/9-30/9
N 52°22'35''   W 7°50'33''

Cahirciveen, Munster · 1169

- Mannix Point Park★★★
- N70
- +353 (0)66-9472806
- 15/3 - 1/10
- mortimer@campinginkerry.com

2,8ha 42T(> 80m²) 10A CEE

1. AGIJKLMPQ
2. EKNORTUVWX
3. HJNWY
5. **AB**FGIJKLMNO**P**UWX
6. DEG**I**K(N 0,5km)

💬 Mannix Point ligt aan de uiterste rand van Europa en kijkt uit over de baai en het eiland Valentia. Het klimaat is mild vanwege de Golfstroom. De camping heeft inmiddels 19 prijzen en eervolle vermeldingen gewonnen. Kom ons bezoeken en ontdek waarom.

🚗 N70 van Killorglin naar Cahirciveen. Door de plaats Cahirciveen, direct aan zeekant, ca. 500m van de N70.

€18 18/3-2/4 6/4-30/4 4/5-28/5 2/6-25/6 2/9-1/10

N 51°56'23" W 10°14'19"

Clogheen, Munster · 1170

- Parsons Green★★★★
- +353 (0)52-7465290
- FAX +353 (0)52-7465504
- 1/1 - 31/12
- kathleen_noonan@eircom.net

2ha 96T(80-100m²) 6A CEE

1. AGIJKLMPQ
2. CGKLNRTUVWX
3. BCD**F**HJMN**PQ**RUWX
4. (R+T+U 17/3-30/10)
5. **AB**GIJKLMNOPUWYZ
6. CEGJ(N 0,3km)OV

💬 Schitterend mooi gelegen camping met uitgebreide kinderboerderij en agrarisch museum. Centrale ligging tussen Cork, Limerick, Waterford en Kilkenny. Wandelroutes vanaf de camping naar de Knockmealdown Mountains. Mooie autotochten naar de Mitchelstown Caves, The Vee, Lismore Castle, Cahir Castle, Swiss Cottage en de beroemde Rock of Cashel.

🚗 Vanaf Cahir en Lismore naar de R668. Camping ligt net buiten Clogheen. Goed aangegeven.

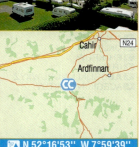

€16 1/1-13/3 18/3-3/4 7/4-29/5 2/6-30/6 1/9-30/10 3/11-31/12

N 52°16'53" W 7°59'39"

Doolin, Munster · 1171

- O'Connors Riverside C. and C. Park
- Doolin Village
- +353 (0)65-7074498
- FAX +353 (0)65-7074314
- 13/3 - 26/10
- info@campingdoolin.com

2,5ha 50T(90-100m²) 16-20A CEE

1. AGIJKLMPQ
2. CKLRTUWX
3. FHUW
4. (A 1/4-30/9) (R 1/6-31/8)
5. **AB**DFGIJKLMNO**P**UW
6. CEG**I**K(N 0,5km)TUV

💬 Dit vriendelijke familiebedrijf aan het riviertje de Aille is gelegen tegenover winkels en pubs met traditionele muziekavonden. Toch alle rust want de camping is deel van de eigen farm. Goed uitgangspunt voor excursies naar de Kliffen van Moker en de Arau eilanden.

🚗 Vanaf Lisdoonvarna richting Cliffs of Moher (N67) richting Doolin. In het centrum van Doolin met borden aangegeven.

€16 1/5-11/6 1/9-26/10

N 53°0'57" W 9°22'40"

Glen of Aherlow, Munster 1172

- Ballinacourty House****
- Ballinacourty
- +353 (0)62-56559
- 4/4 - 30/9
- info@camping.ie

NIEUW

3,5ha 46T(80-110m²) 6A CEE

1 ACDGIJLPQ
2 RUWX
3 AFHJKMNQRU
4 (R+Y)
5 ABFGIJKLMNOPQUWX
6 CDEGJ(N 1,5km)OV

Rustieke camping op eeuwenoud landgoed in een groot natuurgebied. Ruime mogelijkheden voor wandelen in de bossen en de heuvels. De camping heeft een prachtig uitzicht op de omgeving en een geweldig restaurant. Nieuw in 2015: opnieuw aangeplante Victoriaanse tuin, gratis toegankelijk.

N24 Tipperary-Cahia. In Bansha R663 (westelijke richting) naar Gabbally. Na ca. 12 km zijweg rechts. Aan R663 staat de camping aangegeven.

CC €16 1/5-28/5 2/6-6/6 1/9-30/9
N 52°24'59'' W 8°12'37''

Glen of Aherlow/Tipperary, Munster 1173

- Glen of Aherlow Car. & Camp. Park****
- Newtown
- +353 (0)62-56555
- fax +353 (0)62-56521
- 1/1 - 31/12
- rdrew@tipperarycamping.com

2ha 42T(100-110m²) 10A CEE

1 AGIJKLMPQ
2 IJKLRUWX
3 FHJKRUW
4 (R)
5 ABDGIJKLMNOPUWXYZ
6 ACEGIK(N 3km)TUV

Prachtige, schitterend gelegen vrij nieuwe camping in natuurgebied Glen of Aherlow met geweldig uitzicht. Ruim centraal gelegen faciliteitengebouw. Alles keurig verzorgd!

Vanuit Tipperary of Cahir de N24 naar Bansha. In Bansha de R663 richting Glen of Aherlow. Vanaf dat punt is de camping aangegeven. Camping rechts na 10 km.

CC €18 2/1-31/3 7/4-30/4 5/5-28/5 2/6-30/6 1/9-22/10 27/10-20/12
N 52°25'12'' W 8°11'16''

Roscrea, Munster 1174

- Streamstown Car. & Camp. Park
- Streamstown
- +353 (0)505-21519
- 1/4 - 30/9
- info@tipperarycaravanpark.com

1,6ha 40T(75-100m²) 10A CEE

1 ACDGIJKLMPQ
2 FRUWX
3 AF
5 ABGIJKLMNPUWXYZ
6 CEJ(N 3km)V

De meest centraal gelegen camping in Ierland. Goede uitvalsbasis voor de prachtige Slieve Bloom Mountains (ca. 20 km). Begeleide wandelingen voor groepen mogelijk. Lough Derg, Ierlands grootste meer, ligt op ca. 30 km afstand. Gratis WiFi.

Vanaf de N7 goed aangegeven. Vanaf Roscrea de R491 naar Shinrone. Vanaf de M7 afslag 22. Camping ligt aan de R491 tussen Shinrone en Roscrea, en is aangegeven met bord.

CC €18 1/5-8/7 25/8-30/9
N 52°57'26'' W 7°50'21''

1175 Tralee, Munster

- Woodlands Park
- Dan Spring Road
- +353 (0)66-7121235
- 1/2 - 30/11
- woodlandstralee@gmail.com

6ha 135T(165m²) 10A CEE

1. ACDGIJKLMPQ
2. BGRTUVWX
3. BFHJU
4. (Q+R 1/7-31/8)
5. ABFGIJKLMNO**PQ**UWXY
6. CDEG**IJ**(N 0,5km)OTUV

NIEUW

Goed verzorgde en mooie stadscamping met uitzicht op bos. Ligt op loopafstand van Ierlands grootste Aqua-Dome, te bezoeken de hele dag tot 22.00 uur (voor campinggasten met flinke korting van bijna 50%).

De camping ligt aan de N86 Tralee-Dingle, 0,5 km ten zuiden van Tralee en is ook aangegeven aan de N22 vanaf Killarney.

CC €18 1/2-30/6 1/9-30/11

N 52°15'49" W 9°42'11"

1176 Wicklow, Leinster

- Wolohan Silver Strand Caravan Park
- Dunbur Upper
- +353 (0)404-69404
- 3/4 - 30/9
- info@silverstrand.ie

3ha 75T(100-120m²) 10A CEE

1. ACDGIJKLMOPQ
2. AEFIKLQRTVWX
3. **EF**WY
4. (Q+R 1/6-31/8)
5. **AB**GIJMNO**P**UW
6. EM(N 4km)OT

Camping op een groot grasveld met uitzicht op de Ierse zee. Een eigen strand, Silver Strand, beneden. Heel veel rust en ruimte. Dicht bij de stad Wicklow. Klein uurtje van Dublin. Landelijke omgeving.

Via N11 Dublin-Wexford afslag Wicklow nemen. Door Wicklow ri Coast Road. Na ca. 3 km is het de 2e cp links van de weg. Beide campings dragen de naam Silverstrand.

CC €18 3/4-28/5 1/6-3/7 24/8-30/9 **7=6**

N 52°57'17" W 6°1'0"

← Zonder dit CampingCard-logo géén acceptatie

www.CAMPINGCARD.com

Plaatsnaamregister

A

Aagtekerke 95
Aalten 155,156
Abersee/St. Gilgen 369,370
Abersee/Strobl 370
Achenkirch 370
Acquarossa 348
Aerdt 156
Aeschi/Spiez 348
Afferden 195
Ahrbrück 294
Ahrensberg 268
Åhus 47
Aigen (Ennstal) 371
Aische-en-Refail 211
Akersloot/Alkmaar 79
Alheim/Licherode 290
Alkmaar 79
Allensbach/Markelfingen 311
Almere 111
Älmhult 47
Alphen (N.Br.) 182,183
Alpirsbach 311
Alt-Schwerin 268
Altenkirchen 268,269
Altenteil (Fehmarn) 260
Altglobsow 278
Alzingen 232
Amen 141
Amstelveen 79
Amsterdam 80
Ancient Epidavros 453
Ancient Epidavros/Argolida 453
Andijk 80
Anjum 130
Ankaran 419
Annenheim 371
Apeldoorn 156
Appelscha 131
Arcen 196
Årjäng 47
Arlaching/Chieming 326
Arlon 211
Arnhem 157
Assen 142
Assens 56
Asten/Heusden 183
Asten/Ommel 183
Attendorn/Biggen 284
Attert 211
Augsburg-Ost 326
Augstfelde/Plön 260
Augustenborg 56
Auning 56
Aurdal i Valdres 40
Aywaille 212

B

Baarland 95
Baarlo 196
Baarn 107
Bacharach 294
Bad Abbach 327
Bad Bederkesa 246
Bad Bellingen/Bamlach 312
Bad Bentheim 246
Bad Dürkheim 294
Bad Füssing/Egglfing 327
Bad Gastein 371
Bad Liebenzell 312
Bad Rippoldsau-Schapbach 312
Bad Rothenfelde 246

Bad Waltersdorf	372	Bispingen/Behringen	247
Badacsonytomaj	411	Blankenberge	213
Bakhuizen	131	Blaricum/Huizen	81
Bakkeveen	132	Bleckede	247
Balatonszemes	411	Bleckede (OT Radegast)	247
Balkbrug	114	Bled	419
Ballum/Bredebro	57	Bletchingdon/Oxford	467
Ballyshannon	486	Blier-Erezée	213
Banjole	427	Bliesdorf	261
Banjole/Pula	427	Blitterswijck	197
Banovci/Verzej	419	Bloemendaal aan Zee	81
Barntrup	284	Blokzijl	116
Basedow	261	Bocholt	213
Baska (Krk)	428	Bohinjska Bistrica	420
Bathmen	115	Bollendorf	295
Bautzen	281	Bomal-sur-Ourthe	214
Bayerbach	328	Borger	142
Beaufort	232	Borgue/Kirkcudbright	467
Beek (gem. Bergh)	157	Bork Havn/Hemmet	57
Beekbergen	158	Born	269
Beerze/Ommen	115	Bourscheid/Moulin	233
Beesd	158	Bourtange	138
Beesel	196	Bovec	420
Beetzseeheide/Gortz	278	Braamt	159
Belfeld	197	Brean Sands	467
Belt-Schutsloot	115	Breda	184
Beltrum	159	Bredene	214
Berdorf	232, 233	Bree	215
Berg en Dal	159	Breitenthal	328
Bergen op Zoom	184	Breskens	95
Bergwitz/Kemberg	276	Bridgwater/Bawdrip	468
Berlin-Schmöckwitz	279	Brielle	89
Bertrix	212	Brig	348
Bettingen	313	Brilon	285
Beuningen	116	Broager/Skelde	57
Biberwier	372	Brouwershaven	96
Biddinghuizen	111, 112	Bruck	372
Bielefeld	285	Bryrup/Silkeborg	58
Bihain/Vielsalm	212	Budapest	411, 412
Bilthoven	107	Bude	468
Binau	313	Bükfürdö	412
Biograd na Moru	428	Bullay (Mosel)	295
Bischofswiesen	328	Bunnik	107

Bürder	295
Bure/Tellin	215
Burgen	296
Burgh-Haamstede	96,97
Bütgenbach	215
Butjadingen/Burhave	248
Byglandsfjord	40

C

Cadzand	97
Cadzand-Bad	97
Caherdaniel	486
Cahir	486
Cahirciveen	487
Callantsoog	81,82
Castricum	82
Castricum aan Zee	83
Catterfeld	282
Cerná v Pošumaví	402
Chaam	184
Charlbury/Oxford	468
Charmouth	469
Cheb/Podhrad	402
Cheltenham	469
Chichester	469
Chieming	329
Chieming/Stöttham	329
Chur (GR)	349
Churwalden	349
Chvalsiny	402
Cinuos-chel/Chapella	349
Clausthal-Zellerfeld	248
Clogheen	487
Corpach/Fort William	470
Creglingen/Münster	313
Crows-an-Wra/Land's End	470
Cserszegtomaj	413
Cugnasco	350
Cullompton	470
Cury Cross Lanes/Helston	471

D

Dahme	261,262
Dalfsen	116,117
Dalwood/Axminster	471
Dassia (Corfu)	453
Dausenau	296
Davos Glaris	350
Dawlish (Devon)	471,472
De Bult/Steenwijk	117
De Cocksdorp (Texel)	83
De Haan	216
De Heen	185
De Klinge	216
De Koog (Texel)	83
De Lutte	117
Delden	118
Delft	89
Delphi	454
Delphi/Fokis	454
Den Haag	90
Den Helder	84
Denekamp	118
Deventer	118
Devil's Bridge/Aberystwyth	472
Diekirch	233,234
Diever	143
Diever/Oude Willem	143
Diever/Wittelte	143
Diffelen/Hardenberg	119
Dillingen	234
Dishoek/Koudekerke	98
Dobbertin	269
Döbriach	373
Dockweiler	297
Doesburg	160
Doetinchem	160
Dokkum	132
Domburg	98
Doolin	487
Doorn	108
Doornenburg	161
Dornstetten/Hallwangen	314
Dorum/Neufeld	248

Drage	429
Dransfeld	249
Dranske	270
Drepanon/Vivari	455
Dronten	112
Drouwen	144
Duga Resa	429
Dvur Králové n. L.	403
Dwingeloo	144, 145

E

East Stoke/Wareham	472
Ebeltoft	58
Ebeltoft/Krakær	58
Eberbach	314
Eberndorf	374
Echt	197
Echten	145
Echternach	234
Echternacherbrück	297
Eckwarderhörne	249
Ed	48
Edam	84
Ede	161
Ediger/Eller	297
Een (Gem. Noordenveld)	145
Een-West/Noordenveld	146
Eerbeek	161, 162
Eerde	185
Eersel	185
Ees	146
Eext	146
Egestorf	249
Eging am See	330
Egmond aan Zee	84
Egnach	350
Egtved	59
Eibergen	162
Eisenbach	235
Elburg	162
Ellemeet	98
Ellös (Orust)	48
Ellwangen	314

Emst	163
Engelberg	351
Enney	351
Enschede	119
Epe	163
Erden	298
Erkner/Jägerbude	279
Ermelo	164
Ermsdorf	235
Esbeek	186
Esbjerg V.	59
Esch-sur-Sûre	235
Eschwege	290
Eschwege/Meinhard	291
Essel/Engehausen	250
Essingen/Lauterburg	315
Ettelbruck	236
Exloo	147
Extertal	285
Extertal/Bösingfeld	286

F

Faaborg	59
Faak am See	374
Farsø	60
Fazana	429
Fehmarnsund (Fehmarn)	262
Feistritz im Rosental	374
Ferch (Schwielowsee)	279
Ferchesar	280
Fichtelberg	330
Fieberbrunn	375
Filisur	351
Finikounda	455
Fisching/Weißkirchen	375
Flessenow	270
Flügge (Fehmarn)	262
Four Lanes/Redruth	473
Franeker	133
Fredericia	60
Frederiksoord/Nijensleek	147
Freiburg	315
Freiburg/Hochdorf	315

Freudenstadt 316
Frickenhausen/Ochsenfurt 330
Frutigen 352
Frymburk 403
Fuldatal/Knickhagen 291
Funtana/Vrsar 430

G

Gaienhofen/Horn 316
Gammendorf (Fehmarn) 263
Ganderkesee/Steinkimmen 250
Garderen (Veluwe) 165
Garlstorf 250
Gårslev/Børkop 60,61
Gasselte 147,148
Gasselternijveen 148
Gees 148
Geijsteren/Maashees 198
Geisenheim 291
Gentingen 298
Gerbach 298
Gerolstein 299
Geslau 331
Gieten 149
Gillenfeld 299
Girod/Ww. 299
Glavotok (Krk) 430
Glen of Aherlow 488
Glen of Aherlow/Tipperary 488
Glesborg 61
Glifa 455
Glifa/Ilias 456
Glücksburg 263
Gorssel 165
Gösselsdorf 375
Gottsdorf/Untergriesbach 331
Grafenhausen/Rothaus 316
Grainau 331
Gramkow 270
Grän 376
Grand-Halleux 216
Grein 376
Groede 99

Groesbeek 165
Groot Valkenisse/Biggekerke 99
Groß Quassow/Userin 271
Großenbrode 263
Großschönau 282
Grubbenvorst 198
Grünheide 280
Gstaad 352
Gudo 352
Guldental 300
Gulpen 198,199
Gunzenhausen 332
Gusum 48
Gyenesdiás 413
Gythion/Lakonias 456

H

Haaksbergen (Twente) 119,120
Haderslev/Diernæs 61
Haderslev/Halk 62
Haiming 376
Halfweg 85
Hall 166
Hall (Tirol) 377
Hamble (Hampsh.) 473
Hardenberg/Heemserveen 120
Harfsen 166
Harlingen 133
Hattem 166,167
Hausbay/Pfalzfeld 300
Havelberg 276
Havelte 149
Hechtel/Eksel 217
Heel 199
Heerde 167,168
Heerlen 199
Heidenau 251
Heidenburg 300
Heiderscheid 236
Heiligenblut 377
Heino 120
Heinsen 251
Helden 200

Hellendoorn	121
Hellevoetsluis	90
Hengelo (Gld.)	168
Hengstdijk	99
Henley-on-Thames	473
Henlow Bedfordshire	474
Herbolzheim	317
Herkenbosch	200
Hermagor-Pressegger See	377,378
Hesselager	62
Heteren	168
Hilvarenbeek	186
Hilversum	85
Hindeloopen	133
Hinterzarten/Titisee	317
Hirschau	332
Hirschhorn/Neckar	292
Hluboká nad Vltavou	403
Hoddesdon	474
Hoek	100
Hoenderloo	169
Hoeven	186
Hohegeiß (Harz)	251
Hohenfelden	283
Hohenstadt	317
Holle	252
Holten	121
Hoogersmilde	149
Höör	49
Hoorn/Berkhout	85
Hopfgarten	378
Horb am Neckar	318
Horsens	62
Horton (Gower)	474
Hösseringen/Suderburg	252
Hotton	217
Houthalen	217
Houthalen/Helchteren	218
Hova/Otterberget	49
Hovet i Hallingdal	40
Höxter	286
Hulshorst	170
Hultsfred	49
Hummelo	170
Hünfeld	292

I

Igoumenitsa	457
Illertissen	332
Immenstadt (Allgäu)	333
Imst	378
Ingeldorf/Diekirch	236
Ingolstadt	333
Innerbraz (Klostertal)	379
Innertkirchen	353
Interlaken/Unterseen	353
Iria/Argolis	457
Irrel	301
Irschen	379
Isny im Allgäu	318
Itter/Hopfgarten	379

J

Jabbeke	218
Jelling	63
Jena	283
Julianadorp aan Zee	86

K

Kaatsheuvel	187
Kals am Großglockner	380
Kamperland	100
Kampor	430
Karlshagen	271
Karlsruhe	318
Karlstad	50
Kasterlee	218
Kastraki/Kalambaka	457
Katharinenhof (Fehmarn)	264
Kato Alissos	458
Kato Gatzea (Pilion)	458
Kaumberg	380
Kelpen-Oler	200
Keszthely	413
Ketzin	280
Keutschach am See	380

Kinding/Pfraundorf 333
Kipfenberg (Altmühltal) 334
Kirchberg (Iller) 319
Kirchzell 334
Klausdorf (Fehmarn) 264
Klein Pankow 271
Klein Rönnau/Bad Segeberg 264
Kleinwaabs 265
Klijndijk/Odoorn 150
Klimno/Dobrinj 431
Klosterneuburg 381
Kobarid 420
Kolan (Pag) 431
Komló-Sikonda 414
Kootwijk 171
Koppang 41
Korinthos 459
Koroni/Messinias 459
Kortgene 101
Koudum 134
Kraggenburg 112
Kramsach (Krummsee) 381
Kramsach (Reintalersee) 381,382
Krattigen 353
Krems (Donau) 382
Kring van Dorth (gem. Lochem) 171
Krk (Krk) 431,432
Kropswolde 139
Kuciste 432
Kyllburg 301

L

La Fouly 354
La Roche 219
Laag-Soeren 171,172
Laatzen/Hannover 252
Labin 432
Lackenhäuser 334
Lage Mierde 187
Lahnstein 302
Landgraaf 201
Larochette 237
Lattrop 121

Lauchhammer 281
Lauwersoog 139
Le Bouveret 354
Le Landeron 354
Le Prese 355
Lechbruck am See (Allgäu) 335
Leersum 108
Leeuwarden 134
Lefkada 459
Leiwen 302
Lelystad 113
Lemele 122
Lemelerveld 122
Lemgo 286
Lendava 421
Les Haudères 355
Leutasch 382
Lieler 237
Lienen 287
Lienz/Amlach 383
Lienz/Tristach 383
Lieren/Beekbergen 172
Lierop/Someren 187
Lignières 355
Lillehammer 41
Lingerhahn 302
Lisbjerg/Århus-N 63
Ljubljana 421
Ljusdal 50
Llandovery 475
Løgstrup 63
Lohme/Nipmerow 272
Løkken 64
Løkken/Ingstrup 64
Lommel 219
Lommel-Kolonie 219
Lopar (Rab) 433
Losheim/Britten 310
Lostwithiel 475
Loviste 433
Löwenhagen 253
Lozovac 433,434
Lungern 356

Lunteren	172	Mitterteich	335
Lütow	272	Mol	220
Luyksgestel	188	Molinazzo di Monteggio	357
		Mondsee	385

M

		Mondsee/Tiefgraben	386
Maarn	109	Monschau/Imgenbroich	287
Maishofen	383	Monschau/Perlenau	288
Makarska	434	Monzingen	303
Malempré/Manhay	220	Moravske Toplice	422
Mali Losinj (Losinj)	434,435	Moscenicka Draga	436
Malmedy/Arimont	220	Müden/Örtze (Gem. Faßberg)	253
Maltatal	384	Musselburgh/Edinburgh	475
Mamer/Luxemburg	237	Müstair	357
Mander	122		
Manderscheid	303		

N

Marbach an der Donau	384	Nassereith	386
Maribor	421	Natters	386
Markelo	123	Naumburg (Edersee)	292
Markgrafenheide/Rostock	272	Neckargemünd	319
Martinšcica (Cres)	435	Neckarzimmern	319
Mátráfüred/Sástó	414	Neede	173
Matrei in Osttirol	384	Nenzing	387
Maulusmühle	238	Netersel	189
Maurik	173	Neualbenreuth	336
Mayrhofen	385	Neubulach	320
Medulin	435,436	Neudorf/Harzgerode	277
Medveja	436	Neuerburg	304
Meerlo	201	Neufchâteau	221
Meerssen	201	Neustift	387
Meeschendorf (Fehmarn)	265	New Romney	476
Meierskappel	356	Nieuw-Milligen	174
Meijel	202	Nieuwpoort	221
Meiringen	356,357	Nieuwvliet	101
Melissant	90	Nieuwvliet-Bad	101,102
Mendig	303	Nijnsel/St. Oedenrode	189
Meppen	150	Nijverdal	123
Mersch	238	Nikiti	460
Meschede (Hennesee)	287	Nin	437
Middelfart	65	Nispen/Roosendaal	189
Midwolda	139	Njivice (Krk)	437
Mierlo	188	Nommern	238
Millstatt/Dellach	385	Noorden	91
Mittenwald	335	Noordwelle/Renesse	102

Noordwijk	91,92
Noordwijkerhout	92
Nordborg/Augustenhof	65
Norg	151
Nørre Åby	65
Nørre Nebel	66
Novalja (Pag)	437
Nové Strasecí	404
Novigrad	438
Nunspeet	174
Nüziders	387

O

Oban/Gallanach	476
Oberammergau	336
Oberdrauburg	388
Oberweis	304
Oberwesel	304
Oberweser/Oedelsheim	293
Oberwössen	336
Offingawier	134
Oggau (Burgenland)	388
Oirschot	190
Oisterwijk	190,191
Oknö/Mönsterås	50
Okrug Gornji	438,439
Oksbøl	66
Olburgen	175
Oldemarkt/Paasloo	123
Olden	41
Olst	124
Omis	439
Ommen	124
Oosterhout	191
Oostkapelle	102,103
Oostvoorne	92
Ootmarsum	125
Ootmarsum/Agelo	126
Ootmarsum/Hezingen	126
Opatov (Okr. Trebíc)	404
Opende	140
Opglabbeek	221
Opgrimbie/Maasmechelen	222
Opoeteren	222
Orasac	439
Orebic	440
Orsingen	320
Ossiach	388-390
Østbirk	66
Ostercappeln/Schwagstorf	253
Osterode (Harz)	254
Ostseebad Rerik	273
Ostseebad Zinnowitz	273
Oteppe	222
Ottenbach	358
Otterlo	175
Otterton	476
Otterup	67
Ouddorp	93
Oudega	135
Oudemirdum	135
Oxelösund	51
Oyten	254

P

Pahna	283
Pakostane	440
Panningen	202
Panteleimon	460
Pápa	414
Parga/Lichnos	460
Pesenthein	390
Petten	86
Pettenbach	390
Pettneu am Arlberg	391
Planá u Mariánských Lázní	404
Plasmolen/Mook	202
Plau am See/Plötzenhöhe	273
Pleinfeld	337
Plötzky/Schönebeck	277
Podaca	441
Polleur	223
Pomer	441
Pommern	305
Porthtowan/Truro	477
Portreath	477

Poupehan 223
Praag 8/Dolní Chabry 405
Praag 9/Dolní Pocernice 405
Premantura 441,442
Preveza 461
Primosten 442
Pruchten 274
Prutz 391
Ptuj 422
Pula 443
Punat (Krk) 443
Pünderich 305
Putten 176

R

Rab 444
Rabenkirchen-Faulück 265
Rakovica 444
Randa/Zermatt 358
Raron/Turtig 358
Rebild/Skørping 67
Recica ob Savinji 422
Reckingen 359
Rehlingen/Siersburg 311
Reinsfeld 305
Reisach 391
Reisdorf 239
Remersdaal/Voeren 223
Renesse 103,104
Renswoude 109
Retie 224
Retranchement/Cadzand 104,105
Reutte 392
Reutum 126
Rheeze 127
Rheeze/Hardenberg 127
Rhuallt 477
Ribe 67
Ried 392
Riegel/Kaiserstuhl 320
Rieste 254
Rijs 135
Ringkøbing 68

Rochefort 224
Rockanje 93,94
Roermond 203
Roggel 203
Rolde 151
Rømø 68
Rønne 68
Roodhuis 136
Roscrea 488
Rosenfelde/Grube 266
Rosport 239
Roth/Wallesau 337
Rottenbuch/Ammer 337
Rovinj 444,445
Ruinen 152
Ruurlo 176

S

Saarburg 306
Saas-Grund 359
Sachseln 360
Sakskøbing 69
Salem/Neufrach 321
Salgesch 360
Sart-lez-Spa 224
Sarti (Sithonia) 461
Sassenberg 288
Schaijk 192
Scharendijke 105,106
Schillingsfürst 338
Schimmert 203
Schin op Geul 204
Schin op Geul/Valkenburg 204
Schipborg 152
Schlaitz (Muldestausee) 277
Schlüchtern/Hutten 293
Schobüll 266
Schömberg 321
Schönberg (Ostseebad) 266
Schönenberg-Kübelberg 307
Schoonebeek 153
Schoorl 87
Schurrenhof 321

Schüttorf	255
Schwaan	274
Schweppenhausen	307
Seck	307
Seeburg	255
Seefeld am Pilsensee	338
Seesen	255
Seget Vranjica/Trogir	445
Seiffen	282
Selb	338
Selce	445
Seljord	42
Sellingen	140
Sempas	423
Senheim am Mosel	308
Sevenoaks/London	478
Sibenik	446
Sidmouth	478
Sikia	461
Silberborn/Solling	256
Simmerath/Hammer	289
Simmershofen/Walkershofen	339
Simonswald	322
Sindal	69
Sint Anthonis	192
Sint Hubert	192
Sippersfeld	308
Sjølund/Grønninghoved	69
Skærbæk	70
Skagen	70
Skaven/Vostrup/Tarm	70
Skiveren/Aalbæk	71
Sloten	136
Sneek	136
Soca	423
Sogndal	42
Sonnenbühl/Erpfingen	322
Sottrum/Everinghausen	256
Spa	225
Spatzenhausen/Hofheim	339
Splügen	360
St. Agnes	478
St. Buryan/Penzance	479
St. Georgen/Murau	392
St. Goar am Rhein	308
St. Ives	479,480
St. Jansklooster	127
St. Johann im Pongau	393
St. Kruis/Oostburg	106
St. Leonards/Ringwood	480
St. Maartenszee	87
St. Martin bei Lofer	393
St. Nicolaasga	137
St. Peter	322
St. Peter am Kammersberg	393
St. Primus	394
St. Veit im Pongau	394
Sta Maria	361
Stadtkyll	309
Stadtsteinach	339
Stams	394
Starigrad/Paklenica	446
Stavelot	225
Stechelberg	361
Steenwijk/Baars	128
Stegeren/Ommen	128
Steinach	323
Steindorf	395
Steindorf/Stiegl	395
Sternberg	274
Stobrec	447
Stockach (Bodensee)	323
Stokkum	177
Stöllet	51
Stove/Hamburg	256
Strassen	395
Strázov	405
Strøby	71
Stroe	177
Strukkamphuk (Fehmarn)	267
Stuhr/Groß Mackenstedt	257
Sulzburg	323
Süplingen	278
Susten	362
Sydals/Mommark	71

Szentendre ... 415
Szentes ... 415

T

Taching am See ... 340
Tårup/Frørup ... 72
Tavistock ... 480
Tecklenburg/Leeden ... 289
Tenneville ... 225
Thommen/Burg-Reuland ... 226
Thusis ... 362
Tintigny ... 226
Tiros/Arcadia ... 462
Tisno ... 447
Titisee ... 324
Tittmoning ... 340
Todtnau/Muggenbrunn ... 324
Tønder ... 72
Torrington ... 481
Tossens ... 257
Totnes ... 481
Traisen ... 396
Tralee ... 489
Tranås ... 51
Tranekær ... 72
Trassenheide ... 275
Triefenstein/Lengfurt ... 340
Troisvierges ... 239
Tubbergen ... 128
Tuitjenhorn ... 87
Tulln an der Donau ... 396
Turnhout ... 226
Tversted ... 73

U

Uddevalla/Hafsten ... 52
Udenhout ... 193
Uffelte ... 153
Ugchelen ... 178
Ulbjerg/Skals ... 73
Ulfborg ... 73
Urk ... 113

V

Vaals ... 204
Vaassen ... 178
Valkenburg aan de Geul ... 205
Valkenburg/Berg en Terblijt ... 205
Valkenswaard ... 193
Vang i Valdres ... 42
Varberg ... 52
Värnamo ... 52
Vassiliki (Lefkas) ... 462
Vejers Strand ... 74
Veldhoven ... 193
Velsen-Zuid ... 88
Venray/Oostrum ... 206
Vessem ... 194
Vétroz ... 363
Viechtach ... 341
Vierhouten ... 178,179
Vierhuizen ... 141
Vijlen ... 206
Vijlen/Vaals ... 206
Villach/Landskron ... 396
Vinkel ... 194
Visp ... 363
Vledder ... 153
Vogelenzang ... 88
Vollenhove ... 129
Voorthuizen ... 179
Vorden ... 180
Vourvourou ... 462
Vrané nad Vltavou/Praag ... 406
Vranov nad Dyji ... 406
Vrchlabí ... 406
Vrouwenpolder ... 106
Vrsar ... 447

W

Wackersdorf ... 341
Wahlwies/Stockach ... 324
Waidring ... 397
Walchsee ... 397
Waldfischbach ... 309
Waldmünchen ... 341

Walkenried	258
Wallingford	481
Wallnau (Fehmarn)	267
Walsdorf	240
Wanroij	194
Waren (Müritz)	275
Warnitz	281
Wassenach/Maria Laach	309
Wateren	154
Waxweiler/Heilhausen	310
Weberstedt	284
Wedde	141
Weer	397
Weidum	137
Weikersheim/Laudenbach	325
Wemding	342
Werlte	258
Wertach	342
Wertschach bei Nötsch	398
Wesel/Flüren	289
West Wittering	482
Westende	227
Westendorf	398
Westerlo/Heultje	228
Wettringen	290
Wezuperbrug	154
Wicklow	489
Wiesmoor	258
Wijdenes	88
Wijlre	207
Wildberg	325
Willstätt/Sand	325
Wiltz	240
Winden	363
Wingst/Land Hadeln	259
Winsen (Aller)	259
Winterswijk	180, 181
Winterswijk/Henxel	181
Winterswijk/Woold	182
Witmarsum	137
Witzenhausen	293
Woerden	109
Wolfach/Halbmeil	326
Wolfstein	310
Wool	482
Workum	138
Woudenberg	110
Woudsend	138
Wulfen (Fehmarn)	267

Y

IJhorst	129

Z

Zandoerle/Veldhoven	195
Zandvoort	89
Zaostrog	448
Zaton/Nin (Zadar)	448
Zeewolde	113, 114
Zeist	110
Zele	228
Zell im Zillertal	398
Zennewijnen	182
Zetel/Astederfeld	260
Zevenhuizen	94
Zierow/Wismar	275
Zlatníky/Praag	407
Zonhoven	228
Zorgvlied	154
Zuna/Nijverdal	129
Zweeloo	155
Zweisimmen	364
Zwenzow	276
Zwiesel	343
Zwolle	130

Naturistencampings

In deze CampingCard ACSI-gids vindt u onderstaande naturistencampings of campings met een naturistengedeelte. Houdt u er rekening mee, dat u op de meeste van deze campings lid moet zijn van een naturistenvereniging.

Naturistencampings

Oostenrijk
Eberndorf / Cp. Rutar Lido 374

Kroatië
Baska (Krk) / Naturist-Camp Bunculuka 428
Punat (Krk) / Naturist Camp Konobe 443

Gedeeltelijk naturistencampings

Duitsland
Hessen
Eschwege/Meinhard / Campingplatz Meinhardsee 291

Oostenrijk
Pesenthein / Terrassencamping Pesenthein 390

Slovenië
Banovci/Verzej / Cp. Terme Banovci 419

Kroatië
Medulin / Camping Village Kažela 435
Novalja (Pag) / Cp. Strasko 437
Rovinj / Cp. Polari 445

Colofon

2015 • 12e uitgave
Oplage: 346.000 (zes talen)
CampingCard ACSI is een initiatief van ACSI.
Deze CampingCard ACSI-gids is een uitgave van ACSI Publishing BV
Geurdeland 9, Andelst, Nederland
Postbus 34, 6670 AA Zetten, Nederland
Telefoon 0488 - 452055
Fax 0488 - 454210

Vragen of opmerkingen?
Voor kampeerders:
www.campingcard.com/klantenservice
Voor campings:
www.campingcard.com/sales

Druk
westermann druck GmbH
Braunschweig, Duitsland

Kaartmateriaal
MapCreator BV, 5628 WB Eindhoven
Internet: www.mapcreator.eu
©Here

ISBN: 978-90-79756-95-7

Hoofdredactie
Astrid van der Stelt

Redactie
Florian van Beem, Annelien Bos, Jet Bouwmans, Peter Dellepoort, Rein Driessens, Bobo Freeke, Nicolet Hoff, Seline Konings, Mariëlle Rouwenhorst-Küper, Maurice van Meteren, Ria Neutel, Ton Oppers, Rick Reijntjes, Thijs Saat, Koen Scholtes, Esther Schoonderbeek, Tina van Welie

© ACSI
Niets uit deze uitgave mag worden verveelvoudigd en/of openbaar worden gemaakt door middel van druk, fotokopie, microfilm of op welke wijze ook, zonder voorafgaande schriftelijke toestemming van de uitgever.
Deze uitgave werd met de meeste zorg samengesteld. Er kan echter door ACSI geen enkele aansprakelijkheid worden aanvaard voor de gevolgen van eventueel in deze uitgave voorkomende onjuistheden of onvolkomenheden.
De gegevens uit deze gids berusten op de toestand van 1 oktober 2014.

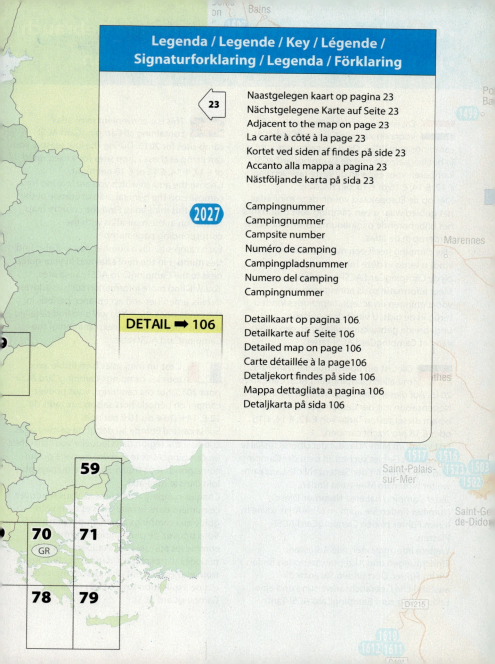

• Gebruiksaanwijzing • Hinweise zum Gebrauch
• Instructions for use • Mode d'utilisation

Dit is een overzichtelijke mini-atlas voorzien van alle CampingCard ACSI campings voor 2015. Op deze campings kunt u in het laagseizoen met de CampingCard ACSI kamperen voor één van de vaste tarieven van € 12, € 14, € 16 of € 18 per nacht.
Kies op de Europakaart voorin deze mini-atlas het gebied waar u een camping zoekt. Vind met het bijbehorende paginanummer de landkaart verderop in de atlas.
Elke camping heeft een nummer. Dit nummer vindt u terug in deze mini-atlas en in uw gids bij de CampingCard ACSI-campings.
Meer informatie zoals adresgegevens, voorzieningen en acceptatieperiodes vindt u terug in de gids. U vindt daar ook een uitgebreide gebruiksaanwijzing en een uitleg van het CampingCard ACSI-tarief.

This is a convenient mini-atlas containing all CampingCard ACSI camp sites for 2015. During the low season, you can camp at these camp sites for a fixed rated of € 12, € 14, € 16 or € 18 per night.
Choose the area in which you are looking for a campsite on the general map of Europe at the front of this mini-atlas. Find the country map further on in the mini-atlas with the corresponding page number.
Each camp site has a number. You will also find this number in the mini atlas and in your guide next to the CampingCard ACSI camp sites.
You will find more information such as address details, amenities and acceptance periods in the guide book itself. You will also find detailed user instructions and an explanation of the CampingCard ACSI rates.

Dies ist ein übersichtlicher Mini-Atlas mit allen CampingCard ACSI Campings 2015. Auf diesen Campings können Sie in der Nebensaison mit der CampingCard ACSI zu einem dieser festen Tarife von € 12, € 14, € 16 oder € 18 pro Nacht campen.
Erst vorne im Mini-Atlas auf der Übersichtskarte Europa das Gebiet suchen, in dem der Camping sein soll. Dann mit der Seitenzahl die Landkarte weiter hinten im Mini-Atlas finden.
Jeder Camping hat eine Nummer. Diese Nummer finden Sie auch im Mini-Atlas sowie in Ihrem Führer zu den CampingCard ACSI-Plätzen.
Weitere Informationen wie Adressen, Einrichtungen und Akzeptanzperioden finden Sie im Führer. Dort finden Sie auch die ausführliche Gebrauchsanweisung und eine Erläuterung zum CampingCard ACSI-Tarif.

C'est un mini-atlas bien lisible avec tous les campings CampingCard ACSI pour 2015. Sur ces campings, vous pouvez camper en période hors saison aux tarifs de 12 €, 14 €, 16 € ou 18 € par nuit.
Sur la carte d'Europe au début de ce mini-atlas, choisissez la région dans laquelle vous cherchez un camping. Avec le numéro de page qui lui correspond, vous trouvez la carte du pays plus loin dans le mini-atlas.
Chaque camping a un numéro. Vous retrouvez ce numéro dans le mini-atlas et dans votre guide aux campings de la CampingCard ACSI. Vous trouvez de plus amples informations, comme les adresses, les équipements et les périodes d'acceptation, dans le guide. Vous trouverez également un mode d'emploi détaillé et une explication sur les tarifs de la CampingCard ACSI.

• Brugsanvisning • Istruzioni per l'uso
• Bruksanvisning

🇩🇰 Dette er et overskueligt mini-atlas med alle CampingCard ACSI campingpladserne i 2015. På disse campingpladser kan du med CampingCard ACSI i lavsæsonen campere for én af de faste priser, der lyder på enten € 12, € 14, € 16 eller € 18 pr. nat.

Vælg på oversigtskortet over Europa foran i dette mini-atlas det område, du søger campingplads i.

Find ved hjælp af det tilhørende sidenummer landkortet i mini-atlaset længere fremme.

Hver campingplads har et nummer. Dette samme nummer finder du ligeledes i miniatlasset samt i din guide ud for hver CampingCard ACSI campingplads.

Yderligere information, såsom oplysninger om adresser, faciliteter og acceptperioder, kan du finde i guiden. I guiden befinder sig ligeledes en udbredt brugsanvisning til samt forklaring på CampingCard ACSI priserne.

🇮🇹 Questo è un comodissimo mini atlante contenente tutti i campeggi CampingCard ACSI per il 2015, facilissimo da consultare! In bassa stagione, con la CampingCard ACSI potete soggiornare in questi campeggi a una delle seguenti tariffe: 12, 14, 16 o 18 Euro a notte.

Scegliete la zona dove volete trovare un campeggio sulla mappa generale dell'Europa, nella parte anteriore di questo mini-atlante.

Individuate la cartina della nazione più avanti nel mini-atlante tramite il numero di pagina corrispondente.

Ogni campeggio ha un numero, lo stesso che troverete nel mini-atlante e nella vostra guida accanto ai campeggi CampingCard ACSI.

Troverete altre informazioni come indirizzi, attrezzature e periodi di accettazione nella guida in formato libro. Vi troverete anche il dettaglio delle modalità d'uso e una spiegazione delle tariffe della CampingCard ACSI.

🇸🇪 Detta är en översiktlig miniatlas levererad med alla CampingCard ACSI campingar för 2015. På dessa campingplatser kan du under lågsäsongen med CampingCard ACSI campa för en av de fasta priserna € 12, € 14, € 16 eller € 18 per natt.

Välj på översiktskartan över Europa det område i denna miniatlas, där du söker en camping.

Hitta därefter kartan i miniatlasen med tillhörande sidonummer.

Varje camping har ett nummer. Detta nummer hittar du i mini-atlasen och i din guide hos CampingCard ACSI-campingar.

Mera information som adressuppgifter, faciliteter och giltighetsperioder hittar du i guiderna. Det finns också en detaljerad bruksanvisning med förklaring över CampingCard ACSI priserna.

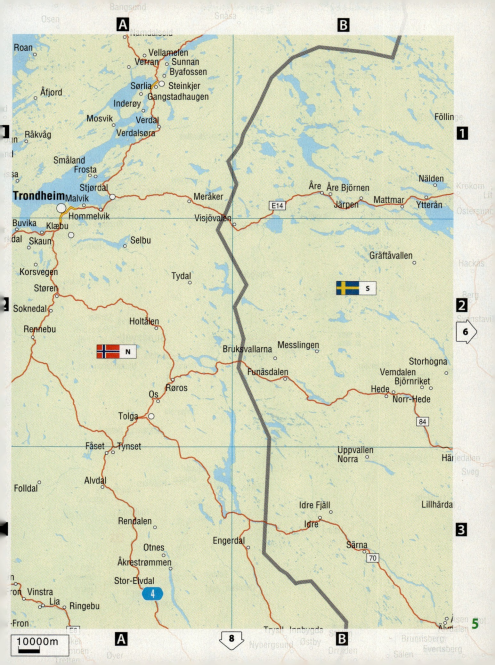

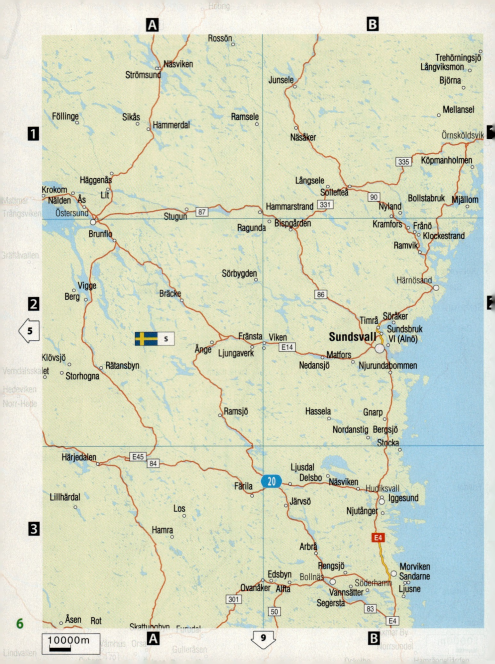

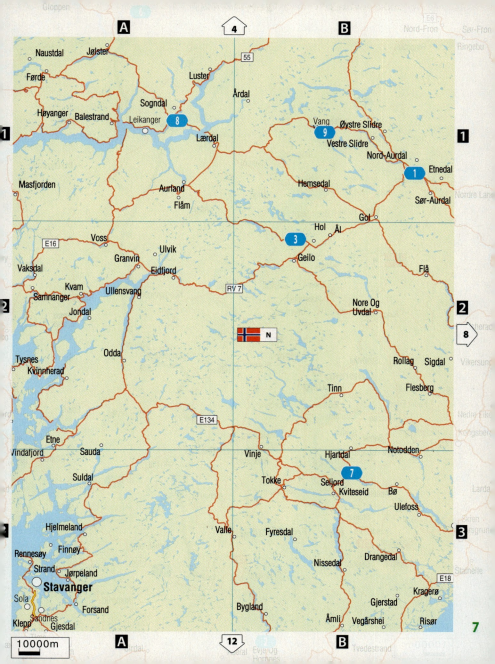

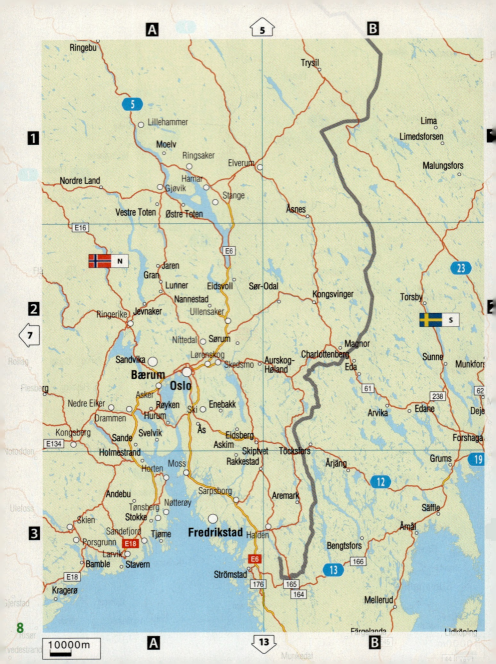

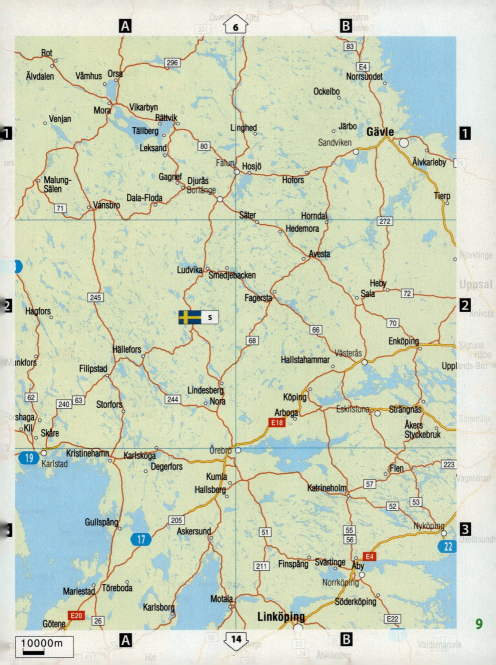

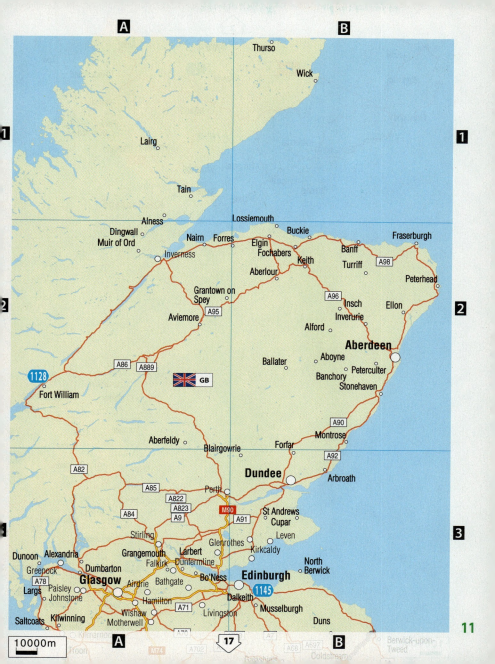

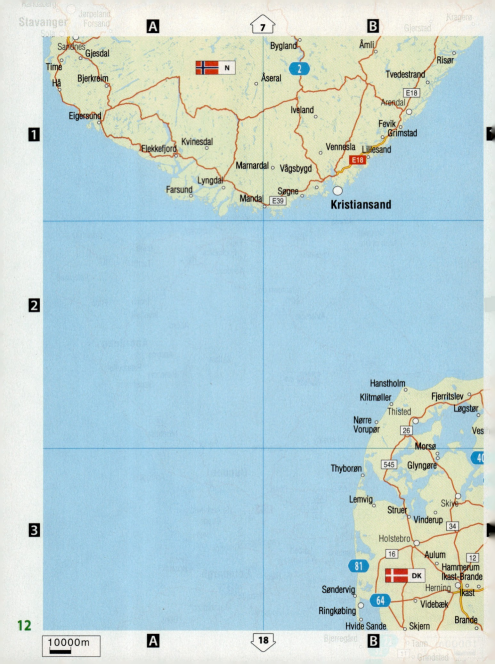

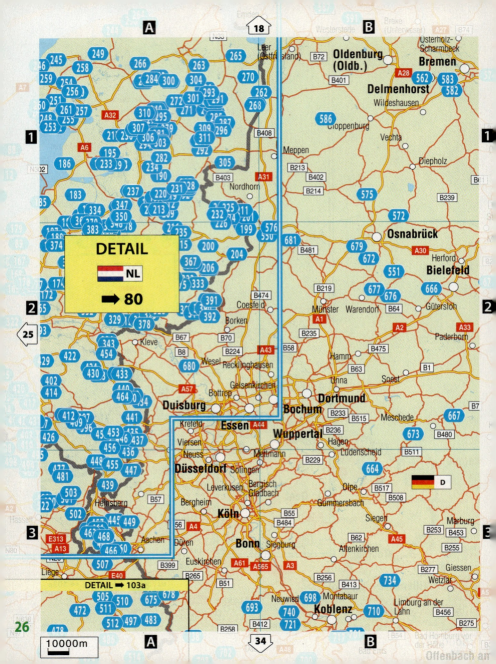

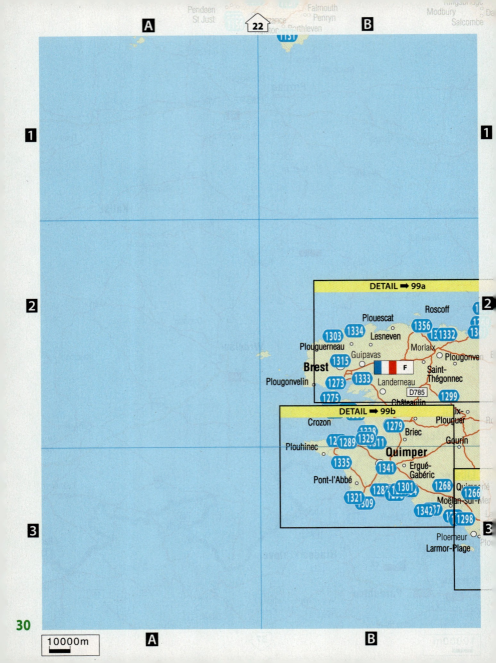

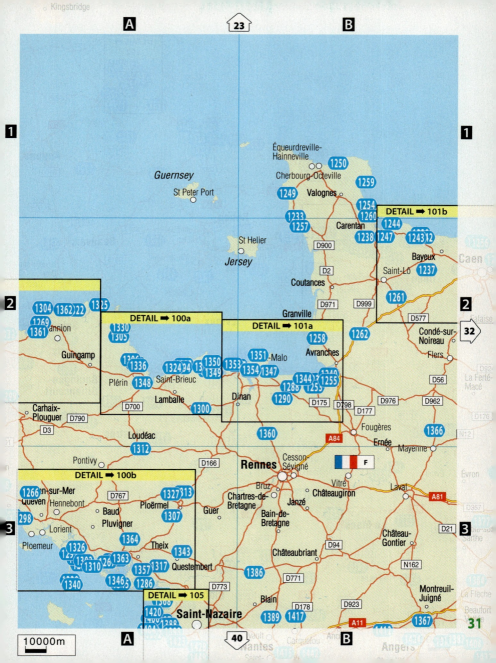

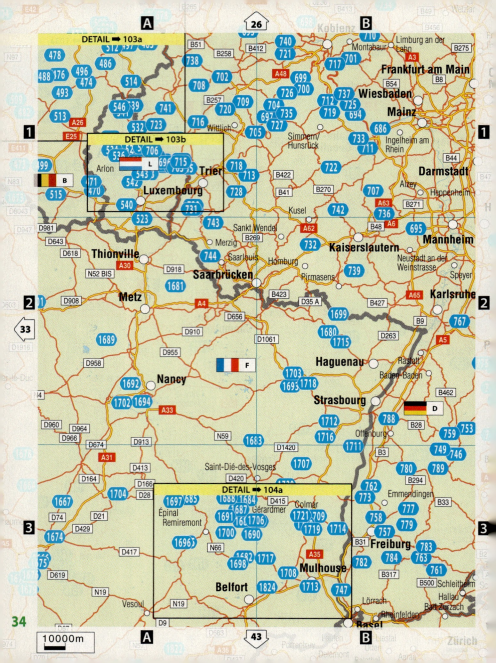

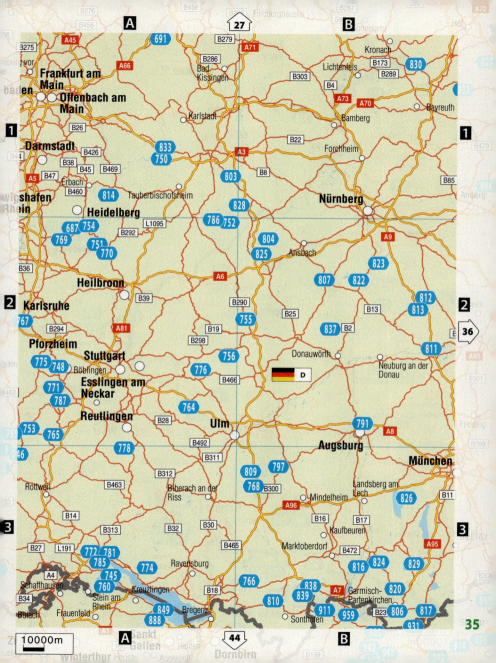

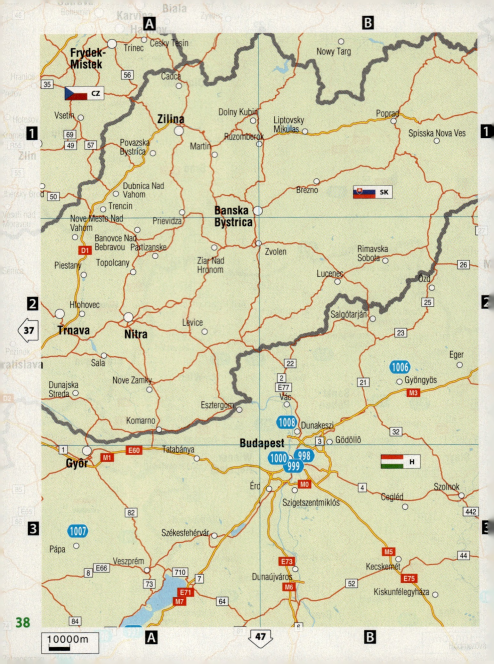

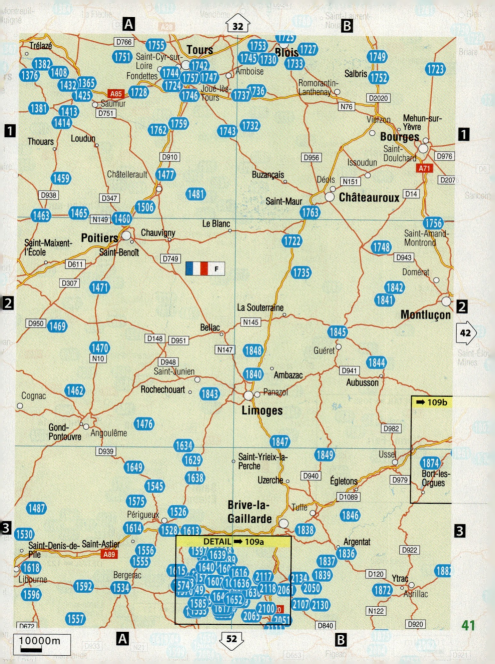

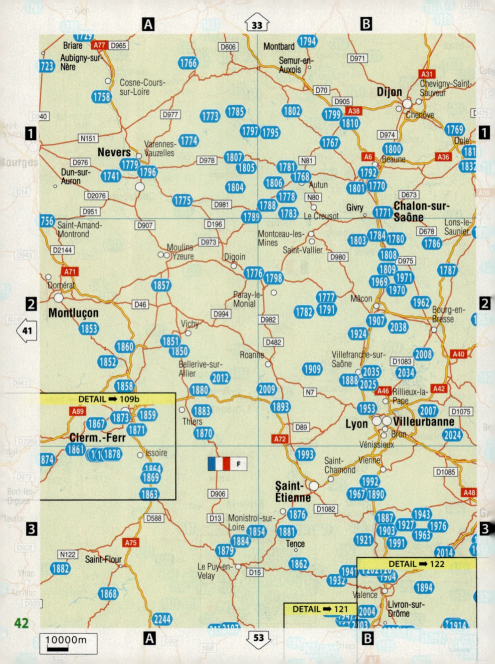

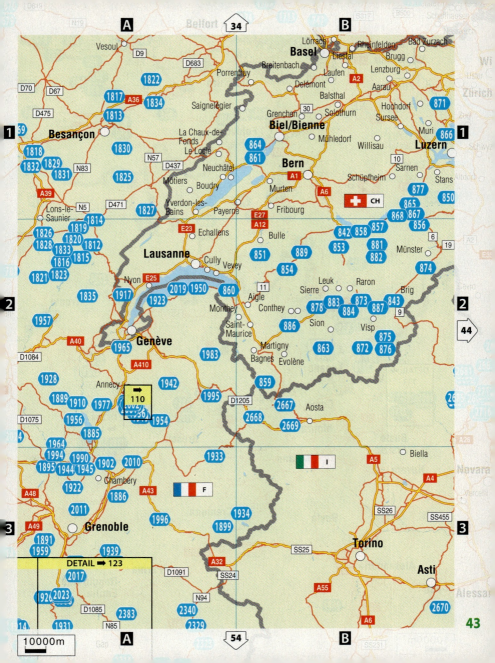

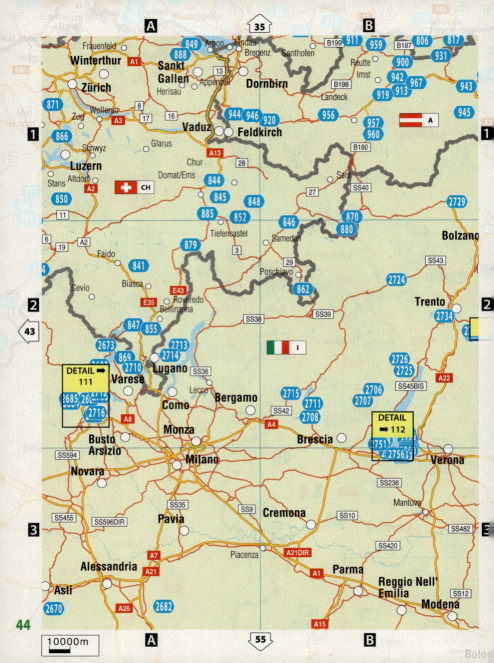

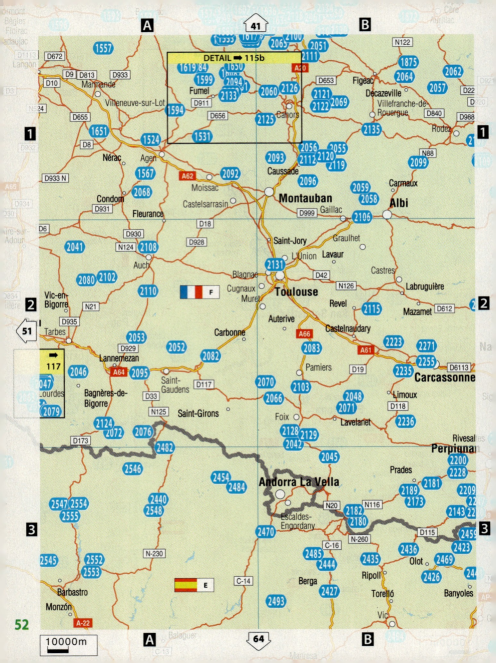

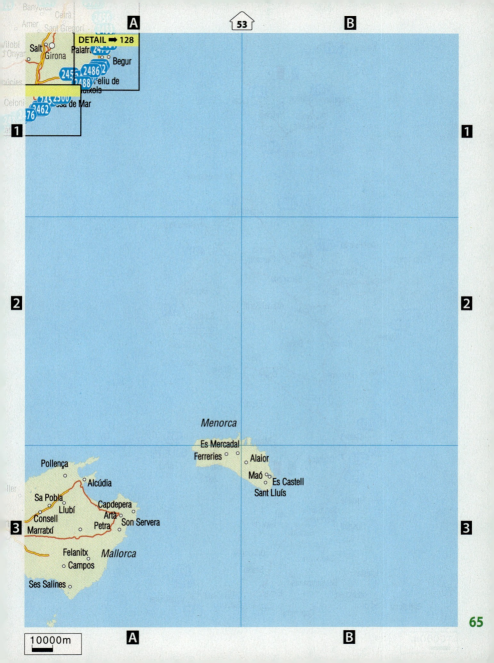

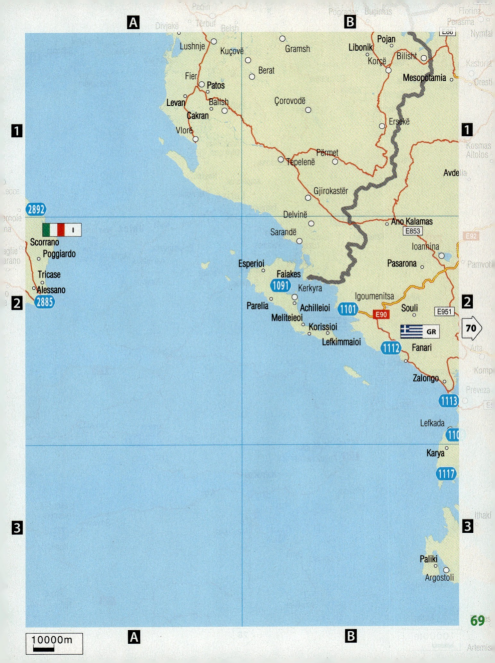

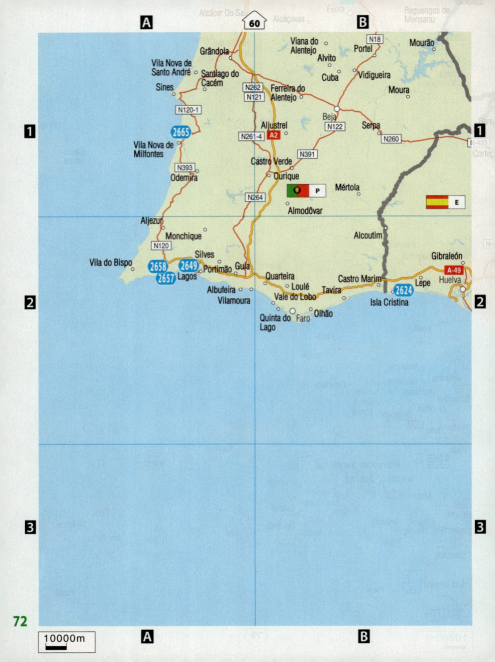

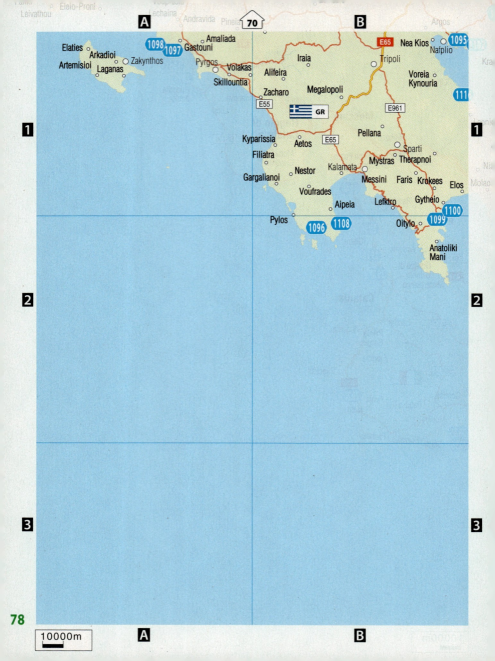

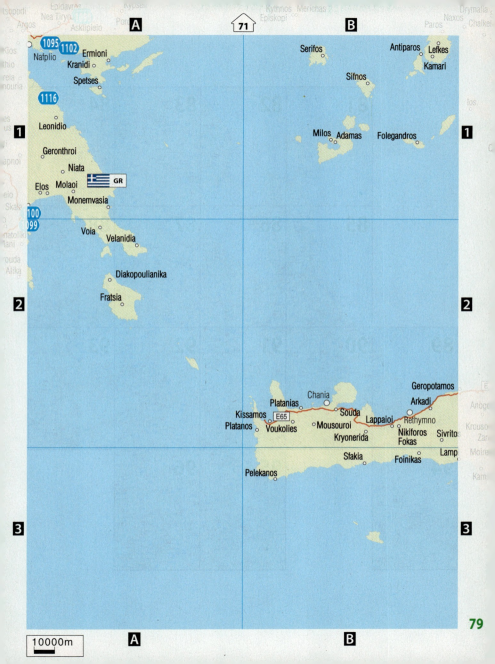

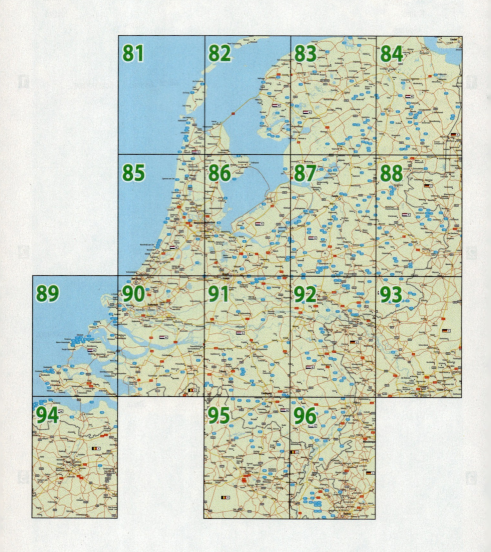

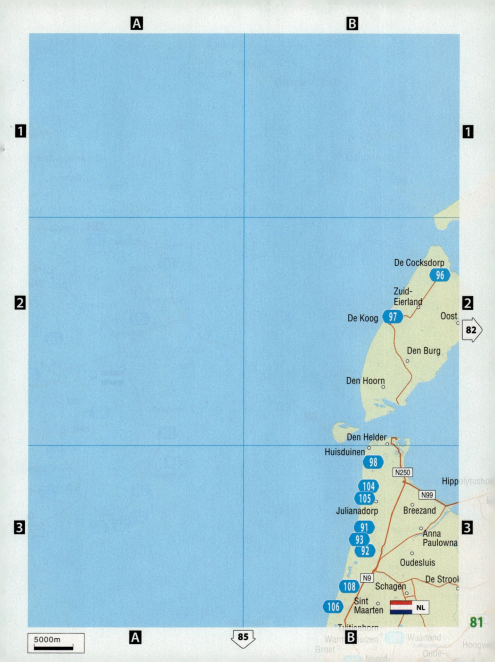

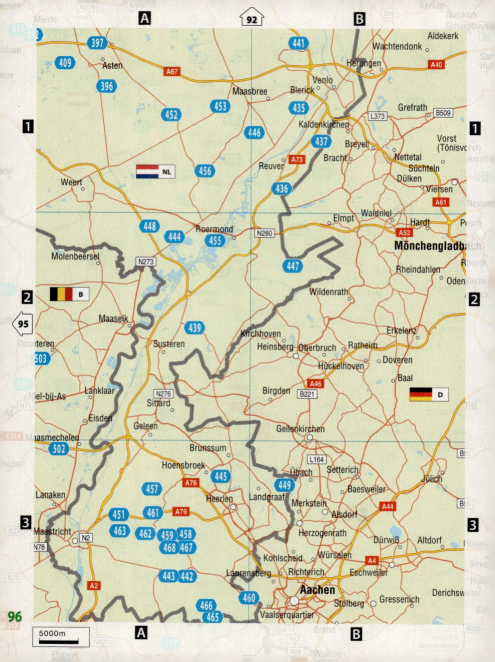

Fehmarn ⇒ 19

Cornwall ➡ 22

a North Finistere ➡ 30 / 31

b South Finistere ➡ 30

Côtes d'Armor ➡ 31

Morbihan ➡ 31

a. Saint-Malo/Mont Saint-Michel ➡ 31

b. Calvados ➡ 31 / 32

Baie de Somme ➡ 32

Belgian Ardennes ➡ 33 / 34

Mullerthal (Luxembourg) ➡ 34

a
Vosges ➡ 34

b
Ile-de-Ré/La Rochelle ➡ 40

Loire Atlantique ➜ 31 / 40

105

North Vendée ⇒ 40

South Vendée ➡ 40

107

a — Périgord noir ➡ 41

b — Puy-de-Dôme ➡ 41 / 42

Lago Maggiore ➡ 44

111

Lago di Garda ➡ 44

Bogliaco

Cecina

SS45BIS

2743

Gardone Riviera

Torri del Benaco

Salò

Pesina

Cunettone

San Felice del Benaco

2755

Garda

Albarè

Raffa

2736
2737

2744

Polpenazze del Garda

Manerba del Garda

Crociale

2745

2738

Calmasino

Moniga del Garda

2748
2746

Lazise

Chizzoline

2747

Paiari

2751

2740
2742
2741

Padenghe Sul Garda

Colà

Barcuzzi

2750
2749

Pacengo

Colombare

Desenzano del Garda

2739

Rivoltella

2756
2754

Bergamini

2752
2753

San Benedetto

San Martino della Battaglia

Peschiera del Garda

Cavalcaselle

500m

SS567

A4

a Millstätter See + Ossiacher See ⇒ 45

b Lago di Caldenazzo + Lago di Levico ⇒ 44 / 45

a — Venetian Lagoon ➡ 45

b — South Istria ➡ 45 / 46

a — Côte Basque ⇒ 51

b — Quercy ⇒ 52

Hautes-Pyrénées ➡ 51 / 52

a West Provence ➟ 53 / 54

b Lac de Serre Ponçon ➟ 54

Grands Causses ➡ 53

Cevennes ➡ 53

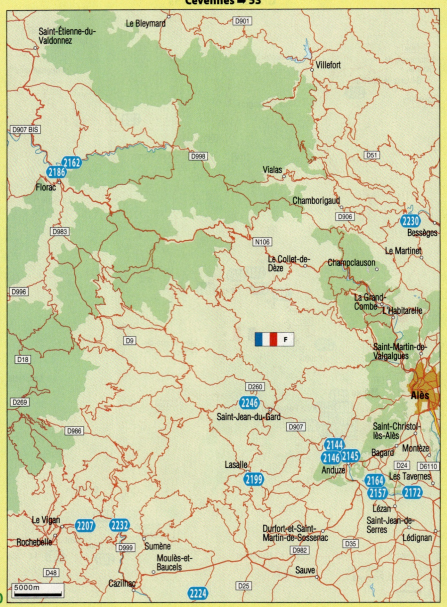

Toulon ⇒ 54

Riviera dei Fiori ⇒ 54 / 55

Côte d'Azur ➡ 54

Valras-Plage/Vias-Plage ➡ 53

Agde en Marseillan-Plage ➡ 53

Gargano ➡ 57 / 58

a North Costa Dorada ➡ 64

b South Costa Dorada ➡ 64

Gandia-Benidorm ➡ 75

INDEX

🇳🇴 N Norway

1	**Aurdal Fjordcamping og Hytter** Aurdal i Valdres	7 B1
2	**Neset** Byglandsfjord	12 B1
3	**Birkelund Camping** Hovet i Hallingdal	7 B2
4	**Koppang Camping & Hytteutleie** Koppang	5 A3
5	**Hunderfossen Camping** Lillehammer	8 A1
6	**Olden Camping Gytri** Olden	4 A3
7	**Seljord Camping** Seljord	7 B3
8	**Kjørnes** Sogndal	7 A1
9	**Bøflaten Camping** Vang i Valdres	7 B1

🇸🇪 S Sweden

10	**Regenbogen Ferienanlage Åhus** Åhus	14 A3
11	**Sjöstugans Camping** Älmhult	14 A3
12	**Camp Grinsby** Årjäng	8 B3
13	**Gröne Backe Camping & Stugor** Ed	8 B3
14	**Stocken Camping** Ellös (Orust)	13 B1
15	**Yxningens Camping** Gusum	14 B1
16	**Jägersbo Camping** Höör	14 A3
17	**Otterbergets Bad & Camping** Hova/Otterberget	9 A3
18	**Hultsfreds Turism AB** Hultsfred	14 B2
19	**Karlstad Swecamp Bomstad Baden** Karlstad	9 A3
20	**Ljusdals Camping** Ljusdal	6 B3
21	**Regenbogen Ferienanlage Oknö/Mönsterås** Oknö/Mönsterås	14 B2
22	**Jogersö Camping** Oxelösund	9 B3
23	**Alevi Camping** Stöllet	8 B2
24	**Hätte Camping** Tranås	14 B1
25	**Hafsten Swecamp Resort** Uddevalla/Hafsten	13 B1
26	**Apelviken.se** Varberg	13 B2
27	**Värnamo Camping** Värnamo	14 A2

🇩🇰 DK Denmark

28	**Sandager Næs** Assens	19 A1
29	**Hertugbyens Camping** Augustenborg	19 A2
30	**Auning Camping** Auning	13 A3
31	**Ballum Camping** Ballum/Bredebro	18 B2
32	**Bork Havn Camping** Bork Havn/Hemmet	18 B1
33	**Broager Strand Camping** Broager/Skelde	19 A2
34	**Bryrup Camping** Bryrup/Silkeborg	13 A3
35	**Blushøj Camping - Ebeltoft** Ebeltoft	13 A3
36	**Krakær Camping** Ebeltoft/Krakær	13 A3
37	**Egtved Camping** Egtved	19 A1
38	**EsbjergCamping.dk** Esbjerg V.	18 B1
39	**Faaborg Camping** Faaborg	19 A1
40	**Farsø Fjord Camping** Farsø	13 A3
41	**MyCamp Trelde Næs** Fredericia	19 A1
42	**Hagen Strand Camping** Gårslev/Børkop	19 A1
43	**Mørkholt Strand Camping** Gårslev/Børkop	19 A1
44	**FDM Camping Hegedal Strand** Glesborg	13 A3
45	**Gåsevig Strand Camping** Haderslev/Diernæs	19 A1
46	**Halk Strand Camping** Haderslev/Halk	19 A1
47	**Bøsøre Strand Feriepark** Hesselager	19 B1
48	**Husodde Strand Camping** Horsens	19 A1
49	**Fårup Sø Camping** Jelling	19 A1
50	**Aarhus Camping** Lisbjerg/Århus-N	13 A3
51	**Hjarbæk Fjord Camping** Løgstrup	13 A3
52	**Camping Rolighed** Løkken	13 A2
53	**Løkken Strandcamping** Løkken	13 A2
54	**Grønhøj Strand Camping** Løkken/Ingstrup	13 A2
55	**Vejlby Fed** Middelfart	19 A1
56	**Augustenhof Strand Camping** Nordborg/Augustenhof	19 A2
57	**Ronæs Strand Camping** Nørre Åby	19 A1
58	**Houstrup Camping** Nørre Nebel	18 B1
59	**CampWest** Oksbøl	18 B1

#	Name	Location	Ref
60	**Elite Camp Vestbirk**	Østbirk	13 A3
61	**Hasmark Strand Camping**	Otterup	19 A1
62	**Safari Camping Rebild**	Rebild/Skørping	13 A2
63	**Ribe Camping**	Ribe	18 B1
64	**Ringkøbing Camping**	Ringkøbing	12 B3
65	**Rømø Familiecamping**	Rømø	18 B1
66	**Galløkken Strand Camping**	Rønne	20 B1
67	**Sakskøbing Camping**	Sakskøbing	19 B2
68	**A35 Sindal Camping & Kanoudlejning**	Sindal	13 A2
69	**Grønninghoved Strand Camping**	Sjølund/Grønninghoved	19 A1
70	**Skærbæk Familie Camping**	Skærbæk	18 B1
71	**Råbjerg Mile Camping**	Skagen	13 A2
72	**Skaven Strand Camping**	Skaven/Vostrup/Tarm	18 B1
73	**Skiveren Camping**	Skiveren/Aalbæk	13 A2
74	**Stevns Camping**	Strøby	19 B1
75	**Mommark Marina Camping**	Sydals/Mommark	19 A2
76	**Tårup Strandcamping**	Tårup/Frørup	19 B1
77	**Tønder Camping**	Tønder	18 B2
78	**Feriepark Langeland/Emmerbølle Strand Cp**	Tranekær	19 B2
79	**Aabo Camping**	Tversted	13 A2
80	**Camping Ulbjerg**	Ulbjerg/Skals	13 A3
81	**Vedersø Klit Camping**	Ulfborg	12 B3
82	**Vejers Familie Camping**	Vejers Strand	18 B1

NL Netherlands

#	Name	Location	Ref
83	**De Boekel**	Akersloot/Alkmaar	85 B1
84	**Camping Alkmaar**	Alkmaar	85 B1
85	**Het Amsterdamse Bos**	Amstelveen	85 B2
86	**Camping de Badhoeve**	Amsterdam	86 A2
87	**Gaasper Camping Amsterdam**	Amsterdam	86 A2
88	**Vakantiedorp Het Grootslag**	Andijk	86 A1
89	**Kampeercentrum De Woensberg**	Blaricum/Huizen	86 A3
90	**Kennemer Duincamping de Lakens**	Bloemendaal aan Zee	85 B2
91	**Callassande**	Callantsoog	81 B3
92	**De Nollen**	Callantsoog	81 B3
93	**Tempelhof**	Callantsoog	81 B3
94	**Kennemer Duincamping Geversduin**	Castricum	85 B2
95	**Kennemer Duincamping Bakkum**	Castricum aan Zee	85 B1
96	**Vakantiepark De Krim Texel**	De Cocksdorp (Texel)	81 B2
97	**Texelcamping De Shelter/Om de Noord**	De Koog (Texel)	81 B2
98	**De Donkere Duinen**	Den Helder	81 B3
99	**Strandbad**	Edam	86 A2
100	**Kustcamping Egmond aan Zee**	Egmond aan Zee	85 B1
101	**DroomPark Spaarnwoude**	Halfweg	85 B2
102	**De Zonnehoek**	Hilversum	86 A3
103	**t Venhop**	Hoorn/Berkhout	86 A1
104	**Ardoer camping 't Noorder Sandt**	Julianadorp aan Zee	81 B3
105	**De Zwaluw**	Julianadorp aan Zee	81 B3
106	**Corfwater**	Petten	81 B3
107	**Kampeerterrein Buitenduin**	Schoorl	85 B1
108	**St. Maartenszee**	St. Maartenszee	81 B3
109	**Campingpark de Bongerd**	Tuitjenhorn	85 B1
110	**DroomPark Buitenhuizen**	Velsen-Zuid	85 B2
111	**Vogelenzang**	Vogelenzang	85 B2
112	**Het Hof**	Wijdenes	86 A1
113	**de Branding**	Zandvoort	85 B2
114	**Camp. Jachthaven de Meeuw**	Brielle	90 A1
115	**Recreatiecentrum Delftse Hout**	Delft	90 A1
116	**Kampeerresort Kijkduin**	Den Haag	90 A1
117	**De Quack**	Hellevoetsluis	89 B2
118	**Elizabeth Hoeve**	Melissant	89 B2

 NL

#	Name	Location	Ref
119	**Koole Kampeerhoeve**	Noorden	85 B3
120	**De Carlton**	Noordwijk	85 A3
121	**De Duinpan**	Noordwijk	85 A3
122	**Le Parage**	Noordwijk	85 A3
123	**Op Hoop van Zegen**	Noordwijkerhout	85 A3
124	**Molecaten Park Kruininger Gors**	Oostvoorne	90 A1
125	**Camping Port Zélande**	Ouddorp	89 B2
126	**RCN Vakantiepark Toppershoedje**	Ouddorp	89 B2
127	**Midicamping Van der Burgh**	Rockanje	89 B2
128	**Molecaten Park Rondeweibos**	Rockanje	89 B2
129	**Molecaten Park Waterbos**	Rockanje	89 B2
130	**Recreatiepark De Koornmolen**	Zevenhuizen	90 B1
131	**Ardoer camping Westhove**	Aagtekerke	89 A3
132	**Ardoer comfortcamping Scheldeoord**	Baarland	94 B1
133	**Zeebad**	Breskens	94 A1
134	**Den Osse**	Brouwershaven	89 B2
135	**Ardoer camping Ginsterveld**	Burgh-Haamstede	89 A2
136	**De Duinhoeve B.V.**	Burgh-Haamstede	89 A2
137	**Groenewoud**	Burgh-Haamstede	89 A2
138	**Wulpen**	Cadzand	94 A1
139	**Molecaten Park Hoogduin**	Cadzand-Bad	94 A1
140	**Dishoek**	Dishoek/Koudekerke	89 A3
141	**Hof Domburg**	Domburg	89 A3
142	**Klaverweide**	Ellemeet	89 B2
143	**Strandcamping Groede**	Groede	94 A1
144	**Strandcamping Valkenisse bv**	Groot Valkenisse/Biggekerke	89 A3
145	**Recreatiecentrum De Vogel**	Hengstdijk	94 B1
146	**Oostappen Vakantiepark Marina Beach**	Hoek	94 A1
147	**RCN de Schotsman**	Kamperland	89 B2
148	**Roompot Beach Resort**	Kamperland	89 A3
149	**Ardoer vakantiepark de Paardekreek**	Kortgene	89 B3
150	**Ardoer camping International**	Nieuwvliet	94 A1
151	**Schippers**	Nieuwvliet-Bad	94 A1
152	**Zonneweelde**	Nieuwvliet-Bad	94 A1
153	**Ardoer strandpark De Zeeuwse Kust**	Noordwelle/Renesse	89 B2
154	**Ardoer camping De Pekelinge**	Oostkapelle	89 A3
155	**Ardoer campingpark Ons Buiten**	Oostkapelle	89 A3
156	**Ardoer camping De Wijde Blick**	Renesse	89 B2
157	**Duinhoeve**	Renesse	89 B2
158	**International**	Renesse	89 B2
159	**Julianahoeve**	Renesse	89 B2
160	**Ardoer camping De Zwinhoeve**	Retranchement/Cadzand	94 A1
161	**Cassandria-Bad**	Retranchement/Cadzand	94 A1
162	**Den Molinshoeve**	Retranchement/Cadzand	94 A1
163	**Duin en Strand**	Scharendijke	89 B2
164	**Resort Land & Zee**	Scharendijke	89 B2
165	**Bonte Hoeve**	St. Kruis/Oostburg	94 A1
166	**De Zandput**	Vrouwenpolder	89 A3
167	**Allurepark De Zeven Linden**	Baarn	86 A3
168	**Bos Park Bilthoven**	Bilthoven	86 A3
169	**Buitengoed De Boomgaard**	Bunnik	91 A1
170	**RCN Het Grote Bos**	Doorn	91 B1
171	**Recr.Centr. De Maarnse Berg**	Doorn	91 B1
172	**Molecaten Park Landgoed Ginkelduin**	Leersum	91 B1
173	**Allurepark Laag-Kanje**	Maarn	91 B1
174	**Camping de Grebbelinie**	Renswoude	91 B1
175	**Batenstein**	Woerden	86 A3
176	**t Boerenerf**	Woudenberg	91 B1
177	**Vakantiepark De Heigraaf**	Woudenberg	91 B1
178	**Allurepark De Krakeling**	Zeist	86 B3
179	**Waterhout**	Almere	86 A2
180	**Aqua Centrum Bremerbergse Hoek**	Biddinghuizen	87 A2
181	**Molecaten Park Flevostrand**	Biddinghuizen	86 B2
182	**Oostappen Vakantiepark Rivièra Beach**	Biddinghuizen	87 A2
183	**t Wisentbos**	Dronten	87 A2
184	**De Voorst**	Kraggenburg	87 A1

#	Name	Location	Ref
185	't Oppertje	Lelystad	86 B2
186	Vakantiepark 't Urkerbos	Urk	86 B1
187	Camping het Groene Bos	Zeewolde	86 B2
188	Erkemederstrand	Zeewolde	86 B3
189	RCN Zeewolde	Zeewolde	86 B2
190	't Reestdal	Balkbrug	87 B1
191	de Flierweide	Bathmen	87 B3
192	Beerze Bulten	Beerze/Ommen	88 A2
193	Kleine Belterwijde	Belt-Schutsloot	87 B1
194	Natuurkampeerterrein Olde Kottink	Beuningen	88 B2
195	Watersportcamping 'Tussen de Diepen'	Blokzijl	87 A1
196	Starnbosch	Dalfsen	87 B2
197	Vechtdalcamping Het Tolhuis	Dalfsen	87 B2
198	Residence De Eese	De Bult/Steenwijk	83 B3
199	Landgoedcamping Het Meuleman	De Lutte	88 B2
200	Park Camping Mooi Delden	Delden	88 A3
201	De Papillon	Denekamp	88 B2
202	Stadscamping Deventer	Deventer	87 B3
203	de Vechtvallei	Diffelen/Hardenberg	88 A2
204	Euregio-Cp 'De Twentse Es'	Enschede	88 B3
205	Camping & Bungalowpark 't Stien'n Boer	Haaksbergen (Twente)	88 A3
206	Camping Scholtenhagen B.V.	Haaksbergen (Twente)	88 A3
207	Ardoer vakantiepark 't Rheezerwold	Hardenberg/Heemserveen	88 A1
208	Camping Heino	Heino	87 B2
209	Natuurcamping Eelerberg	Hellendoorn	87 B2
210	Ardoer camping De Holterberg	Holten	88 A2
211	De Bergvennen	Lattrop	88 B2
212	de Lemeler Esch Natuurcamping	Lemele	88 A2
213	Charmecamping Heidepark	Lemelerveld	87 B2
214	Dal van de Mosbeek	Mander	88 B2
215	De Bovenberg	Markelo	88 A3
216	Ardoer camping De Noetselerberg	Nijverdal	88 A2
217	De Eikenhof	Oldemarkt/Paasloo	83 A3
218	't Haasje	Olst	87 B2
219	Recreatiecentrum Besthmenerberg	Ommen	88 A2
220	Resort de Arendshorst	Ommen	87 B2
221	Bij de Bronnen	Ootmarsum	88 B2
222	De Kuiperberg	Ootmarsum	88 B2
223	De Witte Berg	Ootmarsum	88 B2
224	De Haer	Ootmarsum/Agelo	88 B2
225	Hoeve Springendal	Ootmarsum/Hezingen	88 B2
226	De Weuste	Reutum	88 B2
227	't Veld	Rheeze	88 A1
228	Kampeerdorp de Zandstuve	Rheeze/Hardenberg	88 A1
229	Kampeer- & Chaletpark Heetveld	St. Jansklooster	87 A1
230	't Kappie	Steenwijk/Baars	83 B3
231	De Kleine Wolf	Stegeren/Ommen	88 A2
232	Ardoer recreatiepark 'n Kaps	Tubbergen	88 A2
233	Ardoer vakantiepark 't Akkertien	Vollenhove	87 A1
234	De Vossenburcht	IJhorst	87 B1
235	Vakantiepark Mölke	Zuna/Nijverdal	88 A2
236	De Agnietenberg	Zwolle	87 B2
237	Terra Nautic	Zwolle	87 B2
238	Landal Esonstad	Anjum	83 B1
239	Alkenhaer	Appelscha	83 B3
240	RCN Vakantiepark De Roggeberg	Appelscha	83 B3
241	De Wite Burch	Bakhuizen	82 B3
242	De Ikeleane	Bakkeveen	83 B2
243	Molecaten Park 't Hout	Bakkeveen	83 B2
244	Harddraverspark	Dokkum	83 A1
245	Recreatiepark Bloemketerp bv	Franeker	82 B2
246	De Zeehoeve	Harlingen	82 B2
247	Hindeloopen	Hindeloopen	82 B3
248	Vakantiepark de Kuilart	Koudum	82 B3
249	De Kleine Wielen	Leeuwarden	83 A1
250	RCN De Potten	Offingawier	83 A2
251	De Bearshoeke	Oudega	82 B2
252	De Wigwam	Oudemirdum	82 B3

 NL

#	Name	Location	Ref
253	**Rijsterbos**	Rijs	82 B3
254	**De Finne**	Roodhuis	82 B2
255	**Watersport en Recr.camp. De Jerden**	Sloten	82 B3
256	**Camping de Domp**	Sneek	83 A2
257	**Camping Blaauw**	St. Nicolaasga	83 A3
258	**Weidumerhout**	Weidum	83 A2
259	**Mounewetter**	Witmarsum	82 B2
260	**It Soal**	Workum	82 B2
261	**Aquacamping De Rakken**	Woudsend	82 B3
262	**t Plathuis**	Bourtange	84 B2
263	**Meerwijck**	Kropswolde	84 A2
264	**Camping recreatiecentrum Lauwersoog**	Lauwersoog	83 B1
265	**De Bouwte**	Midwolda	84 B2
266	**De Watermolen**	Opende	83 B2
267	**De Bronzen Eik**	Sellingen	84 B2
268	**Vakantiepark de Barkhoorn**	Sellingen	84 B2
269	**Lauwerszee**	Vierhuizen	83 B1
270	**Wedderbergen**	Wedde	84 B2
271	**Ardoer Vakantiepark Diana Heide**	Amen	84 A3
272	**Vakantiepark Witterzomer**	Assen	84 A2
273	**Bospark Lunsbergen**	Borger	84 A3
274	**Camping Hunzedal**	Borger	84 A3
275	**Diever**	Diever	83 B3
276	**Hoeve aan den Weg**	Diever/Oude Willem	83 B3
277	**Wittelterbrug**	Diever/Wittelte	83 B3
278	**Alinghoek**	Drouwen	84 A2
279	**Meistershof**	Dwingeloo	83 B3
280	**RCN De Noordster**	Dwingeloo	83 B3
281	**Torentjeshoek**	Dwingeloo	83 B3
282	**Vakantiepark Westerbergen BV**	Echten	87 B1
283	**Recreatie Centrum 'Ronostrand'**	Een (Gem. Noordenveld)	83 B2
284	**De Drie Provinciën**	Een-West/Noordenveld	83 B2
285	**De Zeven Heuveltjes**	Ees	84 A3
286	**De Hondsrug**	Eext	84 A2
287	**Camping Exloo**	Exloo	84 B3
288	**De Moesberg**	Frederiksoord/Nijensleek	83 B3
289	**De Lente van Drenthe**	Gasselte	84 A2
290	**Het Horstmannsbos**	Gasselte	84 A2
291	**Hunzepark**	Gasselternijveen	84 B2
292	**Vakantiecentrum De Wolfskuylen**	Gees	88 A1
293	**Zwanemeer**	Gieten	84 A2
294	**Jelly's Hoeve**	Havelte	83 B3
295	**De Reeënwissel**	Hoogersmilde	83 B3
296	**De Fruithof**	Klijndijk/Odoorn	84 B3
297	**De Bronzen Emmer**	Meppen	84 A3
298	**Erfgoed de Boemerang**	Meppen	84 A3
299	**Boscamping Langeloërduinen**	Norg	84 A2
300	**De Norgerberg**	Norg	84 A2
301	**De Weyert**	Rolde	84 A2
302	**De Wiltzangh**	Ruinen	83 B3
303	**Landclub Ruinen**	Ruinen	83 B3
304	**De Vledders**	Schipborg	84 A2
305	**Camping Emmen**	Schoonebeek	88 B1
306	**De Blauwe Haan**	Uffelte	83 B3
307	**De Adelhof**	Vledder	83 B3
308	**Molecaten Park Het Landschap**	Wateren	83 B3
309	**Molecaten Park Kuierpad**	Wezuperbrug	84 A3
310	**Park Drentheland**	Zorgvlied	83 B3
311	**De Knieplanden**	Zweeloo	84 A3
312	**t Walfort**	Aalten	93 A1
313	**Goorzicht**	Aalten	93 A1
314	**Lansbulten**	Aalten	93 A1
315	**De Rijnstrangen V.O.F.**	Aerdt	92 B1
316	**De Parelhoeve**	Apeldoorn	87 A3
317	**DroomPark Hooge Veluwe**	Arnhem	92 A1
318	**Oostappen Vakantiepark Arnhem**	Arnhem	92 A1
319	**Vakantiepark De Byvanck BV**	Beek (gem. Bergh)	92 B1
320	**Het Lierderholt**	Beekbergen	87 A3
321	**Vak.centrum De Hertenhorst**	Beekbergen	87 A3
322	**Betuwestrand**	Beesd	91 A1

#	Name	Location	Page
323	Erve 't Byvanck	Beltrum	88 A3
324	Nederrijkswald	Berg en Dal	92 A2
325	Recreatie Centrum Te Boomsgoed	Braamt	92 B1
326	Camping & Jachthaven Het Zwarte Schaar	Doesburg	92 B1
327	IJsselstrand	Doesburg	92 B1
328	De Wrange	Doetinchem	92 B1
329	De Waay	Doornenburg	92 A1
330	Bos- en Heidecamping Zuid-Ginkel	Ede	92 A1
331	Landal Coldenhove	Eerbeek	87 B3
332	Robertsoord	Eerbeek	87 B3
333	Het Eibernest	Eibergen	93 A1
334	Natuurcamping Landgoed Old Putten	Elburg	87 A2
335	De Zandhegge	Emst	87 A2
336	De Vossenberg	Epe	87 A2
337	RCN de Jagerstee	Epe	87 A2
338	De Kriemelberg	Ermelo	86 B3
339	In de Rimboe	Ermelo	86 B2
340	Recreatiecentrum De Paalberg	Ermelo	87 A3
341	Ardoer camping De Hertshoorn	Garderen (Veluwe)	87 A3
342	Jong Amelte	Gorssel	87 B3
343	De Oude Molen	Groesbeek	92 A2
344	Nivon Het Hallse Hull	Hall	87 B3
345	Camping De Waterjuffer	Harfsen	87 B3
346	Molecaten Park De Leemkule	Hattem	87 A2
347	Molecaten Park Landgoed Molecaten	Hattem	87 B2
348	De Mussenkamp	Heerde	87 A2
349	De Zandkuil	Heerde	87 B2
350	Molecaten Park De Koerberg	Heerde	87 B2
351	Kom-Es-An	Hengelo (Gld.)	92 B1
352	Camping Overbetuwe	Heteren	92 A1
353	De Pampel	Hoenderloo	87 A3
354	Recreatiepark 't Veluws Hof	Hoenderloo	87 A3
355	Veluwe camping 't Schinkel	Hoenderloo	87 A3
356	DroomPark Bad Hoophuizen B.V.	Hulshorst	87 A2
357	Camping De Graafschap	Hummelo	92 B1
358	Camping Jena	Hummelo	92 B1
359	Harskamperdennen	Kootwijk	87 A3
360	de Vlinderhoeve	Kring van Dorth (gem. Lochem)	87 B3
361	Ardoer Vakantiedorp De Jutberg	Laag-Soeren	92 B1
362	Boszicht	Laag-Soeren	92 B1
363	Ardoer comfortcamping De Bosgraaf	Lieren/Beekbergen	87 B3
364	De Rimboe	Lunteren	87 A3
365	Camp. Jachthaven de Loswal	Maurik	91 B1
366	t Klumpke	Neede	88 A3
367	Den Blanken	Neede	88 A3
368	Landal Rabbit Hill	Nieuw-Milligen	87 A3
369	Molecaten Park De Hooghe Bijsschel	Nunspeet	87 A2
370	Recreatiecentrum De Witte Wieven	Nunspeet	87 A2
371	Dorado Beach	Olburgen	92 B1
372	Ardoer camping De Wije Werelt	Otterlo	92 A1
373	Beek en Hei	Otterlo	87 A3
374	Strandparc Nulde	Putten	86 B3
375	De Meibeek	Ruurlo	93 A1
376	Tamaring	Ruurlo	88 A3
377	Brockhausen	Stokkum	92 B2
378	De Slangenbult	Stokkum	92 B2
379	Jacobus Hoeve	Stroe	87 A3
380	De Wapenberg	Ugchelen	87 A3
381	De Helfterkamp	Vaassen	87 A2
382	De Paasheuvel	Vierhouten	87 A2
383	Recreatiepark Samoza	Vierhouten	87 A2
384	Ardoer recreatiecentrum Ackersate	Voorthuizen	86 B3
385	Recreatiepark De Boshoek	Voorthuizen	86 B3
386	t Meulenbrugge	Vorden	87 B3
387	De Reehorst	Vorden	87 B3
388	Camping Klompenmakerij ten Hagen	Winterswijk	93 A1
389	Vakantiepark De Twee Bruggen	Winterswijk	93 A1
390	Vreehorst	Winterswijk	93 A1
391	Het Wieskamp	Winterswijk/Henxel	93 A1

#	Name	Location	Ref
392	De Harmienehoeve	Winterswijk/Woold	93 A1
393	Campingpark Zennewijnen	Zennewijnen	91 B2
394	t Zand	Alphen (N.Br.)	91 A3
395	Buitenlust	Alphen (N.Br.)	91 A3
396	De Peel	Asten/Heusden	96 A1
397	Oostappen Vakantiepark Prinsenmeer	Asten/Ommel	96 A1
398	Uit en Thuis	Bergen op Zoom	90 A3
399	Liesbos	Breda	90 B3
400	RCN De Flaasbloem	Chaam	91 A3
401	De Uitwijk	De Heen	90 A3
402	Het Goeie Leven	Eerde	91 B3
403	Recreatiepark TerSpegelt	Eersel	95 B1
404	De Spaendershorst	Esbeek	91 A3
405	Vakantiepark Beekse Bergen	Hilvarenbeek	91 A3
406	Molecaten Park Bosbad Hoeven	Hoeven	90 B3
407	Oostappen Vakantiepark Droomgaard	Kaatsheuvel	91 A2
408	De Hertenwei	Lage Mierde	95 A1
409	De Somerense Vennen	Lierop/Someren	96 A1
410	Vakantiecentrum De Zwarte Bergen	Luyksgestel	95 B1
411	Boscamping 't Wolfsven	Mierlo	91 B3
412	De Sprink	Mierlo	91 B3
413	De Couwenberg	Netersel	95 A1
414	Landschapscamping De Graspol	Nijnsel/St. Oedenrode	91 B3
415	Zonneland	Nispen/Roosendaal	90 A3
416	de Bocht	Oirschot	91 B3
417	Vakantiepark Latour	Oirschot	91 B3
418	Ardoer streekpark Klein Oisterwijk	Oisterwijk	91 A3
419	Ardoer vakantiepark De Reebok	Oisterwijk	91 A3
420	Natuurkampeerterrein Morgenrood	Oisterwijk	91 A3
421	De Katjeskelder	Oosterhout	90 B3
422	De Holenberg	Schaijk	91 B2
423	Ardoer vak.centrum De Ullingse Bergen	Sint Anthonis	92 A2
424	Van Rossum's Troost	Sint Hubert	92 A2
425	Ardoer recreatiepark Duinhoeve	Udenhout	91 A2
426	Oostappen Vakantiepark Brugse Heide	Valkenswaard	95 B1
427	Ardoer vakantiepark 't Witven	Veldhoven	95 B1
428	Eurocamping Vessem	Vessem	95 B1
429	Vakantiepark Dierenbos	Vinkel	91 B2
430	Vakantiepark De Bergen	Wanroij	92 A2
431	Vakantiepark Molenvelden	Zandoerle/Veldhoven	95 B1
432	Klein Canada	Afferden	92 A2
433	Roland	Afferden	92 B2
434	Klein Vink	Arcen	92 B3
435	Oostappen Vakantiepark De Berckt	Baarlo	96 B1
436	Petrushoeve	Beesel	96 B1
437	DroomPark Maasduinen	Belfeld	96 B1
438	t Veerhuys	Blitterswijck	92 B3
439	Marisheem	Echt	96 A2
440	Natuurkampeerterrein Landgoed Geijsteren	Geijsteren/Maashees	92 B3
441	Californië	Grubbenvorst	96 B1
442	Gulperberg Panorama	Gulpen	96 A3
443	Osebos	Gulpen	96 A3
444	Narvik HomeParc Heelderpeel B.V.	Heel	96 A2
445	Hitjesvijver	Heerlen	96 A3
446	Ardoer camping De Heldense Bossen	Helden	96 B1
447	Oostappen Vakantiepark Elfenmeer	Herkenbosch	96 B2
448	Geelenhoof	Kelpen-Oler	96 A2
449	De Watertoren	Landgraaf	96 B3
450	t Karrewiel	Meerlo	92 B3
451	Camping Meerssen	Meerssen	96 A3
452	Kampeerbos De Simonshoek	Meijel	96 A1
453	Beringerzand	Panningen	96 A1
454	Camping Eldorado	Plasmolen/Mook	92 A2
455	Resort Marina Oolderhuuske	Roermond	96 A2
456	Recreatiepark De Leistert	Roggel	96 A1

#	Name	Location	Page
457	**Mareveld**	Schimmert	96 A3
458	**Schoonbron**	Schin op Geul	96 A3
459	**Vinkenhof**	Schin op Geul/Valkenburg	96 A3
460	**Natuurkampeerterrein Hoeve De Gastmolen**	Vaals	96 B3
461	**De Bron BV**	Valkenburg aan de Geul	96 A3
462	**De Cauberg**	Valkenburg aan de Geul	96 A3
463	**Oriëntal**	Valkenburg/Berg en Terblijt	96 A3
464	**Parc De Witte Vennen**	Venray/Oostrum	92 B3
465	**Cottesserhoeve**	Vijlen	96 A3
466	**Rozenhof**	Vijlen/Vaals	96 A3
467	**De Gele Anemoon**	Wijlre	96 A3
468	**De Gronselenput**	Wijlre	96 A3

B Belgium

#	Name	Location	Page
469	**Manoir de la Bas**	Aische-en-Refail	25 B3
470	**Officiel Arlon**	Arlon	103b
471	**Sud**	Attert	103b
472	**Domaine Château de Dieupart**	Aywaille	103a
473	**Ardennen Camping Bertrix**	Bertrix	33 B1
474	**Aux Massotais**	Bihain/Vielsalm	103a
475	**Bonanza 1**	Blankenberge	25 A2
476	**Le Val de l'Aisne**	Blier-Erezée	103a
477	**Goolderheide**	Bocholt	95 B2
478	**Camping International**	Bomal-sur-Ourthe	103a
479	**17 Duinzicht**	Bredene	25 A3
480	**Veld en Duin**	Bredene	25 A3
481	**Recreatieoord Kempenheuvel**	Bree	95 B2
482	**Parc La Clusure**	Bure/Tellin	103a
483	**Worriken**	Bütgenbach	103a
484	**Strooiendorp**	De Haan	25 A2
485	**Fort Bedmar**	De Klinge	94 B1
486	**Les Neufs Pres**	Grand-Halleux	103a
487	**Vakantiecentr. De Lage Kempen**	Hechtel/Eksel	95 B2
488	**Eau-zone**	Hotton	103a
489	**De Binnenvaart**	Houthalen	95 B2
490	**Oostappen Vakantiepark Hengelhoef**	Houthalen/Helchteren	95 B2
491	**Klein Strand**	Jabbeke	25 A3
492	**Houtum**	Kasterlee	95 A1
493	**Benelux**	La Roche	103a
494	**Oostappen Vakantiepark Blauwe Meer**	Lommel	95 B2
495	**Oostappen Vakantiepark Parelstrand**	Lommel-Kolonie	95 B1
496	**Domaine Moulin de Malempré**	Malempré/Manhay	103a
497	**Familial**	Malmedy/Arimont	103a
498	**Oostappen Vakantiepark Zilverstrand**	Mol	95 A2
499	**Spineuse Neufchâteau**	Neufchâteau	33 B1
500	**Kompas Camping Nieuwpoort**	Nieuwpoort	25 A3
501	**Recreatieoord Wilhelm Tell**	Opglabbeek	95 B2
502	**Recreatieoord Kikmolen**	Opgrimbie/Maasmechelen	96 A3
503	**Zavelbos**	Opoeteren	95 B2
504	**L'Hirondelle Holiday Resort**	Oteppe	103a
505	**Polleur**	Polleur	103a
506	**Ile de Faigneul**	Poupehan	33 B1
507	**Camping Natuurlijk Limburg BVBA**	Remersdaal/Voeren	96 A3
508	**Berkenstrand**	Retie	95 A1
509	**Les Roches**	Rochefort	103a
510	**Spa d'Or**	Sart-lez-Spa	103a
511	**Parc des Sources**	Spa	103a
512	**l'Eau Rouge**	Stavelot	103a
513	**Pont de Berguème**	Tenneville	103a
514	**Hohenbusch**	Thommen/Burg-Reuland	103a
515	**De Chênefleur**	Tintigny	34 A1
516	**Baalse Hei**	Turnhout	95 A1
517	**Kompas Camping Westende**	Westende	25 A3
518	**Poldervallei**	Westende	25 A3
519	**Westende**	Westende	25 A3

INDEX

520	**Hof van Eeden** Westerlo/Heultje	95 A2
521	**Groenpark** Zele	94 B2
522	**Holsteenbron** Zonhoven	95 B2

Luxembourg

523	**Bon Accueil** Alzingen	34 A2
524	**Camping Plage Beaufort** Beaufort	103b
525	**Bon Repos** Berdorf	103b
526	**Martbusch** Berdorf	103b
527	**Um Gritt** Bourscheid/Moulin	103b
528	**De la Sûre** Diekirch	103b
529	**Op der Sauer** Diekirch	103b
530	**Wies-Neu** Dillingen	103b
531	**Officiel** Echternach	103b
532	**TopCamp Kohnenhof** Eisenbach	103a
533	**Neumuhle** Ermsdorf	103b
534	**Im Aal** Esch-sur-Sûre	103b
535	**Ettelbruck** Ettelbruck	103b
536	**Fuusskeaul** Heiderscheid	103b
537	**Gritt** Ingeldorf/Diekirch	103b
538	**Birkelt** Larochette	103b
539	**Trois Frontières** Lieler	103a
540	**Camping Mamer** Mamer/Luxemburg	103b
541	**Woltzdal** Maulusmühle	103a
542	**Camping Krounebierg** Mersch	103b
543	**TopCamp Europacamping Nommerlayen** Nommern	103b
544	**De la Sûre** Reisdorf	103b
545	**Du Barrage Rosport** Rosport	103b
546	**Walensbongert** Troisvierges	103a
547	**Beter-uit Vakantiepark Walsdorf** Walsdorf	103b
548	**Kaul** Wiltz	103b

D Germany

549	**Regenbogen Ferienanlage Bad Bederkesa** Bad Bederkesa	18 B3
550	**Am Berg** Bad Bentheim	88 B2
551	**Campotel** Bad Rothenfelde	26 B2
552	**Brunautal** Bispingen/Behringen	27 A1
553	**KNAUS Campingpark Elbtalaue** Bleckede	19 B3
554	**Camping Elbeling** Bleckede (OT Radegast)	19 B3
555	**Knaus Campingpark Burhave / Nordsee** Butjadingen/Burhave	18 B3
556	**Prahljust** Clausthal-Zellerfeld	27 B2
557	**Knaus Campingpark Dorum** Dorum/Neufeld	18 B3
558	**Am Hohen Hagen** Dransfeld	27 A2
559	**Knaus Campingpark Eckwarderhörne** Eckwarderhörne	18 B3
560	**Regenbogen Ferienanlage Egestorf** Egestorf	19 A3
561	**Aller-Leine-Tal** Essel/Engehausen	27 A1
562	**Camping & Ferienpark Falkensteinsee** Ganderkesee/Steinkimmen	26 B1
563	**Freizeit-Camp-Nordheide e.V.** Garlstorf	19 A3
564	**Ferienzentrum Heidenau** Heidenau	19 A3
565	**Weserbergland Camping** Heinsen	27 A2
566	**Am Bärenbache** Hohegeiß (Harz)	27 B2
567	**Seecamp Derneburg** Holle	27 A2
568	**Am Hardausee** Hösseringen/Suderburg	27 A1
569	**Campingplatz Birkensee** Laatzen/Hannover	27 A1
570	**Campingplatz Am Niemetal** Löwenhagen	27 A2
571	**Sonnenberg** Müden/Örtze (Gem. Faßberg)	27 A1
572	**Freizeitpark Kronensee** Ostercappeln/Schwagstorf	26 B1
573	**Campingplatz Eulenburg** Osterode (Harz)	27 A2
574	**Knaus Campingpark Oyten** Oyten	27 A1
575	**Alfsee Ferien- und Erholungspark** Rieste	26 B1
576	**Quendorfer See** Schüttorf	88 B2

Nr.	Name	Ort	Seite
577	**Comfort-Camping Seeburger See**	Seeburg	27 A2
578	**Brillteich**	Seesen	27 A2
579	**Silberborn**	Silborn/Solling	27 A2
580	**Camping-Paradies "Grüner Jäger"**	Sottrum/Everinghausen	27 A1
581	**Campingplatz Stover Strand International**	Stove/Hamburg	19 A3
582	**Familienpark Steller See**	Stuhr/Groß Mackenstedt	26 B1
583	**Märchencamping (Camp. Wienberg)**	Stuhr/Groß Mackenstedt	26 B1
584	**Knaus Campingpark Tossens**	Tossens	18 B3
585	**Knaus Campingpark Walkenried**	Walkenried	27 B2
586	**Hümmlingerland/Werlte**	Werlte	26 B1
587	**Cp. & Bungalowpark Ottermeer**	Wiesmoor	18 B3
588	**Knaus Campingpark Wingst**	Wingst/Land Hadeln	19 A3
589	**Campingpark Hüttensee**	Winsen (Aller)	27 A1
590	**Campingplatz Winsen (Aller)**	Winsen (Aller)	27 A1
591	**Campingplatz am Königssee**	Zetel/Astedetfeld	18 B3
592	**Belt-Camping-Fehmarn**	Altenteil (Fehmarn)	97
593	**Augstfelde-Vierer See**	Augstfelde/Plön	19 A2
594	**Lanzer See**	Basedow	19 B3
595	**Walkyrien**	Bliesdorf	19 B2
596	**Eurocamping Zedano**	Dahme	97
597	**Stieglitz**	Dahme	97
598	**Camping Miramar**	Fehmarnsund (Fehmarn)	97
599	**Flüggerteich**	Flügge (Fehmarn)	97
600	**Am Niobe**	Gammendorf (Fehmarn)	97
601	**Ostseecamp Glücksburg-Holnis**	Glücksburg	19 A2
602	**Strandparadies Großenbrode**	Großenbrode	97
603	**Ostsee**	Katharinenhof (Fehmarn)	97
604	**Klausdorfer Strand**	Klausdorf (Fehmarn)	97
605	**KlüthseeCamp & Seeblick**	Klein Rönnau/Bad Segeberg	19 A3
606	**Ostsee-Campingplatz Heide**	Kleinwaabs	19 A2
607	**Südstrand**	Meeschendorf (Fehmarn)	97
608	**Campingpark Schlei-Karschau**	Rabenkirchen-Faulück	19 A2
609	**Rosenfelder Strand Ostsee Camping**	Rosenfelde/Grube	97
610	**Seeblick**	Schobüll	19 A2
611	**California Ferienpark GmbH**	Schönberg (Ostseebad)	19 A2
612	**Strukkamphuk-Fehmarn**	Strukkamphuk (Fehmarn)	97
613	**Strandcamping Wallnau**	Wallnau (Fehmarn)	97
614	**Wulfener Hals**	Wulfen (Fehmarn)	97
615	**Campingplatz Am Drewensee**	Ahrensberg	20 A3
616	**Camping am See**	Alt-Schwerin	20 A3
617	**Drewoldke**	Altenkirchen	20 A2
618	**Knaus Camping-und Ferienhauspark Rügen**	Altenkirchen	20 A2
619	**Regenbogen Ferienanlage Born**	Born	20 A2
620	**Campingplatz am Dobbertiner See**	Dobbertin	19 B3
621	**Regenbogen Ferienanlage Nonnevitz**	Dranske	20 A2
622	**Seecamping Flessenow**	Flessenow	19 B3
623	**Campingplatz 'Liebeslaube'**	Gramkow	19 B2
624	**Camping- und Ferienpark Havelberge**	Groß Quassow/Userin	20 A3
625	**Dünencamp Karlshagen**	Karlshagen	20 A2
626	**Camping am Blanksee**	Klein Pankow	19 B3
627	**Krüger Naturcamp**	Lohme/Nipmerow	20 A2
628	**Natur Camping Usedom**	Lütow	20 A2
629	**Camp. & Ferienpark Markgrafenheide**	Markgrafenheide/Rostock	19 B2
630	**Campingpark 'Ostseebad Rerik'**	Ostseebad Rerik	19 B2
631	**Familien-Campingplatz Pommernland GmbH**	Ostseebad Zinnowitz	20 A2
632	**Campingpark Zuruf**	Plau am See/Plötzenhöhe	20 A3
633	**Naturcamp Pruchten**	Pruchten	20 A2
634	**Campingplatz Schwaan**	Schwaan	19 B2
635	**Sternberg Seenland**	Sternberg	19 B3

INDEX

#	Name	Location	Ref
636	Ostseeblick	Trassenheide	20 A2
637	CampingPlatz Ecktannen	Waren (Müritz)	20 A3
638	Ostseecp-Ferienpark Zierow KG	Zierow/Wismar	19 B2
639	Zwenzower Ufer	Zwenzow	20 A3
640	Camp. und Wassersportpark Bergwitzsee	Bergwitz/Kemberg	28 A2
641	Campinginsel Havelberg	Havelberg	27 B1
642	Ferienpark Birnbaumteich	Neudorf/Harzgerode	27 B2
643	Ferienpark Plötzky	Plötzky/Schönebeck	27 B2
644	Heide-Camp Schlaitz GbR	Schlaitz (Muldestausee)	28 A2
645	Campingplatz Süplinger Steinbruch	Süplingen	27 B1
646	Ferienhof Altglobsow	Altglobsow	20 A3
647	Flachsberg	Beetzseeheide/Gortz	28 A1
648	Campingplatz Krossinsee 1930 GmbH	Berlin-Schmöckwitz	28 A1
649	Jägerbude	Erkner/Jägerbude	28 B1
650	Schwielowsee-Camping	Ferch (Schwielowsee)	28 A1
651	Campingpark Buntspecht	Ferchesar	28 A1
652	Grünheider Camping am Peetzsee GmbH	Grünheide	28 B1
653	Campingplatz An der Havel	Ketzin	28 A1
654	Themenpark Grünewalder Lauch	Lauchhammer	28 B2
655	Camping am Oberuckersee	Warnitz	20 B3
656	Natur- und Abenteuer camping	Bautzen	28 B2
657	Trixi Park	Großschönau	28 B3
658	Ferienpark Seiffen	Seiffen	28 B3
659	Paulfeld	Catterfeld	27 B3
660	Stausee Hohenfelden	Hohenfelden	27 B3
661	Campingplatz Jena unter dem Jenzig	Jena	27 B3
662	See-Camping Altenburg-Pahna	Pahna	28 A2
663	Am Tor zum Hainich	Weberstedt	27 B3
664	Hof Biggen	Attendorn/Biggen	26 B3
665	Ferienpark Teutoburgerwald Barntrup	Barntrup	27 A2
666	Campingpark Bielefeld	Bielefeld	26 B2
667	Camping & Ferienpark Brilon	Brilon	26 B2
668	Campingpark Extertal	Extertal	27 A2
669	Bambi	Extertal/Bösingfeld	27 A2
670	Wesercamping Höxter	Höxter	27 A2
671	Campingpark Lemgo	Lemgo	27 A2
672	Eurocamp	Lienen	26 B2
673	Knaus Campingpark Hennesee	Meschede (Hennesee)	26 B2
674	Zum Jone-Bur	Monschau/Imgenbroich	103a
675	Perlenau	Monschau/Perlenau	103a
676	Campingpark Heidewald	Sassenberg	26 B2
677	Münsterland Eichenhof	Sassenberg	26 B2
678	Camp Hammer	Simmerath/Hammer	103a
679	Regenbogen Ferienanlage Tecklenburg	Tecklenburg/Leeden	26 B2
680	Erholungszentrum Grav Insel GmbH & Co.KG	Wesel/Flüren	93 A2
681	Haddorfer Seen	Wettringen	26 B2
682	Alte Mühle	Alheim/Licherode	27 A3
683	Knaus Campingpark Eschwege	Eschwege	27 A2
684	Campingplatz Meinhardsee	Eschwege/Meinhard	27 A2
685	Fulda-Freizeitzentrum	Fuldatal/Knickhagen	27 A2
686	Geisenheim am Rhein	Geisenheim	34 B1
687	Odenwald Camping Park	Hirschhorn/Neckar	35 A2
688	Knaus Campingpark Hünfeld Praforst	Hünfeld	27 A3
689	Camping in Naumburg	Naumburg (Edersee)	27 A2
690	Campen am Fluss	Oberweser/Oedelsheim	27 A2
691	Hutten-Heiligenborn	Schlüchtern/Hutten	27 A3
692	Campingplatz Werratal	Witzenhausen	27 A2
693	Denntal Campingplatz	Ahrbrück	26 A3
694	Sonnenstrand	Bacharach	34 B1
695	Knaus Campingpark Bad Dürkheim	Bad Dürkheim	34 B2
696	Altschmiede	Bollendorf	103b
697	Bären-Camp	Bullay (Mosel)	34 B1
698	Zum stillen Winkel	Bürder	26 B3
699	Camping Burgen	Burgen	34 B1

#	Name	Location	Ref
700	Knaus Campingpark Burgen/Mosel	Burgen	34 B1
701	Lahn Beach	Dausenau	34 B1
702	Campingpark Dockweiler Mühle	Dockweiler	34 A1
703	Campingpark Freibad Echternacherbrück	Echternacherbrück	103b
704	Zum Feuerberg	Ediger/Eller	34 B1
705	Erden	Erden	34 A1
706	Ourtal-Idyll	Gentingen	103b
707	Donnersberg	Gerbach	34 B1
708	Eifelblick / Waldferienpark Gerolstein	Gerolstein	34 A1
709	Feriendorf Pulvermaar	Gillenfeld	34 A1
710	Eisenbachtal	Girod/Ww.	26 B3
711	Campingpark Lindelgrund	Guldental	34 B1
712	Country Camping Schinderhannes GmbH	Hausbay/Pfalzfeld	34 B1
713	Moselhöhe	Heidenburg	34 A1
714	Nimseck	Irrel	103b
715	Südeifel	Irrel	103b
716	Naturcamping Kyllburg	Kyllburg	34 A1
717	Wolfsmühle	Lahnstein	34 B1
718	Landal Sonnenberg	Leiwen	34 A1
719	Camping und Mobilheimpark Am Mühlenteich	Lingerhahn	34 B1
720	Naturcamping Vulkaneifel	Manderscheid	34 A1
721	Siesta	Mendig	34 B1
722	Nahemühle	Monzingen	34 B1
723	Camping in der Enz	Neuerburg	103a
724	Prümtal-Camping Oberweis	Oberweis	103b
725	Schönburgblick	Oberwesel	34 B1
726	Pommern	Pommern	34 B1
727	Moselland	Pünderich	34 B1
728	AZUR Campingpark Hunsrück	Reinsfeld	34 A1
729	Camping & Wohnmobilpark Leukbachtal	Saarburg	103b
730	Landal Warsberg	Saarburg	103b
731	Waldfrieden	Saarburg	103b
732	Ohmbachsee	Schönenberg-Kübelberg	34 B2
733	Aumühle	Schweppenhausen	34 B1
734	Camping Park Weiherhof	Seck	26 B3
735	Holländischer Hof	Senheim am Mosel	34 B1
736	Naturcampingplatz Pfrimmtal	Sippersfeld	34 B1
737	Friedenau	St. Goar am Rhein	34 B1
738	Landal Wirfttal	Stadtkyll	34 A1
739	Clausensee	Waldfischbach	34 B2
740	Camping Laacher See	Wassenach/Maria Laach	26 B3
741	Heilhauser Mühle	Waxweiler/Heilhausen	103a
742	Camping am Königsberg	Wolfstein	34 B1
743	Landhaus Girtenmühle	Losheim/Britten	34 A2
744	Siersburg	Rehlingen/Siersburg	34 A2
745	Willam	Allensbach/Markelfingen	35 A3
746	Alpirsbach	Alpirsbach	34 B3
747	Lug ins Land-Erlebnis	Bad Bellingen/Bamlach	104a
748	Campingpark Bad Liebenzell	Bad Liebenzell	35 A2
749	Alisehof	Bad Rippoldsau-Schapbach	34 B3
750	Wertheim-Bettingen	Bettingen	35 A1
751	Fortuna Camping	Binau	35 A2
752	Cp. Romantische Strasse	Creglingen/Münster	35 A2
753	Höhencamping Königskanzel	Dornstetten/Hallwangen	35 A2
754	Eberbach	Eberbach	35 A2
755	AZUR Cp. Ellwangen a.d. Jagst	Ellwangen	35 B2
756	Hirtenteich	Essingen/Lauterburg	35 A2
757	Freiburg Camping Hirzberg	Freiburg	34 B3
758	Tunisee Camping	Freiburg/Hochdorf	34 B3
759	Langenwald	Freudenstadt	34 B2
760	Campingplatz Horn Bodensee	Gaienhofen/Horn	35 A3
761	Rothaus Camping	Grafenhausen/Rothaus	34 B3
762	Terrassencamping Herbolzheim	Herbolzheim	34 B3
763	Bankenhof	Hinterzarten/Titisee	34 B3
764	Camping Waldpark Hohenstadt	Hohenstadt	35 A2
765	Schüttehof	Horb am Neckar	35 A2
766	Waldbad Camping Isny GmbH	Isny im Allgäu	35 B3

#	Name	Location	Map
767	**AZUR Cp-park Turmbergblick**	Karlsruhe	34 B2
768	**Christophorus**	Kirchberg (Iller)	35 B3
769	**Friedensbrücke**	Neckargemünd	35 A2
770	**Cimbria**	Neckarzimmern	35 A2
771	**Erbenwald**	Neubulach	35 A2
772	**Camping und Ferienpark Orsingen**	Orsingen	35 A3
773	**Müller-See**	Riegel/Kaiserstuhl	34 B3
774	**Gern-Campinghof Salem**	Salem/Neufrach	35 A3
775	**Höhencamping-Langenbrand**	Schömberg	35 A2
776	**Schurrenhof**	Schurrenhof	35 B2
777	**Schwarzwaldhorn**	Simonswald	34 B3
778	**AZUR Rosencp. Schwäbische Alb**	Sonnenbühl/Erpfingen	35 A3
779	**Steingrubenhof**	St. Peter	34 B3
780	**Kinzigtal**	Steinach	34 B3
781	**Campingplatz Papiermühle**	Stockach (Bodensee)	35 A3
782	**Sulzbachtal**	Sulzburg	34 B3
783	**Sandbank**	Titisee	34 B3
784	**Hochschwarzwald**	Todtnau/Muggenbrunn	34 B3
785	**Campinggarten Wahlwies**	Wahlwies/Stockach	35 A3
786	**Schwabenmühle**	Weikersheim/Laudenbach	35 A2
787	**Camping Carpe Diem**	Wildberg	35 A2
788	**Europa Camping Sand**	Willstätt/Sand	34 B3
789	**Trendcamping Wolfach**	Wolfach/Halbmeil	34 B3
790	**Kupferschmiede**	Arlaching/Chieming	36 A3
791	**Bella Augusta**	Augsburg-Ost	35 B2
792	**Freizeitinsel**	Bad Abbach	36 A2
793	**Fuchs Kur-Camping**	Bad Füssing/Egglfing	36 B2
794	**Kur- und Feriencamping Max 1**	Bad Füssing/Egglfing	36 B2
795	**Vital Camping Bayerbach**	Bayerbach	36 B2
796	**Winkl-Landthal**	Bischofswiesen	36 B3
797	**See Camping Günztal**	Breitenthal	35 B3
798	**Möwenplatz**	Chieming	36 A3
799	**Sport-Ecke**	Chieming	36 A3
800	**Seehäusl**	Chieming/Stöttham	36 A3
801	**Bavaria Kur- und Sport Camping**	Eging am See	36 B2
802	**Fichtelsee**	Fichtelberg	36 A1
803	**Knaus Campingpark**	Frickenhausen/Ochsenfurt	35 A1
804	**Mohrenhof**	Geslau	35 B2
805	**Feriendorf Bayerwald am Donautal**	Gottsdorf/Untergriesbach	36 B2
806	**Camping Erlebnis Zugspitze GmbH**	Grainau	35 B3
807	**Campingplatz Fischer-Michl**	Gunzenhausen	35 B2
808	**Freizeitpark Monte Kaolino**	Hirschau	36 A1
809	**Illertissen**	Illertissen	35 B3
810	**Alpsee Camping**	Immenstadt (Allgäu)	35 B3
811	**AZUR Waldcamping Ingolstadt**	Ingolstadt	35 B2
812	**Kratzmühle**	Kinding/Pfraundorf	35 B2
813	**AZUR Camping Altmühltal**	Kipfenberg (Altmühltal)	35 B2
814	**AZUR Campingpark Odenwald**	Kirchzell	35 A1
815	**Knaus Campingpark Lackenhäuser**	Lackenhäuser	36 B2
816	**Via Claudia Camping**	Lechbruck am See (Allgäu)	35 B3
817	**Naturcampingpark Isarhorn**	Mittenwald	35 B3
818	**Panorama und Wellness Camping**	Mitterteich	36 A1
819	**Campingplatz Platzermühle**	Neualbenreuth	36 A1
820	**Camp.park Oberammergau**	Oberammergau	35 B3
821	**Litzelau**	Oberwössen	36 A3
822	**Waldcamping Brombach**	Pleinfeld	35 B2
823	**Camping Waldsee**	Roth/Wallesau	35 B2
824	**Terrassen-Camping am Richterbichl**	Rottenbuch/Ammer	35 B3
825	**Frankenhöhe**	Schillingsfürst	35 B2
826	**Pilsensee**	Seefeld am Pilsensee	35 B3
827	**Halali-Park**	Selb	36 A1
828	**Camping-Paradies-Franken**	Simmershofen/Walkershofen	35 B1
829	**Brugger am Riegsee**	Spatzenhausen/Hofheim	35 B3
830	**Camping Stadtsteinach**	Stadtsteinach	35 B1
831	**Seecamping Taching am See**	Taching am See	36 A3

#	Name	Location	Page
832	**Seebauer**	Tittmoning	36 A3
833	**Main-Spessart-Park**	Triefenstein/Lengfurt	35 A1
834	**Knaus Campingpark Viechtach**	Viechtach	36 A2
835	**Camping Murner See**	Wackersdorf	36 A2
836	**Ferienpark Perlsee**	Waldmünchen	36 A1
837	**Campingpark Waldsee Wemding**	Wemding	35 B2
838	**Grüntensee Camping International**	Wertach	35 B3
839	**Waldesruh**	Wertach	35 B3
840	**Ferienpark Arber**	Zwiesel	36 B2

CH Switzerland

#	Name	Location	Page
841	**Acquarossa**	Acquarossa	44 A2
842	**Panorama-Rossern**	Aeschi/Spiez	43 B2
843	**Geschina**	Brig	43 B2
844	**CampAu Chur**	Chur (GR)	44 A1
845	**Pradafenz**	Churwalden	44 A1
846	**Chapella**	Cinuos-chel/Chapella	44 B2
847	**Riarena**	Cugnasco	44 A2
848	**RinerLodge**	Davos Glaris	44 A1
849	**Seehorn**	Egnach	35 A3
850	**Eienwäldli**	Engelberg	44 A1
851	**Haute Gruyère**	Enney	43 B2
852	**Islas**	Filisur	44 A1
853	**Grassi**	Frutigen	43 B2
854	**Bellerive**	Gstaad	43 B2
855	**Isola**	Gudo	44 A2
856	**Aareschlucht**	Innertkirchen	43 B2
857	**Alpenblick**	Interlaken/Unterseen	43 B2
858	**Stuhlegg**	Krattigen	43 B2
859	**Des Glaciers**	La Fouly	43 B2
860	**Rive Bleue**	Le Bouveret	43 A2
861	**Des Pêches**	Le Landeron	43 B1
862	**Cavresc**	Le Prese	44 B2
863	**Molignon**	Les Haudères	43 B2
864	**Fraso Ranch**	Lignières	43 B1
865	**Obsee**	Lungern	43 B1
866	**Campingplatz Gerbe**	Meierskappel	44 A1
867	**AlpenCamping**	Meiringen	43 B1
868	**Balmweid**	Meiringen	43 B1
869	**Tresiana**	Molinazzo di Monteggio	44 A2
870	**Muglin**	Müstair	44 B2
871	**Reussbrücke**	Ottenbach	43 B1
872	**Attermenzen**	Randa/Zermatt	43 B2
873	**Santa Monica**	Raron/Turtig	43 B2
874	**Augenstern**	Reckingen	43 B2
875	**Am Kapellenweg**	Saas-Grund	43 B2
876	**Mischabel**	Saas-Grund	43 B2
877	**Ewil**	Sachseln	43 B1
878	**Swiss Plage**	Salgesch	43 B2
879	**Auf dem Sand**	Splügen	44 A2
880	**Pè da Munt**	Sta Maria	44 B2
881	**Breithorn**	Stechelberg	43 B2
882	**Rütti**	Stechelberg	43 B2
883	**Bella-Tola**	Susten	43 B2
884	**Torrent**	Susten	43 B2
885	**Viamala A.G.**	Thusis	44 A1
886	**Botza**	Vétroz	43 B2
887	**Camping/Schwimmbad Mühleye**	Visp	43 B2
888	**Camping Manser**	Winden	44 A1
889	**Vermeille**	Zweisimmen	43 B2

A Austria

#	Name	Location	Page
890	**Birkenstrand Wolfgangsee**	Abersee/St. Gilgen	36 B3
891	**Romantik Camp. Wolfgangsee Lindenstrand**	Abersee/St. Gilgen	36 B3
892	**Seecamping Primus**	Abersee/St. Gilgen	36 B3
893	**Seecamping Wolfgangblick**	Abersee/St. Gilgen	36 B3
894	**Schönblick**	Abersee/Strobl	36 B3

INDEX

#	Name	Location	Ref
895	**Alpen-Caravanpark Achensee**	Achenkirch	36 A3
896	**Putterersee**	Aigen (Ennstal)	36 B3
897	**Camping Bad Ossiacher See**	Annenheim	113a
898	**Kur-Camping Erlengrund**	Bad Gastein	45 B1
899	**Thermenland Camping Rath & Pichler**	Bad Waltersdorf	37 B3
900	**Feriencenter Camping Biberhof**	Biberwier	44 B1
901	**Sportcamp Woferlgut**	Bruck	45 A1
902	**Brunner am See**	Döbriach	113a
903	**Happy Camping Golser GmbH**	Döbriach	113a
904	**Seecamping Mössler**	Döbriach	113a
905	**Rutar Lido**	Eberndorf	46 A1
906	**Arneitz**	Faak am See	113a
907	**Juritz**	Feistritz im Rosental	45 B1
908	**Tirol Camp**	Fieberbrunn	36 A3
909	**50plus Campingpark Fisching**	Fisching/Weißkirchen	46 A1
910	**Sonnencamp Gösselsdorfer See**	Gösselsdorf	46 A1
911	**Comfort-Camp Grän GmbH**	Grän	35 B3
912	**Grein**	Grein	37 A2
913	**Center Oberland GmbH**	Haiming	44 B1
914	**Schwimmbad Camping Hall in Tirol**	Hall (Tirol)	45 A1
915	**Nat.Park-Camp. Großglockner**	Heiligenblut	45 B1
916	**Schluga Camping Hermagor**	Hermagor-Pressegger See	45 B1
917	**Sport-Camping-Flaschberger**	Hermagor-Pressegger See	45 B1
918	**Camping Reiterhof**	Hopfgarten	36 A3
919	**Campingpark Imst-West**	Imst	44 B1
920	**Walch's Camping & Landhaus**	Innerbraz (Klostertal)	44 B1
921	**Rad-Wandercamping-Ponderosa**	Irschen	45 B1
922	**Terrassencamping Schlossberg Itter**	Itter/Hopfgarten	36 A3
923	**Nationalparkcamping Kals**	Kals am Großglockner	45 A1
924	**Paradise Garden**	Kaumberg	37 A2
925	**Strandcamping Süd**	Keutschach am See	45 B1
926	**Donaupark Camping Klosterneuburg**	Klosterneuburg	37 B2
927	**Seencamping Stadlerhof**	Kramsach (Krummsee)	36 A3
928	**Camping Seeblick Toni**	Kramsach (Reintalersee)	36 A3
929	**Camping Seehof**	Kramsach (Reintalersee)	36 A3
930	**Donaupark Camping Krems**	Krems (Donau)	37 A2
931	**Tirol.Camp Leutasch**	Leutasch	44 B1
932	**Dolomiten Camping Amlacherhof**	Lienz/Amlach	45 A1
933	**Camping Seewiese**	Lienz/Tristach	45 B1
934	**Neunbrunnen am Waldsee**	Maishofen	36 A3
935	**Terrassencamping Maltatal**	Maltatal	45 B1
936	**Marbacher Freizeitzentrum**	Marbach an der Donau	37 A2
937	**Edengarten**	Matrei in Osttirol	45 A1
938	**Mayrhofen**	Mayrhofen	45 A1
939	**Neubauer**	Millstatt/Dellach	113a
940	**AustriaCamp**	Mondsee	36 B3
941	**Camp MondSeeLand**	Mondsee/Tiefgraben	36 B3
942	**Rossbach**	Nassereith	44 B1
943	**Ferienparadies Natterer See**	Natters	44 B1
944	**Alpencamping Nenzing**	Nenzing	44 A1
945	**Stubai**	Neustift	44 B1
946	**Panorama Camping Sonnenberg**	Nüziders	44 A1
947	**Natur- & Familiencamping Oberdrauburg**	Oberdrauburg	45 B1
948	**Oggau**	Oggau (Burgenland)	37 B3
949	**Ideal Camping Lampele**	Ossiach	113a
950	**Kalkgruber**	Ossiach	113a
951	**Kölbl**	Ossiach	113a
952	**Terrassen Camping Ossiacher See**	Ossiach	113a
953	**Wellness Seecamping Parth**	Ossiach	113a
954	**Terrassencamping Pesenthein**	Pesenthein	113a
955	**Almtal Camp**	Pettenbach	36 B3

#	Name	Location	Page
956	**Arlberglife Camping + Appartements**	Pettneu am Arlberg	44 B1
957	**Aktiv Camping Prutz**	Prutz	44 B1
958	**Alpenferienpark Reisach**	Reisach	45 B1
959	**Camping Reutte**	Reutte	35 B3
960	**Dreiländereck**	Ried	44 B1
961	**Olachgut**	St. Georgen/Murau	45 B1
962	**Kastenhof**	St. Johann im Pongau	36 B3
963	**Park Grubhof**	St. Martin bei Lofer	36 A3
964	**Bella Austria**	St. Peter am Kammersberg	45 B1
965	**Camping Breznik - Turnersee**	St. Primus	46 A1
966	**Sonnenterrassencamping St.Veit im Pongau**	St. Veit im Pongau	36 B3
967	**Eichenwald**	Stams	44 B1
968	**Seecamping Laggner**	Steindorf	113a
969	**Seecamping Hoffmann**	Steindorf/Stiegl	113a
970	**Camping Lienzer Dolomiten**	Strassen	45 A1
971	**Terrassen-Camping Traisen**	Traisen	37 A2
972	**Donaupark Camping Tulln**	Tulln an der Donau	37 B2
973	**Seecamping Berghof**	Villach/Landskron	113a
974	**Camping Steinplatte GmbH**	Waidring	36 A3
975	**Ferienpark Terrassencamping Süd-See**	Walchsee	36 A3
976	**Alpencamping Mark**	Weer	45 A1
977	**Alpenfreude**	Wertschach bei Nötsch	113a
978	**Panorama Camping**	Westendorf	36 A3
979	**Campingdorf Hofer**	Zell im Zillertal	45 A1

CZ Czech Republic

#	Name	Location	Page
980	**Camping Olšina**	Cerná v Pošumaví	36 B2
981	**Camping am See "Václav"**	Cheb/Podhrad	36 A1
982	**Camping Chvalsiny**	Chvalsiny	36 B2
983	**Safari Kemp**	Dvur Králové n. L.	29 A3
984	**Camping Frymburk**	Frymburk	36 B2
985	**Camping Kostelec**	Hluboká nad Vltavou	36 B2
986	**Bucek**	Nové Strasecí	28 B3
987	**Vídlák**	Opatov (Okr. Trebíc)	37 A1
988	**Camp Karolina**	Planá u Mariánských Lázní	36 A1
989	**Triocamp**	Praag 8/Dolní Chabry	28 B3
990	**Sokol Praha**	Praag 9/Dolní Pocernice	28 B3
991	**u Dvou Orechu**	Strázov	36 B2
992	**Camp Matyás**	Vrané nad Vltavou/Praag	36 B1
993	**Camping Vranovská Pláž**	Vranov nad Dyji	37 A2
994	**Euro-Air-Camping**	Vrchlabí	29 A3
995	**Camping Oase Praag**	Zlatníky/Praag	36 B1

H Hungary

#	Name	Location	Page
996	**Tomaj Camping**	Badacsonytomaj	47 A1
997	**Camping & Bungalows Vadvirág**	Balatonszemes	47 A1
998	**Arena Camping & Guesthouse Budapest**	Budapest	38 B3
999	**Haller Camping**	Budapest	38 B3
1000	**Zugligeti 'Niche' Camping**	Budapest	38 B3
1001	**Romantik Camping**	Bükfürdö	37 B3
1002	**Panoráma**	Cserszegtomaj	47 A1
1003	**Wellness Park Camping**	Gyenesdiás	47 A1
1004	**Balatontourist Camping & Bungalows Zala**	Keszthely	47 A1
1005	**Thermal Camping Mediano**	Komló-Sikonda	47 A1
1006	**Mátra Camping Sástó**	Mátráfüred/Sástó	38 B2
1007	**Thermal Camping Pápa**	Pápa	38 A3
1008	**Pap-Sziget Camping**	Szentendre	38 B2
1009	**Szentesi Üdülöközpont Nonprofit KFT**	Szentes	39 A3

SLO Slovenia

#	Name	Location	Page
1010	**Adria**	Ankaran	45 B2

INDEX

1011	**Terme Banovci** Banovci/Verzej	46 B1
1012	**Bled** Bled	45 B2
1013	**Camp Danica Bohinj** Bohinjska Bistrica	45 B2
1014	**Polovnik** Bovec	45 B2
1015	**Camping Chalets Koren** Kobarid	45 B2
1016	**Camping Terme Lendava** Lendava	46 B1
1017	**Ljubljana Resort (hotel & camping)** Ljubljana	46 A2
1018	**Camping Center Kekec** Maribor	46 A1
1019	**Terme 3000 Moravske Toplice Spa** Moravske Toplice	46 B1
1020	**Camping Terme Ptuj** Ptuj	46 B1
1021	**Menina** Recica ob Savinji	46 A2
1022	**Camp Lijak** Sempas	45 B2
1023	**Camp Soca** Soca	45 B2

HR Croatia

1024	**Diana** Banjole	114b
1025	**Camp Peškera** Banjole/Pula	114b
1026	**Camping Village Indije** Banjole/Pula	114b
1027	**Camp Zablace** Baska (Krk)	46 A3
1028	**Naturist-Camp Bunculuka** Baska (Krk)	46 A3
1029	**Camping Park Soline** Biograd na Moru	57 B1
1030	**Oaza Mira** Drage	57 B1
1031	**Camp Slapic** Duga Resa	46 B2
1032	**Bi-Village** Fazana	114b
1033	**Valkanela** Funtana/Vrsar	45 B3
1034	**Camping Glavotok** Glavotok (Krk)	46 A3
1035	**Lando Resort** Kampor	46 A3
1036	**Slamni** Klimno/Dobrinj	46 A3
1037	**Camping Village Šimuni** Kolan (Pag)	46 A3
1038	**Camping Bor** Krk (Krk)	46 A3
1039	**Camping Krk** Krk (Krk)	46 A3
1040	**Palme** Kuciste	58 A2
1041	**Camping Marina** Labin	46 A3
1042	**San Marino** Lopar (Rab)	46 A3
1043	**Kamp Lupis** Loviste	58 A2
1044	**Camp Krka** Lozovac	57 B1
1045	**Camp Marina (NP. KRKA)** Lozovac	57 B1
1046	**Kamp Jure** Makarska	58 A1
1047	**Camping Cikat** Mali Losinj (Losinj)	46 A3
1048	**Poljana** Mali Losinj (Losinj)	46 A3
1049	**Camping Slatina** Martinšcica (Cres)	46 A3
1050	**Camping Village Kažela** Medulin	114b
1051	**Camping Village Medulin** Medulin	114b
1052	**Autocamp Medveja** Medveja	46 A2
1053	**Autocamp Draga** Moscenicka Draga	46 A3
1054	**Ninska Laguna** Nin	57 A1
1055	**Njivice** Njivice (Krk)	46 A3
1056	**Strasko** Novalja (Pag)	46 A3
1057	**Camping Park Mareda** Novigrad	45 B2
1058	**Camping Sirena** Novigrad	45 B2
1059	**Kamp Labadusa** Okrug Gornji	57 B1
1060	**Rozac Auto Camp** Okrug Gornji	57 B1
1061	**Galeb** Omis	58 A1
1062	**Auto-Camp Pod Maslinom** Orasac	58 B2
1063	**Nevio Camping** Orebic	58 A2
1064	**Autocamp Nordsee** Pakostane	57 B1
1065	**Kozarica** Pakostane	57 B1
1066	**Uvala Borova** Podaca	58 A2
1067	**Camping Pomer** Pomer	114b
1068	**Camping Runke** Premantura	114b
1069	**Camping Tasalera** Premantura	114b
1070	**Camping Village Stupice** Premantura	114b
1071	**Adriatic** Primosten	57 B1
1072	**Camping Village Stoja** Pula	114b
1073	**Camp Pila** Punat (Krk)	46 A3
1074	**Naturist Camp Konobe** Punat (Krk)	46 A3
1075	**Padova III** Rab	46 A3
1076	**Autocamp Korita** Rakovica	46 B3
1077	**Amarin** Rovinj	45 B3

#	Name	Location	Ref
1078	**Polari**	Rovinj	45 B3
1079	**Belvedere**	Seget Vranjica/Trogir	57 B1
1080	**Camping Selce**	Selce	46 A3
1081	**Camping Resort Solaris**	Sibenik	57 B1
1082	**Paklenica**	Starigrad/Paklenica	46 B3
1083	**Plantaza**	Starigrad/Paklenica	46 B3
1084	**Split**	Stobrec	58 A1
1085	**Camp Dalmacija**	Tisno	57 B1
1086	**Porto Sole**	Vrsar	45 B3
1087	**Camping Viter**	Zaostrog	58 A2
1088	**Zaton Holiday Resort**	Zaton/Nin (Zadar)	57 A1

GR Greece

#	Name	Location	Ref
1089	**Nicolas I**	Ancient Epidavros	71 A3
1090	**Nicolas II**	Ancient Epidavros/Argolida	71 A3
1091	**Karda Beach**	Dassia (Corfu)	69 B2
1092	**Apollon**	Delphi	70 B2
1093	**Delphi Camping**	Delphi	70 B2
1094	**Chrissa Camping**	Delphi/Fokis	70 B2
1095	**Lefka Beach**	Drepanon/Vivari	71 A3
1096	**Anemomilos**	Finikounda	78 B2
1097	**Ionion Beach**	Glifa	78 A1
1098	**Aginara Beach**	Glifa/Ilias	78 A1
1099	**Camping Gythion Bay**	Gythion/Lakonias	78 B2
1100	**Camping Meltemi**	Gythion/Lakonias	78 B1
1101	**Camping Drepanos**	Igoumenitsa	69 B2
1102	**Iria Beach Camping**	Iria/Argolis	79 A1
1103	**Vrachos Kastraki**	Kastraki/Kalambaka	70 A2
1104	**Kato Alissos**	Kato Alissos	70 A3
1105	**Hellas International**	Kato Gatzea (Pilion)	70 B2
1106	**Sikia**	Kato Gatzea (Pilion)	70 B2
1107	**Blue Dolphin**	Korinthos	70 B3
1108	**Camping Koroni**	Koroni/Messinias	78 B2
1109	**Kariotes Beach**	Lefkada	70 A2
1110	**Mitari**	Nikiti	71 A1
1111	**Poseidon Beach**	Panteleimon	70 B1
1112	**Enjoy Lichnos**	Parga/Lichnos	69 B2
1113	**Camping Village Kalamitsi Beach**	Preveza	70 A2
1114	**Armenistis**	Sarti (Sithonia)	71 A1
1115	**Melissi**	Sikia	71 A1
1116	**Zaritsi Camping**	Tiros/Arcadia	79 A1
1117	**Vassiliki-Beach**	Vassiliki (Lefkas)	69 B3
1118	**Lacara Camping**	Vourvourou	71 A1

GB Britain

#	Name	Location	Ref
1119	**Greenhill Farm C&C Leisure Park**	Bletchingdon/Oxford	23 B2
1120	**Brighouse Bay Hol. Park AA**	Borgue/Kirkcudbright	17 A2
1121	**Holiday Resort Unity**	Brean Sands	23 A2
1122	**The Fairways Intern. Touring C.C. Park**	Bridgwater/Bawdrip	23 A2
1123	**Wooda Farm Holiday Park**	Bude	22 B3
1124	**Cotswold View C&C Site**	Charlbury/Oxford	23 B2
1125	**Wood Farm Caravan Park**	Charmouth	23 A3
1126	**Briarfields Motel & Touring Park**	Cheltenham	23 B2
1127	**Chichester Lakeside Holiday Park**	Chichester	24 A3
1128	**Linnhe Lochside Holidays**	Corpach/Fort William	11 A2
1129	**Cardinney Car. & Camp. Park**	Crows-an-Wra/Land's End	98
1130	**Forest Glade Holiday Park**	Cullompton	23 A3
1131	**Franchis**	Cury Cross Lanes/Helston	98
1132	**Andrewshayes Holiday Park**	Dalwood/Axminster	23 A3
1133	**Cofton Country Holiday Park**	Dawlish (Devon)	23 A3
1134	**Lady's Mile**	Dawlish (Devon)	23 A3
1135	**Woodlands Caravan Park**	Devil's Bridge/Aberystwyth	23 A1

INDEX

1136	**ManorFarm Caravan and Camping Park** East Stoke/Wareham	23 B3
1137	**Lanyon Holiday Park** Four Lanes/Redruth	98
1138	**Riverside Tour.& Hol. Park** Hamble (Hampsh.)	23 B3
1139	**Swiss Farm Touring & Camping** Henley-on-Thames	24 A2
1140	**Henlow Bridge Lakes & Riverside** Henlow Bedfordshire	24 A2
1141	**Lee Valley Car. Park** Hoddesdon	24 A2
1142	**Bank Farm** Horton (Gower)	22 B2
1143	**Erwlon Caravan & Camping Park** Llandovery	23 A2
1144	**Eden Valley Holiday Park** Lostwithiel	98
1145	**Drummohr Holiday Park** Musselburgh/Edinburgh	11 B3
1146	**Marlie Holiday Park** New Romney	24 B3
1147	**Oban Car. & Camp. Park** Oban/Gallanach	10 B3
1148	**Ladram Bay Holiday Park** Otterton	23 A3
1149	**Porthtowan Tourist Park** Porthtowan/Truro	98
1150	**Tehidy Holiday Park** Portreath	98
1151	**Rhuallt Country Park** Rhuallt	17 A3
1152	**Thriftwood Holiday Park** Sevenoaks/London	24 A2
1153	**Salcombe Regis C. & C. Park** Sidmouth	23 A3
1154	**Beacon Cottage Farm** St. Agnes	98
1155	**Tower Park** St. Buryan/Penzance	98
1156	**Treverven Touring C. & C. Park** St. Buryan/Penzance	98
1157	**Polmanter Tourist Park** St. Ives	98
1158	**Trevalgan Touring Park** St. Ives	98
1159	**Shamba Holidays** St. Leonards/Ringwood	23 B3
1160	**Woodovis Park** Tavistock	22 B3
1161	**Smytham Manor** Torrington	22 B2
1162	**Woodlands Grove Car. & Camping** Totnes	23 A3
1163	**Bridge Villa Camping and Caravan Park** Wallingford	23 B2
1164	**Scott's Farm** West Wittering	23 B3
1165	**Whitemead Car. Park** Wool	23 B3

IRL Ireland

1166	**Lakeside Caravan & Camping** Ballyshannon	16 A2
1167	**Wave Crest C. & C. Park** Caherdaniel	21 A1
1168	**The Apple Farm Kl.A** Cahir	21 B1
1169	**Mannix Point Park** Cahirciveen	21 A1
1170	**Parsons Green** Clogheen	21 B1
1171	**O'Connors Riverside C. and C. Park** Doolin	15 B3
1172	**Ballinacourty House** Glen of Aherlow	21 B1
1173	**Glen of Aherlow Car. & Camp. Park** Glen of Aherlow/Tipperary	21 B1
1174	**Streamstown Car. & Camp. Park** Roscrea	15 B3
1175	**Woodlands Park** Tralee	21 A1
1176	**Wolohan Silver Strand Caravan Park** Wicklow	16 A2

F France

1177	**St. Louis** Autingues	24 B3
1178	**La Paille Haute** Boiry-Notre-Dame	33 A1
1179	**Mun. La Falaise** Equihen-Plage	24 B3
1180	**La Bien Assise** Guines	24 B3
1181	**Les Cytises** Isques	24 B3
1182	**Pommiers des Trois Pays** Licques	24 B3
1183	**l'Orée du Bois** Rang-du-Fliers	102
1184	**Camping l'Escale** Wacquinghen	24 B3
1185	**L'Été Indien** Wimereux	24 B3
1186	**Mun. L'Olympic** Wimereux	24 B3
1187	**Camping Le Vélodrome** Albert	33 A1
1188	**La Croix du Vieux Pont** Berny-Rivière	33 A2
1189	**Camping de la Trye** Bresles	32 B2
1190	**Le Bois de Pins** Brighton-les-Pins	102
1191	**Les Illettes** Charly-sur-Marne	33 A2
1192	**Camping de la Mottelette** Forest-Montiers	102
1193	**Le Royon** Fort-Mahon-Plage	102

F

#	Name	Location	Page
1194	**Les Galets de la Mollière**	La Mollière-d'Aval	102
1195	**Camping le Tarteron**	Le Crotoy	102
1196	**Les Aubépines**	Le Crotoy	102
1197	**Les Trois Sablières**	Le Crotoy	102
1198	**Le Rompval**	Mers-les-Bains	102
1199	**Sites & Paysages Le Clos Cacheleux**	Miannay	102
1200	**Port de Plaisance**	Péronne	33 A1
1201	**Le Bois des Pêcheurs**	Poix-de-Picardie	32 B1
1202	**Château des Tilleuls**	Port-le-Grand/Abbeville	102
1203	**Des Deux Plages**	Quend	102
1204	**Les Vertes Feuilles**	Quend-Plage-les-Pins	102
1205	**La Halte de Mainville**	Ressons-le-Long	33 A2
1206	**Camping de la Maye**	Rue	102
1207	**Du Vivier aux Carpes**	Seraucourt-le-Grand	33 A1
1208	**Le Champ Neuf**	St. Quentin-en-Tourmont	102
1209	**Domaine de Drancourt**	St. Valery-sur-Somme	102
1210	**Le Walric**	St. Valery-sur-Somme	102
1211	**Le Val d'Authie**	Villers-sur-Authie	102
1212	**Aux Cygnes d'Opale**	Blangy-sur-Bresle	32 B1
1213	**Les Berges de l'Iton**	Breteuil-sur-Iton	32 A2
1214	**La Source**	Hautot-sur-Mer	32 B1
1215	**Sites & Paysages Domaine Catinière**	Honfleur/Fiquefleur	101b
1216	**de la Forêt**	Jumieges	32 A2
1217	**Le Clos Saint Nicolas**	Le Bec-Hellouin	32 A2
1218	**Sites & Paysages l'Ile des Trois Rois**	Les Andelys	32 B2
1219	**L'Aiguille Creuse**	Les Loges	32 A1
1220	**Le Bel Air**	Louviers	32 B2
1221	**Municipal Saint-Paul**	Lyons-la-Forêt	32 B2
1222	**Domaine de Marcilly**	Marcilly-sur-Eure	32 B2
1223	**Municipal Des Deux Rivières**	Martigny	32 B1
1224	**Sainte Claire**	Neufchâtel-en-Bray	32 B1
1225	**Risle Seine Les Etangs**	Pont-Audemer	32 A2
1226	**Le Marqueval**	Pourville-sur-Mer	32 B1
1227	**Dieppe Vitamin'**	St. Aubin-sur-Scie	32 B1
1228	**Les Goélands**	St. Martin-en-Campagne	32 B1
1229	**Les Falaises**	St. Pierre-en-Port	32 A1
1230	**Seasonova Etennemare**	St. Valery-en-Caux	32 A1
1231	**Seasonova Les Mouettes**	Veules-les-Roses	32 A1
1232	**La Chênaie**	Yport	32 A1
1233	**Yelloh! Village Les Vikings**	Barneville-Carteret/St.J-d-l-R	31 B2
1234	**Aux Pommiers**	Beauvoir	101a
1235	**Les Hautes Coutures**	Bénouville	101b
1236	**Le Havre de Bernières**	Bernières-sur-Mer	101b
1237	**L'Escapade**	Cahagnolles	101b
1238	**Camping Le Haut Dick**	Carentan	31 B2
1239	**Le Robinson**	Colleville-sur-Mer	101b
1240	**St. Michel**	Courtils	101a
1241	**La Vallée de Deauville**	Deauville/St. Arnoult	101b
1242	**Reine Mathilde**	Etreham/Bayeux	101b
1243	**La Roseraie d'Omaha**	Formigny/Surrain	101b
1244	**Camping du Joncal**	Grandcamp-Maisy	101b
1245	**La Briquerie**	Honfleur/Équemauville	101b
1246	**Yelloh! Village La Vallée**	Houlgate	101b
1247	**Le Fanal**	Isigny-sur-Mer	101b
1248	**Castel Camping le Brévedent**	Le Brévedent/Pont-l'Évêque	101b
1249	**Le Grand Large**	Les Pieux	31 B1
1250	**L'Anse du Brick**	Maupertus-sur-Mer	31 B1
1251	**Les Peupliers**	Merville-Franceville-Plage	101b
1252	**Seasonova Le Point du Jour**	Merville-Franceville-Plage	101b
1253	**Haliotis**	Pontorson	101a
1254	**Le Cormoran**	Ravenoville-Plage	31 B1
1255	**Campéole St. Grégoire**	Servon	101a
1256	**Yelloh! Village Côte de Nacre**	St. Aubin-sur-Mer	101b
1257	**Camping du Golf**	St. Jean-de-la-Rivière	31 B2
1258	**Lez-Eaux**	St. Pair-sur-Mer	101a
1259	**La Gallouette**	St. Vaast-la-Hougue	31 B1
1260	**UTAH Beach**	Ste Marie-du-Mont	31 B1

#	Name	Location	Page
1261	Le Lac des Charmilles	Torigni-sur-Vire	101b
1262	Les Chevaliers	Villedieu-les-Poêles	31 B2
1263	Bellevue	Villers-sur-Mer	101b
1264	Camping de l'Allée	Arradon	100b
1265	Sites & Paysages De Penboch	Arradon	100b
1266	Le Ty Nadan	Arzano	100b
1267	Campéole Penn Mar	Baden/Bourgerel	100b
1268	Les Genets d'Or	Bannalec	99b
1269	Les Plages de Beg-Léguer	Beg-Léguer/Lannion	99a
1270	Camping du Poulquer	Bénodet	99b
1271	Camping Pors Peron	Beuzec-Cap-Sizun	99b
1272	Le Panoramic	Binic	100a
1273	Le Goulet	Brest	99a
1274	Le Grand Large	Camaret-sur-Mer	99a
1275	Plage de Trez Rouz	Camaret-sur-Mer/Crozon	99a
1276	Les Druides	Carnac	100b
1277	Les Bruyères	Carnac/Plouharnel	100b
1278	de Rodaven	Châteaulin	99b
1279	La Pointe	Châteaulin	99b
1280	Le Kergariou	Clohars-Carnoët	99b
1281	Les Embruns	Clohars-Carnoët/Le Pouldu	100b
1282	Le Helles	Combrit/Sainte-Marine	99b
1283	Les Prés Verts	Concarneau	99b
1284	Les Sables Blancs	Concarneau	99b
1285	L'Aber	Crozon	99b
1286	Grand Air Cadu	Damgan	100b
1287	La Touesse	Dinard/St.Lunaire	101a
1288	Le Vieux Chêne	Dol-de-Bretagne	101a
1289	Camping de la Baie de Douarnenez	Douarnenez	99b
1290	Domaine des Ormes	Epiniac/Dol-de-Bretagne	101a
1291	Les Mégalithes	Erdeven	100b
1292	La Vallée	Erquy	100a
1293	Les Roches	Erquy	100a
1294	Sites & Paysages Bellevue	Erquy	100a
1295	Camping de la Piscine	Fouesnant	99b
1296	Sunêlia L'Atlantique	Fouesnant	99b
1297	Kerscolper	Fouesnant/Cap Coz	99b
1298	Les Jardins de Kergal	Guidel	100b
1299	La Rivière d'Argent	Huelgoat	99a
1300	Au Bocage du Lac	Jugon-les-Lacs	100a
1301	De Kéranterec	La Forêt-Fouesnant	99b
1302	De Kervilor	La Trinité-sur-Mer	100b
1303	Des Abers	Landéda	99a
1304	Camping Du Port	Landrellec/Pleumeur-Bodou	99a
1305	Le Neptune	Lanloup/Paimpol	100a
1306	Les Etangs	Lantic	100a
1307	Domaine du Roc	Le Roc-St-André	100b
1308	Camping de la Grande Plage	Lesconil	99b
1309	Camping des Dunes	Lesconil	99b
1310	Lann Brick	Locmariaquer	100b
1311	Camping Locronan	Locronan	99b
1312	Seasonova Aquarev	Loudéac	31 A3
1313	Merlin l'enchanteur	Loyat/Ploërmel	100b
1314	Le Vallon aux Merlettes	Matignon	100a
1315	Camping de la Récré	Milizac	99a
1316	Les Bruyères	Morgat	99b
1317	Moulin de Cadillac	Noyal-Muzillac	100b
1318	Le Domaine d'Inly	Pénestin	105
1319	Le Cénic	Pénestin-sur-Mer	105
1320	Les Pins	Pénestin-sur-Mer	105
1321	Flower Camping Les Genêts	Penmarc'h	99b
1322	Les Hauts de Port Blanc	Penvénan	99a
1323	Le Frèche à l'Âne	Pléboulle	100a
1324	Campéole Les Monts Colleux	Pléneuf-Val-André	100a
1325	Port la Chaîne	Pleubian	99a
1326	Le St. Laurent	Ploëmel	100b
1327	La Vallée du Ninian	Ploërmel/Taupont	100b
1328	La Plage de Tréguer	Plonévez-Porzay	99b
1329	Trezmalaouen	Plonévez-Porzay	99b
1330	Le Cap de Brehat	Plouézec/Paimpol	100a
1331	De la Baie de Térénez	Plouézoc'h	99a

#	Name	Location	Page
1332	Flower! Camping Domaine de Mesqueau	Plougasnou	99a
1333	Saint Jean	Plougastel-Daoulas	99a
1334	Du Vougot	Plouguerneau	99a
1335	La Corniche	Plozévet	99b
1336	Les Madières	Pordic	100a
1337	Le Saint Nicolas	Port-Manech/Névez	99b
1338	Do Mi Si La Mi	Quiberon	100b
1339	Le Bois d'Amour	Quiberon	100b
1340	Les Joncs du Roch	Quiberon	100b
1341	Domaine de L'Orangerie de Lanniron	Quimper	99b
1342	Airotel Le Raguenès Plage	Raguénès/Névez	99b
1343	Sites & Paysages Au Gré Des Vents	Rochefort-en-Terre	100b
1344	Les Couesnons	Roz-sur-Couesnon	101a
1345	La Ferme de Lann Hoëdic	Sarzeau	100b
1346	Lodge Club Presqu'île de Rhuys	Sarzeau	100b
1347	de l'Ile Verte	St. Benoît-des-Ondes	101a
1348	des Vallées	St. Brieuc	100a
1349	Château de Galinée	St. Cast-le-Guildo	100a
1350	Le Chatelet	St. Cast-le-Guildo	100a
1351	Des Chevrets	St. Coulomb/La Guimorais	101a
1352	Le P'tit Bois	St. Jouan-des-Guérêts	101a
1353	Longchamp	St. Lunaire/Dinard	101a
1354	La Ville Huchet	St. Malo	101a
1355	Ar Kleguer	St. Pol-de-Léon	99a
1356	De Trologot	St. Pol-de-Léon	99a
1357	Ty-Coët	Surzur	100b
1358	Armorique	Telgruc-sur-Mer	99b
1359	Sites & Paysages Le Panoramic	Telgruc-sur-Mer	99b
1360	Domaine les Peupliers	Tinténiac	31 B2
1361	Flower camping Les Capucines	Trédrez	99a
1362	RCN Port l'Épine	Trélévern	99a
1363	Le Conleau	Vannes	100b
1364	Du Haras	Vannes-Meucon/Monterblanc	100b
1365	Le Pô Doré	Allonnes	41 A1
1366	Camping Le Parc de Vaux	Ambrières-les-Vallées	31 B2
1367	du Lac de Maine	Angers	40 B1
1368	Le Moulin de l'Eclis	Assérac	105
1369	Campilô	Aubigny	107
1370	Beauchêne	Avrillé	107
1371	Domaine Le Midi	Barbâtre	106
1372	Les Paludiers	Batz-sur-Mer	105
1373	Mun. du Val de Braye	Bessé-sur-Braye	32 A3
1374	Camping Le Chaponnet	Brem-sur-Mer	107
1375	La Trévillière	Brétignolles-sur-Mer	107
1376	Sites & Paysages de l'Etang	Brissac-Quincé	41 A1
1377	Le Septentrion	Brûlon	32 A3
1378	L'Île Cariot	Chaillé-les-Marais	40 B2
1379	de Coulvée	Chemillé	40 B1
1380	RCN La Ferme du Latois	Coëx	107
1381	La Vallée des Vignes	Concourson-sur-Layon	41 A1
1382	Parc de Montsabert	Coutures	41 A1
1383	Camping des Conches	Damvix	40 B2
1384	Les Portes de l'Anjou	Durtal	32 A3
1385	Le Domaine de Beaulieu	Givrand/St.Gilles-Croix-de-Vie	106
1386	L'Hermitage	Guémené-Penfao	31 B3
1387	Camping La Fontaine	Guérande	105
1388	Domaine de Léveno	Guérande	105
1389	La Pindière	Héric	31 B3
1390	L'Oceano d'Or	Jard-sur-Mer	107
1391	Camping de la Bosse	L'Épine	106
1392	Campéole La Grande Côte	La Barre-de-Monts	106
1393	La Roseraie	La Baule	105
1394	Les Écureuils	La Bernerie-en-Retz	105
1395	Le Pin Parasol	La Chapelle-Hermier	107
1396	Le Ranch	La Plaine-sur-Mer	105
1397	Sites & Paysages La Tabardière	La Plaine-sur-Mer	105
1398	Du Jard GC	La Tranche-sur-Mer	107
1399	La Grande Vallée	La Tranche-sur-Mer	107
1400	La Falaise	La Turballe	105

INDEX

1401	**Le Petit Paris** Le Château-d'Olonne	107
1402	**Le Puits Rochais** Le Château-d'Olonne	107
1403	**Les Fosses Rouges** Le Château-d'Olonne	107
1404	**de l'Océan Village et Spa** Le Croisic	105
1405	**La Grisse** Le Givre	107
1406	**La Bretèche** Les Epesses	40 B1
1407	**Les Brillas** Les Moutiers-en-Retz	105
1408	**Le Val de Loire** Les Rosiers-sur-Loire	41 A1
1409	**Le Petit Rocher** Longeville-sur-Mer	107
1410	**La Plage** Mansigné	32 A3
1411	**Du Lac des Varennes** Marçon	32 A3
1412	**La Promenade** Montjean-sur-Loire	40 B1
1413	**Le Thouet** Montreuil-Bellay	41 A1
1414	**Les Nobis d'Anjou** Montreuil-Bellay	41 A1
1415	**Nantes Camping** Nantes	40 B1
1416	**Indigo Noirmoutier** Noirmoutier-en-l'Île	106
1417	**Seasonova Camp. Port Mulon** Nort-sur-Erdre	31 B3
1418	**Domaine des Renardières** Notre-Dame-de-Riez	106
1419	**Le Nid d'Été** Olonne-sur-Mer	107
1420	**Parc du Guibel** Piriac-sur-Mer	105
1421	**La Boutinardière** Pornic	105
1422	**Le Patisseau** Pornic	105
1423	**Du Bugeau** Pornichet	105
1424	**Seasonova Les Plages de Loire** Rochefort-sur-Loire	40 B1
1425	**Ile d'Offard** Saumur	41 A1
1426	**De La Forêt** Sillé-le-Guillaume	32 A3
1427	**Indigo Les Molières** Sillé-le-Guillaume	32 A3
1428	**Le Fief** St. Brévin-les-Pins	105
1429	**La Plage** St. Hilaire-de-Riez	106
1430	**La Plage de Riez** St. Hilaire-de-Riez	106
1431	**La Grand' Métairie** St. Hilaire-la-Forêt	107
1432	**Sites & Paysages Chantepie** St. Hilaire-St-Florent	41 A1
1433	**Aux Coeurs Vendéens** St. Jean-de-Monts	106
1434	**Campéole Les Sirènes** St. Jean-de-Monts	106
1435	**Campéole Plage des Tonnelles - Dornier** St. Jean-de-Monts	106
1436	**Camping-Caravaning La Forêt** St. Jean-de-Monts	106
1437	**l'Océan** St. Jean-de-Monts	106
1438	**La Davière Plage** St. Jean-de-Monts	106
1439	**La Prairie** St. Jean-de-Monts	106
1440	**La Yole** St. Jean-de-Monts	106
1441	**Le Bois Joly** St. Jean-de-Monts	106
1442	**du Chêne** St. Julien-de-Concelles	40 B1
1443	**Château La Forêt** St. Julien-des-Landes	107
1444	**Flower Camping La Bretonnière** St. Julien-des-Landes	107
1445	**La Garangeoire** St. Julien-des-Landes	107
1446	**Village de la Guyonnière** St. Julien-des-Landes	107
1447	**Le Rouge Gorge** St. Laurent-sur-Sèvre	40 B1
1448	**Le Colombier** St. Martin-Lars-en-Ste-Hermine	40 B1
1449	**Flower camping Du Bord de Mer** St. Michel-Chef-Chef/Tharon Pl.	105
1450	**La Dive** St. Michel-en-l'Herm	40 B2
1451	**Camping La Boulogne** St. Philbert-de-Grand-Lieu	40 B1
1452	**La Bolée d'Air** St. Vincent-sur-Jard	107
1453	**Loyada** Talmont-St-Hilaire	107
1454	**Sun Océan** Talmont-St-Hilaire	107
1455	**Yelloh! Village Le Littoral** Talmont-St-Hilaire	107
1456	**du Lac** Tuffé	32 A3
1457	**de la Motte** Vendrennes	40 B1
1458	**Camping Le Pont Romain** Yvré-l'Evêque	32 A3
1459	**de Courte Vallée** Airvault	41 A1
1460	**Du Futur** Avanton	41 A2
1461	**Les Sables** Aytré/La Rochelle	104b
1462	**Marco de Bignac** Bignac	41 A2
1463	**Le Bois Vert** Bois Vert/Com. du Tallud	41 A1
1464	**Les Saumonards** Boyardville	108
1465	**Du Bois de St. Hilaire** Chalandray	41 A1
1466	**Camping Au Port-Punay** Châtelaillon-Plage	104b
1467	**L'Océan** Châtelaillon-Plage	104b

#	Name	Location	Page
1468	**Le Village Corsaire des 2 Plages**	Châtelaillon-Plage	104b
1469	**Le Moulin**	Chef-Boutonne	41 A2
1470	**Le Réjallant**	Condac	41 A2
1471	**Sites & Paysages Les Peupliers**	Couhé	41 A2
1472	**de la Venise Verte**	Coulon	40 B2
1473	**Camping La Garenne**	Courçon	40 B2
1474	**La Cailletière**	Dolus-d'Oléron	108
1475	**Ostrea**	Dolus-d'Oléron	108
1476	**Castel Camping Les Gorges du Chambon**	Eymouthiers/Montbron	41 A2
1477	**Le Petit Trianon de Saint Ustre**	Ingrandes	41 A1
1478	**Au Petit Port de l'Houmeau**	L'Houmeau	104b
1479	**La Tour des Prises**	La Couarde-sur-Mer	104b
1480	**La Grainetière**	La Flotte-en-Ré	104b
1481	**La Roche-Posay Vacances**	La Roche-Posay	41 A1
1482	**Campéole Les Amis de la Plage**	Le Bois-Plage-en-Ré	104b
1483	**Les Varennes**	Le Bois-Plage-en-Ré	104b
1484	**Airotel Oléron**	Le Château-d'Oléron	108
1485	**La Brande**	Le Château-d'Oléron	108
1486	**Le Fief Melin**	Le Château-d'Oleron/La Gaconn.	108
1487	**La Motte**	Le Fouilloux	41 A3
1488	**Camping-Club Les Pins**	Le Grand-Village-Plage	108
1489	**Le Maine**	Le Grand-Village-Plage	108
1490	**Beausoleil**	Les Mathes	108
1491	**La Palombière**	Les Mathes	108
1492	**La Clé des Champs**	Les Mathes/La Palmyre	108
1493	**La Pinède**	Les Mathes/La Palmyre	108
1494	**Les Ilates**	Loix (Île de Ré)	104b
1495	**Le Martin-Pêcheur**	Magné	40 B2
1496	**Au Bon Air**	Marennes	108
1497	**Le Soleil Levant**	Meschers	108
1498	**Moulins de la Vergne**	Pons	40 B2
1499	**Municipal de la Garenne**	Port-des-Barques	108
1500	**Le Beaulieu**	Puilboreau/La Rochelle	104b
1501	**Campéole Le Platin**	Rivedoux-Plage	104b
1502	**Campéole Clairefontaine**	Royan	108
1503	**Le Royan**	Royan	108
1504	**Du Lac**	Saujon	108
1505	**Les Baleines**	St. Clément-des-Baleines	104b
1506	**Camping du Lac de Saint-Cyr**	St. Cyr	41 A1
1507	**Les Seulières**	St. Denis-d'Oléron	108
1508	**La Campière**	St. Georges-d'Oléron	108
1509	**Le Domaine d'Oléron**	St. Georges-d'Oléron	108
1510	**Le Suroit**	St. Georges-d'Oléron	108
1511	**Les Gros Joncs GC**	St. Georges-d'Oléron	108
1512	**Dom. de la Fôret de Suzac/Ocean Vacances**	St. Georges-de-Didonne	108
1513	**Ideal Camping**	St. Georges-de-Didonne	108
1514	**Le Lidon**	St. Hilaire-la-Palud	40 B2
1515	**Val de Boutonne**	St. Jean-d'Angely	40 B2
1516	**Des Deux Plages**	St. Palais-sur-Mer	108
1517	**Puits de l'Auture**	St. Palais-sur-Mer	108
1518	**La Perroche Plage**	St. Pierre-d'Oléron	108
1519	**Le Sous Bois**	St. Pierre-d'Oléron	108
1520	**Les Etangs Mina**	St. Sornin	108
1521	**La Combinette**	St. Trojan	108
1522	**Camping de la Gères**	Surgères	40 B2
1523	**Le Nauzan-Plage**	Vaux-sur-Mer	108
1524	**Le Moulin de Mellet**	Agen/St. Hilaire-de-Lusignan	52 A1
1525	**Fontaine Vieille**	Andernos-les-Bains	40 B3
1526	**Huttopia Lanmary**	Antonne-et-Trigonant	41 A3
1527	**La Canadienne**	Arès	40 B3
1528	**Le Grand Dague**	Atur/Périgueux	41 A3
1529	**Le Braou**	Audenge	40 B3
1530	**Le Chêne du Lac**	Bayas/St. Émilion	41 A3
1531	**Les 2 Lacs**	Beauville	115b
1532	**Camping Les Nauves**	Belvès	109a
1533	**RCN Le Moulin de la Pique**	Belvès	109a
1534	**La Pelouse**	Bergerac	41 A3
1535	**Camping + Residence Oyam**	Bidart	115a

1536 **Ilbarritz** Bidart	115a
1537 **Sunêlia Berrua** Bidart	115a
1538 **Ur-Onea** Bidart	115a
1539 **Bimbo** Biscarrosse	116
1540 **Campéole Navarrosse** Biscarrosse	116
1541 **Mayotte Vacances** Biscarrosse	116
1542 **Campéole Le Vivier** Biscarrosse-Plage	116
1543 **Campéole Plage Sud** Biscarrosse-Plage	116
1544 **Village du Lac Camping de Bordeaux** Bordeaux/Bruges	40 B3
1545 **Brantôme Peyrelevade** Brantôme	41 A3
1546 **Camping Maisonneuve** Castelnaud-la-Chapelle	109a
1547 **Sites & Paysages Les Pastourels** Castelnaud/Veyrines-de-Domme	109a
1548 **Le Pech de Caumont** Cénac-et-Saint-Julien	109a
1549 **Le Clou** Coux-et-Bigaroque	109a
1550 **La Peyrugue** Daglan	109a
1551 **Le Moulin de Paulhiac** Daglan	109a
1552 **Sites & Paysages Fontaine du Roc** Dévillac/Villeréal	115b
1553 **Le Bosquet** Domme	109a
1554 **Le Perpetuum** Domme	109a
1555 **Lestaubière** Douville	41 A3
1556 **Orphéo Negro** Douville	41 A3
1557 **Le Cabri Holiday Village** Duras	52 A1
1558 **Biper Gorri** Espelette	51 A2
1559 **Les Granges** Groléjac	109a
1560 **Ametza** Hendaye	115a
1561 **Les Ourmes** Hourtin-Port	40 B3
1562 **Hiriberria** Itxassou	51 B2
1563 **Beau Rivage** La Roque-Gageac	109a
1564 **Sylvamar** Labenne-Océan	51 A2
1565 **Le Tedey** Lacanau-Lac	40 B3
1566 **Yelloh! Village Les Grands Pins** Lacanau-Océan	40 B3
1567 **Sites & Paysages Saint-Louis** Lamontjoie	52 A1
1568 **Les Trois Caupain** Le Bugue	109a
1569 **Rocher de la Granelle** Le Bugue	109a
1570 **Du Pont de Vicq En Périgord** Le Buisson-de-Cadouin	109a
1571 **La Rivière** Les Eyzies-de-Tayac	109a
1572 **Le Pech Charmant** Les Eyzies-de-Tayac	109a
1573 **La Ferme de Perdigat** Limeuil	109a
1574 **Le Port de Limeuil** Limeuil/Alles-sur-Dordogne	109a
1575 **Du Pont** Lisle	41 A3
1576 **Le Rey** Louvie-Juzon	51 B2
1577 **Airotel Le Vieux Port** Messanges	116
1578 **Albret-Plage** Messanges	116
1579 **La Côte** Messanges	116
1580 **Les Acacias** Messanges	116
1581 **Le Village Tropical Sen Yan** Mézos	116
1582 **Airotel Club Marina-Landes** Mimizan-Plage-Sud	116
1583 **Le Saint Martin** Moliets-Plage	116
1584 **Laborde** Monflanquin	115b
1585 **La Lénotte** Monplaisant	109a
1586 **Centre Helio-Marin (CHM) Monta** Montalivet	40 B3
1587 **Campéole Médoc Plage** Montalivet-les-Bains	40 B3
1588 **Le Moulin du Bleufond** Montignac	109a
1589 **La Fage** Montignac/Lascaux	109a
1590 **Du Lac** Ondres	51 A2
1591 **L'Arbre d'Or** Parentis-en-Born	116
1592 **Camping de la Bastide** Pineuilh/Ste Foy-la-Grande	41 A3
1593 **Le Lac** Plazac	109a
1594 **Lot & Bastides à Pujols** Pujols	115b
1595 **Panorama du Pyla** Pyla-sur-Mer	116
1596 **du Vieux Château** Rauzan	41 A3
1597 **Bleu Soleil** Rouffignac-St-Cernin	109a
1598 **Domaine d'Esperbasque** Salies-de-Béarn	51 B2
1599 **Des Bastides** Salles	115b
1600 **Campéole Le Lac Sanguinet** Sanguinet	116
1601 **Les Grands Pins** Sanguinet	116
1602 **Le Moulin du Roch** Sarlat	109a

№	Name	Location	Page
1603	Indigo Sarlat les Périères	Sarlat-la-Canéda	109a
1604	Les Acacias	Sarlat-la-Canéda	109a
1605	Les Terrasses du Périgord	Sarlat-la-Canéda	109a
1606	Le Plein Air des Bories	Sarlat/Carsac	109a
1607	Les Tailladis	Sarlat/Marcillac	109a
1608	Moulin du Périé	Sauveterre-la-Lémance	115b
1609	Juantcho	Socoa/Urrugne	115a
1610	Flower camping des Pins	Soulac-sur-Mer	108
1611	Les Lacs	Soulac-sur-Mer	108
1612	Soulac-Plage	Soulac-sur-Mer	108
1613	de La Pélonie	St. Antoine-d'Auberoche	41 A3
1614	Flower Camping Le Pontet	St. Astier	41 A3
1615	Saint Avit Loisirs	St. Avit-de-Vialard	109a
1616	Les Peneyrals	St. Crépin-Carlucet/Sarlat	109a
1617	Camping Le Céou	St. Cybranet	109a
1618	Yelloh St. Émilion	St. Émilion	41 A3
1619	Les Ormes	St. Étienne-de-Villeréal	115b
1620	Campéole Les Tourterelles	St. Girons-Plage	116
1621	Eurosol	St. Girons-Plage	116
1622	Atlantica	St. Jean-de-Luz	115a
1623	Bord de Mer	St. Jean-de-Luz	115a
1624	International Erromardie	St. Jean-de-Luz	115a
1625	Itsas Mendi	St. Jean-de-Luz	115a
1626	La Ferme Erromardie	St. Jean-de-Luz	115a
1627	Tamaris Plage	St. Jean-de-Luz	115a
1628	Narbaïtz - Vacances Pyrénées Basques	St. Jean-Pied-de-Port	51 B2
1629	Maisonneuve	St. Jory-de-Chalais	41 A3
1630	Le Mondou	St. Julien-de-Lampon	109a
1631	Le Paradis	St. Léon-sur-Vézère	109a
1632	Chez Gendron	St. Palais	40 B3
1633	d'Ibarron	St. Pée-sur-Nivelle	115a
1634	Wakan Tanka - La Bûcherie	St. Saud-Lacoussière	41 A2
1635	Municipal Le Camping du Lac	Ste Eulalie-en-Born	116
1636	La Palombière	Ste Nathalène	109a
1637	du Pont d'Abense	Tardets/Abense-de-Haut	51 B2
1638	Le Repaire	Thiviers	41 A3
1639	La Castillonderie	Thonac/Montignac	109a
1640	Le Vézère Périgord	Tursac	109a
1641	Col d'Ibardin	Urrugne	115a
1642	Larrouleta	Urrugne	115a
1643	Suhiberry	Urrugne	115a
1644	Les Acacias	Vensac	40 B3
1645	La Plage	Vézac	109a
1646	Les Deux Vallées	Vézac	109a
1647	Arnaoutchot (FKK)	Vielle-St-Girons	116
1648	Le Col Vert	Vielle-St-Girons	116
1649	Parc Touristique L'Etang Bleu	Vieux-Mareuil	41 A3
1650	La Bastide	Villefranche-du-Périgord	115b
1651	Moulin de Campech	Villefranche-du-Queyran	52 A1
1652	La Bouysse de Caudon	Vitrac	109a
1653	Paris-Est	Champigny-sur-Marne	33 A2
1654	Les Petits Prés	Dourdan	32 B2
1655	International de Jablines	Jablines	33 A2
1656	International Maisons-Laffitte	Maisons-Laffitte	32 B2
1657	Le Bois de la Justice	Monnerville	32 B3
1658	Le Chêne Gris	Pommeuse	33 A2
1659	Huttopia Rambouillet	Rambouillet	32 B2
1660	Héliomonde	St. Chéron	32 B2
1661	Le Village Parisien Varreddes	Varreddes	33 A2
1662	Les Courtilles du Lido	Veneux-les-Sablons	33 A3
1663	Huttopia Versailles	Versailles	32 B2
1664	Le Moulin	Andelot-Blancheville	33 B3
1665	De la Forêt	Arrigny	33 B2
1666	Hautoreille	Bannes	33 B3
1667	Les Hirondelles	Bourg-Ste-Marie	34 A3
1668	Camping de Châlons-en-Champagne	Châlons-en-Champagne	33 B2
1669	Du Tertre	Dienville	33 B3
1670	Ferme de la Croisée	Flagey	33 B3
1671	Les Rives du Lac/L'Epine aux Moines	Géraudot-Plage	33 B3

#	Name	Location	Ref
1672	Du Lac des Vieilles Forges	Les Mazures	33 B1
1673	Résidence du Banel	Matton-et-Clemency	33 B1
1674	Du Chateau	Montigny-le-Roi	34 A3
1675	Le Lac de la Liez	Peigney	33 B3
1676	La Croix d'Arles	Saints-Geosmes/Langres	33 B3
1677	La Noue des Rois	St. Hilaire-sous-Romilly	33 A2
1678	La Forge de Ste Marie	Thonnance-les-Moulins	33 B3
1679	Camping du Lac de la Villegusien	Villegusien-le-Lac	33 B3
1680	Ramstein Plage	Baerenthal	34 B2
1681	La Croix du Bois Sacker	Burtoncourt	34 A2
1682	Le Domaine de Champé	Bussang	104a
1683	Pole Hébergement Pierre Percée Pays des	Celles-sur-Plaine	34 A2
1684	Sites & Paysages Au Clos de la Chaume	Corcieux	104a
1685	Parc du Château	Épinal	104a
1686	Les Sapins	Gérardmer	104a
1687	Flower Camping La Sténiole	Granges-sur-Vologne	104a
1688	Domaine des Messires	Herpelmont	104a
1689	Camping de la Pelouse	Jaulny	34 A2
1690	Domaine du Haut des Bluches	La Bresse	104a
1691	de Noirrupt	Le Tholy	104a
1692	Les Boucles de la Moselle	Liverdun	34 A2
1693	Piscine du Plan Incliné	Lutzelbourg	34 B2
1694	Campéole Le Brabois	Nancy/Villers-lès-Nancy	34 A2
1695	de l'Hermitage	Plombières-les-Bains	104a
1696	Fraiteux	Plombières-les-Bains/Ruaux	104a
1697	Club Lac de Bouzey	Sanchey	104a
1698	Les Deux Ballons	St. Maurice-sur-Moselle	104a
1699	Camping Muhlenbach	Sturzelbronn	34 B2
1700	Du Mettey	Vagney	104a
1701	Les Breuils	Verdun	33 B2
1702	Villey-le-Sec	Villey-le-Sec	34 A2
1703	Les Bouleaux	Vilsberg	34 B2
1704	Camping de Vittel	Vittel	34 A3
1705	Flower Camping Verte Vallée	Xonrupt-Longemer	104a
1706	Les Jonquilles	Xonrupt-Longemer	104a
1707	Campéole Le Giessen	Bassemberg	34 B3
1708	Les Cigognes	Cernay	104a
1709	Indigo Camping de l'Ill	Colmar/Horbourg-Wihr	104a
1710	Les Trois Châteaux	Eguisheim	104a
1711	Wagelrott	Erstein	34 B3
1712	Municipal Molsheim	Molsheim	34 B2
1713	Camping de l'Ill	Mulhouse	104a
1714	Vauban	Neuf-Brisach	104a
1715	L'Oasis	Oberbronn	34 B2
1716	Mun. Le Vallon de l'Ehn	Obernai	34 B2
1717	Les Bouleaux	Ranspach	104a
1718	Seasonova Les Portes d'Alsace	Saverne	34 B2
1719	ClairVacances	Ste Croix-en-Plaine	104a
1720	Les Reflets du Val d'Argent	Ste Marie-aux-Mines	104a
1721	Le Médiéval	Turckheim	104a
1722	Les Chambons	Argenton-sur-Creuse	41 B2
1723	Les Étangs	Aubigny-sur-Nère	41 B1
1724	La Mignardière	Ballan-Miré	41 A1
1725	Le Val de Blois	Blois/Vineuil	32 B3
1726	du Bois de Chièvre	Bonneval	32 B3
1727	Indigo Les Châteaux	Bracieux	41 B1
1728	Loire et Châteaux	Bréhémont	41 A1
1729	Le Martinet	Briare-le-Canal	33 A3
1730	Kawan Village La Grande Tortue	Candé-sur-Beuvron	41 B1
1731	Les Bords de l'Eure	Chartres	32 B3
1732	Les Coteaux du Lac	Chemillé-sur-Indrois	41 B1
1733	Sites & Paysages Les Saules	Cheverny	41 B1
1734	Parc de Loisirs Le Val Fleuri	Cloyes-sur-le-Loir	32 B3
1735	Eguzon La Garenne	Éguzon	41 B2
1736	Couleurs du Monde	Faverolles-sur-Cher	41 B1
1737	Le Moulin Fort	Francueil/Chenonceaux	41 B1
1738	Le Bois Fleuri	Illiers-Combray	32 B3

1739	**L'Isle aux Moulins** Jargeau	32 B3
1740	**Les Abrias du Perche** La Ferté-Vidame	32 A2
1741	**Robinson** La Guerche-sur-l'Aubois	42 A1
1742	**Les Acacias** La Ville-aux-Dames	41 A1
1743	**La Citadelle** Loches	41 A1
1744	**Les Granges** Luynes	41 A1
1745	**Yelloh! Village Parc du Val de Loire** Mesland	41 B1
1746	**de la Grange Rouge** Montbazon	41 A1
1747	**Les Peupliers** Montlouis-sur-Loire	41 A1
1748	**Le Bonhomme** Néret	41 B2
1749	**La Grande Sologne** Nouan-le-Fuzelier	41 B1
1750	**Sites & Paysages Camping de Gien** Poilly-lez-Gien/Gien	33 A3
1751	**Huttopia Rillé** Rillé	41 A1
1752	**Camping de Sologne** Salbris	41 B1
1753	**Camping-Ferme de Prunay** Seillac	32 B3
1754	**Huttopia Senonches** Senonches	32 B2
1755	**L'Arada Parc** Sonzay	32 A3
1756	**La Roche** St. Amand-Montrond	41 B2
1757	**Tours Val de Loire** St. Avertin	41 A1
1758	**Les Portes de Sancerre** St. Satur	42 A1
1759	**Parc de Fierbois** Ste Catherine-de-Fierbois	41 A1
1760	**Camping La Grenouillère** Suèvres	32 B3
1761	**Le Jardin de Sully** Sully/St. Père-sur-Loire	32 B3
1762	**Sites & Pays. Château de la Rolandière** Trogues	41 A1
1763	**Les Grands Pins** Velles	41 B1
1764	**Au Coeur de Vendôme** Vendôme	32 B3
1765	**Les Ilots de St. Val** Villiers-le-Morhier	32 B2
1766	**Sites & Paysages Au Bois Joli** Andryes	42 A1
1767	**Vivacamp de l'Étang de Fouché** Arnay-le-Duc	42 B1
1768	**de la Porte d'Arroux** Autun	42 B1
1769	**De l'Arquebuse** Auxonne	42 B1
1770	**Pâquier Fané** Chagny	42 B1
1771	**Du Pont de Bourgogne** Chalon-sur-Saône/St. Marcel	42 B1
1772	**Municipal Louis Rigoly** Châtillon-sur-Seine	33 B3
1773	**de l'Ardan** Chaumot	42 A1
1774	**de l'Etang du Merle** Crux-la-Ville	42 A1
1775	**Les Halles** Decize	42 A1
1776	**La Chevrette** Digoin	42 A2
1777	**Le Village des Meuniers** Dompierre-les-Ormes	42 B2
1778	**Des 2 Rives** Étang-sur-Arroux	42 B1
1779	**De la Loire** Fourchambault	42 A1
1780	**Château de l'Epervière** Gigny-sur-Saône	42 B2
1781	**Les Deux Rivières** La Celle-en-Morvan	42 B1
1782	**Les Bruyères** La Clayette	42 B2
1783	**Le Paroy** La Tagnière	42 B1
1784	**La Héronnière** Laives	42 B2
1785	**de l'Etang du Goulot** Lormes	42 A1
1786	**Municipal de Louhans** Louhans	42 B2
1787	**Le Domaine de Louvarel** Louvarel/Champagnat	42 B2
1788	**Domaine de la Gagère** Luzy	42 B1
1789	**Airotel Château de Chigy** Luzy/Tazilly	42 A1
1790	**Camping Les Grèbes du Lac de Marcenay** Marcenay	33 B3
1791	**Le Paluet** Matour	42 B2
1792	**La Grappe d'Or** Meursault	42 B1
1793	**Les Confluents** Migennes	33 A3
1794	**Municipal de Montbard 'Les Treilles'** Montbard	33 B3
1795	**Les Mésanges** Montsauche-les-Settons	42 B1
1796	**Camping De Nevers** Nevers	42 A1
1797	**Les Genêts du Morvan** Ouroux-en-Morvan	42 A1
1798	**de Mambré** Paray-le-Monial	42 B2
1799	**Camping Vert Auxois** Pouilly-en-Auxois	42 B1
1800	**Du Moulin de Prissey** Prémeaux/Prissey	42 B1
1801	**Camping Des Sources Santenay** Santenay	42 B1
1802	**Camping de Saulieu** Saulieu	42 B1
1803	**Moulin de Collonge** St. Boil	42 B2
1804	**Camping et gîtes des Bains** St. Honoré-les-Bains	42 A1
1805	**Sites & Paysages Etang de la Fougeraie** St. Léger-de-Fougeret	42 A1
1806	**De La Boutière** St. Léger-sous-Beuvray	42 B1

#	Name	Location	Ref
1807	**Le Manoir de Bezolle**	St. Péreuse-en-Morvan	42 A1
1808	**Camping de Tournus**	Tournus	42 B2
1809	**Le National 6**	Uchizy	42 B2
1810	**Du Lac de Panthier**	Vandenesse-en-Auxois	42 B1
1811	**Les Cerisselles**	Vincelles	33 A3
1812	**Camping L'Abbaye**	Bonlieu	43 A2
1813	**Camping de Besancon - La Plage**	Chalezeule/Besançon	43 A1
1814	**Camping de Boyse**	Champagnole	43 A2
1815	**Le Grand Lac**	Clairvaux-les-Lacs	43 A2
1816	**Yelloh! Village Fayolan**	Clairvaux-les-Lacs	43 A2
1817	**l'Esplanade**	Cromary	43 A2
1818	**Du Pasquier**	Dole	43 A1
1819	**Domaine de Chalain**	Doucier	43 A2
1820	**Les Merilles**	Doucier	43 A2
1821	**La Faz**	Ecrille	43 A2
1822	**Du Bois de Reveuge**	Huanne-Montmartin	43 A1
1823	**Surchauffant**	La Tour-du-Meix	43 A2
1824	**Camping du Lac de la Seigneurie**	Leval	104a
1825	**Camping de la Forêt**	Levier	43 A1
1826	**La Marjorie**	Lons-le-Saunier	43 A2
1827	**Les Fuvettes**	Malbuisson	43 A1
1828	**Sites & Paysages Beauregard**	Mesnois/Clairvaux-les-Lacs	43 A2
1829	**Les 3 Ours**	Montbarrey	43 A1
1830	**Le Chanet**	Ornans	43 A1
1831	**La Plage Blanche**	Ounans	43 A1
1832	**Les Bords de Loue**	Parcey	43 A1
1833	**Le Moulin**	Patornay	43 A2
1834	**de l'Île**	Pont-les-Moulins	43 A1
1835	**Flower Camping Le Martinet**	St. Claude	43 A2
1836	**Au Soleil d'Oc**	Argentat	41 B3
1837	**Le Vaurette**	Argentat	41 B3
1838	**Campéole Le Coiroux**	Aubazine	41 B3
1839	**Les Îles**	Beaulieu-sur-Dordogne	41 B3
1840	**Du Château de Leychoisier**	Bonnac-la-Côte	41 B2
1841	**Creuse Nature Naturiste**	Boussac	41 B2
1842	**Le Château de Poinsouze/les Castels**	Boussac/Bourg	41 B2
1843	**Camping des Alouettes**	Cognac-la-Forêt	41 A2
1844	**La Perle**	Fourneaux	41 B2
1845	**de Courtille**	Guéret	41 B2
1846	**Camping du Lac**	Marcillac-la-Croisille	41 B3
1847	**de Montréal**	St. Germain-les-Belles	41 B2
1848	**Fréaudour**	St. Pardoux	41 B2
1849	**La Plage**	Treignac-sur-Vézère	41 B3
1850	**La Croix St-Martin**	Abrest/Vichy	42 A2
1851	**Beau Rivage sur les berges de l'Allier**	Bellerive-sur-Allier/Vichy	42 A2
1852	**La Coccinelle**	Blot-L'Église	42 A2
1853	**Les Suchères**	Buxières-sous-Montaigut	42 A2
1854	**CosyCamp**	Chamalières-sur-Loire	42 A3
1855	**De Serrette**	Chambon-sur-Lac	109b
1856	**Les Bombes**	Chambon-sur-Lac	109b
1857	**Deneuvre**	Châtel-de-Neuvre	42 A2
1858	**Le Ranch des Volcans**	Châtel-Guyon	42 A2
1859	**Les Ombrages**	Dallet	109b
1860	**Camping de la Filature**	Ebreuil	42 A2
1861	**Le Panoramique**	La Bourboule/Murat-le-Quaire	109b
1862	**Camping Le Lignon**	Le Chambon-sur-Lignon	42 B3
1863	**Le Pont d'Allagnon**	Lempdes-sur-Allagnon	109b
1864	**Château de Grange Fort**	Les Pradeaux	109b
1865	**Le Pré Bas**	Murol	109b
1866	**Le Repos du Baladin**	Murol	109b
1867	**Les Dômes**	Nébouzat	109b
1868	**Flower Camping Le Belvédère**	Neuvéglise	42 A3
1869	**Les Loges**	Nonette	109b
1870	**Les Chelles**	Olliergues	42 A2
1871	**Le Clos Auroy**	Orcet	109b
1872	**Du Viaduc**	Pers	41 B3
1873	**Indigo Royat**	Royat	109b
1874	**Hôtel de Plein Air Le Moulin de Serre**	Singles	109b

1875	Moulin de Chaules	St. Constant		52 B1
1876	La Fressange	St. Didier-en-Velay		42 B3
1877	La Clé des Champs	St. Nectaire		109b
1878	Le Viginet	St. Nectaire		109b
1879	La Rochelambert	St. Paulien		42 A3
1880	Camping Les Chanterelles	St. Rémy-sur-Durolle		42 A2
1881	de Vaubarlet	Ste Sigolène		42 B3
1882	La Bédisse	Thiézac		42 A3
1883	Le Montbartoux	Vollore-Ville		42 A2
1884	Les Moulettes	Vorey-sur-Arzon		42 A3
1885	International du Sierroz	Aix-les-Bains		43 A2
1886	Clair Matin	Allevard-les-Bains		43 A3
1887	Flower camping La Châtaigneraie	Anneyron		42 B3
1888	Les Portes du Beaujolais	Anse		42 B2
1889	Sites & Paysages Le Vaugrais	Artemare		43 A2
1890	Camping des Nations	Auberives-sur-Varèze		42 B3
1891	Yelloh! Village Au Joyeux Réveil	Autrans		43 A3
1892	Domaine du Merle Roux - France Loc	Baix		122
1893	La Route Bleue	Balbigny		42 B2
1894	Le Gallo-Romain	Barbières		122
1895	Des Trois Lacs	Belmont-Tramonet		43 A3
1896	Domaine de l'Écluse	Bénivay-Ollon/Buis-les-Baronn.		118a
1897	Yelloh! Village Les Bois du Châtelas	Bourdeaux		122
1898	Le Lion	Bourg-St-Andéol		121
1899	Val d'Ambin Bramans-Vanoise	Bramans-en-Vanoise		43 A3
1900	Domaine La Gautière	Buis-les-Baronnies		118a
1901	La Fontaine d'Annibal	Buis-les-Baronnies		118a
1902	Municipal Le Savoy	Challes-les-Eaux		43 A3
1903	Château de Galaure	Châteauneuf-de-Galaure		42 B3
1904	Le Soleil Fruité	Châteauneuf-sur-Isère		122
1905	VivaCamp Le Lac Bleu	Châtillon-en-Diois		122
1906	La Digue	Chauzon		121
1907	du Lac	Cormoranche-sur-Saône		42 B2
1908	Les Clorinthes	Crest		122
1909	Campeole Lac des Sapins	Cublize/Amplepuis		42 B2
1910	VivaCamp Le Colombier	Culoz		43 A2
1911	Camping Les Charmilles	Darbres		121
1912	Chamarges	Die		122
1913	Le Glandasse	Die		122
1914	Le Riou-Merle	Die		122
1915	Huttopia Dieulefit	Dieulefit		122
1916	Le Domaine des Grands Prés	Dieulefit		122
1917	Indigo Divonne - Le Fleutron	Divonne-les-Bains		43 A2
1918	Campéole La Nublière	Doussard		110
1919	La Ferme de la Serraz	Doussard		110
1920	Mun. Les Champs Fleuris	Duingt		110
1921	l'Oasis	Eclassan		42 B3
1922	L'Arc en Ciel	Entre-deux-Guiers		43 A3
1923	Campéole La Pinède	Excenevex-Plage		43 A2
1924	Vivacamp La Grappe Fleurie	Fleurie		42 B2
1925	Les 4 Saisons	Grâne		122
1926	Les 4 Saisons	Gresse-en-Vercors		123
1927	Le Château	Hauterives		42 B3
1928	Les 12 Cols	Hauteville-Lompnès		43 A2
1929	La Nouzarède	Joyeuse		121
1930	La Ferme de Clareau	La Motte-Chalancon		122
1931	Sites & Paysages Belle Roche	Lalley		123
1932	Camping de Retourtour	Lamastre		42 B3
1933	l'Eden de la Vanoise	Landry		43 A3
1934	Camping Caravaneige de Val Cenis	Lanslevillard		43 A3
1935	Domaine Les Ranchisses	Largentière		121
1936	l'Idéal	Lathuile		110
1937	Les Châtaigniers Camping	Laurac-en-Vivarais		121
1938	La Cascade	Le Bourg-d'Oisans		123
1939	RCN Belledonne	Le Bourg-d'Oisans		43 A3
1940	Sites & Pays. A la Rencontre du Soleil	Le Bourg-d'Oisans		123
1941	Les Roches	Le Crestet		42 B3
1942	l'Escale	Le Grand-Bornand		43 A2
1943	Le Grand Cerf	Le Grand-Serre		42 B3

INDEX

1944 **Le Curtelet** Lépin-le-Lac	43 A3
1945 **Les Peupliers** Lépin-le-Lac	43 A3
1946 **Le Chambourlas** Les Ollières-sur-Eyrieux	121
1947 **VivaCamp Le Mas de Champel** Les Ollières-sur-Eyrieux	121
1948 **Lou Rouchetou** Les Vans	121
1949 **Les Foulons** Luc-en-Diois	122
1950 **La Vieille-Eglise** Lugrin	43 A2
1951 **Champ la Chèvre** Lus-la-Croix-Haute	123
1952 **VivaCamp Ludo Camping** Lussas	121
1953 **Camping Indigo International de Lyon** Lyon/Dardilly	42 B2
1954 **Champ Tillet** Marlens	43 A2
1955 **Les Bastets** Marsanne	122
1956 **VivaCamp Lac du Lit du Roi** Massignieu-de-Rives	43 A2
1957 **Les Gorges de l'Oignin** Matafelon-Granges	43 A2
1958 **Camping de Savel** Mayres-Savel	123
1959 **Les Buissonnets** Méaudre	43 A3
1960 **Le Ventadour** Meyras	121
1961 **Gervanne Camping** Mirabel-et-Blacons	122
1962 **La Plaine Tonique** Montrevel-en-Bresse	42 B2
1963 **La Grivelière** Montrigaud	42 B3
1964 **L'Île de la Comtesse** Murs-et-Gélignieux	43 A3
1965 **Sites & Paysages La Colombière** Neydens	43 A2
1966 **Les Terrasses Provençales** Novézan/Venterol/Nyons	122
1967 **Sites & Paysages Bel'Epoque du Pilat** Pelussin	42 B3
1968 **Ser Sirant** Petichet/St. Théoffrey	123
1969 **Aux Rives du Soleil** Pont-de-Vaux	42 B2
1970 **Champ d'Été** Pont-de-Vaux	42 B2
1971 **Les Ripettes** Pont-de-Vaux	42 B2
1972 **Du Pont** Pradons/Ruoms	121
1973 **Les Coudoulets** Pradons/Ruoms	121
1974 **Domaine du Couriou** Recoubeau-Jansac	122
1975 **Domaine Arleblanc Camping** Rosières	121
1976 **Camping de Roybon** Roybon	42 B3
1977 **Le Madrid** Rumilly	43 A2
1978 **Peyroche** Ruoms	121
1979 **Sites & Paysages Le Petit Bois** Ruoms	121
1980 **Sunêlia Aluna Vacances** Ruoms	121
1981 **Les Ramières** Sahune	122
1982 **Les Chapelains** Saillans	122
1983 **Camping Caravaneige Le Giffre** Samoëns	43 A2
1984 **Flower camping Le Rivièra** Sampzon	121
1985 **RCN La Bastide en Ardèche** Sampzon/Ruoms	121
1986 **Au Coeur du Lac** Sévrier	110
1987 **l'Aloua** Sévrier	110
1988 **Le Panoramic** Sévrier	110
1989 **Sunêlia Le Ranc Davaine** St. Alban-Auriolles/Ruoms	121
1990 **Le Sougey** St. Alban-de-Montbel	43 A3
1991 **Domaine La Garenne** St. Avit	42 B3
1992 **Le Daxia** St. Clair-du-Rhône	42 B3
1993 **Campéole Le Val de Coise** St. Galmier	42 B3
1994 **Les Bords du Guiers** St. Genix-sur-Guiers	43 A3
1995 **Nature & Lodge Les Dômes de Miage** St. Gervais-les-Bains	43 A2
1996 **Des Grands Cols** St. Jean-de-Maurienne	43 A3
1997 **Le Castelet** St. Jean-de-Muzols/Tournon-s-R	122
1998 **Les Arches** St. Jean-le-Centenier	121
1999 **Europa** St. Jorioz	110
2000 **International du Lac d'Annecy** St. Jorioz	110
2001 **Le Crétoux** St. Jorioz	110
2002 **Le Solitaire du Lac** St. Jorioz	110
2003 **L'Albanou** St. Julien-en-St-Alban	122
2004 **La Garenne** St. Laurent-du-Pape	122
2005 **Des Gorges** St. Martin-d'Ardèche	121
2006 **Indigo Le Moulin** St. Martin-d'Ardèche	118a
2007 **Les Plages de l'Ain** St. Maurice-de-Gourdans	42 B2
2008 **Domaine de la Dombes** St. Paul-de-Varax	42 B2
2009 **D'Arpheuilles** St. Paul-de-Vézelin	42 B2

2010	**Lac de Carouge** St. Pierre-d'Albigny		43 A3
2011	**Sites & Paysages De Martinière** St. Pierre-de-Chartreuse		43 A3
2012	**Le Paradou** St. Priest-la-Prugne		42 A2
2013	**Le Plan d'Eau** St. Privat		121
2014	**Le Lac du Marandan** St. Romans (Isère)		42 B3
2015	**Camping de la Claysse** St. Sauveur-de-Cruzières		53 B1
2016	**l'Ardéchois** St. Sauveur-de-Montagut		121
2017	**Au Pré du Lac** St. Theoffrey/Petichet		123
2018	**Le Médiéval** St. Thomé		121
2019	**Saint Disdille** Thonon-les-Bains		43 A2
2020	**Camping de Tournon HPA** Tournon-sur-Rhône		122
2021	**Les Acacias** Tournon-sur-Rhône		122
2022	**Camping d'Herbelon** Treffort		123
2023	**Camping de la Plage** Treffort		123
2024	**Sites & Paysages Les 3 Lacs du Soleil** Trept		42 B2
2025	**Sites & Paysages Kanopee Village** Trévoux		42 B2
2026	**Les Rives de l'Aygues** Tulette		118a
2027	**Domaine de Gil** Ucel/Aubenas		121
2028	**Beau Rivage** Vallon-Pont-d'Arc		121
2029	**Domaine de L'Esquiras** Vallon-Pont-d'Arc		121
2030	**International Camping** Vallon-Pont-d'Arc		121
2031	**Mondial Camping** Vallon-Pont-d'Arc		121
2032	**Domaine de Chadeyron** Vallon-Pont-d'Arc/Lagorce		121
2033	**Les Acacias** Vercheny		122
2034	**Le Nid du Parc** Villars-les-Dombes		42 B2
2035	**Camping Parc Beaujolais** Villefranche-sur-Saône		42 B2
2036	**Domaine le Pommier** Villeneuve-de-Berg		121
2037	**Le Bois de Cornage** Vizille		123
2038	**Le Renom** Vonnas		42 B2
2039	**La Châtaigneraie** Agos-Vidalos		117
2040	**Camping la Belle Etoile** Aguessac		119
2041	**Le Domaine du Castex** Aignan		52 A2
2042	**Des Grottes** Alliat/Niaux		52 B2
2043	**Les Trois Vallées** Argelès-Gazost		117
2044	**La Bergerie** Argelès-Gazost/Ayzac-Ost		117
2045	**Le Malazéou** Ax-les-Thermes		52 B3
2046	**Le Monlôo** Bagnères-de-Bigorre		52 A2
2047	**Deth-Potz** Boô-Silhen		117
2048	**Camping de la Besse** Camon		52 B2
2049	**Soleil Levant** Canet-de-Salars		53 A1
2050	**L'Eau Vive** Carennac		41 B3
2051	**Château de Lacomté** Carlucet		109a
2052	**Pré Fixe** Cassagnabère		52 A2
2053	**l'Eglantière** Castelnau-Magnoac		52 A2
2054	**Cabaliros** Cauterets		117
2055	**De la Bonnette** Caylus		52 B1
2056	**Le Clos de la Lère** Cayriech		52 B1
2057	**Etang du Camp** Conques/Sénergues		52 B1
2058	**Camping Camp Redon** Cordes-sur-Ciel		52 B1
2059	**Le Moulin de Julien** Cordes-sur-Ciel		52 B1
2060	**Campéole Les Reflets du Quercy** Crayssac		115b
2061	**Du Port** Creysse		109a
2062	**Camping le Val de Saures** Entraygues-sur-Truyère		52 B1
2063	**Pyrénées Natura** Estaing		117
2064	**Le Port de Lacombe** Flagnac		52 B1
2065	**Domaine Le Quercy** Gourdon		109a
2066	**L'Arize** La Bastide-de-Sérou		52 B2
2067	**Le Papillon** La Cresse		119
2068	**Le Camp de Florence** La Romieu		52 A1
2069	**Camping Ruisseau du Treil** Larnagol		52 B1
2070	**Le Petit Pyrénéen** Le Mas-d'Azil		52 B2
2071	**La Régate** Léran		52 B2
2072	**La Pène Blanche** Loudenvielle		52 A2
2073	**Camping de Sarsan** Lourdes		117
2074	**La Forêt** Lourdes		117
2075	**Le Moulin du Monge** Lourdes		117
2076	**Pradelongue** Luchon/Moustajon		52 A2
2077	**International** Luz-St-Sauveur		117
2078	**Sites & Paysages Pyrénévasion** Luz-St-Sauveur		117
2079	**Airotel Pyrénées** Luz-St-Sauveur/Esquièze-Sère		117
2080	**Du Lac** Marciac		52 A2

INDEX

2081	Sites & Paysages L'Evasion Martignac/Puy-l'Évêque	115b
2082	Sites & Paysages Le Moulin Martres-Tolosane	52 A2
2083	Campéole La Bastide Mazères	52 B2
2084	Campéole Millau Plage Millau	119
2085	Camping des Deux Rivières Millau	119
2086	Camping Indigo Millau Millau	119
2087	Du Viaduc Millau	119
2088	Larribal Millau	119
2089	Les Erables Millau	119
2090	Les Rivages Millau	119
2091	St. Lambert Millau	119
2092	de l'ile du Bidounet Moissac	52 A1
2093	Domaine de Merlanes Molières (Tarn-et-Gar.)	52 B1
2094	Moulin de Laborde Montcabrier	115b
2095	Midi Pyrénées Montréjeau	52 A2
2096	Le Clos Lalande Montricoux	52 B1
2097	Sites & Paysages Les 2 Vallées Nant	119
2098	RCN Val de Cantobre Nant-d'Aveyron	119
2099	Camping du Lac de Bonnefon Naucelle	52 B1
2100	Les Pins Payrac	109a
2101	Les Terrasses du Lac Pont-de-Salars	53 A1
2102	Pouylebon Pouylebon	52 A2
2103	Les Mijeannes Rieux-de-Pelleport/Varilhes	52 B2
2104	Camping Moulin de la Galinière Rivière-sur-Tarn	119
2105	De Peyrelade Rivière-sur-Tarn	119
2106	Les Pommiers d'Aiguelèze Rivières	52 B1
2107	Padimadour Rocamadour	41 B3
2108	Yelloh! Village 'Le Talouch' Roquelaure/Auch	52 A2
2109	Sites & Paysages Beau Rivage Salles-Curan	53 A1
2110	Domaine Lacs de Gascogne Seissan	52 A2
2111	Domaine de la Faurie Sénierques	52 B1
2112	De Bois-Redon Septfonds	52 B1
2113	La Grange de Monteillac Sévérac-l'Église	53 A1
2114	Les Calquières Sévérac-le-Château	119
2115	St. Martin Sorèze	52 B2
2116	Beter-uit Vakantiepark 'La Draille' Souillac	109a
2117	Domaine de la Paille Basse Souillac	109a
2118	Les Ondines Souillac	109a
2119	Les Gorges de l'Aveyron St. Antonin-Noble-Val	52 B1
2120	Sites & Paysages Les 3 Cantons St. Antonin-Noble-Val	52 B1
2121	Camping Restaurant De la Plage St. Cirq-Lapopie	52 B1
2122	La Truffière St. Cirq-Lapopie	52 B1
2123	La Dourbie St. Jean-du-Bruel	119
2124	Le Rioumajou St. Lary-Soulan	52 A2
2125	des Arcades St. Pantaléon	115b
2126	Quercy Vacances St. Pierre-Lafeuille	115b
2127	de la Cascade St. Rome-de-Tarn	53 A1
2128	Le Sédour Surba	52 B2
2129	Le Pré Lombard Tarascon-sur-Ariège	52 B2
2130	Sites & Paysages Le Ventoulou Thégra	41 B3
2131	Camping Toulouse Le Rupé Toulouse	52 B2
2132	Le Ch'timi Touzac	115b
2133	Le Clos Bouyssac Touzac	115b
2134	Les Granges Vayrac	41 B3
2135	Le Rouergue Villefranche-de-Rouergue	52 B1
2136	Camping Le Neptune Agde	126b
2137	L'Escale Agde	126b
2138	La Pepinière Agde	126b
2139	Le Cap Agathois Agde	126b
2140	Les Mimosas Agde	126b
2141	Les Romarins Agde	126b
2142	Cap Sud Alénya	127
2143	Aloha Camping Club Amélie-les-Bains	52 B3
2144	Le Castel Rose Anduze	120
2145	Le Pradal Anduze	120
2146	Les Fauvettes Anduze	120
2147	Comangès Argelès-sur-Mer	127
2148	La Chapelle Argelès-sur-Mer	127
2149	La Marende Argelès-sur-Mer	127

#	Name	Location	Page
2150	**La Roseraie**	Argelès-sur-Mer	127
2151	**Le Dauphin**	Argelès-sur-Mer	127
2152	**Le Romarin**	Argelès-sur-Mer	127
2153	**Le Soleil**	Argelès-sur-Mer	127
2154	**Les Criques de Porteils**	Argelès-sur-Mer	127
2155	**Les Marsouins**	Argelès-sur-Mer	127
2156	**Les Pins**	Argelès-sur-Mer	127
2157	**Le Fief d'Anduze**	Attuech/Anduze	120
2158	**Le Tivoli**	Bagnols-les-Bains	53 A1
2159	**La Coquille**	Bagnols-sur-Cèze	118a
2160	**Les Genêts d'Or**	Bagnols-sur-Cèze	118a
2161	**Domaine de la Sablière**	Barjac	53 B1
2162	**Camping Chantemerle**	Bédoùes/Florac	120
2163	**Domaine de Gajan**	Boisseron	53 B2
2164	**Domaine de Gaujac**	Boisset-Gaujac/Anduze	120
2165	**Le Val d'Hérault**	Brissac	53 A2
2166	**Ma Prairie**	Canet-en-Roussillon	127
2167	**Le Bosquet**	Canet-Plage	127
2168	**Mar Estang**	Canet-Plage	127
2169	**Camping Mer et Soleil**	Cap-d'Agde	126b
2170	**La Mer**	Cap-d'Agde	126b
2171	**Le Rochelongue**	Cap-d'Agde	126b
2172	**Beau Rivage**	Cardet	120
2173	**Domaine-St-Martin**	Casteil	52 B3
2174	**de Fondespierre**	Castries	53 A2
2175	**Du Pont de Braye**	Chastanier	53 A1
2176	**Le Plein Air des Chênes**	Clapiers	53 A2
2177	**Camping Les Amandiers**	Collioure	127
2178	**Les Peupliers**	Colombiers	53 A2
2179	**Le Florida**	Elne/St. Cyprien	127
2180	**Las Closas**	Err	52 B3
2181	**Le Canigou**	Espira-de-Conflent	52 B3
2182	**L'Enclave**	Estavar/Cerdagne	52 B3
2183	**Le Botanic**	Fabrègues	53 A2
2184	**Le Fun**	Fitou	53 A2
2185	**Naturiste La Grande Cosse**	Fleury-d'Aude	53 A2
2186	**Pont du Tarn**	Florac	120
2187	**L'Evasion**	Fontès	53 A2
2188	**Camping Village Intern. Les Tamaris**	Frontignan-Plage	53 A2
2189	**Le Rotja**	Fuilla	52 B3
2190	**Les Amandiers**	Gallargues-le-Montueux	53 B2
2191	**Les Sablettes**	Grau d'Agde	126b
2192	**Les Chenes**	Junas	53 B2
2193	**La Franqui**	La Franqui/Leucate	53 A2
2194	**Le Clapotis**	La Palme	53 A2
2195	**La Vallée Verte**	La Roque-sur-Cèze	118a
2196	**Les Cascades**	La Roque-sur-Cèze	118a
2197	**Les Terrasses du Lac**	Langogne/Naussac	53 A1
2198	**Le Fou du Roi**	Lansargues/Mauguio	53 B2
2199	**La Salendrinque**	Lasalle/Anduze	120
2200	**La Tour de France**	Latour-de-France	52 B3
2201	**Sites & Paysages L'Oliveraie**	Laurens	53 A2
2202	**California**	Le Barcarès	127
2203	**Le Floride & l'Embouchure**	Le Barcarès	127
2204	**Le Pré Catalan**	Le Barcarès	127
2205	**Municipal de Brouillet**	Le Rozier	119
2206	**Les Prades**	Le Rozier/Peyreleau	119
2207	**Le Val de l'Arre**	Le Vigan	120
2208	**La Blaquière**	Les Vignes	119
2209	**Al Comu**	Llauro	53 A3
2210	**Les Vals**	Lodève	53 A2
2211	**Municipal de Loupian**	Loupian	53 A2
2212	**Bon Port**	Lunel	53 B2
2213	**Beauregard Plage**	Marseillan-Plage	126b
2214	**Camping Robinson**	Marseillan-Plage	126b
2215	**Dunes et Soleil**	Marseillan-Plage	126b
2216	**La Créole**	Marseillan-Plage	126b
2217	**Le Galet**	Marseillan-Plage	126b
2218	**Les Méditerranées Beach Club Charlemagne**	Marseillan-Plage	126b

2219	Les Méditerranées Beach Garden Marseillan-Plage	126b
2220	Les Bruyères Maureillas-Las-Illas	53 A3
2221	La Genèse Méjannes-le-Clap	53 B1
2222	Le Rebau Montblanc	53 A2
2223	Camping de Montolieu Montolieu	52 B2
2224	Le Grillon Montoulieu	120
2225	Camping La Nautique Narbonne	53 A2
2226	Yelloh! Village Les Mimosas Narbonne	53 A2
2227	Campéole La Côte des Roses Narbonne-Plage	53 A2
2228	La Garenne Néfiach	52 B3
2229	Le Haras Palau-del-Vidre	127
2230	des Drouilhèdes Peyremale-sur-Cèze	120
2231	Espace Naturiste/Terre de Soleil Pinet	53 A2
2232	Les Gorges de l'Hérault Pont-d'Hérault	120
2233	Rives des Corbières Port-Leucate	53 A2
2234	Les Sablons Portiragnes-Plage	126a
2235	Airotel Village Grand Sud Preixan	52 B2
2236	La Bernède Rennes-les-Bains	52 B2
2237	International du Roussillon Salses	53 A2
2238	Aloha Sérignan-Plage	126a
2239	Beauséjour Sérignan-Plage	126a
2240	Le Clos Virgile Sérignan-Plage	126a
2241	Le Sérignan Plage Sérignan-Plage	126a
2242	La Coscolleda Sorède	127
2243	Les Micocouliers Sorède	127
2244	Le Galier St. Alban-sur-Limagnole	53 A1
2245	Cala Gogo St. Cyprien-Plage	127
2246	Mas de la Cam St. Jean-du-Gard	120
2247	de la Vallée St. Jean-Pla-de-Corts	53 A3
2248	Les Cerisiers du Jaur St. Pons-de-Thomières	53 A2
2249	La Pergola Ste Marie-la-Mer	127
2250	Le Palais de la Mer Ste Marie-la-Mer	127
2251	Le Sainte Marie Ste Marie-la-Mer	127
2252	De la Plage Ste Marie-Plage	127
2253	Le Trivoly Torreilles-Plage	127
2254	Les Tropiques Torreilles-Plage	127
2255	A l'Ombre des Micocouliers Trèbes	52 B2
2256	Lou Vincen Vallabrègues/Beaucaire/Tarasc.	118a
2257	Blue Bayou Valras-Plage	126a
2258	La Plage et du Bord de Mer Valras-Plage	126a
2259	Lou Village Valras-Plage	126a
2260	Le Palmira Beach Valras-Plage/Vendres-Plage	126a
2261	Le Mas de Mourgues Vauvert	53 B2
2262	Les Vagues Vendres-Plage/Valras-Plage	126a
2263	Domaine de la Dragonnière Vias	126a
2264	Camping Club Californie-Plage Vias-Plage	126a
2265	Camping Club Le Napoléon Vias-Plage	126a
2266	Flower Camping Le Mas de la Plage Vias-Plage	126a
2267	Helios Vias-Plage	126a
2268	L'Air Marin Vias-Plage	126a
2269	Le Méditerranée Plage Vias-Plage	126a
2270	Le Roucan West Vias-Plage	126a
2271	Sites & Paysages Le Moulin de Ste Anne Villegly-en-Minervois	52 B2
2272	Campéole L'île des Papes Villeneuve-lès-Avignon/Avignon	118a
2273	VivaCamp La Laune Villeneuve-lès-Avignon/Avignon	118a
2274	Les Berges du Canal Villeneuve-lès-Béziers	126a
2275	L'Aigle Aiguines	54 A2
2276	Le Domaine du Crin Blanc Albaron/Arles	53 B2
2277	La Ribière Annot	54 A1
2278	Le Luberon Apt	118a
2279	L'Arlesienne Arles/Pont-de-Crau	118a
2280	L'Avelanède Artignosc-sur-Verdon	54 A2
2281	Les Prés Aups	54 A2
2282	Bagatelle Avignon	118a
2283	du Pont d'Avignon Avignon	118a
2284	L'Epi Bleu Banon	118a
2285	Le Petit Liou Baratier	118b
2286	Les Airelles Baratier	118b

2287 **Sainte Victoire** Beaurecueil	54 A2
2288 **La Célestine** Beynes	54 A1
2289 **La Simioune** Bollène	118a
2290 **Les Blimouses** Callas	125
2291 **Lou Comtadou** Carpentras	118a
2292 **Le Beau Vezé** Carqueiranne	124a
2293 **La Ferme de Castellane** Castellane	125
2294 **Provençal** Castellane	125
2295 **de la Durance** Cavaillon	118a
2296 **Bonporteau** Cavalaire-sur-Mer	125
2297 **Camping Cros de Mouton** Cavalaire-sur-Mer	125
2298 **de la Baie** Cavalaire-sur-Mer	125
2299 **Camping de Ceyreste** Ceyreste	124a
2300 **Indigo Gorges du Verdon** Chasteuil/Castellane	125
2301 **Fontisson** Châteauneuf-de-Gadagne	118a
2302 **L'Art de Vivre** Châteauneuf-du-Pape	118a
2303 **La Roquette** Châteaurenard	118a
2304 **Camping des Pouverels** Cotignac	54 A2
2305 **L'Eau Vive** Dauphin/Forcalquier	118a
2306 **La Vieille Ferme** Embrun	118b
2307 **du Brec** Entrevaux	54 A1
2308 **Indigo Forcalquier** Forcalquier	118a
2309 **Naturistencamping Les Lauzons** Forcalquier	118a
2310 **Camping Caravaning Le Fréjus** Fréjus	125
2311 **La Baume/La Palmeraie** Fréjus	125
2312 **La Pierre Verte** Fréjus	125
2313 **Les Pins Parasols** Fréjus	125
2314 **Alpes Dauphiné** Gap	123
2315 **La Tour Fondue** Giens/Hyères	124a
2316 **Olbia** Giens/Hyères	124a
2317 **Camping des Sources** Gordes	118a
2318 **Les Micocouliers** Graveson	118a
2319 **Verdon Parc** Gréoux-les-Bains	118a
2320 **Le Garrigon** Grillon	122
2321 **Les Mûres** Grimaud	125
2322 **Mun. La Rochette** Guillestre	54 A1
2323 **St-James-les-Pins** Guillestre	54 A1
2324 **Vallon des Cigales** Istres	53 B2
2325 **Airotel La Sorguette** L'Isle-sur-la-Sorgue	118a
2326 **Pascalounet** La Couronne	53 B2
2327 **Sélection Camping** La Croix-Valmer	125
2328 **RCN Les Collines de Castellane** La Garde/Castellane	125
2329 **Du Lac** La Roche-de-Rame	54 A1
2330 **Les Fontanettes** La Seyne-sur-Mer	124a
2331 **La Coutelière** Lagnes	118a
2332 **Provence Camping** Lambesc	118a
2333 **Parc Camping de Pramousquier** Le Lavandou	125
2334 **Les Cigales** Le Muy	125
2335 **RCN Domaine de la Noguière** Le Muy	125
2336 **L'Artaudois** Le Pradet	124a
2337 **Lou Passavous** Le Vernet	54 A1
2338 **Les Philippons** Les Adrets-de-l'Estérel	125
2339 **Au Paradis des Campeurs** Les Issambres	125
2340 **Campéole Le Courounba** Les Vigneaux	43 A3
2341 **Les Hautes Prairies** Lourmarin	118a
2342 **Durance Luberon** Mallemort	118a
2343 **Camping Provence Vallée** Manosque	118a
2344 **Le Ventoux** Mazan	118a
2345 **Camping River** Méolans-Revel	118b
2346 **Dom. Loisirs de l'Ubaye** Méolans-Revel	118b
2347 **Camping La Pinède en Provence** Mondragon	118a
2348 **Château de l'Eouvière** Montmeyan	54 A2
2349 **Saint Clair** Moustiers-Ste-Marie	54 A2
2350 **Saint Jean** Moustiers-Ste-Marie	54 A2
2351 **Les Bonnets** Neffes/Gap	123
2352 **Sites & Paysages Moulin de Ventre** Niozelles	118a
2353 **Les Oliviers** Oraison	118a
2354 **La Vallée Heureuse** Orgon	118a
2355 **Les Princes d'Orange** Orpierre	123
2356 **Les Fontaines** Pernes-les-Fontaines	118a
2357 **Le Devançon** Peynier	54 A2

INDEX

2358	**Les Prairies de la Mer** Port-Grimaud	125
2359	**Le Nautic** Prunières	118b
2360	**Le Roustou** Prunières	118b
2361	**La Bastiane** Puget-sur-Argens	125
2362	**Domaine de la Bergerie** Roquebrune-sur-Argens	125
2363	**Le Vaudois** Roquebrune-sur-Argens	125
2364	**Leï Suves** Roquebrune-sur-Argens	125
2365	**Les Pêcheurs** Roquebrune-sur-Argens	125
2366	**Moulin des Iscles** Roquebrune-sur-Argens	125
2367	**Les Hauts de Rosans** Rosans	122
2368	**La Viste** Rousset/Serre-Ponçon	118b
2369	**Nostradamus** Salon-de-Provence	118a
2370	**Campasun Le Mas de Pierredon** Sanary-sur-Mer	124a
2371	**Campasun Le Parc Mogador** Sanary-sur-Mer	124a
2372	**Les Prairies** Seyne-les-Alpes	54 A1
2373	**Hôtellerie de Plein Air Les Playes** Six-Fours-les-Plages	124a
2374	**La Montagne** Sorgues	118a
2375	**Campéole Le Clos du Lac** St. Apollinaire	118b
2376	**La Barque** St. Aygulf	125
2377	**La Plage d'Argens** St. Aygulf	125
2378	**Les Jardins du Maï Taï** St. Aygulf	125
2379	**Sandaya Résidence du Campeur** St. Aygulf	125
2380	**Le Clos Sainte Thérèse** St. Cyr-sur-Mer	124a
2381	**La Rivière** St. Maime	118a
2382	**De La Crau** St. Martin-de-Crau	118a
2383	**Le Bocage** St. Maurice-en-Valgodemard	123
2384	**Le Neptune** St. Mitre-les-Remparts	53 B2
2385	**Le Parc de la Bastide** St. Rémy-de-Provence	118a
2386	**Domaine des Chênes Blancs** St. Saturnin-les-Apt	118a
2387	**Campéole Le Lac** St. Vincent-les-Forts	118b
2388	**Le Voconce** St.Marcellin/Vaison-la-Romaine	118a
2389	**Les Cigalons** Ste Maxime	125
2390	**Le Clos du Rhône** Stes Maries-de-la-Mer	53 B2
2391	**Saint-Gabriel** Tarascon-sur-Rhône	118a
2392	**de l'Ayguette** Vaison-la-Romaine/Faucon	118a
2393	**La Coronne** Valréas	122
2394	**Flory** Vedène	118a
2395	**Camping Solaire** Veynes	123
2396	**Les Rives du Lac** Veynes	123
2397	**Les Verguettes** Villes-sur-Auzon	118a
2398	**Camping de L'Hérein** Visan	122
2399	**l'Hippocampe** Volonne	54 A1
2400	**Le Rossignol** Antibes	125
2401	**Les Frênes** Antibes	125
2402	**Le Val Fleuri** Cagnes-sur-Mer	125
2403	**Le Vallon Rouge** La Colle-sur-Loup	125
2404	**Sites & Paysages Les Pinèdes** La Colle-sur-Loup	125
2405	**Les Gorges du Loup** Le Bar-sur-Loup	125
2406	**Le Ranch** Le Cannet/Cannes	125
2407	**Camping Côté Mer** Mandelieu-la-Napoule	125
2408	**Les Cigales** Mandelieu-la-Napoule	125
2409	**Origan** Puget-Théniers	54 B1
2410	**Marina d'Aléria** Aléria	55 B3
2411	**Riva Bella Thalasso & Spa Resort** Aléria	55 B3
2412	**Pian del Fosse** Bonifacio	66 A1
2413	**Bagheera** Bravone	55 B3
2414	**La Pinède** Calvi	55 A3
2415	**Arinella Bianca** Ghisonaccia	55 B3
2416	**Marina d'Erba Rossa** Ghisonaccia	55 B3
2417	**Mulinacciu** Lecci	66 A1
2418	**Le Panoramic** Lumio	55 A3
2419	**Vigna Maggiore** Olmeto	66 A1
2420	**La Pietra** Pietracorbara	55 A2
2421	**Benista** Porticcio	66 A1
2422	**Le Sagone Camping** Sagone	55 A3

E Spain

No.	Name	Location	Page
2423	Bassegoda Park	Albanyà	52 B3
2424	Eucaliptus	Amposta	132a
2425	Els Ports	Arnes	64 A2
2426	La Fageda	Batet de la Serra/Olot	52 B3
2427	Berga Resort	Berga	52 B3
2428	Bella Terra	Blanes	132b
2429	Solmar	Blanes	132b
2430	Roca Grossa	Calella	132b
2431	Camping & Bungalowpark Cala Gogo	Calonge	128
2432	Joan	Cambrils	131a
2433	La Llosa	Cambrils	131a
2434	Playa Cambrils Don Camilo	Cambrils	131a
2435	Moli Serradell	Campdevànol	52 B3
2436	Vall de Camprodon	Camprodon	52 B3
2437	Globo Rojo	Canet de Mar	132b
2438	Les Pedres	Capmany	53 A3
2439	Vendrell Platja	Coma-Ruga/El Vendrell	64 B1
2440	Alta Ribagorça	El Pont de Suert (Lérida)	52 A3
2441	Esponellà	Esponellà (Girona)	53 A3
2442	Vell Empordà	Garriguella	53 A3
2443	3 Estrellas	Gavà (Barcelona)	64 B1
2444	El Berguedà	Guardiola de Berguedà	52 B3
2445	La Masia	Hospitalet del Infante	131b
2446	Camping Ametlla	L'Ametlla de Mar	131b
2447	Nautic	L'Ametlla de Mar	131b
2448	Camping Ampolla Playa	L'Ampolla	131b
2449	Illa Mateua	L'Escala	128
2450	Neus	L'Escala	128
2451	Emporda	L'Estartit	128
2452	Les Medes	L'Estartit	128
2453	Ter	L'Estartit	128
2454	Nou Camping	La Guingueta d'Àneu	52 A3
2455	Estanyet	Les Cases d'Alcanar	132a
2456	Ridaura	Llagostera	128
2457	Lloret Blau	Lloret de Mar	132b
2458	Tucan	Lloret de Mar	132b
2459	Camping Maçanet de Cabrenys	Maçanet de Cabrenys	53 A3
2460	Camping Resort Els Pins	Malgrat de Mar	132b
2461	del Mar	Malgrat de Mar	132b
2462	La Tordera	Malgrat de Mar	132b
2463	Barcelona	Mataró	132b
2464	Els Prats Village	Miami-Platja (Tarragona)	131a
2465	Playa Montroig Camping Resort	Mont-roig (Tarragona)	131a
2466	La Torre del Sol	Mont-roig del Camp	131a
2467	Miramar	Mont-roig del Camp	131a
2468	Oasis Mar	Mont-roig del Camp	131a
2469	Montagut	Montagut	52 B3
2470	Gran Sol	Montferrer	52 B3
2471	Benelux	Palamós	128
2472	Internacional Palamós	Palamós	128
2473	Mas Patoxas	Pals	128
2474	Bell-Sol	Pineda de Mar	132b
2475	Caballo de Mar	Pineda de Mar	132b
2476	Enmar	Pineda de Mar	132b
2477	Pinell	Platja d'Aro	128
2478	Riembau	Platja d'Aro	128
2479	Valldaro	Platja d'Aro	128
2480	Cypsela Cat. de Luxe	Platja de Pals	128
2481	Inter-Pals	Platja de Pals	128
2482	Verneda	Pont d'Arros	52 A3
2483	Prades Park	Prades (Tarragona)	64 A1
2484	Del Cardós	Ribera de Cardós	52 A3
2485	Repòs del Pedraforca	Saldes	52 B3
2486	Eurocamping	Sant Antoni de Calonge	128
2487	Alfacs	Sant Carles de la Ràpita	132a
2488	Sant Pol	Sant Feliu de Guixols	128
2489	Aquarius	Sant Pere Pescador	128

2490	**La Gaviota** Sant Pere Pescador	128
2491	**Riu** Sant Pere Pescador	128
2492	**El Garrofer** Sitges	64 B1
2493	**El Solsonès** Solsona (Lleida)	52 B3
2494	**La Vall** Taradell/Osona	64 B1
2495	**Las Palmeras** Tarragona	131a
2496	**Torre de la Mora S.A.** Tarragona	131a
2497	**Clara** Torredembarra	131a
2498	**La Noria** Torredembarra	131a
2499	**Relax-Sol** Torredembarra	131a
2500	**Cala Llevadó** Tossa de Mar	132b
2501	**Vilanova Park** Vilanova i la Geltrú	64 B1
2502	**Playa Tropicana** Alcossebre (Castellón)	132a
2503	**Ribamar** Alcossebre (Castellón)	132a
2504	**Cap-Blanch** Altea/Alicante	133
2505	**Alegria del Mar** Benicarlo	132a
2506	**Azahar** Benicasim	132a
2507	**Bonterra Park** Benicasim	132a
2508	**Arena Blanca** Benidorm/Alicante	133
2509	**Armanello** Benidorm/Alicante	133
2510	**Benisol** Benidorm/Alicante	133
2511	**La Pedrera** Bigastro/Alicante	75 A2
2512	**L'Orangeraie** Càlig/Castellon	132a
2513	**CalpeMar** Calpe/Alicante	133
2514	**Las Palmeras** Crevillente/Alicante	75 B1
2515	**Marjal Costa Blanca Eco Camping Resort** Crevillente/Alicante	75 B2
2516	**Santa Marta** Cullera/Valencia	63 B3
2517	**Costa Blanca** El Campello/Alicante	75 B1
2518	**El Jardin** El Campello/Alicante	75 B1
2519	**L'Alquería** Grau de Gandía	133
2520	**Marjal Guardamar Cp. & Bungalows Resort** Guardamar del Segura/Alicante	75 B2
2521	**El Naranjal** Jávea/Alicante	133
2522	**Jávea** Jávea/Alicante	133
2523	**Vall de Laguar** La Vall de Laguar/Alicante	133
2524	**Barraquetes** Mareny de Barraquetes/Sueca	63 B3
2525	**Camping Mon Mar** Moncofa/Castellón	63 B3
2526	**Moraira** Moraira/Alicante	133
2527	**Altomira** Navajas (Castellón)	63 B3
2528	**Azul** Oliva/Valencia	133
2529	**Eurocamping** Oliva/Valencia	133
2530	**Kiko Park** Oliva/Valencia	133
2531	**Olé** Oliva/Valencia	133
2532	**Rio-Mar** Oliva/Valencia	133
2533	**Didota S.L.** Oropesa del Mar (Castellón)	132a
2534	**El Edén** Peñíscola	132a
2535	**Los Pinos SL** Peñíscola	132a
2536	**Vizmar** Peñíscola	132a
2537	**Lo Monte** Pilar de la Horadada/Alicante	75 B2
2538	**Coll Vert** Pinedo/Valencia	63 B3
2539	**Puzol** Puçol/Valencia	63 B3
2540	**Torre La Sal** Ribera de Cabanes	132a
2541	**Torre la Sal 2** Ribera de Cabanes	132a
2542	**Bahia de Santa Pola** Santa Pola/Alicante	75 B1
2543	**Kiko Park Rural** Villargordo del Cabriel	63 A3
2544	**Ciudad de Albarracín** Albarracín/Teruel	63 A2
2545	**Rio Vero** Alquézar	51 B3
2546	**Aneto** Benasque (Huesca)	52 A3
2547	**Boltaña** Boltaña (Huesca)	52 A3
2548	**Camping Baliera** Bonansa (Huesca)	52 A3
2549	**Las Corralizas** Bronchales/Teruel	63 A2
2550	**Lake Caspe Camping** Caspe	63 B1
2551	**Camping Gavín S.L.** Gavín	51 B3
2552	**Lago Barasona** La Puebla de Castro	52 A3
2553	**Bellavista & Subenuix** La Puebla de Castro (Huesca)	52 A3
2554	**Peña Montañesa** Labuerda/Ainsa (Huesca)	52 A3
2555	**Morillo de Tou** Morillo de Tou/ Ainsa	52 A3
2556	**Lago Resort** Nuévalos (Zaragoza)	63 A1
2557	**Veruela Moncayo** Vera de Moncayo	51 A3
2558	**De Haro** Haro	50 B2

#	Name	Location	Ref
2559	**Navarrete**	Navarrete	51 A3
2560	**Bañares**	Santo Domingo de la Calzada	50 B3
2561	**Camping Etxarri S.L.**	Etxarri Aranatz	51 A2
2562	**Ezcaba**	Eusa/Oricain/Pamplona	51 A2
2563	**Errota - El Molino**	Mendigorria	51 A2
2564	**Bardenas**	Villafranca	51 A3
2565	**Itxaspe**	Itziar	51 A2
2566	**Camping Orio**	Orio	51 A2
2567	**Gran Camping Zarautz**	Zarautz	51 A2
2568	**Playa Arenillas**	Islares	50 B2
2569	**Camping Laredo**	Laredo	50 B2
2570	**La Viorna**	Potes	50 A2
2571	**La Isla-Picos de Europa**	Potes/Turieno	50 A2
2572	**Camping El Helguero**	Ruiloba	50 A2
2573	**Playa de Oyambre**	S. Vicente de la Barquera	50 A2
2574	**Gaivota Camping**	Barreiros	49 A1
2575	**A' Vouga**	Louro	48 B2
2576	**O Muiño**	Mougas/Oia	48 B2
2577	**Paxariña**	Portonovo/Sanxenxo	48 B2
2578	**Ria de Arosa 2 Rural**	Ribeira	48 B2
2579	**Valdoviño**	Valdoviño	49 A1
2580	**Picos de Europa**	Avin	50 A2
2581	**Arenal de Moris**	Caravia/Prado	50 A1
2582	**Cudillero**	Cudillero	49 B1
2583	**La Paz**	Llanes/Vidiago	50 A2
2584	**Camping Colombres**	Ribadedeva	50 A2
2585	**Ribadesella**	Ribadesella	50 A1
2586	**Urbion**	Abejar	50 B3
2587	**Fuentes Blancas**	Burgos	50 B3
2588	**Camino de Santiago**	Castrojeriz	50 A3
2589	**El Folgoso**	Galende/Zamora/Castilla y Leon	49 A3
2590	**Riaza**	Riaza/Segovia	62 B1
2591	**Ruta de la Plata**	Salamanca	61 B1
2592	**Don Quijote**	Salamanca-Este	61 B1
2593	**Regio**	Salamanca/Sta Marta de Tormes	61 B1
2594	**Camping Internacional Aranjuez**	Aranjuez (Madrid)	62 B2
2595	**Caravaning El Escorial**	El Escorial/Madrid	62 A2
2596	**Monte Holiday**	Gargantilla del Lozoya/Madrid	62 B1
2597	**Pico de la Miel**	La Cabrera (Madrid)	62 B1
2598	**Arco Iris**	Villaviciosa de Odón/Madrid	62 A2
2599	**Mirador de Cabañeros**	Horcajo de los Montes	62 A3
2600	**Rio Mundo**	Mesones (Albacete)	74 B1
2601	**Los Batanes**	Ossa de Montiel (Albacete)	62 B3
2602	**Cáceres Camping**	Cáceres	61 A2
2603	**Camping Parque Nacional de Monfragüe**	Malpartida de Plasencia	61 B2
2604	**La Chopera**	Plasencia/Cáceres	61 B2
2605	**Los Gazules**	Alcalá de los Gazules	73 A3
2606	**Almayate Costa**	Almayate (Málaga)	74 A3
2607	**Camping Naturista Almanat**	Almayate (Málaga)	74 A3
2608	**La Garrofa**	Almería	74 B3
2609	**Alto de Viñuelas**	Beas de Granada	74 A2
2610	**Camping Valle Niza Playa**	Benajarafe/Málaga	74 A3
2611	**Cabo de Gata**	Cabo de Gata (Almería)	74 B3
2612	**Pinar San José**	Caños de Meca/Barbate	73 A3
2613	**Don Cactus**	Carchuna/Motril (Granada)	74 A3
2614	**Camping Los Eucaliptos**	Conil de la Frontera	73 A3
2615	**Camping Roche**	Conil de la Frontera	73 A3
2616	**La Rosaleda**	Conil de la Frontera	73 A3
2617	**Playa Las Dunas**	El Puerto de Santa Maria	73 A3
2618	**La Aldea**	El Rocío	73 A2
2619	**Parque Tropical**	Estepona (Malaga)	73 B3
2620	**Reina Isabel**	Granada/La Zubia	74 A2
2621	**Suspiro del Moro**	Granada/Otura	74 A2
2622	**Camp. & Carav. Las Lomas**	Güejar Sierra (Granada)	74 A2
2623	**La Sierrecilla**	Humilladero	73 B2
2624	**Giralda**	Isla Cristina	72 B2
2625	**Castillo de Baños**	La Mamola	74 A3
2626	**Los Escullos**	Los Escullos/Nijar (Almería)	74 B3

INDEX

E (Spain)

2627	**Cabopino** Marbella	73 B3
2628	**La Buganvilla** Marbella/Málaga	73 B3
2629	**Sierra de María** María/Almería	74 B2
2630	**Playa de Poniente** Motril/Granada	74 A3
2631	**Pueblo Blanco** Olvera	73 B2
2632	**Roquetas** Roquetas de Mar (Almería)	74 B3
2633	**Despeñaperros** Santa Elena (Jaén)	74 A1
2634	**Valdevaqueros** Tarifa/Cádiz	73 A3
2635	**Camping Caravaning Laguna-Playa** Torre del Mar (Málaga)	74 A3
2636	**El Pino** Torrox-Costa (Málaga)	74 A3
2637	**El Palmar** Vejer de la Frontera	73 A3
2638	**Pinar del Rey** Vélez Blanco	74 B2
2639	**La Albolafia** Villafranca de Córdoba	74 A1
2640	**Bellavista** Águilas	75 A2
2641	**La Fuente** Baños de Fortuna (Murcia)	75 A1
2642	**Playa de Mazarrón** Bolnuevo/Mazarrón	75 A2
2643	**Sierra Espuña** El Berro/Alhama de Murcia	75 A2
2644	**Naturista 'El Portús'** El Portús/Cartagena	75 A2
2645	**Los Madriles** Isla Plana/Cartagena	75 A2
2646	**Caravaning La Manga** La Manga del Mar Menor	75 B2
2647	**Las Torres** Puerto de Mazarrón (Murcia)	75 A2

P — Portugal

2648	**Pelinos -Tomar** Aboboreiras/Tomar	60 B2
2649	**Alvor** Alvor Portimão	72 A2
2650	**Campismo Arco Unipessoal, LDA** Arco de Baúlhe	48 B3
2651	**Quinta Chave Grande** Casfreires/Sátão	61 A1
2652	**Orbitur Costa de Caparica** Costa de Caparica	60 A3
2653	**Orbitur Évora** Évora	60 B3
2654	**Orbitur Vagueira** Gafanha da Boa Hora/ Vagos	60 B1
2655	**Orbitur Gala (Fig. da Foz)** Gala/Figueira da Foz	60 B2
2656	**Cepo Verde** Gondesende/Bragança	49 A3
2657	**Orbitur Valverde** Lagos	72 A2
2658	**Turiscampo** Luz/Lagos	72 A2
2659	**Toca da Raposa** Meruge/Oliveira do Hospital	60 B1
2660	**Vale Paraíso Natur Park** Nazaré	60 A2
2661	**O Tamanco (Lda.)** Outeiro do Louriçal	60 B2
2662	**Ponte das Três Entradas** Ponte das Três Entradas	60 B2
2663	**River Alverangel** São Pedro de Tomar	60 B2
2664	**Parque de Campismo Sol de Vila Chã** Vila do Conde	48 B3
2665	**Orbitur Sitava Milfontes** Vila Nova de Milfontes	72 A1
2666	**Parque de Campismo do Paço** Vila Praia de Âncora	48 B3

I — Italy

2667	**Tunnel** Etroubles	43 B2
2668	**Arc en Ciel** Morgex	43 B2
2669	**Monte Bianco** Sarre	43 B2
2670	**Camping International Le Fonti** Agliano Terme	43 B3
2671	**Camping Village Parisi** Baveno	111
2672	**Tranquilla** Baveno/Oltrefiume	111
2673	**Del Sole** Cannobio	44 A2
2674	**Eden** Dormelletto	111
2675	**Lago Maggiore** Dormelletto	111
2676	**Campeggio Valle Gesso** Entracque	54 B1
2677	**Conca d'Oro** Feriolo di Baveno	111
2678	**Holiday** Feriolo di Baveno	111
2679	**Miralago** Feriolo di Baveno	111
2680	**Orchidea** Feriolo di Baveno	111
2681	**La Quiete** Fondotoce/Verbania	111
2682	**Piccolo Camping E Maieu** Garbagna	44 A3
2683	**La Sierra** Ghiffa	111
2684	**Orta** Orta San Giulio	111
2685	**Camping Royal** Pettenasco	111
2686	**Il Melo** Peveragno	54 B1

2687 **Solcio** Solcio di Lesa	111	2723 **Camping Mario Village** Caldonazzo	113b
2688 **Delfino** Albenga	124b	2724 **Cevedale** Fucine di Ossana	44 B2
2689 **River** Ameglia	55 B1	2725 **Al Lago** Ledro/Pieve	44 B2
2690 **Caravan Park La Vesima** Arenzano/Genova	55 A1	2726 **Azzurro** Ledro/Pieve	44 B2
2691 **Bella Vista** Campochiesa/Albenga	124b	2727 **2 Laghi** Levico Terme	113b
2692 **Bungalow Camping Baciccia** Ceriale/Savona	124b	2728 **Lago di Levico** Levico Terme	113b
2693 **La Sfinge** Déiva Marina	55 A1	2729 **Camping Hermitage** Meran	44 B1
2694 **Valdeiva** Déiva Marina	55 A1	2730 **Punta Indiani** Pergine	113b
2695 **Villaggio Turistico Arenella** Déiva Marina	55 A1	2731 **Valle Verde** Predazzo	45 A2
2696 **Il Villaggio di Giuele** Finale Ligure	124b	2732 **Corones** Rasen/Rasun	45 A1
2697 **De Wijnstok** Imperia	124b	2733 **Gisser** Sankt Sigmund/Kiens	45 A1
2698 **Delle Rose** Isolabona	124b	2734 **Laghi di Lamar** Terlago	44 B2
2699 **Dei Fiori** Pietra Ligure	124b	2735 **Toblacher See** Toblach/Dobbiaco	45 A1
2700 **Pian dei Boschi** Pietra Ligure	124b	2736 **La Rocca Camp** Bardolino	112
2701 **Il Frantoio Camping** San Bartolomeo al Mare	124b	2737 **Serenella** Bardolino	112
2702 **Villaggio dei Fiori** San Remo	124b	2738 **Cisano/San Vito** Cisano di Bardolino	112
2703 **Iron Gate Marina 3B** Sarzana (SP)	55 B1	2739 **Camping Village San Francesco** Desenzano del Garda	112
2704 **Fossa Lupara** Sestri Levante	55 A1	2740 **Park Delle Rose** Lazise	112
2705 **Mare Monti** Sestri Levante	55 A1	2741 **Belvedere** Lazise sul Garda	112
2706 **AZUR Camping Rio Vantone** Idro	44 B2	2742 **Fossalta** Lazise sul Garda	112
2707 **Venus** Idro	44 B2	2743 **Riviera** Maderno sul Garda	112
2708 **Covelo** Iseo	44 B2	2744 **Baia Verde** Manerba del Garda	112
2709 **International Camping Ispra** Ispra	111	2745 **Zocco** Manerba del Garda	112
2710 **International Camping** Lavena Ponte Tresa	44 A2	2746 **Fontanelle** Moniga del Garda	112
2711 **Riva di San Pietro** Marone (Lago di Iseo)	44 B2	2747 **Piantelle** Moniga del Garda	112
2712 **Lido di Monvalle** Monvalle	111	2748 **Sereno Camping Holiday** Moniga del Garda	112
2713 **Ranocchio** Piano di Porlezza	44 A2	2749 **Camping Le Palme** Pacengo di Lazise	112
2714 **Darna** Porlezza	44 A2	2750 **Lido** Pacengo di Lazise	112
2715 **La Tartufaia** Ranzanico al Lago di Endine	44 B2	2751 **La Ca'** Padenghe sul Garda	112
2716 **Lido Okay** Sesto Calende	111	2752 **Bella Italia** Peschiera del Garda	112
2717 **Al Pescatore** Calceranica al Lago	113b	2753 **Butterfly** Peschiera del Garda	112
2718 **Belvedere** Calceranica al Lago	113b	2754 **Wien** Peschiera del Garda	112
2719 **Fleiola** Calceranica al Lago	113b	2755 **Fornella** San Felice del Benaco	112
2720 **Penisola Verde** Calceranica al Lago	113b	2756 **Tiglio** Sirmione	112
2721 **Riviera** Calceranica al Lago	113b	2757 **Al Lago** Arsiè	45 A2
2722 **Spiaggia** Calceranica al Lago	113b		

INDEX

2758 **Gajole** Arsiè	45 A2
2759 **Villaggio Turistico Barricata** Bonelli di Porto Tolle	45 A3
2760 **Rialto** Campalto/Venezia	114b
2761 **Laguna Village** Caorle	114b
2762 **San Francesco** Caorle	114b
2763 **Camping Village Europa** Cavallino	114b
2764 **Italy** Cavallino	114b
2765 **Villa Al Mare** Cavallino	114b
2766 **Village Cavallino** Cavallino	114b
2767 **Scarpiland** Cavallino/Treporti	114b
2768 **Fusina** Fusina/Venezia	114b
2769 **Holiday Village Isamar** Isola Verde/Chioggia	114b
2770 **Malibu Beach** Lido di Jesolo	114b
2771 **Parco Capraro** Lido di Jesolo	114b
2772 **Park Dei Dogi** Lido di Jesolo	114b
2773 **Waikiki** Lido di Jesolo	114b
2774 **Serenissima** Malcontenta/Venezia	114b
2775 **Venezia** Mestre/Venezia	114b
2776 **Vittoria** Rosolina Mare	114b
2777 **Villaggio Turistico Camping Rosapineta** Rosolina Mare/Rovigo	114b
2778 **Park Sappada** Sappada	45 A1
2779 **Adriatico** Sottomarina	114b
2780 **Atlanta** Sottomarina	114b
2781 **Internazionale** Sottomarina	114b
2782 **Miramare** Sottomarina	114b
2783 **Lago 3 Comuni** Alesso/Trasaghis	45 B2
2784 **Aquileia** Aquileia	45 B2
2785 **Tenuta Primero** Grado	45 B2
2786 **Mare Pineta Baia Sistiana** Sistiana	45 B2
2787 **Adria** Casal Borsetti	45 A3
2788 **Le Fonti** Cervarezza Terme	55 B1
2789 **Delle Rose** Gatteo Mare	56 B1
2790 **Classe** Lido di Dante	56 A1
2791 **Ramazzotti** Lido di Dante	56 A1
2792 **Perticara** Novafeltria	56 A1
2793 **Adriatico** Pinarella di Cervia	56 A1
2794 **Marecchia 'Da Quinto'** Ponte Messa di Pennabilli (RN)	56 A1
2795 **Centro Vacanze San Marino** Repubblica San Marino	56 B1
2796 **Adria** Riccione	56 B1
2797 **Alberello** Riccione	56 B1
2798 **Riccione** Riccione	56 B1
2799 **Riva del Setta** Rioveggio	56 A1
2800 **Camping Green** San Mauro Mare	56 B1
2801 **Villaggio Le Ginestre** Arezzo	56 A2
2802 **Il Sergente** Barberino di Mugello	56 A1
2803 **Semifonte** Barberino Val D'Elsa	56 A2
2804 **Le Capanne** Bibbona	129
2805 **La Chiocciola** Capannole-Bucine	56 A2
2806 **Campeggio Villaggio San Giusto S.r.l.** Capraia e Limite	56 A1
2807 **Valle Gaia** Casale Marittimo	129
2808 **Le Soline** Casciano di Murlo/Siena	56 A2
2809 **Le Pianacce** Castagneto Carducci	129
2810 **Stella del Mare** Castiglione della Pescaia	55 B2
2811 **Camping Orlando in Chianti** Cavriglia	56 A2
2812 **New Camping Le Tamerici** Cecina Mare/Livorno	129
2813 **Camping Panorama Del Chianti** Certaldo/Marcialla	56 A2
2814 **Camping Lago Le Tamerici** Coltano	55 B2
2815 **Lacona** Elba/Lacona/Capolìveri	55 B2
2816 **Barco Reale** Lamporecchio (PT)	55 B1
2817 **Free Beach** Marina di Bibbona	129
2818 **Free Time** Marina di Bibbona	129
2819 **Belmare Camping S.R.L.** Marina di Castagneto	129
2820 **Continental** Marina di Castagneto	129
2821 **Le Marze** Marina di Grosseto	56 A2
2822 **Camping Giardino** Marina di Massa	55 B1
2823 **Luna** Marina di Massa	55 B1
2824 **Partaccia 1** Marina di Massa	55 B1

2825	**Dal Pino Srl** Marina di Massa/Partaccia	55 B1	
2826	**Belsito** Montecatini Terme	55 B1	
2827	**La Futa** Passo de la Futa/Firenzuola	56 A1	
2828	**Baia Verde** Punta Ala	55 B2	
2829	**Campo Al Fico** Riotorto	55 B2	
2830	**Pappasole** Riotorto	55 B2	
2831	**Camping Village Mugello Verde** San Piero a Sieve	56 A1	
2832	**Park Albatros** San Vincenzo	55 B2	
2833	**Vallicella** Scarlino	55 B2	
2834	**La Montagnola** Soviville	56 A2	
2835	**Europa** Torre del Lago Puccini	55 B1	
2836	**Italia** Torre del Lago Puccini	55 B1	
2837	**Baia del Marinaio** Vada/Livorno	129	
2838	**Campo dei Fiori** Vada/Livorno	129	
2839	**Molino a Fuoco** Vada/Livorno	129	
2840	**Rifugio del Mare** Vada/Livorno	129	
2841	**La Pineta** Viareggio	55 B1	
2842	**Viareggio** Viareggio	55 B1	
2843	**Camping Village Assisi** Assisi/Perugia	56 B2	
2844	**Pian di Boccio** Bevagna	56 B2	
2845	**Campeggio il Drago** Cascia	56 B2	
2846	**Badiaccia Camping Village** Castiglione del Lago	56 A2	
2847	**Listro** Castiglione del Lago	56 A2	
2848	**Monti del Sole** Narni/Borgheria	56 B3	
2849	**Kursaal** Passignano sul Trasimeno	56 A2	
2850	**La Spiaggia** Passignano sul Trasimeno	56 A2	
2851	**Cuore Verde** Piediluco	56 B3	
2852	**Il Collaccio** Preci	56 B2	
2853	**Punta Navaccia** Tuoro sul Trasimeno	56 A2	
2854	**Calypso** Cupra Marittima	57 A2	
2855	**Panorama** Fiorenzuola di Focara/Pesaro	56 B1	
2856	**Podere Sei Poorte** Montecìccardo	56 B1	
2857	**Camping Village Numana Blu** Numana	56 B2	
2858	**Bellamare** Porto Recanati	56 B2	
2859	**Quattro Stagioni** Sarnano	56 B2	
2860	**Camping Village Mar y Sierra** Stacciola/San Costanzo	56 B1	
2861	**Lido Camping Village** Bolsena	56 A2	
2862	**Porticciolo** Bracciano	56 B3	
2863	**Roma Flash** Bracciano	56 B3	
2864	**I Pini Family Park** Fiano Romano/Roma	56 B3	
2865	**Pionier Etrusco** Marina di Montalto di Castro	56 A3	
2866	**Camping Village Fabulous** Roma	56 B3	
2867	**Flaminio Village Camping & Bungalow Park** Roma	56 B3	
2868	**Happy Village & Camping** Roma	56 B3	
2869	**Tiber** Roma	56 B3	
2870	**Europing 2000 srl** Tarquinia	56 A3	
2871	**Camping Internazionale Lago di Bracciano** Trevignano Romano	56 B3	
2872	**Eucaliptus** Alba Adriatica	57 A2	
2873	**Camping & Residence Don Antonio** Giulianova Lido	57 A2	
2874	**Il Vecchio Mulino** Opi	57 A3	
2875	**Pineto Beach** Pineto	57 A2	
2876	**Eurcamping** Roseto degli Abruzzi	57 A2	
2877	**La Foce dei Tramonti** Capaccio/Paestum	67 B2	
2878	**Nettuno** Massalubrense/Marina d.Cantone	67 A2	
2879	**Athena** Paestum	67 B2	
2880	**Spartacus** Pompei	67 A1	
2881	**Zeus** Pompei	67 A1	
2882	**Int. Vulcano Solfatara** Pozzuoli	67 A1	
2883	**Sant'Antonio** Vico Equense	67 A2	
2884	**Camping 5 Stelle** Foce Varano (Isola Varano)	130	
2885	**S. Maria di Leuca** Gagliano del Capo (LE)	69 A2	
2886	**Baia di Gallipoli Camping Resort** Gallipoli	68 B2	
2887	**Lido Salpi** Manfredonia	57 B3	
2888	**Parco Degli Ulivi** Peschici (FG)	130	
2889	**Vill. Grotta dell'Acqua & Sfinal Residen** Peschici (FG)	130	

INDEX

2890	**Villaggio Cp. Internazionale Manacore** Peschici (FG)	130
2891	**Pineta al Mare** Specchiolla di Carovigno	68 B1
2892	**Sentinella** Torre dell'Orso	68 B1
2893	**Baia e Cala Campi** Vieste del Gargano	130
2894	**Vill. Baia degli Aranci** Vieste del Gargano	130
2895	**Camping Village Molinella Vacanze** Vieste del Gargano (Fg)	130
2896	**Calypso** Caulonia Marina	77 B1
2897	**Punta Alice** Ciró Marina	68 B2
2898	**Thurium** Corigliano/Calabro	68 A2
2899	**Camping Case Vacanza Lungomare** Cropani Marina	68 A3
2900	**Villaggio Camping Mimosa** Marina di Nicotera	77 A1
2901	**Villaggio Camping Sambalon** Marina di Zambrone	68 A3
2902	**International Camping Village** Praia a Mare	68 A2
2903	**La Mantinera** Praia a Mare	68 A2
2904	**Camping-Village Pineta di Sibari** Sibari/Cosenza	68 A2
2905	**Koku's Village Club** Stignano Mare	77 B1
2906	**Marina del Convento** Tropea	68 A3
2907	**Camping Village Baia Blu La Tortuga** Aglientu	66 A1
2908	**Camping Village Laguna Blu (Calik)** Alghero	66 A2
2909	**La Mariposa** Alghero	66 A2
2910	**S'Ena Arrubia** Arborea	66 A3
2911	**Centro Vacanze Isuledda** Cannigione di Arzachena	66 B1
2912	**Tiliguerta Camping Village** Capo Ferrato/Muravera	66 B3
2913	**Camping Village Bella Sardinia** Cuglieri	66 A2
2914	**Is Aruttas** Is Aruttas/Cabras	66 A3
2915	**Le Dune** Piscina Rei/Costa Rei	66 B3
2916	**Tavolara** Porto San Paolo	66 B2
2917	**Selema Camping** Santa Lucia/Siniscola	66 B2
2918	**Spinnaker** Torre Grande	66 A3
2919	**Camping Village Orrì** Tortolì/Arbatax	66 B3
2920	**Cigno Bianco** Tortolì/Arbatax	66 B3
2921	**Villaggio Camping Sos Flores s.r.l.** Tortolì/Arbatax	66 B3
2922	**La Foce** Valledoria/Sassari	66 A2
2923	**Spiaggia del Riso** Villasimius	66 B3
2924	**La Timpa International Acireale** Acireale	77 A2
2925	**Sabbiadoro** Avola	77 A2
2926	**Lo Scoglio** Castel di Tusa	76 B1
2927	**Jonio** Catania/Ognina	77 A2
2928	**Eurocamping Due Rocche** Falconara/Sicula	76 B2
2929	**Camping & Village Rais Gerbi** Finale di Pollina	76 B1
2930	**Mokambo** Fondachello/Mascali	77 A2
2931	**La Playa** Isola delle Femmine	76 A1
2932	**Sporting Club Village & Camping** Mazara del Vallo	76 A2
2933	**Villaggio Marinello** Oliveri/Marinello	77 A2
2934	**Camping Luminoso** Punta Bracceto/S. Croce Cam.	76 B2
2935	**Scarabeo Camping** Punta Bracceto/S. Croce Cam.	76 B2
2936	**Capo Scalambri** Punta Secca/Santa Croce Camer.	76 B2
2937	**Kamemi Camping Village** Ribera/Seccagrande	76 A2
2938	**El-Bahira** San Vito Lo Capo	76 A1
2939	**La Pineta** San Vito Lo Capo	76 A1
2940	**La Focetta Sicula** Sant'Alessio Siculo/Taormina	77 A2

CampingCard ACSI

Onze partners / Unsere Partner / Our partners / Nos partenaires
Vores partnere / I nostri partners / Våra partners /

🇳🇱 Bij opmerkingen en/of vragen over de inhoud van de gids kunt u rechtstreeks contact opnemen met ACSI. Wilt u een gids aanschaffen? Dan kan dit zowel bij ACSI als bij een van onze partners.

🇩🇪 Bei Anmerkungen und/oder Fragen zum Inhalt dieses Führers können Sie direkt mit ACSI Kontakt aufnehmen. Wollen Sie sich einen Führer anschaffen? Das geht über ACSI oder einen unserer Partner.

🇬🇧 You can contact ACSI directly with comments and/or questions about the contents of the guide. If you would like to purchase a guide, you can do so from ACSI or from one of our partners.

🇫🇷 Si vous avez des remarques et/ou questions sur le contenu du guide, vous pouvez directement prendre contact avec ACSI. Voulez-vous acheter un guide? C'est possible aussi bien chez ACSI que chez un de nos partenaires.

🇩🇰 Hvis du har en bemærkning eller et spørgsmål angående indholdet af guiden, kan du kontakte ACSI. Ønsker du at anskaffe en guide? Dette kan du gøre både hos ACSI samt hos en af vores partnere.

🇮🇹 Potete contattare direttamente ACSI per commenti o quesiti sul contenuto della guida. Volete acquistare una guida? Fatelo tramite ACSI o attraverso uno dei nostri partner.

🇸🇪 Vid anmärkningar och/eller frågor över innehållet i guiden kan du vända dig direkt till ACSI. Vill du skaffa dig en guide? Det kan du i så fall göra hos ACSI eller hos en av våra partners.

CampingCard ACSI
Tel: 0488452055
Website: www.campingcard.com

CCK Caravanclub
Tel: 0402485088
E-mail: henkwall@caravanklub.nl
Website: www.caravanklub.nl

Vlaamse Kampeertoeristen vzw (VKT)
Tel: 092237791
E-mail: info@vkt.be
Website: www.vkt.be

R.3C.B. Rallye
Tel: 042658721
E-mail: acsi@rcccbrallye.com
Website: www.campingcardacsi.be

Dolde Medien:
Tel: 07111346669
E-mail: info@reisemobil-international.de
Website: www.reisemobil-international.de

Le Monde du Camping Car /
Le Monde du Plein Air - Service VPC
Tel: 0147565400
E-mail: abo@editions-lariviere.fr
Site web: www.lemonedecampingcar.fr

Edizioni Plein Air srl
Tel: 066632628
Website: www.pleinair.it

The Camping and Caravanning Club
Tel: 02476422024
Email: membershipservices@
thefriendlyclub.co.uk
Website: www.thefriendlyclub.co.uk

The Caravan Club
Tel: 01342 336764
E-mail: emma.carr@caravanclub.co.uk
Website: www.caravanclub.co.uk

Vicarious Books
Tel: 01312083333
E-mail: ask@vicariousbooks.co.uk
Website: www.vicariousbooks.co.uk

Europastops
Tel: 0670912485
Email: nico@espana-discovery.com
Website: www.europastops.com